U0905731

纪念改革开放40周年

明道与践行

——亲历改革开放40年回首

王茂林 著

中国财经出版传媒集团
中国财政经济出版社

图书在版编目（CIP）数据

明道与践行：亲历改革开放40年回首／王茂林著．—北京：中国财政经济出版社，2018.10

ISBN 978－7－5095－8573－3

Ⅰ.①明…　Ⅱ.①王…　Ⅲ.①改革开放－历史－中国－文集　Ⅳ.①D61－53

中国版本图书馆CIP数据核字（2018）第233926号

责任编辑：卢元孝　　　　责任印制：刘春年
封面设计：于　飞　　　　责任校对：李　丽

中国财政经济出版社 出版

URL：http：//www.cfeph.cn

E－mail：cfeph@cfeph.cn

社址：北京市海淀区阜成路甲28号　邮政编码：100142

营销中心电话：010－88191537　北京财经书店电话：64033436　84041336

中煤（北京）印务有限公司印装　各地新华书店经销

787×1092毫米　16开　42印张　696 000字

2018年10月第1版　2018年10月北京第1次印刷

定价：88.00元

ISBN 978－7－5095－8573－3

（图书出现印装问题，本社负责调换）

本社质量投诉电话：010－88190744

打击盗版举报热线：010－88191661　QQ：2242791300

王茂林

王茂林

1987年山西省委大院留影

1989年山西省委工作照

1972年大同矿务局煤峪口矿和基层干部合影

1973年12月6日欢送王茂林合影留念

1977年11月20日黑龙江大庆接待站留影

1980年5月从山西去美国考察机场留影

1984年太原工厂考察

1985年山西大学图书馆调研

1986年太原清徐县农村调研

1987年西藏考察留影

1987年山西太钢调研

1988年山西平朔神头电厂调研

1988年山西运城农村考察

1989年在天安门国庆观礼台与劳模合影

1990年山西雁北地震灾区走访

1992年8月太原西山矿务局官地矿井下考察

1992年5月28日太原中国城市经济学会第二届年会全体代表合影

1993年在泰国会见泰国公主并合影

1994年湖南湘西苗族自治县扶贫调研

1994年湖南永州农村调研

1994年韩国考察与LG株式会社领导商谈在长沙设电视机显像管厂等问题

1995年湖南永州畜牧业发展考察

1995年湖南永州长丰猎豹汽车制造厂调研

1996年湖南常德走访农户

1996年湖南湘西扶贫调查

1997年出席第六届湘交会

1997年湖南江永县柚子基地调研

1998年1月湖南省人代会投票

1999年12月2日南京中国城市经济学会第三次会员代表大会合影

2001年在上海社区调研

2003年3月世界经济发展宣言系列活动主、承办单位领导见面会留影

2004年与世界生产力科学联盟负责人洽谈沈阳举办第14届世界生产力大会事宜留影

2004年11月亚美中心访问留影

2005年6月出席太原城市学院图书馆落成典礼

2005年11月大同同煤集团矿井考察留影

2006年10月在第14届（沈阳）世界生产力大会闭幕式上为世界生产力科学联盟负责人颁奖

2006年12月欧洲商务考察会见英国王室成员

2007年5月出席河北廊坊东北亚暨环渤海国际商务节

2008年6月台湾安养院考察留影

2008年11月上海会见美国前国务卿基辛格

2009年3月出席中国晋商投资创业增加就业项目推动大会

2009年10月1日国庆观礼留影

2010年6月参加联合国第三届全球契约领袖峰会时与联合国秘书长潘基文合影

2010年11月2日土耳其安塔利亚与参加第16届世界生产力大会的中国代表留影

2011年6月25日与蒋正华副委员长一起为中国生产力学会创新推进委员会成立揭牌

2011年6月在华民慈善基金会援建的德阳敬老院考察

2012年出席“上海国际石油期货交易中心研究”课题评审会

2012年出席特华金融论坛并演讲

2013年4月出席山西长治新生儿耳聋基因筛查及听力康复救助项目启动仪式

2013年8月出席“重庆设立自由贸易园区研究”课题评审会

2013年12月出席中国生产力学会年会

2014年5月27日墨西哥考察搏达集团拟投资建设的中华大酒店项目

2014年12月与第八届全国先进生产力理论与实践成果奖获得者合影

2015年10月出席加拿大举行的第17届世界生产力大会与参会代表合影

2015年10月在第17届世界生产力大会上被世界生产力科学联盟聘为荣誉顾问

2016年4月出席“云南建立自贸区发展战略研究”课题评审会

2017年4月出席“成都天府空港新城战略研究”课题评审会

2018年4月中国农科院种质资源库调研

2018年9月出席"促进健康中国战略实施研究"课题评审会

改革开放让中国从追赶走向引领时代

——亲历改革开放40年的明道感悟

历史是理解未来的一把钥匙。作为一个有幸经历了解放战争胜利、中华人民共和国建立，与共和国共渡建国初的困境，目睹过十年“文革”惨烈，亲历了40年改革开放，步入新时代的老同志、老党员，回首伴随中国特色社会主义建设发展走过的一个甲子，我感慨万千，其中改革开放40年感触最深。改革开放40年，党中央领导全党全国各族人民谱写了中华民族自强不息、顽强奋进的壮丽史诗，让中国从追赶时代走向引领时代，让我充满了幸福感和获得感，即兴写下此篇感悟与大家分享。

从邓小平同志“**不改革死路一条**”的大声疾呼，到如今习近平总书记“**改革不停顿、开放不止步，将改革进行到底**”的铮铮誓言。中国在困顿中踏上了改革开放之路，凭着一股逢山开路、遇水架桥的闯劲，凭着一股滴水穿石、绳锯木断的韧劲，实现了前所未有的历史性变革，取得了举世瞩目的历史性成就。40年改革开放，让中国“大踏步赶上时代”，让近代以来久经磨难的中华民族，实现了从站起来、富起来到强起来的伟大飞跃，比历史上任何时期，都更接近实现中华民族伟大复兴的目标，并在接续奋斗中让这条伟大的道路不断向前，走在了影响世界、引领新时代的前列，让中华民族伟大复兴的前景愈加光明。亲历改革开放40年，我愈加明确：**改革开放是决定中国发展命运的关键抉择，也是根本动力所在。**

回首40年前，改革开放前期和初期的思想解放与工作中心转移，依然历历在目。1976年年底我从大同矿务局调到山西省里工作，当时“四人帮”虽已粉碎，但阴霾仍未散净、积重难返，推进工作可以说是举步维艰。如何冲破“两个凡是”的思想束缚，摆脱极“左”的影响，解决“文革”遗留问题，把全党工作中心转移到正确的轨道上来，成为全社会的关注热点。对于一个刚进不惑之年的副省级干部来说，我工作中的压力和挑战无处不在。直到1978年5月10日，《实践是检验真理的唯一标准》一文在《理论动态》第60期发表。一场围绕真理标准问题的讨论在党内外公开展开，并打破了“两个凡是”神话，为全国思想大解放拉开了序幕，为我国社会在精神上注入诸多活力，也坚定了我的信心。1978年12月18日至22日**党的十一届三中全会成功召开，冲破长期“左”的错误的严重束缚，批评了“两个凡是”的错误方针，高度评价了关于真理标准问题的讨论，做出了把党和国家的工作重点转移到以经济建设为中心的社会主义现代化建设上来和实行改革开放的战略决策，实现了新中国成立以来伟大历史转折，开启了改革开放的新纪元，将社会主义事业引向健康发展道路**。

我当了五年副省长，1981年6月接受山西省委安排，兼任太原市委书记、进入太原市委工作，主抓经济工作特别是工业经济，国有企业领导岗位责任制和创建承包责任制试点，引进外资，实现多方位、多侧面企业结构改革成为我抓的重要工作。1982年9月，我兼任太原市长，加快太原改革开放步伐的重任落在我的肩上。可当时太原的情况很复杂，在各种场合都能听到关于我推进改革开放的风言风语，但我没有服输，顶着种种压力，坚持太原改革开放必须不断向前推进。我坚信，**党的十一届三中全会确定的改革开放路线，顺应时代的潮流，代表人民的利益，推动历史的前进，是马克思列宁主义的普遍真理和中国具体实践相结合的产物，是一条救国富民的康庄大道，也是经得起历史考验的唯一正确的路线**。随着党中央对内改革、对外开放决策深入落实和山西上下思想逐步解放，我在太原主抓的一系列改革开放举措得到落实，取得了较大成果，也获得了更多人支持。同时，全国改革开放稳步推进，先后有农村家庭联产承包责任制的突破，有经济特区创建，有城市改革从最初计划经济到商品经济再到社会主义市场经济的探索，以及“小岗村改革”轰动全国，人民公社悄然解体，乡镇企业的异军突起，那个时期全国上下空前活跃，最显著的成就是快速发展。

改革开放走到1989年下半年，受海内外政治形势的影响，国内再次出现思想纷争。在姓“社”姓“资”争论中，思想上的混乱带来生产上的停滞和经济上的下滑，国民经济发展速度出现较大滑坡势头。我作为山西省委书记内心十分忧虑。在这种形势下，1992 年 1 月，邓小平同志以 88 岁的高龄一路南下，到武昌、到深圳、到珠海，围绕改革开放中的问题沿途发表谈话，明确指出：**“改革开放迈不开步子，说来说去就是怕资本主义的东西多了，走了资本主义道路，要害是姓‘资’还是姓‘社’的问题。判断的标准，应该主要看是否有利于发展社会主义社会的生产力，是否有利于增强社会主义国家的综合国力，是否有利于提高人民的生活水平。”“三个有利于”**冲破禁锢人们多年的思想禁区，解决了困惑中国的改革难题，为思想再次大解放指明了路径。这次思想大解放后，我国经济进入高速发展快车道，国家所有制结构发生巨大变动，非公经济得到迅速发展。1993 年 10 月，我被中央调任湖南省委书记，离开了山西。亲历改革开放过程中，每次思想解放给我国社会政治、经济、文化带来的解放和发展，我深刻领悟到思想解放的重要性。正如习近平总书记所指明的**“改革开放的过程就是思想解放的过程。没有思想大解放，就不会有改革的大突破。”**以及党中央明确的**“解放思想是发展中国特色社会主义的一大法宝”**，并一再强调**“要进一步解放思想、解放生产力”**。

回首改革开放的前 20 年，可以说是在迎风破浪中推进、在解放思想的指导下前行的。20 世纪 80 年代初，我在太原市工作，按照邓小平同志关于**“只要不中饱私囊，允许改革中犯有这样那样错误，但不允许不改革，不改革是最大错误”**的要求，狠抓国有企业改革，实现利润承包并按照比例留给企业搞发展，同时大力促进个体私营企业发展，并且正式发文明确鼓励政策。当时社会上产生不少议论，有人甚至说三道四，说我“促进促进，总要苦头吃尽”。那时我只以沉默应对，我想“文革”中扫了 8 个月马路，关了我三年，解放后下放半年多，如今的改革开放，是小平同志英明决策，不是我个人问题，如果否定改革开放，党的领导也不存在了，我个人还能怎么样。如今我要大声说：**“实践改革开放离不开创新担当，所有领导干部都要勇作改革开放的促进派。”**回想太原当时的改革开放实践，正是市委、市政府一班人勇于创新和敢于担当，才让许多改革开放举措经受住了实践考验和时间检验。退休后我担任中国生产力学会会长，与学会专家学者共同致力于“中国生产力发展课题研究”。紧紧围绕党中央、国务院主要决策部署和中央领导的重要指示精神，对国家宏观经济重大问题开展了一系列课题研究，先后完成 130 多项课题研究，其中，上海、重庆、云南等建立自由贸易区，建设海洋强国战略选择等 70 余项研究成果获得党中央、国务院领导批示。退休后按照党对老同志要求，发挥余热为党和国家做点事尽点力，让我很欣慰。

党的十八大以来，在以习近平同志为核心的党中央领导下，蹄疾步稳推进全面深化改革，坚决破除各方面体制机制弊端。改革全面发力、多点突破、纵深推进，着力增强改革的系统性、整体性、协同性，压茬拓展改革广度和深度，先后推出了1500多项改革举措，重要领域和关键环节改革取得了突破性进展，主要领域改革主体框架也基本确立，有条不紊搭起改革的四梁八柱。同时，坚定不移扩大对外开放，提高对外开放水平，坚持以开放促改革、促发展，实现了改革与开放的相辅相成，相互促进。既从世界汲取源源不断的发展动力，也让中国发展更好地惠及世界人民。党的十八大以来的五年，我国全面深化改革之路，没有一天不发扬着从“赶上时代”到“引领时代”的争先精神，没有一天不焕发着奔向社会主义现代化强国的复兴气象，让我总是充满信服和敬佩。党的十九大胜利召开，通过学习习近平总书记重要讲话，学习习近平新时代中国特色社会主义思想，我作为一个老党员精神焕发，好似伟大复兴中国梦已提到眼前。习近平总书记引领全党全国各族人民进入了新时代，不仅中国要发展，而且提出构建人类命运共同体，中国还会引领时代、改革开放和经济发展。

天道酬勤，日新月异。40年改革开放让中国成为真正意义上的世界大国，并开始引领时代发展。如今由于其看得见、摸得着、感受得到的巨大成就，让我愈加明确，**改革开放是中国最大的政治经济共识，是中国前行路向的不争之定数。改革开放之不可移、不可变的根基在于，这个路向已经成为中国政治经济稳定的标志物，成为人们安定坦然的心理基础**。四十而不惑，不惑而心定。**“中国改革的领域将更广、举措将更多、力度将更强”“中国开放的大门永远不会关闭，只会越开越大”“以庆祝改革开放40周年为契机，逢山开路、遇水架桥，将改革进行到底”**。习近平总书记的铿锵宣示，已在全国掀起一场打造改革开放升级版的历史性变革。我深信，中华民族伟大复兴、习近平新时代中国特色社会主义思想必将在改革开放进程中得以实现，亲历改革开放40年的这些明道感悟，希望能带给更多人启迪帮助。

王茂林

2018年3月

序言
二

坚持党的领导迈步改革开放新征程

十一届三中全会以来改革开放40年，是党中央团结和带领全党全国各族人民，解放思想、实事求是，同心同德、锐意进取，进行建设有中国特色社会主义的历史性创造性活动的40年；是波澜壮阔、激情澎湃、创意万千、日新月异的40年；是给中国带来历史性巨变、令世界为之惊叹的40年；是中华民族大踏步赶上时代前进潮流、迎来民族复兴光明前景的40年。

改革开放40年，我亲睹了小岗破冰，深圳兴涛，海南弄潮，浦东逐浪，雄安扬波……改革开放浪潮让华夏神州发生的伟大转变，领略了中国融入世界，让世界发现新的中国，中国与世界前所未有地融为有机整体，世界越来越离不开中国，中国从追赶时代走向引领时代所取得的历史性成就。不仅让我作为一个老共产党员感到无比自豪，而且让我的人生充满色彩，更让我对新时代中国无限憧憬。随着中国号巨轮劈波斩浪胜利驶入新时代，坚持党的领导迈步改革开放新征程，回首改革开放40年已融入我们生活的天翻地覆变化，让我们信心满满、动力十足。

40年改革开放，实现了从封闭型经济弱国向开放型全球经济大国的转变。1978年改革开放以来，依照“实践是检验真理的唯一标准”的理念，党中央领导下渐进式推动农村土地制度、户籍制度、乡镇企业发展、城市国有企业、外商投资、金融服务、科技管理体制、经济特区等相关制度的改革，逐渐明晰社会主义与市场经济、政府与市场、国家与民众之间的关系，全面调动了生产者积极性，激发了经济活力，完成了计划经济到市场经济的转变，创造了经济发展的中国奇迹。国民生产总值从1978年的3645亿元跃升到2017年的82.7万亿元，增长了226倍，成为全球第二大经济体。中国GDP占世界经济比重从1978年的2.25%，增长到2016年的14.81%左右，稳居世界第二位。

40年改革开放，实现了从单极传统管理向现代公共服务型治理的转变。党中央40年不断适应经济体制改革需求、社会流动性增加、科技互联网技术崛起、多元社会组织蓬勃发展等趋势，协调推进党的自身建设、重塑中央与地方关系、调整政府组织结构、转变政府职能，加强城乡基层政权建设等方面改革，让中国治国理政模式实现了“权威—民主—法治”的动态平衡，形成了以宏观调控、市场监管、公共服务、社会管理、保护环境为核心职能，以“党委领导、政府负责、社会协同、公众参与、法治保障”为框架和以大数据互联网技术为支撑的共建共治共享、公共服务型现代治理新模式。2017年年底，国务院部门取消下放行政审批事项1/3以上，工商登记前置审批精简85%；资质资格认定事项压减44%，多数省份行政审批事项减少50%~70%为有力证明。

40年改革开放，实现了从落后的乡村型社会向富足的城乡融合型社会转变。1978年，我国是一个农村人口占总人口80%的典型农业型国家。40年来，经过党中央采取城市单位管理体制改革、设立经济特区、增设开放城市等改革创新，把大量农村剩余劳动力从土地束缚中解放出来，流向大中型城市和小城镇工作生活，让中国社会走上现代城市化发展之路，使城市活力进一步释放。中国城市化率目前已达到58%的水平，一半以上的人口成为城市市民，并产生了一大批人口超过500万以上的特大城市以及人口高度密集、经济一体化的城市群，创造了新的财富、新的文明、新的生活方式。同时，以高铁、互联网为主的城乡基础设施建设取得了巨大发展，随着乡村振兴战略的深入实施，未来中国社会，必将是一个城乡互动共融、协调发展的城乡融合型新社会。

40年改革开放，实现了民众从温饱向小康的整体性转变。通过党中央40年领导下经济、政治、文化、社会、生态的全方位改革，为广大民众开辟新的就业渠道和发展机会，不断改善民生，不断增加收入，让广大人民群众过上富裕、幸福、文明的美好新生活，这是改革开放的初心，也是40年改革开放最大的成就之一。最典型的就是中国的减贫事业，使得7亿多人口脱离了极端贫穷，为世界的减贫事业做出了巨大贡献。我国城乡居民人均生活消费支出的变化充分证明了这一点，1978年，城镇居民家庭的人均生活消费支出为311元，到2017年时，变为24445元，增长了78倍；1978年，农村居民家庭的人均生活消费支出为116元，到2017年时，变为10955元，增长了94倍。城乡居民享受到了改革的红利，已开始走向更加富裕、多元化消费的生活。

40 年改革开放，实现了中国与世界的连接，从追赶时代到引领时代的转变。从改革开放初期，先是参与到一系列全球经济、经贸活动当中，逐渐演变到在近年全球经济乏力之时，中国以亚投行、丝路基金、一带一路等走出去的重大战略，成为世界经济的重要引导力量。正如习近平总书记在党的十九大报告中所述，“**中国特色社会主义进入新时代，意味着近代以来久经磨难的中华民族迎来了从站起来、富起来到强起来的伟大飞跃，迎来了实现中华民族伟大复兴的光明前景；意味着科学社会主义在二十一世纪的中国焕发出强大生机活力，在世界上高高举起了中国特色社会主义伟大旗帜；意味着中国特色社会主义道路、理论、制度、文化不断发展，拓展了发展中国家走向现代化的途径，给世界上那些既希望加快发展又希望保持自身独立性的国家和民族提供了全新选择，为解决人类问题贡献了中国智慧和中国方案。**”

40 年改革开放，华夏神州何以能够除旧布新、改天换地？我认为，**最关键、最重要的是中国共产党的正确领导，是党中央在把握历史前进的逻辑中英明地领导全党全国人民奋勇前进，在顺应时代发展的潮流中为我们及时指明了发展道路和改革方向。**40 年的成功实践证明，改革开放的领导核心和推动力量是中国共产党。正如习近平总书记在建党 95 周年纪念大会上强调的：“**办好中国的事情，关键在党。**”同时，他在党的十九大上指出：“**伟大的事业必须有坚强的党来领导。只要我们党把自身建设好、建设强，确保党始终同人民想在一起、干在一起，就一定能够引领承载着中国人民伟大梦想的航船破浪前进，胜利驶向光辉的彼岸！**”中国共产党是中国工人阶级的先锋队，也是中国人民和中华民族的先锋队，党的性质宗旨决定了改革开放的价值取向是最大限度满足人民的利益要求；党的独特优势，即理论优势、政治优势、组织优势、制度优势和密切群众联系的优势也决定了只有党能够担当起领导改革开放的历史重任。正是从改革开放的总设计师邓小平到以习近平为核心的党中央的领导下，推动改革开放适应不同时期的形势，不断开创改革开放的新局面，才推动了改革开放取得成功，推动了中华民族走向伟大复兴。

改，是变革出新，革，是壮士断腕。发展维系于改革，改革根植于观念。必须在改革中实现自我净化，在改革中寻求创新，历史从不眷顾因循守旧者，解放思想，大胆闯，主动改，破除体制机制弊端，调整深层次利益格局，啃下改革硬

骨头，形成成熟科学的制度体系。改革必然会触动既得利益者，但绝不能止步于当前格局，为了实现人民对美好生活的向往，改革必须当排头兵。这是党中央领导全党全国人民坚持走改革开放道路，实现中国经济社会伟大转变，取得历史性成就的成功经验，也是我亲历改革开放40年始终坚持的信仰理念和切身的明道认识。同时，坚决贯彻落实党的十一届三中全会确定的以经济建设为中心的改革开放路线，邓小平理论和历届党中央确定的方针政策，特别是党的十八大以来以习近同志记为核心的党中央在政治经济文化教育科技方面做出的重要决策，并结合实际积极探索实践，确保党中央改革开放一系列决策部署落实到位，力求“**明道与践行**”的统一，是每个党员干部都应具备的素质和能力。

历史告诉现在，也告诉未来。改革开放是我们必须要始终坚守的正确之路、强国之路、富民之路，坚持以习近平新时代中国特色社会主义思想为指导，坚定不移地沿着这条道路走下去，就能创造更加美好的明天。在2018年的新年贺词中，习近平总书记说：“**我们要以庆祝改革开放40周年为契机，逢山开路，遇水架桥，将改革进行到底**”。党中央领导下改革开放40年的探索、40年的奋斗、40年的积累，如今在新起点上推进改革开放，我们心中更多了一份坚定自信，也多了一份睿智从容。纪念改革开放40周年之际，在许多同志的支持和帮助下，特别是一些老领导、老朋友的鼓励下，我将1976年年底步入领导岗位后，在山西、湖南两个省20年贯彻落实党中央政策、路线、方针、决策部署，践行推进改革开放的思考、言论和施政举措等文稿，1998年回京工作中和退休后参与社团活动及研究工作，近20年形成的关于探索和推进改革开放的一些成果，汇集编撰成这本新书《明道与践行——亲历改革开放40年回首》。

“一个时代有一个时代的问题，一代人有一代人的使命。”中国特色社会主义进入新时代，新的历史方位、新的社会主要矛盾、新的现代化时间表……新征程上，向高处登攀、向远方前行，还有一道道山梁需要翻越，一个个险滩必须跋涉。这本《明道与践行——亲历改革开放40年回首》，以“明道践行——山西篇（1978～1993年）、明道践行——湖南篇（1993～1998年）、探索推进——北京篇（1998～2018年）”三大篇幅，将我40年来百余篇文稿收录于其中。在反映我探索践行改革开放的心路历程和不同时期思想认识的同时，希望其中一些践行经验的总结和探索分析的成果，能给新时代积极支持和参与改革开放的人们带来一定的启迪与帮助，让更多人担负起时代的使命。如今，建设社会主义现代化强国、实现中华民族伟大复兴的新征程已经开启。时代在召唤，使命在呼唤，我们每一个中国人都应振奋起来、行动起来，支持改革、参与改革、投身改革，创造属于自己、也属于时代的光辉业绩，共同书写新时代的中国奇迹。

“改革开放是决定当代中国命运的关键一招，也是决定实现‘两个一百年’奋斗目标、实现中华民族伟大复兴的关键一招。”习近平总书记用“关键一招”，这个富于中国文化传统而又生动鲜活的百姓话语，既深刻表达出中国共产党人和亿万中国人民对改革开放的认识和感悟，也宣示了当代中国坚定不移推进改革开放的信念和决心。党中央领导我们成功迈入新时代，开创了新的前进道路，开辟了新的发展空间，让社会主义中国走向充满希望、充满生机的新天地。改革开放是坚持和发展中国特色社会主义的必由之路，中国特色社会主义是顺利推进改革开放的根本保障。雄关漫道、闯关夺隘，将改革开放进行到底，我们唯有坚持党的领导、坚守理想信念，并保持高度的道路自信、理论自信、制度自信、文化自信，才能不为任何风险所惧，不为任何干扰所惑；唯有不忘改革初心，坚定改革方向，不断地磨砺改革意志，才能迈出铿锵而有力的步伐，一路前行。

坚持党的领导迈步改革开放新征程，让我们做坚定勇毅的“信仰者”。心中有信仰，行动才有方向，脚下才有力量。改革开放承载着国家和民族的“大梦想”，也承载着每一个中国人的“小梦想”，让我们做矢志前行的“逐梦人”。梦想照亮前方路，梦想激励脚下行。志之所趋不可阻，穷山距海不能限。伟大事业仍有许多新的领域需要开拓创新，伟大斗争仍有许多的重大课题需要探索实践，让我们做担当有为的“拓荒牛”，机遇属于勇于创新、永不自满者。实干才能创业兴业，苦干才能攻坚克难，让我们做只争朝夕的“实干家”。我们唯有保持爬坡过坎的压力感、奋勇向前的使命感、干事创业的责任感，以钉钉子精神一锤接着一锤敲、一茬接着一茬干，坚持务实求变、务实求新、务实求进，以永远在路上的坚定和执着，才能响应以习近平同志为核心党中央的号召，把改革开放进行到底，推动中华民族走向伟大复兴。

《明道与践行——亲历改革开放40年回首》一书出版，我期冀能给广大读者带来启迪和帮助。在本书的编著出版过程中，得到了一些老领导、老朋友给予的鼓励，提出了许多中肯而宝贵的意见建议，得到了翟立功、陈胜昌、韩建军、孙宝龙、潘邦华、王瑞芳等许多同志的大力支持和帮助，以及中国财政经济出版社编辑的积极支持，让我很是感动。在撰写修订过程中，还参阅了大量书刊文献，吸收和参考了一些专家学者和相关人士的研究成果和成功经验。由于这些散见于报纸杂志和互联网上的成果和经验，难于一一明确作者和出处，故没有一一注明，请这些成果经验的作者见谅。你们的真知灼见、丰富经验和举措建议让我受益匪浅，为本书增色不少。在此，一并致以衷心的谢意！

王茂林

2018 年 8 月 16 日

目录

明道践行——山西篇（1978～1993年）

明道践行——湖南篇（1993～1998 年）

探索推进——北京篇（1998～2018年）

明道践行——山西篇

（1978~1993年）

思想解放、创新担当与保持稳定

——谈山西太原实行改革开放

发展是解决一切问题的关键，改革开放则是中国发展的根本动力。从40年前邓小平同志“**不改革死路一条**”的大声疾呼，到如今习近平总书记“**改革不停顿、开放不止步**”的铮铮誓言。中国在困顿中踏上改革开放之路，凭着一股逢山开路、遇水架桥的闯劲，凭着一股滴水穿石、绳锯木断的韧劲，实现了前所未有的历史性变革，取得了举世瞩目的历史性成就。改革开放让中国“大踏步赶上时代”，让近代以来久经磨难的中华民族，实现了从站起来、富起来到强起来的伟大飞跃，比历史上任何时期，都更接近实现中华民族伟大复兴的目标，并且在接续奋斗中让这条伟大的道路不断向前，让中华民族伟大复兴的前景愈加光明。

一、推动改革开放离不开思想解放

1976年年底我被调到省里工作开始。当时，由于在思想领域人们受极“左”思潮影响时间太长，所以尽管粉碎了“四人帮”，但阴霾仍未散净，“两个凡是”仍然是全社会判断政治是非、行为对错的基本标准，对我这样一个刚进不惑之年的副省级干部来说，许多工作推进处在迷茫之中。如何冲破“两个凡是”的思想束缚，尽快摆脱极“左”的影响，解决“文革”遗留问题，把全党工作中心转移到正确的轨道上来，成为全社会关注的问题，也成为邓小平同志复出后面临的一个棘手问题。邓小平同志一直是我心中崇拜的革命家、政治家之一，听到他第三次复出的消息，我坚信他一定可以解决这些问题。之后1978年5月10日，《实践是检验真理的唯一标准》一文在《理论动态》第60期全文发表，光明日报、人民日报、新华社等随即向全国转发通稿，几天内迅速传遍神州。一场围绕真理标准问题的讨论由此在党内外公开展开。这场讨论与其说是理论争论，不如说是思想斗争，因为真理标准直指“两个凡是”，人们在“两个凡是”上的不同思想立场，自然就构成两种不同的政治态度。就是这样一篇文章，打破了“两个凡是”神话，为全国第一次思想大解放拉开序幕。

1978 年 12 月召开的党的十一届三中全会，实现了新中国成立以来的伟大历史转折，开启了改革开放的新纪元，成为党和国家历史上一座划时代的里程碑。在邓小平同志的领导下和老一辈无产阶级革命家的支持下，此次全会冲破长期“左”的错误的严重束缚，批评了“两个凡是”的错误方针，明确指出必须完整、准确地掌握毛泽东思想的科学体系。高度评价了关于真理标准问题的讨论，重新确立马克思主义的思想路线、政治路线和组织路线，做出了把党和国家的工作重点转移到以经济建设为中心的社会主义现代化建设上来和实行改革开放的战略决策。

在我的记忆中，那个时期最鲜明的特点是改革开放，最显著的成就是快速发展。坚持“一个中心、两个基本点”成为党的基本路线的总纲，成为中国特色社会主义道路的根本遵循，成为党和国家的生命线。邓小平同志明确提出对内改革、对外开放，这一决策极大地激发了全党和全国人民的创造活力，于是有了农村家庭联产承包责任制的突破，有了经济特区的创建，有了城市改革从最初计划经济到商品经济再到社会主义市场经济的探索。斗转星移，踏着党中央推进改革开放的节拍进入 20 世纪 80 年代，随着全国上下改革开放的稳步推进，社会空前活跃，“小岗村改革”轰动全国，人民公社悄然解体，乡镇企业异军突起。同时，我们党在领导人民进行改革开放实践创造的过程中，坚持马克思主义的思想路线，自觉顺应时代潮流和人民愿望，不断探索和回答什么是社会主义、怎样建设社会主义，建设什么样的党、怎样建设党，实现什么样的发展、怎样发展等重大理论和实际问题，不断推进马克思主义中国化，形成了中国特色社会主义理论体系，使社会主义和马克思主义在中国大地上焕发出勃勃生机。亲身经历了思想大解放给社会政治、经济、文化带来的大解放和大发展，我深刻领悟了思想解放对开展工作的重要性。

1981 年 6 月接受山西省委安排，我以一个副省长的身份被任命为太原市委书记职务进入太原市委工作，主抓全市经济工作，特别是工业经济，国有企业的领导岗位责任制和创建承包责任制的试点成为我抓的一项重要工作，同时大胆地引进外资，实现多方位、多侧面的企业结构改革。1982 年 9 月我正式出任太原市长，就更加大刀阔斧地加快太原市改革开放的步伐。

当时，太原已是 130 万人口的大城市，工业实力比较雄厚，门类齐全。1983 年，全市工农业总产值达到 53.7899 亿元。其中，工业总产值 49.4196 亿元，约占全省的 33.2%，在全省起着举足轻重的作用。但是，由于“左”的思想和现行管理体制的束缚，形成条块分割、多头领导、生产重复、流通堵塞等多种弊端，特别是吃“大锅饭”的问题相当突出。如果不对现行体制进行彻底的改革，势必妨碍“对内搞活经济，对外开放”方针的贯彻落实，妨碍太原发挥中心城市的作用，影响整个山西能源重化工基地的建设速度。山西省委、省政府根据全国人大六届二次会议“城市改革的步子要加快”的要求，决定把太原作为城市体制综合改革的试点，要求通过改革，最大限度地调动起“城里人”的积极性，把太原市建设成经济繁荣、文化发达、环境优美、市容整洁、秩序良好、生活方便的第一流的社会主义现代化城市。为此，我们及时制订了《太原市城市体制综合改革试点方案》，并得到了中共山西省委、省政府的重视与支持，省委、省政府批转市委、市政府各部、委、局、办，各直属公司，要求结合本部门实际，认真组织实施。并明确指出：城市体制综合改革，涉及面广，业务性强。各部门、各单位在组织实施改革方案中要切实加强领导，坚持调查研究，发扬勇于进取，勇于创新的革命精神，互相支持，密切配合，努力工作，做出新成绩。紧接着，我们依据山西省区域经济特色要求，组织规划专家编制完成了《太原 1981—1990 年城市总体规划方案》，该方案得到了国务院的批复，并明确要求今后太原市的各项建设都要按照该规划有计划地进行，一定要把太原市建设成为环境优美、市容整洁、生活方便的社会主义现代化城市。我们越来越认识到，只有把太原建设成为山西省的经济中心，金融中心，科技、文化中心，煤炭综合利用中心，技术情报信息中心，才能充分发挥太原中心城市的独特作用。

就这样，在党中央正确领导下，在省委、省政府的大力支持下，市委、市政府团结一心、共同努力使得各项改革举措与开放工作得到有力地推进。全市上下坚定地贯彻执行国民经济调整、改革、整顿、提高的方针，集中力量抓经济建设，不断探索具有太原特色的经济与社会发展新途径。在坚持全民所有制经济占主导地位的前提下，鼓励和支持集体经济和个体经济的发展；打破旧的封闭僵化的经济模式，加强对外经济联系，促进太原经济由“封闭型”向“开放型”转化；调整农、轻、重及其内部的比例关系，扭转了轻重工业增长速度比例不协调的状况，农轻重内部结构也趋向大体合理；全面开展企业整顿，狠抓扭亏增盈工作，企业素质、经济效益有所提高；在抓紧国家重点工程建设的同时，加强老企业的设备更新、技术改造，收到了质量提高、品种增加、消耗降低的良好效果。通过上述努力工作，1987 年 7 月，在我离开太原市委到山西省委工作时，太原市的国民经济开始持续、稳定、协调地发展，发展速度与国民收入、地方财政收入也同步增长，基本上实现了财政经济状况的根本好转。

改革开放走到 1989 年下半年，受海内外政治形势的影响，国内再次出现思想纷争，认为改革开放要收、阶级斗争要抓的疑问不仅在社会，在党内也大量存在。在姓“社”姓“资”的争论上，“左”倾势力一度甚嚣尘上。思想上的混乱必然带来生产上的停滞和经济上的下滑，国民经济发展速度一直在 5% 上下徘徊，出现较大的滑坡势头。在这种形势下，1992 年 1 月邓小平同志以 88 岁的高龄一路南下，到武昌、到深圳、到珠海，围绕改革开放中的问题沿途发表谈话。邓小平同志说：“改革开放迈不开步子，说来说去就是怕资本主义的东西多了，走了资本主义道路，要害是姓‘资’还是姓‘社’的问题。判断的标准，应该主要看是否有利于发展社会主义社会的生产力，是否有利于增强社会主义国家的综合国力，是否有利于提高人民的生活水平。”“三个有利于”震动全国，冲破禁锢人们多年的思想禁区，解决了困惑中国多年的改革难题，为思想再次大解放指明了路径。这次思想大解放以后，我国经济进入高速发展的快车道。随着姓“社”姓“资”问题的解决，国家所有制结构发生了巨大变动，非公经济得到迅速发展。1993 年 10 月我被中央调任湖南省委书记，离开了山西，山西当时的非公经济发展在全国是靠前的，发展速度是快的，连年增长的速度超过全国的平均水平。中共山西省委发了一份支持民营经济发展的若干政策，这在全国是唯一一份以省委名义发的支持民营经济发展的文件。

二、实践改革开放离不开创新担当

改革开放，作为我国新时期社会主义建设的一场革命，必然要经历风风雨雨、坎坎坷坷，世界上没有一场革命是和风细雨、一帆风顺的。回首改革开放初期太原的改革开放，同样是在迎风破浪中推进，在解放思想的指导下前行的。回想当时太原的改革开放实践，正是市委、市政府一班人的勇于创新和担当，才让许多改革举措经受住了实践考验和时间检验。时至今日，有5项改革开放创新实践，依然记忆犹新。

（一）扩大国营工业企业自主权

市委和市政府为了进一步贯彻《中共中央关于经济体制改革的决定》和全国经济工作会议精神，贯彻《山西省以增强企业活力为中心的经济体制改革实施方案》和财政部下发的有关文件精神，抓好增强企业活力，特别是国营大中型工业企业活力，促进太原经济建设的发展。我们决定摆脱“左”的束缚，冲破旧的框框，解放思想，大胆改革，在国家对国民经济发展总要求的前提下，给全市厂长（经理）摘掉“紧箍咒”，下放“五个权”。一是给厂长（经理）“组阁”权。企业的厂长（经理）确定后，副厂长（副经理）、总工程师、总会计师、总经济师等，由厂长提名，报上级有关部门批准；中层行政干部统由厂长（经理）任免。二是给厂长（经理）录用权。根据企业生产、经营的需要，厂长（经理）有权招聘各类专业人员；在受聘期间，厂长（经理）有权根据企业的经济能力和本人技能，给受聘人员确定岗位津贴（或技术津贴）和报酬。三是给厂长（经理）产品销售权。企业生产的产品，在保证完成国家计划的前提下，厂长（经理）有权根据市场情况自行推销，有权根据产量并根据贡献大小决定工资升降。四是给厂长（经理）奖惩权。企业在完成国家税利以后，厂长（经理）有权支配留成的利润。厂长（经理）依照厂规厂法（店规店法），有权对违反劳动纪律的职工进行纪律处分，直至除名。五是强调厂长（经理）要珍惜党和人民授予的权力，要树立对国家负责的观念，如果滥用职权，或有渎职行为，要追究责任，实行纪律处分，以至追究法律责任。

这5个下放的权利给全市的厂长（经理）吃了定心丸，得到了广大职工的热烈拥护，并在推广中得到了完善。同时，又进一步充实和完善企业内部多种形式的经济责任制，切实做到职工不吃企业的“大锅饭”。允许企业发放奖金可根据“奖勤罚懒，奖优罚劣，充分体现多劳多得、少劳少得”的原则，明显拉开档次，不搞平均主义。职工个人所得，上不封顶，下不保底，除国家规定免征奖金税的矿山采掘、搬运、建筑行业以外，其他企业全年发放奖金在四个月标准工资以内的，也免征奖金税。有条件的企业还可以按照国家有关规定搞自费工资改革，也可以搞各种职务津贴和岗位津贴，主管部门不得随意进行干预。所有这些规定与举措极大地激发了国营工业企业的活力，有力地推动了太原市的工业经济发展。

（二）繁荣市场、改善城乡人民生活

为适应太原市民生活水平日益提高的需要，我们有力地推行了食品生产和商业体制等方面改革。为解决好食品的供需问题，贯彻实施了促进太原市食品生产发展的“四条意见”：一是恢复老字号和名特产品。二是在恢复名特产品、保留老师傅传统工艺的前提下，相应地进行一些改革和创新，以提高产品质量，但必须保持原有风味。三是积极大胆地引进兄弟省、市的名特产品。四是引进一些外国食品工业装备和技术，洋为中用。如：我们从山东引进海产品，在全市开设10个山东海产品销售点，从浙江引进养鱼能手在清徐县建鱼塘发展养鱼，供应太原市场，解决了市民吃鱼难、吃海产品难的问题。从国外引进两条生产线：一条是意大利冰淇淋生产线，一条是法国的面包生产线，满足了市民对面包、冰淇淋的需求。由此，不仅像太原六味斋、双合成等这样的百年老店焕发了生机，而且省内省外的各类特色食品也陆续进入太原市场，极大地丰富了市民的生活所需。

在商业系统改革中让我记忆最深的是太原五一百货大楼在全国率先实行柜台承包制和奖惩条例，人员优化组合以完成柜台定额提成作为收入标准，极大提高了员工积极性，很快实现了利润和员工收入翻番。在供销社改革中，鼓励员工承包商品销售门市部，为承包人颁发营业执照，使其变成“国营个体户”，销售商品自己根据销售情况采购，依法纳税后，交完承包费均为个人所得，不仅承包人的收益大幅增加，而且对促进城乡商品的流通发挥了很大作用。为改善市民看病难问题，我们对医院也实行了相应改革，提高了医护人员的服务质量和积极性。如：太原中心医院的CT机由太原租赁公司为其购买，采用定额管理，超额部分五五分成，出现了全天候为患者检查的热闹场面。当时同样让我感动的还有在科研、设计系统的改革，太原建筑规划设计院按一个生产单位实行改革，他们按国家规定的图纸价格为社会各界服务，不但解决了自己的住房问题，改善了办公条件，而且率先实现了电脑化。类似案例有很多，每次想起都让我激动很长时间。

（三）太原第二步利改税工作

太原市第一步利改税主要是盈利国营企业普遍征收所得税。1983 年太原市有

84 个工业企业实行了利改税，占全部工业企业的68.5%。一年多的实践表明，国营企业实行利改税后，大企业的部分利润用征收所得税的办法上交，把国家与企业的分配关系基本上纳入了固定的轨道，对加强企业经营管理和稳定国家财政收入起了很好的作用，较好地处理了国家、企业和职工个人三者的利益关系，扩大了企业财权，调动了企业和职工的积极性。但是，利改税第一步改革是不完善的，还存在一些问题，需要在第二步利改税的改革中进一步解决和完善。我们就按照国务院的部署和省里的安排，从 1984 年 10 月 1 日起，普遍推行第二步利改税。这是一个宏观重大决策，是城市经济改革的重要组成部分，与第一步改革比较，无论在广度和深度上都大大前进了一步，进一步扩大了企业的财力和自主权，对国民经济发展产生了重大影响。利改税第二步改革的指导思想是：要进一步处理好国家同企业的分配关系，从根本上解决企业吃国家“大锅饭”问题，并为解决职工吃企业“大锅饭”的问题创造条件；既要保证国家财政收入的稳定增长，又要使企业在经营管理和发展上有一定的财力保证和自主权，在政策上使企业感到有奔头，有更大的后劲；要发挥税收经济杠杆的调节作用，体现国家的奖励和限制政策，并缓解目前价格不合理所带来的一些矛盾。基本内容就是将国营企业应当上交国家的财政收入按税种向国家交税，由“税利并存”逐步过渡到完全的“以税代利”，税后利润留给企业安排使用。推进中我们正确处理了利改税和经营承包的关系、利改税与“松绑”的关系、实现第二步利改税后国家和企业的利害关系，使第二步利改税工作取得了圆满成功，并得到省里好评。

（四）推进太原市对外开放

20 世纪 80 年代初期，太原是较早实施对外开放和招商引资的城市之一。首先在香港成功举办了“港并联谊会”，这次活动不仅使山西、太原籍和曾在山西、太原生活工作过的香港人对太原有了更多了解，而且在新华分社的支持下，500 多位港商参加本次联谊会和有关项目洽谈，签订了一批合作投资项目。随后，华杰电子公司、港并出租车公司、中外合资的广东酒家等一批合资、外资企业在太原陆续建立起来。其中，山西首家中外合资的华杰电子公司在崔晋宏总经理掌舵下得到了蓬勃发展，从昔日国内独占鳌头，走俏国际市场的“华杰表”，到今天华杰电子公司已变成享誉海内外的华杰集团公司，身为全国政协委员的崔晋宏董事长也成为新一代晋商的楷模。30 多年来经常在国内外各大报刊看到有关华杰的报道，我都会为之欣喜，都会想起当时我们在推进对外开放方面曾明确提出的“四个要求”：一要全面对外开放，大力从国外、省外、市外引进先进技术、设备和发展资金；二要积极面对对外开放新形势的挑战，要求太原所有企业全力提高企业职工素质和技术应变能力；三要培养一批熟悉国外情况、国外企业经营的管理型人才；四要改革对外经济贸易体制，扩大对外经济交流。

为打破太原长期闭塞的状况，我们先后同英国、日本等国家的城市建立了友好城市关系。其中，与英国东北部的纽卡斯尔市建立友好关系后，纽卡斯尔市为太原培养了一批采煤采矿、企业管理和外语人才，为太原的发展发挥了重要作用。在对省外开放方面，太原是较早进入特区的城市。深圳特区建设初期，太钢等大企业与国家物资系统一起在深圳建立了五星级的南方国际大酒店、太原饮食服务公司在深圳建立了合资的杏花村酒楼、太钢在深圳蛇口工业区建立了钢铁制品企业等。同时也十分重视省内兄弟地市间的经济技术协作，1985 年 9 月成功举办“山西十一地市经济技术协作、太原地区科研、生产技术协作首届洽谈会”，来自全省 11 个地市的 500 多名代表参加了会议。会上 11 个地市经过共同协商，决定建立经济技术协作联席会议制度，并就建立 11 个地市经济技术协作网络问题达成协议。会上太原与各地市、大专院校和科研单位共洽谈项目 500 多项，成交项目达 269 项。这次洽谈会的成功举办得到了省市领导的充分肯定。

（五）发展城镇集体经济和劳动者个体经济

十一届三中全会以后，由于我国生产力发展水平总的说来还比较低，又很不平衡，在很长时间内需要多种经济形式同时并存。城镇手工业、工业、建筑业、运输业、商业和服务业，都不应当也不可能由国营经济包办，有相当部分应当由集体承办。只有为集体经济发展开拓了广阔的领域，发展城镇集体经济，才能繁荣城乡经济，方便人民的生活，解决劳动就业问题。为此，在中央关于社会主义公有制占优势的前提下，实行多种经济形式长期并存的方针指引下，我们及时颁布了《关于大力发展城镇集体经济的决定》，主要内容是从指导思想上进一步明确社会主义集体经济的性质、地位和作用，认识社会主义集体经济的优越性，结合产业结构和所有制结构调整，完善集体经济的管理体制，认真贯彻自愿组合，自负盈亏，按劳分配，民主管理的原则，广开就业门路，从实际出发，采取多种形式促进城镇集体经济实现了较快发展。特别是乡镇企业在解决“农村无工不富”，农村要树立“农、林、牧、工”全面发展的思想指导下，各种类型的“专业户”如雨后春笋般发展起来，乡镇企业也进入了快速发展轨道。

当时，太原城镇劳动者个体经济虽有了较快的恢复和发展，但由于“左”的错误影响，还存在着歧视劳动者个体经济的偏见，存在着不利于个体经济发展的条条框框，束缚着个体经济的发展。我们及时根据党的十二大报告精神，针对太原的具体情况，市政府及时颁布《关于发展城镇劳动者个体经济的10项决定》，主要是进一步解放思想，放宽政策，加强领导，改进工作，推动太原城镇劳动者个体经济得到新发展。重点明确要求国营商业和物资部门，对个体工商业户所需的原辅材料和货源，应根据可能条件，同集体企业一视同仁，合理分配；个体工商业户所需的资金，也可向银行贷款，银行应准予开列账户；对于从事个体经营的公民，他们的社会和政治地位，应同国营、集体所有制单位的职工一样；逐步建立和健全区（县）、市两级个体劳动者协会；加强个体工商业户管理，保证其健康发展。

纵览太原后来30多年的改革开放，在山西省委、省政府的正确领导下，历届太原市委、市政府的领导始终坚持解放思想、勇于担当，紧抓改革开放不放松，才有了太原今天的巨大变化。例如：近几年来，耿彦波市长大刀阔斧的城市交通改造和力推的经济转型发展，也充分说明了实践改革开放离不开创新担当。

三、关于稳定、改革、发展的关系把握

回首山西改革开放40年，在历届省委、省政府领导的带领下，按照中央各个时期的战略部署结合山西实际，坚持贯彻落实改革开放一系列重要决策，三晋大地发生了天翻地覆变化，全省人民的生活水平显著提高，太原和各地市的变化巨大，让我很是欣慰。山西步入新时代，深化改革开放、发展山西经济，将面临许多新情况、新挑战，不仅需要各级领导干部进一步解放思想、转变观念，而且需要更多的创新担当。同时，还需把握好“稳定、改革、发展”三者关系。为此，我专门撰文剖析了20世纪90年代初期在山西发展经济和深化改革开放中的深刻体会。此文于1990年3月26日在《人民日报》上以《正确认识稳定、改革和发展的辩证关系》为题发表。我从中选取仍有借鉴价值的一些认识收录于此，供读者参考。

所谓稳定，就是社会主义中国在中国共产党领导下，长期地保持安定团结的政治局面。稳定包括政治的稳定、经济的稳定、社会的稳定和人心的稳定，核心问题是保持政治与政局的稳定。稳定是改革和发展的基本前提，离开稳定我们将一事无成。正如邓小平同志所指出的："中国的问题，压倒一切的是需要稳定。没有稳定的环境，什么都吹了，已经取得的成果也会失掉。我们的国家要改革，要改革就一定要有稳定的政治环境，离开这一点，什么都搞不成。"

说稳定是改革的前提，是因为只有安定团结才能为改革创造良好的社会环境。任何改革都是社会变动。无论是政治体制改革和经济体制改革，都要有破有立。要打破传统体制，建立和形成新体制，这必然涉及各种社会阶层、群体和人民之间利益的调整，冲突和摩擦是不可避免……正因如此，越是改革时期越需要有一个安定团结的政治局面。要理顺各种关系，冲破重重阻力，把改革推向前进。

稳定不单是发展的前提条件，而且是发展的重要内容，更是衡量社会发展的重要标准。单纯的经济增长并不等于发展，这是连资产阶级经济学家都承认的道理。马克思主义把发展解释为社会进步，是经济和社会的全面发展。首先是社会生产力的发展和经济实力的增强，集中地表现为国民生产总值的增长和适度的发展速度，这是发展的基础。社会主义在中国的发展，根本认识是发展生产力。国家的昌盛，人民的富裕，说到底要靠生产力发展和经济实力的增强。正是在这个意义上，党中央制定的我国发展战略的"三步曲"，把国民生产总值翻两番作为主要标志。另一方面，发展必须把人民群众的物质文化生活水平的提高作为最终目的，要实现经济、政治、社会、文化、科技的全面进步，精神文明的提高，要保障全体人民共同富裕，各民族繁荣昌盛和国家的长治久安。显然，按照这个发展观的要求，稳定和发展二者是不可分割的，发展是在稳定中的发展，而发展又必须带来社会稳定。但是，发展和稳定却不是经济增长的天然伴生物。多数西方国家经济比我们发达，然而社会财富却集中在少数人手中，社会不公、阶级压迫、种族歧视、道德沦丧、吸毒贩毒、恐怖活动、艾滋病蔓延等形形色色的社会问题，使生活在那里的人们并没有安全感和稳定感。

稳定、改革、发展三者的关系是辩证统一的，其统一性表现在三者互相依存，缺一不可。稳定是前提和条件，改革是动力和途径，而发展既是目标又是历史的过程，三者共处于统一体中……在改革发展中，必须坚持积极稳定的方针。我们的稳定并不是保守消极的稳定，为稳定而稳定，更不是停滞不前的稳定。采取积极稳定的方针。首先，要坚定不移地贯彻“一个中心、两个基本点”，搞好政治整顿、深化改革，把国民经济搞上去。没有改革和发展的稳定是虚假的稳定，最终并不能够稳定。只有立足于改革和发展，正视困难，振奋精神，扎扎实实地做好经济工作，完成经济增长指标，要抓好农业生产，抓好与人民生活密切相关的工业品生产，增加社会有效供给，才能稳定物价，稳定人心，稳定局势。其次，要认真加强党的建设，努力改善党的领导，充分发挥我们的政治优势……各级党的领导干部和每个共产党员，都要牢固树立为人民服务的思想，坚持党的群众路线。人民群众是党的基础，是人民政权的基础。当经济生活中出现一些暂时困难，群众的实际问题比较多，这就要求各级领导干部到群众中去，了解情况，切实为群众排忧解难。要坚决惩治腐败，继续抓好反贪肃贿大案要案和廉政建设。党同人民群众的联系加强了，民心稳定了，才有人民政权的稳定和政治局势的稳定。此外，还必须把坚持四项基本原则作为社会主义精神文明建设的主题，锻铸统一强大的精神支柱，是维护稳定的根本性措施。

改革要稳健，必须以深化改革促进政治和社会的稳定。就是要把改革和稳定结合起来，要树立这样的观念：不继续深化改革就不会稳定；不把握住改革的方向，让改革滑向资本主义就不会稳定；改革急于求成，贪快求进，也将导致不稳定。

我们要在维护稳定中，始终加深改革开放意识。中国的改革不可逆转，改革的潮流不可阻挡。以邓小平同志为代表的中国共产党第二代集体领导最伟大的功绩，就是结束了十年“文革”动乱，推动中国走上了改革的历史进程。邓小平同志是改革的总设计师。如果否定改革，就是否定我们党十一届三中全会以来的政策和路线，倒退的结果当然会引起天下大乱。另一方面，中国的改革是在坚持四项基本原则的前提下，是社会主义制度的自我完善，改革的目的是使社会主义制度优越性充分发挥出来，使社会主义制度更完美更巩固。

我们坚持把稳定和改革结合起来，把治理整顿和深化改革结合起来。改革和治理整顿是相辅相成的，通过治理整顿为改革开放创造更好的条件，通过治理整顿，对已经出台的改革措施进行调整、补充和完善，这是改革的健康发展。这样做，是稳定经济的需要，也是稳定社会的需要。改革不能急于求成，只能以稳求进，以稳求好，以稳求快。

上述是我在山西工作时的体会，是对 20 世纪 90 年代初工作的回顾。40 年物换星移，回忆改革开放初期我的参与和实践，心潮澎湃中有感怀有慰藉；近看10年来特别是党的十八大以来，在以习近平同志为核心的党中央领导下，蹄疾步稳地推进全面深化改革，坚决破除各方面体制机制弊端。改革全面发力、多点突破、纵深推进，着力增强改革的系统性、整体性、协同性，拓展改革广度和深度，推出了1500多项改革举措，重要领域和关键环节的改革取得突破性进展，主要领域改革主体框架基本确立。同时，坚定不移扩大对外开放，提高对外开放水平，坚持以开放促改革、促发展，实现了改革和开放的相辅相成，相互促进。

习近平总书记在党的十九大报告中，回顾十八大以来的工作成就时指出，“5年来解决了许多长期想解决而没有解决的难题，办成了许多过去想办而没有办成的大事，推动党和国家事业发生历史性变革”。但同时，“必须清醒看到，我们的工作还存在许多不足，也面临不少困难和挑战。这些问题，必须着力加以解决。”

步入新时代，纪念改革开放40周年，是为在总结成功经验和审视不足的基础上，进一步推进全面深化改革和扩大开放，为决胜全面建成小康社会、夺取新时代中国特色社会主义伟大胜利奠定基础。我衷心希望，山西各级领导干部以习近平新时代中国特色社会主义思想为指导，全面贯彻党的十九大精神，认真落实省委“一个指引、两手硬”的重大工作思路和要求，以纪念改革开放40周年为契机，进一步解放思想、解放和发展社会生产力、增强社会活力，以勇于创新和担当的精神，全力推进山西的经济建设、政治建设、文化建设、社会建设、生态文明和党的建设，以及全国资源型经济转型发展示范区建设，兴晋富民、努力开创新时代山西各项工作的新局面，为实现中华民族伟大复兴作出新贡献！

（原载中共山西省委党史办《党史文汇》2018年第6期）

领导干部要当改革的促进派

六届全国人大二次会议，是一次表达全国人民锐意改革意志的大会。《政府工作报告》全面阐述了城市改革的指导方针。

从《政府工作报告》对城市改革工作阐述中可以看到，我们今后改革的方针是：一是重点抓城市改革，加快城市改革的步伐。这不仅是整个国民经济发展的需要，也是农村改革形势的要求，城市不改革，农村的改革就失去了可靠的依托。二是城市的改革，要从解决国家和企业、企业和职工的关系入手，彻底改变企业经营好坏一个样、职工干好干坏一个样的状况，做到企业不吃国家的“大锅饭”，职工不吃企业的“大锅饭”。三是在城市改革中，要把各项改革措施逐步配起套来，同步进行。

《政府工作报告》从五个方面阐述了改革的措施。这五个方面，既是改革的配套措施，又是改革的指导方针。报告理论同实践紧密结合，充满创造精神，富有革命的活力，是党的十二大提出的建设具有中国特色的社会主义这一战略思想的生动体现和经验总结，在思想和政策方面的一系列重要问题上，给我们松了“绑”。

党的十一届三中全会指出：“实现四个现代化，要求大幅度提高生产力，也就必须要求多方面改革同生产力发展不相适应的生产关系和上层建筑，改革一切不适应的管理方式、活动方式和思想方式”。所以，改革同生产力不相适应的现行经济管理体制，已成为当前一个紧要的问题，再也不能拖延下去了。六届全国人大二次会议吹起的强劲东风，必将推动体制改革和对外开放，形成千帆竞发、锐不可当的磅礴气势。

城市经济管理体制的改革是一件关系四化前途、关系国计民生的大事。建立一套符合客观经济规律、适应我国当前生产力发展的新的经济管理体制，是一项十分艰巨的任务。到目前为止，无产阶级夺取政权管理国家、进行社会主义经济建设，只有六十多年的历史，尽管各社会主义国家根据自己的特点制定了各自的经济管理体制，并且在实践中不断予以修订和改革，也取得了不少成绩和经验，但无论在理论上和实践上，都还存在一些问题需要研究解决。别国改革经济管理体制的一些做法和经验教训，我们应该重视和借鉴。但是各国的情况不同，即使别国成功的管理体制，我们也不能照抄照搬。我们要建立一套具有中国特色的、社会主义的经济管理体制，解决我国经济结构和经济活动的本质问题。

党的十一届三中全会后，我们在经济体制改革上，已有不少尝试。农村家庭联产责任制的建立，使农村改革取得了突破性的成功，大大调动了农民的积极性，推动了农业生产的发展；城市在扩大企业经营管理的自主权、从财政上实行“分灶吃饭”、开展计划经济指导下的市场调节等方面，也取得了一些成绩和经验。但是改革现行管理体制，涉及的面很广，内容很丰富，需要解决的问题很多，还要做大量的工作。

我认为，当前迫切需要解决的仍是思想认识问题。首先是各级党政领导干部的思想认识问题。如果说松“绑”的话，首先应松各级领导干部的思想上的“绑”。

改革，是一场革命，必然要触及人们的思想。改革要触动旧的条条框框，触动旧的传统观念，特别是要触动一部分人的既得利益，而我们一部分同志，常常自觉不自觉地给改革设置了思想障碍。

有些同志往往习惯于用旧的条条去衡量，甚至搬出20世纪50年代、60年代某些过时的东西去套新事物，好似改革就是返回到“文革”前；有些同志往往习惯于用“红头”文件去套，不敢去解决新问题、创造新经验，总想等上边定下来他再“改革”，政策要上面出，章程要上边拿，态度要上边表；有些同志往往习惯于从上面搞统、包、管，舍不得放权“松绑”，总怕搞“乱”；有些同志往往习惯于搞“部门所有制”，本位主义挡道，斤斤计较，这也不行，那也不行；有些同志吃“大锅饭”吃懒了，吃笨了，总舍不得掀掉“大锅饭”；有些同志“左”的影响未肃清，心有余悸，怕扩大企业自主权，改革分配方法会使企业“性质改变”，怕竞争搞垮企业使工人失业，怕触动“关系网”得罪人，怕一部分职工先富起来影响左邻右舍……总之，怕搞成“资本主义”“修正主义”；有些同志强调城市经济特殊，总想等一等，看一看，有些同志不肯为改革担风险，担心“春天放，秋天收，朝令夕改，说了不算”，给自己造成被动，甚至错误地认为“率先改革没有好下场”。这些思想认识问题不解决，阻力消除不了，改革就难以进行。解决这些问题最根本的一条就是要继续肃清经济工作中的“左”的影响，帮助他们纠正错误认识，提高思想觉悟，赶快起来跟上时代的潮流，以党的利益、人民的利益为重，当改革的促进派，在困难中开拓前进。

同时，也应当看到，还有一些混进党内的“三种人”，抵制党的三中全会以来的路线、方针、政策，抵制改革。对于这些人，就不是解决思想认识问题，而要坚决把他们撤下去，搬掉改革的“绊脚石”。搞城市经济体制改革，需要一批有胆有识的改革者。改革者必须无所畏惧、不计个人得失，有崇高的理想，有抱负、有志气、勇于攀登高峰。具体讲，改革者要有五大精神：

一是要有超前精神，争朝夕，抢时间，讲效率，树立“时间就是金钱，效率就是生命”的思想。

二是要突破精神，敢于冲破老习惯、老框框，从实际出发，不断创新。

三是有坚忍不拔的毅力，敢于同来自“左”的和“右”的干扰，同惰性、官僚主义和小生产的狭隘观念进行不懈斗争。

四是有务实精神，坚决反对只尚空谈、不办实事，只图形式、不讲实效的不良作用。

五是要有刻苦学习的精神，努力提高自己的思想、政策水平和科学技术、经营管理知识，不断增长才干，适应新形势发展的要求。

一个改革者，只有具备了上述五种精神，才能在逆境中冲破阻力、开拓创新。

我们的时代，是中国共产党领导的新时代，中国共产党就是最大的改革者。从共产党成立的那一天起，党的旗帜就是“砸烂旧世界，建设新世界”。每一个共产党员自他入党的那一天起，就应该是一个改革者。在党的领导下，由于这样和那样的原因，也会发生一些改革者受排挤、遭打击，甚至受迫害的事，但是应该肯定，我们的党是支持改革者的。错误一经发现，就会得到纠正。背“率先改革没有好下场”的包袱，是完全没有必要的，是没出息的。各级党政领导要自觉地当改革的促进派，做到百折不挠地坚持改革，满腔热情地支持改革，在关键时刻支持和保护改革者。谁阻碍改革？是那些没本事的人，有本事的人都希望改革，希望施展才能干四化。万里同志早就指出，改革会有成功，也可能失败，但不能因此而不改革。改革是探索，难免走些弯路，出点毛病。我们要力争不出大的毛病，对改革者不能求全责备，更不能“秋后算账”。各级领导对改革者要在政治上给予鼓励，组织上给予信任，工作上委以重任，经济上给予奖励，并帮助他们排除阻力，克服前进中的缺点和错误，更好地开拓前进。只有这样，我们的事业才能兴旺发达，本世纪末翻两番的宏伟目标才能实现。

（原载《太原日报》1984 年 6 月 15 日 1 转 3 版）

必须正确对待改革中出现的问题

本报讯（据新华社报道）正在北京出席六届全国人大三次会议的代表、太原市市长王茂林在审议政府工作报告时认为，要坚定不移地搞改革，必须正确对待改革中出现的问题。

他说，改革就是探索，没有现成的路子可走，再加上各地情况复杂，干部经验不足，有些问题预料不到，因此，出现一些这样那样的问题是不奇怪的。只要我们及时注意，充分重视，这些问题就不难解决。如果不加分析地把改革中出现的问题一概看作是不正之风，这就违背了实事求是的精神，不利于鼓励大家勇于开拓，把改革引向深入。当然，我们在改革中要慎重，力求少出问题，不出问题，扎扎实实地做好工作。

（原载《太原日报》1985年4月1日1版）

改革要坚持正确的方向

本报讯　王茂林同志在中共太原市第五次代表大会上所作的工作报告中明确指出，要坚持改革的正确方向，实现经济效益和社会效益的同步提高。

他说，改革是为了促进生产力的发展，为了建设具有中国特色的社会主义，达到国家繁荣富强和人民富裕幸福，这是改革要坚持的正确方向。但现在一些同志中存在着一种“改革就是要会赚钱，赚到钱就是提高了经济效益，能赚钱就是搞改革”的糊涂认识。在这种思想的影响下，一些企业和个人不顾产品质量，以次充好，弄虚作假，缺斤短两，坑害消费者，干出了与改革精神背道而驰的事情。我们要清醒地认识到，经济效益的提高是要通过发展生产，革新技术，提高质量，降低消耗等一系列艰苦工作来实现的，是要靠真本事，扎扎实实干出来的，并且最终要落脚到社会效益上。那种唯利是图，以损害消费者利益、破坏国家整体利益为前提取得的所谓“经济效益”，是与任何意义上的改革不能同日而语的。那不是改革，是钻改革的空子，严重的是犯罪行为。如果每一个企业都去追逐这样的“经济效益”，那么社会主义建设就会遭到巨大损失。因此，在改革中，我们一定要正确处理质量与数量、效益与速度、局部与全局、当前与长远的关系，使经济效益与社会效益同步提高，保证改革的正确方向，达到改革的预期目的。

（原载《太原日报》1985 年 12 月 16 日）

让千千万万的人理解和支持改革

本报讯　省委副书记王茂林在宣传、理论、新闻、出版工作者座谈上强调指出：要在党的十三大召开前这一段时间里，把改革的气氛造得更加浓厚一些，不断强化改革意识，让千千万万的人理解改革，支持改革，投身到改革中去。

7月4日上午，省委领导同志召集省城部分宣传、理论、新闻、出版部门的同志就如何搞好对改革的宣传进行座谈。省委常委、省委宣传部部长张维庆主持了座谈会。王茂林同志在讲话中说，宣传改革，把改革的气氛搞得浓厚一些。首先，新闻、宣传、理论、出版部门的同志要认真学习中央有关文件精神，学习和研究邓小平同志的思想，深刻理解中央领导同志关于社会主义初级阶段的论述。社会的发展靠生产力的发展，而发展生产力，就要冲破一切旧的束缚、就需要改革；改革不能在封闭状态下进行，要对内对外开放，吸收人类社会包括资本主义社会一切有用的东西。改革是长期的，又是复杂的，这就需要我们不断了解新情况、研究新问题，写出有说服力的文章，对人们的社会心理加以正确的引导和教育。其次，要宣传十一届三中全会以来我省各条战线坚持改革开放所取得的成就，用8年的实践证明，我们改革的路子是正确的，实践是成功的。要宣传在改革中涌现出来的先进人物和先进单位，但要实事求是，不要人为地拔高。同时，对群众中的一些糊涂认识和看法，也要加以正确的引导。再其次，对群众最关心和敏感的问题，不要回避，要组织一批实事求是的有说服力的文章，加以澄清，回答和解决群众的疑虑。如物价问题、一部分人先富起来、农村专业户，以及租赁等问题。最后，宣传部门不仅要宣传改革，本身也面临着一个改革的问题，要不断提高人员的素质，加强新闻纪律，并注意宣传的社会效果。

（原载《山西日报》1987年7月5日1版）

站在改革的高度支持和保护改革者

我国的经济体制改革，从党的十一届三中全会到现在，已经七年多了。改革的实践，“六五”期间我国各项事业所取得的巨大成就，充分证明了改革是推进我国两个文明建设的强大动力。人们已经清醒地认识到，坚定不移地把改革继续推向前进，是国家的前途所系，希望所寄。但是，我们应该看到，当前，在一些单位，改革的劲头有所减弱，改革的工作有所松懈。这个问题的产生，是与当前一些改革者由于在改革过程中发生过一些偏差和失误而受到非难和指责、受到不公正对待有着直接的关系。这些虽然是局部现象，但它挫伤了大批改革者的积极性，对改革的深入发展所产生的消极作用，是不可低估的。如何正确对待改革者，这个问题，已经严肃地摆在了每个领导者面前，不容回避地要求各级领导高度重视，认真解决，解决好这个问题，对于改变新旧两种体制的胶着状态，缩短新旧体制的转换过程，尽快让新体制取代旧体制，将产生深远的影响。

任何事业都需要一批逢山开路、遇水搭桥的“排头兵”，改革更不例外。我国进行的经济体制改革，是一项十分巨大的社会系统工程，是在相当广阔的领域和相当深刻的程度上展开的。没有成功的经验可资借鉴，也没有现成的模式可以遵循。只能在马克思主义基本原理指导下，走一步看一步，摸着石头过河，进行前人没有进行过的艰苦探索。这就决定了改革的事业是艰巨的、复杂的；由于在一定时期内新旧两种体制并存的复杂局面，特别是在哪一种也不能起主导作用的阶段，带来的问题更多，所以，改革的征程是曲折的、渐进的。这种伟大的事业，没有一批“排头兵”去冲锋陷阵，没有一批改革者去积极探索创新，要想取得成功是不可能的。改革是一项广泛、深刻的变革，它顺应全国人民的心愿，符合社会历史发展规律。改革的目标一定能达到，改革的事业一定能成功。但是，具体到每项改革工作就有成功和失败两种可能。成功了，是我们的期望和目的；即使是失败了，也能给我们提供宝贵的经验教训，能引导改革走向成功。改革中，由于这样那样的原因，难以避免地会出现一些工作上的失误和偏差，这是符合事物发展规律的，也是应该允许的。不能因为一出点问题，就大惊小怪甚至对改革产生怀疑动摇。我们要改革，要探索前进，首先不能认为改革不可避免出现失误而对失误放任自流，要尽一切努力去避免那些可以避免的失误。但是，也不应该怕在改革中犯错误、出问题。要求改革没有一点失误，要求改革者完美无缺，是不切合实际的，就等于取消改革。有错误、有问题的改革行动，总比怕犯错误、怕出问题而不去改革强。中央领导同志一再强调：改革是当今的大势所趋；允许改革中犯错误，不允许不改革。因此，我们就是要在马克思主义原理指导下，激发和鼓励创新探索的精神，站在改革的高度支持和保护改革者的热情和行动。改革的事业是千千万万改革者的实践。改革者的命运决定着改革的前途。改革者得到支持、得到帮助，改革的事业就能前进；如果改革者因一时的失误而遭受打击、排斥，改革的积极性就会受到挫伤，广大群众对改革的心理承受能力就会削弱，改革就难以顺利向前发展。你不支持改革者，谁还敢当改革者？没有改革者的冲锋陷阵，改革的事业从何谈起？支持和保护改革者绝不仅仅是关系到改革者个人命运的问题，更重要的是关系到改革前途的大问题。对此，我们应该有一个清醒的认识。

站在改革的高度支持和保护改革者，在当前，特别要注意正确认识和处理端正党风和改革的关系，改革需要宽松的环境。端正党风、纠正不正之风，一个重要的目的就是为改革、开放、搞活创造一个良好的政治环境和社会环境，端正党风和改革不是相互排斥的，而是相辅相成、互相促进的。它们的根本目的是一致的。如果把我国的社会主义物质文明和社会主义精神文明比作一辆大车的话，那么端正党风和改革就是把它推向前进的两个轮子。因此，任何把端正党风同改革割裂开来、对立起来的观点都是错误的。我们要在坚定不移地端正党风过程中，坚定不移地把改革推向前进。支持和保护改革者，必须注意划清改革中出现的偏差、失误同不正之风的界限。这是两种性质不同的问题，具有本质的区别。新的不正之风是利用改革之机，钻改革的空子，为个人或小集团牟取私利损公肥己的腐败现象，而改革中发生的失误和偏差，则是由于改革本身的复杂性、曲折性，由于规章制度不健全措施不完善和工作经验不足而带来的，是前进中的问题。改革中打着改革的旗号，借改革之机行谋私之实的人是有的；开始是搞改革，尔后又违背改革的宗旨胡作非为的人也是有的，但这毕竟是少数。他们不是改革者，而是改革的冒牌货。对他们搞不正之风、违法乱纪，必须按照党纪、政纪和国家法律作出严肃处理。对于那些坚持改革方向、尽心尽力想干些事业而发生过失和错误的改革者，领导者必须站在改革的高度支持和保护他们。绝不能在纠正不正之风中，把他们在工作上发生的失误当作不正之风来处理，更不能借纠正不正之风打击改革者。在任何情况下，我们都要坚持这条原则。

站在改革的高度支持和保护改革者，就是要对改革者创新探索的精神给予积极地鼓励，对他们提出的改革方案和措施，只要符合党中央改革的各项方针政策，有利于完成国家计划规定的各项任务，有利于国民经济协调发展，有利于各项经济活动取得较高的社会经济效益，有利于兼顾国家、企业、个人三者的利益，就要大胆果断地支持他们去实践。当他们在改革中取得成绩的时候，要给予充分肯定，帮助他们总结经验，同时要给他们送点冷气，严肃认真地指出他们存在的问题和不足，使他们能够做到在顺境下不陶醉、不自满。当他们在改革中遇到困难的时候，领导者要提高他们战胜困难的勇气，为他们排忧解难，切实解决工作中碰到的实际问题，使他们在逆境中不徘徊，不却步。当他们发生失误和出现问题的时候，领导者要勇于承担责任，不要过多地追究他们的责任，查个没完，检讨个没完。要及时给他们送暖风，耐心地帮助他们总结教训，纠正失误，放下包袱，轻装前进。让人家搞改革，出点毛病，就兴师问罪，是不公平的，当他们无辜遭到打击的时候，领导者要旗帜鲜明地站出来，力排众议，主持公道，把他们从困境中解脱出来，给予他们充分的信任和理解，支持他们坚持改革，努力工作，当他们遭到议论的时候，一定要采取非常慎重的态度，不能听风就是雨，对他们产生怀疑，甚至非难和指责他们。当他们受到告发的时候，要认真分析，不能不分青红皂白地批下去查办。首先要找他们了解情况，听取他们的申诉，实事求是地弄清问题，当他们蒙受冤屈得到错误处理的时候，领导者要有勇气承担责任，并尽快纠正，把他们重新“扶”上“马”。在整个改革过程中，改革者须臾离不开各级领导的支持和保护。只有领导者的支持和保护，才能坚定他们的信心，鼓起他们的勇气，振奋起他们矢志不移、顽强奋斗的精神。在对待太原市溶剂厂厂长杨敏谦问题上，我们就是坚持实事求是的态度，及时为这个冤案平了反，重新把改革者“扶”上“马”，帮助他正确对待群众，正确对待自己，杨敏谦恢复太原溶剂厂厂长职务的两个多月来，刹住了企业的亏损车，取得了在七项产品中，有三项创产量历史最高水平、四项创质量历史最高水平的好成绩。企业的各项改革工作又迈出了新的步伐，厂容厂貌发生了明显变化。

站在改革的高度支持和保护改革者，是各级领导义不容辞的责任。要做到这一点，领导必须首先是改革者，不能只当改革的“裁判员”，要站在改革的前列，把握改革的脉搏，随时了解改革的进程和改革者的情况，与改革者同呼吸共命运，为改革排难解忧；扫除障碍，铺平道路，既当改革的带头人，又当改革者的坚强后盾，扎扎实实地把改革一步一步地推向前进。

（原载《太原日报》1986年5月26日1版）

用生产力标准衡量干部功过

王茂林在全省组织工作会议的报告中说，要坚持生产力标准和干部“四化”方针，加强各级领导班子建设。

按照中央组工会议的要求，结合我省实际，在干部任用和管理上要着重做好以下 5 个方面的工作。

第一，坚持生产力标准和干部“四化”方针的统一，大胆起用开拓精神强、政绩突出，对发展生产力贡献大的干部。

用生产力标准来考察、评价干部和领导班子，是干部“四化”方针在新时期的深化和发展。我们要把生产力标准、德才标准和干部“四化”方针统一起来，防止认识上和工作上的片面性，树立新的人才观和功过观。在领导班子建设中，要自觉地、大胆地、坚定地起用、爱护和支持那些在改革中勇于探索、创新，为改革和建设作出实际贡献，得到群众承认和信任的干部，要敢于支持并保护改革中的带头人，要为那些“敢为天下先”的开拓者脱颖而出创造条件。

第二，本着充实提高、适当调整、注意稳定的精神，进一步改善各级领导班子结构。今后，地、市、县（市、区）党政领导班子一定要保持相对稳定，在任期内一般不要调动。每个党政领导成员都要有“任职一届、致富一方”的思想，立志在任期内多干实事，建功立业。

要在保持各级、各部门领导班子相对稳定的前提下，继续完善领导班子结构。为了尽快拉开年龄档次，形成合理的梯次结构，要有计划、有步骤地选拔一些 35 岁左右和 45 岁左右的优秀中青年干部分别进县（处）级和地（厅）级领导班子。要下决心根据当地的自然经济资源构成和党政分工的需要，进一步完善调整领导班子的知识结构和专业结构，做到门类齐全、成龙配套，使每个领导班子成员都具有与所任职务和所管业务相适应的专业知识和专门经验。

第三，适应治理经济环境、整顿经济秩序的需要，切实加强领导班子的思想作风建设。

当前在治理、整顿中，各级领导班子必须统一思想，统一行动，顾全大局，令行禁止，坚定不移地执行党中央、国务院以及省委、省政府的决策、指示和各项规定。各级领导干部尤其是县以上领导干部，要发扬为政清廉、艰苦创业、勤勤恳恳为人民服务的优良作风，不铺张浪费，不以权谋私，不假公济私，不徇私枉法。领导干部不仅在经济上要廉洁，而且用人上要公道正派，不搞不正之风。各级领导班子要讲团结、顾大局，对长期闹不团结、屡教不改的干部要就地免职。要树立干实事、求实效的良好作风，防止和纠正搞形式、图虚名的不良风气。

第四，进一步加强和改进后备干部工作，切实把握干部工作的主动权。各级组织部门要在认真做好领导干部需求预测和组织结构分析的基础上，制定好后备干部培养计划，要结合民主考评和年度工作考核，推荐、选拔、充实一批后备干部，特别要注意选拔那些政治素质好、有工作实绩和发展潜能的经济管理人才和妇女干部。

第五，围绕领导班子建设，要搞好以下几项工作：一是要加强干部培训工作；二是进一步做好干部退（离）休工作；三是继续做好干部审查工作。

积极探索，稳步实施，不断深化干部制度改革。

第一，实行分类管理，加强宏观指导。对干部实行分类管理，符合现代国家行政管理的规律，是目前我们进行干部制度改革的重点和方向。今后要从根本上改变用管理党政干部的单一模式管理各类人员和缺乏法治的状况，各类人员将按不同的特点与规律，采用不同的体制、办法、制度进行管理。

第二，坚持群众路线，提高干部工作中的民主化程度。就是要在干部的选拔任用上要坚持“注重实绩、鼓励竞争、民主监督、公开监督”的原则，坚持走群众路线，尊重人民群众的民主权利，给干部以平等竞争的机会，为优秀人才的脱颖而出创造良好的条件。在企事业单位要引进竞争机制，通过招标选聘经营者和管理者。

第三，完善干部交流、回避制度，搞活搞好干部工作。实行干部交流是做好干部工作的必不可少的重要措施，今后仍然要把干部交流、回避作为干部制度改革的一项重要内容，制定切实可行的规划，继续改革与完善。

（原载《山西日报》1988年12月23日1版）

领导同志要做改革的带头人

在昨天下午结束的全省经济体制改革工作会议上，省委副书记王茂林就传达贯彻党的十三届六中全会精神，正确认识稳定、改革和发展的辩证关系，正确处理坚持四项基本原则和改革开放的关系，正确认识治理整顿和深化改革的辩证关系，如何看待改革的带头人及新闻改革的有关问题讲了话。

在讲到如何看待改革的带头人时，王茂林同志说，改革同革命和建设事业一样，是千千万万人民群众的事业，同时也离不开它的带头人。改革的带头人，包括一批企业的承包经营者，包括一批党政干部，包括工、农、商、科技等各条战线的许多实际工作者，包括一批从事理论宣传工作的同志，自然也包括专门从事改革的同志。首先应该肯定，这是一支很好的队伍。他们懂得马列主义和毛泽东思想的基本原理，熟悉党的方针政策，熟悉本行业务，他们在改革中坚持了社会主义方向。他们出于强烈的革命事业心，不畏艰险，不计较个人名利得失，奋不顾身地带头推行各种改革措施。应该说，在10多年的改革开放中，他们是立了功的，应该给予高度的评价。今后的改革事业，仍然要依靠这一支队伍来打头阵。其次，我们也应该看到，改革的带头人队伍中也存在某些缺点、弱点和不足的方面。各级党组织和政府要满腔热情地帮助改革带头人总结10多年来改革的经验教训，肯定成功的方面、克服不足或失误的方面；要从政治思想上关心和提高改革带头人的素质；要把全心全意依靠工人阶级同发挥企业家作用结合起来。各级体改机构是各级政府的一个重要的职能部门，专门从事体改工作的同志要树立高度的革命事业心，安心工作，振奋精神，鼓足信心，开拓进取，锐意创新。

王茂林同志最后说，中国不改革是没有出路的，坚持改革开放决不能动摇，绝不能回到封闭僵化把经济搞得很死的老路上去。走回头路，党不会允许，人民不会允许。我们一定要以最大的热情和锐意改革的创新进取精神投入改革的宏大事业中来，使我们每一个领导同志真正成为改革事业的带头人。我殷切地希望大家提高认识，振作精神，克服困难，在深化改革上下功夫，为治理整顿做出新的贡献。

（原载《山西日报》1990 年 3 月 19 日 1 版）

改革的步伐不能停顿而要适当加快

1990 年 6 月 12 日，省委副书记王茂林在省体改委主任郝思恭同志和太原市副市长翟秀英、董智和陪同下深入太原市最大的商业企业天龙大厦和当前生产困难较大的太原自行车总厂进行调查研究，与企业领导共同探讨在当前全国性市场疲软、资金紧缺的情况下，企业如何渡过难关，并进一步引深经济体制改革等问题。王茂林同志强调指出，经济体制改革的步伐不能停顿，而要适当加快。

天龙大厦是一个有 1300 多名职工，总营业面积达 38000 平方米，下属 8 个零售商场，4 个批发公司的大型商业企业。1988 年年底开业以来，正遇上全国性市场疲软，商业企业货流不畅，商品积压，资金紧缺，经营出现困难。天龙大厦在外部环境十分严峻的情况下，去年一年度过了开业以来的低潮期和转折期，今年又取得了可喜的成绩：1～5 月，累计销售额为 7394.4 万元，比去年同期增长 36.9%；实现利润 266.2 万元，比去年同期增长 272.8%。人均效益居全省同行业之首。天龙大厦何以取得如此成绩？天龙大厦的管理人员向王茂林同志介绍了他们的做法：一是靠增强企业凝聚力。大厦成立伊始，就选择了“无私、奉献”的企业精神。围绕这一精神，党政工团齐抓共管，采取多种形式，加强职工的思想教育，努力提高职工的政治素质，使每一个职工时时处处以实际行动维护天龙的形象和声誉，爱岗、爱厦、爱企业，牢固树立“我即天龙，天龙即我”的整体意识。二是严格管理，在企业一开张时，就制定出一整套“企业管理制度”，在不断加强和完善各项基础管理工作的同时，加强物价、财务、审计等部门的监督指导作用，使企业运行纳入科学的管理轨道。在干部聘任、用工制度方面也实行了改革，打破“铁饭碗”，实行按劳分配制度，大大增强了职工的责任感、紧迫感和危机感。三是靠灵活的经营策略。天龙的经营者把天龙大厦办成太原市一个商业文化中心，他们舍得花本钱，提高内部装潢的艺术性，让顾客在良好的购物环境中，能够得到艺术的感染和美的享受。他们以服务项目多吸引人，天龙大厦除批发、零售百货、副食品，开展高科技服务外，还开设了餐厅、舞厅、美容厅、游乐厅、干洗房等，使大厦成为多功能购物中心。他们还积极开拓货源，与全国各地3000多个生产厂家建立了直接的供货关系，以商品的全而新招揽顾客。天龙更以信誉取人，售出的商品全部包修、包换、包退，坚决抵制“假冒伪劣”商品。天龙大厦发挥自己的优势，平抑市场物价，凡天龙出售的商品均执行太原市当日最低价格。如顾客发现所买商品价格高于当日其他商场价格，一律退补差价并给予奖励。

王茂林同志对天龙大厦的做法给予肯定的评价，谆谆告诫大厦年轻的经理们，在成绩面前，在全省甚至全国小有名气之后，切不可自喜、自满，要将艰苦创业的精神保持下去。王茂林同志指出，一个大型商业企业如何搞活，关键在于改革。要搞好企业内部和外部的改革。从企业内部来看，改革的入手处是建立有活力的企业机制。现在天龙搞的是岗位责任制，大多数企业搞的是承包制。无论是承包制还是责任制，其目的都是使企业经营者的权、责、利统一，调动企业职工和经营者的积极性，承包也好，责任制也好，都不能吃“大锅饭”，要坚持按劳分配的原则，调动每个职工的积极性。既要有按劳分配，又要强化科学管理，天龙实行二级核算，三级管理，应进一步完善，权力要给够，使每个分公司、每个柜台、每个营业员都有明确的责任、权力和约束。再加上我们党传统的思想政治工作，发扬企业精神，建设企业文化，增强企业的吸引力和凝聚力。从企业外部来看，必须按照搞活企业的要求，引深改革，理顺各方面关系。像天龙这样的大型商业企业，批零兼营，涉及同二级批发站、三级批发站的关系，涉及工贸关系，要搞活必须推进商业经济体制的改革，这方面省市体改委、商业系统要和天龙职工一道认真加以研究，总的趋势和要求，是要加快经济体制改革的步伐，改革不能停顿，当前要有所作为。在听取了太原自行车总厂领导的汇报后，王茂林同志指出，当前要使企业摆脱困境，必须从两方面入手：一方面政府要从宏观调控上想办法，采取切实可行的措施，为企业创造一个良好的外部环境，银行、税务等部门要积极为企业排忧解难，给企业一定的支持，增加启动资金；另一方面要充分发掘企业内部潜力，调动企业的积极性。每一个企业的领导干部，每一个职工，都必须树立战胜困难、闯过难关的信心和勇气，千万不可出现精神疲软和思想上的滑坡。党政工团齐心协力，为振兴企业少说空话、多办实事，任何事情，只要真正把群众发动起来，就会好办了。

王茂林同志还会同省、市政府的领导以及银行等部门的同志，共同研究了如何为企业闯难关创造条件等问题。

（原载《山西日报》1990年6月16日1版）

各级各部门都要进一步解放思想
大胆改革开放

各级党委、政府必须紧紧抓住经济建设这个中心，各部门都要紧紧围绕经济建设这个中心，进一步解放思想，大胆改革开放，全力把山西的经济建设搞上去。这是省委书记王茂林近日在基层调查研究时反复强调的。

7月21日至8月3日，王茂林同志分别在大同、雁北、朔州两市一地的党政主要负责同志陪同下，顶烈日、冒大雨，先后到大同市的肉制品厂、钢铁厂、合成洗涤剂厂等一些企业，大同矿务局、灵丘、右玉、左云、应县、平朔露天矿、朔城区、神头二电厂、平鲁区等地，深入工厂车间、田间地头、农田水利基本建设工地、林业工程、盐碱地开发区进行调查，听取了两市一地的工作情况汇报，与基层干部群众亲切座谈，总结深化企业和农村改革的经验，共商兴晋富民的大计。

在大同矿务局和煤峪口矿，王茂林同志听取了局、矿负责人关于开展“双佳”（做最佳主人、当最佳公仆）活动，进行“3个教育”（以社会主义理论为重点的政治方向教育，以马克思主义哲学为重点的世界观、人生观教育，以爱矿山、献身煤炭事业为重点的主人翁精神教育）的情况汇报后指出，你们的做法很好，抓在了点子上。要注意抓好对企业职工的社会主义思想教育，这是摆在我们面前的一件大事。要从当前国际共产主义运动和我国1989年发生的政治动乱中吸取深刻的教训，把对职工的社会主义思想教育搞好。要采取多种行之有效的形式，寓教于乐，保证教育取得切实的效果。

王茂林同志充分肯定了大同肉制品厂强化管理、加强思想政治工作、加强党的建设的经验。他指出，要全面学习推广肉制品厂的经验。加强思想政治工作和党的建设是建设现代化企业的可靠保证。全心全意依靠工人阶级必须关心职工。只有关心职工，职工才会关心企业；只有办好企业，职工才会热爱企业。

开发改造盐碱地是王茂林同志这次重点调查研究的一个问题。他专门听取了雁北地委、行署关于开发盐碱地的情况汇报，深入应县、朔城区实地考察了盐碱地开发改造工程，肯定了雁北、朔州开发改造盐碱地取得的成绩，专题研究了大同盆地盐碱地开发改造规划和措施。他指出，雁北、朔州的农业潜力很大。要把农业搞上去，在“八五”时期有一个大的突破，必须在农业的指导思想上突破传统的观念，起点要高，思路要宽，措施要硬。要下决心改变靠天吃饭、广种薄收、粗放经营的局面，在提高亩产上下功夫。要把开发改造盐碱地作为“八五”期间农业登上新台阶的一项战略性措施，下大力气抓好。要按照党中央和国务院关于农业综合开发的指导思想和方针政策，搞好总体规划。要用政策调动广大农民的积极性，多渠道筹集资金，多种办法搞开发，加快开发改造的步伐。要把开发改造的任务落实到县、乡、村和每个农户。开发改造要因地制宜，量力而行，先易后难，循序渐进，注重实效，边开发、边受益，治一亩、成一亩，治一片、成一片，坚持不懈地搞下去，就一定能大见成效。

在调查研究中，王茂林同志一再强调，坚持以经济建设为中心，必须进一步解放思想，大胆改革开放。在改革中允许犯错误，允许改正错误，但绝不允许不改革。我省经济建设要迈开大的步子，必须在思想上来一个大解放。进一步破除谨小慎微、无所作为的思想，大力倡导勇于开拓、敢为人先的改革精神；进一步破除封闭保守、满足现状的观点，大力倡导大胆探索、积极进取的精神；进一步破除怕犯错误、怕冒风险的顾虑，大力倡导百折不挠，勇往直前的拼搏精神。真正使我们的思想观念有一个新的飞跃、新的转变，达到新的境界。

王茂林同志每到一个地方，反复强调要加强党风和廉政建设。他说，当前要集中时间、集中力量抓好清房、纠正行业不正之风、整顿执法队伍3件事，一抓到底，抓出成效。他针对左云县清房工作的变化情况，勉励县委、县政府继续努力，向党和人民交出满意的答卷。他反复告诫各级领导干部，一定要掂量清自己手中权力的分量，保持廉洁，为人民掌好权、用好权。他强调指出，各级领导要切实改进作风，狠抓落实，精诚团结，齐心协力把经济建设搞上去。他说，一个地方的工作，最重要的是找准自己的位置，理清工作思路，抓住影响发展的一两个关键问题，咬住不放，一抓到底，坚持下去，定有成效，再穷的地方也能改变面貌，怕的就是来回变，今天抓这，明天抓那。当前，就全省的工作而言，该讲的东西都讲了，该出台的政策都已经出台了，下一步，就是要把全部精力都集中到狠抓落实上。要从执行党的群众路线的高度，确立正确的领导观念，掌握科学的领导方法，树立良好的领导作风，推动各项工作落到实处。他特别指出，目前我们的工作任务十分繁重，面临的困难较多，越是在这样的情况下，越要加强团结。各级领导班子成员要互相尊重，互相支持，互相关心，互相帮助，齐心协力把山西的经济建设搞上去。

（原载《山西日报》1991年8月5日1版）

符合“三个有利于”都允许探索

日前，省委书记王茂林对本报关于《繁峙县供销社实行大包干十个典型调查》系列报道稿件作了重要批示。批示中说：“这十个典型都是实实在在的。贫困山区供销社实行柜台大包干，仍然是属于所有权和经营权分离的一种形式，不必担心，不需争论姓‘社’姓‘资’问题。贫困山区供销社之所以实行柜台大包干，用基层同志的话讲是‘逼’出来的。这话不是没有道理的。多年来，供销社存在的一个突出问题是：经营萎缩，亏损增加，职工思想不稳。如何使供销社摆脱困境，答案只有一个改革。具体操作起来，可以多种形式，不必强求一个模式。只要符合邓小平同志提出的‘三个有利于’的标准，都允许探索和试验。”

“对贫困山区供销社实行柜台大包干的做法，无论是赞成还是反对的，都应认真读一读这些报道，以便从中得到启示。如果能到这十个点上实地调查，听一听基层同志的意见，那就更好了。山西日报可以一一报道，允许有不同意见，但不要争论。供销社经营状况不好，亏损面越来越大的问题，必须从根本上解决。”

（原载《山西日报》1992 年 9 月 15 日 1 版）

以初级阶段理论为指导认识山西研究山西

正值全省人民深入学习贯彻党的十三大文件之际，省委宣传部、省社会科学学会联合会和山西日报社联合举办“社会主义初级阶段的山西”征文活动，并准备在此基础上召开理论讨论会，这是一件非常有意义的事情。我积极支持这一活动，同时预祝这次征文活动圆满成功。

党的十三大全面、系统地阐述了社会主义初级阶段理论。这一理论是总结我国几十年社会主义建设历史经验教训而得出的科学结论，是进行全面改革和社会主义现代化建设的理论依据。这一理论的提出，是中国共产党人对科学社会主义的丰富、发挥和发展。十三大报告中关于社会主义初级阶段的许多重要论述是对我国国情的总体概括，各个领域的实际情况怎样，各个区域的实际状况如何，还有待我们进一步去研究和探索。因此，对社会主义初级阶段的研究不是差不多了，而是刚刚开始，还需要继续深化和拓展。深化社会主义初级阶段理论的研究，大体上是循着这样三个方面进行的：一是继续深入研究社会主义初级阶段的基本理论问题，如初级阶段的状况、矛盾、演变、特征等；二是分领域地研究初级阶段的经济、初级阶段的政治、初级阶段的文化、初级阶段党的建设和统一战线等，进一步搞清各领域的实际状况；三是结合各地实际进行区域性研究，探求省情、市情、县情。开展“社会主义初级阶段的山西”征文活动，就是运用初级阶段理论研究山西省情，推动我省建设与改革的有益尝试。它是深化初级阶段理论研究的一个重要方面，是理论工作与我省现代化建设有机结合的一个重要标志。

“社会主义初级阶段的山西”，既是一个重要的理论问题，也是一个现实的实际问题。十三大报告中关于初级阶段的许多重要论述，从全国总体上回答了我们现阶段的基本国情。但是，全国各地的情况又是千差万别的。山西在初级阶段处于什么层次？山西的省情有什么特殊性？山西的工业、农业、科技、教育和文化等各个领域有什么特殊性？各地、市、县的实际情况有什么特殊性？山西的现代化建设和改革又有什么特殊规律？这一系列问题是很难从初级阶段的一般理论中找到答案的，只有运用初级阶段理论认真研究我省的实际，才能得出科学的结论。新中国成立后将近40年来，我省的社会主义建设事业取得了显著的成就，但是也走过弯路，出现过失误。与兄弟省市相比，我省经济、文化的发展速度还不算快。历史留给我们的贫穷落后的面貌，还没有得到应有的改观。这种状况的造成，除了特定的历史原因之外，从主观因素来看，最主要的一条，就是我们对社会主义初级阶段的山西还缺乏全面、准确和清醒的认识，并由此影响到我们的科学决策。十一届三中全会后，我们在对省情的认识上，在对山西现代化建设特殊规律的把握上，有了较大的突破，这是近几年我省各项建设事业取得长足发展的一个基本原因。但是总的来看，我们对山西省情的认识，还不那么清楚、系统和深刻。而实际情况又在不断发展着，变化着。因此，很有必要根据初级阶段的理论，重新认识山西，研究山西，并在此基础上进一步修正、完善我们的各项方针、政策、方案、规划，尽快实现兴晋富民的宏伟目标。

研究初级阶段的山西是一项艰巨而复杂的任务。为了达到预期的目的必须坚持正确的研究原则和研究方法。对初级阶段山西的研究，实际上是对山西省情和经济社会发展特殊规律的再认识，事物的特殊性同普遍性是不可分割的，研究特殊性必须以反映事物普遍性规律的理论为指导。因此，要真正研究好山西，首先应该进一步学习、领会党的十三大文件以及中央领导同志关于初级阶段理论的基本观点和党的基本路线，以保证我们研究的正确方向。其次，要坚持唯物辩证的方法，力戒唯心论和形而上学。要真正深入下去调查研究掌握第一手材料，力求全面反映山西的实际状况，避免片面性。不能就山西研究山西，而应该把山西置于全国以及全球的坐标系中，客观地确定山西的“方位”，分析我们的优劣，制定相应的措施。例如，面对当前国际经济大环境和沿海地区经济发展战略的转移，我省究竟应采取什么样对策，就需要做很多文章。同时，还要坚持系统的观点。在初级阶段，经济、政治和文化相互联系相互制约，构成一个有机的统一整体。不论研究哪方面问题，都不能单视角地观察事物，应该多视角地去观察。如研究经济建设，不仅要考虑经济效率，也要考虑社会效益，尽可能地使社会系统中各种因素协调起来。此外，还应当坚持动态的观点，运用历史的发展的方法。我国处于社会主义初级阶段，有着特定的历史前提，我省也不例外。因此，研究山西现状应该同研究山西的历史相结合，不了解历史，现状就研究不好。最后一点，也要把现状研究和未来研究结合起来，不论是经济建设还是文化建设，既要考虑眼前需要，更应考虑长远利益，顾及子孙后代。

正确地认识山西，是有效地建设山西的前提。因此，研究初级阶段的山西不仅仅是理论工作者的任务，而且是广大实际工作者尤其是各级领导干部的责任。希望各级领导同志都积极投入“社会主义初级阶段的山西”征文活动带头搞调查研究，带头撰写理论文章，并动员广大干部投身到这一有益的活动中来。要热情支持征文活动。希望一切关心和热爱山西的同志，都来研究山西，为兴晋富民贡献自己的力量！

（原载《山西日报》1988年3月22日1版）

放手发展城镇集体经济
开创劳动就业的新局面

我们今天召开这个会议，就是要动员全市各级党政领导、各个部门和各个单位，在深入学习和贯彻十二大文件和五届人大五次会议精神和省委扩大会议、省五届五次人大精神中，认真总结和检查我市发展集体经济，解决就业问题的工作，进一步解放思想，放宽政策，放开手足发展集体经济和个体经济，努力开创我市劳动就业的新局面，实现“六五”计划中提出的到1985年，新成长起来的劳动力基本得到安置的任务。

现在我讲三个问题：

一、发展经济和各项建设事业，是解决就业问题的根本途径

城镇青年就业是国民经济中的一个重大问题。它关系到人民群众的切身利益，关系到国家的安定团结和四化建设的前途。党的十二大提出了全面开创社会主义现代化建设新局面的伟大任务。随着我国现代化建设的发展，必将为城镇青年就业提供更多的条件；就业问题的妥善解决，对于实现工农业总值翻两番，建设“两个文明”，实现“三个根本好转”，必将起到积极的作用。

事实证明，就业问题是随着经济的发展变化而变化的。三中全会之前，由于长期以来指导思想“左”的错误，在产业结构方面，偏重于发展工业，特别是发展重工业；而与人民生活息息相关的许多服务行业和消费品生产则发展缓慢，有的甚至有所减少。从统计资料来看，我市商业、饮食、服务等行业的职工占职工总数的比重，由1966年的12%下降到1976年的8.4%。在所有制方面，离开中国

的国情搞穷过渡，限制集体，打击、取缔个体，阻碍了经济的发展。据粗略的统计，城镇集体所有制企业，1976 年比 1966 年减少 10.14%。个体工商户几乎到了绝迹的地步。在就业结构方面，实行了一套国家统包统配的制度，单纯地依靠国营企业增人来解决就业问题。这样就堵塞了许多劳动就业的渠道，就业的路子越走越窄，问题也就越聚越多。据 1978 年上半年统计，当时我市就有待业青年 114400 人，成为经济工作和社会工作中的一个突出问题。

三中全会以来，党中央领导全党和全国人民在指导思想上完成了拨乱反正的任务，坚持了实事求是的原则，贯彻执行了调整国民经济的“八字方针”，使国民经济的各种比例关系逐步达到了合理与协调，并且走上了稳步发展的轨道，为城镇青年就业开辟了日益广阔的途径。

在调整经济的同时，中央及时提出了广开门路、发展集体所有制经济和“三结合”的就业方针，指明了解决就业问题的方向和道路，从而迅速打开了劳动就业的局面，从 1979 年至 1982 年 11 月底，我市共安置 211150 名待业青年就了业，不仅使“文化大革命”中积累下来的就业问题基本上得到了解决，而且使近几年新成长的城镇待业青年大部分得到了安置。在短短四年的时间内安置这么多人就业，根本原因是在三中全会以来的路线、方针、政策指引下，广开门路、发展经济的结果。就业问题的逐步解决，又在一定程度上促进了国民经济的调整与发展。从职工人数的比例关系来看，在产业结构方面轻纺工业的职工人数占工业部门职工总数的比重，由 1977 年的 15.1%，上升到 1981 年的 20.7%；商业、饮食、服务业的职工人数占全市职工总数的比重，由 1977 年的 8.37%、上升到 1981 年的 11.56%；在所有制方面，全民所有制职工占全市职工总数的比重，由 1977 年的 83.89% 下降到 1981 年的 75.61%；集体所有制职工由 1977 年的 16.05% 上升到 1981 年的 24.07%；个体工商户由 1977 年的 290 户增加到 1981 年的 2633 户，增加了 9 倍。这些比例关系的变化，是三中全会以来，在调整经济中有计划地发展轻工、纺织、生活服务事业和发展集体经济、个体经济的结果，也是开展多渠道就业的结果。

解决城镇青年的就业问题，是一项长期的任务。为了把这件事情办好，从根本上来说，就是要有计划地发展国民经济。因此，我们一定要团结一致，奋发努力，进一步搞好经济调整，大力提高经济效益，努力实现党的十二大提出的发展经济的战略任务。只有这样，才能为城镇青年就业提供更多的就业条件。

二、要把就业的重点放在发展集体和个体经济上

中央在广开门路，搞活经济，解决城镇就业问题的若干决定中指出："今后在调整产业（工业）结构的同时必须着重开辟在集体经济和个体经济中的就业渠道"。这是从国民经济发展的全局出发提出来的一项战略措施。这几年我们执行了中央的这一指示，集体经济有了较快的发展，就业工作做出了较大的成绩。在1979年以来安置的211150名待业青年中，就有121782名是集体经济安置的，占到安置总数的57.68%。其中，1979年以来新发展的知青集体经济就安置待业青年83597人，占到安置总数的39.59%。目前我市各级劳动服务公司管理的集体经济有2500多个，拥有职工11万人，包括商业、饮食、服务、修理、照相、理发、旅栈、修缮、搬运和工业、手工业等几十个行业，活跃了经济，增加了社会财富，方便了群众生活，取得了一举数得的效果。这些事实证明，我市集体经济的发展虽然才几年，各方面还需要巩固和完善，但已经显示了他旺盛的生命力。

总的看来，我市发展集体经济和个体经济的步子还是不够快。这不仅是国民经济发展的要求和人民生活的需要看是这样，从解决就业问题的长期性来看也是这样。在经济发展方面，由于我国生产力发展水平总的来说还比较低，又很不平衡，在很长时期内需要多种经济形式长期并存。就是要在保证国营经济占主要地位的前提下，大力发展集体经济，同时鼓励劳动者个体经济在国家规定的范围内适当发展，作为公有制经济是必要的、有益的补充。在就业方面，1982年我市有待业青年52000人，预计到年底安置3700人，还有15000人要在1983年加以安置。照这样的速度来考虑，加上每年新成长的具备就业年龄的初中、高中和各种职业学校的毕业生2000名左右，在1985年之前，每年有3000名左右的待业青年需要安置就业。这就需要大力发展集体经济和个体经济。只有这样，才能开创劳动就业的新局面。为此，当前要认真解决好以下几个问题：

1. 要深入学习党的十二大文件，进一步提高认识，解放思想。现在有不少同志，尤其是一些领导同志，对发展集体经济和个体经济的重要意义和它的作用缺乏应有的认识，思想还不那么解放。比如有的同志认为，当前办的集体经济，只是个暂时的过渡措施，不是长久之计。也有的同志对集体经济和个体经济不敢理直气壮地支持，怕支持了"资本主义"。而更普遍的（包括我们的干部、待业青年

和家长）则认为，集体经济靠不住、不保险，千方百计想到国营单位端“铁饭碗”，吃“大锅饭”。很明显，不冲破这些思想阻力，就不可能保证集体经济和个体经济的迅速发展，就不可能开创劳动就业的新局面。

我们要针对当前思想认识上存在的问题，在学习、宣传、贯彻党的十二大文件和新宪法，落实“六五”计划中，把发展集体经济的问题作为一项重要内容，通过学习和宣传教育工作，着重在认识上回答好这样几个问题：（1）发展集体经济和个体经济是战略决策，还是权宜之计？（2）发展集体经济和个体经济是前进了，还是倒退了？（3）集体企业的盈亏责任制和按劳分配，符合不符合马克思主义的物质利益原则？（4）待业青年从事集体和个体经济，是光荣的事业，还是低人一等的工作？（5）对集体经济和个体经济应当扶植、支持，还是鄙视、限制？我看，把这几个问题搞明确了，我们的认识就会大大提高一步，集体经济和个体经济的发展就有了思想上的保证。

之所以把发展集体经济作为解决城镇青年就业的重点，我认为，主要是由以下几个特点所决定的：一是集体经济与国营经济一样，都是社会主义的公有制经济。二是集体经济具有小型、灵活适应性强、容纳劳动力多等特点，办起来较之国营企业容易，可以把群众的积极性较好地组织进来。三是集体经济在经济管理和劳动管理上没有或少有“铁饭碗”“大锅饭”的问题，能较好地体现各尽所能、按劳分配原则，把企业办的好坏，与职工的物质利益紧密地联系在一起，能有效地调动职工的积极性，提高经济效益。四是由我国的基本国情和生产力发展水平所决定的。所以，中央把发展集体经济作为一项战略决策和解决就业问题的重点，是十分必要的，完全正确的。

2. 放开眼界，开辟就业渠道。就业问题不是一个孤立的问题；它是由多种因素形成的。这些因素主要是，前些年国民经济比例的严重失调，阻碍了经济的健康发展，而人口的增长又大大超过了经济的负担能力，存在着两者极不适应的状况。解决这个问题从总的来讲，就是要坚定不移地贯彻发展经济的方针，实现翻两番的宏伟目标和严格控制人口的增长，实行计划生育，大力提倡一对夫妇只生一个孩子，使人口的增长与经济的发展相适应。同时要注意发展密集型行业，改革用工制度和工时制度，有计划地扩大劳务输出，在搞活经济，提高经济效益的同时，把劳动制度和就业制度搞活。眼下要抓紧办好以下几件事：

（1）大力发展商业服务网点。我市商业网点与城市人口的比重，1957 年平均

188 人有一个网点，现在平均 271 人有一个网点。如果恢复到 1957 年的水平，就要在现有的基础上增加网点 1860 个；如果按照中商部要求设置网点，就要在现有基础上增加网点 9500 个；按我们计划配置的网点计算，也需要增加网点 8300 个。从个体工商户来看，公私合营前的 1955 年有 11499 户、15123 人；现有 2633 户、3142 人。如果恢复到 1955 年的水平，就要在现有的基础上增加 8866 户、11981 人；如果按照设想计算，到 1985 年发展到 12000 户、15000 人，就要在现有基础上增加 9367 户、11858 人。同时由于生产的不断发展，商品经济日趋发达，人民生活的需要也更加多样化。这就决定了发展集体和个体商业服务是大有作为的。

（2）在城市建筑方面，每年都要用几万名农村劳动力（去年是 5 万余人）。这些劳动力应当由城市待业青年来逐步代替，如果代替 1/4，就可安置待业青年 1 万余人。要解决好这个问题，就要对现行的办法进行改进。一是培训技术力量，各级劳动服务公司要把这个任务担负起来。1983 年可先培训 500 人的技术队伍，各基本建设单位，除承担一定的委托代培任务外，都要组织集体性的第二建筑公司，一些老工人当技术骨干。二是要严格控制农村劳动力进城。要认真贯执行人民政府（82）53 号文件。今后各单位需要农村劳动力（包括副业队、建筑队、运输队等）应按年度做出计划，在报送有关主管上级的同时，报送劳动部门综合平衡，统筹安排。请市劳动局、市建委、市交通局等有关单位共同负责，尽快拿出贯彻省政府文件的实施办法，报市政府同意后下达执行。

（3）从满足城市人民生活需要出发，发展集体所有制的畜牧、养殖业。这件事要与发展集体所有的知青场队和农工商联合企业来搞。初步计划到 1985 年发展到 6000 人的队伍。

（4）老职工的退休补员工作要加快步伐。现在全民所有制单位够退休年龄的职工约占职工总数的 29%，集体所有制单位够退休年龄的职工比例更大一些。各单位要抓紧这项工作，目前凡够退休条件的职工，都要按照国务院的规定在 1983 年退下来。这样在 1983 年就可以安置万余名待业青年。特别需要指出的是，存在着妈妈、奶奶上班，儿子、孙子在家待业的不合理状况。据对三个城区和市属 11 个局了解，在家属工厂 32877 名职工中 46 岁以上的就有 11534 人，占到 35.08%。我们要求家属工厂中除了那些无依无靠，以家属工厂收入为主要生活来源的，超过 45 岁可以继续劳动到 50 岁，一般的家属工厂的女工年龄不要超过 45 岁。

目前，家务劳动十分繁重，家里也确实需要一个人照料。家务劳动也是社会的一个部分，特别是在当前各方面的服务工作还赶不上去的情况下，家庭确实需人料理，子女也需家长教育。无论从哪方面说，家里留人照料是十分必要的。因此，应做好工作，让他们愉悦地退下来，把年轻人补上去。为保证在新老交替中生产和工作的衔接，对于老家属工的退离工作，要做出计划，分期分批进行，即既要积极，又要稳妥。对老家属工退出后的经济待遇问题，市里不作统一规定，各单位根据自己的经济能力，经单位职工讨论，确定具体的标准和办法。这项工作具有十分重要的意义，各部门、各单位要做好工作，在上半年做出成效。

在进行老职工的退休工作中，一定要防止简单粗暴的做法，加强宣传教育，做深入细致的思想工作，把国家的规定交给群众，并尽力帮助退休职工解决退休后的一些实际问题，在做好工作的基础上，让他们愉快地退休。我们相信只要把工作做好了，群众是通情达理的，就会支持我们把工作做好的。

（5）要大力发挥国营经济扶持集体经济的作用，实践已经证明，这是发展集体经济、解决就业问题的一条重要途径。国营经济要继续发挥老大哥的作用，从各方面扶持集体经济的发展。同时，国营企业要大办一批盈亏包干的分厂、车间、分店，承担一部分国营企业的加工、配套任务和生产、经营项目。这件事在江苏有不少好的经验，这样做一方面安排了待业青年，另一方面也解决了生产发展需要的劳动力。特别是集体所有制的分厂、车间发展起来之后，可以有较多的资金扩大再生产，促使生产更好地发展，所以我们提倡，今年省、市营企业要大办一批集体性质的分厂、车间，可以把企业一些零部件加工活交给他们，派技术人员和老工人去当骨干，支持他们搞好。市供电局可以学北京，组建集体性质的第二线路维修公司。市电信局也可以组建集体形式的电信服务机构。各行各业都要大办集体性质的生产建设和维护修理单位，努力发展城镇集体经济。需要指出的是，国营经济和集体经济是互相依存，并肩前进的，不要把扶持集体经济看成是包袱、累赘。同时要做到扶而不包，让集体经济在国营经济扶持下独立地发展，不要搞“混岗”“混账”。已经搞“混岗”“混账”的，要通过建立集体所有制的分厂、车间、分店，尽快加以解决。通过扶持发展集体经济，把本部门、本单位待业的子女安置好。

（6）要动员城镇青年积极参加煤炭的开发。我市是全国煤炭生产的重要基地之一。搞好煤炭的开发，是我国现代化建设的战略重点。待业青年参加煤炭的开发，是我国现代化建设的战略重点。待业青年参加煤炭开发工作是大有用武之地的。在党和政府的关怀下，煤炭生产的环境和条件发生了很大的变化，生产手段正向现代化迈进，安全生产有了保障，煤炭工人的政治地位和经济待遇得到了显著的改善和提高。我们要动员城镇青年积极参加煤炭生产建设，为实现经济建设任务大显身手，贡献聪明才智。

总之，就业的门路是很多的，只要我们放开眼界，努力工作，问题是不难解决的。

3. 从实际出发，坚定不移地贯彻执行中央的有关政策。三中全会以来，中央就发展集体经济和个体经济作出了一系列决定，规定了明确的方针政策。胡耀邦同志在十二大的报告中讲到坚持国营经济的主导地位和发展多种经济形式的问题时指出："城镇手工业、工业、建筑业、运输业、商业和服务业，现在不应当也不可能由国营经济包办，有相当部分应当由集体举办。城镇青年和其他居民集资经营合作经济，近几年在许多地方发展了起来，起了很好的作用。党和政府应当给予支持和指导，绝不允许任何方面对他们排挤和打击"。然而在实际工作中，由于对中央的政策贯彻不够有力，在一定程度上影响到集体经济的巩固和发展。据最近了解，组织起来的单位已有 95 个因不能维持而停业，占到集体单位总数的 3. 8%。个体经济中也有 380 余户不能维持而停业，占个体总数的 15% 以上，究其原因是多方面的，但与我们扶植支持不够是分不开的。最近，市委、市人民政府就发展集体经济和个体经济，扩大商业服务网点，开创劳动就业新局面的问题进行了多次讨论研究，决定就发展集体经济中的具体问题发两个文件，一个是《关于大力发展城镇集体经济的决定》，另一个是《发展个体经济的决定》。希各单位在实际工作中认真贯彻执行。当前在放宽政策、发展城镇集体经济中，必须解决好以下几个问题：

（1）彻底肃清"左"的错误影响，从指导思想上进一步明确社会主义集体经济的性质、地位和作用，大大提高集体经济在人们心目中的地位，在各个方面给集体经济以大力支持，切实帮助他们解决在发展过程中的实际问题。

要更好地解决集体企业供产销的衔接问题。集体企业所需的原辅材料应尽量纳入计划，由计划、物资、商业部门合理分配，组织供应。集体企业要发挥机动灵活的特点，通过市场调节解决，可以直接进货、赊购或分期付款。

（2）要认真坚持自愿结合、自负盈亏、按劳分配、民主管理的原则，尊重集体企业经营管理自主权。集体企业有权根据计划和市场需要确定产品方向，自销自产，自订小商品价格；有权自愿结合，人员能进能出，领导机关不得强行安插人员；有权民主选举领导或聘请有技术懂管理的人担任领导，上级机关不得给他们硬派领导干部；有权在“三兼顾”的原则下，根据企业盈利多少，确定工资、奖励形式和分配水平；有权奖励和处罚职工。

所有集体企业必须实行盈亏责任制，目前仍统负盈亏的，要积极创造条件，在短期内恢复自负盈亏。

（3）集体企业的税后利润由企业全权支配，用于扩大再生产，补充流动资金，举办集体福利设施，发放奖励和年终分红，任何主管部门都不得提取。集体企业的主管部门按比例集中起来的合作事业基金，必须专款专用，不得挪作他用。

向集体企业提取管理费，要严格按照中央和省市的有关规定执行，任何部门和单位都不得向集体企业乱摊乱派。

（4）集体企业要普遍建立企业内部各种形式的经济责任制，特别要积极推行承包责任制，由集体或个人承包，并分别与主管部门、企业签订合同，双方都要严格履行合同，遵守国家的政策法令。企业承包后，财产所有权不变，落选的干部，可以哪里来回哪里去，一般的不能再分派到别的企业当领导干部也可以分配合适的工作，或者当工人。

（5）今后各种类型的城镇大小集体企业统称城镇集体所有制企业，其职工统称集体所有制职工。这些集体企业具备一定的条件，其职工都可按照固定工、学徒工、长期合同工、短期合同工等多种用工制度，在劳动部门办理劳动登记手续，计算工龄。凡登记为固定工的，允许在集体企业之间调动。他们的劳保用品、口粮标准、粮食补差、副食补贴等均与国营企业职工享受同等待遇。

允许国营企业职工经单位领导批准，保留厂籍，停发工资，自行集资办集体企业，可以请帮工、带徒弟。知青集体企业今后在工商部门登记，可以取消“知青”字样。

（6）鼓励、支持集体企业视经济发展的需要，发展各种形式的联营，可以是国营企业和集体企业的联营，也可以是集体企业之间的联营；可以是紧密的联合，也可以是松散的联合，还可以是工农、工商、工农商之间的联合。各级领导机关和有关部门要积极提倡和促成这种联合。

（7）要建立社会保险制度，逐步解决集体职工的生、老、病、死、伤、残等方面的后顾之忧。保险金的来源，一是企业定期提取和交纳三项保险金；二是职工个人按期预付一定数额的保险金。这项工作由市保险公司组织试点，取得经验，逐步推行。

此外，还有几个问题在这里讲一下。关于经营场地问题，要统一规划，合理布局，及时解决。最近市人民政府办公厅印发了《太原市商业布局会议纪要》，就新开放六个小商品市场，建立王字形商业中心区和青年综合服务大楼，恢复早晚各种名吃，作了具体安排。各单位要按照要求，抓紧安排，开展工作，不要等待、推诿、拖拉。市容办、规划局、网点办等各有关单位要继续努力，搞好 1983 ~ 1985 年商业网点的发展规划。各个单位还可以从实际出发，办一批“拆墙商店”，把自己待业子女组织起来。

关于变更生产、经营项目的问题，集体经济和个体经济具有灵活机动的特点，根据市场变化和人民生活的需要，及时更新产品，变更经营服务项目，是一项正常的活动。工商管理等有关部门要及时办理有关手续，以保证他们的生存和发展。

关于简化手续问题，要尽快改变目前关口多、手续繁杂的状况，实行一家审批、各家去办的办法，加快审批进度，方便群众。最近市政府已经做出了新的规定。

关于经费问题，国家拨给的就业经费，必须专款专用，不得挪作他用。已经挪用的，由市财政局负责追回。这项经费由市劳动局负责管好用好，财政部门要做好监督工作。

关于减免税收问题，根据国家规定，新发展的集体单位，安置待业青年达到职工总数的 60% 以上的，免税三年。1979 年新办的集体经济，已先后到了交税时间，但从实际情况来看，家底还不厚实，交纳税款有实际困难，要求继续减免税款。大致有两种意见，一种意见是，新吸收待业青年达到 60% 的，按比例减税。另一种意见是区别具体情况，有的可免税，有的可少征。如按 55% 征所得税，这些集体经济就难以生存下去。对此，由市税务局进行调查研究，尽快提出具体意见，报市政府决定。

关于管理体制问题，对新发展的集体经济的管理体制，我市经过了几次变化，即由劳动服务公司变成了总社（联社），而后又变成了现在的总社（联社）、劳动服务公司一套机构，两个牌子。近两年，各大厂矿企业和市属主管局相继成立了劳动服务公司，统管劳动就业和集体经济。对此，有两种意见，一种意见是维持现状，另一种意见是劳动服务公司与总社（联社）分家。究竟哪种形式好，请各县（区）和市集体经济领导小组认真讨论，拿具体办法，研究再定。不论哪一种管理形式，都要为集体企业办事服务好，不能花钱买个婆婆，在上面横加指责，层层设卡，要改变衙门化管理。

4. 加快文化技术教育的步伐，提高待业青年自立的能力。目前的待业青年中，不少人文化水平低，又无技术专长，是影响他们组织起来就业和自谋职业，影响集体经济和个体经济巩固与发展的主要原因之一。从长远看，在待业青年中大力发展文化技术教育，是改革教育制度和劳动制度的一项主要内容，是为现代化建设培养劳动者的一条重要途径。因此，搞好这项工作，既是当务之急，又是百年大计。

三中全会以来，我市在这方面已做了不少工作，取得了一定成绩。目前参加职业教育的在校生（包括技工学校、职业学校、自费技校）达到了10426人，较之以往有了很大发展，但从经济建设的长远需要和每年有几万名待业青年需要就业的情况看，还是很不适应的，需要大力发展。

举办职业教育固然有许多实际问题要解决，诸如经费、校舍、师资、教材等等，但是当前阻碍这一工作主要还是思想认识问题。我们有些同志不是从国民经济调整和发展的全局来考虑问题，而是以全民所有制单位是否招工来考虑问题。全民所有制单位不招工或少招工，就认为办职业教育没有意义。这种认识显然是片面的。不可否认，全民所有制单位招工是学生毕业后的一条出路，但并不是唯一的出路，更主要的是培养学生自立的能力，在集体经济和个体经济中就业。今后要根据经济发展和生产建设的需要，对发展职业教育做出规划，统筹安排，积极发展。各部门和各单位要根据自己的需要和条件，采取自办、联办、厂校挂勾等多种形式举办职业技术教育，逐步实现招工为招生，即今后招工，从职业学校毕业生中择优录用。从而使我市职业技术教育在近期内有一个比较大的发展，力争到1985年，使我市职业教育在校生达到27000人。

三、大力加强领导，保证集体经济和个体经济的发展，进一步做好城镇劳动就业工作

三中全会以来，市委、市政府认真贯彻了党中央、国务院和省委、省政府有关发展集体经济和个体经济，安置待业青年的指示，并就此多次召开会议研究部

署，不断明确和解决了这方面的政策问题和具体问题，有力指导和推动了工作。根据中央关于“各级党委和政府必须建立强有力的领导和办事机构，主要领导干部应当亲自动手，排除各种阻力，紧紧抓住不放，真正解决问题”的要求，要进一步加强领导，做好工作。

要把发展集体经济、个体经济和城镇青年就业工作作为经济发展和社会发展计划的一项重要内容，认真制定并组织实施。

要切实加强宣传教育工作。各级党政机关、宣传、教育等部门，要针对部分干部、群众和待业青年中存在的轻视集体、鄙视个体的旧传统观念，加强思想政治工作，大力宣传集体经济的地位和作用，提高认识，使更多的待业青年能自觉自愿地组织起来就业和自谋职业。广大干部，特别是各级领导干部，要带头贯彻中央和省市的决定，教育待业的子女和亲属乐于从事集体经济和个体经济经营工作。

要进一步加强各部门的配合。发展集体经济和个体经济，解决城镇青年的就业问题，涉及社会的各个方面。只有各部门的共同努力，才能做好工作。各部门和各有关单位，都要努力尽职尽责，为发展集体经济和个体经济，解决城镇青年的就业问题主动创造条件，提供方便。同时，要根据中央《关于广开门路，搞活经济，解决城镇就业问题的若干决定》和国务院《关于城镇非农业个体经济若干政策性规定》，认真检查一次这方面的工作，贯彻执行不好的，要抓紧补课，把工作赶上去。

要在集体经济中建立党、工、团组织，发挥党、工、团组织在巩固和发展集体经济中的作用。各级党委、工会和共青团的组织，要切实重视和做好这方面的工作。集体经济和个体经济中的人员，具备党员和团员条件的，要吸收他们入党入团，以发挥党、团员的骨干带头作用。

要在集体经济和个体经济中开展社会主义劳动竞赛，在评先进、选模范中，都把集体经济和个体经济作为一个重要方面，评选先进和劳模，要有他们一定数量的代表，参加这方面的会议和活动。

集体经济人员中具备同等学历和要求的，要同国营企业一样，评定技术职称，享受同等待遇。

为了加强领导，协调工作，经市委、市政府研究决定，成立太原市集体经济领导组，由副市长晋世伟同志任组长，谢子和、贾茂亭同志任副组长，各有关单位为领导组成员，并依托一个综合部门为办公室，由有关单位抽调工作人员承办具体工作。领导组及其办公室，负责制定发展集体经济和安排劳动就业的全面规划，做好调查研究，解决有关政策问题，负责组织协调有关业务部门的工作。

（1983 年 1 月 17 日在全市发展集体经济开创劳动就业新局面动员大会上的讲话）

商业改革要利国利民

我市财贸系统推行经营承包责任制，方向是对的，成绩是主要的。但是应该指出，财贸企业实行承包不是一个简单的利润问题，重要的是提高服务质量。绝不能因为实行经营承包，把一些便民措施取消了。有的商店光考虑赚多少钱，算死账，这样，就会利大大干，利小小干，没利不干，服务质量就搞不好，营业额也就上不去。为了企业赚钱，给职工多捞奖金，损害消费者的利益，只能使企业走上绝路。这是砸牌子的买卖。我们的商业是社会主义企业，有"为人民服务"五个光辉大字，怎么能克扣群众？今后，要把维护消费者的利益作为衡量企业好坏的一个重要标志。商业企业实行经营承包责任制，一定要正确处理国家、企业和职工三者的关系，保证国家拿大头，企业拿中头，职工拿小头；一定要加强党的领导，使一切改革在党组织领导下进行。

实行经营承包，要正确处理国家、企业、职工三者的关系。

今天上午介绍的九个典型材料，以及印成材料还没来得及在会上介绍的典型，有很多是值得我们提倡、推广的好经验、好办法。我们应该让这些经验在财贸战线开花结果。同志们的材料里都讲到了，"包"字进入财贸战线，使我们各方面的工作开始出现了新的变化，"包"字可以治懒，可以治散，可以治乱，可以治差，可以治亏。这些效果尽管还是初步的，但已经使我们看到了落实经营承包责任制后，"包"字已显露了它的威力，"包"字就是好！当然，不是说我们的工作就已经十全十美，不是说我们就没问题了。我们应当看到，实行经营承包责任制，是经营管理体制上的一场改革，既是改革，就不可能是那么简单、那么容易地推开。目前，我们的形式还是初级的，实实在在地说，我们还只是把上级交给我们的利润指标，分级包到企业、包到门市部、包到小组，有的包到了个人。由于财贸战线比农业、工业部门复杂得多，情况也不一样，相比较，财贸战线有一个突出的特点，即还有一个为群众服务的问题。像百货公司，不能以简单营业额的高低来判断区分一个商店或门市部经营成果的好坏，卖一根针只一二分钱；卖一台电视机则三四百元钱。如果不考虑服务观点的问题，光看利的话，经营小百货的，可以在不减少品种的情况下，有几个人应付住柜台，抽出人去扩大经营范围，这样来回一转手，营业额就可大大超过原定指标。说财贸战线复杂，通过这个例子可见一斑。就是说，财贸战线的经营承包，不是一个简单的利润问题，还有个利国利民的问题。所谓利国，就是我们的改革必须有利于祖国的四化建设；所谓利民，就是我们的改革必须是为了更好地方便群众，为人民服务。换句话说，承包工作必须保证国家得到大头、企业得到中头、职工拿到小头，让人民群众尝到甜头。要做到各方兼顾。

对于承包，同志们还怕变。所谓怕变，就是怕售货员的奖励大了，领导眼红，改掉现行办法。这种担忧不是没有原因的，前一段就有过说了不算的情况。我认为解决这个问题的办法，就是各企业产生一种体现按劳分配、多劳多得、少劳少得、不劳不得、奖勤罚懒的承包分配办法。今天上午五一百货商店小百货组和桃园蔬菜商店介绍的材料里，讲到他们采取的办法既不封顶，又有奖有罚。我认为这些办法是好的，能体现水涨船高，奖勤罚懒。现在，有些单位的承包办法，虽然解决了吃“大锅饭”的问题，但却加了条二道紧箍咒，让人端上“二锅饭”，这种办法不好。我们有些企业在给国家提取大头后，剩下的都发了奖金，企业的柜台坏了也不管，门面坏了也不修，职工的集体福利设施不考虑。这种情况正直的工人，特别是老工人不会答应！为什么呢？因为工人们知道这样做长不了。对于创全国、创全省、创本单位最高先进水平的企业，过去很不景气，什么水平也没有的单位比较，后者一翻比例很大，按比例拿奖金要大于先进企业好多倍，对于这种情况，我们要有个发奖金的办法。在奖金发放上，要保护先进，不能打击先进。

总之，实行承包，要正确处理国家、企业、职工三者关系，明确改革目标，做好各方兼顾，使财贸职工确确实实明确改革目的、改革意义、改革内容，真正体现奖勤罚懒。

我刚才讲了，财贸战线的经营承包，不是一个简单的利润问题，还有个特别重要的搞好服务的问题。绝不能因为实行了承包，便把过去的一些便民措施取消了。最近，省、市负责同志在先锋商店开座谈会，讨论了这么一个问题，就是假如说单纯地从利润观点出发的话，他们现在的流动售货车应该取消。为什么？因为流动售货车要占一二个人，卖的东西却很少，人均营业额很低，不取消会影响任务指标的完成。但是，我们说这辆流动车不能取消。这是因为，这辆流动车代表了模范企业先锋商店的旗帜，就是由于先锋商店的这辆流动车，多年坚持服务到家、送货上门，做了那么多好事，在人民群众中把先峰商店这个概念铭记上了。你要取消，就是取消你的旗帜，取消你在群众中的威望。一些人以为自己采取了一些便民措施，就觉得吃了亏。吃什么亏呢？我认为看问题不应直觉地去看，而要辩证地去看。直感的理解可能是吃亏，辩证的理解就不吃亏了。搞承包，不能光考虑赚钱多少，算死账，光抠那么几个钱。这样做就会利大大干、利小小干、没利不干，经营范围就会出问题，服务质量就搞不好，营业额也就上不去。经营承包，要给群众带来甜头，要使顾客满意。绝不能为提高承包的经济效益而去侵害消费者利润，想靠这去发财，发不了财。想靠这给职工多捞几个奖金，能捞多少？结果，会使企业走上绝路，这是砸牌子的买卖。这点，就连资本家也不会简单地采取损人的办法去发财。我们是社会主义企业，有“为人民服务”五个光辉大字，怎么能去克扣群众？今后，要把维护消费者的利润作为衡量企业好坏的一个重要标志和准绳。这条，也应作为职工和干部今后评先进、发奖励和晋级的依据。

实行经营承包，必须加强党的领导。

承包工作必须在党的领导下进行。各级党组织要积极支持承包工作，党组织的日常工作不能搞承包，但要有责任制，这是两个概念，若干年来，财贸部门存在着一个非常突出的问题，就是党政不分。一些党委、总支，支部书记不抓行政工作、具体事务，好像就没事可干，就不是搞工作。承包后，这种情况应该改变。因为在承包后，各级党组织有好多工作需要着手去做。比如，我们的党员在承包中状态如何？作用怎样？党组织的战斗堡垒作用发挥得怎样？团支部、团员们的作用又发挥得怎样？党不管党的倾向是前些年“大跃进”时期搞“书记挂帅”形成的弊端，这使我们党的战斗力削弱了，而不是加强了。由于这个原因，承包后出现了党的工作跟不上，政治思想工作跟不上的情况。在承包中，我们要严格按照党委领导下的经理负责制去工作，重大问题党委研究决定，决定之后的经营业务、行政事务则由经理去贯彻执行。这些年来，形成一种说法，书记是第一把手，经理是第二把手。在这样的说法影响下，有一些熟悉业务，有经营才干的书记需要改做经理，而他却不去干。原因就是认为当书记高一点，做经理低了一截。什么第一、第二把手，在这些人头脑里排得相当清楚，其实，当书记或做经理，一个是做党务工作的一把手，而当经理则是行政方面的一把手。今后，适合当经理的书记就改做经理，至于党务工作可以另选人嘛！总之，在承包改革中，必须加强党的领导，必须加强政治思想工作。各级党组织要随时随地研究新情况、新问题，使财贸战线的经营承包责任制工作能够健康、顺利地发展。能够逐步地在实践中不断改进和完善起来。希望在这次会议后，很快产生出更多更好的典型经验来。

（1983 年 3 月 21 日在太原市财贸系统经营承包责任制经验交流会上的讲话）

附录——

新承包者与原领导的关系怎么摆

2 月 8 日，财贸系统的负责同志汇报当前实行经营承包责任制的进展情况和存在问题时，不少同志提出，有的单位出现了原领导不愿承包，承包小组或个人争着承包，这样承包小组或个人与原领导的关系怎么摆？王茂林同志即席作答：一是凡原行政领导不愿承包的，都要把自己的全部权力交给承包者，由他们来行使管理企业的权力。原领导只要不干涉承包工作，可暂不免职，在原单位协助工作。二是如原领导不但不支持承包，反而为承包设置障碍，当“顶门杠”，要就地免职，可当一般干部，也可当工人。三是所有承包者，暂不任命职务，待半年之后，如其承包确有成效，承包者确有经营才干，有关部门再正式任命其职务。原领导可另行安排工作，量才而用。四是企业承包工作必须在党的领导下进行，企业党组织的任务主要是领导承包工作，支持承包工作。如个别党组织的领导同志（党委书记、总支书记、支部书记）通过做工作后仍不支持承包或妨碍承包工作的，要及时免职，支持承包的党员选上来。

王茂林同志还强调指出，调整领导班子的工作要抓紧。凡公司以下的班子，包括公司一级，都要按企业整顿的步骤正常进行，不要等待。不属于这批整顿的企业，如原领导子不能适应当前的承包工作，也要下决心调整。这个问题不解决，承包工作就无法进行，改革就是一句空话。我们就是要把那些坚持改革、勇于创新、能够开创新局面的同志提上来

（原载《太原日报》1983 年 2 月 17 日 1 版）

太原市国营企业如何实行利改税

本报记者就我市如何实行国务院批准的《关于国营企业利改税试行办法》，走访了市长王茂林，请他对如下问题作了回答。

问：什么叫利改税？

答：利改税就是把国营企业原来上缴给国家的利润，改为按国家规定的税种及税率缴纳税金；税后的利润，一部分按照国家核定的留利水平留给企业，一部分上缴给国家。

问：实行利改税有什么好处？

答：归纳起来有五条好处：一是利改税全部实现之后，税率固定，企业同国家之间的分配关系也固定下来，企业干得好可以多得，干得差就少得，有利于完善企业的经济责任制，消除吃“大锅饭”的弊病。二是企业不再上缴利润，国家依法征税，避免了吵基数、争比例等许多不必要的争议。三是有利于配合其他经济改革，逐步打破部门和地区的界限，按照客观经济规律的要求调整企业结构，合理组织生产。四是有利于国家运用税收这个经济杠杆，发挥调节生产和分配的作用。五是有利于正确处理国家、企业和职工之间的关系，既能使国家财政收入稳定增长，也能使企业心中有数，在增收中得到的好处稳定增长。

问：我市今年已经实行了经营承包责任制的国营企业怎么办？

答：对已经实行经营承包责任制的国营企业，今年原则上不再变动，但必须按照《利改税试行办法》，积极进行以税代利的改革工作，凡有条件能够换算过来的。要改过来，按《利改税试行办法》执行；有困难的，今年做好准备，测算好，可以推迟到明年一月一日实行。

问：现在还没有实行经营承包的国营企业，可不可以继续搞承包？

答：现在没有实行经营承包的国营企业，要一律按利改税的办法实行。经营承包只能在按利改税办法测算后根据新的规定承包。

问：对微利的饮食服务业怎么征税？

答：营业性的宾馆、饭店、招待所、饮食服务公司，都缴纳百分之十五的所得税，税后自负盈亏，财政不再拨款。

问：供销社怎样向国家缴税？

答：县（区）以上的供销社，以县（区）公司或县（区）供销社为单位，按八级超额累进税率缴纳所得税，财政不再拨款；除国家规定的个别商品外，国家也不再负担价格补贴。

问：对亏损企业怎么办？

答：凡属国家政策允许的亏损，继续实行定额补贴或计划补贴等办法，超亏不补，减亏分成，一定三年不变。凡属经营管理不善造成的亏损，由企业主管部门责成企业进行整顿。在规定的期限内，经财政部门审查后，适当给予亏损补贴；超过期限的，一律不再补贴。我市所有经营性亏损企业要在六月底扭亏为盈，个别企业六月底不能扭亏的也不能超过八月底。凡八月底前不能扭亏的企业，银行停止拨款，企业停产整顿。整顿期间要减发干部和职工的工资，厂级主要领导干部要就地免职安排。

问：怎样对待企业的既得利益？

答：企业的既得利益，合理的部分应当保护，不合理的部分要调整。实行利改税后，企业的利润情况肯定会起变化。一些企业在缴纳税金后不能保持原有利润留成水平的，一般也不宜给予减免或者返还税照顾。这样才能保护先进，淘汰落后。

（原载《太原日报》1983年5月11日1版转4版）

试论发挥太原市中心城市作用的问题

重视和发挥中心城市的作用，是马克思主义关于城市经济学思想的一个重要组成部分，也是我们社会主义建设理论的重要内容之一。在经济调整和体制改革中，认真研究如何发挥中心城市作用的问题，在理论和实践方面都有着重大意义。

所谓中心城市，是从经济方面来说的，即经济中心城市，简称经济中心。它是一定范围的社会经济活动（或社会再生产活动）即生产、交换、分配和消费等活动的中心，是商品经济发展到一定阶段的产物。经济中心应以工商业比较发达的大中城市为依托，与中小城镇和广大农村相联结，它不受行政区划的限制，而是按照经济的自然联系，以取得最好的经济效为原则，开展经济活动。各个经济中心的活动，可以相互交织，相互联结，逐步形成一个网络结构的灵活的有机体。

经济中心是由各种类型的经济联合体形成的，可采取按行业组织的社会经济组织（如行业协会等），进行双边和多边协调，指导经济活动；也可以由各种经济组织（如企业、各种形式的联合体、行业协会等）民主选举产生经济中心协调委员会，在国家政策和国家计划指导下，协调各方经济活动。当然，它不是国家行政机关，但可以逐渐代行国家一部分经济管理职能。

在山西，以太原这个中心城市为依托，同周围榆次、太谷、忻县等经济区城相联系，结成一个有机的整体——经济中心，促进地区之间分工协作，打破地区界限，乃是我省经济调整和体制改革的重要内容，是发展我省国民经济的重要措施。

一

发挥太原中心城市的作用，有着十分优越的条件。

太原是全国著名的工业城市，是山西省省会所在地，是全省政治、经济、文化的中心，也是我国地下资源比较丰富的地区之一。除煤矿遍布全市各个地区之外，还在东西山麓蕴藏着大量的铁、石膏、石灰石、粘土以及硫化铁、铜、锰、铝、锌、铅等近20种矿物资源。物质基础雄厚，经济联系广泛，是全省商业、贸易、物资、交通周转的重要枢纽，是重要的战略要地，在国民经济中占有重要的地位。

太原也是历史上有名的古城，从董安于建晋阳城算起，已有2400年历史，从潘美扩展唐明镇、重建太原城算起，也有1000年历史。

太原自古为手工业发达的城市，在很早就有各式各样的手工业作坊。作坊在制造成品的同时，也进行销售，具备了工业商业两种性质。如帽儿巷、靴巷、纸巷、剪子巷、帘子巷、盘碗巷、砖瓦巷、麻绳巷、毡房巷、酱园巷等，就是帽、靴等工商业者聚集的地方。从古以来，这里又是军事重镇，需要武器的制造，又多有铜矿、铁矿和煤的蕴藏，因之促进了铜铁冶铸手工业的发展。

太原也是商业发达的城市，宋代的米、柴、菜与日用品市就较兴旺。宋朝人所谓“市”，有两种含义，一种是同业商店聚居的街巷，一种是定期的集市。太原城区西南有米市街、南市街、柴市巷、菜市街、麻市街等都是商号的集中区，东羊市、西羊市、活牛市便是当年买卖牛羊的地方。

可见自古以来，太原就是山西的经济活动中心，对周围地区经济发展有很大影响。新中国成立后，太原更发生了巨大的变化，工农业生产和文化教育事业都有了很大的发展，已建设成为一座以冶金、机械、煤炭、化工为主的重工业城市。现在的年工业总产值相当于新中国成立初期的88倍，担负着不少重要产品的生产。工业总产值和地方财政收入占到全省的1/3，在山西整个国民经济中拥有举足轻重的地位。

1. 新中国成立以后太原进行了大规模的工业建设，按全国一级工业分类对照，工业部类比较齐全，冶金、煤炭、机械、化工、纺织、轻工、电子等十四大类工业应有尽有，形成了一个比较完整的工业体系。冶金、煤炭、化工、机械在全国占有十分重要的位置。钢产量占全省的83%；有生产铜、铝的有色冶金工业，电解铜的年产量占全省的96.7%；有全省唯一的电解铝厂；煤炭工业有年产千万吨以上的西山矿务局，全国著名的炼焦煤基地——古交矿区正在建设；有以制造冶金、起重、矿山、重型机械、农机、机床、汽车以及工量具、精密仪表等组成的机械工业；有规模比较大的综合基本化学工业；建材工业有全国著名的平板玻璃制造厂和太原水泥厂，新型建材工业这几年也有很大发展，新兴的工业有全省唯一的电视机制造厂，年生产能力20万台的收音机厂，以及相适应的一批原器件厂；纺织工业有全省最大的山西纺织印染厂、山西针织厂、山西毛纺织厂；有以造纸、皮革、卷烟、食品、玻璃器皿、自行车、洗衣机等为主的轻工业，轻工业产值占全省工业产值的37%；医药工业也在全省有重要地位，医药年产量占全省的61%。

2. 太原文化教育、科学技术有了很大发展，已成为全省的文化科技中心，技术基础比较强。全市现有科研机构43个，高等院校9所，中等专业学校32所，普通中学107所，担负着全省各类人才的培养教育任务。

全市41个自然科研机构拥有技术研究人员7600余人，其中大部分是全国性的科学研究机构，承担全国全省重要课题。全市已有一支技术水平较高的科技队伍，各类科技人员17000余人，其中高、中级科技人员6000余人，初级科技人员8000余人（均不包括医务人员）。

3. 太原有较先进的科学学技术、生产工艺和管理经验。30多年来，太原市工业企业、科研单位、大专院校，已装备了一批高、精、尖设备，在不少领域享有盛名，适应能力强。以1981年为例，全市试制新产品539种，完成科研项目3652项，其中重大项目195项，改革新工艺555项，这对全省工农业发展都起着很重要作用。

4. 太原是全省商业贸易、物资交流的中心，商业信息比较灵通，可以带动和影响周围地区商品交流。太原市年商品零售总额为9.8235亿元，占全省的17.4%，如加上批发额比重就更大。

5. 太原是山西的重要交通枢纽，公路、铁路、航空是全省工农业基地和全国联结的纽带。30多年来，建成了大型铁路货运编组站、客车站13个，修建铁路干线、专用线662.5公里；建成了新的民用机场；建成了长途汽车站和货站等对外交通运输设施。太原铁路枢纽是我国铁路的重要枢纽。纵贯山西南北的同蒲铁路北接京包线，中联石太线与京广线相接，南达横贯祖国东西的陇海线，把山西和邻近各省和祖国南北联接起来。

综上所述，从古至今，太原在华北地区占有十分重要的位置。现在工业发达，经济联系广泛，物质基础雄厚，是全国重要的城市之一。

二

太原作为一个中心城市，这些年来，其作用没有得到很好的发挥。究其原因是多方面的，经济工作中“左”的错误影响是一个重要原因。过去错误地认为“加强中心城市的建设就是扩大城乡差别”，把发展城市经济和农村建设对立起来。另一方面，由于现行管理体制的过分集中，以行政管理代替客观经济规律，割裂了中心城市发展所必须的经济条件，人为地限制了太原中心城市作用的发挥。此外，我们对城市经济、城市发展规律以及中心城市作用等问题，从理论上探讨研究也很不够。

由于太原中心城市作用发挥得不够，在全国20个百万人口以上的大城市中，长期处于落后地位。太原土地面积较大，工业基础较好。国民经济发展潜力很大，固定资产原值居20个大城市的第6位，而且有煤、有电、有铁，燃料、动力、原料比较充足，可以说“得天独厚”。但从国民经济全局、特别是从经济效益看，太原市生产发展慢、效率低、效益差，人民生活水平不高。与南京市相比，新中国成立初期，工业生产规模相当，总产值都是4000多万元。到1980年南京已达到75.52亿元，比太原高一倍。

由于工业发展慢，经济效益差，城市人民生活水平也较其他城市低。如每一个职工负担赡养人口，20个城市中只有3个城市超过2人。贵阳为2.06人，福州为2.03人，太原为2.04人（200户抽样调查数）。说明太原就业水平低，安置待业人员的任务很重。又如，国家统计局提供的全国13个百万以上人口的大城市中，太原市人均月收入水平和支出水平都居末位。太原市每人每月平均支出生活费31.06元，不仅低于京、津、沪、沈、宁、穗、哈等大城市，也低于鞍山、石家庄、济南、郑州、长沙等中型城市。甚至还低于呼市。那种认为太原是重工业城市，职工购买力高的概念是不确切的。

影响太原市发挥中心城市作用的因素是多方面的，但就其体制和政策上讲，主要问题是：

1. 我省现行管理体制，是高度集中的以行政为主的管理体制。不仅省营企业，连市营企业的产、供、销都是以条条为主，生产指标和品种安排，及原料分配供应，产品销售等方面的职权，都集中在省各委和主管厅局。连废品回收、利用和分配权也集中于省。这样，势必造成上下左右部门之间关系不协调，产、供、销渠道不畅通，割裂了城市经济的内在联系，给组织经济生活带来许多人为的不易解决的矛盾，工作效益很低。作为城市，在很大程度上既没有做出决策的职能，也缺乏解决问题的物质手段。

2. 由于现行管理体制是“条条”“块块”分割的经济管理体制，企政不分。所有企业或者隶属于国务院各部，或者隶属于省各厅局，或者隶属于市各工业局，或者隶属于区工业局。每个企业都有自己的主管上级领导，都有自己的经济利益。这种地区所有制和部门所有制相结合的管理体制，完全割裂了城市内部的经济联系，助长了“大而全”“小而全”，阻碍城市内部的经济协作和专业化协作。

3. 在若干经济政策和经济权力上“一刀切”，没有体现中心城市的特点，也限制了经济的发展。

4. 由于部门和地区所有制的限制和影响，企业主管部门只知道向企业要产品，只考虑企业生产的发展，不考虑相应的城市生活的基础设施配套，“骨”“肉”比例失调，欠账过多。新中国成立以来，全市基建总投资为76亿元，而用于非生产性建设的投资为17亿元，仅占总投资的22.2%。在非生产性建设投资中，用于住宅、市政公用事业、园林绿化、商业服务、文教卫生部分的投资只有12亿元，仅占基建总投资的16%。由于骨肉投资比例失调，带来了住房紧张，市政公用设施严重不适应，交通拥挤，商业服务网点不足以及中小学紧张等一系列问题。

5. 重生产，轻环保使城市环境污染严重。太原已成为全国污染严重城市之一。全市各种工业废气达1.7亿立方米，内含40余种有害物质，整个城市经常处在废气烟尘笼罩之下。全市日排废水60余万吨，其中工业废水45万吨，内含50多种有害物质。全市年排各种废渣约540万吨，其中工业废渣达400万吨。不仅占地万亩，而且污染了水源和大气，堵塞河道，影响市容；近几年城市噪音也十分严重，据市区113个测点实测表明，其噪音强度平均高达80分贝，部分地段高达90分贝以上，大大超过了允许线。治理“三废”，减少噪音的任务十分繁重。

6. 由于重基建轻改造，忽视老企业技术改造，不少企业厂房破烂，技术落后，设备陈旧，经济效益太差。

7. 市场分割，流通渠道紊乱，妨碍了商品流通。

综上可知，在现行管理体制下，太原市主宰不了全地区的经济生活，更谈不上发挥中心城市的作用。

三

为了真正发挥太原市中心城市的作用，必须对生产关系进行调整，使之进一步完善，对经济管理体制进行必要的改革，使之适应生产发展的需要。以太原市为中心，同周围的榆次、太谷、忻县等经济区域相结合组织合理经济网络。经济中心不受行政区域的限制，应按照经济的自然联系，以取得最佳经济效益为原则，开展经济活动。为此，必须结合企业改组联合精简机构，逐步合理调整企业的隶属关系。其次，要有一整套有利于经济中心发展和搞活经济的政策，并适当加大中心城市的各种经济权限。要努力把太原市建设为山西的经济中心、科技中心，为“四化”建设，为促进山西经济发展做出贡献。

1. 为发挥城市的经济中心作用，除少数对国民经济有重大影响的骨干企业和一些全国性企业公司外，多数企业应逐步改为城市管理。城市对所管企业，要负责做好协调工作，统一组织专业化生产和社会服务，企业本身应独立经营，独立核算。市管企业的行业主管部门，要从全省出发，负责抓好发展规划、经济政策、技术改造、新产品开发等项工作。

2. 改进计划管理体制，在坚持实行计划经济的前提下，发挥市场调节的辅助作用。可根据产品在全省的地位，划分省计划安排产品和市计划安排产品两个部分。这两部分产品，又可根据其在国计民生中的地位，划分为指令性产品和指导性产品。凡是对国计民生有重要作用的产品，必须下指令性计划，进行必要的控制。所有产品都要按照这两类情况纳入省、市计划。省安排给市营企业的品种，数量计划下达到市对口局或公司，由市局（公司）安排到企业。原则上，谁安排产品计划，谁就应该负责产、供、销衔接，力求不留缺口。省直各厅局负责分配管理的工业原料也分配到市对口局和公司，由市局（公司）按实际生产进度，落实到企业。逐步做到省、市各厅局不设库、不建账，只负责指标分配管理，由物资管理部门和企业设库，以减少中间环节和周转时间，避免层层加管理费，加大企业成本。在此基础上建立中心城市计划管理体制，试行计划单列，除那些关系到国计民生的重要产品国家应下达指令性计划外，余下产品可发挥经济杠杆的作用，通过市场进行调节。

3. 在物资管理体制上，首先改变我省目前以“条条”为主管理物资的做法，对市物资局以及所属公司包括石油公司，仍恢复由市统一管理。并按照物资流动的客观规律，设立统一的物资管理机构，沟通经济横向联系，搞好中心城市物资流通和服务工作，建立一个开放的、按经济联系的流通市场。

在中心城市的国、省营企业所产的产品，属于国家统一调配的，在保证国家外调计划的前提下，要适当照顾地方的积极性，要按一定比例（可以全额分成，也可以超额分成）留给地方并纳入国家计划，地方不能以任何借口截留国家统一调配的物资。

4. 在商业体制上，要按经济区域组织商品流通，建立统一的商品批发机构，把太原地区的二级批发站与三级站合并，归市领导，以便减少层次，精简人员，提高工作效率，便于协调工商之间的关系。

5. 在财政体制上，要体现中心城市的综合发展计划能从财政上得到保证。哪些收入归省，哪些收入归市，要本着发挥中心城市作用，促进城市经济的发展来通盘考虑，使中心城市有较固定的收入来源。要逐步按照权责结合相对稳定、收支挂钩的原则，建立中心城市独立的财政体制，实行财政包干。

6. 要给予中心城市一定的权力：（1）中心城市可以根据国家计划需要，有权对新上项目、新增能力等进行综合平衡、统一计划，统一安排，对来自各方面的各种资金，实行统筹协调，控制重复建设；（2）明确赋予太原市统筹规划改组工业促进联合的权力，组织各种专业化的协作；（3）允许中心城市在一定范围内筹集地方资金，如征收机动车辆牌照税，集市交易税等地方税目，对太原各种煤（出口煤、经济煤等）的收入由太原统筹安排，用于发展生产和改善城市人民生活；（4）对铁路、民航以及中央企业（利润归中央各部的中央企业）使用城市设施的单位，有权收取一定比例的城市建设费。

7. 加强中心城市横向联系，组织跨地区、跨部门的联合。要从太原市工业优势和特点出发，发展各种形式的联合，组织各种不同类型的经济联合体（有的可以是实体，也有的可以是松散的）。在工业内部，全民和集体之间，工农、工商之间，都可以组织联合体。当前太原市要发挥经济中心作用，围绕扩大消费品和食品工业的生产和周围榆次、太谷、忻县等工农经济区域实行协作、联合，为他们创造一切方便条件，允许周围地区来太原市设店设厂，可以联合办，也可以单独办。积极提供技术装备和加工技术，带动周围经济区域工农业生产的发展。也可以让兄弟省市来太原投资建设，发展煤炭、水泥、电石、玻璃等产品，以发挥太原优势。通过企业调整，把生产力合理地组织起来，按行业推动工业改组，实行企政分家，扩大经济效益。

8. 搞好中心城市的“三废”治理。太原是全国污染严重的城市之一，要认真解决污染严重问题。“三废”治理要坚持“统一规划、突出重点、项目落实、措施具体、专人负责、限期改善”的方针。新建企业坚持“三同时”，老企业要做出治理规划，国家要明确老企业治理“三废”的资金来源，以逐步改善环境。允许中心城市集中使用排污费，有计划、有重点地用于排污项目。

9. 搞好旧城改造，逐步解决城市人民经济生活不配套的一系列问题。城市“肉”的方面欠账过多，造成严重的比例失调，这几年要适当加大非生产性支出在总预算中的比重，允许城市从基建投资中留一定比例资金，用于商业网点的建设。使一些问题逐步得到改善和解决。城市四项费用主要用于改善城市公用设施，不要挪作他用。中心城市养路费要用于改善中心城市与周围经济区域的交通状况，促进城乡贸易往来。

10. 要使中心城市真正成为文化教育、科技中心和培训人才的基地。中心城市不仅要出产品，而且要出人才。要办好大专院校和科研机构，逐步提高大专院校在校学生数额，增设一些必要的科研机构，特别是经济研究机构。要利用各种形式（电大、函大、夜大），提高现有在职职工的文化、技术水平，以适应经济发展的需要，使太原市成为我省科学技术文化教育事业发达，拥有大量科技人才，具有先进的科学技术装备，较好的经营管理水平的经济中心。

进一步研究和探讨中心城市如何更好地发挥作用，是当前经济界十分关注的课题，发挥中心城市的作用，在我国实现“四化”的过程中，更具有现实的重要意义，从理论到实践都有不少问题需要我们进一步研究探讨。

（原载《经济问题》1983 年第 2 期）

“城乡结亲”是商品经济发展的必然趋势

随着经济体制改革的深入发展，许多具有强大生命力的新鲜事物出现在人们的面前，其中之一是，城市和农村经济的互相渗透，在自愿互利的基础上发展横向联系，冲破“封闭型”的模式，形成商品生产的一支新军，人们把城乡经济关系的这一新发展形象地称为“城乡结亲”。它不仅有力地推动了农业内部结构的改革，带动了小城镇建设，而且促进了城市第三产业的繁荣，为搞活大中型企业进一步创造了条件。这种“城乡结亲”的形式，有如海潮奔流，发展迅速。据不完全统计，今年头四个月，太原市就有145家城市企业、大专院校和科研单位同农业县（区）乡谈成172个协作项目。协作的形式有技术使用、城乡联营、资金入股、补偿贸易、产品扩散、来料加工、购买专利、有偿提供信息、聘请人才办厂等等，多种多样，不拘一格。这些项目全部落实以后，每年约可增加产值3亿元，安排农村剩余劳力2万多人。

“城乡结亲”是社会主义商品经济发展的内在要求，也是经济体制改革的必然趋势。党的十一届三中全会以来，由于农村实行了联产承包责任制，农民群众的温饱问题迅速得到解决，农业生产的社会化、商品化程度不断提高，一部分农民开始离开世代赖以为生的土地，朝着生产率更高的部门流动。各地都出现了拥有剩余时间、剩余资金的剩余劳动力。城市虽然向他们敞开了大门，但仍有相当的农村劳动力苦于致富无门，怎么办？

随着农业商品率的提高和农村产业结构的调整，粮食转化问题提出来了，加快发展林业、畜牧业和工副业的问题提出来了，加强小城镇的建设和进一步开发本地资源的问题也提出来了。解决这些问题需要信息、技术、资金，更重要的是人才。而农村恰恰缺乏人才，怎么办？

经济体制改革的逐步深入，要求中心城市带动农村，充分发挥自己的辐射力、吸引力和综合服务能力，大中型企业有了自主权以后，要求更大的市场容纳自己的产品，要求更多的原材料满足生产的需要，要求第三产业有更快的发展，要求一业为主、多种经营，怎么办?

从太原市的实践来看，随着“城乡结亲”的发展，这些问题都在程度不同的探索解决之中。

南郊区金胜乡的南阜村，地处晋阳湖畔，下湿盐碱，粮食产量有限，全村675口人，主要从事工副业生产。1984年，全村总收入148万元，人均收入为878元。去年，省建筑材料研究所同他们协作，帮助南阜村办起了保温材料厂，生产防水涂料。厂地、劳力、资金由村里解决，研究所负责进行技术指导。这种新型涂料是建筑材料的缺门，研究所过去因为没有实验场所，无法投产。在南阜农民的协作下，很快把科研人员的脑力劳动成果变成了产品。投放市场后，很受欢迎。通过合作，南阜农民得到了好处，保温材料厂安排劳力125个，平均每户1人。经济效益相当可观，每吨涂料成本1000元，售价1500元。预计1985年可创造产值150万元，获得纯利50万元，全村人均收入至少可提高到1600多元。城市的优势是人才荟萃、知识密集，城市向农村输出技术，帮助农民打开了致富大门；农村劳动力丰富，又有广阔的空间，依托城市经济的力量，加强农业结构的改变，反过来，又向城市提供了产品。

太原市洗涤剂厂生产的加酶洗衣粉，可以清除汗渍、奶渍、果汁的污染，是一种高档产品，在大城市市场上供不应求。但制造这种洗衣粉的原料——2709碱性蛋白酶，国内只有天津、江苏能够生产，每年最多能采购到100吨左右，一般是三五十吨。由于原料紧张，产品结构无法进行调整，只好生产一般产品。后来，他们向清徐县吴村乡提供了市场需求的信息，支持吴村乡小化工厂转产蛋白酶。由吴村乡投资150多万元盖厂房、买设备，聘请山西省生物研究所和江苏省生物研究所的两名工程师进行技术指导，只用15个月时间就建成了一座设计能力年产1500吨颗粒蛋白酶的工厂。洗涤剂厂同他们签订了产品包销合同，并采取预付货款的办法从资金上给予支持。将来达到设计能力以后，吴村乡将成为洗涤剂厂原料供应的可靠基地，加酶洗衣粉的年产量可比现有提高二三十倍。这样做对洗涤剂厂合理调整产品结构非常有利。从吴村方面来说，他们的乡办化工厂原来面临着绝境，转产蛋白酶以后，起死回生，50多个劳力每年可以创造产值170万～180万元，利润四五十万元。制造蛋白酶的原料主要是玉米和黄豆，这些农产品在国家不进行统购包销的情况下，已经没有多少出路。蛋白酶的厂子每年可以吃掉140多万斤粮食，有利于粮食的转化，解决了“卖粮难”的问题。通过“结亲”，工厂和农村都提高了经济效益，互相需要，互相依存，形成了不可分割的新型的城乡关系。

远离城市的古交区，自然条件较差，人才尤其缺乏，但煤铁资源相当丰富，他们利用这个优势，引进城市资金，以补偿贸易的形式开发当地资源，取得了很好的效果。如姬家庄乡同省凿井机械厂达成协议，由厂里投资150万～200万元，并负责提供技术和设备；姬家庄乡解决场地、劳力和资源，建设两个13立方米的炼铁炉，产品由省凿井机械厂包销，利润双方分成，联营期为10年。今年古交全区通过补偿贸易，将发展7座炼铁炉、5个铝矾土矿、8座箱式焦炉，还有1个耐火厂。娄烦县也是这样，今年年初，他们同太钢，十三冶、铁道部十二公司结了亲，这三个单位决定投资1290万元，同时派出10多名工程技术人员，帮助该县新建选矿厂、炼铁厂和机焦厂各1座，并扩建大理石厂，产品实行补偿贸易，或者联营经销。在城市经济的帮助下，这两个县区将很快结束“抱着金碗讨饭吃”的局面，充分发挥自己的优势，走上脱贫致富的道路；城市企业也将得到一批短缺的原材料，有了一块相对稳定的供应基地，对于保证工业的正常生产无疑也是有好处的。

南郊区杨家峪乡伞儿树村同太原酒厂的“结亲”则是另一种形式。这几年随着人民生话水平的不断提高，各类酒的销路日益扩大，而年产2000吨酒的太原酒厂，受厂地、劳力的限制难以扩大再生产。他们把产品扩散到农村，在伞儿树成立太原酒厂第一分厂，双方达成协议，酒厂提供技术、设备和流动资金；伞儿树村拿出6万元，修建厂房，解决劳力和水电供应，（将来由厂方归还）产品完全按酒厂标准，利润二八分成。这样，厂方无须走“外延型”的道路就扩建了一个分厂，年生产能力增长了1000吨，伞儿树村安排劳力68人，今年可增加收入6万元。

《中共中央关于经济体制改革的决定》指出：“实行政企职责分开以后，要充分发挥城市的中心作用，逐步形成以城市特别是大中城市为依托的，不同规模的，开放式、网络型的经济区。”这是打破现行经济体制的僵化模式，发展社会主义商品经济的必由之路，对于建设有中国特色的经济具有十分重要的指导意义。从历史上看，城市是商品生产和商品交换的发展产物，同农村相比，城市工业企业的有机构成高，社会化的大生产形成了巨大的生产力，较高的劳动生产率和潜在的经济扩散力。它是政治、经济和人民精神生活的中心，是我们实现“四化”的前进基地。但是，城市经济不能离开农村而孤立存在，因为它所需要的机器、原材料和燃料，以及职工和居民所需要的生活消费品，必须从农村运进来；企业的产品必须向四面八方销出去。它同外界不但要进行物质的交换，而且要进行信息和能量的交换。城市本身就是一个天然的开放系统，建立在自给自足小型经济基础上的只能是封建城堡，而不是现代化的城市。今天的“城乡结亲”同过去的那种“共产主义大协作”有着质的不同，主要区别就在于它是按照商品生产的规律，打破行政区划，使城乡之间分布不平衡的各种生产力要素，坚持自愿结合，互惠互利的原则，通过对向流动和互相渗透，进行合理组合，从而演变成新的经济实体。城市和农村各有自己的优势，也各有自己的短处，只有打开“城门”和“寨门”，彼此携起手来，才能扬长避短，真正发挥出优势，推动国民经济迅速前进。也只有这样，中心城市的吸引力、辐射力和综合服务能力，才能得到体现，真正扶持和带动周围农村更快地致富。

为了把“城乡结亲”这种形式持续健康地推向前进，我们必须坚持“依托城市，建设农村，服务城市，富裕农民”的方针，在这个大前提下应当注意以下几个问题。

1. 提高认识，主动攀亲。俗话说“捆绑不能成夫妻”，结亲必须双方主动，都有诚意，目前影响结亲的阻力主要来自城市。有些厂矿企业的同志，看不到“城乡结亲”的战略意义，而是觉得同农村搞协作，投资多，产值少；麻烦多，收益少，经济上算不过账来。还有的同志认为，乡镇企业发展起来会“以小挤大”，“以落后挤先进”。实践已经证明，这些观点都是没有根据的。用以往的老框框看待“城乡结亲”，或者抱着全民企业的优越感去处理同乡镇企业的关系，必然作茧自缚，使工厂在自我发展的过程中坐失良机。

2. 加强领导，统筹规划。在国民经济中城市同农村是互相制约而又互相依存的一个整体，是一个大系统中的两个小系统。过去由于条块分割，使我们很难把这两个方面统一起来考虑问题。今天不同了，领导机关和主管经济的部门，都应当树立“一盘棋”的观点，总揽全局，高瞻远瞩，有组织、有计划、有步骤地积极引导城乡经济的联合，既不要大轰大嗡、搞花架子、搞形式主义，也不能听之任之、放任自流。而要一步一个脚印办实事，当个“城乡结亲”的实干家。

3. 扬长避短，自愿互利。这是“城乡结亲”赖以巩固和发展的基本条件。同哪些单位结亲？签订什么项目？生产某几种产品？都应当事先进行调查研究，并且严格遵循“风险共担，利益均占”的原则。那种只想得到好处，不愿承担责任，甚至企图向对方转嫁危机的做法，只能把事情搞糟。只有城乡双方都具有为对方服务的诚意，才能结成“白头偕老”的“金玉良缘”。

4. 因地制宜，模式多样。提倡“城乡结亲”，不能搞“一刀切”，要尊重生产力要素合理流动的内在规律，不管何种形式，凡是有利于发挥各自的优势，取得最佳经济效益的，都可以采用。协作联营的方法可以因时、因事、因地制宜。这样做，符合城乡生产不平衡的现状，有利于形成多渠道、多层次、纵横交错的经济网络，也有利于城乡经济的互相渗透和互为补充。

在解决认识问题的同时，要根据中央方针路线，明确规定具体的政策，对“城乡结亲”给予支持。例如，鼓励大企业进行技术转让，管理咨询。或把零部件及初加工产品扩散给乡镇企业；大企业的资金、设备可以入股形式参加乡镇企业，合作开发新产品，并在税收上适当照顾；鼓励城市企业帮助农村培养人才，传授技术；允许跨地区、跨行业跨部门实行联合经营，以“龙头”产品为中心，大力发展原料、产品、工艺相近的各种联合体；同时从资金、原料、贷款等方面采取灵活政策，扶植“城乡结亲”。我们相信，只要思想上有了正确的认识，并且坚持这些政策，就一定能发挥出城市这个生产中心、流通中心、信息中心、科技中心和金融中心的作用，使社会主义商品经济有一个更快的发展。

（原载《太原日报》1985年6月2日1版转3版）

全社会都来关心和支持企业家

在改革开放日益深入，社会主义企业家不断涌现的今天，百花文艺出版社出版山西企业家报告文学集《时代精英》一书，无疑是一件很有意义的事情，值得称赞。

造就一大批精明强悍、勇于开拓的社会主义企业家，是深化改革，建立社会主义商品经济新秩序的迫切需要。现在，中国改革进入了关键阶段，遇到了物价、工资这些难度较大、但又不能回避的问题。这些问题能否解决好，根本上要看企业效益能否提高。因为，提价要靠它消化，涨工资要靠它支付。可以说，中国的改革是站在企业肩上演出的壮剧，改革对企业寄托着厚望。企业效益的进一步提高，很大程度上取决于有没有一大批会经营、懂管理、纵横于商品市场的社会主义企业家。如果我们能在短的时间内，造就成千上万个社会主义企业家，企业效益就会大大提高，改革难关就会平稳渡过。建立社会主义商品经济新秩序，需要再造微观基础，使企业成为相对独立、自主经营、自负盈亏的经济实体；需要建立社会主义统一完整的市场体系；需要改革政府管理经济的办法，建立“国家调节市场，市场引导企业”的新的经济运行机制。而这些方面的真正实现，也有赖于大批企业家的涌现。战争年代，没有成批的军事家，要想取得革命的胜利，是不可能的；建设时期，发展社会主义商品经济没有一大批社会主义企业家，同样是不可想象的。改革的时代，造就着企业家；改革的事业，召唤着企业家。

作为一个企业家应当具备什么样的素质呢？应当具有思想家的头脑，战略家的眼光，军事家的魄力，实干家的精神；应当具有开拓进取、勇担风险、敢于竞争、善于应变、长于收集和利用信息进行市场预测和经营决策，以及调动各方面积极因素的能力；应当具备现代化企业管理所需的各种知识素养等等。但作为一个具有中国特色的社会主义的企业家，仅仅具备这些素质还不够。中国的社会主义性质，决定了中国的企业家必须是既有经营管理的才能，又有社会主义觉悟。全心全意为人民服务，是中国企业家区别于资本主义企业家的根本标志。特别是在改革的关键阶段和新体制尚未确立的时期，企业家树立全心全意为人民服务的思想，正确处理局部与全局、企业与社会、企业与国家、企业与职工的各种关系，尤为重要。《时代精英》一书，从不同侧面反映了当代企业家的精神风貌，为一代新型企业家的成长提供了榜样。

要造就一大批社会主义企业家，就必须为企业家的产生和成长创造良好的经济机制和社会环境。随着改革的不断深入，企业的所有权和经营权逐步分离，企业的法人地位已经确立，企业成为相对独立的经济实体，引入竞争机制招聘厂长（经理），以及政府管理经济的职能和方法逐步转变等，都为企业家的产生和成长提供了前所未有的条件。但是，适合社会主义企业家产生和成长的环境并未完全形成，新的经济体制尚未确立，市场发育还不够成熟，竞争机制还未完善，经济法规还不健全，“左”的思想和保守僵化观念，以及旧的习惯势力还未彻底排除，这些都从各个方面阻碍着企业家的产生和成长。这就需要我们进一步解放思想，加快改革步伐，从各个方面为企业家的产生和成长创造一个良好的环境。造就一代新型的企业家，不仅是政治界、经济界的事，而且是理论界、思想界、文学界的事，是全社会的事。最近由省作协牵头刚刚成立了作家企业家联谊会，而百花文艺出版社又编辑出版山西企业家的报告文学集。这本报告文学集主要收录近年来山西作家所写的反映企业家风貌的文章。对文学我没有研究，不敢冒昧评论，但就这件事来讲，是文学界的同志为造就企业家而做的一件事，他们为企业家立了传，为时代树了碑，同时，也为促进新的企业家的产生提供了必不可少的舆论力量。这件事做得好！希望有更多的理论工作者、文学工作者、文艺工作者来研究我们的企业家，宣传我们的企业家，动员全社会都来关心和支持企业家的成长。

（本文是为《时代精英》一书写的序言，
原载《山西日报》1988年12月19日2版）

把注意力从攀比产值速度中解脱出来

国务院决定从今年 1 月起，由国家统计局等 4 个单位定期公布分省市的八项重要经济指标。这一决定，将会把人们的注意力从攀比产值速度中解脱出来，使经济工作真正纳入以提高经济效益为中心的轨道上。对加强宏观决策、指导经济活动、提高企业经营管理水平以及增强经济生活的透明度都将产生重大影响。

过去，我们总是把经济增长片面理解为社会总产品的增长，把“工农业总产值”的增长率视作经济发展水平的重要标志，从而使人们的注意力偏集于生产速度的增长，而忽视了经济效益的提高和社会生产力的发展。事实上，产值增长速度的加快，不一定就是经济增长的反映。工农业总产值包括当年的生产资料消耗、生活劳动消耗和剩余产品三部分，其中的任何一部分增加，都会使产值加大。从某种意义上讲，前两部分的增加其实是经济的一种负增长，它不但不会给社会带来多少好处，而且会使经济发展出现愈来愈多的困难，只有剩余产品增加才是真正的经济增长，因为它能给社会增加新创造的价值，造福于国家和人民。更何况产值这个指标虚假性较大，含有一定的人为重复计算等因素。因此，以工农业总产值来计算经济增长水平，并以此作为衡量工作优劣的依据，在理论上是不科学的。在实践中也是有害的。国务院决定定期公布的八项重要经济指标中，就有五项是反映经济效益的指标，以此来评价工作优劣，就会强化人们提高经济效益的意识，逐步引导各地区、各企业由相互攀比生产增长率速度转为注意提高经济效益上来，使我们的经济增长速度建立在实实在在的基础之上。社会总需求大于社会总供给，是我们长期以来一直想解决而至今又未解决好的一个重大问题。从宏观上讲，这一问题的解决根本上还是要对整个国民经济系统进行全面调控，特别是对基本建设规模和经济发展速度以及国民收入分配中积累与消费的比例进行适度调控，达到规模、速度、比例、结构、效益的统一。基本建设规模及居民消费需求应当同国情国力相适应。基建规模的过大或过小，消费需求发展的过高或过低，都会造成整个经济生活的失调，在这方面我们是有很多教训的。历史上两次大的比例失调，正是因为基建规模过大和经济发展速度过快而引起的。使人感到忧虑的是，当前片面追求高速度的情绪仍然较浓，积累基金和消费基金增长都较快，这种现象只会加剧社会总需求和社会总供给矛盾。国务院决定定期公布分省市的“固定资产投资额”“银行贷款余额增加额”“职工工资总额”等三项宏观指标，并辅之主要经济效益指标，使人们可以从比较中观察经济生活是否正常，在一定程度上能够起到遏制“投资饥饿症”和信贷规模及消费基金的膨胀，从而使经济建设持续、稳步、健康发展。

强化经济监督，是发展社会主义商品经济所必需的，是对国民经济进行宏观控制的重要手段。统计部门是一个很重要的经济监督部门，它积集的大量经济、社会信息构成了决策的重要依据。及时、准确、全面、科学的统计数据正是国民经济发展的“晴雨表”和“报警器”。由国家统计局等4单位定期公布分省市八项重要经济指标制定的实施，对于强化经济监督、特别是统计监督职能，以及当前治理经济环境、整顿经济秩序、全面深化改革等都将起到重要的作用。

（转自1989年1月30日《中国统计信息报》，
原载《山西日报》1989年2月21日2版）

沿海和内地的合作要闯出一条新路来

——省委副书记王茂林在上海谈沿海发展战略

早春时节，中共山西省委副书记王茂林同志作为高级经济师、中国城市经济学会副会长到上海参加“太平洋区域城市研讨会”。我们利用会议间隙，在虹桥宾馆向他采访，请他谈谈在实施沿海发展战略中，资源丰富的内地与以加工为主的沿海怎样加强合作。王茂林热情爽朗，欣然作答。他说，沿海经济是国家的支柱经济，沿海发展战略是国家的整体战略。在这个战略的实施过程中，如果说沿海是“前方”，那么，内地就是沿海的“大后方”。前、后方紧密配合才能打胜仗。要发挥各自的优势互相支持。沿海和内地的合作要闯出一条新路来，要有新的突破，以形成更大的力量，办更多的事。

一、至少到本世纪末沿海能源主要来自山西

来自煤乡的王茂林对能源形势作了详尽深刻的分析。他说：山西的煤产量占全国1/4，调出量占全国80%。至少在本世纪末，沿海地区从渤海湾到长江三角洲、闽南三角洲、珠江三角洲，直至辽宁等地的用煤主要还得靠山西。在相当长的时期内，我国的能源结构不会有太大的变化，煤仍将成为能源的主体，煤占全部能源的比重将在75%左右。我国的石油状况并不乐观。有关资料预测，1995年我国可能将成为石油进口国。因此，暂不把世界石油资源枯竭因素考虑在内，煤在我国国民经济中所处地位是不可低估的。沿海发展战略提出“两头在外”，这是从总体上说的。“两头在外”或者“大进大出”，这是个方向，要有一个发展的过程，在生产技术和劳动生产率尚未达到一定水平时，要大量进口外国原材料是做

不到的。有人提议从澳大利亚等国进口煤炭解决上海能源问题。我看办不到，且不说没有那么多的外汇储备，就是算经济账也是划不来的。我国沿海和亚洲“四小龙”不同，有“四小龙”无法比拟的“大后方”。沿海地区以广阔的内地为依托，就可以有相当的回旋余地，这也可以说是我们的有利条件。有这样好的条件，何必舍近求远呢？

二、煤炭全面告急，当前首先要“三统一”

谈到当前煤炭形势，王茂林不无忧虑地说，作为资源大省的山西，理应为沿海多提供一点煤炭。可是，尽管我们的产量年年增，煤炭供应却越来越紧张，已经到了全面告急的地步，今年初全国煤炭库存1.07亿吨，比去年初减少2090万吨。仅江、浙、粤等省和上海，今年头两个月因煤的短缺影响生产能力25%左右，影响财政收入10%至25%。这就产生了“恶性循环”，因缺煤造成电力不足，电力不足限制了生产能力的发挥，生产能力发挥不出就影响国民收入，就会出现财政滑坡。问题就是这样尖锐地摆在我们面前。

王茂林似乎看出了我们心中的疑团，为什么煤炭供求会失衡呢？他稍作停顿就继续说下去，从根本上说，这是宏观经济结构失调所造成的。这几年由于加工工业价高利大，加速发展，造成了极度膨胀。经济过热就“热”在这里。煤炭工业则由于投资大，周期长，得不到充足的投资，没有得到应有的发展。长线越来越长了，短线变更短了。再加上煤炭价格长期偏低，严重扭曲。这也是影响煤炭生产发展的重要原因。我们一定要对煤炭供求失衡从深层分析中找出原因来，才能从宏观调控上解决问题。最近，国务院对产业结构将作出重大调整的决定。从当前来说，首先要集中力量解决中间环节的问题，让有限的煤炭用到最需要的地方去。现在的问题是煤矿赔本卖低价，用煤单位花钱买高价，发大财的是中间盘剥倒煤的。这个问题不解决不行。我曾建议实行用煤“三统一”，即计划统一，运输统一，价格统一，这是当务之急，在这个问题上，也必须令行禁止，实行统一领导，充分发挥国家的调控能力。

三、沿海内地合作要统筹兼顾，利益均沾

王茂林仍侃侃而谈，从 1981 年来上海参加全国工交会议之后，我就到处“鼓吹”山西学上海的先进经验，这要比学外国的经验更直接，更具体，更现实。我算过一笔账，如果山西能接近或达到上海同行业水平，不增加投入，产值利税就能翻番。事实也正是如此：太原灯泡厂在上海亚明灯泡厂无私的帮助下，从厂长、工程技术人员到工人，从上到下进行“手把手”地教，如今太原灯泡厂成为省先进企业。长治缝纫机厂与上海缝纫机三厂对口帮学，上海师傅帮助解决了 24 个工序的关键，使长治生产的缝纫机质量一度达到北方评比第一名。纺织行业更是上海的优势，山西纺织印染厂、晋华纺织厂都是在上海纺织工人的热心指导下，扭亏转盈，收到很好的效益。

内地与沿海的合作要注重资源与加工的兼顾协调，“内联外挤”是非常重要的。据悉：广东、福建、上海、江苏等地已建了一批有一定规模的铝制品加工企业，当时出于进口的铝材进行加工的计划，最近却受到国际市场影响，铝材紧俏，大部分厂因缺铝，开工率只达 40%，达到 60% 的企业也不多。而山西有着丰富的铝金属矿有待开采，储量居全国之首。完全有能力形成一条从开采到冶炼、加工的生产体系。山西储有大量石灰石、石膏，是生产水泥的最好材料，但我国水泥还需要进口，沿海地区水泥也很紧张，山西具备投资办水泥厂的条件。

王茂林深有感触地说，我们内地把资源支援沿海，沿海把技术、管理、信息带给我们，沿海外向型经济的发展也必然促进内地的建设和发展。因此，在实施沿海发展战略这个大局的同时，要提倡沿海与内地、加工省市与资源省之间发扬“相互支援，共同合作，统筹兼顾，利益均沾”的精神，联合就能发挥更大的优势。

（原载《山西日报》1989 年 3 月 26 日 2 版）

把改革开放作为脱贫大措施

王茂林同志在吕梁山区考察时要求，把改革开放作为脱贫大措施，只要有利于社会稳定，有利于经济发展，有利于人民富裕幸福，一切办法都可以试用。

3月25日至4月3日，省委书记王茂林到吕梁地区考察，和当地干部群众一起研究在“八五”期间如何实现稳定脱贫的问题。要求各级干部振奋精神，扎实工作，使贫困地区的面貌在现有基础上有一个大的改观，让人们再不把吕梁和贫困区划等号。

王茂林同志是在我省第六次党代会刚刚结束就到吕梁山区调查研究的。在吕梁期间，他听取了吕梁地委、行署关于扶贫工作的情况汇报，用3天时间听取我省最大的贫困县——临县“八五”期间稳定脱贫规划意见。并和县级有关干部深入进行了讨论，补充完善了脱贫“规划”。冒着风雪到临县、兴县、岚县、方山等县的工厂、农村和农民家中访问，到农田基本建设工地考察，具体研究脱贫工作的政策、资金、物资、规划等方面的问题，并提出十分重要的指导性意见。

王茂林同志在临县等地考察中特别强调，各级领导要把贫困地区稳定脱贫工作，作为“八五”期间的工作重点。他说，山老区的扶贫开发是我省第六次党代会确定的经济工作中的5个重点之一，是我们这届省委首当其冲的工作任务。我们党要把国民经济搞上去，要领导群众奔小康，实现第二步战略目标，就必须搞好贫困地区的经济开发工作。党和群众的根本联系就是看党能不能带领群众脱贫致富，把经济工作搞上去。现在各级党组织广大共产党员和人民群众对我们寄予厚望，希望我们干一番事业；我们各级领导一定要为老百姓多办实事，要硬着头皮，狠下决心，稳扎稳打，一步一个脚印搞下去。扶贫要扶“志”。现在群众想富，这是一个很好的积极因素，我们要好好引导他们，关心他们支持他们。结合目前的社会主义教育，启发农民不要有“等、靠、要”的思想，树立自力更生、艰苦奋斗的精神，这是贫困地区脱贫致高的政治优势和思想保证，这一点十分重要。

王茂林同志在考察时多次指出，要进一步解放思想，加大改革分量，强化开放意识和发展商品生产观念。他说，只要有利于社会稳定，有利于经济发展，有利于人民富裕幸福，一切办法都可以试用。特别是贫困山区政策应当放得更宽一点。我们山西“娘子关意识”还很浓，开放意识不够，贫困山区相当多的农民仍有小富即安的思想。必须把改革开放作为脱贫致富的大措施。贫困地区要打开山门，主动和经济发达地区搞协作，利用优惠政策吸引资金，引进技术，引进项目，活跃山区经济。要改变传统的“项目观念”。一说上项目就是搞工业。农业工程也要像工业项目一样搞工程设计、预算、资金回收。用好的项目吸引资金，争取各方面支持，要认真贯彻落实国务院扶贫办多次强调的精神，把扶贫资金捆起来，集中使用。吕梁地区要学习山东沂蒙山区的经验，首先试点，走出一条新路，发挥扶贫资金的整体效益。要提倡和鼓励兴办股份式扶贫企业，国家、集体、农民都可以投资入股，缺乏资金的可以以工入股，这不仅可以解决资金问题，更重要的是能使大家关心企业发展。为了让贫困地区尽快脱贫，要改革干部管理制度，要公开招聘一批政治素质好、有知识、有开拓精神及经营管理能力的村干部，让他们担任乡、镇领导。贫困地区乡、镇干部在避免无偿占用农民劳动力的前提下，可以搞一些开发性生产为农民做出好的示范。这和党政干部经商不是一回事。总之，一定要让政策到位，要从稳定脱贫的角度去考虑问题，用改革的办法解决脱贫致富中存在的实际问题。

王茂林同志充分肯定了吕梁地区连续3年来大搞农田基本建设的做法，希望他们咬住不放，一抓到底，到“八五”期末实现人均2亩基本农田。他说，贫困山区要稳定脱贫，就要把基本农田建设这个基础工程抓好，通过农田基本建设，改变生产条件，增强抗灾能力，做到粮食丰年有余，平年够吃，灾年补一点，实现基本自给。修建基本农田，要充分发挥农民的积极性，除用好劳动积累工外，要鼓励农民自己贷款修地，收益后分期还款。要大力推广临县兔坂镇新修基本农田有偿承包，收回资金滚动使用的经验，提高资金使用效益。建设基本农田，要有规划，有方案，有工程预算、技术措施、组织措施。主要强调修建高标准的稳产高产的农田，质量第一，造一亩顶一亩，图实效，不图形式。凡是有水利条件的地方，要尽最大努力用好水，搞节水型农业，扩大水浇地面积。新建基本农田，要和丰产沟、地膜覆盖、优良品种等技术配套，尽快提高粮食产量。基本农田的建设，为实现退耕还林、还牧创造了条件。各地在抓好基本农田建设的同时，要大力种草种树，发展草食动物，建设生态农业，实现良性循环。

王茂林同志提出，吕梁地区改变贫困面貌，从战略上考虑要抓住3个重点，一是沿黄河77个乡镇，约50万人口。这是最为贫困的地带，这里枣树较多，在十年九旱的情况下枣树可以十年九收。发展红枣是一大优势，要用好这个优势。当前要注意抓好红枣的加工和开发，减少霉烂损失，提高增值效益，要经过几年努力，使黄河沿岸的贫困地带变成全国有影响的红枣开发基地。使贫困大县临县建成全国最大的“枣城”。另一个重点是要抓好高寒地区50万人的脱贫，这一片约100万亩耕地。吕梁人民已经积累了在高寒山区夺取农业丰收的经验，地膜覆盖试种玉米就是一项现实的、能够取得较大增产效益的措施，要下大力气推广，要和科研单位一起扩大高寒高产作物面积。还有一个重点是要抓好孝柳铁路建设和离柳矿区开发。发挥吕梁的煤炭、铝等资源优势，铁路沿线小煤矿要通过技术改造，扩大生产能力。经济发展的这3个重点抓住了，吕梁的整体生活水平就会有一个新提高，吕梁山区就大有希望。

王茂林同志特别强调，一定要加强党的建设和干部队伍建设，这是改变贫困面貌的政治和组织保证。首先要保持贫困地区的班子稳定，依靠稳定的班子才能实现稳定的脱贫，党政领导要从大局出发互相尊重，互相支持、互相谅解，搞好团结，共同为贫困山区稳定、脱贫、致富做出贡献。其次，加强党组织的建设，整顿后进党支部，选好党支部书记，增强基层班子的战斗力。再次要改进作风，真抓实干。各级干部要有对人民负责和乐于奉献的精神。贫困地区的干部尤其要多吃点苦。吕梁老区在战争年代做了巨大的贡献。现在我们仍然要有一种吃苦精神，帮助群众多做些事情，多一点奉献，县级几套班子领导同志要分片包干，要把贫困乡村的稳定脱贫致富任务落实到人，定期检查总结，努力把经济搞上去。这样，才能对得起老区人民，对得起党对我们的培养。各级各部门的干部到基层，要先了解生产发展情况怎么样；再了解你那个部门对发展生产的服务搞得好不好；然后了解你的部门和行业工作。这样就可以把全社会的力量集中到经济建设这个中心上来。

考察期间，王茂林同志还就发扬老区优良传统、发展科技教育、加强社会治安等问题提出了许多建设性意见。在临县兔坂镇柴家岔村的万亩生态农业工程工地，王茂林同志和县乡村领导一起参加了植树活动，栽下了几棵“扶贫枣树”。

（原载《山西日报》1991 年 4 月 4 日 1 版）

发展贫困山区商品经济
加快县级综合体改步伐

6月21日至27日，省委书记王茂林同志在临汾地委书记徐生岚、行署专员杨增杰、行署副专员李才达同志的陪同下，到隰县、大宁、吉县、永和4县检查指导工作。期间，王茂林同志看了这4个县的基本农田建设、植树造林、兴建果园等开发性生产工程，听取了地、县负责同志的工作汇报，并深入了解了部分乡镇干部的工作、生活情况。

王茂林同志所到之处，都十分关心基本农田建设和粮食生产。在大宁县，王茂林同志说，西山这几年基本农田建设搞得不错。这件事要横下一条心，咬住不放，一亩一亩地治理，一片一片地治理，一个垣一个垣地治理，一座山一座山地治理，坚持数年，必有成效。1年、3年、5年，一直干到本世纪，要高标准、高质量地改变山河面貌，使生态环境、生产条件、经济效益都发生变化。他强调，要把粮食生产搞上去，县委、县政府指导农业生产的起点要高。要抓高产稳产田，旱涝保收。在谈到方法、措施时，王茂林同志说，搞基本农田建设，要量力而行，从实际出发，专业队常年干和发动群众相结合，坚持常抓不懈，让农民每年都见到效益。不要急于求成，搞高指标，千万不能搞形式主义。绿化荒山要有一个分年度的方案，要因地制宜，制定好“八五”规划，由人大常委会讨论通过，形成一个决议，落实到乡、村、专业队、农户，每年搞两次检查：第一次由县人大组织人大代表对当年的实施情况进行检查；县政府每年向人大交一次账。这样有利于规划实施的连续性。乡长换，规划不能变；县长换，规划也不能变。不管谁当乡长县长，都要一任接一任照着规划搞下去。

王茂林同志在听取了隰县综合体制改革汇报后指出：1988年，省委、省政府确定隰县为贫困山区县级综合体制改革试点县。实践证明，隰县的改革是成功的，前景很广。隰县综合体制改革为贫困山区发展商品经济找到了比较适宜的组织形式，在为大农业社会化服务方面迈出了可喜的一步。现在，普遍存在的问题是，一方面，县级领导班子和机关人浮于事，特别是贫困县，人浮于事问题很严重，财政包袱很大。另一方面，随着广大农村商品经济的发展，社会化服务体系跟不上去，我们的党政机关不能适应商品生产发展的需要，来为农民更好地服务。隰县十个服务中心，从单纯行政部门过渡到有偿服务，又过渡到服务经营型，和农民贴紧了，直接为农业生产服务，受到了广大农民的欢迎，为我们探索贫困山区县级机关的改革，走出了一条新的路子，可以说这是带方向性的。在贫困山区的县级非经济部门，只要本身不从事经营活动，可以根据山区土地资源丰富的优势，利用荒山荒坡建设自己的果园、农场、牧场，这样，不仅可以解决本单位的副食品基地问题，多余部分还可以通过涉农部门的服务中心销售出去。

在永和县，王茂林同志说，在贫困山区建立社会化服务体系，究竟应当以哪一级，是以县、乡为主，还是以村为主？在平川地区，村子大，人口多，村一级经济组织可充分发挥作用。但在贫困山区，地广人稀，怎么让其发展商品经济，我的看法是，在经济文化比较落后的贫困山区建立社会化服务体系，应当以县、乡为主体，同时也注意扶持村一级服务组织，让贫困山区县、乡党政机关干部承担起组建农业社会化服务体系的职责。

在吉县王茂林同志说，不要说乡镇工业，就理解为要办大工业。不要把发展乡镇工业看得神秘化，要从当地实际出发，比如有的村就搞草编，林果业发达的村就办一个果品加工厂，还可以办小面粉加工厂等。发展乡镇企业要从小字号开始，这样农民就可以富得快一点。王茂林同志强调指出，贫困山区县要注重发展教育，教育搞好了，人才就有了，贫困山区的县、乡两级干部，要进一步解放思想，大胆改革，要把手脚放开，只要有利于经济发展，有利于农民的富裕，有利于社会的稳定就要大胆去干。只要我们思想再解放一点，政策再放宽一点，改革的步伐再加快一点，贫困山区面貌就会变化得快一点。

6 月 26 日上午，王茂林同志还参加了在吉县召开的县级综合体制改革经验交流会，并做了重要讲话。之后又同临汾地区县（市）委书记、县（市）长就解放思想、深化改革，加快山区建设步伐进行了座谈。王茂林同志在临汾地区西山四县考察期间，在永和县还看望了县人武部的全体同志。

（原载《山西日报》1991 年 6 月 30 日 1、2 版）

从巩固发展社会主义制度的高度抓紧经济工作

全省经济工作会议昨天下午在太原湖滨会堂继续举行大会。省长王森浩主持了昨天的大会，省委书记王茂林在讲话中，首先要求全省各级党政领导要认清形势，从巩固和发展社会主义制度的高度抓紧经济工作。他说，一年来，国际形势风云变幻，世界更加动荡不安。在这种形势下，我们必须保持清醒的头脑，坚定不移地走有中国特色的社会主义道路。而要做到这一点，就必须做好意识形态领域的工作，必须加强党的自身建设，必须消除党和政府中的消极腐败现象，但是最根本、最重要的还是要靠大力发展社会生产力，把国民经济搞上去，增强综合国力。

王茂林书记说，历史唯物主义告诉我们，社会生产力是人类不断发展进步的最终决定力量。社会主义要战胜资本主义，最终将取决于能否创造出较之资本主义社会更高的生产力水平。因此，党的十一届三中全会以来，我们党特别注重发展社会生产力，果断地把工作重点转移到经济建设上，把实现四个现代化作为党的政治任务，并在实践中逐步形成了“一个中心，两个基本点”的基本路线。十多年来，在党的基本路线指引下，我们国家战胜了种种困难，取得举世瞩目的伟大成就，综合国力不断增强，市场日益繁荣，人民生活水平显著提高。我们国家之所以能取得这样伟大的成就，关键是党中央在发展生产力这个根本原则问题上，始终保持了坚定的立场，从不动摇。各级领导特别是党政主要领导要亲自抓经济工作，要牢牢把握经济建设这个中心，任何时候都不能偏离，不能动摇。只有把经济建设搞上去，大力发展生产力，社会主义才具有经久不衰的生命力和吸引力，我们反和平演变的斗争才会有更加坚实的物质基础，社会主义制度才能得到巩固和发展。

王茂林书记指出，山西是全国能源重化工基地，在全国经济发展中具有举足轻重的作用。党的十一届三中全会以来，我省经济有很大发展，取得很大成绩。但由于山西是全国能源重化工基地，工业呈重型结构，能源、原材料生产占大头，再加上价格偏离价值，相对讲资金积累率低。以致技术改造资金不足，造成老工业基地严重缺乏后劲。从工业技术装备情况看，全民所有制企业设备拥有总量在全国的位次，到“七五”期末已降到第17位；比较先进的设备拥有量在全国排在第20位；特别是化学、机电、建材等行业先进设备拥有量下降的趋势更为突出。此外，还存在着技术装备配置能力弱，利用率低的问题。从产业结构现状看，除农业基础薄弱、支柱产业单一外，产品结构初级化，加工深度低．开发梯度低是一个突出问题。由于长线产品过长，短线产品过短，致使产业结构与省内需求结构很不适应。一方面，本省工业产品积压严重，流动资金呆滞，影响了企业的正常生产活动；另一方面，因省内消费品供应不足，不得不从省外大量调入消费品，导致我省价值大量流失。这些问题极大地影响了我省生产力的发展。从企业管理现状看，一是产品质量低；二是物质消耗高；三是经济效益差；四是综合管理水平低。应当看到，我们面临的困难和问题仍然很多，突出表现为：结构调整进展缓慢，产成品积压继续增加，企业亏损尚未根本好转，“三角债”清理难度大，经济效益低下的状况没有从根本上解决，省、地（市）、县财政都有不少困难。对此，党政主要领导和从事经济工作的领导同志一定要有清醒的估计，要看到我省的差距和存在的问题。从而增强紧迫感、危机感和责任感，振奋精神，奋发进取，把我省的经济工作搞上去。

在讲到今年的经济工作时，王茂林说，今年我省经济工作的重点、就是森浩同志报告中指出的“一个中心，三个重点，七项工作”。这是省委常委会经过讨论后的一致认识，今年全年要念这本经。各级党委和政府要结合当地实际，认真落实。王茂林书记还特别强调了今年经济工作中要注意抓好的几个重要问题。

第一，积极推进结构调整，努力提高经济效益。当前，全省经济生活中突出的问题是经济循环不畅，集中表现为高贷款支撑工业的回升，在销售不畅的情况下导致了高库存，相当一部分企业产品实现不了价值，效益低下。造成这种问题的原因主要是产业结构和产品结构不合理。因此，今后一段时间，经济工作的重心必须转到调整结构上，逐步实现经济结构的合理化。根据我省实际，目前结构调整的重点仍然要放到产品结构调整上，以产品结构的调整带动技术结构、企业组织结构的调整，进而逐步改善我省的产业结构。要通过结构调整。吸引、带动和组织城镇集体企业、乡镇企业和中型企业走专业化协作道路，逐步使我省的工业经济在高一级的层次上组合成新的优势。谈到煤炭工业时，王茂林书记要求省经委、煤炭厅和各地市下决心解决不按照以销、以运定产的问题，对一些不具备安全生产条件、必须关停的小煤矿，县、乡、村如擅自开采，要追究领导责任，加重处理。从上到下，对煤炭限产压库工作，要统一思想，提高认识，上下一起动手，把这个问题解决好。要利用产大于销，市场缓和的机会，集中力量搞好小煤矿的技术改造、安全补欠、采煤方法的改革，提高生产能力，确保煤矿安全生产。要下大力量搞一批样板矿井，提高采煤机械化程度。

第二，进一步落实中央和省搞好国营大中型企业的若干措施。搞好大中型企业，是今年经济工作中一项紧迫而艰巨的任务。目前的问题，不是没有政策、措施，关键是如何确保已出台的政策措施得到全面的贯彻落实。各级党委和政府，各个职能部门，一定要从政治的高度深刻认识搞好国营大中型企业的重要意义，真正把思想统一到中央和省委的要求上来，坚决地、扎扎实实地、不折不扣地落实搞好国营大中型企业的各项措施。

王茂林书记指出，当前，不少企业活力不足，效益不好，最主要的是企业的内部经营机制不完善，整体素质不高。因此，要以转换企业内部经营机制为重点，全面引深企业内部改革。尤其是在改革分配制度和劳动用工制度上要有所突破。劳动人事制度改革，要下决心解决好干部能上能下、职工能进能出、工资能升能降和干不干一个样、干好干坏一个样、多干少干一个样的问题，必须按劳分配、奖勤罚懒。劳动用工制度和分配制度的改革，难度大，有风险，对每个企业的领导都是一次严峻的考验。各级党委和政府一定要给他们撑腰壮胆，支持他们冲破阻力，创造性地开展工作。

第三，推进科技进步，加快技术改造步伐。搞好技术改造，一是要着眼于提高技术水平，使企业通过技术改造增强技术应变能力和产品竞争能力。二是要提高产品精加工程度和增值开发能力。为此，从省到各地市，要尽一切可能增加技改投资，并实行重点倾斜，优化资金投向。三是加强生产和科研的结合，千方百计强化企业技术开发机制。通过市场机制和政府协调两个途径，双向调整高校、科研单位与生产企业的关系，逐步从体制、政策上建立科技进步机制，推动科技与生产的结合，促进科技成果商品化、产业化。

第四，努力搞活流通，扩大对外开放。各级领导一定要高度重视流通，像抓生产那样抓流通，逐步在全省建立多渠道、少环节、开放式的流通体系，做到货畅其流。国营商业企业和各类合作社要以“四放开”为重点和突破口，通过认真推广五一百货大楼柜组承包、联销计酬和吕梁地区供销社改革的经验以及侯马市市场管理的经验，把在国营商业企业和合作社中进行的经营、价格、用工、分配等方面的改革进一步推开。在充分发挥商业、物资企业和外贸企业主渠道作用的同时，实行多渠道经营，努力探索有计划商品经济条件下，搞活流通的新路子。工业企业要加强购销力量，千方百计扩大工业品销售。要集中力量逐步把交通方便、经济发达、地理位置优越的一些城镇，建成区域性乃至全省、全国的重要商品集散地。在对外开放方面，各地、各部门要善于学习和借鉴外省市，特别是沿海省市的成功经验，思想更解放一点，办法更多一点，措施更扎实一点，步子更大一点。要把对外开放的重点放在引进外资和先进技术，加快现有大中型企业的改造上，促使企业开发新产品，提高产品质量，打入国际市场。

第五，引深管理年活动，强化企业管理。各企业要从整顿劳动纪律、强化班组管理入手，以建立岗位责任制为主，建立健全企业基础管理制度，切实加强企业现场管理。在此基础上，全面加强质量管理、技术管理、成本管理和营销管理，努力实现由粗放型管理向集约型管理转变，由单纯生产型管理向生产经营型管理转变，由传统管理向现代化管理转变。实行严格的科学管理、民主管理，必须以强有力的思想政治工作为基础，必须依靠党组织，依靠工会和广大职工。各个企业要真正把职工队伍建设摆在战略位置，加强职工岗位技术培训，提高职工文化、技术素质，特别要抓好决策队伍、技术开发队伍、营销队伍的建设，全面提高企业素质。

关于增收节支问题，王茂林书记强调说，要在全省范围内继续搞好增产节约、增收节支活动；进一步提倡艰苦朴素的作风，勤俭办一切事业；树立节俭为荣、浪费可耻的风尚，层层都要过紧日子。各级党委和政府要认真负起责来，刹铺张浪费之风。税务部门要严格履行职责。审计部门要严格实施财政监督。全省上下都要为超额完成今年的财政预算收支任务，严格控制财政赤字而努力。

王茂林书记在报告的最后一部分要求加强领导，努力提高领导经济工作的水平。他说，首要的是各级党委以经济建设为中心的思想不能动摇。党政职能分开，绝不是党委不抓经济，而是要摆脱具体事务的纠缠，集中精力抓大事包括经济建设中的大事，目的是要把各项工作包括经济建设搞得更好。能否把经济搞上去，党委负有重要责任。解决“一手硬、一手软”的问题，是要在继续加强“硬”的一手的同时；使“软”的一手“硬”起来。

王茂林书记说，加强对经济工作的领导，必须理顺企业的领导体制。在改进领导方法和领导作风上，要注意三点，一是要学会抓主要矛盾，抓重点。作为一个领导者，必须善于总揽全局，抓住对整个工作有影响和有支配作用的关键环节，着力予以解决，使整个工作取得更加理想的效果。二是要充分发挥主观能动性。各级领导要把着眼点放在自己的工作上，把中央的方针政策与各地的实际结合起来，艰苦奋斗，励志自强，创造性地开展工作。三是要在抓落实上狠下功夫。为此，省委制定了三条制度，一是实行工作责任制度。按照集体领导、分工负责的原则，一级抓一级，切实做到工作到位，责任到人，事事有人办，办事有成效。二是实行工作报告制度。各地、市委书记要亲自动手，每季度向省委书面报告一次工作任务的落实情况。省委常委会要向全委会报告工作任务的落实情况。三是实行督促检查制度。从省委常委做起，凡决定的事情，要检查落实情况。各级领导干部要继续克服“三多”，力戒空谈，埋头苦干，扎实工作。

王茂林同志最后说，要搞好经济工作，必须注意加强党的建设，加强社会主义精神文明建设，加强思想政治工作特别是企业职工思想政治工作，为经济建设提供精神动力、智力支持和思想保证。在继续抓好农村社会主义思想教育的同时，从今年开始，要在工矿企业集中进行社会主义教育。要继续解放思想，进一步在全省造成勇于改革、支持改革，不断开拓进取的良好气氛；进一步促进各级党政部门特别是经济技术部门更好地服从于经济建设；进一步引导全省广大干部群众把主要精力集中到一心一意发展生产力上。要坚持不懈地抓好党风和廉政建设。要进一步加强社会主义民主和法制建设，为经济建设创造一个良好的环境，把我省的经济建设搞得更好。

王森浩省长在会议结束时，专门就贯彻落实好这次会议精神作了具体安排。他要求各地、市要在春节前把今年的经济工作安排下去，一定要做到明确具体。各地要从实际情况出发，把这次会议精神落实到基层。贯彻会议精神，要注意打好总体战，决心要大，措施要得力，要树立局部利服从全局利益的观点。

（原载《山西日报》1992年1月10日1、2版）

解放思想　开拓前进　集中精力把我省经济建设搞上去

——1992 年 3 月 14 日在山西省第七届人民代表大会第五次会议闭幕时的讲话

山西省第七届人民代表大会第五次会议顺利地完成了预定的各项任务，今天就要闭幕了。这次会议，在大会主席团的正确领导下，全体与会代表以党的基本路线和邓小平同志关于建设有中国特色的社会主义的一系列重要论述为指导，严肃认真地履行了人民代表庄严神圣的职责，紧紧围绕我省的改革和发展，献计出力，作出决策，使这次会议真正开成了一次解放思想、统一认识的会议，一次发扬民主、集思广益的会议，一次振奋精神、鼓舞斗志的会议，它对我省的改革开放、经济和社会发展必将起到重要的推动作用。

会议以后，我们的主要任务，就是进一步动员全省人民，集中精力，实施刚刚通过的王森浩省长所作的政府工作报告和 1992 年我省国民经济和社会发展计划，把我省的经济建设搞上去。以经济建设为中心，大力发展社会生产力，符合广大人民群众的根本利益和共同愿望，是党的基本路线所规定的，是实现现代化建设“三步走”的战略目标所要求的，是抵御和平演变、巩固社会主义制度所必需的。当前，国内条件具备，国际环境有利，是发展经济的良好机会。放眼全国，现在是万马奔腾，百舸争流，我国的改革开放和经济建设将进入一个新的阶段。在这种形势下，如果我们左顾右盼，稍有懈怠，就会丧失良机，贻误山西的经济发展，影响全国的现代化建设，机不再来，时不我待。全省人民一定要认清形势，树立紧迫感、责任感和危机感，紧紧抓住这次机遇，跟上全国的发展步伐，在提高经济效益的同时，尽最大努力把我省的经济发展速度搞得快一点。

要加快我省经济的发展，就必须深化改革、扩大开放，而改革开放的程度首先取决于思想解放的程度。沿海地区之所以发展快，一个重要原因，就是思想解放，勇于探索，敢于实践。因此，我们要真正解放思想、转变观念。要进一步清除“左”的思想的影响，排除“左”的干扰，凡是有利于发展社会主义社会生产力，有利于增强社会主义国家的综合国力，有利于提高人民生活水平的政策、措施和办法，就要大胆地试，坚决地干；要进一步消除求稳怕乱的思想顾虑，提倡敢闯敢干，敢为天下先的精神，鼓励人们思想更解放一点，办法更多一点，措施更扎实一点，步子更大一点；要进一步破除满足现状、小富即安的观念，敢于承认差距、正视差距，激励全省人民奋发进取，赶超先进。改革开放是创造性的事业，照抄照搬，墨守成规，是不会有所作为的，只能是消极的、有害的；必须从山西实际出发，从发展社会生产力出发，实事求是地创造性地运用中央的方针政策。我们的原则是：允许探索、允许失误，对的就坚持，不对的就纠正。山西需要效益，需要速度，更需要胆量，我们必须有“逢山开路，遇水架桥”的勇气和精神。改革开放是前所未有的事业，没有一大批开拓者，就难以闯出一条路来。我们要努力创造一种有利于人才脱颖而出的气氛和机制，把那些既坚持四项基本原则，又坚持改革开放，而且有突出成绩的同志，提拔到重要领导岗位上；把那些不求有功，但求无过，政绩平平，无所作为者，从领导岗位撤下来，对在改革开放中发生失误的同志，要满腔热情地帮助他们总结经验教训，鼓励他们在实践中纠正失误、继续改革，绝不允许打击致力改革的同志，在改革开放过程中，有些同志的认识一时跟不上是正常的，不要指责，更不允许批判。要相信只要我们工作做好了，这些同志会很快跟上来的。即使有极少数人说三道四，也是认识上的问题，我们要主动做好工作。为了山西的经济发展，为了山西人民达小康，不要怕说闲话，不要怕别人指责，不要顾虑重重。解放思想，统一认识有一个过程，不能等思想解放了，认识统一了，再去干，要在改革开放的实践中不断解放思想，统一认识。改革开放是亿万群众的事业，没有上下同心，团结一致是不可能取得成就的。所以，我们要讲团结、讲理解、讲支持，一心一意搞改革，聚精会神搞建设。我们省人民代表要积极站在改革的前沿，参与改革，支持改革，做本地本部门改革开放的带头人。最近，中共中央政治局就我国改革和发展的若干重大问题作了极为重要的指示。我们一定要认真学习，广泛宣传，把全省广大干部群众的思想真正统一到中央精神上来。

要加快我省经济的发展，必须转变领导作风，狠抓各项工作的落实。解放思想不等于空想。解放思想的目的是为了实干。清谈误国，实干兴邦，光坐而论道是不行的。去年以来，中央和我省都出台了一些改革开放的政策措施，当务之急，是要把这些措施落到实处。要认真贯彻执行中央工作会议精神，搞好国营大中型企业；认真贯彻执行党的十三届八中全会精神，进一步加强农业和农村工作，当前要全力投入“一抗两保”斗争，争取农业丰收。对省委、省政府已经出台的改革开放措施，特别是推广太橡等企业打破“三铁”的经验，推广隰县综合改革的经验，推广太原五一百货大楼柜组承包、联销计酬的经验以及吕梁地区中阳、文水县供销社改革和侯马市发展、建设各类市场，搞活流通的经验，必须按照已定部署，一项一项地落实到单位，责任到人。如果对省委、省政府的决定，既不提不同意见，也不去认真落实，就是阳奉阴违，对此，我们要严肃地追究责任。从上到下，都要建立严格的工作责任制，做到思想到位，政策到位，工作到位，改革到位，事事有人办，办事有结果。要坚决反对形式主义和花架子，真抓实干，把劲使在实处，做扎扎实实的工作。各级领导要大力精简会议、压缩文件、减少事务性活动，腾出时间和精力，深入基层，调查研究，督促检查，帮助解决具体问题。各级领导机关都要转变作风，提高效率，更自觉、更有效地为经济建设服务。欢迎人民代表对各级领导和领导机关实施严格的监督。

我们要全面贯彻执行党的基本路线，始终坚持两手抓、两手都要硬。一手抓改革开放、发展经济，一手抓惩治腐败、打击刑事犯罪和经济犯罪；继续搞好社会治安综合治理，努力创造一个稳定的社会环境和良好的社会风气，确保人民群众安居乐业；进一步加强社会主义精神文明建设和民主法制建设，巩固和发展安定团结的政治局面。

同志们，人民代表是各行各业、各个阶层的先进分子，在改革和建设的伟大事业中肩负着重大的历史责任。我们要通过深入细致的工作去宣传发动群众，通过先锋模范作用去团结带领群众，解放思想，振奋精神，抓住有利时机，加快改革开放步伐，为兴晋富民做出新的贡献。

（原载《山西日报》1992 年 3 月 15 日 1、2 版）

刍论社会主义市场经济

如何认识社会主义经济中的计划与市场，这是一个重大理论与实践问题。党的十一届三中全会以来，围绕这一问题进行过多次讨论，曾有过多次提法变换。例如“计划调节为主，市场调节为辅”“以公有制为基础的有计划的商品经济”“计划经济和市场调节相结合”等等。提法的变换，反映着我们对社会主义经济体制在认识上的逐步深化。毫无疑问，这种理论认识的深化对我国经济体制改革和经济建设都起了重要的推动作用。但是，以往的理论概括，无论在理论上还是在实践上都还存在着一些难以解决的难题和矛盾。最近，有的同志提出，是否可以用社会主义市场经济这个概念来概括我们的经济体制，我认为这个提法是科学的也是符合实际的。我赞成这个提法。

一、为什么要用社会主义市场经济的提法概括我国的经济体制

众所周知，我们在理论上已经确认我国的经济是社会主义商品经济，但是，在以往的论述中，却总是有意无意地、或多或少地把计划与市场对立起来，贬低市场、限制市场。例如在对计划与市场的性质的认识上，把计划看成是社会主义的，把市场看成是资本主义的；在对计划和市场地位的认识上把市场放在从属的地位；在计划、市场作用的范围上，认为计划是覆盖全社会的，市场是局限在某些方面、某些领域起作用的，等等。我认为，这些看法在理论逻辑上是自相矛盾的，在实践中则与我们将要建立的商品经济新体制是相抵触的。

首先，承认商品经济而不承认市场经济这在理论上是说不通的。在我看来，发达的商品经济和市场经济，在本质上是一回事。商品经济就其含义而言，就是

为了市场生产并经过市场实现的经济。商品经济与市场共存亡，发达的商品经济，更必须通过市场才能实现资源的有效配置。把这种以市场为取向的经济称之为市场经济是十分自然的。如果说市场经济与商品经济概念有一些区别的话，那么这种区别仅仅在于：市场经济是商品经济的发达阶段。商品经济从原始社会末期产生经历了奴隶社会、封建社会，到资本主义社会发展到它的最高阶段。在资本主义以前，由于自然经济始终占据主导地位，商品经济只处于从属地位，因而整个社会经济的运行主要还不是以市场为取向。商品经济只有发展到资本主义阶段，一切产品都商品化了，一切生产都纳入了商品生产体系，因而整个社会经济的运行才最终取决于商品经济的运行机制，即以市场为取向配置资源。只有这时的商品经济我们才称之为市场经济。由此可见，就市场经济与商品经济的本质而言，它们是一致的、同一的。确认社会主义经济是现代商品经济，就必须承认社会主义市场经济。

应当指出，承认社会主义市场经济，并不意味着排斥计划。恰恰相反，在现代经济中，计划与市场是相互结合、相辅相成的。市场经济不过意味着以市场为基础，引入计划或者叫市场以计划为指导，计划以市场为基础。具体讲就是，市场是调节经济的出发点和归宿，政府根据经济目标和市场状况，提出一些经济发展的中长计划，作为一个时期经济结构、总量平衡等方面的宏观导向，这种计划不是直接作用于企业，而是通过调整经济参数、经济政策引导市场，通过市场机制的作用，实现资源的合理配置。即市场—计划（调控）—市场。显然，在这种市场经济中，计划是导向性的、富有弹性的粗线条计划，是与市场相通融、相结合的，是包含了宏观调控在内的。

其次，从实践来看，不能如实地把我国的经济看作社会主义市场经济，也是影响新经济体制尽快建立的重要原因之一。经过十多年的改革，我国传统的经济体制已经受到巨大的冲击，经济的活力有了较大的增强。但是，客观地讲，近年来真正活起来的主要还是新崛起的乡镇企业、私营企业和“三资”企业。国有大中型企业的状况仍然没有得到根本改善。有关资料表明，全国预算内国有工业企业中有1/3亏损，还有一部分企业潜亏。即使效益较好的也不完全是靠经营有方获得，其中相当一部分企业凭借的是某些特殊条件和优势。

国有企业没有搞活的原因，不在于公有制本身，而在于机制没有转换。而阻碍机制转换的深层原因仍然出自对市场和市场经济的认识。由于不能如实地把我国的经济看作社会主义市场经济，使得政府职能迟迟不能转变，政企职责难以分开。经济主管部门总想以“计划”为名，把企业攥在自己手里，直接掌管企业的具体事务，不肯还权于企业。由于不能如实地把我国的经济看作社会主义市场经济，作为市场经济主体的国有企业“四自”难以形成，内部机制难以转换，与国家之间的“脐带”联系难以剪断。因而企业难以推向市场，遇到困难仍然是找市长而不是找市场。由于不能如实地把我国的经济看作社会主义市场经济，我们在对市场的培育上力度不够，发挥市场配置资源的作用不够。在结构的调整中仍然过分地依赖政府的行政手段，而忽视市场自动调节的功能。

总之，深化社会主义经济体制的实践，要求对社会主义经济体制的实质和目标进行重新认识，呼唤着社会主义市场经济理论的确立。在这个问题上，我认为越早认识对我国经济的改革和发展越有利。近年来沿海地区与内地差距进一步拉大的事实已经完全证实了这一点。

那么为什么这么多年来我们对市场经济如此忌讳呢？一个重要原因是过去我们把市场经济等同于资本主义，认为承认市场经济就必然会导致资本主义。其实这是一种误解。现代经济，无论是社会主义经济，还是资本主义经济，都是建立在社会化大生产基础上的商品经济。社会化大生产必然要求以计划来调节国民经济的运行；商品经济又必然要求以市场为基础来调节经济。两者都要求建立计划与市场相结合的调节机制。从这一方面来看，计划不是社会主义所独有，市场也不是资本主义所独有。两者都不过是实现资源优化配置和国民经济协调发展的手段，不能成为区分社会主义与资本主义的标志。过去，我们把市场经济与资本主义相等同，并进而与无政府状态相联系，以为市场经济都是无计划的自由市场经济，因而不承认社会主义经济也是市场经济。事实上，资本主义市场经济在初期确实是通过自由市场机制来调节的，资产阶级古典学派代表人物亚当·斯密就主张自由放任，主张完全由“看不见的手”来调节经济的运行。后来，随着资本主义的进一步发展，特别是本世纪20年代末30年代初，资本主义世界发生了空前的经济危机，西方国家一片混乱。这就在客观上提出了对经济的宏观管理，于是凯恩斯主义应运而生。凯恩斯的宏观经济理论主张对资本主义经济进行调节和干预，主张在“看不见的手”之外再加一只“看得见的手”。从此，在资本主义市场经济中，计划与市场“两只手”并用，相互配合，成为调节经运行的机制（当然，资本主义和社会主义在运用计划调节方面是有区别的，我在后面要讲到）。战后，法国、日本等资本主义国家就都专门设有编制计划的经济计划机构，实施了多个五年计划。这在很大程度上改善了资本主义国家的经济运行，由此可见，现代市场经济这个概念本身并不排斥计划。以为市场经济就是无计划的、无政府状杰的资本主义经济，社会主义不能搞市场经济的观点是错误的。

二、怎样认识社会主义市场经济的基本含义

既然理论上、实践上都需要我们确认社会主义市场经济，那么怎样正确地把握社会主义市场经济的基本含义呢？我认为既要看到它具有市场经济的共性，也要看到它在社会主义条件下的个性。就共性而言，市场经济首先要以市场为取向配置资源和激励生产活动。不论社会制度的性质如何，市场都是联结生产、消费和分配的总枢纽，是调整各种比例关系的调节器。市场机制都应具有以下几种功能：一是导向功能，即通过市场信息，引导生产者按照市场需求进行生产；二是调节功能，即通过价值规律的作用，引起生产要素在各部门间的流动和转移，最终实现资源的有效配置；三是激励功能，即通过对利润或利益的追求，刺激生产者改造技术、改进管理，以尽可能少的劳动耗费取得更多的有效成果。如果不具有上述功能，也就谈不上什么市场经济。这几年在充分发挥市场功能和作用方面，我们虽然做了不少工作，但总的来说，进展比较缓慢，作用还十分有限。我们提出社会主义市场经济，就是要首先按照市场经济的一般要求来构建我们经济的运行体制，发挥市场在经济运行中的调节作用。

市场经济一般性质的另一方面就是在市场基础上引入计划。如上所述，市场机制的自发调节优点是具有客观性、灵敏性和激励性，但是也存在着一定的局限性。市场调节往往是事后的、盲目的、自发的。由于市场信号只反映供求状况的过去，不能预示未来，因而资源的优化配置只能作为事后的结果，通过经济的周期性波动和危机，以资源的巨大浪费为代价而实现；由于市场调节的盲目性和自发性，因而不可能自动地实现宏观经济总量的稳定和平衡；由于驱动市场调节的利益机制主要是各微观主体对自身利益的追求，因而难以对某些社会效益重大而经济效益小的环节进行调节，在收入分配上也容易造成两极分化。正因为单纯的市场调节存在这些缺陷，就必须引入计划调节，来弥补市场调节的不足和抑制市场调节的消极作用。计划调节，就是通过国家计划自觉地、能动地调节社会资源

在各个生产部门之间的分配，保持经济的相对稳定，搞好综合平衡，规划宏观经济目标，制订符合本国国情和切实可行的发展战略和产业政策，对宏观经济和各产业部门的发展进行指导。市场经济只有在市场与计划相结合的条件下，充分发挥计划与市场各自的长处，相互弥补彼此的不足，才能更好地实现资源的有效配置，并始终保持经济的活力。

近几年，我们虽然也讲计划与市场相结合，但是，却强调了计划为主、市场为辅，因而在实现计划与市场相结合的道路上，是在计划的基础上引入市场。这种做法似乎强调了计划的重要性，实际上，这样一来，一方面事实上把市场变成了无市场实质的市场外壳，一种模拟的市场；另一方面，计划仍然是脱离市场的计划，它既不可能把握市场，也不可能正确引导市场的运行。我们确认社会主义市场经济之后，实现计划与市场相结合的思路就应调整为以市场为基础，引入计划，即计划调节必须以市场为基础，把市场机制作为经济运行的基础性机制。在这种思路下，表面上看似乎偏重了市场，但是实际上，在市场的基础上引入计划，标志着经济运行以市场为基础，以计划为主导，计划调节起着从总体方向上制约和长期导向的作用，这正是加强了计划的高层次调节机制的地位。从这个认识出发，我认为，曾经提出过的“国家调节市场，市场引导企业”的新运行机制设想是有道理的。

以上是就市场经济的一般性质而言的。我们的市场经济是社会主义市场经济，因而除了具备上述市场经济的一般性质以外，必然还存在着区别于资本主义市场经济的特殊性质。这些主要特点是：第一，在社会主义市场经济中，市场行为主体虽然有个体企业、私营企业和“三资”企业，但占主体地位的是公有制企业即国有企业和集体企业。这区别于资本主义市场经济的私有企业为主体。第二，在社会主义市场经济中，虽然企业的直接生产目的是盈利，但从整个社会生产的宏观目的来看是最大限度地满足人民群众的物质文化生活需要。这区别于资本主义市场经济生产的唯一目的是追求剩余价值。第三，在会主义市场经济中，个人消费品的分配虽然也存在按生产要素分配的形式，但它必须坚持按劳分配为主，其他分配形式为辅的形式。这区别于资本主义市场经济中资本家无偿占有工人剩余劳动的分配。第四，在社会主义市场经济中，虽然也允许一部分人和一部分地区依靠诚实劳动和善于经营等正当手段先富起来，但社会主义的本质决定，先富要帮后富，逐步实现共同富裕，这区别于资本主义市场经济必然带来贫富的两极分化。第五，社会主义市场经济中，虽然也存在着国家、企业和劳动者个人三者利益的差别和矛盾，但从根本利益讲三者是一致的。这区别于资本主义市场经济中工人与资本家利益关系的根本对立和私人企业之间利益尖锐冲突。第六，社会主义市场经钟的计划是建立在全体社会成员根本利益一致基础上的，因而无论实行计划的自觉程度还是计划调节的方向和力度，都优于资本主义市场经济。资本主主义市场经济的计划，实施基础是私有制和私人利益，因而从资本家整体利益出发制定的计划在发挥调节作用时，往往会受到劳资利益对立和私人集团利益冲突的影响。

总之，社会主义经济作为市场经济，具备市场经济的一般性质或共性，我们应当如实地承认这些性质，否则就很难推进我国新经济体制的尽快形成；另一方面，我们的经济作为社会主义制度下的市场经济，又必然具备社会主义的特殊性或个性，正确把握这些特殊的性质，才能保证我们的体制改革坚持正确的方向。

三、确认社会主义市场经济有什么重要意义

确认社会主义市场经济，绝不仅仅是一个概念或提法的变换问题，可以说，它无论在理论上还是实践上都具有十分重要的意义。

首先，确认社会主义市场经济，使我们摆脱了许多理论上的困扰。

过去，我们在理论上已经确认我国的经济是有计划的商品经济，但却忌讳讲市场取向和市场激励，尤其否认市场经济这个提法，把市场经济等同于资本主义。对市场经济中存在的诸如证券、股市、破产法、企业兼并这些适应商品经济和社会化大生产的一些东西，也往往贴上资本主义的标签而拒绝使用。担心市场扩大一步，社会主义退让一步，资本主义就进逼一步。这样，我们就陷入了既要发展商品经济又害怕市场和市场经济的困扰之中，使得我们的商品经济成了种抽象的、残缺不全的商品经济。社会主义市场经济理论的确立，使我们从根本上摆脱了一度难堪的局面。因为，既然社会主义经济是市场经济，就必须肯定市场在经济运行中的基础地位，因而以市场为取向，发挥市场配置资源、提供激励的作用就是应有之义，由于经济的运行以市场为基础，市场也就不再仅仅当作一个“模拟”的空壳，而有了具体的、实在的内容；既然社会主义经济是市场经济，计划与市场作为现代商品经济的内在要求，就得到了有机的统一，而不再被人为地对立起

来。在这里，计划和市场的内涵都有了新的规定，计划不再是通过指令分解和下达来实施的计划，而主要是利用一系列经济参数和经济政策调节市场，再通过反映计划要求的市场调节企业，使企业决策与国家宏观目标相协调，从而实现计划目标。市场也不再是自发地、盲目地起调节作用的市场，而是反映和体现计划要求的市场。双方都各自朝着对方靠拢并融为一体，形成有机结合的调节机制。

其次，确认社会主义市场经济，为我国进一步深化改革提出了明确的目标和方向。

我国的改革已进行了十几年，但是从总体上看，计划与市场还未能实现有机结合，特别在资源配置上几乎起不到多大作用。例如有一些生产能力本来早已超过需求能力（如冰箱彩电），国家计划机关据此也早已明令不要再上生产线，但是在失真的市场信号和市场短期利益的吸引下，许多地方继续盲目发展，结果造成产销严重失衡。这表明计划与市场仍然是“两张皮”，计划管不了市场，市场不反映计划。究其原因，主要在于社会主义市场经济运行的基础未能建立，现实经济体制中存在着阻碍计划与市场有机结合的因素，包括市场不发育、企业体制不健全、宏观体制不健全等等。因此，改革的目标首先是按照社会主义市场经济的要求，健全和完善市场经济运行的基础。其主要任务是：

第一，按照社会主义市场经济原则尽快确立市场主体改革企业体制。其中最主要的是转换国有大中型企业内部机制，使企业从政府“保姆”怀抱中解放出来，真正成为自主经营、自负盈亏、自我发展、自我约束和自担风险的法人实体，把企业推向市场，实现责权利相统一。达到这一目的的关键环节是改善公有制内部产权组织结构和产权管理，在国有企业内部实行原始产权和法人产权分立而又相互制约的产权形式，其中核心是法人产权相对独立化。在这一基础上实行企业劳动人事制度、工资制度三项制度的改革，把企业和企业职工的经济利益同市场利润、市场风险紧紧联系起来，把企业权力、利益与企业应肩负的责任、义务、风险联系起来。

第二，按照社会主义市场经济的原则培育市场。主要包括完善市场体系和市场机制两个方面。完善市场体系就是要在继续发展商品市场特别是生产资料市场的同时，积极培育和发展金融市场（包括股票、债券等有价证券）、技术市场、劳务市场、信息市场、房地产市场，逐步形成一个完备的、统一的社会主义市场体系；完善市场机制就是要健全、培育价格机制、利率机制、工资机制、竞争机制、风险机制和供求机制等。其中最核心的是价格机制。可以说，市场取向的改革，集中地体现在价格体制改革上。以市场为取向，就必须首先转换价格形成机制，逐步改变行政定价的体制，让大量商品和劳务的价格回到市场交换中形成，并逐渐向生产价格体系过渡。与此同时，要使价格体系逐步合理化，使之既反映价值，又反映供求关系，并且随着价格形成机制的转换，形成自动调整的灵敏的机制。

第三，按照市场经济的原则完善宏观管理体制。一是要转变政府职能，二是要更新计划观念，转变宏观管理方式转变政府职能主要是真正实行政企职责分开，政府管理社会经济活动的职能应当限于统筹规划，掌握政策，组织协调，提供服务，以及检查监督；运用经济手段、法律手段和必要的行政手段保证经济总量平衡和重大经济结构与布局的协调。政府部门不应干预企业的生产和经营方面的具体事务。转变计划观念和宏观管理方式，核心是变直接宏观管理方式为间接宏观管理方式。具体包括从指令性计划为主转向指导性计划为主，从个量控制转向总量控制，从实物控制转向价值控制，从静态控制转向动态控制等等。要使计划能够真正反映市场的供求变化，学会应用货币发行、价格、利率、税率等经济杠杆和产业政策引导和调控市场。

再次，确认社会主义市场经济，使实际工作中许多多年来难以解决的问题迎刃而解。例如利益关系的调整，历来是个难题。因为社会主义现阶段，利益关系非常复杂。仅从公有制经济内部来说，就存在国家、企业和职工个人三者之间的纵向利益关系，以及在企业之间、部门之间、地区之间的横向层次利益关系。在这复杂的利益关系中，虽然根本利益是一致的，但从具体利益看，又是有差别有矛盾的。过去在处理这些利益关系时，往往搞不好，以致不是挫伤这方面的积极性，就是挫伤那方面的积极性。现在看来，原因还在于没有按市场经济的原则办事，单纯使用计划调节，只照顾整体利益和利益的一致性，照顾不了利益的差别性、矛盾性。如果我们按照社会主义市场经济的要求调节利益关系就比较容易做到兼顾各方面的利益。具体办法就是，以计划调节保证整体利益或利益的一致性、统一性，以市场机制调节具体利益或利益的差别性、矛盾性。两者有机地结合起来，兼顾各方利益就容易得多。

再如过去我们在产业结构上长期存在工农业结构失衡，轻重工业结构演进反常，基础工业与加工工业失衡以及地区产业结构趋同等问题。其体制方面的原因同样是没有建立起适应社会主义市场经济要求的资源配置机制，只靠单纯的计划机制调节，难以刺激结构的演变，而且主观随意性很大。解决这一难题的根本办法是按照计划与市场有机结合的原则，建立健全产业结构调整新机制，打破条块分割、部门分割，发挥价格引导资源配置的作用，引导生产要素向供求差额大的部门和地区转移；同时发挥中央对产业结构的调控能力，制定科学的产业政策。只要我们坚持这样做，这个难题也同样会迎刃而解。

总之，我认为，在确认社会主义市场经济体制问题上，不应当再有任何怀疑和顾虑。应当果断地采取实际步骤和措施，逐步向社会主义市场经济推进。这是我们经济体制改革唯一正确的方向，也是我国经济迅速发展的根本保证。

（此文是党的十四大前，中央主要领导提出要在党的十四大报告中正式提出中国要建立“社会主义市场经济体制”，在征求意见时，作者表示完全同意，并提出亲自组织经济方面专家学者编写一篇有说服力文章，阐述为什么要建立社会主义市场经济体制，它与资本主义市场经济体制相同点和不同点，以及社会主义市场经济体制的建立对中国改革开放和经济发展的重要促进作用和推动作用。此文1992年8月20日撰写完成后，报中央领导审视后，先在人民日报等内刊发表，后在1992年第9期《中国改革》等刊物摘发）

适应市场经济要求　努力提高领导水平

领导水平对于正确行使领导权力，充分调动各方面积极性，全面推动各项工作至关重要。我国要发展社会主义市场经济，转换企业经营机制、转变政府职能是必不可少的环节。但是，领导方式不变，领导水平不提高，仍继续沿用搞计划经济或政治运动的那套思想观念、思维方式、决策办法和领导方式，市场经济就很难获得突破性发展。所以，随着经济体制、政治体制改革的深化，随着企业经营机制、政府职能的转变，领导者特别是负有相当决策权的高层领导的领导方式也应随之转变，领导水平也应按市场经济的要求相应提高。

一、强化理论学习，提高认识水平

对一个领导者来说，无论执行上级的方针政策，还是制定本地区、本部门的政策措施，或者领导实施某项具体工作，都离不开较高的理论素养和认识水平。因为，我们所从事的改革开放本身就是一项纷繁复杂、史无前例的伟大事业，它的顺利推进，既要以“一个中心、两个基本点”的基本路线作保证，以有中国特色社会主义的理论作指导，用建立社会主义市场经济体制的目标来规范，更需要各地、各部门、各方面通过自己的创造性工作来落实。由于各地具体情况不同，即使同一个政策的落实，也需要制定出符合各地实际的具体措施。这一切，不可能靠上级手把着手地教，也没有现成的模式可照搬，完全要靠我们自己去开拓、去探索、去实践、去总结。试想，不掌握新理论，不具备新知识，不确立新观念，怎么能创造性地工作？更为重要的是，自邓小平同志视察南方重要讲话和党的十四大召开以来，市场经济的浪潮已铺天盖地席卷而来，这不仅使改革开放和经济建设出现了许多意想不到的新变化、新特点、新矛盾、新问题，也给政治生活、文化生活和社会生活的各个方面带来了无法避免的冲击；不仅使传统的生产方式、生活方式、工作方式受到无情的挑战，也使固有的理论、认识、观念遇到强烈的震撼。运行了几十年的生产方式碰到了前所未有的困难；延续了几代人的生活方式出现了急促的变化；曾经运用自如的工作方式常常收不到理想的效果；曾经被当作“资本主义”大加批评的许多做法却创造了无数的奇迹。这一切都需要用新理论去解释、用新观念去认识、用新认识去总结。

从目前领导干部的现状看，大多数领导干部都是新中国成立后培养和成长起来的，基本都受过马克思主义理论教育和其他方面的知识教育。但由于历史原因，我们过去所接受的理论教育中不乏教条主义和形而上学的东西，甚至有错误的观点和完全扭曲的理解，其中许多观点和认识与今天的现实和市场经济大相径庭；同时，原来系统掌握的管理经济、文化、社会和从事思想政治工作的知识，也大多不适应市场经济条件下新工作的需要，亟待更新；加之，我们有些从事计划、产品经济的领导，对市场经济既无理论上的认识，又缺乏实际上的接触。所以，尽管党中央明确提出建立市场经济体制是经济体制改革的目标，但在一些领导干部的思想深处，市场经济的观念仍未扎根落户，至多只是一知半解或者只是一个抽象的概念。因此，抽象地讲发展社会主义市场经济，谁也赞成，但一遇具体问题，不是用旧观念评头论足、横加指责，便是六神无主，不知所措，不敢闯、不敢试，裹足不前。这样下去，既会挫伤广大干部群众的创造热情，更会阻滞市场经济的发展。可见，提高领导水平的当务之急是提高领导干部的理论素养、认识水平，转变思想观念。

提高理论素养，就要像江泽民同志在党的十四大报告中指出的那样，放弃对马克思主义、社会主义的教条式理解和不正确认识，努力学习建设有中国特色的社会主义理论，特别是要学习好社会主义市场经济理论，提高对市场经济的认识；提高认识水平，就是要在学好理论的同时，注意学习诸如管理学、心理学、社会学、伦理学及其他边缘学科，甚至还要掌握部分与自己领导工作相关的自然科学知识；转变观念，就是要放弃那些对与市场经济相联系的如价值规律、自由竞争、资本、利润、股票、股金分红等的不正确认识，树立社会主义市场经济观念及其他与之相适应的现代观念。这样，我们的理论素养、认识水平和思想观念就可以产生质的飞跃，适应市场经济的要求。才能在错综复杂的矛盾和斗争中驾驭全局，掌握主动权；才能更好地坚持实事求是原则，避免“左”的和“右”的错误；才能把握事物的本质和规律，为基层和群众指出正确的方向；才能提高决策水平、领导艺术和领导效果；才能树立领导者的权威，增强凝聚力和感召力，顺利实现对各项工作的正确领导。

二、掌握各种思维方式，提高科学的思维能力

思维方式，就是思考问题的出发点和方法。对一个领导者来说，其思维方式不仅决定着他的认识水平、决策质量和领导水平，也会影响政策的执行和各项工作的实际成效，更会决定某个人、某项事业的前途命运。随着市场经济的发展，基层、企业、个人的独立性不断增强，自主权不断扩大，其主要活动不是按上级指令而是根据市场需求自主决定。这一方面会激发基层、企业、个人的积极性、主动性和创造性，搞活经济和其他社会事业，使新生事物层出不穷；另一方面也会因信息不灵、盲目冲动而出现秩序混乱、比例失调和各种矛盾。在法制和社会运行机制尚不健全的情况下，就需要领导者出谋划策，评判是非，协调关系，指明方向，加强宏观调控。尤其是在基层和群众的某项创造发明尚未产生实际效果，一时无法用“三个有利于”的评价标准来衡量时，更需要领导者来评判定夺。这样一来，他们思考问题的出发点和方法即思维方式就显得非常重要。我们过去在执行上级政策和实际工作中之所以出现种种偏差、失误，一个重要原因，就是思考问题的出发点和方法不正确。一项改革方案出台，不是首先看它能否调动企业和职工的积极性，解放和促进生产力发展，而是看它是否符合本本上的条条和上级的红头文件；一部电影、一部小说、一篇文章，不是看它是否反映现实、富有生活气息，群众喜闻乐见，是否有利于改革开放和人们思想水平的提高，而是看它是否符合个人口味，是否能从经典著作中找到根据；一个干部，不是看他有无坚强的党性、高强的业务水平、高超的领导能力、开拓创新的精神和突出的政绩，而是看他是否听自己的话，有无缺点毛病。尤其令人不解的是，当沿海地区用重奖鼓励科技人员走出高墙深院为乡镇企业多做贡献时，我们内地一些地方则因科技人员业余时间为乡镇企业服务收取报酬而对其进行不公正的处置，极大地影响了技术人员积极性。这类现象与其说是工作失误，还不如说是思维方式出了问题。如此下去，必然扼杀群众的创造精神，贻误改革发展的大好时机，阻碍社会主义

市场经济的发展。所以，作为领导者，当前最急迫的是学会并掌握多种思维方式，不断提高科学的思维能力。

一是放弃唯上唯书的教条式思维方法，学会实事求是地看问题。市场经济的基本特征是市场决定一切。而市场又经常处于变化不定、高深莫测的状态。因此，要保证我们的计划、方案和决策不出现大的失误，就不能过多地考虑过去的经验、书上的条条、上级的文件；必须始终以市场的规律、变化趋向和各自的实际为出发点和归结点。

二是克服形而上学观点，学会辩证地看问题。两面性是事物的普遍属性，世界上没有纯而又纯的东西。如市场经济，它虽然有合理配置生产要素、激发企业活力、促进生产力发展、提高人民生活水平等有利方面，但也有不可避免的缺点，如对某些方面的调节带有盲目性等。掌握了辩证思维方法，我们就可以在充分利用市场经济优点的同时克服其缺点，抓好法制建设、道德建设、思想政治工作，防止或减少各种腐败现象的发生和蔓延。

三是避免片面性，学会系统思维方法。任何事物都是互相区别、互相联系的系统。领导工作就是一个系统，其中有经济、政治、文化、教育，又有社会治安、人民生活等。它们之间虽有区别，但又互相联系。就经济工作而言，也是一个庞杂的大系统，其中哪个子系统出现问题，都会影响到其他子系统乃至整个经济大系统。为此，我们出主意、想办法、拿措施、定方案、办企业、上项目，要切忌片面性、简单化和厚此薄彼，既要考虑一般，又要照顾重点；既要顾及局部，又要关照全局；既要看到有利方面，又不忽视不利因素，做到彼此兼顾，相得益彰。

四是突破保守心理，学会创造性思维。要在激烈的市场竞争中取胜，关键在于创造，“不创造就灭亡”几乎是市场竞争的不变定律。要创造，就要突破因循守旧、故步自封的落后心理障碍，充分发挥主观能动性，根据市场经济发展要求敢于提出新观点、新思路、新方法，敢于走别人没有走过的路，开拓工作新局面。

五是防止急功近利，学会战略思维。凡事不要只看见眼前的蝇头小利而忽视长远的宏图大略，特别是作重大决策和中长期计划，一定要认清事物发展的未来趋向。只有高瞻远瞩，运筹帷幄，方能决胜千里，永立不败之地。

三、掌握科学方法，提高决策水平

所谓决策，就是根据预定的目标，在把握客观规律及其作用条件的基础上所做出的重大行动决定。计划经济体制下，整个社会的经济活动包括人财物、产供销，都由各级政府依据中央的统一计划安排，不要说企业，就是各级地方政府也无多大自主权，因而无所谓决策。市场经济则不同，不仅国家宏观经济计划的制定要反映市场供求变化，而且地方和企业的一切经济活动也要根据市场变化安排。但经济活动是多种环节相接的连续过程，从订计划、作论证、上项目，到搞建设、出产品、搞销售，需要很长的时间。而在这个时间内因竞争和其他因素的影响，市场状况往往会出现许多意想不到的变化。如果缺乏科学的决策，凭想当然、老经验拍板，出现决策失误，就会使一个企业、一个地区的经济陷入危机。所以，无论从一个企业、一个部门，还是从一个县、一个地区、一个省来说，要保证经济工作和其他工作协调顺利地发展，必须提高领导者的决策水平，做到科学决策。

要提高决策水平，做到科学决策，应注意以下几点：一要全面、系统、准确地理解和把握上级政策的精神实质，提高各级领导干部创造性地执行政策的水平，以及与实际工作相结合的能力。二要广泛收集、严格筛选、精细加工、系统整理出综合性的、有价值的、可靠的情报和信息，为正确的决策提供坚实的基础。三要深刻认识市场经济的本质、规律和有中国特色社会主义的发展趋势，系统了解本地区、本部门、本系统各方面工作的现状和奋斗目标，使各种决策既顺应客观规律、发展趋势，又反映共同愿望和奋斗目标。四要大走群众路线，深入调查研究，特别是要把党和政府的计划、方案交给群众，广泛征求基层干部和群众的意见，集思广益，群策群力。一方面，使我们的决策充分反映群众的利益和愿望；另一方面，也为决策的更好实施奠定牢固的群众基础。五要召集专家学者和党政机构的智囊团，对各种决策方案进行价值分析、效益分析、可行性分析和风险分析，从中优选出立足全局、可行、效益好、风险小的方案供领导集体决策参考。六要按决策程序进行集体决断，做出正确决策。

四、改变领导方法，提高领导艺术

领导方法或领导艺术，是正确行使领导、保证领导效果的关键之举。缺乏正确的领导方法，不具备科学的领导艺术，再正确的政策和决断也难以收到预期的效果。

应该承认，由于我们的领导干部长期在高度集中统一的行政领导体制和计划经济体制下从事领导工作，创造并熟练地掌握了一整套与旧体制相适应的领导方法和领导艺术。这种领导方法的最大特点是强调国家、上级的权力和利益，忽视地方、下级特别是企业个人的权利和利益；强调集中、统一、服从，忽视分散、独立和自主；强调领导者个人和指令性计划的权威，忽视制度、利益，机制和市场需求的作用。长期使用这种方法，会扼杀企业的主体意识和劳动者的主人翁责任感，遏制企业、劳动者个人的进取意识和创造精神。显然，用这种领导方式领导市场经济，必然会大大影响领导力，妨碍市场经济发展。所以，要提高领导水平和领导效果，领导者也要按市场经济的要求改变领导方式。改变领导方式，提高领导水平，要从以下几个方面入手：（1）要敢于放权，特别是要放弃个人主义打算，把本该属于下级单位和下级领导的权力毫无保留地放下去，以便基层单位、企业和它们的领导者根据实际变化及各自需要自主决策。（2）不要管得太多、太细，更不要越级直接插手下一级的领导活动，归哪一级管的就让哪一级管，该谁负责就让谁负责。高层领导既不要为下级代权，也不必为他们担负责任，要让他们各司其职，各负其责。需要的是多布置、勤督促，严落实。（3）要抓大事、抓重点。一是抓好政策建设，为基层、企业和各项工作提供更优惠、更实用、更宽松的政策环境；二是抓好各级各类市场建设，使投资、分配、流通和整个社会经济活动完全纳入市场轨道；三是抓好经济、政治、文化及各领域工作的机制建设，使企业和个人的经济行为、政府和管理机构的管理活动、干部的选拔任用、劳动者积极性创造性的发挥，以及各领域、各方面的工作，都按各自的本质特点、规律和运行机制灵活、自主、有序地运转。这既可以使领导者摆脱事务缠绕，腾出时间进行战略研究、科学决策和高质量服务，提高领导效果，又可以保证各项工作快速、有序、高效运转，减少失误、矛盾和摩擦，使各社会行为主体在宽松、和谐、有序的环境中发挥各自的主观能动性和创造力量。（4）要遵循市场经济的内在规律和要求，加快各个领域的法制建设，把一些大家公认、行之有效、有助于市场经济正常运行的东西纳入法规，以确保市场经济沿着法制轨道正常运行和发展。

（此文是1992年12月，作者根据自己在山西省县以上领导干部会上传达贯彻党的十四大精神，讲解如何理解和贯彻社会主义市场经济体制的讲话整理撰写的一篇文章）

围绕经济上新台阶　真抓实干奋力拼搏

最近，省委书记王茂林召集有关负责同志，就省委、省政府确定今年为真抓实干、奋力拼搏年发表谈话。要求全省各级党委、政府和广大党员、干部群众，紧紧围绕经济建设这个中心，以只争朝夕的精神真抓实干，奋力拼搏，确保山西经济上新台阶的宏伟事业在今年迈出坚实的一步。

王茂林同志说：我省把今年确定为山西的真抓实干、奋力拼搏年。之所以这样做，主要是出于以下三点考虑：一是我们肩负的历史任务要求我们必须真抓实干，奋力拼搏。党的十四大明确确定用邓小平同志建设有中国特色社会主义的理论武装全党，明确确定坚持党的基本路线一百年不动摇，明确确定建立社会主义市场经济体制，对九十年代的主要任务作了部署，党的理论和路线、方针，政策以及目标任务进一步明确。正如江泽民同志指出的，现在“大政方针、目标任务都明确了，关键是狠抓落实”。今年是贯彻落实党的十四大精神的第一年，我们应当把真抓实干、奋力拼搏作为一个基本的指导思想贯穿到各项工作中。从山西的情况来看，在学习贯彻邓小平同志视察南方重要谈话和党的十四大精神的基础上，省委省政府拿出了一个推动山西经济上新台阶的方案，这是实现兴晋富民目标一个带有根本性的战略措施。推动山西经济上新台阶这一艰巨任务已经落在了我们肩上，不容我们有丝毫懈怠。今年必须确保起好步，力争迈大步。今年还是实施“八五”计划的第三年，五年看三年，山西在“八五”期间能有多大作为、多大变化，今年是关键。二是我们面临的机遇要求我们必须真抓实干、奋力拼搏。我国改革开放和现代化建设已经进入了一个新的阶段，建设有中国特色社会主义的事业充满了生机与活力，特别是建立社会主义市场经济体制，给我们山西发挥能源优势、调整产业结构、扩大对外开放乃至整个经济建设带来了极好的机遇，不真抓实干、奋力拼搏更待何时？同时我们面对的挑战也是严峻的。各省市、区都在各显优势，加快发展，抓紧时机往前赶，在这个大潮流面前，我们必须迎头赶上，决不能愧对于山西的父老乡亲，决不能落后于周边省份，决不能有负于中央的期望。全省广大党员干部都要有这样的责任感和紧迫感，并把它体现在实干上。三是实现党的领导和党性原则要求我们必须真抓实干、奋力拼搏。党的领导一方面体现在作出正确的决策，另一方面体现在抓落实、干实事。无论是战争年代，还是社会主义建设时期，我们党就是靠正确的路线、方针、政策，靠脚踏实地的拼搏，才取得了一个又一个的胜利，赢得了人民群众的信赖。今天我们搞改革开放，要走前人没有走过的路。更需要发扬革命战争年代那么一种吃苦精神，那么一种拼命精神。实干兴邦，清谈误国。作为执政党，当常以此自律。因此说，真抓实干、奋力拼搏，不是什么新名词、新提法，而是领导行为的基本内容，是实现党的领导的重要组成部分。今天我们强调这一点，是为了在推动山西经济上新台阶中进一步加强党的领导，发挥党的领导核心作用，调动广大人民群众的积极性。能否做到真抓实干、奋力拼搏，还是工作作风好坏的体现，是党性强弱的体现，是对党和人民群众高度负责与否的体现，我们必须从党的作风的高度来认识和对待这一问题。

王茂林同志说：真抓实干、奋力拼搏，关键是要把劲用在经济建设上，用在推动山西经济上新台阶上。今年总的要求是，在邓小平同志建设有中国特色社会主义理论和党的基本路线指引下，积极、全面、正确地贯彻落实党的十四大精神，以建立社会主义市场经济体制为目标，进一步解放思想，实事求是，抓住机遇，真抓实干，奋力拼搏，确保山西经济上新台阶的宏伟事业在今年迈出坚实的一步。具体讲有四点：第一，思想要再解放。通过学习贯彻邓小平同志重要谈话和党的十四大精神，开展经济上新台阶大讨论。我们已经有了一个良好的思想基础，但解放思想是一个不断深化的过程，要贯穿于我们工作和事业的始终，现在强调解放思想，一方面是要继续破除束缚生产力发展的旧观念、旧框框，牢固确立“三个有利于”的标准，倡导敢为天下先的精神，按照经济上新台阶的方案，创造性地去开展工作；另一方面是要坚持实事求是。邓小平同志重要谈话的一个很核心的东西，就是解放思想，实事求是，这也是马列主义、毛泽东思想的精髓。不能光解放思想，不实事求是。要把这两句话、八个字有机地统一起来，求得一致和统一。把山西经济搞上去，这是全省干部群众的强烈愿望，要解放思想，大胆地去干，同时要实事求是，稳扎稳打，决不能蛮干，否则是会受到经济规律的惩罚的。各级领导对此要保持清醒的头脑。第二，改革要迈大步。山西大中型企业多，要在深化企业改革上下功夫，切实把《条例》赋予企业的十四项自主权不折不扣地落实到企业，要下决心理顺全省预算内 266 户大中型企业的产权关系，从中选择 100 户实行投入产出总承包或“三资”企业的政策，完全放开经营，把企业推向市场。深化流通体制改革，加快培育、完善市场体系和社会保障体系。搞好煤炭等生产资料、日用消费品、农副产品、金融、技术、劳务和房地产等市场的建设，建立和完善包括职工养老、待业、医疗、工伤等内容的社会保障制度。加快科技、教育体制改革。省地、(市)、县三级政府都要简政放权，加快政府职能转变，积极稳妥地进行机构改革。重点搞好雁北地区、朔州市和 30 个县的机构改革试点工作。第三，开放要上水平。今年我省对外开放的力度要加大，领域要拓宽。以太原为中心，多极辐射，加快全省的开放步伐。办好太原高新技术产业开发区和太原、大同、长治、风陵渡经济开发区，充分利用省外、国外的资金，技术、人才和资源。采取更加灵活的措施，努力改善投资环境，为外商投资经营提供便利条件。积极开拓国际市场，发展外向型经济。今年要进一步扩大出口总额。第四，经济要增效益，要以市场为导向，以效益为中心，以推进科技进步、优化结构、提高质量为重点，促进全省国民经济更快更好地发展。要强化农业的基础地位，全面发展农村经济。发展高产优质高效农业，加快低产田的改造和开发，建成两个 300 万亩高产高效农田。大力发展乡镇企业，为全省乡镇企业总产值力争突破 500 亿元而努力拼搏，25% 的村基本建成小康村。工交战线今年的任务就是增加生产、提高质量、扩大销售、减少库存、扭转亏损、提高效益这 24 个字。狠抓工业结构调整，重点发展“四大产品”，即高新技术产品、拳头产品、名优产品和出口创汇产品。抓好企业组织结构调整，促进企业实行专业化协作和联合。通过加强经营管理，加快技术改造、科技开发，促进全省工业综合经济效益的提高。大力开展双增双节活动，反对铺张浪费，狠抓扭亏增盈，对百万元亏损大户，继续实行扭亏包干责任制，地方预算内工业企业减亏不小于 25% 。认真抓好我省经济上新台阶 12 项重大骨干工程的前期准备工作，积极创造条件开工，把我省的基础设施和工业基础建设提高到一个新水平。大力发展“三通三业”，即交通通信、商品流通、资金融通和科技教育事业、旅游业、服务业。同时要大力发展非国有经济，特别是个体私营小企业。各地要根据省里的总体部署，结合各自的实际，认准目标，完善措施，争分夺秒，抓紧行动，扑下身子狠抓落实。工作中要坚持“两手抓”的方针，搞好宣传思想工作，维护社会政治稳定，抓好党风和廉政建设。

王茂林同志强调指出：省委、省政府提出真抓实干、奋力拼搏，不是简单地提了一个口号，而是提出了一个十分严肃的问题，这关系到我们事业的成败，关系到党的威信。这一要求变成全省广大干部群众的自觉行动后，就成了一股无坚不摧、无往不胜的力量。真抓实干，奋力拼搏，要靠觉悟，靠信念，靠精神，但还要靠制度，靠纪律，靠约束。我这里着重强调两点：一是要实行严格的责任制，加强督促检查。我们作出的决策，定了的每项工作，都要落实到人头上，限期完成，切实做到抓一项是一项。从我开始，从每个省委副书记、常委、副省长开始，一直到基层，都要围绕今年的奋斗目标和主要任务，层层实行责任制，逐人提出明确要求，分阶段督促检查，年底进行交账。对一些重要工作的责任人员和落实情况要进行公布，接受人民群众的监督。各级党委及其主要领导同志要带头抓落实，亲自抓督查工作，切实转变作风，少开会，开短会，少讲话，讲短话，少活动，多办事，少坐机关，多下基层。各级督查部门要加大督查力度，促进决策的落实。二是要用工作实绩来衡量和考察各领导干部。要进一步明确用干部的标准，凡是坚定贯彻党的基本路线，带领群众真抓实干，奋力拼搏，把当地经济建设搞上去，让当地人民富起来的领导干部和为经济建设服务得好，推动了经济发展的干部，就是好干部，就是有实绩的干部，就要支持，就要重用，反之，不管你有千条万条，就不能称为一个好干部。依据这样的标准，我们在选拔使用干部上要有大的突破，实绩突出的要提拔重用，优秀的要破格提拔，实绩平平的要调整下来，不能让“太平官”再过“太平”的日子，逐步形成一种务实的激励机制，把广大干部都引导到真抓实干、奋力拼搏上。

王茂林同志最后说：现在全省的形势很好，广大党员、干部和群众信心很足，干劲很大，正齐心协力、同心同德地作推动山西经济上新台阶这篇大文章。各地市县委和各级政府领导同志都感到压力很大，比较着急，正在积极努力落实已经拟订的各项工作方案，有的已经开了一个好头，但是应当指出，有少数领导干部的精神状态与形势是不相适应的，他们不是把主要精力用在工作上，用在致富一方上，而是整天思谋个人“前程”的“小九九”，热衷于托人情、找门子，特别是在换届期间，放下工作到处活动保官、升官甚至要官，沾染了一种极坏的社会习气，这是党性不强的突出表现，严重败坏了党风。我郑重地告诫这些同志，跑官是跑不到的，恰恰相反，只会损害自己的声名，对跑官的人要提出严厉的批评，一律不予重用。无论是换届也好，平时使用干部也好，要考察安排那些一贯埋头苦干、政绩突出的人，把他们放到重要岗位上，在这一点上，省委的态度是十分明确的。这里，我还要指出，有极少数人，意识不好，品行不端，看到山西的形势好了他就有点不自在，整天谋人不谋事，不务正业，传播小道消息，散布流言蜚语，甚至拨弄是非，离间同志，起了涣散斗志、离心离德的作用，成为山西经济上新台阶中极不和谐的音调和阻力。可惜的是，一些同志是非不分，不加分析，一听就信，甚至也跟着瞎议论，影响了工作。对极少数人，我们必须保持高度的政治警觉，防止上当受编，而且要毫不留情地予以揭露，让其公开曝光。要中肯地告诉同志们，一定要珍惜今天来之不易的好局面，多做促进团结的工作，一心想着山西人民的利益，一心扑在事业上，我坚信，山西各级党委、政府和广大党员、干部群众，在真抓实干、奋力拼搏年中是会大有作为的！

（原载《山西日报》1993 年 2 月 18 日 1、2 版）

转换国有企业经营机制
重塑国有企业发展模式

5月29日下午，省委书记王茂林在“国有大中型企业与社会主义市场经济研讨会”上作专题讲话时强调指出“市场经济与国有企业的发展问题，是引深企业改革的关键问题。要实现由计划经济体制向市场经济体制的重大变革，关键就是要转换国有企业的经营机制，建立全新的企业发展模式。”

王茂林同志在分析了社会主义市场经济体制的基本特征的基础上指出，“社会主义市场经济的基本特征决定了作为市场主体并占主导地位的国有企业的行为，必须是以市场为导向，以追求利润最大化为目标，以提高劳动生产率为手段，采用先进技术和科学的现代化管理，通过拓展市场来增大价值来源和各种生产要素的获得领域，用低价、优质商品去占领市场、发展自我。同时，在以市场供求关系调节决策行为时，必须综合考虑社会需求和社会效益，使企业行为符合国家通过市场机制作用所指示的方向，在市场竞争中发挥主导作用，引导市场主流。”

怎样使国有企业顺顺当当地进入市场？王茂林同志强调说：“出路只有一条，那就是坚持改革。核心的问题，是解决国有企业的经营机制问题。将企业推向市场就是构建新体制的基础，就是把市场经济特性所决定的企业行为落实到每一个经济细胞之中，落实到千百万个直接生产者和经营者的创造活动之中。从国有企业来说，当务之急，必须学会运用市场机制，按照社会主义市场经济的要求，正视并采取切实有效的措施解决所面临的问题，改造或重塑企业的发展模式，尽快实现四个转变。

一是实现企业经营机制的转变，塑造合格的市场主体。主要应从以下几点入手：必须借助于产权制度的改革，改革公有制内部的产权组织结构和产权管理，实行原始产权和法人产权分离而又相互制约的产权形式，并使法人产权相对独立化，使企业具有生产经营的自主决策权。股份制是改革企业产权制度、实现两权分离的有效途径，因而应加快国有大中型企业规范化的股份制试点步伐；解决好企业的动力机制或激励机制问题，也就是解决好企业经营者与企业的责、权、利关系，促其提高企业参与市场竞争的主动性和创造性，同时，在企业内部要形成有效的激励手段，建立有效的劳动考核和人事聘任、选拔、辞退制度，真正贯彻按劳分配，做到劳动与效益挂钩，奖勤罚懒，从而调动全体职工的积极性和创造性；还要形成有效的企业约束机制，在使企业成为自主经营、自负盈亏的经济实体的同时，政府应该对企业行为用法律手段加以规范，明确企业对国家对社会所承担的责任，包括对国有资产增值和企业长期发展的责任；还需要完善企业的积累机制，增强企业发展后劲。一方面要促进企业变生产型为生产经营型，以提高企业的技术应变能力，保持较高的经营效益，不断扩大积累源。另一方面，在税收上采取约束和倾斜相结合的政策，即通过调整税率来约束企业浪费性开支和短期行为，鼓励企业积累和长期发展。

二是实现企业内部管理制度的转变。为此，需要更新观念，确立以市场为中心，以市场为依托的全新的现代化管理观念；由生产型转向经营管理型，改革企业内部的管理结构。需要建立以成本控制为中心的车间、班组的经济核算制度；需要加强企业的技术管理；需要加强企业的基础工作。

三是实现企业领导体制的转变。要按照《企业法》和《条例》的有关规定，进一步理顺厂长（经理）、党委（书记）、职代会三者之间的关系，形成合力，保证企业能够顺利地进入市场。企业领导体制的转变，总的来说还是充分发挥党组织的政治核心作用，坚持和完善厂长负责制，全心全意依靠工人阶级三句话。实践证明，在企业实行厂长、书记一肩挑不失为理顺企业领导体制的一种有益探索，只要条件具备的企业厂长可以兼任党委书记，党委书记也可以任厂长。

四是实现企业干部职工思想的转变。针对当前企业干部职工思想上存在的问题，要加大宣传力度，大造改革开放的舆论声势，以形成企业转换经营机制，进入市场的良好氛围；要把转换企业经营机制与观念的转变结合起来，使干部职工明白企业改革最终受益的还是个人，以充分发挥主人翁的作用；要努力探索新时期思想政治工作的方式、方法，充分发挥思想政治工作的优势，唤起职工内心深处的敬佩感和认同感，能够自觉地拥护和支持企业所进行的改革。”

王茂林同志还强调说："国有企业进入市场在宏观上需要注意处理好政府与企业的关系，政府对企业的管理要从直接转向间接、微观转向宏观，不干预企业的具体经济事务，确保企业自主经营权的落实；需要正确处理企业与市场的关系，必须按照社会主义市场经济的原则培育市场；需要正确处理企业生与死的关系，该活的一定让它活起来，该死的坚决让它死掉，不死不活没有救；还需要正确处理发挥市场作用与加强宏观调控的关系，把宏观调控的立足点放在市场上；坚持通过政策导向进行宏观调控；正确把握宏观调控的力度和范围；并制定适应社会主义市场经济发展，使市场依法正常运行的法规。"

（原载《山西日报》1993年6月2日1、2版）

建立现代企业制度　必须理顺产权关系

日前，省委政研室、省经委会同《经济日报》编辑部在太原联合召开了“国有大中型企业与社会主义市场经济研讨会”。省委书记王茂林到会发表了长篇讲话。会后，记者就“国有大中型企业的股份制改造”专题采访了他。

记者：现在，全国都在议论建立社会主义市场经济基本框架这个热门话题，企业制度改革在此框架建设中处在什么地位？

王茂林：我认为，加快企业改革的步伐，建立适应市场经济的现代化企业制度，是社会主义市场经济体制的奠基工程。建立社会主义市场经济体制有四个相互联系的重要环节，就是转换企业经营机制，加快培育市场体系，深化分配制度和社会主义保障制度改革，加速政府职能转变。这当中，转换企业经营机制，使企业真正成为市场主体，是中心环节和关键所在。传统计划经济体制的体制病，不外乎宏观和微观的两个方面。宏观方面集中地表现在政府职能上，政企不分，政府对企业管得过死，其主要支柱是高度集中的计划体制和服务于计划经济的投资、税收、财政体制等等。十多年来，我们致力于自上而下地改革宏观体制，基本路子是沿着放权让利走过来的。这条路现在已经无法再走下去。无论是初始阶段的扩大企业自主权、实行承包经营责任制还是后来的落实企业十四项生产经营权力，都不能完全斩断政府与企业的“脐带”，企业是有婆婆时骂婆婆，没有婆婆找婆婆。现在看，影响改革深化的因素很多，但根本问题是微观构造有问题。企业作为社会经济的细胞，这个微观基础有问题。要建立社会主义市场经济体制，首要的问题是重塑微观结构，催生市场主体，建立起现代化企业制度。

记者：建立现代化的企业制度，为什么必须理顺产权关系？

王茂林：建立适应社会主义市场经济的现代企业制度，主要途径是理顺企业产权关系，实行产权制度创新。所谓产权，是以资本金为中心的企业财产权利，它既可以采取价值形态，也可以采取实物形态，在市场经济条件下，一切企业都是产权的载体，说到底，所有企业的生产经营过程，不过是以资本金为中心的企业财产的增益、减损和交换的过程。马克思主义的创始人在分析社会再生产过程时，始终着眼于资本的运动和资本运动的不同形态。只可惜的是，由于长期计划经济和产品经济的束缚，我们不这样看待社会主义企业，脑袋里没有产权观念和资本观念。特别是国有企业，我们只问它生产什么产品，产量多少，产值多少，利润几何，不问企业资产的损益。国有企业最大的问题，就是产权不明晰、缺乏人格化的所有权代表。我常讲“厂长代表谁”，厂长是代表国家还是代表企业？是代表所有权还是代表经营权？是向国家负责还是向企业和职工负责？都是，又都不是。从产权角度观察国有企业，名为全民所有，实则多头管理与无人管理并存。这是导致政企不分，两权不分，国家对企业管得过死，企业成为政府附属物等弊端的根本原因。理顺产权关系，改革产权制度，是深化企业改革的要求，更是建立社会主义市场经济的需要。

记者：为什么社会主义市场经济要求新的产权制度？

王茂林：市场经济是产权自由交易的过程，以市场机制配置资源，其前提条件是资产的证券化、商品化、市场化。社会主义市场经济也不例外。

记者：理顺产权关系，实现产权制度创新，现实的可操作的途径是什么？

王茂林：是实行股份制。这里要明确一点，我所说的产权制度创新，是指适应现代社会化大生产和发达市场经济的产权制度。我国有千百万小型的个体、私营企业、合作企业，就产权关系明晰和能够成为真正的市场主体这方面来说，他们优于国有大中型企业，但他们并不代表现代化的企业制度和产权制度。正像西方也有为数众多的，实行家长式管理的小型的个人全资或合伙企业，他们存在，但不一定先进。只有股份制才是社会化大生产发展的产物，是市场经济发展到一定阶段上的必然产物。股份制作为一种科学的产权制度和企业组织形式，适合生产社会化和发达市场经济的要求，具有其他经济形式无法替代的优势。所以，我主张对我国大中型国有企业进行股份制改造，使股份制成为我国建立现代企业制度的主导形式。我讲的股份制必须是规范化的，不是规范化的股份制一开始就会把股份制引向歧途，这一点是很重要的。

记者：股份制不是我们的发明，试行股份制在我国刚刚开始，许多人还不十分理解。为什么这种企业制度能够克服旧制度的弊端，达到政企分开，两权分离，使企业成为真正的市场主体？请您简单谈一谈。

王茂林：可以，股份制在运行机理上的显著特征，使它具有实现两权分离的功能。马克思分析过，作为一种产权制度，股份制使“资本的法律上的所有权同它的经济上的所有权分离”。资本的所有权二重化了，资本分离为证券资本和实物资本。股东购买股票，拥有证券资本，代表投资者的终极所有权，股东有参加股东大会领取红利的权利，并有权随意处置自己的证券资本；企业法人则通过发行股票，获得了实物资本，并对这种资本享有法人所有权，这种法人所有权是完全独立的经营权。股东在随意处置自己证券资本的过程中，丝毫不影响企业实物资本的完整性。我们对国有大中型企业进行股份制改造，根本目标是重塑微观经济细胞，转换经营机制，增强企业活力。具体讲：第一，利用股份制具有两权分离的功能，使企业产权分解为国家终极所有权和企业法人所有权，并使法人资产独立化，把企业推上政企分开，两权分离，自主经营、自负盈亏的道路，使企业真正成为市场主体；第二，利用股份制具有产权界定主体明晰的功能，强化产权的约束，增强企业活力。产权约束不同于行政约束，它既是一种刚性约束又是一种市场约束，股东通过在股东大会参与企业决策，又通过在股票市场买进或抛售股票来决定对企业经营的选择，对企业来说是强大的压力也是直接动力；第三，通过产权的证券化、商品化，使生产要素的流通成为可能，使以市场机制配置资源达到结构优化有了前提条件；第四，利用股份制筹集资金的功能，广开财源，把分散的社会资金集中起来，加快社会主义经济发展。

记者：您认为当前进行国有大中型企业的股份制改造，应该采取什么步骤？

王茂林：首先，要积极推进股份制的试点工作，按照国家对股份制的规范要求，对现行股份制企业进行完善。改革开放以来，全国已有上万个股份制企业，山西也搞了不少，势头不错，但大都是自发搞起来的，不规范。主要表现在股权不平等，股权设置不合理，对国有资产处置不当。目前，国家已出台了股份制公司规定、有限责任公司的规定以及股份制设立等法律、法规，必须按照国家有关规章法律规范现有股份制企业，这是一项重要工作。其次，要建立健全股票市场，建立交易场所。股份公司和股票市场是现代股份经济的两个轮子，缺一不可。目前，股份公司发展较快，大众投资热情很高，但交易场所狭小，导致了供求不平衡、投机行为普遍。因此，要积极发展和完善股票市场，除国家规定的上海、深圳等证券交易所外，像我们山西的股份经济如何和全国取得联系，大中型企业如何搞股份制和上市怎样发展我们的二级市场等等，都应作为课题加强研究。再次，国有大中型企业进行重点技改部分或新建大中型企业从一开始就要贯彻投资主体多元化原则，通过实行股份制广泛向社会筹集资金。这就是说社会资产增量部分要尽可能采取股份制形式。如山西阳城第一电厂，要远距离向江苏送电，就由山西、江苏、国家能源总公司、外商四方按所占资金份额组成董事会来管理企业。国家投资部分就以国家能源总公司代表国家对该企业控股，山西能源总公司代表省人民政府对地方投资控股。最后，对存量资本即现有国有大中型企业股份制改造，则要采取积极措施，稳步进行。

记者：对国有大中型企业进行股份制改造应注意哪些问题?

王茂林：首先，要注意规范化。搞股份制改造决不能承认自发改革的合理性。股份制搞走了样就不是股份制，就可能坏了股份制的名声，搞垮了股份制改革。其次，要防止侵蚀国有资产。现在有些企业搞股份制对国有资产不评估、不界定，甚至变着法借股份制化公为私，再如国家股不分红，同股不同利等，这些都必须坚决制止。再次，要防止炒股过热。股份制伴生着投机，但我们要注意克服股份制这种负效应，把投机抑制在最低限度。我们搞股份制要始终关注两大目的，一是开辟新的融资渠道；二是转换经营机制。决不能把股份制引导到投机的邪路上去。最后，要加强法制建设。社会主义市场经济是法制经济。推行股份制必须注重公司法、证券交易法等相关法律的建设，同时也要健全一系列地方法规。

记者：有人说，搞国有大中型企业的股份制改造就是实行私有化，对此您如何看?

王茂林：首先，股份制是科学的产权制度，它同公有、私有这类所有制范畴是不同层次的概念。国有大中型企业搞股份制，是要明确产权的归属关系。股份制是一种中性概念，是一种共有经济，私有制可以搞，公有制同样可以搞。把股份制改革说成是搞私有化，是无知的表现。更何况我们搞股份制强调了国有股占主导地位，如50%以上等。其次，在国有股占主导地位的前提下，广泛吸收社会闲散资金和其他所有制形式资金，可以保证国有经济支配更多的资金，从而大大增强国有经济的实力，在企业内部发行股票，使职工成为股东，形成利益共同体，职工真正成为主人翁，强化企业凝聚力，也就是强化公有制。

（原载《山西日报》1993 年 7 月 4 日 1、4 版）

抓机遇 求发展 加快农村奔小康步伐

王茂林同志深入太行山区调查研究时强调，在发展社会主义市场经济的过程中，要紧紧牵住奔小康这个“牛鼻子”，推动农村经济快速、健康发展；要继续大力发展乡镇企业，保持乡镇企业目前的良好发展势头；农村党的基层组织建设要与建立社会主义市场经济体制相适应；各级领导干部要不断加强学习，努力提高解决实际问题及驾驭全局的能力。

8月9日至20日，省委书记王茂林深入晋城市的郊区、阳城、沁水、高平、陵川和长治市的壶关、平顺、潞城等地进行调查研究，考察了30余家国有和乡镇企业，走访了20余家农户，召开不同类型的座谈会10余次，有300多名党支部书记和党员参加了座谈。在晋城郊区考察的六天中，王茂林风雨无阻，坚持深入边远贫困乡村调查，起早出发，中午与乡村干部、群众吃在一起，一碗烩菜，两个馒头，饭后接着就开座谈会，晚上回来后还要找有关同志了解情况，研究问题。

考察中，王茂林每到一地，首先详细了解各地小康村建设的进展情况，全面了解各级领导引导广大农民致富奔小康的整体工作思路，共同分析各个企业的现状及发展前景，亲切询问农民的生产和生活。当耳闻目睹了广大农村今年夏粮丰收、秋粮长势喜人，乡镇企业高速发展、方兴未艾，整个农村形势欣欣向荣、蓬勃发展的情况时，王茂林同志十分高兴地说，这次来总的感觉，各地都在抓改革，促建设，抓机遇，求发展，解放思想，实事求是，群策群力搞经济建设，已经取得了比较好的成效。特别是晋城市以小康村建设为龙头，农业生产水平稳步提高，乡镇企业出现超常规、大跨度、跳跃式发展，又一次给人以新的感受。尤其是广大农民的市场经济观念、商品意识、经营思路、进取精神以及他们闯市场的成功实践，给人以极其深刻的印象和启迪，增强了我们坚定不移奔小康的决心和信心。

至少可以得出这样四条结论：第一，省委提出以奔小康为农村工作的总目标、总任务，要求把小康村建设作为全部农村工作的“牛鼻子”，以此推动整个农村经济的发展，这个指导思想是完全正确的，完全符合党的一个中心、两个基本点的基本路线，完全符合广大农民群众的切身利益。对这一指导思想，广大农民群众、农村基层干部是完全拥护的。第二，小康村的建设体现了社会主义物质文明建设和社会主义精神文明建设的有机统一，促进了农村两个文明建设的共同进步，协调发展。第三，在建设小康村的过程中，农村基层党支部的战斗堡垒作用和农村党员的先锋模范作用得到了充分发挥，党组织在农民群众中的威望提高了，党组织的凝聚力、战斗力、号召力增强了，广大党员也同时得到了锻炼和提高。第四，小康村建设促进了整个农村工作、特别是农村经济的发展，壮大了集体经济实力，提高了人民群众的物质文化生活水平，提高了劳动者的道德素质和文化素质，减少或缓解了农村的各种社会摩擦，有效促进了农村社会和政治稳定。

王茂林进一步指出，小康村建设是两个文明建设的结合点，是党的基本路线在农村的具体化。各地要继续紧紧牵住这个“牛鼻子”，推动农村工作的全面进步。他提出，对小康村建设要分类指导。部分相对很富的地方，不能就此止步，要在成绩面前找差距，向着更高的方向和目标迈进。比较富的地方，要破除小富即安的保守思想，树立起赶超先进、力争上游的决心和勇气，加快奔小康的步伐。比较稳定地解决了温饱问题，但人民生活尚不富裕的地方，要首先解放思想，拓宽视野，加速发展商品经济。贫困山区要自力更生，奋发图强，尽快摆脱贫困。王茂林特别指出，贫困山区脱贫致富，一定要结合本地实际，因地制宜，找准突破口，充分发挥自己的优势，确立自己的主导产业（可以是乡镇企业，也可以是种植业或养殖业），形成一定的生产规模和商品量，以此为龙头带动相关产业及整个区域经济的发展。要想富，先修路已成为富起来的村的一条基本经验。他强调，要加强基础设施建设，动员群众修路改善生产条件和投资环境。贫困山区对人才的需求更为迫切，要着眼于科技，教育脱贫，立足于培养本地人才，办好基础教育和各种实用专业技术教育或培训。他还说，农业是整个国民经济的基础，关系到整个国计民生。就目前来说，仍然是我们绝大部分农村、特别是贫困乡村的支柱产业。在小康村的建设过程中，无论先富起来的地区还是贫困地区，都不能放松粮食生产，不能丝毫削弱农业的基础地位，相反，都要努力改善农业生产条件，大力发展“两高一优”农业。与此同时，各地要不断健全和完善农村社会服务体系，建立健全农村社会保障体系。

关于乡镇企业的发展，王茂林说，大量事实说明，乡镇企业的长足发展，是农村奔小康的重要条件。乡镇企业比较发达的地区，要善于总结经验，抓住机遇，向着更高层次迈进，上规模、上质量、上档次、上水平、上效益；具备资源、人才、交通等有利条件的地方，要抓紧起步，加快发展；不具备发展工商业条件的地方，要在种植业和养殖业上做文章，在规模经营和农副产品深加工方面下功夫。他说，现有的乡镇企业大都是资源型和劳动密集型的，要从长远着眼，科学调整产业结构，不断提高产品的技术含量和附加值。乡镇企业应该单独或联合建立自己的研究机构，研制开发新产品，研究分析市场动态。乡镇企业发展到一定程度，要积极引导企业在完全自觉自愿的前提下组建企业集团，形成一定的生产规模，提高市场竞争力。不要搞村村点火，处处冒烟，盲目建设，低水平重复，否则，不利于节约土地、矿产资源和对环境污染的综合治理。创办、管理乡镇企业需要有改革精神，各地应引导乡镇企业逐步实行合作股份制，对经济效益比较好的老企业可按比较规范的合作股份制进行改造。要敢于将效益最好的企业折股给农民，再用收回来的资金创办新企业，形成良性循环。

农村基层党支部及广大党员，在建设小康村的过程中发挥什么作用和如何发挥作用，是王茂林在整个考察期间反复研究的一个问题，也是这次在晋城考察的重点。他说，实践证明，农村要想富，取决于党支部。如果有了好的团结奋斗的一班人，没有条件可以创造条件迎难而上。他指出，农村党的基层组织建设要与建立社会主义市场经济体制相适应。要把农村党的基层组织建设和发展农村经济结合起来，同致富奔小康结合起来，紧紧围绕发展农村社会生产力加强党的建设，以加强党的建设促进经济发展，以生产力发展水平来检验和衡量党的建设的成效。目前，重点是配好一个班子，关键是选好带头人（支部书记）。要把那些党性强、觉悟高、政策水平高且年富力强、有一定实践经验的同志放到重要岗位。一时没有合适人选，上级党组织要及时从机关、企事业单位和富裕村镇选派优秀干部到农村任职；或者选拔有潜力的年轻同志到富裕村镇见习任职，学习专业技术和管理经验，再返回任职，富裕地区和贫困地区也可以实行互派干部、互相交流的办法，培养人才，传授经验，以促进整个区域经济的全面发展，走向共同富裕。农村党的基层组织设置，总的要求是，每个经济组织里都要有党的组织。要把经济组织的机构与党组织机构衔接统一起来，组织机构要健全，组织活动要正常开展。

要加强对党员的经常性教育和管理。半固定化了的外来劳动力中的党员，要让其转来组织关系，参加本地党组织的活动。他指出，党员年龄偏大是老区的一个共性问题，要尽快抓紧解决。要积极发展年轻党员，不断补充新生力量。要健全团的组织，从后备军中选拔优秀分子吸收进党内。他强调，在建立社会主义市场经济体制的过程中，农村党的基层组织必须真正成为农村致富奔小康的宣传者、组织者和领导者，广大党员要成为发展农村社会生产力的带头人和排头兵。

在平顺西沟，王茂林说，西沟是老典型，申纪兰同志对党的忠诚和高度的政治觉悟、毫不利己的崇高品格以及西沟人艰苦奋斗的精神，代表了一个时代的风范，这是毋庸置疑的。他勉励申纪兰及西沟人要大胆解放思想，在建立社会主义市场经济的新的历史条件下阔步前进。在谈到发展社会主义市场经济对领导干部的要求时，王茂林强调，发展社会主义市场经济是一个大课题，新情况、新问题层出不穷，需要深入探讨和回答的理论与实践问题很多，各级领导干部都必须加强学习，努力实践，不断改进工作方法。提高解决各种实际问题和驾驭全局的能力。要按照省委、省政府提出的真抓实干、奋力拼搏的要求，切实转变作风，深入调查研究，把一般号召和个别指导结合起来，脚踏实地，一步一个脚印地把小康村建设推向新阶段。

在整个考察过程中，王茂林同志还逐个听取了市、县的工作汇报，并针对性地提出了指导性意见和具体要求。同时，还专程察看了部分地区的水灾情况。

（原载《山西日报》1993 年 8 月 21 日 1、2 版）

明道践行——湖南篇

（1993~1998年）

改革发展 开放开发 兴工强农
发展湖湘经济

——湖南实行改革开放回首

湖南是毛主席的家乡，湖南人民有着光荣的革命传统，湖南各级党组织有着强大的凝聚力和战斗力。勤劳勇敢的湖南人民，久经考验的湖南党组织，为我们国家和民族的振兴，做出过重要的贡献。1993 年 9 月，我从山西省委书记调任湖南省委书记，感觉肩上压着重担。在改革开放和社会主义现代化建设的伟大事业中，如何让湖南大有作为，为国家和民族的振兴作出新贡献？是我在履职前就深深思考的问题。履职后，我团结省委一班人，扑下身子与各级党组织和各族人民打成一片，通过深入基层农村和企业广泛调查研究后，与省委、省政府领导共同确定了“改革发展　开放开发　兴工强农　发展湖湘经济”的工作主题，并全力推进实施五年，为把湖南建设成“农业强省、经济强省”作出了积极探索。

一、发展优质高产高效农业，认真做好山水文章

山西是以矿产资源为主的工业大省，煤炭产量占全国 1/5，可以说不懂煤炭就不懂山西；而湖南则是全国有名的农业大省，“湖广熟，天下足”，粮食产量居全国第五位，稻谷产量居全国第一位，生猪产量居全国第二位，可以说不懂农业就不懂湖南。我到湖南第一年，1/5 的工作时间在省委机关，3/5 的时间与精力在调查湖南农村，几乎走遍了湖南的地市州县。通过深入调查，对湖南经济发展的思路逐渐清晰，与省委、省政府主要领导共同作出决策：要突出抓好治理洞庭湖；开发丘岗山地，力争到 20 世纪末开发 4000 万亩；要采取措施改变传统农业，调整

农业内部结构，引导农民进市场。调整农业结构，一双眼睛不能只盯在几亩水田上，目前，我们尤其要做好湖南9600万亩丘岗山地开发这篇文章，这样一来可以解决湖南农村劳动力过剩问题，二来可以补充工业占用耕地的问题，三来可以大力发展商品经济作物，加上发展配套的食品工业，湖南就可以在农业大省的基础上再戴上一顶食品大省的帽子。此前，省委、省政府还提出了拓宽农民增收的8条门路：即转移劳动力增收、综合开发增收、优化结构增收、提高品质增收、内部挖潜增收、加工转化增收、出口创汇增收、减灾降耗增收。总之一句话，让种粮与增收比翼齐飞。引导农民在种粮之外的天地寻找赚钱的机会，想方设法帮助农民开辟“钱”路，成为湖南农业改革最基本的特征。

1995年2月8日《人民日报》报道：“湖南省委书记王茂林春节给农民拜年，结果拜出一个解决化肥生产供应困难的现场办公会。他及有关方面领导干部都说——不能让农民愁化肥。”我认为，湖南是一个农业大省，要夺取今年的农业丰收，必须搞好化肥生产和供应。各级政府及有关部门，应该让农民购化肥“得来全不费工夫”，不能让农民购化肥“踏破铁鞋无觅处”。

1996年中央农村工作会议后，湖南省委、省改府狠抓干部作风的切实转变，强调没有调查研究就没有农村决策主动权。我提出，各级干部要扑下身子沉到基层去，对目前农村的真实情况做到心中有数，了解农民的心态要求，通过调查研究寻找解决当前农村突出矛盾的对策。在我的倡议下，省委、省政府从省、地、县、乡抽调组织进千名干部，展开了规模空前的“百乡千村万户农村大调查”。14位省级干部带领14个调查组分赴130多个乡镇，在近一个多月时间里，蹲点调查的各级干部围绕目前农村社会发展现状、贫困地区扶贫攻坚、农村基层政权建设、农村精神文明建设等重大问题，认真解剖1300多个村，走访14000多户农民，获得了大量来自农村基层的第一手最新资料。一竿子插到最底层，面对面掏真心话，一心一意做扎实事，是这次湖南农村大调查的最大特点。我率领调查组从省城直赴湘、川、黔交界处的国家级贫困县花垣，认真解剖了9个乡80个村，走访了916户农民，召集各类座谈会上百个，形成10个针对性很强的专题调查报告。围绕湘西如何稳定脱贫这个重点，在苗族同胞聚居的雅桥乡扎扎实实蹲了5天，掌握了基层大量真实情况，我在这里就扶贫攻坚问题写给中央领导的信引起中央高度重视，江泽民总书记、李鹏总理作了重要批示。调查中，湘西群众反映当地集体经济“空壳村”多，公款玩“大哥大”愈演愈烈，个别基层干部作风不实，参加调查的干部对群众反映的问题逐一核实，与当地党政负责人认真交换意见，并向省委、省政府提交了清理整顿全省党政干部公费使用移动电话、改革贫困地区干部任期制等具体建议。省委认真做农村大调查成果转化的大文章，有关部门分专题对调查材料归纳整理，着手向省委提交农村6大专题综合报告，经省委常委集体讨论研究后最终形成了指导湖南农村工作的决策意见。

1997年1月，《人民日报》记者吴兴华又以“湖南灾年农业丰收，农业总产值农民人均纯收入均比上年增长8.3%”为题报道：1996年，湖南省战胜特大洪灾，夺得农业好收成。全省粮食总产量达到270亿公斤，农业总产值可达1226亿元，按不变价计算比上年增长8.3%；农民人均纯收入为1791元，扣除物价上涨因素，实际增长8.3%，是1985年来增长幅度最大的一年。“湖南省委、省政府着力加强对农业的领导。1996年3月，省委书记王茂林亲自带队，在湘西花垣县作了半个月的调查，针对农民反映的热点、难点问题，亲自组织制定了一系列的政策措施，有力促进了农业和农村经济的发展。各级各部门对农村工作有检查，有布置，落到了实处。”

二、兴工、强农、治水、修路、办电

经过两年的研究探索，湖南省委形成了“兴工、强农、治水、修路、办电”的经济发展思路。在1995年10月召开的中共湖南省第七次代表大会上，我明确提出：今后5年，全省要适当集中物力财力，确保“兴工、强农、治水、修路、办电”等经济建设重点，在这几个方面办成几件大事，取得大的突破。“兴工”，主要是搞好搞活国有大中型工业企业，培育振兴5大支柱产业；“强农”，主要是加强农业基础地位，加快农业强省建设；“治水”，主要是治理“一湖四水”，努力解决干旱地区和丘岗山地开发、湘南农业开发、西线开发中的水利问题；“修路”，主要是修好几条高等级公路，争取长石铁路早日通车，加快湖南信息高速公路传输交换平台建设；“办电”，主要是建好已经开工和立项的电厂电站，配套建设好电网。这10个字成为后段时间全省经济工作的大局和重点。

1997年11月，在省七届五次全会上提出从党的十五大到十六大期间湖南的发展思路时，更进一步强调要重点实行“一个跨越，两个优先，三大战略”，即：实现农业大省向农业强省和经济强省的跨越，优先发展水、路、电、通信等基础产业和基础设施，优先发展“一线一点”区域经济带，实施名牌产品、企业集团、支柱产业发展战略。

“兴工”抓的是湖南经济发展的一个薄弱环节。湖南将振兴工业的根本出路放在加快产业升级和技术进步上，把改制、改组、改造和管理结合起来，努力实施“振兴湖南工业技术改造规划”，加快大中型企业尤其是老工业基地的技改步伐，提高工业增长的质量和效益。按照高起点、高水平、高效益的标准，着力治散治小治差，调高调大调优，培育壮大冶金、机电、建材、化工、食品等5大支柱产业，用高新技术改造轻纺、医药等传统产业，重点抓好100家骨干企业的技改和几十个拳头产品的开发，实现结构效益、规模效益、科技进步效益和管理效益的统一。在积极支持南方动力、巴陵石化等中央在湘集团的同时，努力办好电子、冶金、化工、汽车、水泥、工程机械、动力机械、泵业、化肥农药、纸业、电工电器、瓷业等企业集团。

通过转换企业经营机制，调整产品结构，加快技术改造，加强企业管理和扭亏增盈等各项工作，工业保持了较快发展速度，1995年与1990年相比，全省工业总产值由713亿元增加到2545亿元，按可比价格计算，年均增长19.3%，能源、重要原材料、支农工业等产品产量不断扩大。1994年和1995年，全省国有企业共投资164亿元，进行了技术改造。湘潭钢铁公司高速线材及转炉工程、长沙曙光电子集团公司彩管工程、株洲冶炼厂10万吨电锌冶炼工程、江南机器厂1万辆奥拓车配套改造、株洲电厂发电机组改造等一批技改项目的实施，对促进全省重点企业生产能力的提高，起了重要作用。

同时，工业企业名牌战略在全省开始广泛实施。省里在1994年组织开展了“实施名牌战略，争创名优产品”活动，并成立了湖南名牌产品审定委员会。经过两年多努力，取得了初步成效。至1995年年底，全省已有77个产品获得湖南名牌产品称号。这77个名牌产品，1995年的总产值为80.7亿元，销售收入121.61亿元，创利税24.52亿元，分别占全省独立核算工业企业总产值、产品销售收入、利税总额的5.9%、9%、19.7%。

“强农”抓的是农业大省湖南的关键问题。这一阶段湖南省农业和农村工作的一项重大举措，是提出了建设农业强省的战略目标，这是实现全省农业乃至整个经济现代化的关键所在。1995年3月23日至28日，江泽民总书记专程考察湖南农业，走访了常德、益阳、张家界等地的种养专业户，查看了正在开发的经济林和果园，与农业专家举行了座谈。春意盎然的农村景象使江泽民感到兴奋，对湖南建设农业强省的做法表示满意。1995 年 8 月，省委、省政府正式作出《关于加强建设农业强省的决定》，要求在 20 世纪末将湖南初步建设成农业强省。这个决定提出，农业强省的主要标准是：经济总量大、产品质量高、产业结构优，农业科技先进，基础设施好，生态环境好。建设农业强省的主要措施是：进一步解放思想，更新观念；稳定完善农村政策；大力实施科教兴农战略；多渠道增加农业投入；继续深化农村改革。

具体做法上，一是狠抓粮食生产。“八五”期间，全省大力建设吨粮田，通过选用杂交稻良种、增施肥料、改进耕作技术、加强田间管理，在湘南建立农业综合开发示范区，极大地提高了稻田单位面积产量。1995 年，全省有 17 个县市区实现了双季稻亩产过吨粮，总面积达 100 万亩。尤其是株洲市所辖 6 县市区的 169 万多亩双季稻，平均亩产 1.02 吨，成为全国第一个亩产粮食过吨的地级市。全省还重视大力发展冬季农业，栽培越冬早熟作物。1994 年秋冬，在衡阳、桃源、溢源及张家界市的永定区建设 4 个上万亩的冬季粮油丰产示范片，使用小麦、玉米、油菜、棉花、蔬菜等优良品种和间作套种栽培技术，提高了土地复种率和农田的经济效益。丰产示范片的经验逐步在全省推广。二是适度加快规模经营步伐。1994 年和 1995 年国家和省投资 3.68 亿元扶植商品粮、棉、油、糖基地建设。23 个商品粮基地在占全省 35% 的耕地上，生产的粮食占全省的 44%，提供的商品粮占全省的 67%。农民中涌现出一大批种粮大户、养殖大户、造林大户。三是结构调整的市场取向加快。全省各地在稳定发展粮棉生产，增加农产品有效供给的前提下，按照市场需求向农民提供信息，推动名、优、特、新、稀等农产品生产，帮助农民尽快从生产发展中增加收入。1995 年，全省优质稻产量已占稻谷总产量的 12%；瘦肉型猪已占出栏肉猪头数的 80%；名优与产量已占鱼类养殖产量的 54%。同年全省畜牧业产值 366 亿元，首次超过粮食作物产值，在农业总产值中占到 33.7%，成为湖南农业中的第一大产业。森林覆盖率和森林蓄积量实现了双增长。“八五”期间全省累计投入 10 亿多元，先后实施了长江防护林工程、世界银行造林、油茶和楠竹低产林改造的重点林业工程建设，成为全国基本消灭宜林荒山的第三个省。

农业发展中全省乡镇企业也随之稳步发展。连续几年，省委、省政府都把加快发展乡镇企业作为经济工作的一个重点来抓。1993 年将它列为全省十件大事之首；1994 年，将它列为全省十八件大事第二位；1995 年有专门提到要努力建设一批乡镇企业年产值过30亿元的重点县（市），过五亿元的乡镇工业小区，过亿元的龙头企业和过千万元的村，形成建筑、建材、食品、轻工、机械和采掘六大支柱产业。农民新办乡镇企业的积极性高涨，1993年和1994年，全省对乡镇企业的投入达到119亿余元，而且大多数由农民自筹资金投入。1994年全省乡镇企业中由农民个体和联户新办的达166.27万个，占乡镇企业总数的90.3%；个体联户企业产值达618.3亿元，占全省乡镇企业总产值的48.5%。至1995年，全省乡镇企业总数达184.95万个，总产值2201.68亿元；已有产值50亿元的县市11个，其中长沙县104.1亿元；10亿元至50亿元的县市56个；过亿元的村10个：过亿元的企业19个。

“治水”抓的是湖南经济特别是湖南农村经济发展的要害命脉。1994年7月，省委确定，在全省农业发展中要抓好洞庭湖治理和丘岗山地开发两项战略性工程。1995年1月，省委、省政府制定了《湖南省丘岗山地综合开发总体规划》，当年共办起各类开发示范片380处，新开发面积80多万亩，其中由王茂林、杨正午等省级领导联系9大示范片，由地州市县党政领导联系180多处示范片，总面积50万亩。至1997年年底，全省丘岗山地开发工作共投入开发资金16.7亿元，开发丘岗山地2650万亩，其中新开发1035万亩，建立各种开发基地895个，改造和新办农产品加工企业1920家，逐步培育了一批支柱产业和名优产品，产生了可观的经济效益和社会效益。

水利是农业的命脉。党的十四大以后，党中央、国务院高瞻远瞩，把洞庭湖治理作为安邦定国的一件大事来抓。1993年4月，中央政治局常委、国务院副总理朱镕基在主持洞庭湖治理现场办公会时指出，不要等大水淹了湖南再来治理洞庭湖，要把洞庭湖列为国家大江大河大湖的治理规划进行重点治理。中央政治局常委、全国政协主席李瑞环于1994年考察洞庭湖，把洞庭湖治理方针概括为“深挖泥、高筑台、强排涝、救命楼”。1995年1月28日，中共中央总书记江泽民在视察洞庭湖时，指示对洞庭湖治理要未雨绸缪，防患于未然，要上下努力，共同治理。在中央的高度重视和支持下，“八五”和“九五”期间，全省水利重点建设累计投资135亿元，十年间水利建设投资年均递增34%。加强了洞庭湖和湘、资、沅、澧四水治理以及长江大堤加固、城市防洪堤、湖区平垸行洪等工程建设力度，新增了7亿立方米的水库容量，增强了抗御洪涝灾害的能力。

洞庭湖治理一期工程，从1986年开始实施，从1993年起工程增加了概算，工程建设进度加快，至1995年12月胜利竣工，并于1997年11月14日在长沙通过国家正式验收交付使用。这期工程治理的主要内容包括堤垸防洪蓄洪、洪道扫障与疏挖、长江护岸工程及血防灭螺4个方面，涉及湖区常德、益阳、岳阳、长沙4市31个县（市区、农场）。其中，对11个重点堤垸堤防进行加高加固，24个蓄洪垸进行了安全设施建设、堤防清险整险，对澧水及南洞庭湖洪道进行了试验性整治和防汛通信、报警系统建设。通过一期治理，湖区11个重点垸1191公里防洪大堤抗洪能力提高到5～8年一遇。洞庭湖区防洪标准有了新的提高，生态环境得到改善，人民安全感有所增强，工程效益达到每年2.4亿元。特别是在1995年、1996年和1998年大洪水中经受了严峻考验，没有造成规划设计内的堤烷溃决，仅1996年防洪减灾效益就达1000亿元。

洞庭湖二期治理工程于1996年全面启动。二期治理主要包括堤防加固、蓄洪区安全建设、洪道整治、城市防洪、治涝建设、防汛通讯报警设施、水利结合血防灭螺等7个方面的内容，工程总投资为46.58亿元。1998年，随着国家加大对基础设施建设投入力度，洞庭湖治理力度也进一步加大。湖区水利建设包括洞庭湖治理、长江干堤加固以及平垸行洪、移民建镇等项目总投资达26.34亿元。在洞庭湖二期治理中实施了部分蓄滞洪区安全建设、河湖疏浚工程、应急处险工程，对11个重点堤垸堤防进行整修加固和藕池河、南洞庭湖洪道整修。规划到本世纪末，洞庭湖治理工程已建成防洪大提3471公里，洞庭湖面积扩大了1/5。长江干堤湖南段的整治工程于1998年开始，共投入20.77亿元，对原有137公里的一线防洪大堤进行加固加高、堤身护坡、穿堤改建、基础防渗、河道护岸。整修后的长江干堤长142公里，保护面积达2096平方公里，耕地面积136万亩，常住人口160万人；直接保护岳阳市城区、京广铁路、107国道、城陵矶港口及长岭炼油厂、岳阳化工总厂等大型企业。

在对洞庭湖进行重点治理的同时，全省各地加强了其他水利设施建设，对江、河，湖、库进行综合治理。1994年冬季到1996年，全省掀起了多年来未见的大规模水利建设高潮，共投入水利建设资金90亿元，投入劳动工日32亿个，完成土石方24亿立方米。

1998年发生大洪水以后，全省加快了四水治理、城市防洪、大中型病险水库除险加固和大型灌区续建配套建设等水利重点工程建设步伐。湘、资、沅、澧四水治理项目于1998年被列入重点建设项目，包括堤防工程、清淤疏浚、城市防洪等方面，设计总投资48.73亿元。四水治理和城市防洪工程的建设，使四水流域的山丘区形成大中小结合、蓄引堤相补充的灌溉体系。

“办电”抓的是湖南工农业生产和人民生活的基础和条件。1992年以后，全省加强了主电厂建设和电网改造，形成了一整套具有一定规模的现代电力工业体系。电源建设实现了向大机组、大电厂转变，水力发电向大容量快速发展，火力发电向高参数、大机组迈进；电网建设实现了向高电压、大电网的飞跃，在发展35千伏、110千伏、220千伏电网的基础上，推进了500千伏超高压电网的发展。“八五”和“九五”期间，全省拓宽了电力建设投资渠道，大中型电力建设累计投资473亿元，投资额年均递增17%。这十年电力投资是1950～1990年全部电力投资的四倍多，使发电装机容量迅速达到1040万千瓦，年发电量达354亿千瓦时，其中1991～1996年新增发电装机容量375万千瓦，特别是1996年新增装机容量达130万千瓦，是历史上新增装机最多的年份。1994年年底，湖南最大型水电站——五强溪水电站第一台机组发电，至1996年年底5台24万千瓦机组全部投产发电。建设中采用的当时世界上最大的溢洪道大型弧门、整体不锈钢水轮机转轮等10多项先进技术，反映了我国20世纪90年代水电建设水平。五强溪水电站的建成，不仅缓解了湖南当时严重的缺电局面，而且在1996年、1998年两次特大洪水中缓解了洞庭湖区的防洪压力。五强溪水电站及其外送工程的建设，还促进了湖南500千伏网架的形成。

与此同时，流域滚动综合开发得到了新的拓展。1996年，国务院召集国家计委、水利部、电力部、国家开发银行和湖南省政府，在长沙专题研究了沅水流域水电开发问题，并将沅水流域列为国家水电滚动综合开发的试点，要求组建经济实体，实行项目法人责任制。此后湖南五凌水电开发公司作为业主，全面负责沅水流域开发的策划、筹资、建设和经营。这是湖南水电开发由单个电站向流域、梯级、滚动、综合开发的重大转折。五强溪水电站建成后，继而启动了该流域凌津滩、洪江和三板溪等重点水电工程的建设。处于五强溪下游、装机27万千瓦的凌津滩水电站，首台机组于1998年发电。五凌公司利用建设经营五强溪和凌津滩水电站形成的资本、人才管理机制等方面的优势，实施全流域的滚动开发。同流域装机24万千瓦的碗米坡水电站和装机100万千瓦的三板溪水电站分别于2000年、2002年开工建设，装机22.5千瓦的洪江水电站已建成投产。以沅水为试点的流域滚动开发出现了较好的势头。澧水流域也进行了综合开发，促进了江垭水电站、皂市水库工程的立项建设。湘江航电工程也开展了滚动开发。

各地在电力建设中努力调整电源电网结构，优化资源配置。在电源建设中注意调整电源结构，改善电源布局。在继续大力加强水电建设的同时，在原有建成中小型火电厂和高温高压“坑口”电厂的基础上，20 世纪 90 年代以来全省相继建成了华能岳阳电厂、石门电厂、湘潭新电厂、益阳电厂等大型“路口”“港口”火电厂，开展了株洲电厂、鲤鱼江电厂、耒阳电厂新扩建工程建设。这些为进一步优化全省电源结构和满足国民经济发展需求作出了贡献。

在电网建设方面，全省在“八五”至“九五”期间，加强了电源点及其外送工程建设，推进了全省 220 千伏的湘东、湘北、湘南、湘西北、湘中、湘西六大区域骨干网发展完善和 500 千伏菱形网架的新发展，与华中电网先后实现 220 千伏联网和 500 千伏联网，从而引进了葛洲坝电力，有效地缓解了湖南电力供需矛盾和电网“卡脖子”的问题。为华润鲤鱼江电厂两台 30 万千瓦机组发电，而建设的该厂至广东韶关的 500 千伏线路，开通了湖南—广东的 500 千伏的输电通道。为了接收三峡电力，先后建成长沙沙坪、益阳复兴 500 千伏变电站及岗市—长沙云田 500 千伏线路，使湖南 500 千伏菱形网架扩展为“田”字形网架；建成荆州—复兴的 500 千伏线路，使葛洲坝电力和三峡电力送入湖南有了第二条“黄金通道”，并使湖南接入以三峡电站为中心的全国 500 千伏联网网架中。全省 500 千伏网架的加强，有力地提高了电的安全稳定水平。同时，为了适应城乡经济发展和人民群众生活用电需要，全省各地十分重视城乡电网的建设和改造。先后采取措施逐步提高城市电网配电电压，并通过城网改造将其供电电压逐步由 35 千伏提高到 110 千伏和 220 千伏，采用高压深入负荷中心直降的供电方式；农村通过多年的农网建设与改造，逐步形成了 35 千伏和 110 千伏电网。

“修路”抓的是湖南经济腾飞的先行官。“要致富，先修路”。为了加快富民兴湘步伐，湖南省委将“修路”作为一项战略重点来抓，并决定首先打通岳阳至郴州从北到南的千里黄金通道。“八五”和“九五”计划期间，全省交通运输设施建设累计投资 612 亿元，10 年间投资年均递增 35%。特别是加强了高速公路和铁路复线及电气化建设。1994 年年底，湖南第一条高速公路——长永高等级公路建成通车。长沙至湘潭高速公路于 1994 年 3 月动工，到 1996 年 12 月建成。1998 年，中央加大了对交通等基础设施建设的投入，省里及时调整了“九五”公路建设规划，将原来确定的重点项目由 22 个增加到 30 个，其中决定将重中之重项目调整为京珠国道主干线湖南段、上瑞国道主干线湖南段、衡昆国道主干线湖南段、长沙至常德、张家界高速公路的“一纵三横”，京珠国道主干线湖南段532公里高速公路全线贯通，湘潭至邵阳高速公路也提前建成通车。至此，全省高速公路通车总里程达到1012公里，跃居全国十强。

从20世纪90年代开始，全省铁路进一步提质扩能，重点建设全面展开。不仅使全省铁路走上了现代化发展轨道，而且铁路运能量达到了历史高峰。1992年湘黔线贵阳—怀化段建成营运后，1993年怀化—娄底电气化工程及株洲—娄底复线建设、浙赣线株洲—零陵段复线工程相继开工建设，1994年石长铁路全线开工，掀起了湖南铁路建设新高潮。1995年浙赣复线湖南段建成通车。京广铁路湖南段电气化升级改造工程于1998年6月开工建设，在改造过程中也对长沙地区、衡阳枢纽、株洲枢纽等铁路站场进行了现代化改造；规划本世纪末全线建成投放运营，优化改善了湖南铁路干线的运输环境和技术标准，为全路第四次提速的实施奠定了坚实的物质技术基础。

三、“放开南北两口，建设五区一廊，拓宽三条通道，加速西线开发”到“一线一点”战略

中共湖南省委六届五次会议确立“放开南北两口，建设五区一廊，拓宽三条通道，加速西线开发”开放开发战略方针，1995年10月省委制定“一点一线”战略，湖南省第七次党代会提出“呼应两东，开放带动，科教先导，兴工强农”的开放带动战略，1996年起以“解放思想、转变观念”为内容的先导工程的全面实施，既是进一步解放思想的结果，又有力地推动了全省的思想解放和深化改革、扩大开放。

1998年2月22日《人民日报》以“以思想解放推动改革开放和经济建设，湖南省委常委联系实际学习邓小平理论”为题报道：湖南省委常委始终以解放思想、转变观念为重点，带头破除“左”的和小生产的旧观念，树立适应市场经济的新思想、新观念，并在广大干部群众中开展了以解放思想、转变观念为主要内容的“先导工程”，在全省形成了解放思想的热潮。省委常委认识到，党的十五大报告对解放思想提出了更高的要求，对于湖南来说，进一步解放思想，最根本的就是要紧密联系内陆省份的实际，思想要更加解放，政策要更加具体，措施要更加有

力，方法要更加灵活，只有这样，才能缩小与发达地区的差距。省委作出调整所有制结构、加快国有企业“抓大放小”步伐、放手发展个体私营经济进一步优化投资环境、提高对外开放水平、发展高新技术产业、培育新经济增长点、推进农业产业化等一系列的决策，逐步形成了“呼应‘两东（即广东和浦东）’，开放带动，科教先导，兴工强农”的整体发展思路和以长沙、湘潭、株洲为核心、以京广沿线6市为主轴的“一点一线”区域发展战略。“一点一线”经济区域的5个高新技术产业开发区连续5年保持较快增长势头。

所谓放开“南北两口”，就是要求湘南改革开放过渡实验区和沿江开放口岸岳阳市要更加开放，主动迎接广东和浦东的经济辐射。省委、省政府提出，湖南的郴州、衡阳、零陵（永州）三地市要按照大市场、大产业的开放开发思路，把思想和手脚进一步放开，彻底敞开大门，积极嫁接广东的经验，在思想观念上、政策措施上都要和沿海接轨，进入华南经济圈；参与国际经济大循环，并给湘南地区明确了几条政策性原则：湘南要大胆发展市场经济，面向广东市场，充分发挥市场机制的作用；粤北实行什么政策，湘南就实行什么政策，粤北允许搞得，湖南也允许搞，各部门都不得以对全省的规定来限制和审查湘南；淡化省际意识、边境意识，进出边界的各种卡子除省政府规定保留的以外，其他的都要撤掉，大开绿灯，自由流通。湘南各地市可以根据这些原则，研究如何与广东对接的具体措施。岳阳市于1992年6月被国务院确定为长江沿岸5个内陆开放城市之一。岳阳开发后，可享受沿海开放城市有关优惠政策，并融入我国以上海浦东为龙头，连接芜湖、九江、武汉和重庆，成为长江流域经济开发区域战略大局中的重要一角。为此，省委、省政府决定将岳阳建设成全省对外开放的“龙头”，对岳阳放宽了5个方面的政策，批准该市18条优惠政策，并帮助岳阳确立“凭借两线（长江、京广铁路），呼应两东（上海浦东、广东），面向世界，服务三湘”的开放兴市战略。要求岳阳发挥通江达海的口岸优势，充分发挥邻靠长江的有利条件，加快开放开发，加强与华东经济技术协作，扩大省际间的交流，努力建成长江经济带中的充满活力的新兴开放城市。对外开放促进了岳阳市经济发展，1991～1997年，全市保持年均14%的经济增长速度，综合实力在沿江24个城市中排名前8位；主要经济指标于1995年就提前5年实现了“翻两番”的战略目标。

湖南省委、省政府于1992年6月，提出要拓宽沿京广线往南，沿长江通海，沿湘桂、枝柳线往湛江、北海的“三条通道”。1995年10月，对此内涵作出了进一步补充、完善，指出湖南作为内陆省份，打通出海通道至关重要。必须努力拓宽沿京广线、京珠高速公路、航空港经广东、深圳、香港出海的南通道，利用湘江千吨级航道、长江黄金水道、湘黔线、上瑞国道主干线经上海出海的东通道，通过枝柳、湘桂、湘黔、洛湛线经湛江、北海的西通道。这三条通道的拓宽，为开辟广阔的国际市场，实现贸易多元化创造有利的条件。

“加速西线开发”，最初指的是加快以办好怀化试验区为重点的西线山区开放开发，以更大的开放来促进更快的开发，尽快把山区丰富的资源优势变成商品经济优势。后来，“西线开发”扩大为加快沿枝柳线从石门到通道的整个湘西地区的开发建设。1995 年 3 月，为了落实省委关于“加速西线开发”的决策，省政府向全省印发了《湖南省加速西线开发 1995 年至 2010 年总体规划》。这个规划提出，西线地区包括怀化地区、湘西自治州、张家界市、邵阳市所辖范围和常德市的石门县。西线地区大体上国土面积占全省的 1/3，人口占全省的 1/4，而经济总量不到全省的 1/5。根据西线地区经济基础差和要求加快发展的实际，省里规划提出今后 16 年西线开发地区国民生产总值的增长速度达到全省的平均水平，即平均每年递增 10%，按当年价计算，1995 年达到 260 亿元，2000 年达到 650 亿元，2010 年达到 2600 亿元。为实现这个发展目标，省和相关市州县党委、政府在加速西线开发过程中坚持协调发展、从实际出发、合理布局、自力更生为主的原则，加大改革开放力度，多渠道筹措开发资金，突出抓好农业、交通通信等基础设施和科技教育事业三个重点。围绕发展高产优质高效农业和农民增收奔小康这根主线，加快商品粮、林产品、优质水果、畜禽水产、中药材、高效经济作物等农副产品基地建设；加大水利基础设施建设力度，改善现有水利设施老化的局面，逐步新建和扩改一批小型水利工程，到 20 世纪末人平建设 0.5 亩高产农田，田少地多的山丘区人平建设一亩较高标准土地；建立健全农村社会化服务体系，大力推广农业实用科技，主要产品基本实现种苗良种化和栽培技术规范化，力争科技效益达到农业新增产值的 50% 以上；大力开发出一批形成批量的名、优、特、新产品，争取各种农林牧果渔药优质商品基地的产值占农业总产值的 50% 以上；大力发展个体私营企业的乡村集体企业，搞好农副产品深度加工。加大山地资源、水能资源、旅游资源、矿产资源的开发力度。发挥区位优势，有重点地建设石门、吉首、怀化、洪江、靖州、邵阳、武岗为中心的 8 个各具特色的经济小区，逐步把石门建设成湘北经济快速发展重镇，把张家界市建设成旅游胜地和开放口岸，把怀化市建设成西部流通中心，把吉首、凤凰、靖州建设成为活跃的边贸城镇，进一步发挥邵阳市和洪江市老工业基础的作用。

建设“五区一廊”，是实施全省开放开发战略的重点。省委于 1992 年 3 月，提出在沿京广线和 107 国道的岳阳、长沙、株洲、湘潭、衡阳 5 市建设高新技术产业开发区，形成一条从岳阳到衡阳高新技术产业走廊。凡国家级的长沙高新技术产业开发区可以用的政策，其他 4 市也可以用，以优惠政策引进人才和技术，把建设高新技术产业走廊作为科技振湘的一项重要战略措施来抓。同年 6 月和 12 月，省委又强调提出，必须集中力量对“五区一廊”进行重点突破。“五区一廊”特别是岳阳、长沙要把工作重点放在抓好基础设施建设上，切实改善软硬环境，以吸引更多的国内外资金、技术、尽快建成开放开发和市场经济的示范区，辐射和带动全省经济加速发展。

“五区一廊”被确定为开放开发战略重点以后，长沙、株洲、湘潭、衡阳、岳阳 5 个高新技术开发区建设逐步加快，高新技术产业发展势头迅猛。1994 ~ 2000 年，长沙高新技术开发区累计完成总产值 581. 4 亿元，技工贸总收入 638 亿元，实现利税 102. 5 亿元，上缴国家税收 33. 2 亿元，出口创汇 3. 4 亿美元；共有 114 家企业年技工贸总收入过千万元，其中 39 家过亿元。“五区一廊”建成科技先导型、外向型的综合经济开发区，对于增强湖南经济的市场竞争力，进而支撑和加速全省经济增长有着重要意义。

湖南省委提出的“放开南北两口，拓宽三条通道，建设五区一廊，加快西线开发”开放开发战略，在实践中取得了很大效果。但是，由于战线拉得太长，处处开花，也导致了力量分散。经过进一步调查研究，总结经验教训，省委于 1995 年 10 月又制定了“一线一点”战略，提出“呼应两东，开放带动，科教先导，兴工强农”的发展战略，要求做到一个跨越、两个优先、三大战略，即：实现农业大省向农业强省的跨越，优先发展水、路、电、通信等基础产业和基础设施；优先发展“一点一线”区域经济带，着力推进长株潭经济一体化，工业要着力治散治小治差，调高调大调优，实施名牌发展战略、集团发展战略、支柱产业发展战略。

“一点一线”优先发展战略的实施，克服了战线拉得太长，处处开花、力量分散的弊端，经济增长带日渐隆起，龙头效应初见端倪。组建企业集团作为深化国有企业改革的重头戏，唱得精彩。实施大企业集团发展战略，对湖南来说显得尤为重要。“一点一线”战略把沿京广铁路和京珠高速沿线地区作为全省优先发展的区域带，把省会长沙作为重中之重。明确提出，沿京广铁路和京珠高速公路湖南段，地区区位，经济基础，技术水平和交通条件等都具有相对优势，把这一区域带继续作为全省的发展重点，使之在扩大对外开放、建立社会主义市场经济体制和加速现代化建设等方面率先突破，真正成为湖南一条高效益商贸走廊、高科技工业走廊、外向型经济走廊。进一步明确优先发展“一线一点”，使得湖南区域发展战略重点更加突出，其实质是培育湖南高水平的经济增长极和隆起带。

1996 年，湖南省优先发展区域带国民经济和社会发展“九五”计划》出台，明确优先发展区域带包括岳阳、长沙、株洲、湘潭、衡阳、郴州 6 市及其所辖的 34 个县（市），并对 6 市产业的发展方向提出了明确要求：长沙市按照“高起点规划长沙，全方位开放长沙，大规模建设长沙，严标准治理长沙”的指导思想按“三二一”产业结构序列进行建设，把长沙建成科教先进、经济发达、功能齐全、环境优美和开放型省会城市；岳阳市抓住长江开放开发的大机遇，以开放活港为主线，以大开放促大开发，产业结构逐步向以“三二一”为序的方向转换，大力发展口岸经济，建成现代化沿江港口城市；株洲市由单一的工业城市发展成为以重工业基地和商贸中心为基本特征的区域性经济中心城市；湘潭市实施强工富市战略，通过加大企业技术改造和改组力度加快发展；衡阳市实施“开放带动，资源转换”战略，实现由资源大市向经济强市跨越；郴州市确立“开放对接，加快发展”的思路，通过大开放求得大发展，通过与广东的对接，与华南经济圈的融合壮大经济实力，把郴州市建成开放先行、实力强劲的“南大门”。为实现这些目标和要求，省委、省政府多次强调集中全省有限的人力、物力、财力和技术确保其发展；把“开放带动”作为优先发展区域带的首选战略，通过扩大招商引资，强化软硬件建设，努力构筑对外开放的格局；把搞活工业作为实现优先发展战略的关键；积极培育新的经济增长点，鼓励发展乡镇企业、个体私营经济、第三产业、高新技术产业和三资企业，增强区域带的发展后劲。

经过多年的努力，“一点一线地区”到 21 世纪初成为全省经济快速增长带，经济总量占全省的比重达到 59%，比 1995 年提高 6 个百分点。开放带动战略，把对外开放推向了新阶段。

四、抓好国有企业改革这个中心环节，把社会主义市场经济新体制初步建立起来

1992 年邓小平南方谈话和中国共产党第十四次全国代表大会，标志着中国社会主义改革开放和现代化建设事业进入新的发展阶段。党的十四大明确了我国经济体制改革的目标是建立社会主义市场经济体制。1997 年 9 月召开的中国共产党第十五次全国代表大会则明确提出了社会主义初级阶段的基本纲领。党的十五大提出，建立现代企业制度是国有企业改革的方向；要对国有企业实施战略性改组。

抓好国有企业改革，建立社会主义市场经济新体制，多年来一直是省委抓的一项主要工作，在 1995 年 10 月湖南省第七次党代会上，我提出："第七届省委任期内一项极为重要的任务，就是要继续解放思想，抓好国有企业改革这个中心环节，把社会主义市场经济新体制初步建立起来，包括基本建立现代企业制度，基本建立比较完善的市场体系、社会保障体系、法制体系、宏观调控体系和效率优先兼顾公平的分配制度。"

抓国有企业改革，一是转换企业经营机制，二是建立现代企业制度，三是推行股份制改革和培育企业集团。

1993 年 2 月，《湖南省全民所有制工业企业转换经营机制实施办法》颁布实行。这个《办法》明确规定要落实企业生产经营决策权、产品劳务定价权、产品销售权、物资采购权、进出口权、投资决策权、留用资金支配权、资产处置权、联营兼并权、人事管理权、工资奖金分配权、内部机构设置权和拒绝摊派权等 14 项自主权，还允许推行多种资产经营形式，要求企业坚持和完善承包经营责任制，增强企业发展后劲；允许企业采取中外合资、互相参股、内部募股等方式进行股份制改造；新建企业一般应由各方集资组成股份制企业。到 1993 年年底，全省有 100 户国有大中型骨干企业完善了投入产出总承包，选择 65 户预算内工业企业进行股份制改革试点、18 户企业进行国有民营试点，88 户企业实行划小核算单位、分块承包经营。1994 年，全省工业企业改革重点放在围绕转换机制、制度创新，着力抓好 300 户国有大中型企业落实经营自主权和清产核资，200 户小型企业实行国有民营，50 户国有大中型企业落实《监管条例》委派监事会。同时，对于全省 4000 多户一般性中小工业企业和县属企业，实行逐步开放的政策，采取多种形式

经营。至1998年年底，全省有94.8%的预算内工业企业、93.9%的大中型企业、97.7%的建筑的施工企业和99%的大中型商业企业实行了多种形式的承包责任制。在转换企业经营机制过程中，各地都重视以深化企业内部劳动、人事、分配三项制度改革为主线，转换内部经营机制，逐步实现“职工能进能出，管理人员能上能下、收入能高能低”。

1993年11月，党的十四届三中全会审议通过了《中共中央关于建立社会主义市场经济体制若干问题的决定》，指出建立社会主义市场经济体制，就是要使市场在国家宏观调控下对资源配置起基础性作用。为实现这个目标，必须坚持以公有制为主体、多种经济成分共同发展的方针，进一步转换国有企业经营机制，建立适应市场经济要求，产权清晰、权责明确、政企分开、管理科学的现代企业制度。为了贯彻落实中央的部署要求，1994年3月7日，湖南省委发出《贯彻中央关于建立社会主义市场经济体制若干问题决定的实施意见》，提出全省国有企业改革的基本思路是“抓两头，促中间”。基础好的大中型企业要率先建立现代企业制度；基础差的企业和一般中小型企业可分别实行租赁、转让、出售、破产；其他的企业要全面落实经营自主权，转换经营机制，逐步向现代企业制度过渡。

1994年年初，湖南省开始进行建立现代企业制度的试点。在转机建制中，这些企业重点突出了建立新型的产权制度、领导制度、管理制度、技术改造制度和劳动用工制度，取得了程度不同的成效。到1998年，107家试点国有大中型企业大部分完成了公司制改造，开始按新机制运作。同时，对有重组优势的企业，实施兼并联合和无偿划转；对资不抵债又扭亏无望的企业实行停产整顿或破产；对产品不适销对路的企业进行转产；对有土地资源优势的企业，通过搬迁转产改造，建立新企业；对有条件的企业，积极引进外资进行改制改造。全省先后对539户国有企业实施兼并，盘活闲置资产约15亿元；有610户国有企业依法实施破产，清理负债近100亿元。

做大做强优势产业和企业，不仅符合经济发展的客观规律，而且是产业重组和工业发展到一定阶段的必然要求。在推进企业建立现代企业制度的同时，湖南省委、省政府抓紧实施国有企业“抓大放小”的方针，确立了“调高、调优、调大”和扶贫扶强的发展思路，实施大公司大集团战略，增强优势产业和优势企业对全省经济的拉动和支撑作用；鼓励有条件的企业按照经济规律，本着自愿原则联合兼并，组建股份制企业集团，促使企业规模不断扩大，竞争力不断提高。为此，全省实行了一系列“抓大”的战略性措施：即集中领导力量抓大，集中运用政策扶优，集中资金投入扶大，在项目、资金、技术改造、运输等各个方面倾斜政策，帮助拓宽融资渠道，优先解决发展资金，引导和指导集团企业加快改革、发展与加强管理，促进了一批大公司和企业集团自身迅速成长壮大。全省选择了一批大中型骨干企业，以拳头产品为龙头，以资产为纽带，以企业自愿为原则，加上政府引导和政策推动，通过国有资产授权经营、公司制改建、兼并、联合参股等途径和方式，组建了一批企业集团，华菱钢铁集团、长沙卷烟厂、常德卷烟厂、株洲冶炼集团、曙光电子集团、长丰集团进入当年中国企业500强。

在培育发展重点企业和企业集团的同时，全省还采取多种形式放开搞活国有中小型企业。1994年以后，省委、省政府要求全省各地从思想上重视中小企业发展；采取股份制改造、联合兼并、资产重组、产权整体转让等形式，进一步搞好搞活国有中小企业，并制定扶持政策，建立中小企业服务体系和实行中小企业分离办社会职能。通过产权制度改革，收缩国有经济战线，实现企业机制的转换，初步形成了多种经济成分并存、产权多元化的格局。至2002年年底，通过股份制改造、出售、兼并等途径，全省3689户国有中小企业中有80%进行了产权制度改革，有1888户推出了国有序列。全省中小企业内部活力和市场竞争力增强，有100户企业获“小巨人”称号。

我就任湖南省委书记时，中央针对1992～1993年初经济过热和社会生活中出现的新问题，着力加强和改善宏观调控。为达到宏观调控的目的，省委、省政府发出《认真贯彻落实〈中共中央、国务院关于当前经济情况和加强宏观调控的意见〉的实施意见》，我和湖南省委负责人纷纷下到基层，督促检查。在指导思想上，省委始终把加强宏观调控与推进改革、加快发展结合起来，强调从改革中找出路，强调“发展才是硬道理”，并把加快发展的注意力进一步引导到优化结构、提高效益上来。经过三年的努力，这次宏观调控取得明显成效。全省过度投资现象得到控制，金融秩序迅速好转，物价涨幅明显回落，通货膨胀得到抑制。全省社会商品零售价格涨幅由1994年的24.1%降至1996年的5.2%。与此同时，依然保持了较高的经济发展速度，实现了从发展过快到“高增长、低通胀”的“软着陆”，避免了大起大落。

“八五”到“九五”期间，湖南经济得到了较快发展，改革开放取得突破，社会稳定，各项事业不断进步。“八五”期间，农业始终保持稳定增长，实现了全省消灭宜林荒山的目标。工业保持健康发展，5 年间产值翻了一番多。市场繁荣活跃，社会商品零售总额快速增长。乡镇企业、个体私营经济、第三产业、“三资”企业、高新技术企业等新的经济增长点保持较强的增长势头。“九五”期间，全省国内生产总值年均增长 9.7%，提前 4 年实现了比 1980 年翻两番的目标，经济结构和经济效益发生了可喜变化，二三产业在国内生产总值中的比重分别上升到 3.9 和 6.9 个百分点。农业基础地位稳固，农业和农村经济结构调整取得新成绩，农业综合生产能力有新提高。工业保持较快发展，培育形成了一批优势企业和几大支柱产业，国有工业实现整体扭亏为盈。第三产业持续增长，文化、旅游、信息、房地产等新兴产业发展迅速。高新技术产业发展来势较好，对经济增长的贡献率提高。优势地区发展加快，长株潭经济一体化稳步推进。基础设施建设力度加大，交通、通信、电力建设和洞庭湖治理取得显著成绩。城市面貌有较大改观，城镇化水平有较大提高。城乡居民收入继续增长，大部分地区人民生活基本达到小康水平。“八七”扶贫攻坚计划如期完成，大部分地区农村贫困人口基本解决温饱问题。全省改革开放步伐加快，社会主义市场经济体制初步建立。国有企业改革取得阶段性成果，产权制度改革、建立现代企业制度等取得实质性进展，企业经营机制和经营状况有较大改善。认真落实党在农村的基本政策，农村改革继续深化，农业产业化经营加快推进。个体、私营经济发展较快，以公有制为主体、多种所有制经济共同发展的格局基本形成。财税、金融、粮食、投资、住房、社会保障等各项改革全面推进，市场体系特别是要素市场进一步发育。市场配置资源的基础性作用明显增强。实施开放带动战略初见成效，对外贸易和经济技术合作不断拓展，利用外资规模和领域逐步扩大，开放型经济有新的发展。

（源自《主政湖南（1949～2009）》中国文献出版社 2009 年版）

奋力拼搏 真抓实干
把湖南工作搞得更好

10月5日下午，省委召开各地、州、市委书记，专员、市长、州长，省直各委办厅局，在长高等院校、驻湘部队负责人会议，传达了中共中央关于调整湖南主要负责人的决定。原省委书记熊清泉和新任省委书记王茂林分别讲话后，紧紧握手并合影。中共中央组织部常务副部长张全景首先宣读了中央关于王茂林同志任湖南省委书记和熊清泉同志不再担任湖南省委书记、常委的决定，并讲话。

王茂林同志在讲话中说，我有机会来毛主席家乡工作，感到很荣幸，也很高兴。从现在起，我就要和同志们一起共事了，就要和湖南各级干部和湖南人民在一起工作、生活了。刚才中组部张全景副部长介绍了我的情况，在很多方面对我是鼓励。熊清泉同志的讲话，也是对我的鼓励，我很感激。我一定竭尽全力地做好工作，不辜负党组织和同志们的希望。

王茂林同志指出，湖南是一个大省，是毛主席和许多老一辈无产阶级革命家的故乡，在全国和世界上有很大的影响和很高的知名度。湖南在历届省委、省政府特别是在以清泉、邦柱同志为正副班长的省委领导下，坚决贯彻中央的路线、方针、政策和中央对湖南工作的指示精神，经济和社会发展各项事业全面进步，两个文明建设都取得了可喜成绩。湖南是中国革命的摇篮，湖南人民有着光荣的革命传统。湖南的各级党组织是坚强、团结的，在改革和建设事业中能够真正起到核心领导和战斗堡垒作用。湖南还有一大批老干部、老同志，他们是党和人民的极其宝贵的财富。改革开放十几年来，湖南经济实力大大增强，特别是邓小平同志南方讲话和党的十四大召开以来，改革开放的步伐进一步加快，干部群众的思想进一步解放，工作上又开创了一个新的局面。湖南地处长江开放带和南部沿海开放带的结合部，毗邻我国改革开放的前哨阵地，相对其他内陆省份来讲，最先接受沿海改革开放和市场经济的辐射影响，积累了较为丰富的实施改革开放战略的经验，培养了一支勇于改革、开拓进取富有实干精神的、年富力强的干部队伍和企业家群体。所有这些，都是湖南的优势，为我们进一步发展提供了有利条件，打下了良好的工作基础。

王茂林同志说，中央要我来接替熊清泉同志的工作，担任湖南省委书记，我深感责任重大。但我深信，有清泉同志等一批德高望重的老同志鼎力相助，有全省各级干部和各方面的支持，一定能把工作做好。看得更远一点，我们有毛泽东思想，有邓小平同志建设有中国特色社会主义理论和党的十四大精神的指引，有以江泽民同志为核心的党中央的正确领导，有全省广大党员和人民群众的大力支持，就更加充满了信心。他表示，要和大家拧成一股劲，竭尽全力，为巩固和发展湖南团结、稳定的局面。为进一步提高三湘人民的生活水平，贡献出自己全部的精力。

王茂林同志强调，从现在起到2000年的7年，在全国来讲是一个非常关键的时期，对我们湖南来说同样是至关重要的。在今后的工作中，我们一个总的目标，就是要坚持邓小平同志建设有中国特色社会主义理论不动摇，坚持党的基础路线不动摇，以经济建设为中心，一心一意地抓发展。我们湖南当前的大政方针已定，目标已经明确，关键在于狠抓落实。为此，他提出两点希望，与大家共勉。一是要继续发扬湖南各级领导干部廉洁、勤政的良好风尚。首先是省委一班人要带头廉洁自律，作好表率。对中纪委提出的领导干部廉洁自律的“十一个不准”“一个不得”，要从我做起，从我们每位常委做起，真正说到做到。凡是要求下边做到的，我首先要做到，我们每一位常委首先要做到；凡是要求下边不办的，我首先不办，每位常委首先不办。各级领导干部不仅要廉洁从政，而且要勤政为民，做到为官一任，造福一方，坚决克服“不求有功、但求无过”的思想，树立无功就是过的意识。二是要继续发扬湖南各级领导干部求真务实的实干作风。要在全省上下树立起讲实话、办实事、鼓实劲、求实效的“四实”良好风尚。还要树立拼搏精神和敢闯敢干的精神。

王茂林同志最后表示，只要全省各级领导按照“廉洁勤政、务实创新、奋力拼搏，真抓实干”的要求，同心同德，团结战斗，任何困难都是能够克服的。

（原载《湖南日报》1993年10月6日1版）

把握机遇　解放思想　扩大对外开放

7月29日下午，省委书记王茂林在全省地市州委书记会上作重要讲话时强调：各级党委必须进一步解放思想，以更大的气魄扩大开放，以更大的胆略促进开放，以更扎实的措施保证开放，以更大的工作力度落实开放，把我省对外开放推向一个新阶段。王茂林同志的讲话分为四个部分：

一、当前为什么要突出强调扩大对外开放

王茂林同志在讲话中说，改革开放以来，特别是小平同志南方重要谈话发表以来，我省对外开放工作取得突破性进展，湖南在海外的知名度越来越大。但是应该看到，我省对外开放与我们大省的地位还很不相称，与经济发展的需要还很不适应。我省经济总量在全国排第11位，而对外贸易只排在第14位。全省出口总额仅占国民生产总产值的3%，比全国平均水平16.87%低了一半。我们必须加大对外开放的力度，把开放引资的步子迈得更大些。

王茂林同志指出，现在内陆开放正面临着极好的机遇。第一个机遇是，世界看好亚洲，更看好中国。当今世界经济呈现出强烈反差，一方面，亚洲国家由于中国经济快速增长，东亚、东南亚经济稳定增长，市场不断扩大。另一方面，近几年西方国家很不景气，生产下降，出口萎缩，失业人数增加。亚洲经济特别是中国经济发展的强劲势头，使西方国家不得不刮目相看，西方各国从自身利益出发，都相继提出新的亚洲策略。我们扩大开放引进的时机来到了。第二个机遇是，沿海的改革开放正向内陆延伸。经济发展是有层次的。随着科技进步，发达地区经济上了台阶，就必然让出一块层次较低的阵地，较落后地区谁先占领这块

阵地，谁就得到一个发展机会，西方发达国家劳动力贵、技术水平高，他们就让出了一片劳动密集型和技术水平较低的产品，亚洲“四小龙”抓住这个机遇经济上去了；“四小龙”发展起来后。我国沿海地区进驻这块阵地，又得到迅速发展。现在，沿海劳动力又贵起来了，技术水平也提高了，这块阵地正在逐渐转移给内地。我省毗邻沿海，在接受沿海开放向内陆转移方面，具有近水楼台先得月的优势。第三个机遇是，沿江开放战略正在加紧实施。专家评论，20 世纪 80 年代中国改革开放的重点在沿海，90 年代的重点是沿江。我们湖南，南邻广东，北靠长江，受到沿海开放和沿江开放的双重辐射，完全可以扩大开放。如果湘南用好广东的政策，湘北用好浦东的政策，形成南北两面夹攻，就能把湖南挤出劲来。

二、我们扩大对外开放应当从哪些方面着手

王茂林同志指出，扩大对外开放，总的是要围绕经济和社会发展“三步走”的战略目标，促进对外开放向更宽的领域和更高的层次纵深发展，加速实现湖南经济与国际市场的接轨并行。

1. 利用外资要有更大的发展。现在国际上可利用的资金不少，关键看我们有没有办法引进来。我们应当进一步拓宽引资渠道，努力实现由单纯的项目招商向项目招商和国际融资并举转变，由分散的小项目招商向集团化、大规模利用外资转变，由被动利用外资向主动利用外资转变。要加快中外合资、股份制利用外资的步伐；要采取整体转让和部分转让相结合的办法出售、出租、出卖部分国有、集体企业的产权；要积极探索利用外资的新形式；要大力发展三资企业；要加快嫁接改造工业企业步伐；要加大基础设施利用外资的强度；要加快长沙、岳阳等地商业服务设施的对外开放；要运用综合补偿政策，允许投资大型项目的国外客商组建“伞形”公司，形成综合经营；要突出湖南对台优势，吸引台商来湘投资；要认真办好经济开发区，筑巢引凤。

2. 出口创汇要有更大的发展。我们要像抓财源建设那样，抓出口商品基地建设。（1）大力发展创汇工业企业。要通过努力，到 2000 年，使企业出口创汇占全省创汇总额的 20% ~25% 。（2）大力发展创汇型农业。农垦、畜牧、水产部门要成为出口大户。要积极引进高新技术，建立重点农产品的龙头加工企业，

并以龙头企业为后盾，支持和带动相关的大宗农副产品比较稳定地进入国际市场。（3）大力发展高新技术产业。要加快“五区一廊”建设，加大对高新技术产业的投入，争取到本世纪末，使我省高新技术产业值占到工业总产值的15%。（4）充分发挥外贸企业的龙头作用，发展一批以外贸为龙头的生产经营一体化综合商社和以工为龙头的工科贸一体化企业集团或跨国公司。

3. 旅游业要有更大的发展。我省旅游资源丰富，要进一步加快配套设施和旅游产品的开发，争取到本世纪末把湖南建成旅游大省。到2000年，全省应争取接待入境旅游者60万～80万人次，创汇2.5亿～3亿美元；接待国内游客4000～4500万人次，收入20亿～24亿元人民币。

4. 对外劳务合作要有更大的发展。要采取“积极开拓，稳步发展”的方针，争取每年向外增派劳务人员1000人以上，到本世纪末，使劳务输出入到达1万人左右。

5. 培养和引进人才要有更大的发展，要抓好现有外经贸人员的培训，加速专业人才的培养，积极引进人才。

6. 跨省区经济协作要有更大的发展。对外的开放，既包括对国外、境外的开放，也包括对国内的开放。我们在扩大对国外、境外开放的同时，要加强省际之间特别是同沿海地区的经济技术协作和交流，发展横向经济联合。

三、集中力量把投资环境搞好

王茂林同志强调，要把外商的注意力吸引到湖南来，必须下更大的气力改善投资环境。一是要敢于和善于让利招商，使外商到湖南来投资比沿海更实惠。二是要集中力量搞好基础设施建设，使我们对外开放的条件更能吸引人。三是要完善涉外经济法规和政策，保护好外商的合法权益，让外商真正感到湖南的投资环境宽松，从事经贸活动安全有保障，使外资项目引得来、留得住、上得快、效果好。四是要健全涉外服务机构，为外商提供配套服务。五是要重点搞好南北两口和长沙的投资环境，带动全省的开放开发。

四、各级党委要切实加强对外开放的领导

王茂林同志指出，扩大开放是全党的大事。不仅政府部门要认真抓，各级党委也应总揽全局，加强领导。要把扩大开放作为加快经济发展的基本战略来抓。摆在党委的重要议事日程上，而且这种指导思想要长期坚持，毫不动摇。

第一，要强化全民特别是各级领导干部的开放意识。扩大对外开放，第一位的是要转变观念，增强开放意识。从我省的情况看，近些年来，广大干部群众的思想观念虽然发生了很大变化，但仍存在许多不适应对外开放的旧观念，一些地方在引进项目时，老算别人能赚多少线，老担心自己吃亏。有的同志总埋怨湖南是内陆省，开放条件不如沿海优越，政策不如沿海优惠，对扩大开放信心不足。这些思想问题不解决，扩大开放的目标就不可能实现。我们各级党委一定要把进一步解放思想、提高认识作为首要环节来抓，特别是省地两级干部，要首先统一好思想，增强开放意识。党政主要领导同志要亲自抓对外开放。在全省人民中形成一个强大的开放氛围。

第二，要提出符合本地实际的开放思路和措施。现在各地都在加快开放，但各地情况不一样，你这个地方开放怎么扩大，包括目标和政策，党委应当拿出一个总的盘子对一些重点、难点问题，党委主要负责同志应当亲自调查研究，提出指导性意见。党委要及时解决招商引资工作中的新情况新问题，提出新的对策。

第三，要动员全社会力量参与和支持对外开放。各级党委的责任不仅是要全力支持政府搞好招商引资工作，而且要把人大、政协、民主党派、群众团体，党政各部门以及所有的干部群众都动员起来，积极参与和支持开放，为扩大开放做贡献。大家都要以促进开放为己任，努力做到“四少四多”：少限制，多促进；少扯皮，多协调；少设卡，多服务；少干预，多支持。

第四，要提高各级干部组织领导对外开放的本领。现在有些地方，对发展外向经济的有关政策用得不足不活，参与国际竞争不敢不会干，其原因就在于我们对外经外贸和国际市场不熟悉，没有掌握主动权。因此，各级干部尤其是领导干部，在用小平同志建设有中国特色社会主义理论武装头脑的同时，要加强对市场理论、涉外方针政策和国际经贸知识的学习，学会按国际惯例办事，提高对外向型经济的领导水平。特别是招商引资方面的国际惯例，我们做领导工作的同志应

力求基本掌握。

王茂林同志强调，和其他任何工作一样，对外开放也必须讲求实效。我们举办各类招商活动，既要有一定的声势和必要的形式，更要把主要精力放在资金引进上，不要满足于一般性的意向，要以实际效果来衡量工作成绩。

（原载《湖南日报》1994 年 8 月 3 日 1 版）

企业要努力适应市场经济新体制

当前国有企业走向市场存在什么困难，怎样克服这些困难？5 月 22 日至 26 日，省委书记王茂林在湘潭市委书记范多富等同志陪同下，考察了湘潭钢铁公司、江南机器厂、江麓机械厂等 10 多个中央、市属国有企业和县办企业，召开了厂长、经理座谈会，就上述问题进行广泛的调查研究。

王茂林在考察时指出，企业要适应建立社会主义市场经济体制的新形势，最根本的是转变旧的思想观念。现在，新的市场经济体制还未完全建立起来，旧的计划经济体制还在起作用，这两种体制随时都在发生碰撞。这就需要我们的企业领导和广大工人在实际工作中努力去探索，去研究。尤其是企业的领导同志，一定要认真学习邓小平同志建设中国特色的社会主义理论，深入贯彻党中央和国务院出台的一系列重大改革措施，引导职工群众理解改革，支持改革，积极参与改革，将社会主义市场经济的思想基础打牢。

王茂林强调，企业要适应社会主义市场经济新体制，必须进一步加大对外开放的力度，加快招商引资的步伐，用国外的先进技术和先进的管理经验改造我们的企业。我省有广东这样一个改革开放搞得好的好邻居，要充分利用这一得天独厚的条件，胆子更大一点，思路更开阔一些，多办一些外向型企业。他听取了湘潭电缆厂以“扩散布点”为基础，调整市场格局中外合资企业发展到 17 家时，高兴地说，通过内引外联扩大生产规模，这条路走对了。湖南有一批好企业，你们厂是其中的一个，是为湖南争光的企业。在湘潭电机厂，王茂林同志对该厂大刀阔斧改革内部管理体制表示赞赏。他说，改革内部管理体制，搞“厂中厂”，可以以项目为主招商引资，以此加快技术改造的步伐，上规模，上水平。当前，中国政治稳定，经济发展，许多国家都想与中国合作，都想打进中国市场。大中型企业要看到这个态势，抓住这个机遇，积极主动地寻找合作伙伴，特别是要敢于吸引国际上一些大的财团、跨国公司来投资。与外商合作，不要怕人家赚钱，能把外资引进来就是胜利，外商赚了钱，我们的经济也发展了。

王茂林在谈到企业扭亏增盈的情况时说，目前全省工业企业亏损面还比较大，要千方百计扭转这种局面。当他在湘乡市考察时了解到该市 13 家预算内企业仅有一家略有亏损、很快扭亏为盈时，高度肯定了他们的工作思路。他指出，企业扭亏增盈，不单是一个资金投入的问题，更主要的是领导的精力要投入，各级领导、各个部门特别是银行要下大力帮助亏损企业克服困难，渡过难关。对一些产品适销对路、扭亏有望的企业，要摸清底子，通过各种渠道帮助他们解决资金困难。对扭亏无望的企业要依法实行破产。总之，各级领导要把企业扭亏增盈工作当作当前经济工作中的一件大事来抓，要坚决把亏损增加的势头压下来。

王茂林在大小型企业厂长、经理座谈会上谈到企业对内挖潜、对外找市场时说，从某种意义上讲，某些企业资金困难的问题，实际上是一个市场问题。产品销不出去，流动资金就困难；而要占领市场，就必须有过硬的产品。现在有一个观点，认为搞市场经济就是请客送礼，这是一种误解。与真正的商人打交道，靠请客送礼是行不通的，要凭真本事。这个真本事就是要有过硬的产品质量。因此，每个企业都要建立一套严格的质量控制体系，对产品要精益求精，千万不能粗制滥造。要有创名牌的意识，要靠新技术保证质量，同时要搞好售后服务，从培训操作人员，到零配件供应，产品的维修使用，实行“一条龙”服务，对自己的销售产品负责，对用户负责，通过提高企业信誉来取得市场。

王茂林在湘潭考察期间，还深入农村、高等院校进行了调查访问。他冒雨在湘潭县、湘乡市一些乡镇企业、个体私营企业和农技站、畜牧水产站等，听取了湘潭县委、湘乡市委和韶山市委的工作汇报。他指出，农村工作关键是要牵住农民奔小康这个牛鼻子。要把发展乡镇企业、个体私营企业与农村小城镇建设结合起来，引导农民进入市场，提高农民的纯收入。要切实抓好粮食生产，当前早稻长势喜人，要注意加强后期管理，抓好防病治虫，争取有一个好收成。他一再嘱咐，湘潭是毛主席的故乡，一定要走在全省农村奔小康的前列。

（原载《湖南日报》1994 年 5 月 27 日 1 版）

努力把湖南丘冈山地综合开发工作推向新阶段

这次省委和省政府召开的全省丘冈山地开发工作会议，是事关我省经济发展全局的一次重要会议。几天来，大家实地参观了怀化的丘冈山地综合开发现场，听取了他们的经验介绍，感受很多，启发很大。怀化是全省山区开放开发试验区和全国农村改革试验区，他们的开发思路是正确的，工作是扎实的，成效是显著的，给我们提供了许多宝贵的经验。会上，还有吉首，浏阳、平江、湘乡、桃源、桃江、安化、江永、隆回、常宁、茶陵、涟源、慈利、资兴等县（市）发了言或印发了材料。他们的经验也很启发人。例如，桃源县以农户为单位，兴办小果园、小茶园、小药园、小竹园，大搞庭院开发的经验；江永县立足本地资源，面向市场开发，突出地方特色的经验；资兴市在规划、规模、规范开发上做文章，发展山区高效农业的经验；平江县“山上搞开发、山下办企业，户平一亩果、再造新平江”的经验；隆回县因地制宜、合理布局、基地开发，提高规模效益的经验；桃江县狠抓科技投入，实施科技兴林、兴茶、兴牧、兴院工程，提高丘冈山地开发起点的经验；常宁县实施“旱地经作工程”，使“百元亩”提高到“千元亩”的经验；慈利县围绕支柱产业，走“工厂加农户”“公司加农户”开发之路的经验；龙山县实行股份合作开发、乡村组集体开发、农户联户开发、个人承包开发和行政企事业单位独资开发的经验等。这些经验都各有特点，但共同之处，是这些地方的领导班子思想比较解放，善于抓住机遇，大胆改革；找到了一条符合当地实际的开发之路，有一种不断开拓创新、艰苦创业的精神，还有一套发动群众、组织群众投身开发、勤劳致富的好办法。会议期间，大家还联系这些经验和各自的实际展开了热烈的讨论，集中思想议开发，畅所欲言献良策。可以说，这次会议是一次进一步统一认识的会议，是进一步鼓劲加油的会议。它对于动员社会各方面力量参与和支持丘冈山地开发，向农业生产的广度和深度进军，促进全省经济持续、快速、健康发展，必将产生重要作用。

一、提高认识，把丘冈山地开发作为振兴湖南经济的战略工程来抓

1994 年 7 月，我们省委常委过民主生活时，决定在农业方面抓好两项战略性工程，一项是洞庭湖的治理，另一项是丘冈山地的开发。目的是想通过现有 5000 万亩耕地的精耕细作，使“一优两高”农业有一个大的突破，再加上这两项战略性基本工程的实施，使湖南由农业大省发展为农业强省。这两大战略工程中，洞庭湖治理只涉及部分县，而丘冈山地开发更带有全局性、全省性，抓好丘冈山地开发，其意义无论怎么估价也不会过高。

第一，加快丘冈山地开发，是实现农村奔小康的希望所在。

这几年来，我省农民奔小康遇到的突出问题是收入增长缓慢。1993 年，我省农民人均纯收入 852 元，低于全国平均水平 69 元。1994 年预计全国农民人均纯收入将超过 1100 元，而我省只有 1000 元左右，仍低于全国平均水平 50 ~ 100 元。省委、省政府曾要求，扣除物价上涨因素，到本世纪末全省农民人均收入要达到 1500 元以上。怎样实现这个目标？怀化地区选择的路子是：大力推进丘冈山地开发，充分利用新的农业资源，“八亩山地奔小康”。事实上在一些地方，丘冈山地开发已经成为当地农村经济的重要增长源，农民致富的重要支撑点。1994 年上半年，我到平江三阳乡葛藤坪村考察时了解到，这个村已开发荒坡、荒洲 700 亩，80% 的农民建起了小果园，1993 年产果 6000 多担，户平水果收入上千元，多的达三四千元。这些山地综合开发搞得好的地方的经验告诉我们温饱在田，小康在山，潜力在山，希望在山。特别是贫困山区，只有把开门见山变为开门见林，开门见果，开门见药，才能实现“群众脱贫，财政脱补”。城步县提出要一人一亩林，一人一亩药，一人一亩竹，我看要真正做到这“三个一亩”，再加上多发展草食动物，农民就不愁富不起来。同时，我们要看到，现在开发的丘冈山地，近期内是初见成效，5 ~ 10 年后会大见成效，这将为实现第三步战略目标打下坚实的基础。

第二，加快丘冈山地开发，是解决人口增加和耕地减少矛盾的根本出路。无论从湖南看，还是从全国看，12 亿多人口的吃饭穿衣始终是安定天下的第一件大事。我们常说，领导干部要善于从政治上考虑问题，那么在粮棉生产问题上，就应该多从政治上、战略上去考虑。但是人口不断增加，耕地不断减少，这是一种必然趋势。在相当长时期内，人增地减将是我们安定天下的最大难题之一。为了适应人口增长的需要，中央提出我们的粮食产量要由现在的 4500 亿公斤，提高到 2000 年的 5000 亿公斤。即使达到这个目标，粮食也还是紧张的。从长远看，要解决粮食这个难题，一是要在现有耕地上搞集约经营，依靠科技，主攻单产，提高粮食总量；二是要向丘冈山地进军，减少多种经营所占耕地，多产替代粮棉的产品，改善人民的消费结构。如大力发展牛、羊、兔、鹅等草食动物，既可节约用粮，又可优化人们的食物结构。一般来说，肉粮转化比是 1∶3.5，肉粮的能量比是 3∶1，肉粮的蛋白比是 8∶1。综合起来考虑，多生产 0.5 公斤牛、羊肉，等于多产 2.5 公斤左右的粮食，加上节约肉粮转化的 1.5 公斤左右，等于多产 4 公斤左右的粮食。最近，我到邵阳的几个县市了解到，那里牧草丰盛，发展草食动物的条件非常好。一亩丘冈山地种玉米，能搞到 1 万公斤青饲料。像新宁、城步等县，把牧草资源利用好了，人均一头牛、一头羊都是完全可能的。南山牧场已经开了一个好头。而且丘冈山地种旱粮作物潜力也很大。湖南一年要调进玉米 5 亿公斤左右，如果多发展地膜覆盖玉米，就可以少调进或不调进。所以，丘冈山地开发搞好了，很有利于安定天下的大局。

第三，加快丘冈山地开发，是转移农村剩余劳动力的一条重要途径。我省农村有 2700 多万劳动力，经营好现有耕地，只需要一半就够了，还有一半的劳动力剩余。如果农业集约化水平提高了，剩余劳力还要多。这么多剩余劳力如果消化不好，既是经济问题，也是社会问题。目前，农村剩余劳动力转移主要是三条渠道，一条是发展乡镇企业，就近安排劳力就业；一条是组织劳动力从事丘冈山地开发；一条是搞劳务输出，组织劳动力到沿海打工。通过这三个渠道，全省已有近千万剩余劳动力就了业，找到了用武之地。现在从事乡镇企业的劳力 513 万（包括种养企业），占 21% 左右；劳务输出 500 万，也占 20% 左右；还有 1600 多万劳力从事种养业，这中间实际上有二三百万劳动力闲着，要把这些人转移出去，仍然要靠这三个渠道，而且主要应引导他们走山地开发之路。因为，随着沿海地区的产业高科技化，对劳动力的需求会相对减少，也就难以容纳更多的内地劳动力去就业。从省内情况看，剩余劳动力大都生活在山丘区和一些贫困山区，这些地方发展乡镇企业的条件差一些，安排劳动力就业很有限。只有丘冈山地开发容量最大。龙山县近几年来组织大批劳动力搞山地开发和发展冬季农业，目前已开发有山区特色的八大支柱产业，产值突破2亿元，占农业总产值的50%以上，冬种作物覆盖率每年达90%，使农民收入不断增加，全县有15万人摘掉了贫穷帽子走上了致富路。可见，抓丘冈山地的开发，既能容纳大量的农村剩余劳动力，又能创造出很好的经济、社会效益。我省现有5000万亩耕地上容纳了1000多万劳动力，那么2亿多亩丘冈山地的开发，将会容纳多少劳动力呢？这笔账是不算自明的。从一定意义上讲，只要真正把丘冈山地开发组织好了，我们的剩余劳力就有了新的出路。

第四，加快丘冈山地开发，是增强综合省力的必然选择。我们湖南人会种田，5000万亩耕地上的产出还是比较高的，特别是水稻的总产和亩产在全国也是比较高的。但2亿多亩丘冈山地的产值很低。可以说，湖南经济发展的最大潜力在山水资源特别是在丘冈山地的综合开发上。浏阳市算了一笔账，全市有510万亩山地，去年平均每亩山地收入只有19.7元。他们提出“综合开发丘冈山地，奋战5年，再造一个浏阳”，即通过开发丘冈山地资源，每亩收入搞到200元左右，全市的农业产值在目前10亿元的基础上就可以翻一番。我相信，这个目标通过努力是完全能够做到的。如果我们能在“九五”期末实现省委、省政府提出的建成各类商品生产基地5000万亩，就等于新增一个湖南省的耕地面积，这一块经济抓好了，湖南农业再翻一番是可能的。我们常讲抓住机遇，加快发展，当前丘冈山地开发就面临很好的机遇，抓住了，就能加快发展，增强综合省力。一是党中央、国务院对农业问题特别重视，加大了农业投入，尤其在开发性扶贫方面采取了许多有力措施，这就为我们抓丘冈山地开发注入了强大动力。二是国家实行财税体制改革后，农业特产税全部归地方，这有利于调动当地政府抓丘冈山地开发的积极性。许多地方已认识到，农业特产税是块“发面”。发展以农林特产为主的多种经营，既富民，又富县，是地方财源建设的重点。三是国家发展乡镇企业的重点向中西部转移，并采取了一些相关的配套措施。而且乡镇企业的发展，特别是以丘冈山地资源为原料的农副产品加工乡镇工业的快速发展，将更有利于推动丘冈山地开发领域的扩大和开发效益的提高。四是随着生活水平的提高和消费结构的变化，丘冈山地产品越来越受人们的青睐，走俏国内外市场。我省农副产品特别是一些名特珍稀产品，畅销美、日、意等80多个国家和地区，差不多占了全省出口创汇总额的一半。因此，我们只要因势利导，把握机遇，加快丘冈山地开发，就能使我省经济迅速跃上新的台阶。

总之，我们需要从经济上和政治上、从眼前和长远、从社会主义现代化建设的全局、从丘冈山地开发在现代化建设中的战略地位，来加深认识丘冈山地开发的重要性，努力开创丘冈山地开发的新局面。不仅做农村工作的同志要这样认识问题，凡是同农村工作和农业有关的部门，都要这样认识问题。只有大家的认识统一了，按照这样的认识来安排工作，处理问题，我们的丘冈山地开发工作才能搞得更好，农村经济才能上一个新的台阶。

二、从实际出发，走高起点、高标准的深度开发之路

省委、省政府提出，丘冈山地开发要走适应市场、因地制宜、依靠科技、注重实效的路子。这个路子的实质就是要求我们在质量、批量、效益上做文章，在提高开发水平上下功夫。这是我们的差距所在，也是我们的潜力所在。因为我们现在的产品，要么是量很大，质很低，卖不起价；要么是质很优，量很少，形不成拳头，占领不了市场；要么是质量批量都可以，加工跟不上，增不了值。如果我们对水果、茶叶、松树、油茶、楠竹、中药材、反季节蔬菜、食用菌、蔃头、牛、羊等几个产品算算账，就可以更清楚地看出，我省丘冈山地开发的水平还是很低的，开发的潜力是相当大的，进一步开发后的效益将是非常可观的。

从这样一种实际出发，近期我省丘冈山地开发的基本方针应当是以内涵开发为主，外延开发为辅。一方面着力改造量大面广的低产田、低产园、低产林、低产水面，充分挖掘其生产潜力。全省丘冈地有低产田910多万亩，低产茶园60多万亩，低产桔园200多万亩，低产油茶1000多万亩，低产用材林1000多万亩，低产水面120多万亩。要下决心，将这些低产的田园、林地和水面逐步改造成高产、稳产的田园、林地和水面。另一方面，要积极稳妥地进行三荒（荒坡、荒山、荒水）的垦殖，做到连片开发，山水田林路综合治理，平坦荒地引水造田，缓坡开梯土种茶、果，陡坡丘顶造林、种草，丘陵草山放牧牛羊，洼地水面养鱼。在此基础上，狠抓农副产品加工这个薄弱环节，使丘冈山地开发向农副产品加工增值延伸，向资源综合利用延伸，向国内外市场延伸，成为农村经济的新增长点，成

为贫困山区农民脱贫致富奔小康的重要途径。在贯彻内涵开发为主、外延开发为辅这个方针时，有一个问题需要统一认识，就是如何改造开发稀疏残林。几十年来，我省在各级党委和政府的领导下，特别是由于林业部门的努力和广大群众的艰苦奋斗，实现了消灭宜林荒山的目标，这个成绩来之不易，必须充分肯定。但是，应当看到消灭荒山、荒坡还是低起点的，标准不高。全省已绿化面积 1.2 亿亩，亩平林业产值只有 25 元左右，这只能说是有生态效益，尚未达到生态效益、社会效益、经济效益的统一，林业还没有成为农民脱贫致富奔小康的主导产业。从我这一年多时间了解的情况看，县、乡一部分干部对稀疏残林的开发改造认识还不一致，往往把丘冈山地开发与消灭宜林荒山对立起来。怀化地区在对待这个问题上给我们提供了很好的经验。他们对稀疏残林的开发改造采取积极的态度，有规划、有组织、有步骤地一片一片地加以改造。这样做，不仅保证了生态效益，也获得了很好的社会效益和经济效益，调动了群众的积极性，使丘冈山地开发在消灭宜林荒山基础上大大提高了一步。例如，通道县溪口乡，全乡 23 万亩丘冈山地，其中 20 万亩已封山育林，1 万亩已成为成材林。乡里在认真管理好这 20 万亩封山育林和 1 万亩成材林的基础上，提出要下决心开发改造剩余的 2 万亩稀疏残林。这个思路是对头的，我相信开发的潜力也是很大的。对已绿化的丘冈山地的改造和提高，必须以乡为单位做好规划，进行科学论证，经过县人民政府批准才能进行，决不能乱开乱挖，形成新的荒山荒坡。在这里我要特别指出的是，我们既要看到丘冈山地开发的潜力，也要看到丘网山地开发的难度，主要是水土综合治理的难度，如花岗岩丘冈地和紫色土丘冈地植被一旦破坏就很难恢复。因此，在丘冈山地开发上要走生态经济开发之路。即立足生态，着眼经济，合理开发，科学治理，通过开发，丘冈山地既要绿起来，更要活起来，最终达到富起来的目的。要吸取过去在开发上那种只顾数量，不顾质量，盲目求快，一哄而上，搞花架子，不讲效益的错误做法。这一点一定要引起县委书记、县长们的高度重视。

为了贯彻内涵开发为主、外延开发为辅的方针，提高丘冈山地开发的总体水平，必须抓好以下几个关键点。

一是要选准能够形成规模优势的主导产业。一个地方没有几个自己的主导产业，丘冈山地开发就搞不出大的名堂。确定主导产业，就是要充分发挥当地优势，按照市场需求，选择那些市场容量大、单位产出高、经济效益好的产品作为开发重点，并把重点产品的生产、加工、贮运、销售融为一体，形成产业优势。湖南名优特产品多的是，几乎每个县市都有几个，但这些产品多数还是“贡品”“展品”，“星星之火”，没有形成规模经济，没有形成商品优势。马克思曾经把小农经济比喻为“零零散散的马铃薯”。在我省，特别是贫困山区，“马铃薯现象”是较普遍的。一家一户养上三五只羊，种上几棵果树，形不成商品经济优势。商品经济的显著特征是商品量的增长和规模效益的形成，没有规模也就没有商品经济的发展。丘冈山地开发的主要任务，就是要使这些名特优产品成为主导产业。像江永的柚子、湘西的椪柑、新宁的脐橙、武冈的铜鹅、麻阳的鸭子和花生等，都应在继续改良品种的基础上，在充分调查研究、科学论证的前提下，合理布局，发展专业生产区和各类专业乡、村、户，建立各具特色的商品生产基地，让“星星之火”形成“燎原之势”。广东的香蕉，北方的苹果、梨子能打到湖南来，为什么我们的名特优产品不能打到全国去，打到国外去？事实说明，品种越优，规模越大，市场竞争力就越强，效益就越好。

二是要组建和扶持一批龙头加工企业。有了优质的、大批量的产品，就得有龙头加工企业来“吃”这些产品，搞深加工、系列开发。湖南是农业大省，不在农副产品加工上做大文章，不成为食品工业大省，不成为农副产品加工业大省，就成不了农业强省，更不用说成为工业省，老百姓也富不起来。因此，丘冈山地开发一定要和农产品深加工紧密结合起来。像养菜牛，一个县出栏几万头牛，就可以搞一个先进的肉类加工厂，可以引进先进技术设备搞皮革厂。搞皮革加工，我们现在一般只能加工成 3 层，意大利的设备可以加工成 6 ~ 7 层。有了好皮革，又可以搞高档服装厂，这样就可以带动基地产品开发，增值就多了，别人也没办法跟你竞争。又比如楠竹，搞深加工也很有前途。桃江县有 50 多万亩楠竹，过去靠出产原材料和初级加工品，效益很低，农民积极性不高，现在全县办起了 4 家中外合资和 451 家竹制品企业，组建了集科研、生产、销售于一体的“竹星”集团公司，已开发竹系列产品 20 多种，年产值达 3 亿元。随着产品的深度加工，经济效益显著提高，群众开发楠竹的积极性被广泛调动，近几年全县新建速生丰产竹林基地 20 多万亩。这次会议参观的会同县萧家乡楠竹基地，也是靠楠竹加工带动了全县楠竹的发展，形成了主导产业。因此，我们一定要把龙头企业作为丘冈山地开发的一个突出重点来抓。创建龙头企业，一是要有一定的规模。要围绕当地的主导产品，即当地“当家”产品，组建培育那些集传递信息、推广技术、深化加工、贮运销售等多功能于一体的产业化集团。二是要高起点。不论新上项目，还是老企业改造，都要注重向高技术、高层次发展，提高开发产品的科技含量和附加值，实现由浅层次开发向科技含量高的深层次开发转变。三是要走外向型的路子。要以走出湖南、冲出世界的气魄，创办以国际市场为导向，以大宗农副产品深、精加工为骨干的出口创汇企业。要打破“门户之见”，谁有辐射带动能力，谁就当龙头，积极鼓励支持多层次、多成分、多形式地发展龙头企业。龙头企业的改造和建设，一开始就要按现代企业制度办法搞，实行股份制，不要官办和一家包办，避免建一个背一个包袱。

三是建立健全社会化服务体系。建立相应的资金融通，科技推广、信息指导、农资供应、商品流通等完整的社会化服务体系，是加快丘冈山地开发的重要保证。在具体的服务组织形式上，近年来涌现的公司加农户、协会联农户、基地串农户、中心带农户等，深受农民欢迎。要进一步建立和健全农村社会化服务体系，基本路子可以概括为两句话，一句是围绕本地能够形成规模优势的主导产业，依托县一级的涉农部门组建开发性经济服务实体；一句是以服务为宗旨，与农民结成利益共同体。简单地说，就是“两体一围绕”。在这里，围绕能形成规模优势的主导产业是前提，只有主导产业形成了，才有可能形成具有商品经济特征的产前、产中、产后服务体系；反过来也只有服务搞好了，主导产业才能更快、更好地发展。所以，开发性服务实体要集管理、服务、经营三种职能于一体，核心是服务。要坚持自愿、方便、互惠、低收费的原则，在管理中突出服务，在服务中搞好管理，在经营中强化服务，在管理、服务、经营中与农民结成利益共同体。例如农民需要资金，由实体承贷；农民需要物资，由实体供应；农民需要技术，由实体培训；农民需要信息，由实体提供；农民的产品，由实体销售。现在，有不少县、乡干部有知识，有能力，尤其是贫困山区，最优秀的人才都集中在县、乡，他们是振兴农村经济的宝贵财富。要释放出党政机关干部中蕴藏的人才优势和潜力，让他们走出机关大院，积极投身于丘冈山地的综合开发，创办和领办龙头企业。特别是县一级的涉农部门转到搞开发性实体，可以大有作为。这些开发性实体不是不脱钩，而是现在不脱钩。政企分开要有一个过程，应当采取“渐进式”而不是“突变式”，先给干部“戴上安全帽”“系上安全带”，公司办好了，收入比机关还多，断奶就没问题了。县里办了开发性服务实体，下面乡镇就要有分支机构、分公司。乡一级要紧紧围绕本地已经形成的主导产业，建立开发性经济实体，在乡党委、乡政府的领导下发展龙头企业，比如林果开发公司、水产开发公司、竹业开发公司、农工商牧工商总公司等。乡一级开发性经济实体集中精力抓全乡的经济开发工作。希望县委、县政府以及县级几大班子的领导，要坚决克服“求稳怕变”的观念，不当无所事事的“太平官”，不做求稳怕变、遇到矛盾和问题绕道走的“和事官”，进一步解放思想，大胆探索，树立改革创新精神。今后，选准一个主导产业，县、乡就要相应组建经济实体，为农民提供各种服务。例如，围绕水果开发，就可以搞一个果品开发服务实体，不仅向农民提供品种改良、资金、物资、信息、技术方面的服务，而且面向市场搞好销售，形成“山上办基地，山下办工厂，山外找市场，科技创高效”的格局。芷江县土桥乡以畜牧水产站为龙头，实行良种繁育、饲料生产、防疫治病、科技推广、组织流通等五大体系一起抓，产前、产中、产后综合服务一条龙，扶持农民大力发展瘦肉型猪，使畜牧业成为该乡的一大支柱产业。1993 年全乡出栏瘦肉型猪 18500 头，1995 年预计养猪收入可达 1744 万元，占全乡农业总收入的 50% 以上，仅此一项，人均收入可达 1000 余元。另外，需要特别指出的是，现在农民最发愁的是产品卖不出去。我们搞市场经济，第一是要把产品生产出来，第二是要卖出去，第三是要卖个好价钱。这方面的文章大得很。江永县开发脐橙，从澳大利亚进口了一套分级打蜡机，分等分级包装，一斤脐橙到上海可以卖到两元钱，而在本地只能卖到一块钱。由此可见，开发性实体的销售服务是非常重要的，通过这种服务，就可以把分散的、小批量的家庭生产进行重新优化和组合，促使家庭生产面向市场，逐步趋于专业化、区域化，产供销各大环节社会化，在不改变分散经营的情况下，达到整体的规模经济，提高农村生产力水平和现代化程度。

四是搞好农业基础设施建设。总结过去开发丘冈山地的经验教训，重要的一条是要加强配套设施建设，改善农业生产条件，避免出现“边开边荒”的现象。最主要是水和路的建设，丘冈山地开发到哪里，水就要送到哪里，路就要修到哪里。做到旱涝保收，肥料等生产资料运得进，林、果、药等产品运得出，提高开发水平和效益。特别是水的问题，洪涝和干旱是制约我省丘冈山地开发的一个主要因素。从干旱来说，丘冈山地是全省干旱最严重的地区，夏秋季节，高温少雨，蒸发量大，土壤供水矛盾比北方干旱地区还大。而丘冈山地开发的重点地区湘南、湘西和娄邵的干旱问题又最为严重，60% 的旱土和 80% 的桔园、茶园没有灌溉设施。实践证明，丘冈山地开发，特别是要进行大规模、高效益的开发，不解决好水利问题，是很难成功的。这是一个十分严重的问题，要引起我们高度重视，否则，还会造成新的荒山、荒坡。因此，我们在规划和实施丘冈山地开发工程时，一定要把水利设施建设作为重点来抓。要继续兴修水利，增加丘冈山地的蓄水量。要有计划、分期分批对现有病险水库保安加固，对骨干山塘和潜力大的塘坝挖深加高，对水库的干支渠清淤防渗补砌。有些大面积开发的地方，要兴修一点大的骨干工程。要科学用水，发展节水、节能、节地的喷灌、滴灌、渗灌、软管灌溉技术，由于丘冈山地普遍存在缺水矛盾，要在农业旱作技术和灌溉技术上来一番革命。例如，我省每年要调进10亿斤玉米，有些适宜种玉米的地方种植地膜玉米相对于水稻生产来说需水量要少得多，只要抓住季节，推广先进的栽培技术，就能用同样多的水生产出总量更多的农产品来。可见，丘冈山地开发应当大力发展节水型农业。我省回龙圩农场坚持以配套为主，小型为主，蓄、引、提、排并举的方针，逐步实现林、果园的供水喷灌，就是走节水型农业的道路，他们的经验值得各地仿效。还应看到，有些农作物如柑橘、茶叶，通过滴灌、喷灌等技术，既能节水，又能兼治病虫害，增加产量。我们不仅要充分利用地表水，还要搞清地下水资源情况，有条件的地方实行井灌，提高丘冈山地的抗旱能力。

三、加大改革力度，更快更好地推进丘冈山地开发

现在我们许多县市丘冈山地的开发水平之所以不高，有两个重要制约因素，一个是这些地方长期处于封闭状态，干部群众的商品意识，改革开放意识不强；一个是开发资金不足，人才缺乏。所以有的同志说，要开发，首先是要开放，要开化。这是很有道理的。我们必须进一步解放思想，加大改革的力度，扩大对外开放，引资开发，引才开发。

1. 建立灵活的开发机制，推行多元主体搞开发。从怀化等地探索的经验看，多主体开发的形式主要有大户开发、农民合作开发、工程承包开发、专业公司开发、乡村组集体开发，等等。要推广这些行之有效的形式，建立起灵活的机制，调动各方面力量参与开发的积极性，关键在于深化改革，放宽不适当的限制，制定必要的优惠政策去激励。我们要坚持“谁投入、谁开发、谁经营、谁受益”的政策，保证开发者获得较多的经济利益。总之，要通过“多轮驱动”，不拘形式，形成千军万马搞开发的局面。

2. 建立和完善土地流转机制，解决规模经营和山地分散的矛盾。山地使用权

的流转，是实现山地规模开发经营、提高规模效益的前提条件。在农村实行家庭联产承包责任制后，大部分丘冈山地已成为农民的自留山、责任地，形成了“一山多户主，一户多山头”的格局，制约了优势资源和名优产品的连片开发和集约经营。解决这个问题的办法，就是要在稳定家庭联产承包责任制的基础上，建立和完善土地流转制度，允许所有权，开发权、经营权分离，经营权可以依法转让。怀化地区通过兑换、租赁、拍卖等形式流转山地达1000多万亩，169个区内外单位先后租山开发，促进了丘冈山地的高起点开发和规模经营。从初步的实践看，土地属集体所有，在不改变土地用途的前提下，土地流转的原则应当是平等、自愿、互利、有偿；流转的形式可以采取入股、出租、兑换、联营、转包、抵押，拍卖等，在实际工作中，要注意把握好以下几点：一要稳定实行林业生产责任制以来形成的经营格局，承认和保证农户的经营成果。二要按照两权分离的原则，建立完整的丘冈山地产权制度，进一步明确其所有权归乡村合作经济组织，将其使用权通过各种形式长期界定到农户，发给使用证书。三要建立规范的土地使用权有偿流转制度，明确规定农户承租（或承包）的丘冈山地使用权可以有偿流转给其他开发单位或个人，并凭证取得使用权收益。四是建立严格的土地管理制度，建立一户一卡的土地档案，从制度上进一步促进丘冈山地流转由不规范走向规范，由小规模走向大规模，以促进我省丘冈山地的规模开发。不论采取哪种办法，工作一定要做细，只要实实在在向农民讲清道理，农民是通情达理的。我们要切忌强迫命令，工作粗暴，特别注意不要因为我们工作不细而带来新的问题。

3. 建立新的投入机制，促进多方面、多渠道增加投入。大力推进丘冈山地开发，必须确保资金投入。要确保投入，就必须改革过去单靠财政投入和国家贷款的老办法，建立多途径、多形式增加投入的新机制。首先，要充分利用好国家投入。目前，国家拿钱搞开发的资金不少，有湘南农业综合开发资金，商品粮和棉花基地县开发资金，怀化山区开发资金，扶贫开发资金，农、林、牧专项发展资金，还有“星火计划”资金，“丰收计划”资金，“燎原计划”资金，以工代赈资金等，我们可以把上述各方面的资金按项目捆起来使用，发挥整体效益。各地、州、市、县要保证地方配套资金到位。乡镇企业发达的地方可以从乡镇企业实现利税中提成一部分以工补农。也可以从丘冈山地新开发的收益中提成一部分，用于滚动开发。龙头企业要选准自己的原材料基地。例如洪江市竹胶板厂就每亩投资100元来帮助周围农民改造竹林，建立自己的竹子基地。这也是筹措资金的一个办法。各级财政每年都要安排一定数量的专项开发资金，实行有偿流动使用。第二，发挥金融部门的主渠道作用。农业银行的开发性农业贷款要尽量用于丘冈山地开发，一般性农业贷款也应划出一定比例用于丘冈山地开发。农村金融组织要加快改革，在国家宏观政策指导下发挥自身优势，用足用活现有资金。同时，各地要帮助银行抓好储蓄，通过多存多贷增加对丘冈山地开发的投入。第三，积极推行股份制筹集资金。我们要看到，股份制的推行，既是"多轮驱动"、优化机制的重要措施，也是解决开发资金不足的重要途径。因此，要大力推行股份合作制，鼓励各种成分的城乡经济实体和个人参股搞开发。第四，兴办农村合作基金会，筹集民间闲散资金。第五，要尽可能争取国家的资助和利用外资，包括县外、市（区）外、省外、境外、国外的资金，尤其是要争取多利用一些世界银行和亚洲银行的开发性贷款。第六，全面建立农民劳动积累工制度，组织农民投资投劳搞开发。一些公益性项目就是要发动和组织群众参与。总之，要专题研究多渠道、多形式筹集丘冈山地开发资金的办法。

4. 深化农村教育体制改革，努力提高农民技术素质。目前丘冈山地存在的水土流失和旱涝灾害问题、田园山水存在的低产量低产值问题、产品在国内外市场上竞争力不强问题等，主要应靠大力推广普及先进成熟的实用技术来解决。因此，用科技武装农民，提高劳动者的技术素质，是农业向深度广度进军的关键之关键。我们要把它作为一项带战略性的基本建设工程来落实，各地市县教育和农业部门要真正负起责任，切实抓好，抓出成效。各地要发展和完善农村"四级一户"技术推广体系，利用乡镇农科教中心、乡村农校和各类农业学校，大力举办农民培训班，加速丘冈山地开发技术的普及。要大力培养科技示范户，充分发挥他们在开发中的传帮带作用。每个青壮年农民，都要学一二门实用技术。同时，要切实把农村教育从升学为主转到为当地经济建设和社会发展服务的轨道上来，大力发展农业职业技术教育，为农村培养更多的中初级人才。并要大力举办"三加一""六加一"的班，让不能继续升学的中小学生留下来学一些技术知识，帮助他们掌握劳动致富的一技或多技之长，成为丘冈山地开发的能手。大中专农业院校和科研单位要与县、市挂钩，为丘冈山地开发提供技术支持，为农村培养更多的能够"招得来、下得去、留得住、用得上"的人才，为造就一代适应社会主义市场经济要求的新型农民做出应有的贡献。

5. 改善投资环境，更多地吸引国内外客商来搞开发。一般来说，丘冈地区和山区条件比较差，吸引外资的难度比较大。这就要求我们更要注重改善投资环境，增强对外商的吸引力。必须加快发展能源、交通、通讯等基础设施，改善投资的硬环境。同时要采取一些必要的优惠政策。要有参与国际经济循环的大眼光，敢于瞄准国际上的大市场，敢于结交和联络一批国际上的著名公司，来做活丘冈山地开发的大生意。特别是要通过丘冈山地开发建立起名特优产品的深加工工业，引进世界最新和最先进的生产、加工技术，生产和加工更多的优质农产品，开拓国际市场，增加出口创汇。同时，要引导丘冈区的广大干部群众走出去，主动与公司、工厂、机关单位和科研院校进行横向联合，或结成开发联合体，创办开发集团。会同县作为楠竹生产基地县，去年楠竹总产值 7500 万元。他们的一条重要经验就是靠联合，靠开放。一方面与中南林学院等高等院校建立长期开发竹业的合作关系，引进新技术；另一方面他们针对资金不足和管理水平低的问题，引进国内外资金 570 多万元，其中引进台湾台闽企业有限公司和康德竹制品厂两条加工生产线及生产管理技术，现加工竹制产品达 70 多种，产品畅销国内外。这说明，丘冈山地县市只要解放思想，开动脑筋，完全可以走出一条以开放促开发的新路子。

四、加强领导，确保丘冈山地开发战略工程的顺利实施

全省开发丘冈山地的规划已经制定，任务已经明确，能不能落实，能不能抓出实效，关键在领导。不加强领导，不抓落实，将一事无成。应当肯定，近些年来，我省各级党政领导对丘冈山地开发越来越重视了，尤其是各地州市县和基层的同志，农业、林业、水利、银行、财政等部门和单位的同志，为丘冈山地开发倾注了大量的心血。否则，丘冈山地开发不可能有今天这样的基础和形势。现在的问题是，我省的丘冈山地开发，正在由起步阶段向加速开发阶段转变，正在由低水平开发向高水平开发跨越，与过去相比，有许多新的内涵和新的要求。如果我们各级领导不进一步确立丘冈山地开发的战略思想，不以新的思想和方法去指导和驾驭整个丘冈山地的开发，那么，我们就会失去丘冈山地开发的主动权和贻误丘冈山地开发的时机。所以，现在比过去任何时候都更加需要加强各级党委和政府对丘冈山地开发工作的领导。

第一，领导要高度重视丘冈山地的开发。现在我们一些领导同志存在急功近

利的思想，认为搞丘冈山地开发虽然潜力大，但是不如经商办工业企业来得快，因而不够积极，不够主动，这种认识是片面的、不对的。丘冈山地开发具有投入少、风险小、见效快、效益好的特点，所有山丘区都可以搞。办工业企业，许多山区受水、电、路的制约，不具备大上的条件。再者，也只有种养业发展起来后，办以农副产品为原料的加工企业才有可靠的依托。对大多数山丘区来说，也只有通过抓丘冈山地的开发才能逐步增加积累，才能为办工商企业提供较多的资金。可以说，丘冈山地开发和兴办工业企业是源和流的关系。而且，搞丘冈山地开发，既能富眼前，又能富长远。许多地方的实践表明，在山地上种药材、花卉和一些经济作物，当年或者二三年就可以见到很好的成效。当然，从整体上看，开发丘冈山地，更是打基础、富长远的战略工程。建设高标准用材林就是富长远的。这就要求我们的干部要正确看待政绩，树立“前人栽树、后人乘凉”的远大抱负和无私奉献精神。我们今后考察干部政绩的方法也要改进，不仅要看他在任期内干出了什么成绩，还要看他给后任留下了什么基础。对那些正确处理目前和长远关系，不计较个人名利得失，在丘冈山地开发上卓有建树，带领群众创一品，兴一业，活一片，绿一片，富一方的干部就要重用。

第二，要制定出切实可行的实施规划。特别是怀化、自治州、张家界、邵阳、衡阳、郴州、零陵等丘冈山地开发任务大的地州市，要在今冬明春把规划搞出来。所有地州市对丘冈山地开发，要一个一个县、一个一个乡、一个一个村地明确主导产业，一个产品一个产品算账，作出发展规划。丘冈山地开发是一项长期性的工程，是跨世纪的工程。我们第一步先规划 1995 ~ 2000 年这 6 年，明确这 6 年具体的奋斗目标。这 6 年又分为两个阶段段，第一阶段至 1997 年，第二阶段到 2000 年。1995 ~ 1997 年达到什么目标，要明明白白，实实在在。1995 年是我们贯彻丘冈山地开发工作会议精神的第一年，一定要开好头。到 2000 年达到什么目标，也要明确。这样才可以号召群众、鼓舞群众，使群众看到希望，为实现目标而奋斗。规划要因地制宜，宜林则林，宜果则果，宜药则药，宜烟则烟，宜菜则菜，宜桑则桑，宜牧则牧，一切从实际出发。例如桃源县制定的“南茶、北药、西油、东果”的开发规划，就是根据本地实际制定的。农业科技部门要帮助各地州市县研究确定当家品种。在考虑丘冈山地开发时，要注意发挥优势，突出重点，连片规划，集中开发，分户经营，规模效益。规划要以乡、村为主，县里综合，滚动规划，滚动实施。新开发的起点一定要高。一般地讲，每亩效益第一步要搞到 300 ~

500 元，然后搞到 800 ~ 1000 元。桃源县规划搞到 800 元一亩，我听了以后感到他们的算账还是有根据的，实现是有可能的。从全省来说，丘冈山地开发，3 年即到 1997 年要打好基础，6 年即到本世纪末要见到明显成效，真正成为农民脱贫致富奔小康的主要门路。规划搞出来了，人大作决定，谁当县长都得这么干，不要一任县长一个主意，看准了的事，不搞出名堂就不放手。县里几大家的领导要明确分工，开发项目责任到人，坚持数年，必有好处。

第三，动员群众自力更生、艰苦奋斗。有了好的规划蓝图，关键是要启动内力，宣传群众，发动群众，依靠群众的力量把蓝图变成现实。现在，一些地方的丘冈山地开发没有很好搞起来，原因之一是我们有的干部存在着消极畏难情绪和等靠要的思想。他们总认为自己那个地方“开门就是山，出门就爬坡”，自然条件差，发展生产困难大，搞丘冈山地开发，总希望上面多投点资金，多给点物资，依赖思想比较重。这种精神状态与艰苦创业的时代精神是不相符合的，也是不能加快改变山区面貌的。新宁县提出“宁可现在苦干，不愿长期苦熬”。这就充分体现了艰苦创业的精神，很值得提倡。从丘冈山地的情况看，虽然自然条件差一点，但是资源丰富、潜力很大，更为重要的是这些地方的群众有改变现状、脱贫致富的强烈愿望，群众中蕴藏着极大的丘冈山地开发的热情和积极性。那些丘冈山地开发搞得有声有色的地方，无一不是发动群众艰苦创业的结果。桂东县为了改变“吃饭难保、建设难搞”的贫困状况，近年来发动群众大搞以“三材一叶”为主的丘冈山地开发，计划通过一两年的努力，建成 100 万亩用材林、15 万亩竹林、10 万亩药材、10 万亩茶叶基地，3 年后财政可增收 4400 万元。这样大规模的开发，资金主要靠群众自己解决。这说明，抓丘冈山地开发，“内因是变化的根据，外因是变化的条件”，我们的立足点必须放在自力更生、艰苦奋斗上。

第四，充分发挥典型的示范作用。怀化地区山地开发搞得好，很重要的一条经验，就是重视发挥了典型的作用。他们先后总结推广的钦万友、林跃、尹松柏等开发典型，都有力地影响、推动了一大批能人搞开发，推动了规模开发。其他一些丘冈山地开发搞得好的地方，也都是先由典型带动再逐步形成气候的。各地都要尊重群众的首创精神，不断发现和树立一大批开发的集体和个体先进典型，满腔热情地去做好宣传推广工作。同时，对开发中涌现出来的典型，要从多方面给予扶植，不断为他们排忧解难，促进健康发展，使他们在丘冈山地开发中发挥更重要的作用。1995 年，从省到各地州市县，书记、市长、县长，都要亲自动手搞片示范点；省委省政府的主要领导也要搞一个示范点，摸索经验，树立样板，以点带面，促进丘冈山地的快速开发。

第五，加强协调和检查落实。大面积综合开发丘冈山地，是一项复杂的系统工程。各级党委和政府要把各个方面的力量组织起来，打好开发的整体战。省里要成立丘冈山地开发领导小组，具体组织落实。各地州市管农业的书记、副市长牵头抓。对各部门也都要提出具体要求。如农业、计划、科技部门要帮助开发单位和农民搞好科学论证，制订开发规划，加强技术培训和指导，组织好生产和经营；财政、金融部门要千方百计筹措资金，增加对丘冈山地开发的投入；工商、税务部门要为丘冈山地开发单位改善环境，加强管理，提供服务；商业、供销、物资部门要搞好开发所需物资的供应和市场预测，提供信息，开拓市场，扩大购销；交通运输部门要及时组织农副产品的调运；政法部门要加强社会治安，保护开发成果，对破坏丘冈山地开发的案件要及时查处，坚决打击；工会、共青团、妇联等组织都要为丘冈山地开发作出积极的贡献。各级各部门都要在抓落实上狠下功夫，决不能图形式、走过场、摆花架子，不能满足于一般号召，满足于一时的轰轰烈烈，而不做深入细致、扎扎实实的工作。狠抓落实，一方面是要对每项具体工作抓住不放，切实解决好存在的矛盾和问题；另一方面，又要把狠抓落实作为一个长期的工作过程，旧的矛盾和问题解决了，新的矛盾和问题还会出现，只注意一时、一事、一地的落实是不够的，要有一鼓作气抓到底、扭住不放的干劲。这次会议以后，各地州市委和政府要向省委和省政府写一个贯彻会议精神的报告。报告的主要内容，一是如何进一步统一思想认识，在干部群众中进行深入发动的；二是如何结合本地实际贯彻省委、省政府关于丘冈山地开发规划和政策措施的；三是如何学习怀化地区和其他先进单位的经验，并根据实际情况推广这些经验的。从 1995 年起，每年检查一次，省检查地州市，地州市检查县，3 年进行一次全省性的评比。省直有关部门要根据省委、省政府这次会议的精神，制定出促进丘冈山地开发的具体措施，促进这项工作落到实处。

实施丘冈山地开发战略工程，是一项艰巨而光荣的任务。我相信，只要大家解放思想，拓宽思路，启动内力，发挥优势，就定能够把丘冈山地开发推向一个新的阶段，促进湖南的经济跃上新的台阶。

（1994 年 10 月在全省丘冈山地开发工作会议上的讲话）

附录——

关于丘冈山地开发

到湖南工作以来，我多次到山丘区与干部群众共商脱贫致富奔小康的大计。通过调查，我觉得调整农业内部结构要突出开发丘冈山地资源，加快山丘区经济发展。

应当肯定，湖南这些年来在调整农业内部结构的过程中，农民因地制宜地把低产田改种经济作物，把低洼田改成鱼池，获得了良好的经济效益，这是完全正确的。而且，农业结构还要继续进行调整。但从全省来讲，仅在现有的耕地上打圈子，今天调过来，明天调过去，调整的余地已经很小了。湖南人均只有 8 分耕地，而且人口一天天在增加，耕地一天天在减少。如果把眼光只盯在这有限的耕地上，农业结构调整确实很难有大的突破了。因此，在调整农业结构上，我们应当把视野放得更加开阔一点，跳出现有耕地的框框，在开发更为丰富的山水资源上动脑筋、下功夫。在这个问题上，湖南的历届领导班子都有深刻的认识，早些年就提出了"失误在山、失误在水"的问题，总结推广了怀化山区综合开发的经验，这些都是符合湖南实际情况的。湖南"七山一水两分田"，丘冈山地面积 2.56 亿亩，占全省总面积的 80.5%。今后调整农业内部结构的方向，应当是在继续种好"两分田"的同时，把重点放在丘冈山地的开发上，通过丘冈山地的开发，带动山区乃至全省农村经济的加速发展。

从湖南的实际出发，我们开发丘冈山地要采取"中间突破"的战略。所谓"中间突破"。就是在山地、丘冈地和平原中，要从丘冈地突破。全省丘冈地 9305 万亩，占全省土地面积的 30%，开发潜力很大。省委、省政府已制定了丘冈地开发规划及实施方案，规划到"九五"期末，建成各类商品生产基地 5000 万亩。同时兴建一批以农副产品为原料的加工企业。具体来讲，全省重点是抓好十大开发工程。（1）速生丰产用材林开发工程。在永州、耒阳、湘阴等 50 多个县市建设 1500 万亩速生丰产用材林商品生产基地。（2）多用丰产竹开发工程。在株洲、浏阳、桃江等 27 个县市建设丰产竹商品基地 400 万亩。（3）油茶低产林改造工程，在攸县、常宁、耒阳等 19 个县市实施低产油茶林改造工程 400 万亩。（4）干鲜果开发工程。在茶陵、浏阳、临湘等 42 个县市建设干鲜果商品生产基地 400 万亩。

(5）中药材开发工程。分别在桃源、汉寿、嘉禾等22个县市建设400万亩杜仲、黄柏、黄杞子、厚朴、天麻、百合等名贵中药材商品生产基地，并逐步建设若干个加工企业，形成加工、销售一条龙体系。(6）名优茶开发工程。在常宁、衡东、安仁第12个县市建设80万亩名优茶基地。（7）蚕桑开发工程。在澧县、津市、桃源等8个县市建设40万亩蚕桑基地。(8）特种蔬菜开发工程。在汝城、江永、蓝山、道县、东安等10个县市以及部分城市郊区建设100万亩反季节蔬菜、名特优蔬菜基地。（9）牛、羊开发工程。在新化、湘乡、望城等29个县市改造草山680万亩，建设牛、羊基地。力争到本世纪末，发展肉牛100万头，奶牛2万头，肉羊225万头，建设15个200吨生产规模的牛羊肉加工厂。(10）鸡、鸭、鹅开发工程。在岳阳、华容，道县等10个县市建设鹅、鸭基地，到“九五”期末，发展鸭、鹅2000万羽，在宁乡、邵东、醴陵等10个县市建设肉鸡蛋鸡生产基地，到本世纪末，发展肉鸡蛋鸡150万羽。据初步概算，十大开发工程的建设。需投入资金38.96亿元，项目建成后，可实现年产值219亿元。

十大开发工程能否快见成效，关键在于政策措施能否得到落实。我认为，在丘冈山地开发上要有新的思路、好的政策和硬的措施。

第一，坚持由点到面，重点推进。实施全省丘冈山地开发规划，涉及面广，工作量大。根据人力、财力投入的可能，必须分步组织实施。切忌一哄而起，一哄而散。全省集中开发的重点是湘南、湘中和湘西3大片。其他地方也要选择优势产品连片开发，作为丘冈山地开发的示范点。在初步形成示范基地和示范点的基础上，逐步扩大规模，提高开发效益。

第二，实行多种经济成分和多种经营形式相结合，调动各方面开发丘冈山地的积极性。要按照“谁投资、谁开放、谁经营、谁受益”的原则，充分发挥乡村集体经济组织和农户在丘冈山地开发中的主体作用，鼓励机关、团体、企事业单位发挥各自优势，承包、租贷或联合开发，鼓励科技人员到农村参与领办丘冈山地开发项目。同时积极开展对外招商引资，鼓励外商向丘冈山地开发投资。

第三，多方面、多渠道筹集资金，努力增加丘冈山地开发的投入。各级财政从1994年起，每年要安排一定数量专项资金，周转滚动使用。省、地、县三级要按照各负责三分之一的原则，按项目配套安排资金，有关专业银行也要大力支持丘冈山地开发，农业银行的开发性农业贷款要全部用于丘冈山地开发，一般性农业贷款也应划出一定比例用于丘冈山地开发。各级农、林、水、畜等部门的发展基金以及扶贫开发、以工代赈资金，要向丘冈山地开发项目倾斜，在丘冈山地区征收的农林特产税、新开征的土地增值税要以大部分用于丘冈山地的开发。同时，丘冈山地还要把农民应当承担的积累工、义务工用足用好，除满足农田水利建设工外，主要用于丘冈山地开发。

第四，以科技为支柱，提高丘冈山地资源开发的科技含量。大力推广新品种、新肥料、新技术，提高贮运、加工、包装水平，使丘冈山地开发做到高起点、高标准、高效益。

第五，加强对丘冈山地开发的组织领导。丘冈山地开发关键在于狠抓落实。省里成立了丘冈山地开发领导小组，由一名副省长牵头，计委、财政、农行及农口有关部门的负责同志参加，具体工作由省农办负责抓。各地市州县也已建立相应的领导班子和办事机构。

同时，对湖南的丘冈地开发，我们也希望农业部和国家计委把它作为一项基础产业工程，中国农业银行为此设立专项贷款，予以重点支持。

（1994 年 7 月）

振奋精神集中精力　把湖南经济搞上去

省委工作会议开幕三天来，与会全体同志紧紧围绕陈邦柱、杨正午同志的报告和讲话进行了热烈讨论。12 月 17 日，省委书记王茂林在会议上发表重要讲话。他强调指出，我们县以上党政主要领导同志必须清醒地认识到，对于经济建设这个中心，思想上要真正形成共识，工作上要真正形成合力，真正把主要精力集中到经济建设上来，振奋精神，真抓实干，把湖南经济建设搞上去。

王茂林同志说，在这次省委工作会议上，我们传达学习了江泽民总书记、李鹏总理、朱镕基副总理在中央经济工作会议上的重要讲话，而且正赶上李鹏总理视察湖南，大家有幸聆听了总理的重要指示。中央领导同志这些重要讲话，对当前国际国内形势，明年经济工作的指导思想和主要任务，以及改革和发展中的一些重要问题，作了深刻的阐述，是我们认清形势，统一认识，做好 1995 年工作的强大思想武器。我们一定要认真学习，深刻理解，在工作中坚决贯彻落实。

王茂林同志说，即将过去的 1994 年，是改革措施出台最多的一年，是我们战胜严重洪涝灾害的一年，是全省人民经受严峻考验的一年。第一，今年改革全面推进，其广度深度难度都可以说是的前所未有的，由于全省上下步调一致，努力攻坚，保证了各项改革措施的顺利实施，而且效果是很好的。第二，今年不仅湘江流域遭受百年未遇的特大洪灾，而且郴州、零陵、邵阳、怀化等地也多次遭受严重的山洪灾害，全省党政军警民奋起抗灾救灾，取得了很大胜利。大灾之年，全省农业全面丰收，工业持续增长，市场供应充足，财政稳定增收，人民收入增加，各项主要经济指标按计划实现。尤其是灾区人民，在党中央和国务院的亲切关怀和大力支持下，在各级党委和政府的正确领导下，发扬自力更生、艰苦奋斗的精神，努力恢复生产，重建家园，生产生活得到了妥善安置。这的确是很不容易的。第三，今年尽管不稳定因素不少，国内外敌对势力在湖南的活动频繁，但由于各级党委和政府坚强有力的工作，我们确保了全年的社会稳定。与此同时，科教文卫等各项社会事业发展，社会主义精神文明建设和民主法制建设也取得了新的成绩。

王茂林同志指出，我们之所以能在以上几个方面经受住考验。最根本的一条是紧紧依靠广大党员、干部和人民群众，正确处理改革、发展和稳定的关系，坚决维护了“抓住机遇，深化改革，扩大开放，促进发展，保持稳定”的工作大局。为了维护这个大局，我们始终坚持“两手抓、两手硬”的方针，及时召开地市州委书记会议和省委六届七次全会，使党的建设和党的领导得到加强。为了维护这个大局，全省各级各部门各方面都做出了应有的贡献。特别是广大县乡基层干部，战斗在改革、发展和稳定的第一线，任务很繁重，工作很辛苦，发挥了重要作用。这些都是我们今后应当继续坚持的重要经验。当然也必须清醒地看到，在前进的道路上我们还面临不少困难和问题，我们工作中还存在不少薄弱环节，突出的问题是，物价涨幅过高，部分国有企业困难，一些地方治安不好。少数干部中存在消极腐败现象等等。尽管这些都是前进中的问题，发展中的问题，新旧体制转换过程中发生的问题我们仍要高度重视，严肃对待，采取积极的措施认真加以解决。

王茂林同志强调，1995 年是“八五”计划的最后一年，也是省委和部分市州党委换届的一年。做好这一年的工作意义重大。我们要在邓小平同志建设有中国特色社会主义理论和党的基本路线指引下，坚决按照十四届四中全会和中央经济工作会议的部署，按照邦柱同志报告和正午同志讲话的要求，结合各地实际，把各方面工作抓紧抓好，抓出更大的成效。要围绕全面完成和超额完成“八五”计划，扎扎实实抓好各项经济工作，确保全省经济持续快速健康发展，围绕国有企业改革这个重点，进一步搞好其他改革的配套和完善，围绕加快改革和发展，努力维护社会政治稳定；围绕“抓住机遇，深化改革，扩大开放，促进发展，保持稳定”的工作大局，切实加强党的领导和党的建设，加强思想政治工作和社会主义精神文明建设。

王茂林同志着重强调，要进一步明确和突出经济建设这个中心，就必须更好地保证经济建设这个中心。为此，他从把全省人民的精力进一步集中到经济建设上来，在经济工作中要始终坚持实事求是，一切从实际出发，为经济建设提供坚强的组织保证和良好的社会环境等三个方面作了详细的阐述。

（原载《湖南日报》1994 年 12 月 18 日 1 版）

理清经济发展思路　加快脱贫致富步伐

3月2日至13日，省委书记王茂林在湘东湘南考察工作时，要求边远贫困地区和革命老区的各级党委、政府，从本地实际出发，理清经济发展思路，加快脱贫致富步伐，树立信心，苦战三年，改变贫困面貌，为在本世纪末实现小康目标打下坚实基础。

早春时节，湘东、湘南大地时而阴雨连绵、寒风刺骨，时而阳光明媚，春风和煦。王茂林同志轻车简从，沿着崎岖不平的简易公路，奔波于罗霄山脉中段和南岭北麓的崇山峻岭之中，12天时间里考察了株洲、郴州、零陵、衡阳4个地市的茶陵、炎陵、桂东、临武、蓝山、新田、江华、江永、道县、双牌、东安、衡阳12个县，沿途听取当地党政领导的汇报，深入企业、学校、医院、边贸市场、专业大户和丘岗山地开发基地现场调查研究，和干部群众共商脱贫致富的大计，还先后到去年遭受严重山洪灾害的临武、江华、东安3县的4个灾民新村走家串户慰问灾民，行程2000多公里。王茂林同志充分肯定了所到地区各级党委、政府的工作成绩，认为这些地区的干部群众精神状态好，发展经济的思路清晰，脱贫致富已有了一个比较好的基础，照这样子搞下去，脱贫致富大有希望。

王茂林同志对如何改变边远贫困地区和革命老区的贫困面貌特别关心。他指出，改变贫困面貌，离不开党的好政策，离不开上级部门和发达地区的支援扶持，但主要的还是靠贫困地区和革命老区的干部群众自力更生、艰苦奋斗。为此，他勉励老区人民发扬光荣传统，树立信心，尽快走出“贫困圈”，要求湘南地区的干部群众抓住机遇，利用良好的区位优势和优惠政策，加快改革和发展。当他了解到有的贫困县为保住“贫困帽”，在每年的统计工作中把数字压低时，一字一顿地强调，统计一定要实事求是，一就是一，二就是二，数字不能多报，也不能少报，多报少报都是假报，有的数字是抽样调查的要留有余地，不能报得过满，要把定为“贫困县”看作党和国家的关怀，当作加快脱贫致富的动力，领着老百姓更快地富起来，万万不可把贫困县作包袱背上，为了保贫困县，压得自己喘不过气来，使干部群众丧失脱贫致富的信心。他代表省委、省政府明确宣布，党和政府扶持贫困地区发展经济的各项优惠政策到本世纪末不会变。

如何加快发展贫困地区的经济？王茂林同志一路反复强调，首要的是从本地实际出发，立足资源优势，选准自己的主导产业，走规模经营的路子。他认为，过去提一村一品、一乡一品，是对的，以后还要提倡，现在看来光提一村、一品一乡一品还不够，还要搞一县一品。没有适当的经济规模，就意味着没有商品量，没有市场占有率，也就形不成经济效益。经济规模既要有量的概念、质的概念，也要有时间的概念。如一年发展多少，三五年后达到多少，不能老是停留在星星点点上，现在已到了“星星之火”成为燎原之势的时候了。主导产业确定后，要突出办好两件事：一是组建社会化服务的经济实体，进行产前、产中、产后一条龙服务，特别是进行产后服务，集中解决引导农民进市场的问题，要舍得拿出最优秀的干部去领办这种实体；二是要围绕主导产业办龙头企业，大搞加工增值。

王茂林同志每到一地，都要仔细询问当地的财政情况，和党政领导一道算增加财政收入的账，商讨开辟财源的措施。他要求各级党委、政府把财源建设摆在十分突出的位置，拿出切实可行的办法，明确目标任务，分解到人，包干负责。他每到一县都强调要真正建立起乡一级财政，乡乡都要建地方税务所，加强税收征管工作，乡地方税务所可以和乡财政所合署办公。各级党委和政府领导同志要支持各级税务人员依法收税，任何单位和个人都不得抗税、偷税、漏税。一乡一所的目的是强化乡政府聚财理财的责任，调动乡干部增收节支的积极性，最大限度地堵住财源上的“跑冒滴漏”。

王茂林同志在考察中强调，在紧紧咬住经济建设这个中心不放松的同时，要切实加强党的建设、社会主义民主法制建设和精神文明建设，把“两手抓、两手都要硬”的方针真正落到实处。他指出，改革开放、经济建设都离不开良好、安定的社会环境，要善于处理新旧体制交替过程中的人民内部矛盾，对各类刑事犯罪分子心要狠、腰杆要硬、打击要有力，让人民群众安居乐业，一心一意发展生产奔小康。要把各级领导班子建设好，把党的基层组织建设好，作为执政党的领导干部，要强化执政意识，提高驾驭社会主义市场经济的本领。在新的历史时期，一刻也不能放松廉政建设，每一个共产党员，特别是党的领导干部，要讲大局、讲奉献，全心全意为人民群众办事，为了党和人民的利益，勇于牺牲个人的利益。只有这样，才能密切党群、干群关系，广大人民群众也才会真心实意信赖你、拥护你。也只有这样，贫困地区和革命老区才能进一步加快脱贫致富的步伐。

（原载《湖南日报》1995年3月14日1版）

扶贫攻坚关键在于启动内力

——湖南14个山区县的调查

1995年3月，我就如何加快山区脱贫致富步伐的问题，到茶陵、炎陵、桂东、新田、江华、安化等14个山区贫困县和革命老区县，作了半个多月的调查研究。总的感觉是，近些年来，贫困山区和革命老区以党的扶贫政策为动力，发动干部群众自力更生、艰苦奋斗，农村面貌发生了很大的变化，不但找到了适合本地实际的发展路子，而且干部群众精神振奋，脱贫致富劲头很足，各项工作来势很好，照这样发展下去，脱贫致富是很有希望的。

山区脱贫致富的潜力大、希望大

这次调查的14个县，大部分位于罗霄山脉中部和南岭北麓的崇山峻岭之中。从调查的情况来看，我觉得贫困山区蕴藏着发展社会主义市场经济的巨大潜力。山区的林木、矿产、果品、药材、土特山货和水力资源、劳动力资源十分丰富，为开辟多种经营门路提供了广阔的前景。这次所到的县中，有4个县年产木材10万立方米以上；丘冈山地资源最多的县人平16亩，最少的县也有4亩；至于水力资源的开发，前景更是可观。如果站在全省的角度上看山区经济发展，潜力就更大了。丘冈山地面积占全省总面积的80%，100%的商品木材，90%的药材，90%的金属、非金属矿产，都来自广大山区。只要把思路理顺了，把群众发动和组织起来了，山区的资源优势完全可以转化为经济优势，脱贫致富的步伐就能大大加快。

事实也是如此。在调查中，我们亲眼看到成片成片的丘冈山地已得到开发，栽上了林、果、药，变成了商品生产基地；一些低产竹山被农民改造成了丰产竹林；以山区资源为依托办起来的乡镇企业红红火火；崇山峻岭之中修通了公路，而且县县开通了程控电话，看了着实让人高兴。炎陵县是一个只有16万人口的山区小县，也是全省8个重点林区县之一，木材年采伐量10万立方米，1994年全县实现了人平产粮1000斤以上，人平发展生猪1头以上，直接来自林业的财政收入1000万元以上。1995年，这个县决心在经济建设上再上一个新台阶，全县实现吨粮县，生猪出栏人平1头，农民人平纯收入超过1000元，财政收入再增加1000万以上。县委书记在汇报时，不但把目标讲得绘声绘色，而且把措施也讲得有板有眼，经济账算得清清楚楚，实现这些目标是足以令人信服的。在湖南最南端的蓝山县，我看了几家个体私营和股份合作企业。这个县个体私营和股份合作企业产值占全县乡镇企业总产值的89.7%，已经初步形成了以石材加工为主的建材业，以采矿、冶炼、铸件为主的采矿冶炼业，以皮革、服装、炮竹为主的轻工业，以竹木、农副产品加工为主的加工业，以交通运输为主的服务业等五大支柱产业。仅建材企业就有163家，产值突破1.3亿元。1994年冬以来，全县又新上了40多条石材加工线，目前已有石材厂70多家。1994年仅乡镇企业就为全县农民人平纯收入增加260元。蓝山县依靠乡镇企业走出了一条脱贫致富的好路子。此外，其他一些县也都在增创自己的经济优势，比如临武县的“车轮滚滚奔小康”，双牌县的“咬定林业不放松”，新田县的“农民奔小康，烟叶做文章”等，都很有特色。这些县1994年农民人平纯收入和财政收入都有一个较大幅度的增长，有的已接近全省农民纯收入的平均水平。按照各自的思路发展下去，在本世纪末的最后6年里，实现前3年脱贫、后3年致富的目标是很有可能的。看了这些县以后，我感到在山区脱贫致富上不但思路更宽了，而且信心也更足了。

到本世纪末脱贫致富的目标必须坚定不移，贫困县的“帽子”不能戴到下个世纪去

“‘八七’扶贫攻坚计划”的实施，为贫困山区注入了新的活力。广大干部群众以党的扶贫政策为动力，治山兴林，脱贫致富，精神为之一振，山区面貌有了很大的变化。但是，从调查的情况来看，有一种现象值得引起各级领导的高度重

视。就是一些戴上了贫困县“帽子”的县，为了保住“帽子”，故意压低统计数据。有一个县，1994年在上报农民人平纯收入时，开始只报增加20元，上级有关部门认为严重不实，要他们重报，才勉强上报增加50元。我在听另一个县的汇报时，也发现这个县农民人平纯收入每年都是增加50元，1993年比1992年增加50元，1994年比1993年也是增加50元，1995年计划比1994年的增加数仍是50元。我给他们算了一笔账，如果扣除物价上涨指数，一个县农民人平纯收入每年增加50元左右还是不错的。但是，如果按照现行价格算，农民人平纯收入每年只增加50元，就不符合实际了。应当说，这些县的领导主观愿望并不坏，在带领群众脱贫致富中确实做了大量工作，成绩也是显著的。但是，为了保住贫困县的“帽子”，而采取这种故意少报农民人均纯收入的做法是不对的。我主张统计数字要实事求是，不准假报虚报，并且也赞成上报数字时稍微留一点余地，决不能冒报，决不允许“官出数字”“数字出官”。我还多次在有关会议上讲过，如果发现假报虚报，就要追究当事人和领导者的责任，就可能不是“数字出官”，而是要因“数字撤官”了。但是，上报数字也不能无限地留有余地。作为贫困县来说，过于压低统计数据，其消极影响也是很大的。起码不利于坚定群众脱贫致富的信心，不利于扩大对外开放和招商引资。改革开放17年了，全国、全省发生了巨大的变化，而我们这个县的党政领导还不能带领群众在今后的几年里摘掉贫困“帽子”，党的组织还有什么凝聚力和吸引力？小平同志曾经指出：“周边一些国家和地区经济发展比我们快，如果我们不发展或发展太慢，老百姓一比较就有问题了”。一个国家是这样，一个省是这样，一个县也是这样。

确定一批全国重点扶贫县和省级贫困县，从政策上加以扶持，这是党中央、国务院和省委、省政府对贫困县人民群众的关心，也是对贫困县脱贫致富的一种促进。确定贫困县的目的，最终是要“消灭”贫困县，使贫困县全部进入富裕县的行列。国家“‘八七’扶贫攻坚计划”已经明确宣布，在本世纪末要使现有的贫困人口脱贫。难道你这个县还要把贫困县的“帽子”戴到下一个世纪去？所以，要给贫困县的干部群众讲清楚，不要把贫困县的“帽子”当包袱，更不要把它当宝贝，以为越穷越光荣，而应该以国家的扶贫优惠政策为动力，把党的关怀化为人民群众脱贫致富的积极行动，争取早日甩掉贫困县的“帽子”。我也知道，一些县之所以把统计数字压得低低的，主要是担心报高了会过早摘掉贫困县的“帽子”，失去政策上的扶持。在调查的过程中，我反复宣传一个观点，就是扶贫政策到本世纪末不会变。未戴上贫困县“帽子”的争也争不到，已经戴上了贫困县“帽子”的，即使脱了贫，也不会取消优惠政策。即扶贫政策延续到2000年不变，让贫困县党政领导吃一个定心丸。事实也是这样。全省有几个贫困县的农民人平纯收入早已超过了全省平均水平，但我们还是允许这些县把贫困县的“帽子”一直戴到2000年。

山区要脱贫，路子要选准

贫困山区脱贫致富有没有出路？出路在哪里？这次到山区跑一趟，我是深受鼓舞和启发。一路上，我们饶有兴趣有地看了不少的好典型。这些典型好就好在已不是过去的单个典型，而是一批典型群，星星之火，形成了燎原之势，形成了支柱产业。比如茶陵县，56万人口，1994年出栏生猪44万头，仅此一项，农民人均纯收入157元，财政收入529万元。这个县1995年将实现人均出栏一头猪，并且准备用两、三年的时间实现人均出栏两头猪。在这个县，我看了一个养猪大户，养母猪60头，1994年出栏的肥猪770头，纯收入10多万元，1995年计划出栏1000头以上。在茶陵县，养猪已成为一个支柱产业。在去安化县调查的途中，我顺便到了桃江县。这个县有竹林50万亩，居全国第三位、全省第一位。全县竹制品加工产值超过了2亿元。1994年以来，全县改造低产竹林面积5万亩，经低改后的丰产竹林亩平立竹比原来增加一倍以上。他们准备花6年时间实现全县竹林低改化，并正在筹备兴建一个全省规模最大、科技含量最高的竹制品龙头企业，加上科学采掘竹笋，仅此三项就可新增年产值4亿元以上。在桃江，楠竹就是一个支柱产业。再比如江永县，已经开发4万亩香柚，计划3年内达到10万亩，到2000年全部挂果后，全县可新增农业产值10亿元，仅此一项，就可以在现有农业产值的基础上翻两番。在江永，香柚也是一个支柱产业。这些典型生动地说明，广大山区农民群众具有脱贫致富的强烈愿望。关键是我们各级党政领导要善于帮助他们理清发展思路。只要立足本地实际，选准主导产业，发展规模生产，山区群众同样可圆富裕之梦。

边调查，边思考。从山区看全省，我认为各地都有一个如何找准自己的位置，紧密联系本地的实际、选准和培育发展主导产业，走规模经济路子的问题。近几年来的实践告诉我们，在市场经济条件下，产品没有规模就没有商品量，没有商品量就没有市场占有量，没有市场占有量就没有竞争力，也就形不成规模效益。反过来，产品形成了规模，占领了市场，就能很快发展成为支柱产业和拳头产品，获得更好的规模效益。过去我们提倡一村一品、一乡一品，这是完全正确的，今后还要这样做。但这还不够，今后还要提倡一县一品，一县几品。这一县一品，一县几品，就是这个县的主导产业。主导产业选准之后，要围绕这些主导产业办好两件事情：一是要办好社会化服务的经济实体；二是办好龙头企业。如果没有社会化服务的经济实体，没有产前、产中、产后特别是产后的包装、运销等社会化服务，主导产业不可能很快地发展起来。同样的道理，如果没有龙头企业来加工，来增值，主导产业也稳定不了，成不了大的气候。

用好用活扶贫政策比什么都重要

在调查中，我发现县里的同志在汇报中提出要钱要物的少了，而要求给予优惠政策的明显多了。这次所到的 14 个县，几乎每个县都提出了一些政策要求。从等待上级扶持、照顾转到主要依靠政策启动内力求得发展，从要求救济式扶贫转到开发式扶贫，这确实是一个艰难的转变，也是一个带根本性的转变。

在建立社会主义市场经济体制的新形势下，充分发挥政策的激励、导向作用，已成为加快农村经济发展的重要措施之一。贫困山区把着力用好用活扶贫政策和启动内力作为加快发展的关键措施，这的确是抓住了扶贫工作的“牛鼻子”。桂东县是一个林业县。全省 16 万人有 12 万亩楠竹，过去一直为楠竹低改缺乏资金而发愁。扶贫攻坚计划实施以后，县委、县政府把各种扶贫资金捆在一起，同时运用贫困山区的政策优势，组织涉农部门创办开发性经济实体，大搞楠竹低改，效益十分明显。1994 年以来已改造 8 万亩，准备 1995 年冬天再改造 4 万亩，陆续再发展 8 万亩，人均超过一亩。现有一个年产 2000 立方米的竹胶板厂，并规划新上一个年产 1 万立方米生产线，投产后每年利税超过 1000 万元，接近目前全县的财政收入。在湘南的一些县，我们还看到了不少机关单位与农民联合兴办的水果生产基地。县里的同志介绍，这些基地有的是机关单位租赁农民的土地办的，有的是与乡政府联合办的，有的是引进外资办的，有的是停薪留职人员办的，联合的形式多种多样。这种生产要素的优化组合，不但加快了山区资源的开发，也为机关单位增加了收入。过去我们总认为“缺资金、缺人才、缺技术”，是山区经济发展的“拦路虎”，现在看来，只要政策通，就会一通百通。江华瑶族自治县，是地处湘、粤、桂三省交界的一个林业大县，年产木材16万立方米。1994年，这个县与台湾合资办起了国丰、远腾、华龙三企业。县林业采育场与台湾久贸实业股份有限公司合资兴建的国丰木业有限公司，引进具有国际先进水准的设备，形成了年产胶合板、细木工板1万立方米的生产能力，并全套引进国际的先进管理机制，产品质量过硬，供不应求，主销广东、珠江三角洲。该公司正筹备开发高档杉、松、杂木制品和装饰板及各类家具，力争5年内办成外向型集团化木材综合加工企业。这些地方的经验表明，只要依靠政策，紧靠市场，资金、技术和人才问题都是可以解决的。

贫困山区用好用活扶贫政策的经验，为指导全省扶贫工作提供了深刻的启示。目前，我省还有相当一部分农民没有脱贫，特别是200万库区农民，30万林农的脱贫问题和一部分农村复员退伍军人的生活安置问题还比较突出。解决这些问题，关键也还是要靠政策对头。我们应当研究制定具体的政策措施。比如，能不能从水电站的发电量中，每度电提取1分到1分5厘钱，建立库区移民开发基金；对重点林区的地市，能不能实行粮食调拨包干，区内平衡的政策，拿出一部分定购粮解决林农的口粮，同时调整木材税费，保证每立方米木材的销售收入，林农能得到的部分由现在的不足50%提高到70%左右；对农村复员退伍军人，特别是在部队立过功的，能不能实行就业优先的政策，优先安排他们进乡镇企业，等等。要通过这些政策措施，不断增强贫困地区脱贫致富的内在活力。

面貌变不变，支部是关键

加快贫困山区脱贫致富步伐，必须有一个坚强有力的、能带领群众艰苦创业的村党支部班子。有了好班子，就不愁改变“烂摊子”。与广东交界的蓝山县，原来有这样的一个村，支部书记和村长都是封建把头，为非作歹，欺压群众，村里各方面工作都不行。后来县里派了强有力的工作队进去，在掌握证据的基础上把这两个人抓了起来，重建了村党支部，重选了村委会，群众拍手称快，这次我到蓝山县调查，听说这个村一年大变样，经济发展了，社会稳定了，各方面工作都上来了。在临武县调查时，我们到了1994年受灾最严重的玉美村，这个村270户农民有60来户的房子被洪水冲垮了。村党支部发动群众亲帮亲，邻帮邻，全面开展生产自救，重建家园。在上级有关部门的支持下，按照统一规划，统一指挥，统一施工建房的方针，不到 4 个月时间，就帮助群众建起了标准较高的灾民新村。所有无房户 1994 年元旦前都搬进了新村。我们到农户访问时，不少农户自发地放起鞭炮，拿出了农家自产的水果，对党和政府的感激之情溢于言表。村党支部书记满有信心地告诉我，“水毁一个旧村，我们建设一个新村，并且要发展成一个小康示范村。”在玉美村，党支部在群众中可以说是一呼百应，威信高极了。事实证明，改变农村面貌，关键还在于加强农村党支部建设，重点又是抓好后进村党支部的建设和整顿。

在实践中，各地对农村后进党支部的整顿工作，摸索和总结出了不少行之有效的办法。通过这次调查，我感到我们在基层党建工作中有两点需要注意：一是要选拔培养好党支部书记。一个村里面，有了一个好的党支部书记，班子就能带好，党员就能发挥作用，群众就能组织起来，工作就能开展好，即使自然条件差，经济基础落后，也能很快改变面貌。所谓好的党支部书记，就是要思想作风好，公道正派，廉洁奉公，联系群众，有开拓精神，能够带领群众致富。按照这些条件，我们要逐步调整后进村的党支部书记。新的人选主要来自两个方面，一方面是从本村党员包括在外打工的优秀青年党员中挑选，另一方面是从县乡机关选派年轻优秀干部到村里任职。对农村党支部书记，不仅要给他们交任务、压担子，而且要加强培训，帮助他们提高思想和工作水平。二是要提高农村党员的素质。现在，有些农村党员不起作用或不大起作用，并不等于他们不愿意发挥作用，而主要是由于文化水平低，科技知识少，缺乏带领群众致富的本领。解决这个问题，最根本的在于教育和培训。一方面，要对农村党员进行建设有中国特色社会主义理论的教育和党的基本路线的教育，努力提高他们的政治素质。另一方面，要对农村党员进行农村实用技术的培训，不断提高他们带领群众脱贫致富的本领。

同时，在农村党支部的建设和整顿中，要注意发展壮大村级集体经济。在调查中，我发现凡是村级集体经济实力比较雄厚、服务功能比较健全、能够为农民群众解决生产生活中的实际问题，农民生活得到改善的村，党支部都有较强的凝聚力；凡是没有村级集体经济的村，党支部的向心力、凝聚力就弱。有的村的党支部甚至还不如村里的一个个体户，群众有事，宁愿找个体户，不找党支部。“手里没有米，唤鸡都不来”。据有关部门统计，全省现在约有 40% 的村集体经济纯收入在 1 万元以下，15% 左右的村基本上没有集体经济。山区贫困县，没有集体经济的村比例更大一些。1994 年在湘西考察时，我就提出过一个要求，哪怕是再贫困的村，也要在县乡的帮助下发展一两个村办企业，确保每年村级集体经济纯收入不少于 5000 元。要用一两年的努力，使全省所有的贫困村都达到这个目标。条件好的村，标准当然可以定得更高一点。这样，村干部的工资可以不再向老百姓摊派，村里还可以力所能及地办点事情。村级经济发展了，党群关系也会更融洽一些，这也是贫困山区启动内力、加快脱贫致富步伐的一个重要方面。

（1995 年）

关于100家国有企业党建工作的调查报告

为贯彻落实党的十四届四中全会精神，切实加强和改进企业党的建设，推动企业党组织围绕深化改革、转换经营机制、提高经济效益积极开展工作，充分发挥政治核心作用，根据省委书记王茂林的指示，我们对100家国有大中型企业党建工作情况进行了调查。

2月27日，省里成立了由省委组织部、宣传部、政研室、省经贸委、体改委、省总工会、团省委等单位领导组成的领导小组，并于2月28日向长沙、湘潭、株洲、衡阳、岳阳5市进行了调查工作部署。省里抽调16名干部分两个组，到长、潭、株、衡4市进行了为期四个来月的调查。长、潭、株、衡、岳5市也都成立了领导小组和调查组，有94名干部参加了调查。各市都形成了详细的调查报告，就一些问题写出了单项调查材料，并向省调查组作了全面汇报。这次调查活动自始至终是在茂林同志直接领导下进行的。茂林同志就这次调查工作的指导思想、范围、内容、方法都有明确的要求，并亲自参加调查和听取汇报。3月2日，他在株洲召开了有20多家企业厂长、书记参加的座谈会。6月上旬，他又到株洲的13家企业作了调查，并审阅了省调查组的调查汇报材料，作了重要批示。

这次调查本着全面摸底、突出重点、掌握问题的原则，采取个别交谈、集体座谈、问卷调查、查阅资料等形式，先后召开座谈会232个，参加座谈的有厂长、书记、中层干部、党员和干部、工人共1793人，还有离退休的老同志、工业主管部门的负责同志、政府领导和组织部门等方面的同志。调查的企业总数为100家，其中工业企业83家，商业企业15家，三资企业2家；大型企业22家，中型企业78家；亏损企业38家。100家企业共有职工258518人，党支部1483个，党员54782人。党建工作好的有50家，一般的36家，差的14家。

一

从调查情况看，1989 年下半年贯彻中央“9 号文件”后，我省企业党的建设被削弱的状况有较大的改观，企业党的工作得到加强。但 1992 年下半年至 1993 年上半年，有的地方和单位对企业党的建设又有所放松和削弱，1993 年下半年贯彻全国组织工作会议精神和 1994 年 1 月全省国有企业党建工作座谈会后，企业党的建设明显好转，一些地方存在的问题初步得到纠正。总的说来，企业党组织和党员队伍是好的，是有战斗力的。比较而言，大型企业比中型企业党的工作要好一些，工业企业比商业企业党的工作要好一些。多数企业党的工作取得了明显的成效，并积累了一些经验。

1. 紧紧围绕党的基本路线，为经济建设服务的指导思想越来越明确。许多企业党组织积极主动地参与企业改革和生产经营，根据企业改革和生产经营的目标，正确制定党的工作计划和措施，把党的工作渗透到企业改革和生产经营的各个环节，有效地推动了企业的转机建制，促进了经济效益的提高和精神文明建设的发展。调查的 100 家企业中有 50 家企业党组织能较好地围绕改革和生产经营开展党的工作。衡阳有色冶金机械厂、长沙中药一厂、株洲冶炼厂等企业把党建工作与生产经营纳入同一个目标任务系统和考核系统，两个方面的目标任务一齐下达，一起考核，奖惩兑现，保证了党建工作与生产经营的有机结合。株洲市建筑工程公司党委围绕“产值过亿，利润超千万”的目标，根据建筑施工企业的特点，开展党的活动，提高党员和职工素质，组织党员“在岗位做合格党员”，发展企业文化、培育企业精神，促进公司连续两年跨入全国 500 家最佳经济效益施工企业行列，荣获全国建设系统精神文明建设先进单位称号。

2. 抓好党的思想、组织、作风建设，发挥党组织的战斗堡垒作用和党员的先锋模范作用，团结带领职工努力完成生产经营任务。不少的企业党组织按照省里部署的“共产党员争贡献、作表率”活动要求，结合企业实际，开展了“党员责任区”、党员身边“三无”“奉献杯”“凝聚力工程”等各具特色的主题活动；组织党员在攻克难关中挑大梁，在急、难、险、重任务面前当先锋，较好地发挥了作用。据岳阳、衡阳两市对 30 家企业的调查统计，近 3 年来，被评为先进生产工作者、优秀标兵、劳模的人员中，党员占 83%，省级以上劳模中党员占 98%。衡阳汽配厂党委为促使企业走出困境，组织党支部和党员开展以“我为汽配建功立业”为主题的创先争优活动，全厂16个党支部有14个达到先进标准，无一个后进。在生产岗位党员完成的工时，平均超过职工的50%，全厂评选出11个标兵全是党员。在360名党员的带动下，全厂职工爱厂敬业，近两年，企业产值、利润以年均69%的速度递增，去年利润突破千万元大关。

3. 抓住职工思想的热点和难点问题，开展思想政治工作。衡阳啤酒厂、株洲百货大楼等企业，特别是湘潭柴油机厂、湖南绸厂等困难企业党组织注意发挥党的政治思想工作优势，理顺职工情绪，鼓舞职工士气，凝聚职工力量，调动职工积极性，群策群力战胜困难，促进了企业的稳定和发展。长沙轴承厂党委在企业扭亏过程中积极开展思想政治工作，适时向职工交家底，告实情，鼓斗志，进行克服困难、艰苦奋斗的教育，关心职工温暖，解决职工实际困难，开展有益身心健康的文体活动，振奋职工精神，从而使企业在困境中“精神不垮、队伍不散，骨干不走，管理不乱”，去年11月开始扭亏为盈。

4. 适应转机建制的新形势，为加强和改进企业党的工作，作了一些有益的探索。许多企业党组织积极开拓新的活动领域，赋予新的工作内容，创造新的活动方式和工作方法，较好地发挥了政治核心作用。长沙友谊（集团）有限公司适应商业企业的新形势，按经营楼层设置党支部，配专职支部书记。公司党委在坚持抓好“三会一课”的同时，通过讨论会、辩论赛、演讲赛等生动活泼的形式，通过在柜台设立党员示范岗，开展争当业务能手和星级营业员竞赛，每天开展班前40分钟文明经营服务行为规范讲评等方式，使党员不断适应新形势的要求，较好地发挥了先锋模范作用，促进了公司经济效益和社会效益的提高。正大岳阳有限公司党委适应外资企业的特点探索党建工作新路子，发挥党组织和党员的作用，赢得了外商的理解、信赖和支持。

二

国有企业党的工作主流是好的，但是，对照党的十四届四中全会《决定》和全国、全省国有企业党建工作座谈会精神的要求，还存在一些亟待解决的问题。

1. 保证无力，监督无效。部分企业党委感到保证监督有名无实，特别是监督越来越难，无法监督，无力监督，一些企业监督实际上是一句空话。100家企业中，保证监督作用发挥不大好的有50家。

（1）不敢监督。有的厂长认为自己是法人代表，出了问题由厂长负责，还要党委搞什么监督。有的厂长甚至说，你书记要监督我，看你端的是谁的饭碗。有的书记也说，端他的碗，受他管，谁敢监督。许多同志反映，一监督就会有矛盾，一有矛盾就说是党政关系不顺。上级处理这类问题时，往往是书记倒霉，不是调走就降职。特别是不正之风方面的问题，一监督，厂长就提出影响经济效益，职工群众又不理解，结果是自己受孤立，在企业待不下去。去年8月，有一个市一个厂书记配合公安、检察部门调查厂长的一个亲信（尿素车间建设办主任）的嫖娼和经济问题，厂长认为这是书记与他过不去，就召集班组长以上骨干大会宣布，党委书记只管党员，原来分管的组干、宣传、人事、司法、保卫等部门工作由工会主席接管，把书记给架空了。

（2）无法监督。许多党委书记说，党委的监督职能缺乏法律和制度保证，没有实施监督的有效手段和制约机制，很难工作，无法监督。有的党委不能参与企业重大问题决策，不了解生产经营情况。特别是厂长书记一肩挑的，监督职责更无法履行。有的专职副书记要求列席行政的一些重要会议，厂长兼书记却说，专职副书记是做思想政治工作的，可以不知道生产经营上的事。有一个市一个厂长把一千多万元的资金拿去炒房地产，私下为外单位和个人担保贷款，书记知道后，劝他慎重一点。厂长居然说，我这点权都没有还当什么厂长。结果给企业造成近千万元损失。

（3）不愿监督。由于监督难，一些企业的党委书记、纪委书记对企业的违纪行为睁一只眼闭一只眼，听之任之，不闻不问，当“开明书记”。有的给厂长“圆场”，大事化小，小事化了，当和事佬。个别的甚至放弃原则，同流合污。有一个市一个厂长个人拍板进一批原材料，损失500万元，又不经集体讨论就让其表妹夫任广东分厂厂长，搞得分厂资不抵债。群众举报这当中的经济问题，厂党委、纪委不敢“太岁头上动土”，置若罔闻。

2. 参与重大问题决策流于形式。调查中发现企业重大问题决策，厂长个人说了算的现象比较突出，100家企业中，有50%的企业党组织参与重大问题的决策流于形式、走过场；有8%的企业党委根本参与不了，对重大问题无法提意见和建议。

（1）参与难操作。不少党委书记反映，“参与重大问题决策”，太抽象，怎么参与，缺乏具体操作办法，更没有制度和法律上的保证，企业党组织无所适从。他们说，参与少了，党委的作用发挥不出来；参与多了，怕越位，厂长讲党委手伸得太长；提了反对意见，更影响党政关系，自讨没趣。还有的同志提出，“参与决策”这种提法，是把企业党委作为从属性组织来看待，把重大问题决策权交给厂长（经理）个人，而代表人民根本利益的执政党的基层组织，对重大问题决策只能参与，局限于提点意见和建议，这是公民的权力，民主党派的地位和作用。

（2）参与不了。从调查的情况看，许多企业没有按中央和全省企业党建座谈会纪要要求，建立党委参与重大问题决策的程序、方法和制度，以致不少企业党委参与重大问题决策的渠道不畅，参与不了。有的厂长在重大决策上不与党委通气，不让党委的同志参加。有一个港务局重大问题决策都以局务会形式讨论，局长怕书记影响自己用权，不让书记参加会议。书记任职8年，没有参加过一次局务会和局长办公会。有一个市一个厂长大小事情自己说了算。成立改革领导小组、民主评议干部领导小组都不让书记和多数党委委员参加；放宽职工内退年龄、年度工资奖金分配方案、中层干部奖励等重大问题决策，从未开党政联席会议讨论，也不与书记通气，厂长大事小事自己说了算。

（3）参与无效。许多企业虽有党政工联席会和书记参加厂长办公会制度，但党委只有帮助厂长经理决策的建议权，厂长不接受建议和意见也无可奈何。许多书记说，在企业重大问题决策上，党委不说白不说，说了也白说。有一个市一个厂反映，前两年，党政领导班子讨论一个投资1300多万元的技改方案时，厂长兼书记根本不听其他副职的不同意见，致使投资造成重大损失。由于多数同志的正确意见得不到采纳，久而久之，领导班子讨论问题谁也不再发表意见。有的企业根本不开党政工联席会，大小事情厂长一人说了算。

（4）参与水平不高。有的企业党委书记、党委成员本身不太懂经营管理；有的因工作性质的局限，直接参与企业的生产经营少，了解情况不多，参与决策提不出中肯的意见。这种情况占调查企业的8%。

3. 党管干部原则难落实。许多同志反映，党管干部原则在不少企业是一句空话，企业干部的管理混乱，任人唯亲的问题比较突出。

（1）管理混乱。有的厂长认为，《企业法》规定厂长任免中层行政干部，党委可以不参与干部管理工作；厂长按党的干部政策管干部，一样体现党管干部原则。因而在实际工作中不少企业党委对行政中层干部和整个企业干部管不了。据统计，100家企业中，有30%的中层行政干部由厂长管。有的企业甚至党群干部也由厂长管。

（2）选人用人不按制度和程序办事。调查的企业中，有11家的中层干部任免不经党政领导集体讨论，厂长个人说了算。许多企业党委书记反映，中层干部任免，提交党政联席会讨论是走过场，同意也罢不同意也罢，厂长要任免的都任免了。有一个市一个厂长，提名提拔2名中层干部，党政工联席会议讨论时，一些同志提出了不同意见，厂长说我已同他谈了话，本人也同意。书记说，既然这样还讨论什么？有一个市一个厂长未经任何考察任免手续，就在会上宣布任命5名中层干部。有的厂长（经理）甚至直接任命党支部书记。有一个市一个经理任命5个分司的专职党支部书记，发任命文后党委书记才知道。

（3）厂长任人唯亲。少数企业换一个厂长，就换一批干部，搞一朝天子一朝臣，把企业搞得一塌糊涂。有个厂长甚至公开说，我就是要搞顺我者昌，逆我者亡。有些厂长上台后，就把厂里的重要岗位如组干、财务、供销科长全换成自己的亲信。有的企业搞"家天下"。有一个厂长上任，就任命丈夫为生产部长，管设备、人事劳资、生产。自己管财务、供销。全厂人、财、物、产、供、销大权由夫妻二人独揽。搞任人唯亲的直接后果是人身依附、以权谋私。有一个市一个矿长要提拔4名亲信任中层干部，党政领导集体讨论未通过，矿长强行发文任命。这4人上任后便与矿长勾结，贪污受贿，把好端端的一个企业搞得资不抵债。目前这4人与矿长都已被收审。群众说矿里的干部路线是黑社会的哥们路线，矿长是"矿霸天"，用人唯亲、唯钱唯顺。

4. 思想政治工作薄弱。目前不少企业思想政治工作薄弱，职工思想比较混乱，企业缺乏凝聚力，特别是一些困难企业职工情绪低落，心不齐，气不顺，工作积极性和创造性没有发挥出来。100家企业中，有23家企业思想政治工作做得比较差。职工群众说，党组织把思想政治工作这个优势丢了，"党，挡不住；团，团不拢"。

（1）企业党委放松了对思想政治工作的领导。一些企业党组织没有切实担负起领导思想政治工作的责任，无规划，无目标，无措施。经济效益好，"一俊遮百丑"，忽视思想政治工作的问题被掩盖；效益不好，更无心无力做思想政治工作。有的对抓思想政治工作有畏难情绪，工作被动应付，忽冷忽热。有一家中型企业厂党委书记说，费力费神去做思想政治工作，还不如到银行弄笔款子见效快。因此，这位党委书记把主要精力放在管后勤、跑业务、筹措资金上。

（2）思想政治工作的形式、内容、方法与新形势的要求不相适应。有的企业党组织不善于将思想政治工作融汇到企业生产经营的各个环节，找不到有效的结合点。有的企业思想政治教育内容空泛，缺乏针对性，形式不活，不为职工群众喜闻乐见。有的企业党组织不善于把思想政治工作与解决职工实际问题结合起来，特别是在一些困难企业，缺乏吸引力和凝聚力。个别企业在发不出工资的情况下，不及时关心职工送温暖，不能力所能及地解决实际问题，导致职工到党政领导机关静坐请愿。

（3）思想政治工作缺乏保障体系。一些企业党委反映，党组织做思想政治工作缺乏与之相适应的权力和手段，做好思想政治工作的物质条件都难以解决，更无力解决职工的一些实际问题。群众称党委是“一无钱、二无权，一张嘴巴讨人嫌”，说话不管用，要解决问题不如直接找厂长。有的书记说，现在企业思想政治工作是行政干部有钱有权不会做，政工干部无钱无权无力做。有的党委书记找党员和工人谈心，工人说，你书记解决不了实际问题，我跟你谈了也没用，不如直接找厂长。

5. 企业领导班子思想作风不纯，战斗力不强。调查中反映，少数企业领导班子在思想作风建设方面存在的问题比较突出，主要有以下四个方面：

（1）不团结，形不成合力。调查的100家企业中，领导班子不团结不协调的有37家。有的貌合神离，互存戒心；有的各自为政，互不买账；有的争权夺利，互相拆台。有一个市一个厂党政领导班子5个人5条心，各吹各的号，各唱各的调，厂长与书记之间矛盾重重，互相告状，内耗严重，先是厂长赌气住院三个月。厂长出院后，书记托病在家休假达两年之久。闹得厂子管理混乱，风气不正，由原来盈利200多万元滑至亏损200万元。

（2）不民主，独断专行。少数企业厂长（经理）专横擅事，滥用职权，使企业和国家财产蒙受重大损失。有个厂长家长制作风严重，急功近利，不顾大多数领导成员的建议，强行通过电炉改造方案，投资1800多万元，由于设备和工艺流程不配套，基本上不能发挥作用。后来又不与班子成员通气，擅自在宁乡县搞了个轧钢厂，造成生产能力上的极大浪费。有个厂长听不进不同意见，花费30万元周游列国，用45万美元从香港进口一套劣质设备（同样的日本设备只需7万美元），根本不能使用。

（3）不廉洁，严重损害党的威信。有的企业领导挥霍享乐，奢侈浪费，甚至腐化堕落。吃住进名宾馆，档次越来越高；坐车购名牌，一辆比一辆豪华；娱乐进豪华夜总会，千金买笑；带妹子游山玩水，从国内游到国外。有个市一个厂产品适销对路，而原厂长借口“出差”，带着“女秘书”一年296天在外游山玩水；在企业亏损2000多万元的境况下，擅自从用于生产急需的职工集资款中拿出30万元到惠州购两套住房占为己有。某公司的一个分公司严重亏损，负债5765万元，经理还购坐豪华“奔驰”轿车，自己学开车碰坏后，又花260万元买更豪华的“劳斯莱斯”轿车。这种现象在不少企业存在，群众气愤地说，工人拼命干，赚钱几十万，买个乌龟壳，坐个王八蛋。少数厂长（经理）利用法人代表地位和手中的权力，肆意贪污受贿，侵吞国家财产。职工群众说：“企业垮台，厂长发财；工人背上讨米袋，国家财产受损害。”据有个市反映，该市近两年中有7名大中型企业的厂级领导因贪污受贿被查处。有一个市一个厂长任职3年，贪污受贿5.8万元，挪用公款3万元，非法设小金库金额350多万元，私分100多万元，该厂仅1994年就亏损1200多万元。

（4）不务实，严重脱离群众。一是作风漂浮，不负责任。有个厂长一年中有300天在外跑，厂里的生产经营用电话遥控指挥，偶尔回厂，也是带着女打字员酒家进，舞厅出，做按摩，洗桑拿浴，根本不到车间去。一次，该厂主体设备因事故停产，厂长对这一重大问题，自己不过问，也不授权别人管，拖延半个多月，造成损失400多万元。二是弄虚作假。不少企业作假账，有的有两三套账，虚报政绩，对付有关部门，不少企业上报主管部门是盈利，实际上是亏损。某公司1992年进出口总额为6400万美元，上报为2.092亿美元；1993年进出口总额为5262万美元，上报为2.1亿美元。该公司总经理说，不会做假账的会计不是好会计。有一个市一个厂上报为盈利，实际亏损1800万元。

6. 群团工作有所削弱。从调查情况看，多数企业群团组织健全，开展了一些活动，但普遍反映党组织对群团组织领导乏力，群团组织地位下降，作用发挥不好。

（1）对党的全心全意依靠工人阶级的方针认识模糊。有的认为，工人是国家的主人，不是企业的主人，不少企业在生产经营上不是依靠工人阶级，而是在1989年政治风波前后才想到要依靠工人阶级。有的说，发展市场经济，大老板、大明星、企业家才是依靠对象，工人阶级已无足轻重。有的工人反映，依靠工人阶级成了一句空洞的客气话，只是装点门面而已。一些企业工人的政治、经济地位实际在下降。岳阳有一家企业的工人气愤地说，过去是“咱们工人有力量”，现在是“咱们工人真窝囊”，并写成标语贴到工厂里。

（2）职工合法权益得不到保障。有的企业两三年不开职代会，有的开了，也是搞形式、走过场，职代会通过的决议案实施起来严重走样，职代会和工会形同虚设，职工的民主管理和监督权益难以实施。有一个市一个厂工会名存实亡，1991年以来没开过一次职代会，厂长对职工代表的提案，以种种借口置之不理。有的企业特别是一些承包经营的企业，工人成了雇佣工，成为“管、卡、压”的对象，“主人翁”变成了“主人空”。连职工正常的福利都落不到实处。有一市一个厂职工住房十分紧张，有2栋在建的职工楼资金被挪作他用。两年都不能竣工，有倒塌的危险，而厂领导却花费500多万元购两栋高级住宅、购买6台豪华轿车、出国考察。

（3）部分企业工会的作用发挥不够好。调查的100家企业中，有33家职能作用发挥不够好，有11家没有发挥作用。一些企业反映，现在工会工作存在行政化倾向，满足于一些行政、后勤、文体、收缴会费等事务性工作，在代表职工利益，维护职工合法权益和调动职工积极性等方面的作用发挥不够。职工群众对职代会、工会的信赖程度越来越低，特别是一些发不出工资的亏损企业，工人感到无人为他们说话撑腰。

（4）部分企业团组织名存实亡。100家企业中，有20%的团组织机构不健全，40%的作用发挥不够好，20%没发挥作用。有的企业没有专职团干，还有的企业团委书记被派做别的工作，团的工作无人过问。有一个市一家公司由一名50多岁的工会主席兼抓团的工作，代管公章。

7. 车间党支部建设有所忽视。100家企业，党支部班子作用发挥好的953个，占64%，一般的431个，占29%，差的99个，占7%。党员作用发挥好的有29148人，占53.2%，一般的20704人，占37.8%，差的4930人，占9%。40%的企业党委对党支部建设重视不够，抓得不力，36%的车间党支部没有严格按照党章规定的8项任务抓好各项工作，这些党支部的凝聚力和战斗力减弱。

（1）党支部设置和班子配备不合理。20%的企业未能按党章规定设置党支部（总支）。有一个市一个厂3个车间设一个党支部，有的车间党员超过10人也只设一个党小组。有家企业6个生产车间，只设了3个党支部。80%的车间党支部书记是兼职，不少兼职支部书记没有履行党支部书记职责。有个企业甚至为了突出车间主任的作用，不配书记，只配副书记，原来的党支部书记都降为副书记，党支部的地位和作用被削弱。

（2）对党员的管理教育放松，党员作用发挥不好。有20%的党支部“三会一课”不正常。某市属公司10个党支部中有8个两年才开三次生活会，没上一次党课。有些亏损企业的支部甚至停止了组织生活。据某市统计，企业党小组有33.4%没开展活动。有的党支部生活会质量不高，流于形式，一些党员反映，现在党支部生活会是“读报纸学文件，天南地北聊半天。”有的企业党组织对如何发挥好党员的作用，办法不多，措施不力。省里从1993年开始在全省开展共产党员争贡献作表率活动，有30%的企业有计划，无落实措施，无检查评比，约有10%的企业没有开展这项活动。由于对党员的教育管理抓得不紧，造成少数党员思想混乱，信念动摇。个别党员信教甚至参加反动的会道门组织，还有个别党员公开要求退党。

（3）生产一线党员偏少，结构不合理。100家企业中生产一线党员19802名，占一线职职工总数的10.6%，无党员班组占36%。个别企业有60%～70%的班组没有党员。企业党员队伍存在“四少”：一线党员少，青年党员少，文化程度高的党员少，女党员少。企业申请入党的人数呈下降趋势。企业党组织普遍反映，现在要求入党的人数逐年下降。有个企业的厂书记找一名职工谈话，职工说，入党有什么好处，能发多少奖金。有的企业四、五年不发展党员。

8. 党务干部队伍不稳定，后继乏人。100家企业中，党务干部占职工总数的0.67%，比中央规定的党务干部占职工比例少三分之一，而现有的党务政工干部中有80%～90%的不安心本职工作，人心思走。不少党务干部存在着“青年人担心，怕今后没出路；中年人灰心，悔不该当初；老年人散心，混几年退休”的心理状态。

（1）对党务干部的选配不够重视。一些企业不重视党务干部的选拔和培养工作，配备企业干部，存在着“强行政弱政工”的现象。有的党政领导认为党务工作目标虚，任务软，干部配强配弱无所谓；有的认为党务工作不过是耍耍嘴皮子，摇摇笔杆子，甚至将党务政工部门当成了“安置办”。

（2）待遇不公。一是对党务干部的劳动缺乏公正评价。有的说，党务干部在人们眼里是有你不多，无你不少。有的说干行政工作容易出成绩，党务工作看不见摸不着，没有什么奔头。社会上流传着一句顺口溜：“十年厂长路路通，十年供销成富翁，十年技术成高工，十年政工一场空。”有的厂长对企业党务工作不关心、不支持，有的甚至干扰、排斥党务工作，使企业党务干部普遍产生一种自卑感、失落感。有一个市一个厂党委通知开党员大会，厂长公然说，谁开会，谁发工资；谁参加会，就计谁旷工。在他任职三年内，企业没有开过一次党员大会。党务干部灰溜溜地说我们是“凭着良心干，硬着头皮干，顶着压力干”。二是收入低人一等。据岳阳市对15家企业的调查，党务干部经济待遇普遍低于同级行政干部，奖金分配只相当于行政副职。有的地方企业搞好了，政府只奖厂长，不奖书记。有个市一个厂长和书记共事10年，同为企业的发展作出了突出贡献。1984～1994年厂长受奖励晋升了9次工资，而书记没有晋升一次。

（3）后继乏人。近几年党务干部中年轻人跳槽，转行的多，造成党务政工队伍年龄结构明显老化。有个厂14个党支部书记中，55岁以上的7人，40岁以下的仅1人。党的工作部门普遍感到过去要人争着进，现在进人难上难。有家企业决定提拔一名保密员任组织科副科长，还有家企业拟提拔一名年轻大学生担任团委书记，均遭本人拒绝。有个党务干部调到业务部门去工作，逢人就说“再也不受窝囊气了”。党务干部队伍青黄不接的问题越来越突出。

三

企业党的工作存在的这些问题，原因是多方面的，主要有以下六点：

（一）对加强企业党的建设的认识不统一

有的把市场经济与党的工作对立起来，认为搞市场经济靠竞争，不需要党的工作。有的把经济组织与政治组织割裂开来，认为企业是经济组织，党组织是政治组织，资本主义国家的企业没有政党，经济发展快，中国要与世界经济接轨，企业党组织没有必要存在。有个厂长说，企业是经济组织，不要把无产阶级专政的任务落实到基层，不必要建立党组织。有的认为《企业法》已经明确厂长对企业全面负责，不需要党组织发挥政治核心作用。有的主张“党只管党”，党组织只要管好党员就行了。有的主张搞“党政一体化”。由于这些错误思想认识的存在，导致部分企业党的工作削弱，党组织的地位下降，作用淡化。

（二）党组织政治核心作用的要求抽象，不便于操作

党章对企业党组织的政治核心作用的要求，虽有明确规定，但要求太原则，

不好操作，又没有制度保证，以致在实际工作中伸缩性大，效果不好。特别是党章对党管干部的问题，没有提出来，对企业重大问题决策，只是参与，提意见、建议，党组织处于从属地位，在实际工作中，党组织不能处于政治核心领导地位，而是从属于厂长、听命于厂长，加上厂长素质差，个人说了算，在对企业发展起着决定性作用的重大问题决策和人事管理上起不到应有的作用。甚至党建工作中的一些实际问题，企业党组织也无力解决，其地位、作用可想而知。

（三）企业领导班子素质差，制约着党建工作的开展

从调查情况看，厂长（经理）素质差，党委书记又不强的，企业党建工作的问题就多。有的厂长不但不重视企业党建工作，反而视党委是自己谋私利的绊脚石，独断专行，排斥党组织发挥作用。一是想方设法把书记搞走。党委坚持原则，特别是对厂长不轨行为进行干预的，厂长就认为党委不支持他的工作，便造舆论，告恶状，不是要求把书记调走，便是要求自己兼书记。有的主管部门为了“理顺关系”，竟然满足厂长不合理要求。二是不支持，甚至设关卡，使党组织不便于开展工作。有不给或少给活动经费的，有不合理撤并党的机构、精减党务工作人员的，有重大问题不与党委报告通气的，有降低党务干部待遇，甚至不让党委书记管事的。因此，企业党建工作被严重削弱，党的威信降低。

（四）一些企业党的工作不适应新形势的要求，影响企业党组织作用的发挥

面对深化改革、建立社会主义市场经济体制和现代企业制度的新形势，企业党建工作的环境和条件发生了很大的变化。少数企业党组织和部分党务干部缺乏改革创新精神，不去探索在建立现代企业制度中如何发挥党组织的政治核心作用，不适应新形势、新任务的要求。有的企业党组织思想观念滞后，工作方法老套，不善于引导党员和职工在企业走向市场，提高效益上发挥作用；也有的企业党组织不能正确处理好党的建设同企业改革与生产经营的关系，特别是少数“一肩挑”的书记顾此失彼，很少过问党的工作；有的党务干部甚至把主要精力放在具体的生产经营活动上，放松了党的工作。

（五）监督约束机制不健全

1. 内部制约机制不健全。厂长负责制在一些企业实际上是有权无责，只负盈，

不负亏，家长制，一言堂。重大问题厂长自己作决定，自己批条子，自己去执行，没有任何一个组织和个人能有效地制约厂长。有些党委书记、厂长（经理）“一肩挑”和书记、董事长、总经理一人兼的企业，由于本人素质不好，问题更为突出。企业党组织及职代会、工会，虽有监督职责，但缺乏实施有效监督的途径、手段、措施，对拒绝监督或逃避监督的现象束手无策。厂长权力失控，无法制约，必然导致腐败。

2. 外部监督约束不力。有的上级纪检监察机关和政府有关部门不敢大胆进行监督检查，担心查处企业违纪行为影响经济发展。有的审计部门对企业进行审计时，往往失之过宽，甚至为违纪行为开绿灯。财政税务部门的监督机制不健全。国有资产管理部门尚不能真正对企业国有资产的保值增值实施有效的监督。没有监督，好干部也变坏。有个矿原矿长是作为一名比较好的干部派去的，任职4年逐步变坏，在企业内，拉帮结派，化公为私，贪污受贿，造成企业管理混乱，国有资产流失达7606万元。

（六）上级党委及其工作部门对企业党的工作领导不力

1. 在指导思想上存在着“重经济，轻党建”的倾向。有的认为只要企业把经济工作搞上去了，就可以“一俊遮百丑”，党的建设可以放任自流。检查工作时，有的只问经济工作，不问党的建设；只找厂长，不找书记，把党组织的作用搁在一边。

2. 忽视企业领导班子建设。（1）在选拔企业主要领导上失误。有的选拔厂长时，重才轻德；有的选拔书记时，出现“上级定厂长、厂长选书记”的现象，任命了不大合格的厂长和党委书记。有的厂长不具备当书记的条件，也要求“一肩挑”，而有的上级部门往往迁就，把原来的书记调离或降职。（2）放松对企业领导班子的教育管理。不少主管部门任命了厂长、书记后，只使用，不教育，不考核，实行厂长负责制后，厂长的权力很大（有人说，厂长的权力比皇帝小一点，比总统还大一点），现在只讲放权，厂长拥有无限的权力，但不讲谁在掌权，是如何掌权的，是以权谋私，还是用权力办好企业，这些主管部门很少过问，以致有一些企业领导班子存在的问题，长期得不到觉察；有的等到问题成堆，才调整，但企业已积重难返。有一个市一家企业濒临倒闭，上级主管部门才调整企业领导班子，新任厂长说，早派我来就好了。（3）在处理党政矛盾上偏袒厂长。明显是厂长的问题还把书记调开。（4）企业办坏了，是非不分。有的厂长滥用职权，以权谋私，造成国有资产大量流失，企业亏损严重，本应追究责任，但往往只是免职，甚至易地为官。有一个市有个嫖赌逍遥的厂长搞垮了一个企业，又调到另一企业去当厂长，结果又把这一个企业搞垮了。（5）企业领导班子管理不顺，导致有的企业领导班子问题长期得不到解决。

3. 工作上抓落实不够。在一些地方和单位加强党的建设停留在文件和领导讲话里，很多措施没有落实到企业去。少数企业至今没有贯彻落实去年元月全省国有企业党建工作座谈会精神。

4. 主管部门抓企业党建的力量薄弱。从省到各地市基本上撤销了分管工交企业党的工作的工交工委，大大削弱了地方党委对工交企业党的工作的领导。一些地市党委组织部门分管企业党建工作的力量与任务不相适应，有的地市委组织部在机构改革中撤销了企业党建科。一些主管局改革后，政工机构被撤并，人员已分流。有的主管局转体以后，精力都集中"找饭吃"，无暇顾及企业党的工作。

四

根据当前企业党建存在的问题，现就进一步加强和改进企业党的工作提出如下意见和建议。

（一）充分认识新形势下加强和改进国有企业党的工作的重要性和紧迫性

中国共产党是执政党，不仅要领导国家政权，而且要领导改革开放和社会主义现代化建设。国有企业是我国国民经济的主要支柱，是社会主义公有制的重要体现，是产业工人最集中、党的阶级基础最雄厚的地方。党对国有企业的领导，既要通过制定路线方针政策来实现，还要通过加强企业党的建设，通过强有力的思想政治工作，通过发挥企业党组织的政治核心作用和共产党员的先锋模范作用来体现。加强和改进企业党建工作，充分发挥企业党组织政治核心作用，既是我国建立现代企业制度的重要保证，又是现代企业制度的重要组成部分。各级党组织要从巩固党的执政地位和坚持社会主义制度的高度，统一和提高对加强国有企业党的工作的认识，增强责任感和紧迫感。在新形势下，企业党的工作只能加强和改进，绝对不能放松和削弱。越是改革开放，建立社会主义市场经济体制，越要加强党对企业的领导，加强企业党的建设，越要坚持企业党组织的政治领导核心地位，充分发挥企业党组织的政治核心作用。

（二）充分发挥企业党组织政治核心作用，积极探索企业党组织发挥政治核心作用的有效形式和途径

中央反复强调的企业“三句话”，是国有企业领导体制改革的经验总结和概括，是建立有中国特色社会主义企业领导体制的根本指导方针，我们一定要坚定不移地贯彻执行。要充分体现企业党组织的政治核心作用，企业党组织就要处于政治领导核心地位，对企业实行政治领导，要在重大问题决策、党管干部和政治思想工作等方面更有效的发挥作用。企业重大问题决策，要按民主集中制的基本精神办事，坚持集体决策，形成决策权、执行权、监督权及其机构互相独立、互相制约，以充分发挥党政工三方面的积极作用，避免重大问题个人专断，实现决策的民主化、科学化。要积极探索充分发挥企业党组织政治核心作用的多种组织形式。已进行公司制改造的国有控股企业，要严格执行董事会领导下的经理负责制，企业党委成员依照法律程序进入董事会、监事会担任领导职务。董事会讨论的重大问题，党委先进行讨论，党员董事要把党组织的意图体现到董事会、股东大会决议中去。尚未改制的国有企业，也应从各自的实际出发，积极探索党组织发挥政治核心作用的有效组织形式。

（三）完善企业内部监督机制，充分发挥企业党组织的保证监督作用

保证监督党的路线方针政策和国家的法律法规在企业的贯彻执行，保证监督企业以生产经营为中心，是企业党组织的政治责任，也是企业自我约束机制的重要组成部分。企业党组织最了解企业的情况，要加大企业党组织的监督职能，进一步明确企业党组织的保证监督职责。这就要建立健全制度，形成有效的内部监督和自我约束机制。过去实行的一些行之有效的制度，比如双重民主生活会制度、民主评议领导干部制度、厂长（经理）定期向党委报告工作制度等，应继续坚持和完善。同时，还要建立一些新的监督制度：（1）个人收入申报制度；（2）个人重大问题报告制度；（3）企业领导干部直系亲属工作安排回避制度，厂长的直系亲属不得在厂办和人事、财务、销售部门担任领导职务；（4）企业年度审计和厂长离任审计制度；（5）企业招待费使用情况报告制度。要加强对企业党员干部、特别是中层以上领导干部进行遵纪守法教育，定期检查，发现问题，及时纠正。

企业党员、干部尤其是包括厂长在内的领导干部要增强党的观念和监督意识，自觉接受党组织和工人群众的监督。

（四）建立必要的制度和程序，保证党组织参与重大问题的决策

参与企业重大问题的决策，是党章赋予企业党组织的一项重要职责。《企业法》规定的重大问题，《公司法》规定必须提交董事会、股东大会审议决定的重大问题，就是企业党组织参与决策的重大问题。

企业党组织参与重大问题的决策，要建立和健全必要的程序：（1）厂长（经理）提前向党委报告重大问题决策议题，尽可能协商一致，形成党政主要负责人共同的主导性意见；（2）党委针对决策问题开展调查研究，及时召开党委会或党委扩大会讨论，形成集体意见，向厂长或董事会提出；（3）党委书记、党委成员和党员董事参加会议讨论重大问题发表意见，要体现党委意图；（4）决策出台后，党委要加强组织协调，保证决策顺利实施；（5）企业生产经营、技术开发中少数情况紧急、需要立即决断的重要问题，厂长（经理）可以临机处置，但事后须向党委通报，说明情况。

企业党组织参与重大问题决策还应依靠制度来保证。这些制度包括：（1）行政领导定期向党组织报告工作的制度，每半年一次，认真听取党组织的意见和建议；（2）企业重大问题召开党政联席会或党委会、党委扩大会讨论的制度；（3）需要提请职代会审议的重大问题事先由党组织讨论的制度；（4）通过党的支部会议和小组会议组织全体党员讨论企业重大问题的制度。

（五）坚持党管干部原则，切实加强对企业管理人员的培养、教育和管理

坚持党管干部原则是企业党组织发挥政治核心作用的重要内容和重要保证。要明确和加强企业党组织这方面的职能，按照党的干部路线、方针、政策加强企业干部队伍建设，根据中央要求将中层以上干部统一管理起来。

企业干部任免要坚持按程序办事。（1）副厂级行政管理人员，由厂长或党委提名，党委协助上级组织人事部门考察并提出意见，按干部管理权限任免（聘任、解聘），经上级授权由厂长任免（聘任、解聘）的，须事先报上级备案。（2）公司制企业董事会、监事会组成人选和董事会拟聘任的经理、副经理、三总师人选，党组织与董事长协商提名，经组织人事部门考察、党委讨论后推荐给董事会，由

董事会聘任。（3）企业中层行政管理人员正职，由厂长（经理）提名或党组织推荐，组织人事部门考察，党委会或党委扩大会讨论后，由厂长（经理）任免；副职由厂长提名，经人事部门的考察，征求党委意见，厂务会讨论后，由厂长任免。（4）中层党群干部任免，征求厂长（经理）意见后，由党组织研究决定。

（六）加强对企业思想政治工作的领导，建设“四有”职工队伍

企业党组织领导企业的思想政治工作是实现党对企业的领导，发挥党组织政治核心作用的重要途径。要根据建立现代企业制度和新形势的要求，针对职工普遍关心的热点、难点、疑点问题，抓好思想教育工作。要向职工群众深入进行爱国主义、集体主义和社会主义思想教育，坚持用邓小平同志建设有中国特色社会主义理论武装党员，教育职工，同时抓好科学、技术、文化和社会主义市场经济知识教育，全面提高职工队伍素质，调动和发挥广大职工的积极性、创造性。

要紧密结合企业的改革和生产经营做好思想政治工作，把思想教育与加强管理、解决思想问题与解决实际问题结合起来，增强思想政治工作的有效性。要适应新形势的要求，加强企业政研会建设，不断探索和创新企业思想政治工作。厂长对思想政治工作负有重要责任，要为开展思想政治工作创造必要的物质条件。

（七）优化企业领导班子结构，加强企业党政领导班子建设

办好企业，关键在于有一个好的党政领导班子。要按照干部队伍“四化”方针和德才兼备的原则，选配好企业党政领导班子，尤其是要选好党政一把手。国有大型企业厂长（经理）和书记一般应分设，中型企业条件具备的（主要是干部素质）书记、厂长可由一人担任，但要承担两个责任，不能顾此失彼。书记厂长由一人担任的，应配备专职党委副书记。但不搞一刀切，不作为一种固定模式。小型企业书记、厂长一般由一人担任。实行公司制的企业董事长和总经理一般应分设，条件具备的，党委书记、董事长可由一人担任。有的党委书记也可以兼任副董事长。根据企业特点和工作实际，大型企业党委班子由 9 至 11 人组成，中型企业党委班子由 7 至 9 人组成。符合条件的党员行政副职，一般应进入党委班子。党政领导成员可适当交叉任职和岗位轮换。

要严格对企业党政领导干部的教育和管理。要把政治思想建设放在首位，对领导干部突出进行马克思主义的世界观、人生观、价值观教育，使企业领导干部

增强党性，牢固树立全心全意为人民服务的思想。要认真贯彻中纪委关于企业领导干部廉洁自律的若干规定，反腐败，拒腐蚀，防止和反对以权谋私，保持领导班子纯洁性和战斗力。要建立对企业领导班子的考核制度，每年考察一次，并根据考核情况及时作出处理。对好的领导班子，要表扬和鼓励。对不廉洁、不团结、不务实、问题多的领导班子，要帮助教育；教育不改的，要果断地进行调整。对不称职，特别是以权谋私富了和尚穷了庙的，要追究责任，不能免职了事，更不能易地为官；该给党纪处分的，要给党纪处分；违法的，要依法制裁。要重视和加强企业后备干部的选拔、培养、教育、管理工作，培养一支适应现代企业制度的跨世纪企业家队伍。

（八）加强对职代会和工会、共青团等群众组织的领导

企业党组织要切实加强对职代会和工会、共青团等群众组织的领导，定期研究讨论他们工作中的重大问题，协调企业行政组织（厂长、经理）与他们的关系，支持他们根据各自的特点独立负责地开展工作，充分发挥群众团体在办好国有企业中的积极作用。

要教育企业各级干部正确认识工人阶级是我国的领导阶级，不是雇佣劳动者，牢固树立全心全意依靠工人阶级办企业的思想。要在政治上保证职工群众主人翁地位，尊重职工的民主权利，要吸收职工代表参与决策，听取职工群众的意见，自觉接受职工群众的监督。要维护职工的合法权益，关心职工生活和福利，目前更应关心困难企业职工生活。要教育职工增强主人翁责任感，支持、引导职工代表正确行使权利和履行义务，正确处理国家、企业和个人的关系，要支持和帮助企业团组织健全组织，配好领导班子特别是团委书记，配备精干的工作力量，广泛开展适合青年特点的活动，充分发挥团组织和团员青年的突击队作用。

（九）合理设置企业党的工作机构，加强党务工作队伍建设

企业党的工作机构，要本着精干、高效、协调有利于加强企业党的建设和促进企业生产经营的原则，从企业实际出发，合理设置。大型企业一般应设组织部、宣传部、统战部、党委办；中型企业一般设组织科、宣传科；小型企业应根据工作需要设置精干的综合性党务机构或配备专人做党务工作。不能搞“党政合一”“党政一体化”。企业党的工作机构设置与变动，由企业党委讨论决定，并报上一

级党组织备案。

企业专职党务工作者按职工总数1%的比例配备，不符合这一要求的，要选调优秀的同志加以充实，并采取措施稳定这支队伍，加强教育和培训，提高素质。在工资、奖金、福利、评聘职称等待遇上应与同级行政管理干部一视同仁。企业党组织的活动经费，要按中组部、财政部组通字（1989）2号文件的规定予以保证，即按本企业年度标准工资总额的0.5%至1%列入企业财务计划，由党委掌握使用，书记审批，经费不够时，企业行政应予以支持。

（十）大力加强和改进企业党支部建设，发挥党组织战斗堡垒作用和党员先锋模范作用

企业党支部建设，是加强企业党的工作和改进党对企业领导的基础，必须大力加强和改进。

企业党支部应按车间（部门）设置。条件尚不具备的，要积极创造条件，按生产和工作单位建立党支部。要选配好企业党支部领导班子，尤其要选配好党支部书记。车间党支部书记配备，大型车间一般配专职，小型车间配兼职；按同级行政正职配备，享受同等待遇。

企业党支部要严格按《党章》规定的八项基本任务，切实履行职责。要加强对党员的教育和管理，联系党员的思想和工作实际，加强建设有中国特色社会主义理论和党章的学习教育，帮助党员掌握建设有中国特色社会主义理论的基本观点，明确党章对党员、党员领导干部的基本要求，提高执行党的基本路线的自觉性和坚定性。同时要引导党员、学习市场经济知识、管理知识和科学文化知识，使党员成为岗位内行和能手。要把搞好企业改革、转换经营机制、提高经济效益作为企业党组织工作的出发点和落脚点，把促进企业改革和发展作为检验党支部工作成败的主要标准。经常向党员分配任务，提出要求，并加强督促检查，表彰先进，帮助后进。生产、工作任务完成不好的党员和单位，不能评为优秀党员和先进集体。

党支部开展活动要坚持优良传统和开拓创新相结合。既要坚持定期轮训党员、上党课、民主评议党员、党的组织生活、党员责任区等教育党员、发挥党员作用的有效形式，又要适合社会主义市场经济体制和现代企业制度的要求，赋予新的内容，探索新的方式和方法。要把“在社会主义市场经济条件下共产党员如何发

挥先锋模范作用”的讨论活动广泛开展起来，并与创先争优、民主评议党员有机结合，使广大党员既能按社会主义市场经济规律办事，又自觉抵制市场经济的消极影响，保持党的先进性。

要按照“坚持标准、保证质量、改善结构、慎重发展的方针，以青年职工为重点，注重在生产第一线培养优秀职工入党，尽快使关键班组都有党员。要支持和指导共青团组织推荐优秀团员作为党的发展对象，同时积极培养和吸收女工中的优秀分子入党。

（十一）各级党委要切实加强对企业党的工作的领导

地方党委要加强对企业党的工作的领导。要把企业党的工作列入重要议事日程，每年讨论两次。党委领导同志要深入企业调查研究，发现问题，解决问题，总结经验，推动全局。

党委职能部门要把企业党的工作作为工作重点之一，配备足够的力量，加强具体指导。党委组织部要充实专门负责企业党建工作的力量，省委组织部设企业党建干部处，负责对全省企业党建和干部工作的宏观指导和省管企业干部的管理。地市州委组织部设立企业党建指导科或与企业干部科合署办公，加强对企业党的建设的统一指导。省委宣传部要加强专抓企业思想政治工作的力量，地市州委宣传部要进一步健全机构，充实力量，积极开展工作。省委成立经贸工委，与省经贸委合署办公，内部调整编制，设置企业党建处，工作人员不少于5人。各地市州委相应成立经贸（工交、财贸）工委，与经贸委（经委、财委）合署办公，负责企业党建工作和企业思想政治工作的具体指导，协助组织部门做好企业干部管理工作，并在经贸（工贸、财贸）工委内设置企业党建科，编制4至5人，在经贸委（经委、财委）总编制中调整解决。

（原载中共湖南省委办公厅1995年7月28日《内参专报<31>》，此报告经中央领导批示后中组部加按语批转全国各省市党委和各部委党组）

王茂林“约法三章”过一个清廉的春节

日前，省委书记王茂林在全省组织工作会上“约法三章”要求全省各单位、部门和各级干部深入开展反腐败斗争，狠抓廉政建设，过一个廉洁务实、欢乐祥和的春节。

王茂林同志在谈到坚持不懈地加强党风廉政建设，深入持久地开展反腐败斗争时强调，必须始终坚持一要坚决、二要持久的方针，继续抓好领导干部的廉洁自律，突出查处违纪违法的大案要案，继续纠正部门和行业不正之风，加强廉政机制特别是监督制约机制建设。各级党委要始终贯彻党要管党、从严治党的方针，深入开展党风廉政教育，提高广大党员干部拒腐防变的自觉性。

春节将至，王茂林同志特别和大家“约法三章”：一、所有单位、部门、企事业单位一律不准向上级机关、所有领导人送礼；二、所有党政机关不得以任何借口向农村、企业低价购买商品；三、要利用节日看望坚持工作的职工，慰问农村群众、困难企业职工以及离退休职工，原则上不要到领导机关向领导人拜年，更不得利用拜年之机送礼送红包。他强调，上述三条要作为一条纪律定下来，各级领导；干部要带头廉洁自律，模范地带头执行这三条。各级纪检监察部门要从严监督。

（原载《湖南日报》1996年2月1日1版）

加快山水开发　建设农业强省

到本世纪末把我省初步建设成农业强省，是省委、省政府在认真分析全省农业和农村经济发展现状的基础上作出的重大决策，是本世纪末湖南农业和整个农村经济发展的崭新蓝图，也是6300万湖南人民要为之奋斗的目标。在建设农业强省的历史进程中，我们必须依托现有资源优势，向山进军，向水开战，把潜在的山水资源优势转化为现实的经济优势。

一

历史和现实告诉我们，加快山水资源开发，既是富民之策，也是强省之举。山水开发这篇文章做好了，无论是对农业和农村经济的发展，还是对全省的改革、发展和稳定，都具有十分重要的意义。

1. 山水开发的贡献大。湖南是一个农业大省。湖南经济的发展历史在相当长的一段时期里是一部地地道道的农业史。在我国漫长的农业发展史上，湖南曾经不同凡响。早在唐宋时期，湖南的大米、茶叶、丝，就已成为宫廷贡品。丰富的农产品更是吸引各路商贾云集三湘。进入20世纪后，湖南农业更是举足轻重。有人这样比喻，中国是农业大国，湖南便是这个大国的一大支柱。1995年，全省粮食产量为全国总产量的6%，居全国第5位，其中稻谷产量为全国的13%。稻谷总产量自70年代以来一直雄居全国首位。除此之外，其他农副产品的产量在全国也具有相当地位：棉花居第六位，油料居第八位，麻居第一位，柑橘居第四位，茶叶居第三位，生猪出栏居第二位，肉类居第三位，淡水产品居第四位。1995年3月，中共中央总书记江泽民同志来湖南考察农业，他给湖南算了一笔账：从1975年到1992年的17年中，湖南每年调出稻谷5.5亿公斤，共调出93.5亿公斤，在全国调出粮食的省份中居第一位。他充分肯定和高度评价了湖南农业对全国的贡献。湖南农业和农村经济取得的巨大成就，是与山水开发分不开的。我省粮食生产连续登上200亿斤、300亿斤、400亿斤和500亿斤以上四个台阶，主要取决于农业科技进步，同时，通过山水开发，扩大粮食播种面积，改善农业生产环境，也为粮食登上新台阶作出了贡献。解放以来，全省坚持治山治水，使有效灌溉面积达到了4000多万亩，其中，旱涝保收面积3200多万亩。1993年全省消灭了宜林荒山。1994年，全省生产木材320万立方米，水果80.7万吨，茶叶6.7万吨，水产品74万吨，也无一不是山水开发的结果。山水开发不但增加了农副产品的产量，更主要的是改善了农村经济结构，带动了农村二、三产业的发展，提高了农村经济效益。

2. 山水开发的潜力大。我省地处中亚热带地区，气候温和、光照充足、雨水充沛，具有加快山水资源开发的优越自然环境。一是山水资源丰富。全省国土总面积21.18万平方公里，其中耕地4878万亩，水面2000万亩，丘冈山地2.56亿亩，大体上是“七山一水两分田”。丘冈山地中坡度在25度以下的非耕地面积高达1亿亩，其中适宜种植农作物、园艺作物、经济林、人工牧场草地的有9500多万亩，如果对其已利用的7000多万亩林地和未被利用的2000多万亩灌丛、草地合理规划，可开垦耕地1000万亩左右，可新增名优特新经济林3500多万亩。低产土地和低产林园的开发潜力也很大。初步测算，全省丘冈山地开发的潜力至少总产值在1300亿元以上，超过1993年全省农村社会总产值，其增产增收潜力是其他产业、其他项目无法比拟的。浏阳市算了一笔账，该市有510万亩山地，1994年平均每亩山地收入只有21元，他们提出“综合开发丘冈山地，奋战5年，再造一个浏阳”。而通过开发丘冈山地资源，每亩收入达200元左右，使全市的农业产值在目前10亿元的基础上翻一番。这个目标并不高。目前，我省成规模的丘冈山地开发亩产值大多在1000元，高的达到5000元，有的甚至达万元。按照农业强省规划，“九五”末丘冈山地新建各类商品生产基地5000万亩，如果实现了这个目标，就等于新增一个湖南省的耕地面积。到2000年，湖南农业再翻一番是完全可能的。同时，按照中央的要求，“九五”期间全国粮食要增产1000亿斤，湖南要增产50亿～60亿斤。解决这个问题，即要在现有耕地上集约经营，依靠科技，主攻单产，提高总量。但是从湖南的实际情况来看，这方面的潜力是十分有限的，更主要的是要向丘冈山地进军，发展旱粮，发展牛、羊、兔、鹅等草食动物，发展多种经营，多产替代粮棉的产品，这方面的前景广阔。从水资源的开发情况来看，一方面要加快洞庭湖和湘资沅澧的治理，变水害为水利；另一方面要突出抓好水资源的开发和利用。我省平均年降雨量在1400毫米左右，地表水和地下水都很丰富，只要解决湘南、湘西的干旱问题，就可新增不少耕地面积。至于丘冈山地开发，如果能做到丘冈山地开发到哪里，水就送到哪里，效益就更大了。同时，水能源的开发，潜力也是很大的。目前，全省水能开发还不到35%，如果全部开发出来，可新增电力730万千瓦；在水产业的发展上，全省具备人工养殖条件的水面有600余万亩，相当于全省耕地面积的1/10强，还有宜渔稻田1300多万亩，并且我省的温度、光照资源均适宜水产生产。即使按照中等发展速度，到2000年，全省水产量也可达到135万吨，比1995年的80万吨增加70%左右。二是劳动力资源充足。全省有农村劳动力2700多人，按现有生产水平，农村现有耕地只需一半的劳动力经营，还有一半的劳动力剩余。如果农业的现代化水平提高了，剩余劳力还要多。这么多剩余劳力如果消化不好，既是经济问题，也是社会问题。从目前的情况看，剩余劳力转移无外乎三条渠道：一条是发展乡镇企业，一条是劳务输出，一条是开发山水资源。前两条渠道制约条件多，容量比较小，而丘冈山地开发，生产门路广，开发领域宽，劳动力容量大。1994年以来，我省新开发和改造丘冈山地面积905万亩，新吸纳农村剩余劳力150多万个，如果全省2亿多亩丘冈山地全部都搞高标准开发，吸纳剩余劳力的容量是十分可观的。三是动植物资源丰富。有种子植物5000多种，约占全国的1/7以上；农作物品种齐全，光是栽培的品种就有1万多种；动物种类繁多，有哺乳动物66种，鸟类310种，爬行类动物70种，两栖类40种，鱼类170多种。目前，这些农业资源利用还很不够，开发的潜力很大。

3. 山水开发的希望大。潜力就是希望。长期以来，在治山治水的实践中，省、地、市、县、乡、村的各级领导和广大人民群众创造了许多好的经验，历届省委、省人大、省政府、省政协领导班子十分重视农业，把发展农业放在经济工作的首位，全党抓农业，全社会重视农业，农业一直保持持续稳定发展。同时，在总结历史经验的基础上，提出了许多好的思路，推广了大批先进典型，推动了全省山水开发向广度、深度的拓展。从经验之中，从成功之中，从人民群众的创造之中，1995年省委、省政府又郑重作出了把农业大省建成农业强省的决定。山水开发更是进入了一个新的发展时期。1994年以来，全省共改造和新开发丘冈山地面积905万亩，其中，新开宜农耕地19.1万亩，新开发名特优经济作物117.9万亩，新建速生丰产林102万亩，发展干鲜果、药材、茶叶、蚕茧157.3万亩，开发草场20.3万亩，水面22.4万亩，新办加工企业800多个，新增加工企业固定资产1.4亿元，全省上下掀起了新一轮开发山水的热潮。山水开发，已成为增强农业综合生产能力的必然选择；已成为解决人口增加与耕地减少矛盾的根本出路；已成为拓宽农村劳动力就业渠道的重要门路；已成为农民增收致富奔小康的希望所在；已成为推进平衡发展，实现共同富裕的重要措施。衡阳，农业被推向了国际市场，市里在香港、澳门、日本举办的招商会上，山水开发成为招商的热点内容。零陵，实施大郊区、大产业、大市场战略，山水开发成绩斐然。以江永县为例，该县已建成4万多亩香柚基地，1995年又新开发3万亩柚园，他们打算再经过两年努力，新建香柚园3万亩，全部投产进入成果期后，仅此一项，按现行价格计算，年产值可达10亿元，全县农民人均可增收2000元，财政可过亿元。怀化，“八亩山地奔小康”，昔日年收入只几元、十几元的丘冈山地，如今一亩收入上百元，甚至几百元。山上建基地，山下办工厂，山外找市场，科技创高效，大山区的农民正在阔步走向“小康”。洞庭湖区的岳阳、常德、益阳，山水开发给农村带来了种种裂变，支柱产业、规模经济，在许多地方脱颖而出，农业在市场经济中开始表现出抗御风浪的能力。长沙等市县创造的公司加农户、“企业联农户”，在大市场和分散经营的农户之间搭起一座产销衔接的桥梁。以山水开发为主要内容的农业综合开发，使湖南成为给全国提供农副产品的大后方，先后建成了一大批商品粮基地、商品棉基地、商品鱼基地。全省绝大部分耕地都成为全国的商品生产基地。甲鱼之乡、湘莲之乡、芝麻之乡、香柚之乡，这些独具特色的优势产品基地，更昭示着湖南农业的希望。山水开发不仅是一个“小康”工程，更是跨世纪的长富工程。

二

从加速建设农业强省的要求出发，全省在山水开发中必须重点抓好洞庭湖治理和丘冈山地开发这两大战略工程。同时，要坚持“因地制宜，搞出特色，突出重点，带动全面”的原则，按照分前3年（1995～1997年）和后3年（1998～2000年）两步走的要求，对山水开发进行认真规划。要通过采取工程开发，龙头企业带动和重点项目推动的战略，加大山水开发的工作力度。努力实现“四大目标”，即通过加快山水开发，到2000年，每个县市新建2～3个有较大规模、在农民收入和财政收入中占有较大份额的支柱产业；贫困地区稳定脱贫，其他地区提前实现小康目标；生活环境进一步改善；整个山区和湖区的社会经济面貌有较大改善。根据省委、省政府关于建设农业强省的决定，山水开发的具体要求是：

种养业：大力发展优质、高产、高效农业和创汇农业，提高种养业的生产水平，不断增加农产品的有效供给。在确保粮食稳定增长的同时，坚持以市场为导向，依靠科技进步，继续调整优化农村产业结构，大力发展多种经营，努力提高经济效益。全省要重点抓好粮食、棉桑麻、油料、水果、茶叶、烟草、蔬菜、生猪、草食牲畜、水产、家禽、庭院经济等十二大开发工程，使之成为农村经济的支柱产业。到2000年，力争粮食总产达到600亿斤左右，十二大开发工程中的绝大部分工程年产值超过100亿元。

林业：在加强现有森林资源的培育、保护、管理的同时，狠抓丘冈山地开发，大搞植树造林；认真抓好速生丰产用材林、果木林、中药材、化工原料林、林苗基地建设和低效油茶林、竹林、松杉木林的改造，进一步改善生态环境，提高林业经济效益。到2000年，全省森林蓄积量达到2.4亿~2.6亿立方米。

加工业：要充分利用农产品加工增值潜力大的优势，大抓农产品的加工转化，特别要搞好精加工、深加工和系列开发，提高农业综合效益。全省要重点抓好三大系列的加工：（1）食品加工业，重点是粮油、烟酒、肉食水产、果蔬、饮料、制茶、营养保健方便食品、绿色食品等八大加工系列。创建一批食品工业总产值过亿元的县，培植一批总产值过亿元的骨干企业，组建若干个在国内同行业中有一定影响的食品加工企业集团，开创出一批名牌产品。乡镇以上食品工业总产值，到1997年达到230亿元，2000年达到350亿元。（2）轻工加工业，重点抓造纸、皮革、林产品加工，通过骨干企业技术改造和抓新品种开发，到1997年加工总产值达到92亿元，2000年达到162亿元。（3）饲料加工业，在抓好大中型饲料生产企业的同时，再建10多个上规模的新型企业，到1997年和2000年，全省配混合饲料生产总量分别达到450万吨和600万吨，浓缩饲料总量分别达到80万吨和100万吨。

农业基础设施：坚持重点倾斜、优先发展的方针，加快水、电、路、通讯等基础设施建设。水利基础建设，重点抓好洞庭湖二期工程的治理和解决丘冈区的干旱问题。到2000年，湖区11个重点堤垸的堤防标准达到能抗20年一遇的洪水；24个蓄洪垸要力争有70%的农户单独建起安全楼，排涝标准达到能抗10年一遇的洪水；丘冈区要改善和提高灌溉面积1000万亩，新增旱涝保收面积90万亩，改善和提高排涝面积250万亩；同时，要抓好湘资沅澧四水及其主要支流的治理和城镇防洪设施建设，提高防洪抗灾能力。农村电力建设，要合理开发水电与火电资源，改善农电网络结构，优化供电调度，加快电气化县建设的进度。到2000年，全部解决无电乡和无电村的用电问题，使96%以上的农户用上电。农村交通建设，重点抓好农村公路的修建，到2000年，实现全省85%的村通公路。农村通讯建设，重点完善邮政服务机构设置和增加农村电话交换机容量，到2000年，全部行政村和80%以上村民小组建有邮政网点，电话交换机容量发展到350万门。

从现实的状况分析，实现上述目标，有利条件是很多的。

1. 建立社会主义市场经济新体制，为山水开发提供了良好机遇。党的十四大确定建立社会主义市场经济体制，农业和农村经济正在由计划农业向市场农业转变。这有利于农业参与市场的平等竞争，有利于农业的优质高效，有利于促进农村生产力的快速发展。全省广大干部和农民从思想观念到生产经营都要逐步适应建立社会主义市场经济体制的要求，实现从计划农业到发展市场农业的转变。当前，党中央、国务院高度重视农业的发展，制定了一系列稳定农村、促进农业和农村经济发展的政策和措施。国际环境对我们进一步扩大开放也十分有利。这表明，无论是改革开放的大环境，还是新的运行机制，都有利于我们建设农业强省。

2. 农业和农村经济整体实力增强，为山水开发构筑了较高的起点。从纵向分析，我省农业和农村经济经过几十年的发展，其整体水平有了很大提高。一是农业产值成倍增长。1995年全省农村社会总产值2861.8亿元，比1978年增长7倍，其中农业产值1046亿元，比1978年增长2.5倍；农民人均纯收入1425元，比1978年增长4倍。二是农业经济在全省国民经济中基础作用明显。1994年，农业总产值占全省工农业总产值的比重为30.3%；以农副产品为原料的轻工业产值560亿元，占整个轻工业产值的69.9%。三是主要农产品产量增长快位居全国前列。1995年，粮食总产量538亿斤，居全国第五位，棉花、油料、茶叶、水果、甘蔗、烤烟均位居全国前八位；1995年，全省乡镇企业总产值2200亿元。可以说，我省农村经济实力达到了一个新水平。

3. 农村产业结构调整有了较好起步，为山水开发拓宽了路子。种植结构，在保证粮食生产稳定增长的前提下，经济作物及其他农作物比重上升。1994年，粮经作物及其他作物播种面积比由1978年的69∶6.9∶24.1调整为65.7∶15.1∶19.2。种植业产值所占比重由1978年的75.1%下降到52.9%；农村二三产业在农村社会总产值中的比重由1978年占23.2%上升到57.9%。农村劳动力就业结构也发生了相应变化，1994 年农村从事二三产业的劳动力占农村劳动力总数的 25%，比 1978 年提高 20 个百分点。上述情况表明，我省调整农村产业结构的路子对头，正朝着合理的方向发展。

4. 农业生产装备逐步改善，为山水开发奠定了一定的物质基础。目前，全省拥有水库 13000 多座。占全国的七分之一，水库容量达 293.8 亿立方米；电力排灌装机 160 多万千瓦，蓄引提水总量 317 亿立方米。全省有效灌溉面积达 4000 多万亩，旱涝保收面积 3200 多万亩。农机总动力达 1374 万千瓦，耕地机耕化程度达到 45%。全省已有化肥生产企业 101 家，生产能力达 135 万吨；农药生产企业 19 个，原药生产能力 4.8 万吨，每年生产量为生产能力的 50% 左右，如果包括农药制剂生产，农药生产企业有 42 家。全省有 85% 以上的乡村通了公路；部分乡村通了电话；农村用电量大幅度增加。

5. 农业科技有了较大发展，为山水开发提供了技术条件。一是拥有一支较大数量的科技队伍。目前，全省有各类农业科技人员近 4 万人，其中科研人员 5000 多人，农业技术干部 13000 多人，乡村农技推广人员 2 万多人。二是取得的科技成果较多、档次较高。仅“七五”以来，全省就有 500 多项农业科技成果获国家和省部级科技进步奖，有 600 项获省级有关业务部门科技进步奖，科技成果在生产上推广应用，产生了巨大的社会经济效益。如杂交水稻在 1976 年研制成功后，全省累计推广 9.7 亿亩，增产粮食 900 亿公斤。三是科技推广体系有新发展。全省县、区、乡的农、林、水、牧、渔、机、企、经等技术推广服务机构已发展到 2.5 万多个，科技示范户 40 多万户，各种专业研究会或技术协会 6000 多个。全省还有 70% 的乡镇建起了集“培训、示范、推广、服务”多功能于一体的农科教中心。同时，全省农业教育，特别是农业职业技术教育有很大发展。近几年来，全省配套实施“星火”“燎原”“丰收”计划，每年培训 400 多万人次，大面积推广了一批农业实用技术，科技在农业经济增长中的贡献率，已由 1978 年 30% 左右上升到了 1994 年的 43%，高于全国平均数的 5 个百分点。

三

经过多年的探索和实践，各地在山水开发上创造和积累了不少成功的经验，这是极其宝贵的，也是在山水开发中必须继续坚持的。概括起来，必须突出抓住“三个重点”，切实把好“三关”，着力搞活“三权”。

突出抓好“三个重点”。一是选准能够形成规模优势的主导产业。湖南名特优新产品不少，几乎每个县都有几个，但这些产品多数还是“贡品”“展品”，没有形成规模经济，没有形成商品优势。马克思曾经把小农经济比喻为“零零散散的马铃薯”。在我省，特别是贫困山区，“马铃薯”现象还比较普遍。现代经济条件下，唯有规模经济才能在强手如林的市场竞争中立于不败之地。因此，在项目选择上要变“平推”为突出重点，搞规模开发，建设区域性商品生产基地，实行统一规划，连片开发，集约经营，按系列化、产业化组织生产，真正形成大批量商品，形成能带动一方经济的支柱产业。在“九五”时期，全省要重点抓好宜农耕地开发，棉麻桑开发，干鲜果、中药材、名优茶、特种蔬菜、丰产林、多用竹、草食畜禽、渔业开发等12个骨干商品基地建设，力争通过5年的努力，高标准建成5000万亩各具特色的商品基地，并配套兴建一批农产品加工企业，让“星星之火”形成“燎原之势”。二是组建和扶持一批龙头加工企业。我省农副产品加工业发展滞后，目前全省农副产品加工产值与原料产值之比仅为0.6∶1，大大低于发达省市的水平，与发达国家相比差距更大。实践告诉我们，湖南是农业大省，不在农副产品加工上做文章，不成为食品工业大省，不成为农副产品加工业大省，就成不了农业强省，更不用说成为工业强省，老百姓也富不起来。因此，在山水开发中，我们要把发展农副产品加工作为提高开发效益的重要事情来抓，注意搞好基地开发与加工开发配套，特别是要注意抓好龙头企业的建设，通过龙头企业带动千家万户搞开发，促进开发上档次、上规模、创高效。对龙头企业的建设，我们要坚持走“大、高、外”的路子。大，就是大规模。围绕当地的主导产品，组建培育那些集传递信息、推广技术、深化加工、储运销售等多功能于一体的产业化集团。高，就是高起点。不论新上项目还是老企业改造，注重向高技术、高层次发展，提高开发产品的科技含量和附加值，实现由浅层次开发向科技含量高的深层次开发转变。外，就是外向型。积极创办以国际市场为导向，以大宗农副产品深加工、精加工为骨干的出口创汇企业。我们规划，全省1995～2000年，以现有农林、特产品加工能力为依托，通过设备更新、技术改造、配套挖潜、内引外联等多种手段，建设好10家产品主要面向国际市场、年创利税1000万元以上的重点企业；100家产品知名度较高、年创利税500万元以上的骨干企业；1000家产品能带动千家万户生产、年创利税50万元以上的龙头企业；加快资源开发利用，提高经济效益。三是建立健全山水开发的社会化服务体系。服务体系怎么建立？

从各地的实践来看，首先是要围绕本地能形成规模优势的主导产业，依托涉农部门组建开发性服务实体，其次是要以服务为宗旨，与农民结成利益共同体。在这两者的关系中，围绕能够形成具有商品经济特征的产前、产中、产后社会化服务体系是前提，只有服务搞好了，主导产业才能更快更好地发展。所以，我们提倡开发性服务实体要集管理、服务、经营三种职能于一体，核心是服务。在管理中突出服务，在服务中搞好管理，在经营中强化服务，在管理、服务、经营中与农民结成利益共同体。如农民需要资金，由实体承贷，农民需要物资，由实体负责供应，农民的产品，由实体销售。近年来涌现的“公司加农户”“协会连农户”“基地串农户”“中心带农户”等服务组织，就深受农户的欢迎。

切实把好“三关”。一是把好产品开发关，大力发展名特优新产品。在山水开发中，要坚持新的开发不搞低标准、“瓜菜代”，不搞低水平的重复，要大力发展市场俏销产品，发展名特优新产品。全省经济作物重点是突出优质棉、烟、茶、水果、麻、反季蔬菜、特种药材及其他名特产品开发；林业开发重点是突出高效经济林和速生丰产林；畜牧开发在稳定发展生猪的基础上，加大草食动物和特种养殖的开发力度。各地必须注意发挥本地优势，在提高产品质量上下功夫。如溆浦县大力发展适销对路的优质鸡蛋枣和牛奶枣；宁远县攻淡补缺，大力发展优质捺李；吉首、芷江等地利用本地优势，分别发展市场俏销的武陵椪柑和中华猕猴桃等；都成功地走出了优质、高产、高效的经济发展路子。二是把好开发培训关，着力提高农民开发的科技水平。用科技武装农民，提高劳动者的技术素质，是山水开发能否成功的关键。在山水开发中要充分利用各地农业学校，举办农业技术培训班，加速山水开发技术的普及。对山水开发规模较大的乡村和专业大户，要采取请技术人员进来传授专业知识和送青年农民出去培训的办法，培养大批初中级技术人才。在这个问题上，各级党委、政府要把眼光看远一点，财政再困难，也要拿出部分资金支持农民学技术。三是把好开发管理关，向管理要速度，要效益。在山水开发中，要按工程建设项目的管理办法，推行项目管理负责制，明确项目管理负责人，开展项目跟踪，严格项目的质量管理，确保上一个项目，成功一个项目，开发一片，见效一片。

着力搞活“三权”。一是进一步搞活土地使用权。就是要在稳定家庭联产承包责任制和双层经营体制、延长土地承包期的基础上，逐步建立健全土地流转制度，允许拍卖“荒山、荒坡、荒地、荒滩、荒水”搞开发。二是进一步放开生产经营权。鼓励国有、集体、个体私营、股份合作、外商独资合资等多主体开发。对山水资源开发，普遍实行“三优一减”，即立项从优、信贷从优、税费优惠，一般受益后3年内免征农林特产税，3年后交税有困难的还可酌减，立项手续简化。三是进一步理顺利益分配权。坚持谁开发，谁投资，谁受益。不仅开发者的合法权益要得到保护，对开发有突出贡献的还要给予重奖。在搞活“三权”方面，我们已经进行了实践，积累了经验，全省出现了多形式、多层次、多主体开发的新局面。从开发形式上看，目前全省山水开发主要有7种形式：（1）大户承包开发。即由村组或单位组织统一规划，连片开发，用招标承包或者投资、投劳入股的形式，由农村能人承包，适度规模经营。（2）租赁开发。一般租赁期在30～50年。租金有的用现金分年支付，有的在开发受益后分年用实物支付。（3）合作联营开发。由机关单位、厂矿企业投资办副食品基地、原料基地、生活基地。当地出土地、劳力，负责经营管理，收益按协议分成。（4）股份合作开发。按照自愿互利的原则，将土地、劳力、技术、资金、物资折成股份，按股收益分成，按股承担开发风险。（5）拍卖开发。一种是“三荒”拍卖开发，一种是拍卖现有果林场经营权。（6）庭院开发。即农户利用房前屋后空坪隙地，家家户户种植经济林果。（7）外商独资或合资开发。这些开发形式是值得各地认真借鉴的。同时，各地还可以积极探索新的开发形式。

四

山水开发作为建设农业强省的重大举措，我们既有有利条件，也有制约因素，既有成功的经验，也有失败的教训。认真总结历史经验，保证山水开发的健康发展，必须正确处理如下6个方面的关系：

第一，正确处理市场引导与加强宏观调控的关系。山水开发必须以市场为导向，按照市场需求来组织生产、开发，由于开发是一项庞大的系统工程，涉及方方面面，不仅要追求最大的经济效益，而且要讲求经济效益与生态效益、社会效益的有机统一。因此，加强山水开发的宏观调控必不可少。如何加强宏观调控？一是制订科学的开发规划，严格按科学规划有计划、分步骤地稳步实施。规划要有长远目标，也要有分阶段目标，要便于操作和检查督促。二是制订优惠政策，积极扶持，正确引导。三是办好“示范工程”，从省到县，党政一把手都要办点示范，以点带面，指导全盘。

第二，正确处理开发与改造、内涵开发与外延开发的关系。新时期搞山水开发，必须打破传统农业观念的束缚，在开发的指导思想上来个大的转变，即；从过去重产值产量增长转变到既重产值产量增长，更重品质效益提高、发展“一优两高”农业上来；从过去主要依靠铺新摊子的外延发展转变到主要依靠科技进步，实行内涵发展与外延发展并重上来；从主要依靠本地市场转变到积极开拓国内外市场上来；从单一分散的家庭经营转变到既发展家庭经营又注重发展适度规模经营上来；从传统的开发经营管理方式转变到注入现代企业管理方式，实行产供销一条龙、贸工农一体化的产业化管理上来。

第三，正确处理好当前与长远的关系。一些地方的同志认为，搞山水开发，虽然潜力大，但不如经商办企业来得快，因而工作不够积极主动。这种认识是片面的、不对的。应该看到，山水开发投入少、风险小、见效快、效益好。所有山区湖区都可以搞。而办工业企业许多山区湖区受水、电、路等因素的制约，不具备大上的条件；再者，也只有种养业发展起来后，办以农副产品为原料的加工企业才有依托。可以说，山水开发和兴办工业企业，是源与流的关系。而且搞山水开发，既能富当前，又能富长远。许多地方的实践表明，在山上种药材、花卉和一些经济作物，当年或者两三年就可以见到很好的成效。当然，从整体看，山水开发更是打基础、富长远的战略工程。这就要求我们各级干部，一方面要树立“前人栽树，后人乘凉”的远大抱负和无私奉献精神，另一方面要讲究科学方法，搞好开发的合理配置，做到以短养长，长短结合，当前生产与长远开发两不误。

第四，正确处理富县与富民的关系。坚持“活水养活鱼”，首先让农民从开发中多得到实惠。在这个方面一定要有战略眼光，切忌急功近利、“杀鸡取卵”，挫伤农民开发的积极性。

第五，正确处理支柱产业建设与基础设施建设的关系。加速丘冈山地开发，离不开水利、交通、气象等生产条件和基础设施的改善，特别是水，是制约丘冈地区经济开发的重要因素。丘冈山地开发，水利必须先行，必须坚持统一规划，做好水利、交通、市场、通讯等基础设施的配套建设。在开发中还应注意改善生态环境，加强流域治理。新的开发不能造成新的水土流失，影响生态环境。违背自然规律必然会受到自然的惩罚，历史的教训值得借鉴。同时，应注意把开发与山水田林路综合治理相结合，提高开发的综合效益。

第六，正确处理经济开发与精神文明建设的关系，努力创造宽松、稳定的社

会环境。要加强农业法制法规的宣传教育，坚持依法治农兴农，从重从快打击破坏山水开发的违法犯罪活动，保护开发者的合法权益，特别应注意保护开发专业大户和外来客商的合法权益，树立良好的社会风气。

（原载《湖南经济研究与思考——山水篇》，湖南出版社 1996 年版）

关于扶贫工作给党中央的报告

从3月初开始，我们从省地县机关抽出1000余名干部，由14名省级领导带队，下到14个县进行百乡千村万户农村调查。我带领省委办公厅、省委政策研究室、省扶贫办等单位的同志，到国定贫困县湘西土家族苗族自治州的花垣县住了15天，在该县雅桥乡工作了5天。在该县，我就扶贫问题重点解剖了9个乡、90个村，广泛和县乡村干部交换意见，并走村串户，直接听取贫困户的意见。之后，又到湘西自治州的泸溪、保靖、永顺、古丈、龙山和怀化地区的芷江等县，先后作了20天的调查（农村调查情况另报）。在怀化地区还两次与地直和麻阳、新晃、通道、芷江几个省定贫困县的同志座谈扶贫工作情况。边调查，边研究，思考了一些问题。现报告如下：

一、完成“国家八七扶贫攻坚计划”任重道远

我省31个贫困县，其中国家贫困县10个，省定贫困县21个，农业总人口1355万。到1995年底，全省未解决温饱的人口由1985年的800万下降到385万，其中10个国定贫困县和同意使用国家扶贫贷款的5个县200万人，其他16个省定贫困县100万人，面上分散贫困人口80多万人。湘西自治州有贫困人口50多万，约占全州农业人口的1/4。为了集中解决湘西自治州脱贫问题，1994年，我在三下湘西调查之后，向省委提出建议，省委下发了17号文件，明确提出把湘西自治州作为全省扶贫攻坚的主战场，举全省之力进行支持、并发动省直各部门和省辖6市对口支援。据湘西自治州统计，1995年投入各类扶贫资金1.3亿元，省直6市支援近亿元，共2.3亿元。湘西自治州各级党委和政府抓住这一机遇，以脱贫致富为

中心，一把手亲自抓“六六温饱脱贫工程”（即用6年时间解决60万人温饱），并采取分级负责、定点扶贫的办法，州抓到乡，县抓到村，乡抓到组，党员和村组干部包扶到户。州直70个单位定点扶持了16个特困乡。这些措施收到了较好的效果，1995年全州解决了10万人的温饱问题。但下一步的扶贫工作仍然非常艰难。其主要特点有三：

一是总的贫困面虽已大大缩小，但贫困的部位都集中到了自然条件和生产条件很差的地方。这次我们到花垣县调查，发现花垣县的贫困人口都集中在63个边远山村和2个水库淹没区的6个村。这些地方山高坡陡，土地贫瘠，缺乏基本生产资料，有的饮水用水都十分困难。该县的大龙乡，全乡2911人，有稻田1553亩，主要集中在一条长长的峡谷内，两边的山上一无树木，二无矿产，1131亩旱地亩产不过200～300斤玉米。这个乡1995年人均纯收入仅335元，人均产粮206斤，群众生活相当艰苦。保靖县拨茅乡拨茅村杨家组，16户、63人，仅1亩6分天水田，108亩坡土只能种玉米、产量很低，1995年因受了3次水冲沙压，全组粮食产量16650斤，人均仅256斤，人均纯收入仅330元。凤凰县的贫困人口基本集中在108个边远高寒山村，那些地方水源奇缺，种田靠天下雨，人畜饮水困难，人均纯收入在300元以下，这类村组占全县总村数的三分之一。类似这种山穷水尽的地方，全省还有240万人，约占全省贫困人口的60%。

二是总的贫困人口虽在减少，但剩下的这部分人中大多属特困户，贫困程度很深。在为数不少的极度贫困户中，许多人连最起码的生活条件都没有。花垣县麻栗场镇溜豆村一村民，全家6口人，父亲75岁，老党员，在我们驻村调查时前5天去世。由于没有寿服，不能出葬，摆在家中，村党支部发动党员每人捐献2元钱，做一身寿服，才下葬。目前家中四壁空空，只有一张破床，2亩3分稻田，由于没有钱，还没买到稻种。据了解，该县类似这样的贫困户有4500户，22000多人。

三是剩下的这部分贫困人口中，虽有脱贫致富的愿望，但其智力和体力都比较差，缺乏脱贫致富的本领。据凤凰县调查：全县青壮年文盲达17555人，文盲率16.5%；老弱病残者，已丧失劳动能力的约占4.6%；地方病和呆傻弱智病人，占2%左右。这部分人中大多数不是扶贫对象，而属救济对象。集体经济发展比较好的村，村里做了较妥善的安置，有的还办了福利院，五保户比较满意。贫困村就成了一个突出问题，如果仅靠民政部门救济，地方政府又很难承受。现在靠党支部组织党员和干部代耕。这部分人生活最困难，也是最难解决的问题。

一个缺乏生存条件的恶劣环境，一个深重的贫困状况，再加上贫困户中人的个体素质低下，大大增加了扶贫攻坚的难度。与前几年的扶贫工作比较，剩下的是一个地形复杂且又坚固的“堡垒”。现在离2000年越来越近，能不能在这几年之内攻下这个“堡垒”，完成扶贫攻坚任务，我感到有点担心。

二、扶贫攻坚，必须真抓实干

我到湖南工作两年半，已经6次到湘西调查。这次时间长，接触面广，感受尤深。要完成“八七扶贫攻坚计划”，我认为，需要真抓实干，需要采取一些超常的措施，需要解决好以下几个问题。

1. 各级领导干部要深入基层，体察民情，从政治的高度，增强扶贫攻坚的责任感和紧迫感。扶贫问题说到底，是个关心群众疾苦的问题，是体现党的宗旨的问题。对群众的贫困不了解，就不能激发我们的感情，不会有做好扶贫工作的紧迫感和责任感。经过十年扶贫，贫困面大大减少了，有些同志因此产生了松劲情绪。同时，由于扶贫攻坚的任务还很繁重，长期在贫困地区工作的部分领导同志产生了畏难情绪，参与定点扶贫的部分单位则产生了厌战情绪。这些情绪显然是不对的，错误的。我们有的领导同志还没有认识到这个问题，工作依然照常规安排，不分轻重缓急。我想，再大的事莫过于老百姓饿肚子。在湘西自治州州、县干部座谈会上我说过，古人都知道“先天下之忧而忧，后天下之乐而乐。”我们是共产党的干部，是为人民服务的，是为人民谋幸福的，更要时刻想着那些没有解决温饱的人民群众。“衙斋卧听萧萧雨，疑是民疾苦声”。在自己所负责的地方，如果还有人没有解决温饱，应当有一种羞愧感。“邑有流亡愧俸钱”，应感到食不甘味，寝不安席。有了这种羞愧感，才有扶贫紧迫感。

2. 要把扶贫攻坚的重点目标摆在特困乡村上。这次我在花垣调查了90个村，发现很多村没一点集体经济。据说村里要写一个宣传计划生育的标语，也要到山上砍根树，卖掉以后，才能买点纸墨。村里文娱活动没法开展，村干部连每年一两百元的报酬也很难兑现，基层党支部没有号召力和凝聚力。我们党的政权是建立在集体经济上的，共产党不能和私有经济划等号，没有集体经济，共产党就不能存在。我在雅桥乡召集10个村的支部书记、村委会主任专门座谈村级集体经济问题，大家谈得很细，生产门路也很多，有的只要两三万元就可以办起来。而一个国家贫困县一年的各项扶贫专项资金（含以工代赈）2000多万元。现在县里热衷于搞大的工业项目，我们的职能部门也是这样要求，造成特困村问题无法解决。因此，我要求湘西自治州和怀化地区所有的县委常委、副县长以上干部，每人带一两个部门定点扶持一个特困村。争取在两三年内，所有的特困村，村级集体经济至少每年要有5000元纯收入，其中1500元作为村干部的报酬，3500元解决村里一些急需解决的问题，包括安置“五保户”生活。如果村里花一文钱都要向群众搞摊派，党支部很难有凝聚力、有威望。扶贫资金要用到贫困乡、特困村去，帮助特困村上一批周期短、投资少、见效快的扶贫项目。省扶贫领导小组要组织省直有关部部门，下决心在特困乡中办好50个脱贫致富示范村，作为省里的直接联系点。

这次调查中，我发现贫困县里有一种很大的反差现象。有的干部摆阔气，讲排场，不顾那些没有解决温饱的贫困户。县里开通了数字程控电话，这是必要的。但却又急于投资开通无线传呼，一个贫困县有“大哥大”250部左右，其中县局乡镇党政干部不少于100部。每部需12000元，每年电话费至少4000元，即一个县投资120万元，每年新增电话费40万元。干部手里有“大哥大”，家里有电话，办公室有电话，群众意见很大。可是在乡镇中，由于改程控电话，原有电话设备线路报废。乡、村程控没开通，现有50%的乡镇、90%的村不通电话，而1980年前有80%的村通电话。为什么不将买“大哥大”的钱先解决贫困乡村的脱贫？这主要是个群众观点问题。我认为县乡干部讲政治，首先要解决有没有群众观点的问题。我和正午同志商量，对“大哥大”要集中整顿一次，取消一批。这十几天，我所到一地，都反复强调各级领导要把扶贫攻坚的重点摆到贫困乡、特困村的贫困户上，把主要精力放在解决温饱上，放在稳定脱贫上。要做到扶贫规划到村，领导责任到村，项目落实到村，扶贫政策到村。

通过调查，我感到有两个问题需要解决好。一是要克服我们工作中的形式主义。达小康的标准要实事求是，中国这么大，不可能一个标准。比如农民住房，湘西少数民族的农民祖祖辈辈住木房，你硬要规定砖瓦结构才能算达小康，我看就没有必要。我已组织专门小组，结合湖南实际，参照国家对小康的要求制定一个标准。另外工作中形式主义的事还不少，比如各类达标，毫无实际意义，只能助长乡村干部假报，加重农民负担，我已明令取消。二是干部作风不实的问题。

县乡干部也有一个改进工作作风的问题，现在县乡干部基本不在农村过夜。这次农村调查，我们有的省级干部住到农户家里，农民感到很亲切。现在县乡干部对村里的问题特别对自然村（即村民小组）的问题了解不多，一些应该解决的问题长期得不到解决。部分干部作风粗暴，群众意见很大。看来这两个问题不解决好，中央的指示到不了村。因此，我们将下决心解决这两个问题。

3. 要稳定和落实各项扶贫政策。“国家八七扶贫攻坚计划”，原指从1994年到2000年，用七年时间解决8000万人的温饱问题。这一政策深得人心，应当保持稳定。谁先脱贫，政策不变，待遇不变，甚至要从优。现在我们有的贫困县生怕把农民纯收入报高了，怕摘掉贫困县帽子，断了扶贫资金，因而有意压低各项数字。这种心情可以理解。保住了贫困县的帽子，就保住了扶贫资金。这次国家又以1994年农民人均纯收入为标准，高于1050元的就摘掉贫困县的帽子。而且摘帽后要取消扶贫的有关政策，贫困县干部反映强烈。这不利于稳定。如我省安化县1994年农民人均纯收入1062元，实际1994年安化县两次遭受特大洪灾，而统计部门驻户调查点恰好不在灾区。1995年5月县人大就提出了农民纯收入数字过高的问题，后经省统计部门核实，1994年安化县农民人均纯收入只有985元，而且安化又是一个老区县、库区县，移民多、困难大，扶贫任务还很艰巨，听说要摘贫困县帽子，县里几套班子不安心，思想波动很大。群众还不知道，知道了肯定也会思想紊乱。前几天开人代会，正午和胡彪同志为此事找有关部门，据说已解决。如果将政策稳定到2000年，再加一条奖先罚后，情况就不一样了。再说贫困不贫困，也不能只看农民纯收入一个指标。农民纯收入有机遇性，还带有人为因素。真正的贫困是一个综合性的问题，是很多因素造成的，如基础设施、劳动对象和劳动手段等。我认为如果要按农民人均纯收入为标准的话，要讲两个数字。一是现行价，一是剔除物价上涨因素的实际价格，只有这样才能弄清人均纯收入的真实情况。我建议党中央、国务院明确宣布，实施“八七扶贫攻坚计划”，各项政策到2000年不变，在此期间脱贫了，摘掉了贫困县帽子，扶贫政策也不变，应该给予鼓励，所享受政策不变，同时不再增加新的贫困县。这对稳定贫困县干部的思想很重要。我和贫困县的书记、县长谈心，他们感到每年年底报统计数字是一个很大的负担，很为难。报多了不行，报少了也不行，人为的摆弄统计数字在贫困县很普遍，这对执行统计法也不严肃。此外，还要适当提高贫困县增值税和资源税的返还比例。建议国家对贫困县两税返还作专题研究。有些贫困县发工资都很困难，两税上交后，工资都发不了，可否参照向贫困地区转移支付的办法，先交两税，年终返回，鼓励贫困县做到自收自支，力求财政平衡，不打赤字。

4. 要稳定县、乡两级干部。扶贫攻坚，关键在干部。这次调查中，群众反映贫困县、乡的干部变动频繁，很不利于扶贫攻坚工作。从体制上讲，县里是五年一选举，乡镇是三年一选举，加上少数地方党政换届不同步，换了书记又要换县长、乡长。从客观上讲，贫困地区特别是一些特困乡村地处偏僻，条件艰苦，工作难度大，福利又少，工作、生活都不方便，使一些同志产生了思迁不思变的念头，不思脱贫，只想脱身。我认为，一般情况下，不换班子不换人，一套马车拉到底为好。为此，我和湘西自治州、怀化地区的党政领导商量，贫困县的干部原则上要做到县级干部不干完一届、乡镇干部不干完两届的不提拔、不调动。不称职、不协调、不团结的可以调整，但要降级使用；县级干部干满两届、乡级干部干满三届，政绩突出的，可以提拔、重用或解决待遇。我回到长沙后将专门和省委组织部研究一个意见，报请省委常委讨论批准。在政策上稳定县、乡两级干部，才有利于扶贫攻坚。

5. 要在提高贫困农民素质上下功夫。贫困地区尤其是那些特困乡村、普遍存在着一个恶性循环。即经济基础薄弱，物质贫困，严重制约教育、科学、文化事业的发展，而教育、科学、文化事业的落后，又反过来制约了经济的发展，这样无限循环的直接后果，造成了人口的素质低下。人的素质差，既是物质贫困的结果，又是物质贫困的根源。因此，要打好扶贫攻坚战，提高人口的素质是具有战略意义的一项重要工作。首先要普及九年制义务教育，对35岁以下青壮年开展扫盲。其次，要抓好实用技术培训。本着干什么学什么的原则，先培训再实践，力争在一两年内使每个农户有一个劳动力掌握一两门实用技术，以提高谋生的本领。农村一个初中毕业生，只能说有了文化，还不等于有谋生的技能。如果初中毕业后能学一门到两门实用技术，就能自谋生计。农村中学开展“三加一”是非常有必要的，即初中三年加一年学实用技术。此事在山西搞过，我想和省教委专题研究，拿一个方案有计划、有步骤地逐步推开。同时要做好科技下乡的工作。贫困县的农业科技人员，要把工作重点放到贫困乡村去，抓好农业实用技术的培训，新品种的示范和推广工作，手把手地指导农民科学种田，在农村培养科技示范户。扶贫还要与民政、医疗卫生部门配合起来，做好康复扶贫工作，经常组织一些医务人员到贫困乡村去巡医巡诊、送医送药上门，使那些患常见病的贫困户迅速恢复生产能力。还要搞好乡卫生院建设和农村初级卫生保健。抓好贫困地区的计划生育，也是提高人口素质的一项重要工作。要严格婚姻登记，禁止近亲结婚，杜绝计划外生育。

6. 要进一步增加扶贫资金投入，管好扶贫开发项目。国家实施“八七扶贫攻坚计划”，每年投入了不少扶贫资金。但由于渠道不同，资金使用分散，效益不甚理想。以工代赈资金由国家计委掌握，扶贫贴息贷款由农业发展银行掌握，发展资金由财政部和民委掌握，扶贫部门无攻坚手段，责权分离，很难协调，致使一些特困乡村不能得到有效的扶持。我认为，这也有政策的原因。扶贫是政府行为，各个渠道的扶贫资金，应由各级扶贫领导小组统筹安排，配套使用。扶贫贴息贷款是一项政治性很强的贷款，是专项安排扶贫的，不同一般商业贷款，在项目确定时，不能嫌贫爱富，只讲经济效益。如果只讲经济效益，就会造成偏向。把这笔资金投到城市，回收率、还贷速度肯定要高要快。扶贫资金是要讲效益，不讲效益不行。但要在贫困乡村中择优选贷，而且利率要低一点，周期要长一点，否则特困农户难以承受。扶贫贷款应大部分放到贫困乡村，支持那些还没有解决温饱的贫困户，开发一些短平快项目。以工代赈资金在解决贫困地区基础设施建设方面起了很大的作用，效果十分显著，农村基层干部和群众十分称赞。我所到之处，都感谢党和政府的关怀，大家一致要求继续下去，并随着物价上涨逐年有所增加。国家第七批以工代赈资金只能用于交通和人畜饮水，这是完全必要的。我认为还要加一条农田水利基本建设，帮助贫困地区建立旱涝保收基本农田，搞好水利配套。这次我在花垣、保靖等县看了世行粮援项目，效果非常显著，1.8 亿元资金改造低产农田 1.4 万公顷，坡改梯 1828 公顷，新增灌溉面积 1378 公顷，同时还开发了 562 公顷的水果基地。1995 年项目区的农民人均增产粮食达 198 公斤，农民人均纯收入增加 300 元以上，吃饭问题从根本上解决了。这笔资金管理得很严，但权限主要在县，县里对此非常负责。国家的以工代赈如能像粮援项目那样，帮助贫困乡村搞好农田基本建设，搞一些短平快项目，搞一批农业综合开发项目，比如旱地改水田，坡地改梯田，发展庭园经济，家庭牧场等，实行项目管理，资金专款专用，效果会更显著些。国家第四批、第五批以工代赈已到期，大家都要求我向党中央和总书记反映，继续延长到 2000 年。但在项目管理上，不要统得太死。中央强调扶贫实行“分级负责”“关键在省”。以工代赈资金由国家计委统管正确的，但项目的确定权最好放到省，责任要落实到县。我们会以负责的态度搞好项目论证，使用好这笔资金。

7. 要进一步发挥各方面的积极性，形成全社会扶贫攻坚的合力。我省从1996年起，实施“1122工程”，即一个单位（省厅级、地市州局级、县科级）办好一个扶贫联系点，帮助点上建立一项支柱产业，推广两项实用技术，全省抓好2000个扶贫联系点（乡或村）。除此以外，还要动员社会各界积极参与扶贫。1995年东部较发达的省市和本省有经济实力的部门，帮助湘西州建立了132所希望小学。此外，在省级机关和全省个体工商户、私营企业主中开展1帮1（1个家庭帮1个失学儿童，捐款300元）的希望工程及光彩基金活动，筹款4000万元，每年利息可以解决湘西自治州全部失学儿童的学杂费和文具。在这次调查中，贫困地区人民对省级机关干部带头捐资助学，很称赞。社会扶贫工作潜力很大，我们要充分发挥政治优势，动员全社会参与扶贫。

通过这次调查，我深深感到贫困县扶贫任务十分繁重，尽管人数不多，在全省总人口中占的比重不大，但这个问题解决不好，湘西少数民族地区社会政治就不能从根本上保持稳定。少数民族问题，说到底是个经济发展问题。但是经济问题里面有政治，何况现在农民之间生活水平相差悬殊。如果说从政治上看问题，这个问题解决不好，不仅仅是经济问题，也是政治问题。

我作为湖南省委书记，如果湖南80%的人达小康，按标准湖南就可以进入小康，但还有1200多万人没有达小康，甚至有的还没脱贫，而且这1200多万人肯定是在老、少、边、穷地区，我这个省委书记有什么光彩？我们党的宗旨不仅要坚持公有制，还有一个共同富裕的问题。所以全国有中、西部差距，省里也存在地区差别，这个问题需要引起我们高度重视，要下决心，下大力气扶贫攻坚。尽管困难很大，问题不少，在党中央、国务院领导下，我们有信心有决心来努力完成“八七”扶贫攻坚计划。

以上是我在农村调查时对扶贫工作的一些思考，不妥之处，请批评指正。

（1996年3月23日）

解放思想　转变观念　立足湖南　加快发展

4月27日上午，省直工委在省委礼堂召开大会，省委书记王茂林上了“先导工程”的辅导课。王茂林强调，要进一步解放思想，转变观念，立足湖南实际开展工作，促进两个根本性转变的实现。

王茂林的辅导课分为三部分：为什么要进一步解放思想、转变观念？当前解放思想、转变观念应着重解决哪几个问题？如何抓好解放思想、转变观念？

王茂林指出，解放思想、实事求是，是马克思主义的思想路线，是贯穿于邓小平建设有中国特色社会主义理论全部观点的精髓。建立社会主义市场经济体制，从某种意义上讲，可以说是一场革命，是思想领域里的一场深刻的革命。必然涉及经济、政治，文化的广阔领域，引起人们思想观念、思维方式和社会生活方式的深刻变革。改革的实践推动观念的更新，而观念的更新在更高层次、更广阔的领域为改革实践提供强大的精神动力和思想保证。改革开放以来。邓小平同志亲自倡导的在我国广泛深入开展的真理标准、生产力标准以及姓“资”姓“社”方面的三次大讨论，对推进改革和社会主义现代化建设起了重大的促进作用。因此，更新观念是深化改革的先导，对顺利推进两个根本性转变。实现“九五”计划和2010年远景目标，具有重要的现实意义。

王茂林指出，我省与沿海发达地区的差距的一个重要表现是思想解放不够、转变观念不快。主要表现在我们有些干部存在着一些旧的思想观念，一方面习惯用“左”的眼光，小生产者的思想，计划经济体制下的旧框框、旧观念去审视、评判、裁剪现实；面对转变，感到眼花缭乱，脑筋转不快，步子跟不上。另一方面对社会主义市场经济也有很多认识的误区，认为市场经济就可以随心所欲，甚至认为搞市场经济就是搞私有化、会两极分化等，这些旧的思想观念制约和困扰着我省工作的开展，必须下大力气加强学习，予以解决。

王茂林指出，解放思想、转变观念是一个永无止境、不断渐进的过程，不可能一劳永逸。当前，我们要着重从以下几个方面去解决解放思想、转变观念中存在的问题：(1) 关于正确处理解放思想、转变观念与讲政治的关系问题。讲政治是我党根据新形势、新任务和领导干部队伍的实际状况，对各级领导干部提出的郑重要求，与解放思想、转变观念是一致的，不是对立的，解放思想、转变观念本身就是一个严肃的政治原则问题，是我党思想政治建设中一项重要内容。我们在新形势下强调进一步解放思想、转变观念，绝不意味着对马克思主义、社会主义和共产主义信仰有丝毫的动摇。(2) 关于抓住机遇加快发展的问题。要充分认识到抓住机遇，珍惜机遇，用好机遇，发展自己，这既是发达地区解放思想、转变观念的经验总结，也是今后一个时期我省各级各部门要认真对待的一个重要问题。当前，我省面临党中央大力支持中西部发展、沿江开放战略实施、农业地位提高、投资内移等良好机遇，我们既要解放思想、实事求是，努力做到尽力而为，又要量力而行；既要勇于实践，大胆开拓，又要尊重客观规律，讲求实际效果；既要坚持条件论，又要不唯条件论，有条件发展的就抓紧干，没有条件的就抓紧创造条件干。(3) 关于集中力量办大事、握紧拳头保重点的问题。湖南经济基础相对薄弱，经不起大的起伏和折腾。因此，一方面，各级党委和政府要在发展区域经济、基础产业和重点建设项目等方面实行重点突破。另一方面全省上下要一条心、一股劲地齐心协力抓重点、保重点。各地区各部门每个阶段都要按照规划，确定自己的工作重点、关键环节，并狠抓落实。(4) 关于正确处理解放思想与实事求是关系的问题。要充分认识到解放思想与实事求是是相辅相成的、统一的，解放思想不能离开实事求是，只有实事求是才是真正的思想解放；实事求是也离不开解放思想，只有解放思想才能达到实事求是，实事求是既是解放思想的前提条件，又是解放思想的内在要求。把这种关系处理好了就能充分发挥积极性和主动性，把中央的决策同本地实际结合起来，创造性地贯彻执行。(5) 关于深化企业改革及鼓励个体私营经济发展和大胆引进外资问题。对国有企业改革，要在公有制的具体形式是否有效、能否促进生产力发展以及国有资产存在形式、公有制为主体等方面进行深入探讨，统一思想，形成共识。在鼓励个体私营经济发展和引进外资上，也应继续解放思想，加强扶持、引导和管理，发挥其对公有制经济有益的补充作用。(6) 关于改善投资环境、扩大招商引资问题。要着力增强开放意识，解决不信守合同、不履行诺言，政策透明度不高，办事随意性大等问题，真正从思想上去认识、从行动上去落实对投资环境的改善。

怎样进一步抓好解放思想、转变观念？王茂林强调，各级领导干部和广大党员、干部要认真学习和掌握邓小平建设有中国特色社会主义理论，通过学习讨论，在重大原则问题上分清是非，划清一些基本界限。把解放思想、转变观念与积极参与社会实践、深化改革、促进发展紧密结合起来。要加强对实施“先导工程”的领导，提高认识，领导先行，抓住重点，典型引导，搞好宣传，正确导向，督查落实。

（原载《湖南日报》1996 年 4 月 29 日 1 版）

用更大胆识和魄力来搞好搞活国有企业

6月13日至22日，省委书记王茂林到湘潭、邵阳、娄底三地市，就如何搞好搞活国有企业问题进行专题考察。一路上他反复强调，各级党委和政府一定要以更大的胆识和魄力来搞好搞活国有企业，要投入更多的精力，进一步加大搞好搞活国有企业工作的力度。

5月份以来，省委、省政府相继召开了全省深化国有大中型企业改革会、体改工作会和深化小型企业改革会，各地贯彻落实的如何，茂林同志十分关注。带着这一问题，茂林同志冒着酷暑，先后深入到湘潭钢铁公司、湘潭电缆厂、湘乡制革厂、邵阳化纤厂、隆回县石门水泥厂、绥宁县联合纸厂、新化瓷厂、冷水江制碱厂、涟源电线电缆总厂、涟邵矿务局、娄底市毛巾厂等41个企业进行调查，并在湘潭召开了有12个企业的厂长、经理参加的搞活国有企业座谈会。茂林同志每到一个企业，都深入到主要生产车间现场考察，详细询问企业的生产经营和改革情况，一笔一笔地同企业算效益账，并从宏观高度为企业出谋划策。通过对40多个企业的调查研究，茂林同志高兴地说，由于党和政府采取了一系列搞好搞活国有企业的政策，有相当一批国有企业开始适应社会主义市场经济规律，已经或正在走向市场，出现了生产经营的好形势。通过对一批典型企业的考察，使我们看到了从整体上搞活国有企业大有希望，使我们坚定了搞活国有企业的信心。他说，国有企业是国民经济的支柱，具有举足轻重的地位和作用。搞好搞活国有企业，关系到社会主义市场经济体制的建立，关系到国民经济的发展和社会政治的稳定，引起了国内外各界人士的关注。当前，国有企业在发展前进中遇到了一些问题和困难，既有机制不活、体制不顺的问题，也有后劲不足，管理不善的问题。再加上由于历史上形成的债务包袱和当前面临的流动资金紧张等问题，使国有企业的资产负债率过高，部分企业处于十分困难的境地，一部分停产半停产，开工不足，一些企业亏损增加。这些困难和问题，必须引起我们各级领导的高度重视，必须将搞好搞活国有企业纳入我们的重要议事日程。

对国有企业普遍反映的资金紧张问题，茂林同志指出，应该肯定，我们的银行和其他金融组织，为湖南经济的发展做了大量工作，作出了贡献。由于这样那样的原因，现在银行的日子也不大好过。主要是不良贷款太多，放贷总是提心吊胆，生怕收不回。由于这一原因，基层银行部分同志有惜贷思想，认为把钱存入上级银行吃利息稳妥。解决资金问题，一方面要通过企业本身的努力，提高产销率，加快资金周转，把现有资金用好用活。国有企业自身还要下决心盘活资产存量，充分利用解放40多年来形成的国有资产，使之发挥效用。我们讲搞活国有资产，是指整体上搞活，衡量的标准是要看国有经济整体上是不是壮大了。国有资产转让一部分，出售一部分，用来吸收资金，嫁接改造国有企业，不仅是可以的，也是必须的。各地盘活资产存量的胆子要大一点。融资的思路要宽一点。另一方面，银行应该继续坚持服务于经济建设的指导思想；要做到多存多贷，对各地经贸委、工商行（含各开户银行）、财政部门经过“三堂会审”确定的必保企业，要千方百计融通资金，全力以赴支持地方经济发展，尽力帮助企业渡过难关。

茂林同志强调，搞活国有企业。总的来说就是按照江总书记所讲的，把改革同改组、改造和加强管理结合起来。“三改一加强”，四位一体，缺一不可，要同步进行，哪一样也不能偏废。改革是国有企业的根本出路，一定要按照“三个有利于”的原则，大胆地试，大胆地闯。解放思想、转变观念不是说说而已，而是要体现在具体工作上。国有企业的改组要加快步伐。要按照高起点、保重点的要求，加快国有企业的技术改造，加快新产品的开发，使企业上规模、上档次，增强竞争能力。管理也是生产力，要切实强化企业内部管理，苦练内功，向管理要质量、要效益，茂林同志还强调，一个好的企业，一般都有一个好机制、一个好班子、一个好产品、一套好制度、一支好队伍。其中最重要的是要有一个好班子，选准一个好厂长。选准了好的厂长就有了办法，就可以通过改革找到好机制，开发出好产品，建立起好制度，带出一支好队伍。像绥宁县联合纸厂厂长江瑞丰；在纸厂负债6800多万元、累计亏损1000多万元的情况下受聘，几年来，大胆改革管理体制，注重盘活存量资金，在未向银行伸手贷款的情况下，灵活调度他所兼任厂长的4个厂的资金，投入6000多万元进行技术改造，使绥宁联合纸厂的生产规模由1万吨扩大到2万吨，今年年底可改造成3万吨。而且兼任4个国有企业的厂长，厂厂呈现生机，产量增加，效益增长。同样的厂房，同样的设备，同样的队伍，选准了好厂长，全盘皆活。事实说明，选好一个厂长比什么都重要。他要求各地都要广开视野，解放思想，大胆选拔一批政治强、会管理、懂经营的优秀人才担任厂长，而且要把权给足，要为他们排忧解难，创造好的内部和外部环境，让他们充分施展才能，为搞活国有企业作贡献。

茂林同志还特别强调，搞活国有企业，各级领导一定要投入更多的精力。从某种意义上讲，领导精力的投入比资金、技术的投入更为重要。搞活国有企业，各级党委和政府的主要领导必须做到高度重视，亲自深入工厂研究问题解决问题，并且要组成有权威的领导小组，深入下去及时协调和解决重大问题，无论是对大中型企业，还是县属小企业，都要一户一户地分析研究，弄清情况，摸准问题，都要一厂一策地提出具体的解决办法。笼而统之不行，一般的办法也不行。要加强国有企业党的建设，加强和改进企业思想政治工作，全心全意依靠工人阶级。在“放小”的问题上，各级领导的胆子要更大一点，办法、形式要更多一点，要责任到人。总之，要真心做到领导精力到企业，具体措施到企业，改革政策到企业，部厂配合到企业。我们相信，只要真正按照党中央确定的改革方向和方针，认真总结现有经验，不断探索新的路子，充分调动广大干部、职工的积极性，扎扎实实地抓下去，国有企业是一定能够搞好搞活的。

（原载《湖南日报》1996年6月23日1版）

在全省扶贫开发工作会议上的讲话

最近，党中央、国务院召开了扶贫开发工作会议，讨论了《中共中央、国务院关于尽快解决农村贫困人口温饱问题的决定》，向全党和全国人民再一次发出了打好扶贫攻坚战的动员令。省委常委会议和省政府常务会议认真学习了中央扶贫开发工作会议精神，并紧密结合湖南实际，就如何实施好《国家八七扶贫攻坚计划》，尽快解决我省农村贫困人口温饱问题进行了认真讨论。下面，我根据省委、省政府研究的精神，讲四点意见。

一、充分认识扶贫开发工作极其重要的政治、经济和社会意义，坚决如期完成“八七扶贫攻坚计划”

近几年来，在党中央、国务院的关心支持下，经过全省各级各有关部门和贫困地区广大干部群众的艰苦努力，我省扶贫开发取得了显著成绩。全省未解决温饱问题的贫困人口由1985年的800多万减少到1995年的385万。相当一些贫困地区的经济实力有了增强，基础设施有了改善，人口素质得到提高。但是，我们应该清醒地看到，2000年要基本解决我省贫困人口的温饱问题，还面临着非常繁重的任务。预计到今年底，我省还有350万人尚未解决温饱问题。另外还有100多万人虽然超过了国家规定的温饱标准，但仍不稳定。尤其要看到，我省贫困人口的数量虽然越来越少，但解决温饱的难度却越来越大，现存贫困人口主要分布在深山区、石山区、高寒山区、地方病高发区和水库移民区，地域偏远，交通不便，生态环境差，文化教育落后，人口素质低下。从现在起到本世纪末，每年要解决90万人的温饱问题，任务比前几年要艰巨得多，扶贫开发进入了最艰难的攻坚阶段。

这次中央扶贫开发工作会议提出，今后5年扶贫任务不管多么艰巨，时间多么紧迫，也要下决心打赢这场攻坚战，啃下这块硬骨头，本世纪末基本解决贫困人口温饱问题的目标绝不能动摇。这是党中央、国务院的一项重大决策。我们一定要从战略的、全局的高度，充分认识打好这场攻坚战的重大意义。

第一，打好扶贫攻坚战，实现共同富裕，是建设有中国特色社会主义的本质要求。邓小平同志曾多次强调："贫穷不是社会主义。社会主义要消灭贫穷。""社会主义最大的优越性就是共同富裕，这是体现社会主义本质的一个东西。"消灭贫困、实现共同富裕，是建设有中国特色社会主义的最终目标。我省目前还有几百万人的温饱问题没有解决，这确实是一件令人不安、非常紧迫的大事。湖南作为中国革命重要的发祥地之一，革命老区县多，31个国家和省定贫困县中，就有17个是革命老区县。当年，老区人民不仅送粮、送款支援我们党闹革命，而且抛头颅洒热血在所不惜，为建立新中国作出了巨大的贡献和牺牲。如今40多年过去了，由于历史的、自然的原因，老区人民连温饱问题也未完全解决，这不仅使我们感情上过不去，久而久之，也会动摇人民对党和社会主义的信心，共产党领导人民进行社会主义革命和社会主义建设，就是为了解放和发展生产力，让全体人民过上富裕幸福的生活。现在进行改革开放，建立社会主义市场经济体制，也是为了一个同样的目的。改革开放以来，我们允许和鼓励一部分人、一部分地区先富起来，也是为了带动其他人、其他地区富起来，逐步实现共同富裕的目标。

第二，打好扶贫攻坚战，解决贫困人口的温饱问题，是实践党的宗旨、密切党群关系的需要。我们党的宗旨是全心全意为人民服务。党的各级干部都要牢固树立群众观点，要把心里是不是装着群众，工作上是不是关心群众，作风上是不是联系群众，作为衡量一个党员干部够不够格的重要政治标准。"为政之要在于安民，安民之要在于济贫。"如果我们的各级领导干部都能对贫困群众有真心、动真情，为贫困群众办实事，我们的党群、干群关系就会成为鱼水关系，党在群众中就会有威信，有力量。而且，贫困问题是全球关注的一个焦点，消除贫困是当今国际社会面临的一个重大课题。生存权是人类最基本的权利，温饱是最起码的人权。1995年3月，李鹏总理代表中国政府在联合国召开的社会发展首脑会议上，再次强调了中国政府消除本国贫困的坚定决心，并就完成"扶贫攻坚计划"向国际社会作出了庄严承诺。现在"扶贫攻坚计划"已经成为一项重要内容列入了

“九五”计划，作为党和政府在2000年之前要完成的主要任务和基本目标之一，昭示天下。我们湖南必须紧跟党中央、国务院这一战略部署，在本世纪末坚决解决贫困人口温饱问题，决不能拉全国的后腿。

第三，打好扶贫攻坚战，逐步缩小地区经济发展差距，是促进全省经济协调发展，实现跨世纪宏伟目标的一个重大战役。到本世纪末，全省基本消除贫困现象，人民生活达到小康水平，是省第七次党代会和省八届人大四次会议提出的奋斗目标。全省实现小康，关键在农村；农村实现小康。难点在贫困地区。我省有31个贫困县，占全省县市区总数的1/4，如果这些地区没有达到小康，全省就谈不上真正的小康。全省还有350万人没有解决温饱，如果这部分人不能富裕，全省就谈不上真正的富裕。市场经济起步阶段，地区适度非均衡发展是不可避免的，但是如果不采取措施，在不削弱发达地区活力的前提下，尽快扶持贫困地区加快发展步伐，遏止地区间发展差距不断扩大的势头，就不利于资源的优化配置和生产力的合理布局。这是因为，贫困地区不仅地域广阔，人口众多，而且有着十分丰富的自然资源。只有把这些资源充分开发利用起来，才能更好地促进整个经济发展。

第四，打好扶贫攻坚战，是维护社会政治稳定，安民兴湘的一件大事。纵观人类社会发展史，政治风潮的爆发，绝大部分与经济状况紧密相关，古今中外，概莫能外。如果一部分地方很富，一部分地方长期很穷，就潜伏着不稳定因素，如果一部分人暴富，一部分人极度贫困，人的心态就会失衡，行为就会失控。目前有些贫困村集体经济是个“空壳”，不能帮助农民解决实际问题，村级组织在群众中没有凝聚力和号召力。非法宗族、宗教势力就乘虚而入，与我们争夺基层政权。据有关部门调查统计，全省“失控村”，大部分是交通不便、信息不灵、集体经济薄弱的贫困村。还有一个问题我们必须看到，无论是全国，还是我们湖南，贫困人口相当一部分集中在少数民族聚居区。如果这些地方长期处于贫困状况，就容易被国外敌对势力和民族分裂主义分子所利用，就会影响民族团结和社会稳定。在这个问题上，我们要有忧患意识。所以，加快贫困地区发展步伐，不仅是一个经济问题，而且是关系国家长治久安，社会全面进步的政治问题，是治国安邦、安民兴湘的一件大事。

实现本世纪末的扶贫攻坚目标，尽管难度很大，但也有不少有利条件，经过努力是完全可以做到的。一是党中央、国务院把扶贫开发工作提到了更加突出的地位，十四届五中全会提出了加快中西部地区发展的战略，这次中央扶贫开发会议又出台了一系列优惠政策和措施。目前，中央的扶贫投入已增加到108亿元，从明年开始，还将有较大幅度的增加，省里也会相应增加这方面的投入。二是社会主义市场经济体制的逐步建立，为贫困地区经济开发提供了新的契机和更加广阔的前景。随着我省开放带动战略的实施，一些边远闭塞的湘南贫困山区作为我省改革开放的前沿，已经纳入全省经济优先发展的地区；湘西贫困山区作为全省扶贫攻坚的主战场，也已列入“西线开发”方案之中。沿海地区经济的高速增长，形成了巨大而广阔的劳务市场，给贫困地区充裕的劳动力带来了大量就业创收和提高素质的机会。农产品购销体制的改革，大市场大流通体制的逐步形成，贫困地区丰富的资源将逐步与市场接轨，从而转化为商品优势和经济优势。三是全社会扶贫济困的积极性越来越高。各级党政军机关、群众团体、企事业单位以及社会各界，帮助贫困地区开发建设的规模越来越大，形式越来越多，效果越来越明显。四是贫困地区广大干部群众有着改变贫困落后面貌的强烈愿望，他们中间蕴藏着极大的脱贫致富的积极性。同时，通过多年扶贫开发，贫困地区有了一定的自我发展能力，创造了许多成功的经验。这次会议上推介了一批脱贫致富的先进典型，从他们身上，我们可以看到贫困地区脱贫致富的希望之光。

能否如期完成扶贫攻坚任务，关键在于决心，在于工作，在于落实。只要全省上下统一思想，统一行动，下更大的决心，采取更得力的措施，我们一定能够完成“八七扶贫攻坚计划”。对此，我们应当充满信心。

二、坚持开发式扶贫与自力更生相结合，增强贫困地区的自我发展能力

贫困地区贫困落后的原因是多方面的。消除贫困，最根本的是要发展生产力，这不仅需要贫困地区干部群众的自身努力，也需要党和政府给予必要的扶持。因此，我们在扶贫攻坚中，必须着眼于贫困地区经济的可持续发展，坚持开发式扶贫与贫困地区干部群众自力更生相结合，把扶贫工作的着力点放在帮助贫困地区发展生产力，增强自我积累和自我发展的能力上，由救济式扶贫转向开发式扶贫，由“输血式”扶贫转向“造血式”扶贫。

1. 统筹规划，花大力气，加强贫困地区的基础设施建设，改善生产和生存环境。贫困地区之所以贫困，说到底是生态环境恶化，生产和生存条件太差。因此，各地在扶贫攻坚中，要着眼于长远和可持续发展，加强路、电、水等基础设施建设，正确处理开发利用资源和保护生态环境的关系。在实施“九五”计划过程中，各有关部门要统筹规划，按照资源分布、产业政策和市场需求，在集中连片的贫困地区重点安排一些水利水电工程、交通设施、矿业开发和其他基础设施项目。各扶贫单位要把建设旱涝保收基本农田作为扶贫开发的首要任务，帮助贫困地区治山治水治旱，搞好农田水利基本建设。要用好粮援工程和以工代赈资金，发动群众投工投劳，上一批短平快的农业综合开发项目，实行旱地改水田，坡土改梯田，变跑水跑土跑肥田为保水保土保肥田，为贫困地区发展农业生产创造基本条件。

2. 把推进农业产业化与贫困地区脱贫结合起来，帮助贫困地区选准致富路子。加快推进农业产业化，是省委、省政府为促进我省农业和农村经济持续快速健康发展，实现经济体制和经济增长方式两个根本性转变，加速向农业强省跨越而作出的重大战略决策。贫困地区山地资源、劳动力资源和植物资源丰富，发展商品农业、规模农业、特色农业的潜力巨大。近3年来，我们在扶贫攻坚中，突出丘岗山地开发，带领群众开发果、药、茶、桑、烟280多万亩，形成了慈利县40万亩杜仲基地，桑植县30万亩黄柏基地，桂东县10万亩楠竹基地等一批较大规模的商品农业基地，为这些地区稳定脱贫打下了基础。各地要继续把推进农业产业化与扶贫工作结合起来，帮助贫困地区从当地实际出发，以市场为导向，因地制宜，扬长避短，选准脱贫致富路子，变资源优势为商品优势和经济优势。江总书记指出“贫困地区发展一般性的工业项目，由于交通、技术、人才等条件的限制，效果不一定好。弄得不好，不仅占用了宝贵的扶贫资金，还会背上沉重的债务包袱。”因此，我们要在贫困地区提倡以稳定解决温饱为目标，积极扶持家家户户都能参与、都能获益的种养业的发展，大力发展庭院经济，实行种养加一条龙、贸工农一体化经营，走资源深度开发、系列开发之路，实现小生产与大市场对接，带动千家万户脱贫致富。

3. 要在帮助贫困农民提高素质上下功夫。打好扶贫攻坚战，必须下大力气抓人才培养，抓科技知识普及，抓人口素质提高。要普及九年制义务教育，广泛开展“希望工程”和“1+1”助学活动，城里的干部、职工和个体户捐献几百元，结对扶助一个农村孩子念完小学、初中，这是一项很有意义的投入。我接触的许多党的高级干部和有突出贡献的专家教授，当年也是穷苦孩子出身，是靠亲帮亲、邻帮邻，大家凑钱完成学业，日后成为栋梁之材的。时至今日，他们对当年献过爱心的父老乡亲仍然感恩戴德，情深义重。即使我们结对培养的孩子日后只是素质较好的农民，我觉得也是具有深远社会效益的智力投资。所以，我们要继续抓好“希望工程”，切实解决贫困地区青少年读书难问题。同时，要切实抓好实用技术培训。本着“实际、实用、干什么学什么”的原则，采取职业技术教育、成人教育和农村中学“三加一”等多种形式，使每个农户有一个劳动力掌握一两门实用技术。贫困县的科技人员，要认真搞好科技下乡，把工作重点放到贫困乡村去，抓好农业实用技术的培训和新品种的示范推广，手把手地指导农民科学种田。

4. 要启动内力，依靠贫困地区干部群众走自力更生、艰苦创业的脱贫致富之路。贫困地区要有志气，有信心，有干劲，加快自己的发展。发展，要靠中央和上级党委、政府的好政策，靠国家、发达地区和社会各方面的支持，但最根本的是要靠当地干部群众自力更生、艰苦奋斗，坚持不懈地苦干实干。只有把贫困地区干部群众自身的努力同外部的扶持帮助结合起来，才能加快脱贫致富的步伐。贫困地区的广大干部群众要树立用自己的双手治穷致富的雄心壮志，变“苦熬”为苦干，自强不息，奋发图强。首先是领导班子和领导干部要增强责任感和使命感，时刻不忘党的重托和群众的期待，全力以赴抓扶贫开发，带头真抓实干。要切实解决作风不实的问题，与群众同甘共苦，力戒形式主义，集中精力解决群众温饱问题。广大基层党组织要积极带领群众投身于市场经济大潮，充分发挥在扶贫攻坚中的战斗堡垒作用。其次是要大力发展集体经济。当前，贫困地区制约基层组织发挥作用的一个重要因素是集体经济薄弱。很多村一点集体经济也没有，村里写条计划生育标语，也要到山上砍根树，卖掉以后，才能买点纸墨。对贫困户无力救助，社会公益事业没钱办，村干部连每年一两百元的报酬也难兑现，更谈不上搞扶贫开发。贫困地区要把发展集体经济作为稳定基层政权，强化基层服务功能，致富千家万户的重要依托来抓，逐步增加集体经济实力。

三、突出重点，把特困乡村作为扶贫攻坚的主战场

江泽民同志在中央扶贫开发工作会议上指出：“要以贫困村为重点，以贫困户

为对象，把扶贫任务分解到村，把扶贫措施落实到户，做到‘真扶贫，扶真贫’。”江泽民同志这个指示有很强的现实针对性。过去我们有些地方扶贫之所以成效不大，一个重要原因，就在于工作只停留在县这个层面上，而县往往迫于财政拮据的压力，将扶贫资金用到城边、路边等经济条件较好的地方，用到一些非农业项目上，相当一部分特困乡村和贫困户并没有得到重点扶持，从而使扶贫资金难以发挥“扶真贫”的作用。今后我们在扶贫工作中，一定要突出重点，抓住主要矛盾，把特困乡村作为扶贫攻坚的主战场。

1. 要进一步明确扶贫攻坚的重点和难点在特困乡村。目前全省尚未解决温饱问题的贫困人口，70%集中在580多个贫困乡的3500个特困村，其中10个国扶县1200个村，21个省扶县1300个村，面上1000个村。解决了特困乡村农民的温饱问题，就解决了全省绝大多数农民的脱贫问题。今年初，我到花垣、泸溪、保靖、永顺、古丈、龙山和芷江等县，先后作了20天的调查。感到尽管扶贫工作取得了较好的效果，但下一步的工作任务仍然非常艰巨。主要表现在：总的贫困面虽已大大缩小，但贫困的部位都集中到了自然条件和生产条件很差的特困乡村；总的贫困人口虽在减少，但剩下的这部分人中大都属特困户，贫困程度很深；贫困人口中虽有脱贫致富的愿望，但其智力和体力大都比较差，缺乏脱贫致富的本领。这些都说明，今后扶贫工作的“硬骨头”在特困乡村，重点和难点在特困乡村。一些地方的实践证明，扶贫工作的效果好不好，解决群众温饱的进度快不快，关键在能不能把扶贫工作做到贫困乡村，扶到贫困农户。省里要继续把解决湘西自治州特困乡村50多万贫困人口的温饱作为全省扶贫攻坚的主要战场，各地市州县同样要把扶贫开发工作的重点落实到解决特困乡村贫困人口的温饱上来。

2. 要采取过硬措施确保特困乡村脱贫任务的如期完成。要分类指导，实行资金、项目的重点倾斜。在配套扶持10个国定贫困县的同时，省里要重点扶持21个省定贫困县。对21个省定贫困县，又要区分轻重缓急，择重扶持桂东、汝城、城步、古丈、泸溪、凤凰、龙山、麻阳、通道、新晃、江华11个县。今后省里新增资金重点向这11个县倾斜，其他省定贫困县给予适当扶持，但主要由地市负责。面上的特困乡村的扶贫，由地市县负责。要摸清底子，把3500个特困村的基本情况分门别类，作为今后资金安排、项目管理和工作检查的重要依据。总的来说，全省要保证有70%的扶贫资金到村入户，重点用于解决与群众温饱问题密切相关的种植业、养殖业和加工业项目。中央、省里各个口子的扶贫资金要由省扶贫开发领导小组统起来，严格实行项目管理。要实行科学考核，把各级领导的注意力引导到特困乡村上来。要以贫困村为重点，以贫困户为对象，把各项扶贫任务和措施落实到村、落实到户，坚决克服扶贫工作存在的“重县轻乡、村、户”现象。要把扶贫攻坚、解决温饱的进度，减少贫困人口的多少，作为考核贫困县、贫困乡干部实绩的主要内容，定期检查结果。不要再对贫困县按经济实力、增长速度，以及其他与扶贫无关的经济指标排位次，要把贫困县、乡从各种达标升级、评比排队的压力中解脱出来，以利于集中精力打好扶贫攻坚战。

3. 要由定点扶县，延伸到乡、到村、到农户。省委省政府决定，从省地市县机关抽调1万名干部到全省3500个特困村帮助工作，保证每个村不少于3名国家干部、一定3年。下到特困村的国家干部有5条任务：一是帮助制定脱贫解决温饱的具体规划和措施，确保3年解决温饱，稳定脱贫；二是帮助建设村级组织，选好一个支书，一个村委会主任；三是帮助抓好农村精神文明建设和社会治安，建好“二会一队”（即调解委员会、治保会和民兵巡逻队）；四是帮助村兴办一两个村级集体企业，年纯收入不少于5000元；五是帮助搞好计划生育，把脱贫致富、幸福家庭和计划生育结合起来，落实村里计划生育任务。为了做好这项工作，省里在抓好50个脱贫示范村的基础上，再由省直有经济实力的单位和大公司直接扶持50个村，共计100个村。各地市州县也要积极选派优秀干部到特困村开展扶贫工作。

四、加强领导，努力开创扶贫开发工作的新局面

帮助贫困地区群众尽快解决温饱问题，是党和政府的重要任务，也是全社会的共同责任。江总书记在中央扶贫开发工作会议上强调：“能否打胜扶贫攻坚战，关键是把持贫工作放在什么位置，投入多大力度，党政一把手是不是真抓实干，能不能把各方面的力量组织起来，形成强大的合力。”各党委和政府务必增强责任感和紧迫感，进一步加强对扶贫开发工作的领导，更广泛更深入地动员全社会力量参与扶贫，夺取扶贫攻坚战役的胜利。

1. 要层层建立和落实扶贫开发工作责任制。扶贫攻坚要层层实行党政一把手负责制。各级党政一把手要亲自组织指挥本地区的扶贫攻坚战。省里，我和正午同志亲自抓，由胡彪、道沐同志专门负责抓。地市州县委书记，专员市长州长县长，都要亲自调查研究、安排部署、组织协调、督促检查。将扶贫攻坚任务分年

度分解落实到乡村农户，一级抓一级，一级促一级，层层抓落实。每个地方扶贫攻坚计划能不能如期实现，由当地党委、政府负责，首先由党政一把手负责。各地市州党委和政府，每年都要就解决贫困人口温饱和脱贫致富的进度向省委、省政府写出专题报告。贫困地区党政一把手，特别是贫困县的县委书记和县长，要以高度的责任感和使命感亲自抓扶贫开发，抓解决温饱问题。各级扶贫机构同样实行一把手负责制。贫困县扶贫工作机构的规格和编制，要与扶贫攻坚的任务相适应，由当地根据实际需要确定。国定和省定贫困县的扶贫工作机构可以高配一线，由一名专职副县长负责。此外，财政、计委、农业银行、农业发展银行是扶贫攻坚的主要责任部门，要在党委、政府和扶贫领导小组统一领导下，认真履行职责，并实行一把手负责制。

扶贫攻坚，关键在干部。要保持县、乡两级干部队伍的相对稳定。群众反映，贫困县、乡的干部变动频繁，很不利于扶贫攻坚工作。从体制上讲，县里是5年一选举，乡镇是3年一选举，加上少数地方党政换届不同步，换了书记又要换县长、乡长。从客观上讲，贫困地区特别是一些特困乡村地处偏僻，条件艰苦，工作难度大，福利又少，工作、生活都不方便，使一些同志产生了思迁不思变的念头，不思脱贫，只想脱身。县、乡干部队伍的不稳定，导致扶贫开发工作缺乏连贯性、稳定性。根据中央精神和湖南实际，省委决定贫困县乡原则上要做到县级干部不干完一届、乡镇干部不干完两届不提拔、不调动；不称职、不协调、不团结的可以调整，但要降级使用；县级干部干满两届、乡镇级干部干满三届、脱贫政绩突出的干部要给予提拔、重用和奖励。要进一步重视和发挥农村基层党组织的战斗堡垒作用，把扶贫和基层组织建设紧密结合起来。省委决定，全省建设和整顿农村后进村党支部的工作，在贫困地区要坚持搞到2000年。要为贫困村选配好党支部书记，一般任期为3年；对改变了贫困村落后面貌的，要给予奖励或提拔重用。要解决好村级干部的待遇，贫困村主要干部的误工补贴，由县、乡财政予以适当补助。要加强农村社会主义精神文明和民主法制建设，搞好农村社会治安综合治理，为扶贫开发创造良好的社会环境。

2. 要更广泛更深入地动员全社会力量参与扶贫。实践表明，发动和组织全社会力量共同参与扶贫，对加快我省扶贫攻坚步伐，如期完成“八七”扶贫攻坚任务，有着重要的意义。要进一步发挥党政机关的带头扶贫作用。最近，省委、省政府督查组对湘西扶贫攻坚工作进行了督促检查。总的认为，省直单位贯彻省委

〔1994〕17号文件态度坚决、行动迅速、规划具体、措施得力，为湘西州的扶贫攻坚做了大量卓有成效的工作。这在湘西各族人民中是有口皆碑的。但在肯定主流的同时，对一些问题也要引起高度重视。少数省直单位至今无动于衷；有的单位到了扶贫点上，但没动作；有的单位办了一些实事，但没有具体规划；有的单位尽管前段扶贫积极，但后来热情下降，借口工作忙、任务重，到自治州扶贫点上的时间不多，办事不扎实。据统计，对口扶持的省直79个单位中，有调查、有规划、有行动的57个，占72%；对口扶持办了实事的有62个，占78%。对那些对口扶持工作不力的单位，省扶贫办要督促其向省委、省政府写出书面报告，对前段工作要认真反思，并提出下一步对口扶贫的计划和安排。目前自治州还有50多万人未解决温饱，现在离2000年基本解决温饱只剩下4年多了，时间紧任务重，除了自治州自身的努力外，需要全社会扶贫的推动力，需要我们省直各对口扶持单位伸出援助之手，扎扎实实地开展扶贫工作。省直单位一把手要亲自抓，实行一把手负责制。要有专门的领导分管；有专门的办事人员；要有一整套对口扶贫的计划；扶贫进展状况要定期向省委、省政府写出专题汇报。省委、省政府今后还要经常组织督查，把督查情况作为考核该单位主要领导党性强不强、政绩突不突出的重要依据。

要进一步组织好对口扶贫和社会力量扶贫。自省委1994年17号文件下发以来，长沙、衡阳、株洲、湘潭、岳阳、常德六市以对口扶持龙山、花垣、泸溪、永顺、保靖、古丈六县为己任，采取切实可行的措施，扎扎实实开展对口扶贫工作，取得了显著成绩。省委、省政府确定“六市”对口扶贫，这是逐步缩小地区间发展差距，促进全省经济协调发展的一项战略性举措。“六市”要把帮扶任务落实到市直部门，落实到县市区，落实到企业，明确目标任务，并作为干部考核的一项重要内容，不达到目标不脱钩。除省辖“六市”对口支援的6个县外，对其余重点帮的省级贫困县，省里也要作出发达地市和厅局对口支援的规划，明确目标和任务。其余的贫困县，由各地市负责组织对口支援。近年来，民主党派、工商联、社会团体、科研单位、大专院校、人民解放军、武警部队及社会各界，积极开展了多种形式的扶贫帮困活动。如“希望工程”“光彩基金活动”“智力支边”“文化支边”等等，取得了一定成效。但从全省的实际来看，社会各界扶贫还有待于进一步发动，特别是一些效益较好的大中型国有企业、合资企业和私营企业还发动不够。省里考虑由省扶贫办成立扶贫基金协会，广泛募集社会各界扶贫资金，以增加对贫困地区的投入。

3. 要切实改进作风，做到“真扶贫”“扶真贫”。今年搞农村调查，我发现贫困县有一种很大的反差现象。有的干部摆阔气，讲排场，不顾那些没有解决温饱的贫困户。一个贫困县有“大哥大”250部左右，其中县局乡镇党政干部不少于100部。干部手里“大哥大”，家里有电话，办公室有电话，群众意见很大。为什么不将买“大哥大”的钱先解决贫困乡村的脱贫？有的贫困县，热衷于建楼堂馆所，而不注意把有限的资金用在解决群众温饱问题上，几年扶贫过去，农民照样饥寒交迫。为什么不把上面拨下来的扶贫开发资金真正用来解决群众的吃饭、穿衣问题？还有些贫困县出现干部营私舞弊、贪赃枉法的现象，把上面拨下来的扶贫资金装入个人腰包，这些干部难道不知道这是对人民的犯罪？这些问题，说到底还是个群众观点的问题。我认为，县乡干部讲政治，首先要解决有没有群众观点的问题。我们有的领导同志还没有认识到这个问题，工作依然照常规安排，不分轻重缓急。我想，再大的事莫过于老百姓饿肚子；在自己所负责的地方，如果还有人没有解决温饱，应当有一种羞愧感，应感到食不甘味，寝不安席。各级领导干部一定要从政治的高度，增强扶贫工作的责任感和紧迫感。在改进干部作风问题上，我强调四点：一是严格按照中央精神，坚持“五不准”。各贫困县在解决温饱问题之前，不准买高级小汽车，不准建宾馆和高级招待所，不准盖新办公楼，不准县改市，不准领导干部都配“大哥大”。二是各级领导干部要真正深入到基层，认真听取贫困乡村和农户的呼声、意见和要求，体察民情，真心实意地为他们排忧解难，把扶贫攻坚的任务和措施落实到贫困村和贫困户。三是要狠抓督查，确保中央和省各项扶贫政策措施的落实。中央和省出台的各项扶贫政策措施是否落实到贫困乡村，各项扶贫资金具体用途和效益怎样，是不是大部分到了村、入了户，贫困村脱贫进度怎样，农民对扶贫工作的满意程度如何，各级党委和政府要经常督促检查，做到心中有数，发现问题及时解决。四是要下决心减轻农民负担。贫困县乡办事一定要量力而行，绝不允许向农民乱摊派。现在一些地方搞乱摊派，农民意见很大，情绪激昂，有的由此引发规模较大、情节较严重的群体性事件。有些别有用心的人利用我们向农民搞乱摊派，煽动农民对党和政府不满，这已成为突出的不安定因素。这个问题必须下决心解决好。

县乡村干部常年在基层工作，很累很辛苦，特别是贫困县乡村，工作更难做。即使这样，我们也要按党的要求做耐心细致的工作，切不可粗暴简单、强迫命令。

现在有少数基层干部对农民群众采取简单粗暴和强迫命令的办法，这显然是不对的。有些人甚至违法乱纪，这更是不允许的。要对乡、村两级基层干部集中进行群众观点的教育。我们时时事事都要想着群众，都要维护群众利益，关心群众的疾苦，决不允许侵犯群众的利益，做损害群众的事。我们所做的一切工作，都要看群众满意不满意。我们的各级干部包括乡村基层干部，都要真心实意地为群众谋利益，积极解决群众的生产和生活问题。这是我们党的性质所决定的。目前贫困山区不少农民群众还没有做到稳定脱贫，有的温饱都没有解决，他们生产和生活方面还存在不少困难。我们党和政府的各级干部要关心他们，实实在在地帮助他们解决生活和生产中的困难。这次省委、省政府决定从人力、物力、财力上扶持3500个特困村，就是基于上述的这些想法。省里这次全力以赴帮助100个特困困村稳定脱贫，厅局长为第一责任人，在职的省级领导每人联系一个村，也基于上述这些想法。

同志们，扶贫开发工作已进入最终解决贫困人口温饱问题的攻坚阶段。我们既要看到扶贫任务艰巨而繁重，又要充满信心，迎难而上。我相信，只要认真贯彻落实中央和省扶贫工作会议精神，把全省各级党政组织和贫困地区的广大干部群众进一步动员起来，形成扶贫攻坚的强大合力，我们就一定能够完成本世纪末基本消除贫困这一具有历史意义的战略任务。

（1996年10月26日）

解放思想　转变观念　大力发展民营企业

8 月 20 日，省委书记王茂林在省工商联第二次民营企业家恳谈会上强调指出，要进一步解放思想，转变观念，采取积极有效的措施，营造良好的外部环境，大力发展民营企业和民营经济。

王茂林在认真听取了与会民营企业家提出的意见后指出，在社会主义市场经济条件下，民营企业还要继续发展。民营企业在国民经济发展中具有不可替代的重要作用，我省民营企业发展得还不够，因此，各级党委、政府要进一步解放思想，正确认识、看待民营企业在国民经济发展中的地位、作用。对民营企业，要和国有企业一视同仁。要继续采取措施，大力支持、扶持民营企业使之健康、持续、快速地发展。要健全法制，依法保护民营企业的合法权益，切实解决好一些单位和个人向民营企业索拿卡要和“乱摊派、乱收费、乱罚款”的问题，为民营企业的发展营造良好的外部环境和条件。各级党委、政府要不定期地研究民营企业在发展中出现的新情况、新问题，及时解决矛盾和困难，排除阻力，确保民营企业顺利发展。王茂林建议各级工商联要办好两件事：一是依法保护民营企业合法权益。民营企业要选好一个有影响的律师事务所，作为自己的法律顾问。二是要为民营企业做好服务。要建立民营企业服务咨询中心，主动为民营企业服务，对民营企业发展过程中的问题，要积极主动向各级政府和有关部门反映，并督促有关部门解决存在的问题，促进民营经济发展。

王茂林强调，民营企业家也有一个解放思想、转变观念的问题，要适应市场经济需要，深化改革，努力探索新的管理体制，切忌采取“家族式”的管理模式。要根除传统观念带来的消极影响，创造出全新的运行机制来管理好企业，并切实提高科技含量，加大技改力度，使企业上规模、上水平。民营企业家要热爱社会主义的中国，为国家建设作出应有的贡献。要尽最大努力回报社会，回报人民。要严格要求，做到依法经营，照章纳税，自重自爱，通过自己的努力，在社会上树立良好的形象。

省政协主席刘正在讲话中指出，民营企业要克服“小富即安”的思想，要有紧迫感、危机感，要有敢创大业的雄心壮志，也要有敢于同违法现象作斗争的勇气。

省政协副主席、省工商联会长方毓棠主持了恳谈会。

（原载《湖南日报》1997 年 8 月 21 日 1 版）

江永县10万亩香柚开发的调查与思考

江永县10万香柚开发，既是湖南省丘冈山地开发的示范基地，又是全省高效农业建设的“形象工程”。1995年该县开发实施的情况如何？为此，我于10月下旬到江永又一次作了跟踪调查，总的感到，江永县对10万亩香柚开发抓得很紧，抓得很实，目标明确，措施得力，机制活，来势好。

江永县地处湘南边陲，都庞岭南麓，历史上以盛产香型农产品而闻名，经过200多年的选育繁衍，到1994年，全县香柚面积发展到3.77万亩，产品走俏国内外市场。为了使这一传统特产尽快转化为商品优势和产业优势，从1995年初开始，江永县开始了有计划、有步骤、成规模的香柚一乡一品、一县一业的开发，经过近一年的努力，该县除了对全县原有的3.74万亩老柚园加强培管，对3000亩低产柚园进行了改造外，还新动工开发柚园2.95万亩，培育优质苗39万株。我们从允山、粗石江、桃川镇一路看到，已整地撩壕的丘冈地一片连着一片，标准都比较高。沿途的干部群众对我们说：“今年县里的开发确实动了真格，开的场面大，参与的人数多，阶段性成果好，一年等于干了几十年的活。”我感到，只要保持现在的开发势头，3年建成10万亩香柚基地是完全有把握的。不仅开发取得了预期的效果，而且通过香柚开发，加速了县域产业结构的调整，促进了经济的稳步发展，农业获得了前所未有的好收成。从江永的香柚开发，我看到了江永经济发展的希望，也看到了全省丘冈山地开发的巨大潜力和希望，从而更加坚定了加速丘冈山地开发的信心和决心。

在较短的时间内，江永香柚这一传统特产开发为什么能出现较大的突破？通过调查，我从中得到了一些新的启示：

1. 开发要上去，必须在开发的指导思想和工作方法上来个大的转变。开发丘冈山地，是一项利国利民、造福子孙后代的伟大事业，必须克服小成即满，小富即安的小农经济观念，增强商品意识、竞争意识、效益意识，牢固树立自力更生、艰苦奋斗、大干、实干、长久干的思想。从江永香柚开发的实践来看，转变观念固然很重要，但更重要的是在工作的指导思想和方法上，必须尽快适应社会主义市场经济发展的需要，学会更多地通过市场和效益来引导干部群众搞开发。江永县委、县政府对于1995年的香柚规模开发没有像过去那样搞一般号召，定硬性指标，也没有搞空洞的政治说教，而主要是在“引”“看”“带”字上下功夫。所谓“引”，就是市场引导，他们着力分析研究市场消费趋势，大讲香柚开发的市场前景和发展所面临的极好机遇，使全县干部群众都知道，香柚是江永一种特有的优质产品，内外行情看好，产品供不应求，在较长的时期内具有很强的市场竞争力。同时，县委、县政府还在全县范围内组织干部群众算了这样一笔账：1994年，江永县工农业总产值只有3.8亿元，农民人均纯收入1031元，财政收入只有2533万元；只要苦干3年，高标准建成10万亩香柚基地，形成大规模、大产业，10万亩香柚全部投产进入盛果期后，仅此一项，按现在的价格计算，产值就可达10亿元，农民人均可增收2000元，财政创收可过亿元，这样一讲一算账，群众心里就有了底，市场的巨大诱惑力和增收的巨大潜力像磁铁一下就抓住了干部群众的心。所谓“看”，就是组织县、乡、村三级主要干部有针对性地到广西梧州地区看规模农业开发、产业开发的大样板。通过看梧州，比自己，找出开发差距，明确奋斗目标，增强开发的紧迫感和责任感。所谓“带”，就是总结推广本地一批香柚致富的典型，教育启发群众，带领群众走自力更生、自我积累、自我发展的开发路子。通过“引”“看”“带”，全县干部群众对加速香柚开发很快达成了共识，开发积极性倍增。过去一些无人问津的不毛之地，如今都变成了干部群众竞相承包、竞相租赁开发的生财宝地。

2. 建设优势主导产业，一定要讲求规模效益，坚持规模开发。江永县气候温和，霜雪少见，温、光、气、热、水等条件都比较好，土壤中又富含硒土元素，发展农业得天独厚。近几年，他们确实在丘冈开发上下了很大的功夫，抓香柚、椪柑、夏橙开发，抓香姜、香芋、香米开发，只有几年的光景，就建成近10万亩各类名特优新商品基地。但由于四面出击，重点不突出，因而没有形成拳头产品，没有形成商品优势和经济优势。1994年，我在调查研究的基础上，根据香柚市场需量大、效益好，而其对生存环境要求高，省内其他地方难以规模开发的特点，提出江永县要把香柚作为一个大产业来抓，搞一县一品，要精心规划，加速建设，抓紧实施，造福人民，造福子孙。按照这个要求，江永县委、县政府攥紧拳头，突出重点，集中人力、物力、财力，把香柚开发作为富民强县的命脉工程来抓。他们响亮地提出，横下一条心，苦干 3 年，建成香柚基地 10 万亩，使香柚成为湘南的一大绿色产业，把江永变成四季常绿、四处柚香的大观园。一个只有 22 万人口的小县，3 年时间要建成 10 万亩香柚基地，决策一作出，立即在全省、在周边地区引起了不小的反响。过去边远闭塞的江永县，一时间成了全省农业开发投资的热点，成了商贾云集的地方，香柚开发不仅促进了当年的农业生产，而且也带活了市场，带动了个体私营经济和第三产业的发展。1995 年仅个体私营工商户和第三产业新增的税收就达 340 多万元。江永县的事实说明，开发的品种越优，规模越大，市场的吸引力、竞争力就越大，本身的经济效益和联动效应就越好。

3. 新的开发一定要坚持科学规划，合理布局，搞高标准、高起点开发。在现代经济条件下，唯有规模经济才能在强手如林的市场竞争中立于不败之地。但规模开发必须建立在科学的基础之上。否则，规模越大，造成的损失就越大，过去我们在这方面的教训是十分深刻的。为了确保香柚开发早出成果早见效，1995 年江永县在规模开发的过程中，注意把了“三关”：

一是严把开发规划关。按照因地制宜、讲求规模、注重实效的原则，全县规划香柚开发以桃川洞为重点，沿 1862 国道线展开，形成百里香柚带，其中万亩以上集中连片的基地 5 个，5000 亩连片的 6 个。他们不仅制定了全县的整体开发规划，还搞出了各项目区的具体实施方案；不仅有分年度计划，还有分阶段具体目标。这样就便于操作，便于检查验收，便于抓落实。

二是严把种苗关。全县对香柚苗木接穗进行了严格的优选，苗木培育集中在铜山岭、茶厂、千家湖、圣人山等四个地方，实行统一管理，集约经营。苗木上山定植，由县丘冈开发办统一把关，坚持做到等高梯土撩壕，大苗大肥大水栽培，不搞低标准、“瓜菜代”。种苗是开发成败的基础，江永县的香柚开发高度重视种苗工作，全省的丘冈山地开发都要高度重视并切实抓紧抓好这项工作，特别是在当前，在干部群众对丘冈山地开发积极性很高、开发来势很好的情况下，各级党政领导更要保持清醒的头脑，正确处理速度与质量的关系，在讲求质量的前提下求速度。尤其是要下力气抓好苗木质量，坚决防止由于速度过快、苗子跟不上、农民瞎买苗子、“病急乱投投医”的现象发生。如果把不好的苗子栽到山上，就会影响开发的效益。这个关一定要把好。

三是严把管理关。1995 年江永县采取抓工业项目的办法来管理香柚开发，对实施的 6 大开发项目区，每个项目区都明确了 1 ~ 2 名县级领导为项目负责人，并从县直机关和乡镇抽调得力干部，组成项目实施的专门班子。项目实施班子人员与原工作单位脱钩，任务不完成，班子不拆，人员不散，并建立了严格的项目责任制，定期检查督促。由于责任明确，管理得法，工作一环扣一环，江永县基本上做到了开发一片，成功一片。各地对丘冈山地开发的项目都要加强管理，在大规模群众性的开发过程中，一定要注意防止出现“边开边荒”的现象。

4. 要下大力气抓好配套开发，千方百计地提高开发的竞争力。配套开发要做的工作很多。我认为最重要的是抓好市场、技术、加工、基础设施四个环节。

首先，要抓好市场开发。这是产业开发成功的前提。各地一定要跳出传统农业的圈子，坚持以市场为导向。不仅要巩固现有市场，而且更重要的是要开拓市场。在市场开发上，也要有拓荒的精神。过去，江永县在这方面做了不少工作，组织起了 200 多人的香柚营销队伍，在一些地方开设了销售窗口。但我觉得这还不够，思路还不够宽。在市场开发上，我们一定要有远见，一定要有战略眼光。无论是江永的香柚开发，还是其他地方的名特优新产品开发，都要注意学习和借鉴正大集团的营销经验，真正用抓生产的劲头抓市场开发，尽量把现有的产品打远一点，就是在产品俏销的时候，也千万不能“夜郎自大”，要时时刻刻都有紧迫感、危机感，做到生产开发与抢占市场同步进行。

第二，要抓好技术开发。这是开发成败的关键，未来的市场竞争，说到底是技术的竞争。优胜劣汰，这就是市场的基本法则，江永香柚虽然内质好，是中国的名特优轴子产品，但也存在籽粒较多的问题，需要加以改进。最近，我到长沙的市场上转了一圈，看到福建等地的无籽柚已大批量上市，感到我们在这方面还见事迟，动手慢。因此，从现在起，必须奋起直追。按照消费需求对现有品种不断地进行技术改造，不断地改良、优选优化，加大技术含量，增加技术储备，抢占技术的制高点。我殷切地希望省农科院能在这方面做出应有的贡献。只有这样，我们的产品开发和产业开发，才能在市场竞争中具有旺盛的生命力。

第三，要搞好储存和加工利用。这是提高开发效益的重要一环。江永香柚全身都是宝，但目前还是处在卖原柚阶段，加工利用尚未起步。从长远来讲，10 万亩香柚全部进入盛产期后，年总产量可达 2 亿多个。这么多的柚子，不进行储存，不进行加工，就一下子涌向市场，是不行的。因此，香柚储存是个十分重要的问题，不能只让人民群众吃一阵子，要逐月都能供应上市才行，要研究解决好这个问题。并且，这么多的柚子没有几个龙头企业来“吃”，不搞深加工、系列开发更是不行的。何况香柚加工增值的潜力还大得很。一些地方的经济发展速度快，无一不是通过加工增值实现的。加工上不去，开发效益就上不去，开发就不可能有大的突破。所以，无论是江永县的香柚的开发，还是其他地方的优质农产品开发，都必须与农产品深加工紧密结合起来。食品行业、乡镇企业、轻工业等部门都要密切配合，围绕主导产品和支柱产业的开发，大力发展农副产品的精加工、深加工，要在这个方面有个大的突破。

第四，要加强基础设施建设。这是确保开发成功的基本保证，加速丘冈山地开发，离不开水利、交通、通讯、气象等生产条件的改善，也需要有好的生态环境。江永县早些年兴办了茅草地等一些农场，用了大量的人力物力开垦了数万亩丘冈山地，但由于水利等基础设施配套问题没有解决，结果是“只种无收，开了又荒，人走屋空，一片荒凉”。1988 年以来，他们认真总结历史的经验教训，同样还是在茅草地这块地方，坚持农业开发先开发水，做到山、水、田、林、路、通讯、市场等基础设施配套建设同时进行。通过几年的努力，他们使历史上荒得出了名的茅草地，变成了全国闻名的特产之乡。1995 年他们又围绕项目区的开发兴修水利设施 32 处，新修机耕道 48 条、145 千米。湖南的丘冈山区特别是湘南、湘西容易干旱。因此，从某种意义上讲，我们的丘冈山地开发，成败的关键还在于水。所以，我们开发丘冈山地，一定要坚持开发到哪里，水就要通到哪里，路就要修到哪里，做到旱涝保收，肥料等生产资料运得进去，林果等产品运得出来。

5. 要坚持以开放促开发，着力搞活经营机制。如何搞活经营机制？江永县的做法，主要是进一步放开“三权”。一是进一步搞活土地使用权。在稳定家庭联产承包、延长土地承包期的基础上，建立健全土地流转制度，允许采取招标承包、租赁、转包、股份合作等形式搞规模经营，允许拍卖荒山荒地搞开发；二是进一步放开生产经营权。鼓励国有、集体、个体私营、股份合作、外商独资合资等多主体开发；三是进一步理顺利益分配权，坚持谁开发、谁投资、谁受益，保护开发者的合法权益，县里制定了《关于建设桃川 10 万亩香柚基地的若干规定》和《关于保护外来客商合法权益的具体办法》。由于开发政策优惠灵活，全县出现了多形式、多主体、多渠道开发的可喜局面。目前该县香柚开发的具体形式主要有股份合作开发、大户承包开发、租赁开发、拍卖开发和庭院开发五种。1995 年全县新建股份合作柚场35 家，开发面积2600 亩；承包香柚开发10 亩以上的大户590 户，开发面积8993 亩；机关单位、厂矿企业租赁土地参与开发的有108 家，开发面积1.8 万亩，引进县外的开发资金达2100 多万元，江永县的实践说明，开放开发也就是解放和发展生产力。

加速丘冈山地开发，是一项跨世纪的致富工程。在调查中，我感到要抓好这项宏大的战略工程，还必须正确处理好这么几个关系：

第一，要正确处理当前与长远的关系，做到以短养长，长短结合。在江永县，刚提出3 年建成10 万亩香柚基地这个目标时，县里的同志和我都担心，这么大的工程量，难免不影响当前的生产。为了解决好这个问题，他们在有利于促进香柚生产的前提下，引导和鼓励农民搞间作套种。1995 年，全县在香柚幼林中，间作套种花生、西瓜、冬瓜等作物2.1 万亩，比1994 年增加6600 亩发动农民养猪，增加有机肥，全县生猪饲养达35 万头，人平1.5 头，比1994 年增加11 万头，仅养猪收入一项，就比1994 年增加收入3000 多万元。不仅开发上去了，农业也获得了前所未有的好收成。各地的丘冈山地开发，都要注意统筹安排，合理布局，努力做到生产、开发两不误。

第二，要正确处理富民与富县的关系，坚持“放活水养活鱼”，首先让农民从发展生产中多得实惠。1994 年，江永县对新受益柚林实行了免税、减税，农民就多增收了75.1 万元：1995 年县级财政对香柚子产品让利140 多万元。农民尝到了开发的甜头，生产积极性就更高了。但是也有一部分地方，开发的果实才出条，多方伸手，多头收费，重复收费，挫伤了群众的积极性，这“杀鸡取卵”的做法是错误的，要坚决予以纠正。

第三，要正确处理家庭经营与集体经济的关系，在鼓励农民加速开发的同时，注意引导发展壮大集体经济。集体经济没有实力，农民一家一户生产需要的服务就无法进行，家庭规模经营就会受到影响。因此，开发丘冈山地一定要与发展集体经济结合起来，通过发展集体经济，壮大经济实力，加强服务，进一步增强村党支部的凝聚力、战斗力，促进开发更快更好地发展。

第四，要正确处理经济效益与生态效益、社会效益的关系，把三者有机结合起来，切不可盲目、片面地追求经济效益而忽视生态效益和社会效益。现在，全省已实现消灭宜林荒山的目标，这是我们几代人为之奋斗的结果，是来之不易的。

因此，各地对现有林地的改造既要积极，又要慎重。一定要坚持因地制宜，不能搞一刀切、一律化。对现有残次林改造，要严格审批制度；对坡度较大、不宜更新改造的丘冈山地，要严禁毁林开荒。新的开发也要尊重科学，尊重自然规律，决不能造成新的水土流失。

第五，要正确处理经济开发与精神文明建设的关系，努力创造稳定宽松的社会环境。开发搞起来后，农民富起来后，人们首要的追求是什么？是稳定！如果社会治安状况不好，不稳定，开发就缺少安全感，对外开放就是一句空话，生产发展就会受到严重影响。因此，我们要坚持一手抓开发，一手抓社会治安综合治理，及时有力地打击各种破坏生产的经济犯罪活动，保护开发的合法权益，倡导良好的村风和民风，确保开发的顺利进行。

（1995 年 11 月）

（原载《湖南经济研究与思考——山水篇》湖南出版社 1996 年版）

向大家推荐一个“常宁模式”

——简析常宁旱地经济作物开发工程

常宁县位于湘南丘陵地带，总人口80.9万人，总土地面积2046.6平方千米，耕地面积60.3万亩，人平0.74亩，其中水田51.9万亩，旱土8.4万亩；丘冈山地面积169.25万亩。近年来，常宁县委、县政府从实际出发，紧紧抓住丘冈地、旱地资源这个优势，反复调查研究，多方考察论证，于1993年6月，作出实施“旱地经济作物开发工程”（简称“旱经工程”）的重大决策，决心把“旱经工程”开发作为发展市场农业、振兴县域经济、带领农民致富奔小康的战略工程来抓。实施这一工程3年来，该县初步建成了以优质水果、干果为主，以茶叶、药材、油桐等为辅的八大农业商品生产基地，面积达20.5万亩。此外，全县还改造，更新低产油茶林9.5万亩，垦复油茶林25万亩，改造低产果木林3.8万亩。通过丘冈山地开发，全县在稳定粮食面积的前提下，大幅度增加经济作物面积。全县“四荒”地（荒山、荒坡、荒土、荒滩）减少66.7%，旱土利用率达91.4%，除油茶外，现有经济作物总面积达52.6万亩，比1993年增加17.6万亩，增长32.2%。新开发的丘冈山地一部分套种、间种当年生经济作物，一部分进行种养立体开发，开发的第一年就实现了较好的经济效益，1994年底，全县农民人均从丘冈山地获得收入338元，比1992年126元增加212元，翻了一番多。1995年，全县农业总产值达7.2亿元，比1994年同期增长20.2%，其中旱地经济作物产值2.51亿元，占农业总产值的35%。预计再过两三年，全县旱地经济作物产值可占整个农村经济的“半壁江山”。该县开发丘冈山地，不仅在经济效益上尝到了甜头，而且逐步摸索出了一条符合常宁实际的、有效的开发路子。

加快丘冈山地开发，关键要有一个灵活的开发机制

在社会主义市场经济体制下，大规模开发丘冈山地，必然会遇到诸多的矛盾，例如土地问题、规模问题、投入问题、技术问题、农民积极性问题等等。如何解决这些矛盾？常宁县委、县政府认为关键要有一个好的开发机制。机制活，资金来；机制活，群众开发丘冈山地的积极性就高；机制活，才会出成效。为此，县委、县政府认真思索，反复研究，总结群众创造的新鲜经验，集中广大干部群众的智慧，参照国家有关政策，先后出台了《关于在全县实施“旱地经济作物开发工程”的意见》《关于进一步开发丘冈山地，加快实施“旱经工程”的意见》《关于建立土地流转机制问题的通知》等一系列政策性文件，将丘冈山地开发一步一步引向深入。这一系列政策出台后，群众开发丘冈山地的积极性大大提高。1994年来，全县共投入开发资金8360万元，其中农户自筹5130万元，引进县外资金84万元，县、乡（镇）两级财政投入1200万元，争取银行贷款800万元，调剂各类项目资金500万元，调配各级各部门投入650万元。常宁县在探索丘冈山地开发机制上，主要有如下几种类型：

1. 租赁承包型。即吸收和发挥家庭联产承包责任制的优点，让农民租赁承包丘冈山地，承包期20年以上，以充分调动农民群众投入的积极性。全县这一类型经营的面积达13万亩，占已开发面积的56%。具体实施中，形成了以下几种形式：一是能人承包。全县各地积极鼓励能人承包，已有1060位能人参与承包，总面积达到4.8万亩。二是农户就近租赁承包。全县将房前屋后的丘冈地全部实行农户承包经营责任制，既有利于管理和发挥效益，也促进了庭院经济的发展。涌现了像兰江乡兰江村、庙前乡西湖村、官岭镇淡元村、应伏村等58个典型村。三是招标租赁承包，通过公开招标，激发群众开发投入的积极性。板桥镇群益村群众竞相投标承包该村300亩柑橘园，5000株柑橘被42户农户分小班承包，每标承包费由原来的4元炒到8元，仅此一招，村里可得纯利4万元，保证了村组干部的工资，免除了全村农民负担统筹提留。

2. “反租倒包”型。实行家庭联产承包责任制以来，一些地方的旱土、丘冈地连同稻田全部承包到了农户，使用权分散，经营粗放，特别是还未开发的丘冈地几乎长期抛荒。有的地方虽然统一种植经济林，但由于管理不善，效益很低。

为了解决一家一户小生产与基地化、规模化大生产的矛盾，他们以土地流转机制为动力，村组集体将分散的土地从农户手中"反租"过来，创造集中连片开发的基础条件，然后再将这些集中的土地倒过来租赁承包给能人经营。"反租倒包"型经营方式使土地、劳动者等生产要素重新得到配置组合，既保证了原承包户的既得利益，又调动了"倒包"能人的积极性，还壮大了集体经济；既避免了粗放经营，又实现了规模化、高效化生产。目前，全县"反租倒包"的丘冈山地面积达1.3万亩，生产经营进入了良性循环状态，罗桥镇罗田、双湾两个村1993年建成连片500面的香柚基地，均是实行"反租倒包"经营，涉及农户176家，分块承包给村里64个能人，目前香柚长势喜人。

3. "四荒"拍卖型。常宁县"四荒"地（荒山、荒坡、荒滩、荒土）总面积达到8万余亩。"四荒"地大多不是责任山，也不是集体场园，无人经营管理，长期闲置、荒芜，没有任何效益，对这类"四荒"地，他们采取公开拍卖土地使用权的办法，一定50年不变，开发头5年免征一切税费，让购买者自主开发。这一措施出台后，群众热情很高。到目前为止，全县共拍卖"四荒"地2.1万亩。拍卖"四荒"地，使生产资料和劳动者紧密结合，劳动者有了权属上的稳定感、生产经营上的完全自主权和劳动成果的直接收益权，从而开发的积极性大大提高。烟洲镇5个农民个体户1994年以5万元买走了王家皂100亩荒山，栽种果树并套种西瓜、花生，当年获纯收入1.8万元；预计1995年总收入可突破10万元，纯收入可达4.2万元。拍卖"四荒"地将开发使用权推向了市场，强化了开发主体投入的积极性，提高了开发效益。

4. 机关参股型。除鼓励乡镇机关和县直机关为实施"旱经工程"提供产前、产中、产后服务外，还鼓励他们直接走向开发主战场，利用机关的人才、技术、信息、资金、管理等方面的优势，以丘冈山地为载体，与村组、农户进行合股开发，结成利益共同体，或创办自己的经济实体。目前，全县有42个县直职能部门共创办或与村组、农户合股联办了65个农业开发实体。其中种植业实体24个，基地面积1.75万亩，养殖业实体21个，农副产品加工实体8个，购销服务实体12个，有92名机关干部留职停薪直接参与农业开发，机关实体共创产值7800万元，获得利润640万元，增加税收290万元。机关参与开发主要有三种形式：一是资金入股。如县国土局投资12万元与三角塘镇寨下村合股开发800亩柑橘基地，间种花生，并新建一个年饲养量100头以上的猪场，预计1995年可创产值80余万元。

该基地由国土局带资入股，寨下村土地入股，然后承包给能人开发。二是技术入股。农业、林业、畜牧、多种经营等部门动员技术骨干下乡进行技术承包，用技术入股搞开发。县林业局与新河镇签订了3000亩红枣基地双向联营承包合同，林业局主要提供种子、技术，村组提供土地、劳力和资金，收益后按比例分成。三是机关独立开发创办基地。县人武部在三角塘镇寨下村兴办一个民兵丘冈山地开发示范点，出动民兵7000人次，高标准开发丘冈山地510亩，建设脐橙基地；并兴建百头猪场3个。到1995年10月，已出栏生猪193头，预计1995年可创产值40万元，获纯利4.2万元。

5. “公司+农户”型。一方面由涉农部门组建各类服务总公司，围绕主要农产品，先后成立了茶叶总公司、生猪购销服务公司、林产品服务公司、生资公司、农机服务总公司、水电器材服务公司、粮油贸易总公司等8大公司。这些公司以服务为宗旨，按照保本微利原则进行生产经营，解决买难、卖难等牵涉千家万户的难题。另一方面由各乡镇组建贸工农服务公司，由乡镇党政负责人兼任公司经理，实行政贸合一，经贸合一，凭借组织管理上的优势，建立上联市场、下接千家万户的开发基地；有的乡镇还成立了大宗农产品专业服务公司，如洋泉的竹木公司，新洲的花生公司、板桥的柑橘公司、罗桥的生猪购销公司等，乡镇服务公司吸收村、组、农户为股东，制订严格的章程，实行惠农助农政策，严格坚持价格保护和赔偿制度，突出服务这个中心。全县共创建了“公司+农户”“公司+基地”“公司+场园”等服务实体38个。

坚持“三个结合”，是符合常宁实际的开发路子

实施“旱经工程”，必须自始至终坚持以效益为中心，以农民增收、集体经济增长为目标，因地制宜，走符合本地实际的开发路子。常宁县在实施这一“工程”时，始终注意在坚持统一领导、统一规划、统一部署、统一政策的前提下，实行“三个结合”。

1. 长短结合，走种养并举、立体开发的路子。“旱经工程”周期长，见效慢，是一项跨世纪的长富工程。常宁县按照到1997年实现农民生活达到小康目标的要求，在实施“旱经工程”中主要做到了坚持两手抓：一手抓水果等多年生经济林的开发，一手抓当年生经济作物等短平快项目的开发；一手抓种植业，一手抓配

套综合养殖，实行立体种养，综合开发，以短养长，以长保短，使经营者既可看到吹糠见米的眼前利益，又可收到长远效益。抓短项目主要从两方面着手：一是套作间种。根据新建基地果木处于幼林阶段的实际，充分利用土地和温光资源，在果木林中间种适宜的当年生经济作物。全县新开发的20万亩丘冈山地，其中间种当年生经济作物12.5万亩，当年生经济作物年均总收入1.38万元。二是种养立体开发。即在新辟经济林基地兴建养猪场，或在有山塘水库的丘冈山地推行“一园果、一塘鱼、一栏猪、一群鸡（鸭）”的立体种养模式。全县“旱经工程”基地共兴建年饲养量百头以上养猪场134个，饲养量达3万余头，共有182处山塘水库得到了综合开发。

2. 山、水、路结合，走配套建设、综合治理的路子。水和路的问题，是制约丘冈山地开发和农村经济发展的“瓶颈”，常宁县委，县政府要求，凡新开的基地，必须实现“三通”，即水通、路通、电通。1994年以来，围绕开发性农业项目，全县共完成大、小水利配套工程780处，新增蓄、引、提水总量978.5万方，新增灌溉面积6.83万亩，改善灌溉面积4.1万亩。不能蓄、引、提水的，就地打井采掘地下水，确保“旱经工程”不受旱灾。在路的配套上，1995年秋季，全县组织近两个月的兴修乡村公路大会战，凡有“旱经工程”基地的地方，都必须把路修到山头。全县新修乡村公路、机耕道185千米。目前，全县规模较大的经济场园水、电、路等基础设施已基本配套。

3. 果、药、茶结合，走因地制宜、扬长避短的路子。在规划布局时，常宁县根据各地地理、气候、土壤类型的特点，科学划分“旱经工程”实施区域，不同区域发展不同项目，做到地尽其利、因地制宜。在南部高寒山区，以发展用材林、山岚茶、药材林、百合为主；在东中部平岗红壤区，主要改造、发展油茶、油桐、水果、干果和无渣生姜；在西北部丘冈紫色页岩地区，以果木林、花生、油桐为主，大力发展柑橘、奈李等优质水果和板栗、红枣等优质干果。通过开发，逐步形成有规模优势的主导产业。常宁县新辟场园以果木林为主，适宜种药材和茶叶的塔山、蒲竹地区主要发展药材和优质山岚茶；同时下大力气更新、改造、垦复好80万亩油茶林，使油茶真正成为全县农民增收的主项目。

“常宁模式”带来了良好的开发效益

常宁县“旱经工程”实施3年来，已基本步入良性循环的轨道，实现了经济效益、社会效益和生态效益的有机统一。

1. 加快了农村经济发展。通过“旱经工程”开发，常宁县初步建成了8大商品生产基地，形成了“一地一品”的经济格局，同时，以商品生产基地为“龙头”，带动了农副产品加工业的迅速发展，并初步建成了8大以农副产品加工为主的乡镇工业和个体私营工业小区，加工企业发展到620多家。乡镇工业小区的形成，又直接推动了市场建设和小城镇建设的快速发展。目前，常宁县已建成了13处农村集贸市场和14条“农民街”，12座新型小城镇拔地而起。商品生产基地、乡镇工业小区、市场建设和小城镇建设紧紧连在一起，“四位一体”，市场辐射基地，基地带活市场，形成产供销一条龙、贸工农一体化的农业经济新格局。

2. 提高了农民群众开发丘冈山地的积极性。“旱经工程”实施3年多来，常宁县共有30多万农民投入丘冈山地开发。8.6万亩过去无人管理的果木场园被争相承包，6.35万亩丘冈山地被个体联户或集体租赁开发，2.1万亩荒山荒地被近千名农业能人抢购，2400余名“打工仔”带资回乡领办、承包“旱经工程”基地，1600余名“娘子军”、2000多名共青团员纷纷上山兴办“三八”开发工程、“青年突击队基地”，120余户个体私营企业主或弃工从农，或工农“两栖”投入丘冈山地开发，承包“旱经”基地或集体场园。常宁县涌现了一大批“果场主”“茶场主”“农场主”。

3. 壮大了村级集体经济。在实施“旱经工程”过程中，常宁县把开发丘冈山地与发展、壮大村组集体经济紧紧结合起来一起抓。3年来，全县共改造、发展集体经济场园308个，新建集体猪场234个，发展庭院经济专业村106个、专业组1960个，兴办村组集体农副产品加工企业360多家，基本上消灭了集体经济“空壳村”。1994年全县农村村级集体经济总收入达1.71亿元，村级积累2800余万元。由于集体经济实力的增强，不少村逐年减少或取消了上缴摊派，并出资兴办了大量的公益事业。

4. 有效地改善了生态环境。在实施“旱经工程”时，常宁县注意坚持造、封、管并举，实行山、水、田、林、路综合治理，将土地资源的开发利用同生态环境的保护结合起来，取得了良好的生态效益，生态环境得到较大改善。3年来，全县共完成开荒8.5万亩，改良草山草坡4.3万亩，营造水土保持林7.6万亩，减少水土流失面积8万亩。全县水土流失强度普遍减轻了近一个等级。10万亩紫色页岩地，除开发种了果树、油桐的以外，其余试验扦插芦竹，已获成功，光山秃岭将全部披上“绿装”。

5. 增强了机关服务功能。在丘冈山地开发过程中，常宁县直机关纷纷转变职能，为丘冈山地开发提供产前、产中、产后全程服务。在技术服务方面，由县直农口有关部门牵头，组织技术骨干到乡镇实行巡回技术指导，定点、定期举办种植、养殖技术培训班；县农口各部门根据本县实际，编印了一系列实用技术资料分发到村、组和专业户；并组织技术人员下乡搞技术承包、参股。全县共举办各类农技培训班500多场次，印发技术资料10万余份，310名科技人员对13.5万亩果木林、180处综合养殖场进行了技术承包。在购销、信息服务方面，县直有关涉农部门及时组织种籽、种苗、化肥等物资进购和农产品销售，为“旱经工程”基地寻找市场。县直机关在与村组合股开发的同时，还对口扶持各乡镇进行丘冈山地开发。全县70多个副局级以上单位均与各乡镇村建立丘冈山地开发联系点，从人、财、物等方面予以扶助，机关作风大为转变，服务功能大为增强。

在丘冈山地开发中，常宁县紧紧围绕丘冈，旱地资源优势，实施“旱地经济作物开发工程”，创造了“常宁模式”，成功地走出了一条丘冈山地开发的路子，其经验是宝贵的，启示是深刻的。“常宁模式”的探索和实践告诉我们，只有坚持因地制宜，一切从实际出发，才能真正找到解决在社会主义市场经济条件下丘冈山地开发中遇到的一些新问题、新矛盾的办法；才能有效地调动广大干部群众参与开发丘冈山地的积极性，也才能使丘冈山地开发收到实实在在的经济效益、社会效益和生态效益。我们推介“常宁模式”，就是要动员和号召全省各地学习常宁县的干部群众勇于探索的精神，学习常宁县的党员干部求真务实的工作作风，真正把我省丘冈山地开发提高到一个新的水平。

（1995年10月）

（原载《湖南经济研究与思考——山水篇》湖南出版社1996年版）

丘冈山地开发中县乡干部与科技人员的作用发挥

在丘冈山地开发中要发挥县乡干部的作用

县乡干部是农村工作的组织者和领导者。在丘冈山地开发中，如何发挥县乡干部的作用，这是值得认真研究的问题。今年以来，我花了一些时间和精力，到丘冈山区调查研究，实地考察开发情况。所到之处，看到男女老少一起上山搞开发，而且各地搞的都是一些市场走俏的名特优新农产品，并且形成了一定的规模。不少干部群众反映，这次丘冈山地开发真正调动了农民的积极性，其规模之大，进展之快，效果之好，是以往农业开发所少见的。为什么会出现这么好的形势？从调查的情况来看，我认为一个很重要的原因，就是发挥了县乡干部的重要作用。

1. 县乡干部参与丘冈山地开发，为广大农民群众起到了样板示范作用。在丘冈山地开发中，县乡干部特别是县乡领导干部层层办点示范，做到“一级做给一级看，一级带着一级干”，为农民群众树立了榜样。据不完全统计，全省各级领导共办各类开发示范片380处，新开发面积80多万亩，其中各地、市、州、县党政一把手办点180多处，面积50.4万亩。衡阳市县乡两级领导办有各类开发兴农示范点800多个，基本上做到了县乡党政一把手都有自己的丘冈山地开发示范点。岳阳市县乡两级主要负责同志共办丘冈山地开发示范点86个，面积18万多亩。华容县委、县府决定，通过三年的努力，县级要办好10个1000亩以上的示范基地，乡级要办好100个100亩以上的示范点。这些示范点，开发标准高，规模大，在全省产生了广泛的影响，有效地推动了山地开发更快更好地发展。我们到江永、资兴、溆浦、慈利、衡南、麻阳、吉首、泸溪、桃江、临湘、临武等县调查，看到新开发的山地一片连着一片，群众的积极性调动起来了，开发真正变成了农民的自觉行动。

2. 县乡干部参与丘冈山地开发，提高了开发的整体水平。1995年以来，省里确定了9大丘冈山地开发示范片，分别由8名省级领导挂帅、省直有关部门负责联系，这9大示范片不仅开发的规模大，而且标准高，在全省具有相当大的影响。各地市州县乡机关在丘冈山地开发中，也都注意了开发的规模和开发标准。例如江永县10万亩香柚开发工程，1994年还只有3.5万亩老柚园，1995年，由于省、地、县、乡的参与，一年新动工开发高标准柚园3万亩，计划到1997年要建成10万亩。香柚开发使昔日偏远的江永，如今变成了闻名全国的“中国香柚之乡”。又如桃江县，全县竹林面积排在全国第三位，1995年夏秋季节，县委、县政府发动县乡干部参与楠竹修山，使广大林区农民群众受到了很大的鼓舞，仅夏秋两季就修山11万亩。基层干部群众评价，这次楠竹修山规模之大、标准之高是历年少见的。从全省来看，从1994年冬开始的丘冈山地开发与往年比较，一个明显的进步是没有搞“遍地开发”“星星点点”的开发，没有搞低水平的重复，而是按规划，有计划、有步骤地进行，开发的重点更加突出，区域更加集中，主要是搞区域性支柱产业建设，搞产业化建设。同时，注意把开发与改造、广度开发与内涵扩展、经济效益与社会效益有机结合起来，开发整体水平有了大的提高。

3. 县乡干部参与丘冈山地开发，加强了对农村工作的领导。在丘冈山地开发中，广大县乡干部走出机关，对基层农民群众实行面对面的领导，一方面，有利于及时解决丘冈山地开发中遇到的新问题、新矛盾；另一方面，对于干部的科学决策能力、组织指挥能力也是一次全面的提高。例如怀化地区放手放胆鼓励党政机关、企事业单位和干部职工搞开发，1994年冬以来，全区有542个县市直单位，投资2220多万元，开发山地715处，开发面积18.63万亩，不少县市为解决开发资金问题，大搞招商引资，取得了明显效果。又如衡南县引进开发资金就达400万美元，华容县引进开发资金600万元，平江引进400万元。此外，在规划、信息、技术等方面，县、乡干部为丘冈山地开发也提供了服务。

4. 县乡干部参与丘冈山地开发，转变了干部作风，密切了党群、干群关系。在丘冈山地开发中，广大县乡干部深入开发第一线，与农民群众一起研究开发规划，切实解决开发中存在的具体问题，并且身体力行，亲自参加劳动，深受农民群众的欢迎。桑植县30多名县级干部深入到各乡镇宣传发动，组织项目开发，全县3000多名县直机关、企事业单位干部职工自带工具和炊具上山搞开发，在全县广大群众中反响很好。常宁县42个县直职能部门与村组、农户合股联办了65个农业开发实体，加快了全县实施“旱地经济作物开发工程”的步伐。此外，一些县乡机关围绕开发搞服务，创办集管理、服务、经营于一体的经济实体，为广大农民提供良种、资金、物资、信息、技术等方面的服务，有力地推进了丘冈山地开发向专业化、区域化、产业化发展。

充分发挥县乡干部在丘冈山地开发中的作用，是加速丘冈山地开发，加快农民致富奔小康步伐的需要。从目前的实际情况来看，我认为还要抓好以下几个方面的工作：

1. 要把思想统一到两个根本性转变上来，进一步提高县乡干部适应和驾驭社会主义市场经济的能力。在市场经济条件下，产品没有规模就没有市场占有量，没有市场占有量就没有竞争力，也就不能形成规模效益。这就告诉我们，丘冈山地开发要搞上去，县乡干部的思想观念必须尽快适应社会主义市场经济发展的要求，学会更多地通过市场和效益来引导干部群众搞开发。但是，在这个问题上，当前县乡干部的思想观念还有较大的差距。主要的表现是，小农经济的观念强，市场观念、风险观念、竞争观念、效益观念较差。因此，必须紧紧围绕两个根本性转变，解放思想，转变观念，突出解决好人民群众理解和支持社会主义市场经济体制的问题；突出解决好广大县乡干部适应和驾驭社会主义市场经济能力的问题。只有县乡干部的思想和行动真正统一到两个根本性转变上来了，丘冈山地开发才能面向市场，实现由粗放经营向集约经营的转变。

2. 转变工作职能，为丘冈山地开发提供全方位服务。现在丘冈山地开发已经在全省蓬蓬勃勃地搞起来了，摆在县乡干部面前的一项重要任务，就是要全方位提供服务。如果服务搞不上去，丘冈山地开发就会半途而废，不但会劳民伤财，而且会严重挫伤农民开发丘冈山地的积极性。加强服务，就要突出抓住两件事情一是办好社会化服务的经济实体；二是办好龙头企业。如果没有社会化服务的经济实体，没有产前、产中、产后的种苗、资金，技术、包装、运销等社会化服务，主导产业难以发展起来。同时，如果丘冈山地开发中生产出来的产品没有龙头企业来加工、来增值，主导产业也难以提高，就成不了大的气候。因此，我们要尽快制订优惠政策，鼓励县乡干部队伍中的优秀人才到农村去创办领办龙头企业，提高农副产品的加工水平，使产品优势转化为商品优势和经济优势。还要鼓励县乡涉农部门，积极创办社会化服务的经济实体，为丘冈山地开发提供大规模、全方位的服务。

3. 切实加强领导，狠抓工作落实。从整体上看，虽然全省丘冈山地开发形成了新的高潮，但是，也有少数干部的思想认识不够高，存在着“群众难发动，资金难筹措，规模难形成”等畏难情绪，对全省丘冈山地开发工作的安排部署还没有很好地落实，在有的地方，开发还只是停留在“嘴”上，落实在“纸”上，开发的气氛不浓，力度不大。特别是加工和市场开发还明显滞后，普遍存在重产品开发、轻市场开发的现象。这必须引起我们的高度重视。丘冈山地开发作为建设农业强省的重大举措之一，各级领导必须把它摆在重要的工作位置上。要按工程管理的办法，从县到乡选准开发的主导产业，定好骨干工程，每个项目、每项骨干工程，都要定一名领导，定一个班子，定一套制度，层层明确任务，责任落实到人，并定期进行检查，促进工作落实。同时，要把开发情况作为考核县乡干部特别是县乡领导干部政绩的重要内容，作为对县乡干部进行奖罚的依据之一。要通过这些措施，增强县乡干部的工作责任感，使广大县乡干部真正真抓实干，把丘冈山地开发工作抓出成效。

充分发挥科技人员在丘冈山地开发中的作用

加速丘冈山地开发，是振兴湖南经济、实现小康目标，并为实施第三步战略目标打基础的跨世纪致富工程。如何有效地运用科学技术促进丘冈山地的开发，这是广大丘冈山区面临的重大课题，全省丘冈山地开发工作会议以后，我前后花了三四个月的时间，深入丘冈山区调查研究。从调查中，我深深感到，丘冈山地开发要上速度、上规模、上水平、出成效，必须转变开发方式，提高开发质量，加大科技开发力度，走依靠科技进步和提高劳动者素质的路子。依靠科技关键在于人才，在于充分发挥科技人员的积极性。科技人员的作用发挥好了，对于加速丘冈山地开发，推进农业和农村经济再上新台阶，实现农业大省向农业强省的跨越，具有十分重要的作用。

1. 科技人员参与丘冈山地开发，有利于科技融入经济，加快农村产业化建设的步伐。近几年来，怀化地区紧密结合丘冈山地开发的实际，组织和依靠农、科、教等部门的科技力量，大搞科技开发和科技推广，全区围绕竹木、食品、中药材、畜牧、矿产等五大产业开发，实施了28项“星火计划”24项”丰收计划”、12项“燎原计划”、45项农业科技推广。通过大范围、大幅度地增加科技投入，大大加快了丘冈山地开发的步伐，如竹木产业开发，通过引进采用新设备、新工艺以及竹木综合利用技术、粘胶技术、防水防火防虫技术、表面处理技术等，已开发刨花板、纤维板、胶合板、高级竹凉席、按摩器等系列新产品130个，年产值达5亿元。素有“天然大棚”之称的道县，过去由于受传统农业的束缚，群众把蔬菜称为小菜，把种菜作为农业生产的“搭头”，蔬菜生产的巨大优势和潜力没有得到很好的开发和利用，1992年，省蔬菜研究所选定该县作为蔬菜开发基地以后，在他们的帮助和支持下，依靠科技，调整种植结构，积极引进湘研辣椒系列、早瓜豆系列良种，大力推广早播种、早种植、早菜上市技术，改零星“小菜园子”种植为区域化、基地化连片种植，改“提篮小卖”为占市场、疏渠道，搞活大流通，有力地推动了蔬菜生产的迅速发展，使之成为农民进市场奔小康的主导产业。全县蔬菜播种面积由1992年的6.9万亩，已发展到1995年的15万亩，外销量由2400万公斤增至1亿公斤，产值由7200万元增到2亿多元。实践证明，农村产业化建设必须依靠科技。科技人员直接参与丘冈山地开发，能充分发挥科技人员在科学决策、技术开发、科学管理等方面的优势，找到资源、市场、科技的最佳融合点，促进资源、劳力依附型的传统农业向知识、技术依附型的现代农业转变，促进经济增长方式由粗放型向集约型转变。

2. 科技人员参与丘冈山地开发，有利于开展科技攻关和技术创新，提高开发的质量和效益。科技人员直接参与开发，一方面，可以通过他们的现场指导、技术示范加快各种实用技术的推广应用，缩短技术转化为生产力的时距，减少信息损耗：另一方面，可以促进科技人员从实际出发，有针对性地进行难题攻关和技术创新。江永县在开发10万亩香柚过程中，充分发挥科技人员的作用，组织70多名科技人员深入开发现场，指导高标准撩壕整地，帮助苗圃搞好优质苗木的培育管理，狠抓柚子溃疡病冬季预防和防止柚子落果的技术培训，进行香柚速生丰产和无籽香柚技术攻关。目前，困扰香柚生产多年的溃疡病和落果问题已基本解决，仅此一项，每年可减少损失700多万元。同时，由于推广壮苗上山、适当密植、高位压苗移栽等技术，香抽初挂果期已由过去移栽后的7年缩短到4年。特别是通过科技人员普查与群众提供相结合的办法，发现了3株无籽香柚母本，现已培育出无籽香柚苗4000多株，为香柚开发开辟了广阔的前景。对香柚的储存问题也要作为一个科研题目加以研究解决，这就可以做到常年有香柚供应市场。洪江竹胶厂与中南林学院的科技人员合作，成功开发了钢框竹膜板，一根楠竹经过深加工，产值由9元增加到100元以上，附加值高达12倍。而湘北一个县，前几年花了很大的功夫开发几百亩金秋梨，已经进入盛果期。由于没有技术人员抓病虫防治，1994年遭受梨木虱危害，导致开发失败，直接经济损失上百万元。因此，完全可以这么说，有没有科技人员参与开发、科技人员的作用发挥大小，不仅事关开发质量和效益的高低，而且事关整个开发的成败。

3. 科技人员参与丘冈山地开发，有利于加速科技经济一体化，促进科技人员进入经济建设的主战场。1994年冬以来，全省各地组织动员1.1万名科技人员下乡，采取现场指导，科技培训、技术咨询、技术承包、租赁承包等多种形式参与丘冈山地开发，共办科技型丘冈山地开发样板280多处，示范面积达42万多亩，扶持科技示范户6.5万多户。通过科技人员抓科技样板山、样板工程和样板户，起到了“拨亮几盏灯，照亮一大片”的作用，仅仅一年的努力，全省改造和新开发丘冈山地面积904.9万面，规模和质量都上了一个新的台阶，在组织动员科技人员下乡的过程中各地注意把科技服务与科技人员自身的经济效益结合起来，鼓励科技人员与农民结成利益共同体。1994年初，通道县畜牧水产局13名技术人员组建富达开发公司，公司在开发商品肉兔中，从提供种兔、养殖技术到组织产品销售，实行全程服务，目前已发展养兔户1500多户，覆盖全县23个乡镇，年产商品肉兔15万多只，帮助农民创收300多万元，公司也获利20多万元。实践证明，科技人员走上经济开发的主战场，可以促进科技与经济紧密结合，使每一个科技人员都来了解、关心开发情况和市场行情，直接或间接地参与到生产和经营活动中去。同时，又促使科技人员去学经济、干经济，增强商品意识、市场意识、竞争意识，逐步把科技人员锻炼成发展市场经济的行家里手。

4. 科技人员参与丘冈山地开发，有利于科技部门和单位实体化，增强服务实力，调动科技人员积极性。由于多方面的原因，目前我省一些农业科技推广部门和科研院所的经费比较困难，特别是不少基层农技推广服务站处于“有钱养兵，无钱打仗”的境地。如何改变这种状况？各地比较成功的经验是，围绕主导产业开发，兴办科技开发服务型经济实体。据邵阳、怀化、零陵、娄底、自治州、衡阳6地市不完全统计，近几年来，这些地方的农业科技部门围绕丘冈山地开发，兴办公司加农户、协会联农户、基地串农户、中心带农户等多种类型的科技开发性经济实体1896个，参与开发的科技人员1.5万多人，帮助农民增加收入3.25亿元，科技实体获利3100多万元。兴办科技开发服务型经济实体，投资少，风险小，收益比较稳定，既能提高产业开发的科技含量，为社会创造更多的财富，帮助农民走上依靠科技致富的道路，又能为本部门增加收入，改善科技人员的科研、推广和生活条件，调动科技人员的积极性，一举两得。祁阳县畜牧水产站1994年本着"围绕开发办实体，办好实体促服务"的宗旨，抽调68名科技人员，创办开发性经济实体5个，共创产值1200多万元，获纯利润90多万元。通过办实体、抓创收，有效地缓解了推广经费不足的矛盾，改善了科技人员的科技推广和生活条件，开发推广服务的积极性倍增。近两年，该站研制推广新鱼药两种，推广良种猪和良种鱼品种8个，经营饲料、兽药及兽医器械200多种，开展生猪防疫121.5万次，并举办各类培训班105期，培训52500人次，印发各种技术资料2万份，有力地促进了该县养殖业的发展。

5. 科技人员参与丘冈山地开发，有利于完善农村科技社会化服务体系，提高农业科技入户率。科技人员参与丘冈山地开发的形式主要有三种：一是技术推广，二是技术服务，三是自办实体。不论哪种形式的参与，直接承受者和间接影响者都是农民，有利于村组科技示范户和民间科技服务组织的发展。目前，零陵地区的8.4万户科技示范户和955个民间科技服务组织中，有2.1万户农户和325个民间科技服务组织是科技人员在近两年的开发中组织发展起来的。宁远县冷水镇下壁村李运雪，毕业于北京农业大学畜牧兽医学院，分配在青岛正大集团养殖公司工作；1994年他辞去工作回到家乡，筹集10万元引进良种鸡，办起了一个占地40亩的养鸡场，今年1~10月出笼肉鸡1.2万羽，获纯利3万元、李运雪致富不忘乡乡亲父老，无偿向邻近村民传授养鸡技术，牵头成立养鸡联合协会，实行种苗、饲养技术、疫病防治、销售一条龙服务，引导邻近15个村600户村民办起了家庭鸡场，深受农民欢迎。

科技人员在丘冈山地开发中的重要地位和作用是显而易见的。如何努力创造人尽其才、才尽其用的社会环境，引导组织更多的科技人员投身于丘冈山地开发的主战场，这是一个急需解决的问题。从调查的情况看，我认为，当前必须切实抓紧抓好以下几项工作：

第一，切实加强农业科技服务体系建设，稳定农业科技队伍，充分调动科技人员的积极性。必须明确，县、乡机构改革，对基层农业科技推广机构及其职能，只能加强，不能削弱。最近，据下面一些同志反映，在撤区并乡中，有的农技站不是加强了，而是削弱了，这对于推广农业技术，开发丘冈山地，发展农业，都是很不利的。各级党委和政府必须高度重视，对经过几十年努力初步建成的以县推广中心为龙头，乡镇农业科技服务站为纽带，村农业服务组、民间科技组织为基础，科技示范户为桥梁的四级一户农技推广体系，一定要巩固好，完善好。从事丘冈山地开发的科技工作者，任务十分艰巨，而条件又十分艰苦。现在一些丘冈山区、特别是贫困地区科技人才留不住的现象比较突出。各级领导要深入下去，调查研究，关心体贴科技人员，为他们排忧解难办实事。对丘冈山区科技人员待遇偏低的问题，一定要采取行之有效的办法，力争在近期内有个明显的改善；对科技人员住房困难、夫妻两地分居、家属农转非、子女就业、医疗保健等问题，要重点解决，尤其是对长期工作在丘冈山区、贫困地区，为加速丘冈山地开发、帮助农民致富奔小康作出重大贡献的科技人员，要给予特殊优惠。要进一步放宽政策，鼓励科技人员向农村，向丘冈山区，向“老、少、边、穷”地区流动，激励科技人员扎根山区，勤奋工作，多出成果，出好成果。

第二，建立和完善与市场经济相适应的经济、科技、教育一体化发展的新机制，加速科技成果转化为生产力。长期以来，由于受传统农业的影响，科技成果转化习惯于纯技术的灌输转移，不考虑产品的价格、农民收入、市场和营销。在市场经济条件下，丘冈山地开发由单一的产品开发逐步向产业化方向发展。在开发中，农民不仅需要产中的科技指导，而且需要产前种什么、种多少的市场信息，需要产前的培训、良种及物资供应，还需要产后的加工、储藏、保鲜和营销等。适应经济发展的要求，必须打破传统单线型科技推广格局，建立起有利于加快科学技术综合转化速度和有利于提高科学技术转化效益的科技转化新体制。近几年各地的实践证明，实行农科教统筹，是加速农村科技成果转化为现实生产力的有效途径。特别是在乡镇一级，以农、科、教部门的基层单位为骨干，按照政府统筹、部门配合、形成合力、服务农村的原则，组建乡镇农科教中心，集“两科（科委、科协）、七站（农技站、畜牧兽医站、农经管理站、林业站、水电站、农机站、文化站）、一办（企业办）、三校（乡农校、职业中学、农广校）、两社（供销社、信用社）的优势为一体，使各方面的力量形成合力，大大提高了农业科技推广的综合效益。但过去实行的农科教统筹，主要采取的是行政手段、政府行为结合的方式，主要是松散型的协作，这种统筹运行机制已与市场经济发展的要求不相适应，功能在逐步削减。如何继续充分发挥农科教结合在农业开发中的积极作用？我认为，必须按照社会主义市场经济发展的要求，采取行政手段与经济手段相结合的办法，更多地通过经济杠杆的作用，大力发展股份制、合作制等多种形式的双边或多边经济、技术合作，创办各种形式的利益共享、风险共担的农业科研推广——教育——生产紧密结合的联合体，由松散的协作统筹转变为经济技术紧密联系的合作共同体，增强统筹的凝聚力，加速推进科研、教育、推广、生产、经营的一体化进程。

第三，进一步放手放胆鼓励科技人员创办开发型经济实体，强化服务功能。 科技经济一体化，这是科技发展的方向。近几年来，尽管各地在这方面做了不少工作，但起点低、规模小，进展缓慢，还不能适应加速丘冈山地开发、发展市场农业的需要。因此，在这个问题上，各级必须进一步转变观念，思想要再解放一点，措施要更扎实一点，步子要迈得更快一点。如何建立科技开发性服务实体？我认为基本的路子可以概括为两句话，一句是围绕本地能够形成规模优势的主导产业，依托涉农部门组建科技开发性服务实体；一句是以服务为宗旨，与农民结成利益共同体。在这里，围绕能形成规模的优势主导产业是前提，只有主导产业形成了，才有可能形成具有商品经济特征的产前、产中、产后服务体系；反过来，也只有服务搞好了，主导产业才能更快更好地发展。所以开发性服务实体要集管理、服务、经营三种职能于一体，核心是服务。要坚持自愿、互利、互惠、低收费的原则，在科技开发管理中突出服务，在服务中搞好管理，在经营中强化服务，在管理、服务、经营中与农民结成利益共同体。例如农民需要的资金，由科技开发实体承贷；农民生产所需物资，由实体供应；农民需要的技术，由实体培训；农民需要的信息由实体提供；农民生产的产品由实体销售。现在，一些丘冈山区，特别是贫困山区的开发，一方面急需大量的科技人才；一方面由于受资金的困扰，为数不多的人才又在闲置，他们是宝贵财富，分流一部分搞实体开发，大有作为。搞开发性实体，见效有个过程，不要动不动就脱钩“断奶”。我不是讲政企不要分开，但分开有一个过程，应采取“渐进式”而不是“突变式”，先给科技人员“戴上安全帽”“系上安全带”，实体办好了，收入多了，“断奶”就没有问题了。今后各地、州、市、县在丘冈山地开发中要选准一个主导产业，地、州、市、县的农业科技部门和科研院校可以相应组织起科技开发经济实体，如围绕水果开发，就可以搞一个果品开发服务实体，不仅向农民提供良种、资金、信息、技术等方面的服务，而且要面向市场好销售，形成“山上办基地、山下办工厂、山外找市场、科技创高效”的格局。这里，我要特别强调的是，科技开发性实体也要十分重视销售服务。通过销售服务，就可以把分散的、小批量的家庭生产进行重新优化组合，使千家万户的生产与大市场对接，这样就可以在不改变家庭经营的情况下，逐步提高开发的整体规模效益和社会化大生产的程度。

第四，建立多元投资体系，增加科技开发投入。各级在这方面一定要有战略眼光，要下真功夫，下大力气，要在增加科技开发的资金投入上有具体表现。目前，我省每年用于农业开发的资金总量是不小的，主要渠道有：农业综合开发、扶贫开发、丘冈山地开发、高效农业示范、农业形象工程、以工代赈工程、世行贷款造林、红壤开发等，对各条渠道的资金，应按照渠道不乱、用途不变、统筹规划、突出重点、集中使用、与科技配套的原则合理安排，各个项目的实施，必须有成熟的技术作保证。对科技人员领办创办的科技开发性龙头经济实体，开展科技推广、培训、咨询、技术承包、租赁承包等方面所需的资金，要优先予以保证，确保各项技术措施落到实处。

第五，加速丘冈山区科技人才的培养，增强开发后劲。对现有的科技人员，要采取分期分批轮训的办法，加快知识更新，不断提高他们的科研和推广水平；对有培养前途的从事丘冈山地开发的优秀中青年科技人才，还可以有计划选送一些出国考察、培训、深造，对农村特别是丘冈山区的优秀回乡知识青年，要采取财政补一点、自己凑一点的办法，选送一批到大专院校定向培养，使他们成为丘冈山地开发的骨干力量，要大力宣传像袁隆平、刘先和这样的科技典型，满腔热情地关心科技人员的成长，帮助他们树立正确的人生观、价值观，弘扬爱国敬业、求实创新，团结协作的精神，引导他们为开发丘冈山地，发展湖南经济再作新贡献。同时，要紧紧围绕本地主要产业，大力开展实用技术培训和绿色证书教育，提高广大农民的科学技术素质，对农业科技示范户要重点加以扶持，充分发挥他们在推广农业科学技术中的示范作用。

（1995年12月、10月）

（原载《湖南经济研究与思考——山水篇》湖南出版社1996年版）

对湖南水利问题的思考

近年来，湖南省接连发生严重洪涝灾害，造成了巨大损失，最近几个月，我花了很大一部分时间和精力，调查研究和思考湖南洪水灾害问题，广泛听取水利专家和地方同志的意见，并在水灾严重的县作了近一个月的实地考察。所见、所闻，使我深深感到这一问题的严重性和紧迫性，洪水的严重威胁与水利抗灾现状确实令人非常担忧。不彻底解决湖南的水利问题，省七届党代会提出的全省国民经济和社会发展宏图的实现就会受到严重影响，对此，全省上下都要有一个清醒的认识。

解放46年来，湖南有36年发生洪水灾害。从灾害程度来看，无灾年（溃灾为零或接近零的年份）仅有10年；小灾年（溃灾20万亩以下的年份）共有22年；大灾年（溃灾20万亩以上的年份）共14年。这36年洪灾从产生的原因来看，有16年是长江洪水造成的，10年是湘资沅澧四水洪水与长江洪水碰头造成的，10年是四水单独造成的。因此，我省的洪灾受外河洪水位高低和堤防抗洪能力大小的双重制约。从历年洪灾演变的情况来看，我省洪灾在不同时期表现出不同的特点。公元1000年以前，长江穿云梦泽而过，完全由云梦泽调洪。公元1000～1524年，云梦泽变成星罗棋布的小湖泊，从九穴十三口分流，仍由云梦泽调洪，但由于荆江水位抬高，洪水倒灌洞庭湖，洞庭湖开始由大变小，到1860年，荆江大堤形成，荆江水位抬升，洞庭湖又扩大到全盛时期。而1860年和1870年两次大洪水形成四口分流，洞庭湖淤积加剧，洪水威胁加重。进入20世纪60年代，江湖调蓄功能降低，洞庭湖水情日益恶化，水位高，防洪形势令人提心吊胆。进入80年代以来，我省洪水灾害出现了新特点，洞庭湖溃灾以万亩以下的小垸为主，大部分是因堤身质量问题而引发，河道淤积严重，洪水量大，堤垸内溃加剧，湘资沅澧四水和各主要支流淤积严重，河道设障，致使洪水灾害的损失程度一年比一年重。90 年代以来，几乎年年发生洪灾，并且范围广、程度深，损失惨重。

1995 年 5 月以来，湖南连续多次遭受暴雨洪涝灾害。尤其是 6 月中旬至 7 月初，湘江、资江、沅江流域和洞庭湖区发生了大洪水和特大洪水，7 月 6 日澧水又发生大洪水。在不到 20 天时间内，全省普遍受灾，溃决堤垸 84 个，其中洞庭湖区万亩以上堤垸 7 个，造成 2150 多万人受灾，300 万人被洪水围困，其中 30 万人受困达 50 小时以上；18 个县城、506 个城镇一片汪洋；大批基础设施被毁，枝柳铁路、6 条国道及 20 多条省道被迫中断或出现严重险情；全省因灾死亡 519 人，直接经济损失逾 200 多亿元。灾后，我到一些灾区调查，其状惨不忍睹。

为什么会造成这种局面呢？通过调查分析，请教有关水利专家和有防汛工作经验的同志，我认为除了湖南的气候特征和地理条件以外，主要还有以下几个原因：一是洞庭湖作为长江洪水的调节阀，受长江洪水严重威胁，长江沉湖泥沙每年达 1 亿立方米，新中国成立 46 年来，洞庭湖平均抬高了 1 米多，洞庭湖蓄水量 1995 年比 1949 年减少 110 亿立方米；再加上河道管理失控，围湖造田致使洞庭湖和湘资沅澧四水及其支流虽然只有 10 年或 20 年一遇的流量，却出现 50 年或 100 年一遇的高水位，灾害越来越严重。二是水利工程标准低，洞庭湖区经过一期治理，防洪能力有了一定提高。但目前仍只有 5～10 年一遇的防洪标准，这在全国同类地区中是最低的，因而稍遇大水就全线告急。三是湘资沅澧四水中上游控制工程少，调洪能力低，而沿江城市抗洪能力脆弱，大部分县城不设防，洪水一来城镇便被淹。四是全省山丘区险病水库达 3000 多座，80% 是小型水库，来一场暴雨洪水，这些险病水库就像是一颗颗遍布山川河谷的“定时炸弹”，严重威胁下游城乡人民的生命财产安全。1995 年 6 月下旬到 7 月初，在全省抗洪最紧张的那段日子里，我在省防汛指挥部边指挥边思考，昼夜难眠，与水利专家们一起认真分析那段时间的天气预报和湘水、资水、沅水、洞庭湖区、澧水和长江洪水的到来时间和组合情况，并进行论证和思考。专家们指出，好在 1995 年这些水系洪峰是次第而来，在时间上有先有后，如果这几条江河洪水在时间上再相对接近一些，哪怕是两条、三条或四条河流洪峰碰头，后果都不堪设想。但对比湖南历史上如 1860 年、1870 年、1935 年、1954 年等重灾年，1995 年出现类似情况是完全可能的。在全省抗洪抢险最为紧张的 1995 年 7 月 2 日，中央气象台和湖南省气象台天气预报：7 月 4 日前后湖南的中部到北部（即湘、资、沅、澧四水、洞庭湖区和长江）将仍会有强降雨过程，雨量大到暴雨，局部特大暴雨，如果真像预报那样，湖南 1995 年的洪涝灾害将会出现以下几种比现实更为严重的、不可收拾的局面：

其一，如果澧水流域 7 月 6 日 13000 个流量的洪水提前到 2 日出现，这时，由于东洞庭湖、南洞庭湖已持续出现高水位，澧水洪道泄洪受阻，就会使西洞庭湖区全面紧张，津市以下澧阳平原会出现历史最高洪水位，津市、安乡、澧县等城乡将有灭顶之灾。同时加剧常德、益阳、岳阳等地灾情，城陵矶水位将达 34 米以上，致使更多的堤垸溃决和人员伤亡。

其二，如果资水、沅水流域和洞庭湖继续维持强降雨过程，由于资水、沅水中上游的柘溪、五强溪、风滩等大型水库暴满，已失去调蓄作用，那么，资水只要平均降雨 20 毫米就可增加 2000 个流量，下游桃江、益阳的水位就要抬高 1 米，300 多万人的生命安全无法保证；沅水只要平均降雨 20 毫米，桃源、常德、汉寿等地的水位就要抬高 0.3 米以上，桃源县城进水面加大，受困时间更长，常德市也无法救助，汉寿、鼎城、武陵等县区的重点堤垸更保不住；如果降暴雨，雨量达 50 毫米，则资水、沅水及洞庭湖绝大部分地区将全面超过 1954 年的水位，会出现毁灭性灾害，使常德、益阳等重镇变成水中之城，恐怕至少会造成数万人的伤亡。

其三，湘江 7 月初洪水流量达 13000 多个，如果继续维持强降雨，就会出现 1954 年 7 月初的 18800 个流量。这样，由于湘江下游洞庭湖区洪水顶托，湘江流域的高洪水位就要超过 1954 年。在 6 月中下旬全流域已多次受灾的情况下，再出现超过 1954 年的高洪水位，仅长沙以下就会造成数百万亩农田渍灾，长沙、湘潭、岳阳比 1994 年的情形会更加紧张，受灾地区包括长沙市在内在一个月内将无法恢复家园。此外 107 国道、京广铁路和长沙火车站、汨罗车站都将进水被淹，南北交通至少受阻 1 个月（1954 年京广铁路中断 100 天）。

其四，1995 年之所以没有出现 1954 年那样全流域、全湖性的大水，主要是长江中上游降雨少，长江洪水在 6 月至 7 月一个月内不到 3 万个流量。但在 1995 年这种情况下，如果长江像 1954 年那样，从 6 月下旬至 7 月初，洪水流量从 3 万个上涨到 6 万个，那么，长江从太平、松滋、藕池三口进入湖南洞庭湖的洪水流量就要增加到 2.4 万个，比当时增加 2 万个以上，这样，1995 年进入洞庭湖的组合洪水流量就不是当时的 5.8 万个，而是接近 8 万个，比 1954 年的 6 万多个还多 1 万多个流量的洪水，滞留在湖内的洪水将超过 500 亿立方米。整个洞庭湖区将出现超过 1954 年的全湖性特大洪灾。再进一步设想，在这种情况下，如果长江中游如武汉、江西、安徽等地也同时出现大洪水，洞庭湖从城陵矶出口的洪水受阻，大量超额洪水被迫滞留在洞庭湖区，这样，将使洞庭湖的洪水位比 1954 年全面抬高 1.5 米，并将持续 50 天以上维持这样的高洪水位。如果这样，整个湖区不光是 150 万亩一般堤垸和 24 个蓄洪垸有可能溃决，就是 11 个重点垸也无法保住，洞庭湖将变成汪洋大海。长沙、常德、岳阳、益阳等城市和湖区所有县城、乡镇都将被洪水吞没，湖区 1000 万人就会被围困在这汪洋大海之中，造成的人员伤亡和财产损失更是无法估量。这绝不是危言耸听！很多专家和湖区干部群众都心有余悸地说，这样的推论结果是完全有可能出现的。我们切实感到湖南洪水灾害的严重性在全国是罕见的，它的确是湖南乃至全国的一大心腹之患，我长期在北方工作，熟知 10 年前黄河多次给下游各省人民带来的灾害，而湖南省境内就有三条（湘资沅）黄河流量的河，澧水洪水季节的流量也相当于黄河。洪水灾害这样频繁，这样严重，以致我们每年不得不集中相当大的精力来考虑抗御洪水灾害的问题，湖南人民尤其是洞庭湖区人民一年四季几乎三分之一时间用于抗洪和冬修，即使如此，还是战战兢兢过日子，这怎么能集中精力抓经济建设呢？

在防汛抗洪斗争实践中，我深切地感到，这些年来，我们水利建设的成就在抗洪中确实发挥了重大作用，几十年坚持不懈的水利建设成绩是有目共睹的。但在另一方面，我又切实感到全省上下要从洪灾中认真总结、吸取经验教训。通过认真反思，从主观方面找原因，我认为主要存在以下 4 个方面的问题。

其一，全民水患意识仍然淡薄。

尽管我们各级党委和政府每年都要花费相当多的精力，运用多种形式，大声疾呼防汛的艰巨性、紧迫性和危机性，而且，在那些水患相当严重的地区，人民也谈水色变，但如何对付洪水，则往往缺乏足够的思想准备，防患意识并不很强。主要有四种表现；一是喊的多，落实的少。每年我们就防汛问题开的会议和下发的文件不少，但真正落实的不多。在 1995 年全省防汛工作会议上，省政府提出要“五落实、五到位”，可以说是态度明确，目标具体，通过 1995 年抗洪的实践检验，表明有的文件精神还没有完全落实下去。从组织机构来看，湖区有些地方防汛抢险队伍不落实，遇到一点情况，就要求调用部队，自己的防汛劳力根本上不来。从物资器材落实情况看，湖区这几年虽然有了一定的储备，但由于布局不合理，有的地方抢险缺料的问题仍很突出，只好以米代沙。山丘区大部分险病水库几乎没有储备，只有等到出险后才临时调集。二是不能正确处理兴利与除害的关系。根据历史的经验教训，1995 年汛前省防汛指挥部对全省水利部门管辖的几座大型水库电站的调度水位进行了调整，汛前水位普遍降低 1 ~ 2 米。但从实际执行情况来看，仍有单位只强调本身经济利益，任意抬高水位的现象屡禁不止。三是没有完全处理好防洪与开发的关系。开发区成了洪泛区，搞开发区发展经济，这无疑是件好事，但好事要办好，就必须科学规划。现在办的一些开发区，在规划的时候对防洪问题考虑得不周密，甚至有的根本就疏忽了。开发区没有一个安全环境，大水一来，多年来苦心经营才得以繁荣昌盛的地方顷刻间面目全非。四是缺乏自我保护意识。1995 年我省洪涝灾害涉及面广，不仅农村受灾，城市也受灾；不仅有明灾，而且有暗灾，各行各业都深受其害。但有的部门对洪水的灾害特征认识不清，把一些商店、仓库建在沿江低洼地带，平时又不注意采取防范措施，加上雨情、水情信息掌握不及时，致使商店、仓库三番两次进水。

其二，工程标准低，抗灾能力不强。

新中国成立以来，尽管我省进行了大规模的水利建设，建成了一大批防洪排涝骨干工程，抗灾能力有了很大的提高，在 1995 年的防汛抗灾中，这些水利工程就发挥了重大的作用，但存在的问题也很严重。主要表现为工程建设标准不高，工程配套不全，老化失修现象严重，并且随着运行年代的增长，险病工程不断增多。全省现有病险水库 3400 多座，占水库总数的 25%；电力排灌设备有 40% 需要改造；水轮泵站大部分是 60 年代的产品，设备陈旧老化，效益大幅度下降，需要更新改造的占一半以上；山丘区渠道标准低，大多为环山渠或土渠，真正护砌防渗的不到三分之一，渠系工程建筑破损率为 21.9%，严重漏水堤段占总长的 32.4%，其中危险渠段占 13.9%，一遇暴雨山洪，便严重淤塞冲垮。洞庭湖区经过一期治理，取得了很大成绩，但现有防洪标准仍然偏低，仅能抗 5 ~ 10 年一遇，西洞庭湖还只能抗 4 ~ 7 年一遇，和其他地方相比，差距很大。

城市防洪问题突出，表现为两个方面：一方面城市发展规划、资金投入以及开发区建设中忽视了城市防洪安全建设，城市防洪管理体制不顺，部门分工职责不清，防洪意识不强，准备不足，处置失措，另一方面，防洪工程现状不适应城市经济发展和改革开放的需要，全省 29 座城市中应设防的 27 座，目前有近三分之二的城市防洪标准不到能抗 20 年一遇，部分县级城市几乎没有设防，与城市要求的防洪标准相差较远。暴雨洪水一来，街道进水，房屋被淹，给居民的生命财产造成很大损失。1995 年进水县城达 19 个，乡级集镇 506 个。

问题的关键是水利投入严重不足。近几年我省农业投入年均增长率不到4%，而其中用于农业基础设施，用于水利基本建设的比重不到农业投入的12%，年增长率也只有6.5%左右。水利投入增长速度远远不及物价上涨速度。因此，加大水利投入力度，加快水利建设步伐，防止水利效益继续滑坡已经到了刻不容缓的地步。

其三，河道问题十分突出。

分析一下1995年的洪水特点，平水年景却出现高洪水位。从流量看，今年资水、沅水只相当于15～20年一遇，但水位却高达百年一遇、同样大小的洪水量，水位越来越高，损失越来越重。沅水干流自五强溪以下，资水自桃江以下至湖区南嘴、小河嘴，同流量下水位都明显偏高，而且越往下游水位抬高越多。桃源站7月2日洪峰水位45.86米，相应流量25800立方米/秒，历年最高水位45.40米，相应流量29000立方米/秒，流量减少3200立方米秒，水位抬高0.46米。换句话说，在相同流量的情况下，水位抬高1米。经推算，常德、桃江、南嘴在同流量的情况下，水位均抬高1米多，与此同时，随着经济的发展，灾害造成的损失不断加剧。1991年至1995年，洪灾损失由28亿元递增到253.48亿元，上升8倍。

其四，防汛预警和指挥调度系统有待进一步加强。

防汛抢险救灾需要耳聪目明、指挥有序。首先，应当肯定1995年我省的防汛指挥确实得力，灾害损失降低到了最低限度，这点得到了各界的认同。但也还存在一些问题，需要进一步采取措施予以解决。

一是防汛预警系统不健全，极易造成指挥系统错误操作，我省防预警系统非常原始，山丘区基本上是采用放火、放铳等土办法、1995年6月初，水顺县一小型水库出现险情，按预先规定以放三堆火为号，大坝上放第一堆火，坝下安排了第二堆火和第三堆火。当时夜色深沉，坝下人员误将大坝上抢险队员的手电光作为放火信号，相继点燃了第二、三堆火，致使指挥人员和下游群众忙乱了一晚上。目前，我省山丘区水库报警状况令人担忧。全省水库数量多，分布面广，不仅小型水库多数无通讯设施，连部分中型水库也不通电话。水库的运用、出险情况等信息不能及时传递，将会贻误战机。联想到我省洞庭湖区24个蓄洪垸的蓄洪报警系统，虽然拟就了鸣锣、放火、电话、电视和广播等多种方案，但一旦实施起来难免不出类似的差错。

二是预报手段落后。资水的干部群众反映，1995 年的洪水预报不太准，实际水位比预报的高，洪峰出现的时间比预报的提前了，给防汛抢险部署带来了极大的困难。事后我们进行总结，主要是由于桃江水文站被淹，雨情、水情不能及时传递。同时，全省各级防汛水文部门大量的数据分析主要靠人工完成，预报人员尽管尽了最大努力，但预报起来仍然相当困难。所以，加强防汛预报现代化建设，实现办公自动化，是摆在我们各级防汛水文部门面前的一大课题。

三是防汛指挥系统需要进一步完善。在与洪涝灾害的长期斗争中，人们得出这样一个共识：防汛抢险抗灾必须实行各级地方行政首长负责制。基于这样的认识，我省从上到下都形成了以省、市、县长挂帅的防汛指挥系统。各级党政领导分片包干，深入抗洪抢险第一线指挥作战，既保证了政令畅通，也密切了党群关系，深受群众赞誉。为了确保这一指挥系统实施更有效的指挥，还需要从以下几个方面完善我们的工作。首先，各级指挥人员必须坚守指挥部，并组成一个强有力的指挥决策班子，遇到如破堤蓄洪、水库拦洪错峰等重大情况时能果断决策处理。其次，决策程序要规范化、科学化。对重大事件的处理，预先要明文规定几条，有章可循；命令的签发要规范，要具有权威性。最后，各级指挥人员要有全局观念，跳出区域圈圈，打破行业界限，做到全省一盘棋。要强调下级必须无条件服从上级的指挥、决策和命令，坚决杜绝阳奉阴违、拒不执行调度命令的现象。

水是生命之源，水是甘霖，也是猛兽。近年来湖南频频发生的严重洪灾证明，水利与人类、水利与社会、水利与经济、水利与环境的关系变得越来越密切。因此，认识水利，重视水利，兴利除害，是摆在全省人民面前的一项十分紧迫而严峻的任务。要从根本上解决或缓解湖南的水患，必须抓好两个方面的工作，即抓好水利的软环境和硬环境。

在认识和工作上，我们要真正认识到湖南最大的省情就是水情，下决心把治水放在一个特别重要的位置。党的十四届五中全会提出的“九五”及 2010 年发展规划中把水利建设作为国民经济发展的重点，并且排在第一位。湖南水灾这样频繁，人民深受其苦，更应该把水利建设作为全省经济发展的重点来抓，真正体现“水利不兴，省无宁日”的思想。省委、省政府提出的把农业大省建设成农业强省的战略目标能否顺利实现，决定性的因素也是水利建设的成败，因此，在认识上，在工作中，我们要有紧迫感和责任感，真正聚全省之心，举全省之力，大力治湖兴水，努力改变全省的水利面貌。

加快全省水利建设的发展步伐，要切实加强领导，健全防灾减灾的责任制。一方面要严格执行以行政首长负责制为核心的防汛岗位责任制，另一方面要建立水利建设行政首长负责制，在水利建设和防灾减灾上要舍得投入，坚持科学的态度，制定科学的并经过技术论证的规划，正确处理好局部利益和全局利益、眼前利益和长远利益、区域利益和流域利益的关系，最大限度地减轻水灾损失。

建设好水利的硬环境，增强抗灾能力。从长远来讲，必须进行综合治理，包括长江三峡工程的建成、洞庭湖的综合治理、四水干流的整治和提高现有水利工程的防洪减灾效益等几个方面，这是一项长期的战略任务。从中期来看，我省到下个世纪初的水利建设任务包括以下几个方面，即洞庭湖区提高防洪排涝标准，使江湖关系得到明显改善，减轻洞庭湖的压力，保证重要堤垸、重要城市、交通干线和人民生命财产的安全。几个重要堤垸防洪标准要达到能抗20年一遇，24个蓄洪垸人均安全面积要达到3平方米，排涝标准要达到能抗10年一遇，重要城市防洪标准要达到能抗50～100年一遇，一般城镇要达到能抗20～50年一遇。湘资沅澧四水整治，要抓紧中上游水库兴建和扩建改造，提高拦蓄洪水的能力。山丘区主攻目标是改造现有水利工程，清理整治中小河流，完成3000多座险病水库的除险加固等项任务。从近两年尤其是1995年沅水、资水和洞庭湖区及许多中小河流的严重洪涝灾害的实际来看，今后一个时期的水利建设，除了洞庭湖的治理、四水干流整治和水毁工程修复、病险水库的治理等主要内容外，还要注重抓好城市防洪建设，尤其是中小城镇的防洪建设，抓好中小河流的规划、治理和清障，切实抓好水土保持工作，努力减轻山洪灾害的严重威胁，这个方面过去重视不够，现在问题变得越来越突出了，也到了非解决不可的时候了。

其一，要加紧进行洞庭湖二期治理工程建设。在国家支持下，“八五”期间洞庭湖一期治理取得了明显成效。如果没有一期工程建设，洞庭湖区连一般洪水灾害都防治不了。现在一期治理工程已到尾声，原定目标基本实现。但目前洞庭湖的防洪能力仍只能抗10年一遇，因此，必须尽快开展二期治理，使洞庭湖防洪能力达到能抗20年一遇左右。江泽民总书记1995年视察湖南时明确指出：“洞庭湖的治理，是一件大事，要做到未雨绸缪，防患于未然，而不要等到出了问题再来治理，那损失就大了。”因此，全省要抓紧进行这项工作。

其二，要加快进行湘资沅澧四水整治，在四水中上游兴建一批大型防洪控制工程，拦蓄洪水。洞庭湖一期、二期治理都还只是就洞庭湖本身的问题进行治理，只是治标的必要措施。在四水上建拦洪水库是洞庭湖治本的措施之一。在1995年抗御洪水灾害中，资水、沅水上的大型水库发挥了很大作用，拦蓄了四分之一以上的洪水。因此，对四水进行综合治理，不仅能控制四水尾闾水位抬高，削减入湖洪水和拦截入湖泥沙，而且是长江三峡水库建成后根治洞庭湖的不可缺少的配套措施，更是减轻沿江城市洪灾威胁的必要手段。应考虑在湘江干流建设涔天河水库，扩大防洪库容，同时在各主要支流择点建库。在资水，要调整柘溪水库防洪库容，扩大拦洪能力，兴建洞口塘水库；在沅水，要增加五强溪水库的防洪库容，从目前设计的13.6亿立方米增加到18亿立方米，加高风滩水库大坝。此外，要择址在干流和支流上兴建水库，使整个沅水防洪库容达到30亿立方米以上，把沅水百年一遇的洪水在其尾闾地区控制在安全泄量以内，确保桃源、常德等城市的安全。澧水是条多灾的河，1935年洪水淹死3万人，除了要加快建设目前的江垭水库外，规划中的皂市、宜冲桥两个防洪水库应尽快上马，以保证尾闾地区津市、澧县等地在即使出现1935年洪水那样的情况下也能安全过关。

其三，正确处理好长江与洞庭湖的关系，湖南欲求安定，首要的是根治洞庭湖。而根除洞庭湖水患，首要的是解决长江洪水问题。一是现在三峡水库正在兴建，根治洞庭湖有了条件，在长江入湖的松滋、太平、藕池三口建闸控制洪水的条件已经成熟，应着手进行此项工作，以控制长江入湖洪水和拦截入湖泥沙。三口建闸控制后，当荆江洪水流量在5万个以下时，入湖水量只需灌溉和航运所需的1000个流量，其余都从荆江下泄，如此可减少入湖水量的三分之二，使长江洪水与四水错开洪峰，从根本上改善洞庭湖的恶劣洪水环境。同时，专家们认为三口建闸也不会增加荆江下游的洪水压力，不会加剧长江中下游的泥沙淤积。二是充分运用好三峡水库的拦洪作用。按照目前三峡水库的设计，其防洪库容仅221亿立方米。为对付特大洪水，在一般情况下，当沙市水位不超过44.5米，城陵矶水位不超过33.95米时，三峡水库就不拦蓄洪水。这一调度方案对湖南洞庭湖区常遇洪水防洪作用不大。也就是说，仅有三峡水库不能减少洞庭湖常年的沉重防洪负担和洪涝灾害。

其四，坚决依法治水，下大决心清除河道障碍。

1995年洪涝灾害最为深刻的教训就是河道的问题。在有的地方，我们可以说，很大程度上是“人造洪灾”。河道设障阻水、河道人为破坏等造成的损失，在1995年的表现更为突出。这是一个十分严重的问题，必须引起各级领导和各地、各部门的高度重视，并采取坚决、果断的措施加以解决。否则，还会造成更为严重的灾害和更大的损失。

长期以来，由于河道管理权属不清，管理松散，加上人口增长，经济发展，与水争地的现象日趋严重。河滩、河汊被围垦种植作物，用作搞开发、建房、办工厂；行洪道中修建阻水建筑物，乱淘金，乱挖砂，改变洪水流向；中上游乱垦乱伐，水土流失加剧，泥沙沉积加重，河床抬高，等等。侵占河道、人为设障的现象在我省绝大部分河流中普遍存在。新中国成立以来，我们兴建了成千上万的水利工程，而且这些工程在历年抗灾中都发挥了巨大的作用，这一点是不容置疑的。但从我们现有抗洪能力来说，几十年来提高的程度并不十分明显，其中一个主要原因就是河道、湖泊被肆意侵占和糟蹋，多年的水利建设成果在一定程度上被抵消了，这是发人深思的。因此，现在是到了痛下决心的时候了。从 1995 年开始，全省范围内要把整治河道、清除障碍当作一件大事来抓，主要抓好以下几个方面的工作：一是认真科学地搞好河流规划，河流的形成是大自然的结晶，不能随意更改。在河流的规划中，一定要以实事求是的科学态度，尊重客观规律，进行广泛的调查研究和充分的技术论证，一定要给洪水出路。各地一定要听取专家的意见，按科学规划办事，在河流规划中决不能搞长官意志。二是对现有河道障碍，必须依法清除。按照“谁设障，谁清除”的原则，任何单位和个人都必须按照河流规划自行拆除人为障碍，各级水利行政主管部门和河道管理部门要敢于执法，秉公办理，严格按照《水法》《河道管理条例》行使职权。河道清障，要采取分级、分部门负责，定任务、定目标、定责任、定时间，限期清除，省里要实施河道清障和整治工作的好坏与水利基建投资挂钩的办法，哪里河流清障任务完成得好，水利基建投资就向哪里倾斜。三是下大力气进行河道定权划界工作，确定水利工程的保护范围。四是疏浚河道。对泥沙淤积严重的河流要疏挖，减少泥沙淤积，保证主流畅通，扩大泄洪能力。五是要坚决打击破坏河道的违法犯罪行为，依法取缔和打击在河道内乱采、乱挖、乱弃的行为及其他各种破坏河道的犯罪活动。六是要认真做好河流中上游的水土保持工作，加快水流域治理的步伐。

其五，抓紧编制和完善防洪预案。防洪预案是减轻灾害损失而预先制定的规章制度、方案、对策和应急措施，是指挥、决策、调度、抢险的科学依据。防洪预案包括水库的汛期运用方案、江河洪水调度方案、堤垸防洪抢险方案、蓄滞洪区破堤蓄洪的群众安全转移方案等，都应尽快修订、完善。对城镇、人口集中的村庄要根据历史上暴雨洪水的状况，编制突发性暴雨山洪、超标准洪水的风险图，划定淹没线，确定重点保护对象，规定预警信号、群众撤离疏散路线和安置地点。防洪预案制定出来后，要广泛宣传，做到家喻户晓，人人明白，避免人员伤亡，减少财产损失。

其六，加快测报系统、通讯信息系统建设的步伐。气象水文预报测报、通讯联络是防灾的耳目。测报工作要求准确、及时，做到测得到、报得出、报得及时，努力增长预见期。通讯联络要建立有线、无线两套系统。水利工程要求无线系统通到山丘区大、中型水库和湖区万亩以上堤垸。有线通讯要解决小型水库、湖区千亩以上堤垸能通话。水文报汛站网要逐步达到有线、无线相结合，做到双保险。目前整个通讯状况是令人担忧的。我省水库数量多，分布面广，不仅小型水库多数无通讯设施，连部分中型水库也不通电话。我们要利用目前通讯技术高速发展的大好形势，采取分级负责的办法，投入一定的资金，解决好信息传递问题。必须强调的是思想上要重视，要算一算经济账、得失账，要下决心花点钱。作为一个管理单位，并非筹不到这点钱，关键是认识问题、抗灾意识问题。一旦出现工程失事，必定是因小失大。

其七，建立健全一个坚强有力的防汛抗旱指挥体系，组织一支过硬的抢险队伍，从省到县，都要建设好由政府主要领导挂帅、各有关部门负责人参加的防汛抗旱指挥部。要加强防汛抗旱办公室的工作，根据国家防总的要求，各级防汛办公室工作人员必须通过编委批文，长年固定机构和人员编制。国家防总对省级指挥部办公室建设已提出了具体要求，我们要根据山丘区、湖区的不同情况，提出加强地市县级防汛抗旱办公室建设的具体意见。办公室要由责任心强、思想进步、熟悉情况、懂业务、兢兢业业为党为人民工作的同志组成。要完善各项规章制度，加强标准化、制度化、现代化建设，不断改善工作条件，提高指挥作战能力。各地都要组织一支过得硬的防汛抢险队伍。在 1994 年防汛抗灾中这个问题很突出，教训十分深刻。各地要根据堤防、水库防守的需要，抽调责任心强、熟悉抢险技术知识的劳力组成精干的抢险队伍。同时要搞好技术培训，从发现险情、判断险情、处理险情等基本知识入手，进行必要的实战演习，保证在洪水到来时能上得去，用得上，顶得住。对抢险队伍要配备一定数量的抢险器具装备，备足抢险器材，使之能打硬仗、打恶仗。

其八，依法防汛，团结抗灾。要加强法制建设，严格贯彻执行《水法》《防汛管理条例》《河道管理条例》《水土保持条例》等一系列法规，用法律来规范人们的防灾减灾行为。实行各地区、多部门合作的减灾综合体制，部门之间的分工与合作是至关重要的。水利部门作为国家水利行政主管部门，责无旁贷地处于主导地位，但各级各部门的参与、支持必不可少，必须紧密配合，形成合力。洪水和干旱造成的损失是一个社会问题，必要时要牺牲局部利益，以保证全局的利益和广大人民群众的安全，有时必须采取强制性的措施。因此，加强法制建设，以法规和行政措施来协调蓄洪区、滞洪区与被保护区的利益，在统一抗灾中调动各方面的积极性，这本身就是防灾抗灾工作的重要组成部分。当前应十分重视两点：一是从上到下健全执法机构，做到有法必依，执法必严，违法必究。二是要通过大张旗鼓地宣传各种水利法规，在增强水患意识的基础上，号召和组织各部门以及广大人民群众团结抗灾，以国家利益为重，以人民利益为重，以大局为重，正确处理好上下游、左右岸的关系，加强团结协作，互相尊重，互相支持，尽可能避免和及时制止水利纠纷，提高防灾减灾体系的效能。

（1995 年 10 月作者给党中央、国务院主要领导的报告）

洞庭湖必须加快治理

我刚来湖南时就听好多同志说，在湖南工作，洞庭湖可是个心腹大患。于是看了若干有关洞庭湖的资料，感到问题确实很严重。1994 年 3 月 7 日至 20 日，我和省委常委胡彪、副省长郑培民以及农业、水利等部门的同志一起，对洞庭湖区做了一次比较系统的考察。从湘阴、汨罗、岳阳、临湘、华容，到南县、沅江、益阳市、益阳县，再到汉寿、安乡、津市、澧县、石门、临澧、鼎城区、武陵区，一共考察了 17 个县市区，并且顺道考察了屈原、君山、建新、钱粮湖、大通湖、西洞庭等 6 个国营农场，先后看了 30 多处重点水利工程。据水利部门的同志讲，湖区主要的县市和主要的堤垸、电排、险工险段，我们这次都看了。通过两个星期的实地考察，我对洞庭湖的水系有了一个初步的了解，对洞庭湖的严重性有了更加深刻的认识，深感洞庭湖的治理必须加快步伐。

既是一块宝地，也是一块险地

洞庭湖是长江流域第一大湖，湖区总面积 1. 8 万平方千米，其中属于湖南省的 1. 5 万平方千米，区内受堤垸保护的耕地 1000 万亩，人口 1000 万人。1993 年 4 月，朱镕基同志考察洞庭湖区后得出结论：“洞庭湖既是一块宝地，也是一块险地。”这是对洞庭湖现状的高度概括和准确描绘。

说洞庭湖是一块宝地，我看它的宝贵之处主要表现在两个方面。第一，作为长江的通江湖泊，它是调蓄长江洪水的一个安全阀，在长江流域防洪保安中起着极为重要的作用。洞庭湖接纳四水，吞吐长江，总库容 180 亿立方米，多年来平均径流量 3018 亿立方米，为鄱阳湖的 3 倍，黄河的 5 倍，太湖的 10 倍。这些入湖水量主要集中在5～10月的汛期，多年来平均汛期入湖水量2366亿立方米，占年径流总量的75%，其中长江入湖水量1046亿立方米，为其年入湖水量总量的92%。所以，对于洪水汹涌的长江来说，洞庭湖的确是一个不可缺少的调蓄宝湖。第二，作为重要的商品粮棉基地和工业原料基地，洞庭湖区在全省的国民经济发展中具有举足轻重的地位。湖区土地肥沃，物产丰富，不仅是湖南的粮仓、棉库，而且是全省的油海、鱼池，每年生产出占全省总产量20%以上的粮、80%以上的棉花、30%以上的油料和40%以上的水产品。提供的商品量就更多了，全省40%的商品粮、90%的商品棉、50%的商品油、70%的商品鱼，均来自洞庭湖区。而且经过40多年的建设，洞庭湖畔的几个中心城市已经拥有一批现代化的石油、化工、电力、纺织、造纸、卷烟等企业，湖区城乡固定资产已超过全省的一半，各项税收占到全省的三分之二。同时，洞庭湖区还是长江经济发展带的重要组成部分，在邓小平同志视察南方重要谈话精神指引下，近几年招商引资发展很快，引进了一批很有前途的“三资”企业。正在扩建的城陵矶外贸港口码头，将为湖南通江达海走向世界创造更为优越的条件。无论从经济发展的哪一个方面看，洞庭湖区都是湖南的一个“聚宝盆”。

说洞庭湖是一块险地，我感觉到一方面是它吞吐洪水的压力太大，而另一方面，湖区堤防设施、排涝设施和蓄洪垸内的安全设施太差，随时都有决堤溃垸、人葬鱼腹的危险。长江洪水对洞庭湖的威胁，远远不只是每年1000万方水的巨大压力，更为严重的是洪水带来的大量泥沙。据1951年以来的统计资料，年平均入湖泥沙量为1.29亿立方米，其中来自长江松滋、太平、藕池三口的泥沙1.07亿立方米，占入湖泥沙总量的83.3%，而洞庭湖出口城陵矶输出泥沙每年只有0.3亿立方米，这样，每年都有1亿立方米的泥沙沉积在湖泊和河道内，40多年来湖底河床平均抬高了1米。湖区人民辛辛苦苦加修防洪大堤所增加的防洪能力，被泥沙淤积所抬高的洪水位抵消得差不多了。用老百姓的话说，“堤长水不赢。”我们沿途看到的许多河段，河道的标高超过了垸内的标高，洪水位的标高超过房顶的标高，垸内群众的生命财产安全，完全系于防洪大堤的安全上。而现在的问题恰恰就在于这些保命堤质量不高，自身难保。水利部门的同志介绍，洞庭湖区现有一线防洪大堤3471千米，加上隔堤间堤，一共5812千米，大部分只有抗5～10年一遇的防洪能力，并且险工险段很多，有风险堤542千米，严重渗漏堤599千米，两水夹堤218千米，当冲堤494千米，真是险象丛生。如我们这次看到的长江干流七弓岭河段，崩岸就相当严重，长达16.4千米，而目前还只完成2.4千米的护岸任务。如果在此崩穿，长江洪水将直冲岳阳，后果就不堪设想。另外，按照国务院批准的长江渡汛方案，洞庭湖区有24个提垸为蓄洪区，垸内人口150万人，但至今尚有三分之一的村没有任何避水设施，其余的村安全楼台的面积也人均不到1平方米，并且通讯报警系统很不完善，垸内交通也不畅通，一旦下达蓄洪命令，安全转移将很成问题，损失将会十分惨重。所以我完全同意湖区同志的说法，洞庭湖是我们头顶上的一盆水，我们随时有遭受灭顶之灾的危险。

洞庭湖的严重险情表明，加快治理洞庭湖的步伐确实已经到了刻不容缓的时候。正如朱镕基同志所指出的，“不要等大水淹了洞庭湖再来治理”。这是人命关天的大事，再不能拖了。在这个问题上，我们应当统一思想认识，增强紧迫感和使命感。

多么重的负担，多么好的人民

在考察中我深深地感受到，洞庭湖区的广大党员、干部和人民群众，为湖南乃至全国的社会主义现代化建设事业做出了重大的贡献，不仅生产了大量的农副产品支持国家建设，每年提供50亿斤左右的商品粮、300万担左右的商品棉，500万担以上的商品油和1500万头以上的商品猪；而且识大体，顾大局，为洞庭湖的治理承受了巨大的负担，或者说做出了巨大的牺牲。

1949年以来，湖区人民同水患灾害进行了长期艰苦的斗争，累计投工30亿个，地方和群众投资30亿元，修建了一大批防洪排涝设施。一般年份，湖区农村劳动力每年修堤的工日为60~70天，占生产性用工的30%，修防费用占生产费用的20%，在一些重点堤垸，劳动力一年有100多天守堤、挑堤。因此，湖区农民的负担，远远超出了纯收入5%的政策标准，有的地方甚至达到了20%~30%。遇上大水年，修防费用和用工时间还远远高于这一水平。1993年，朱镕基同志了解这一情况后深情地说：“洞庭湖区农民防汛救灾的负担的确太重了，超过了他们自己能够负担的能力，国家应该给于照顾，应该给予支持和帮助。”

洞庭湖区是著名的鱼米之乡，按理说，那里的人民应当首先富裕起来。但为了给国家做贡献，为了保证粮棉油猪的调出，为了承担沉重的修防费用，他们的经济发展不能不受到影响。1993年，全省已有20个县市农民人均纯收入过了1000

元，可我们这次到的10多个湖区县市中，过1000元的一个也没有。我们一路上看到，还有不少的茅草屋，可见生活条件之差。付出最多，贡献最大，可收入水平却不是最高的，而他们对此毫无怨言，都在积极地想办法，开辟致富门路，加快致富步伐。湖区人民的这种奉献精神和博大胸怀，实在令人敬佩。

在湖区工作的各级干部也是特别辛苦、具有很强的事业心和献身精神的。在湖区工作，条件差，责任重，还遭受血吸虫病的威胁。由于泥沙淤积，洲滩增加，洞庭湖区每年净增洲土6万亩，芦苇湖草不断发展，使钉螺面积回升到250多万亩，血吸虫病人35万人。在重点疫区工作的县乡基层干部，许多人染上了血吸虫病。常德市委书记庞道沐就是一个血吸虫病患者。事实让我们清楚地看到，湖区的人民，是多么好的人民；湖区的干部，是多么好的干部。有这样的干部群众，我对治理好洞庭湖充满信心。

要继续发扬自力更生、艰苦奋斗的精神

两个星期的考察给我一个印象，洞庭湖的堤防标准太低了，必须加大投入，加固堤防，加速治理。一线防洪大堤，至少应当达到能抗20年一遇的标准。按照这一标准，据说急需加固的8000万方土的任务。与此同时，还要抓紧整治河道，疏浚澧水、沅水、资水尾闾洪道，拓宽注滋口河、草尾河、沿罗江卡口；还要抓紧改造和扩建电排设施，将大多数堤垸的排涝标准提高到能抗10年一遇；还要抓紧建设蓄洪区内的安全转移设施，力争使人均躲水面积达到3平方米；还要抓紧沅水控制工程五强溪电站大坝和澧水控制工程江垭水库的建设，抓紧澧水支流皂市水库的前期准备工作，争取这一工程早日上马。所有这些，集中反映在一个钱字上，没有钱的投入，治理计划将全部落空。

在治理洞庭湖的资金投入上，这些年来全省各级党委和人民政府都尽了最大努力，湖区人民更是为此做出了贡献，国家也给予了适当的支持。在这个问题上，我主张讲两句话：一句话是，积极争取国家的支持，同时从省到县各级财政也要尽最大努力，挤出资金来投向洞庭湖区，宁可少上几个建设项目，也要保证保命堤、救命堤的加固。另一句话是，继续发动群众，自力更生，艰苦奋斗，增加劳动投入，宁可每年多挑100担土，也不能让洪水冲走家里一个人。

在这次考察过程中，我们看到了几十年来湖区人民艰苦奋斗修建的不少大型

水利工程，感慨不已。例如20世纪50年代初修建的荆江分洪区南线大堤，西起南闸东至藕池镇，全长22千米，堤顶高程45米，堤身立高一般为13米到14米，全部石块护坡，在刚解放的时候完成这样气势恢宏的工程，实属不易。还有全长41千米的南茅运河和36千米的烂泥湖撇洪干渠，都是当地人民群众在70年代艰苦奋斗的见证。50年代、60年代、70年代的那种创业精神，现在还要不要发扬，能不能发扬？也许会有人对此表示疑问，然而湖区人民的实践告诉我们，现在还是应该发扬，而且也是完全能够发扬的。我们这次在澧县看到的澹水河改造工程，就是1993年冬开工的，主体工程大坪排渠长达15.5千米，总投资1860万元，一工程1993年11月开始，全县10万劳力参战，县财政拿出600万元，群众自筹600万元，目前已完成土石方160万方，工日210万个，开挖渠道8.7千米；二期工程也可在1994年内完成。这个工程的开工，使我深受教育和启发，说明群众当中确实蕴藏着极大的积极性和创造性，只要我们去发动去组织，就不愁办不成大事。近些年有的地方丢掉了自力更生、艰苦奋斗的优良传统，责任并不在群众，也不在基层干部，关键是我们上面组织发动得不够好。

洞庭湖的安危，不仅仅是对湖区农民有利害关系；洞庭湖的治理，不仅仅是湖区农民的事情。因此，自力更生、艰苦奋斗也不仅仅是对湖区农民的要求。湖南全省以及湖区的机关单位、工商企业和城镇居民，都有责任为早日治理好洞庭湖出力。要有钱出钱，有工出工，有车出车，有机械出机械，从各个方面来支持湖区的水利建设。我建议全省的防洪保安基金征集办法，要在1994年适当的时候出台，这样每年可以筹措8000万～1亿元的资金，主要用于洞庭湖治理和重点水利工程建设。我认为，这个问题是能够得到全省人民的理解和支持的。

让更多的人了解洞庭湖的险情，支持洞庭湖的治理

我们在洞庭湖区考察期间，正值八届全国人大二次会议和全国政协会议召开。我们从电视上看到，湖南的人大代表在审议政府工作报告和计划报告草案的时候，对国家建设项目中列入了淮河、太湖的治理而没有提到洞庭湖的治理反应强烈。当然这个意见立即引起了国务院领导同志的重视，后来正式发表的计划报告草案中加上了洞庭湖的治理。这件事情使我感觉到，我们必须进一步加大对治理洞庭湖重要性和紧迫性的宣传力度。我们立足于自力更生、艰苦奋斗，但不能不顾湖

区人民的承受能力。这些年来，熊清泉同志、陈邦柱同志以及省委、省政府、省人大、省政协的其他领导同志，为了洞庭湖的治理，向党中央、国务院积极反映，争取支持。省计委、省水利厅的同志把洞庭湖治理作为头等大事来抓。应当继续积极主动地向党中央、国务院领导同志以及中央有关部门如国家计委、财政部、水利部、农业部的领导同志汇报洞庭湖的情况和问题，请求中央给予大力支持。

要宣传好洞庭湖，使全国了解洞庭湖，省委、省政府和省级宣传、新闻部门有着义不容辞的责任。有关部门要通力合作，邀请省内外新闻界、理论界、经济界、水利界的专家学者，以及全国人大代表、政协委员来洞庭湖考察、座谈、研讨，请他们发表意见，帮助呼吁，从而使更多的人了解洞庭湖的险情，支持洞庭湖的治理和开发。

根据这次湖区考察所掌握的情况，省委准备向中央及中央有关部门汇报三个方面的问题。第一个问题是要向中央反映，1993 年朱镕基同志、陈俊生同志在洞庭湖区考察时，提出“要把洞庭湖列为国家治理大江大河大湖的规划进行重点治理”的指示，以及 1993 年国务院印发的《关于湖南省洞庭湖综合治理现场办公会议纪要》，在湖区广大干部群众中反应非常之好，起到了振奋人心，鼓劲加油的作用。希望中央有关方面和我们一道，把中央领导同志的指示和国务院的纪要精神真正落到实处。第二个问题是要求国家有关部门尽快审批洞庭湖第二期治理规划。这个规划是按照中央领导同志的指示和国务院纪要的精神，由省水利、计划等有关部门认真编制的，1993 年 12 月在北京通过了由水利部主持的审查，已送国家计委审批。我们希望早日批准，确保 1995 年能实施这一规划。第三个问题是汇报洞庭湖第一期治理规划的完成情况，争取国家的继续支持。第一期规划从 1986 年开始实施，当时国家批准的总投资为 5.75 亿元，其中国家投资 2.75 亿元，地方和群众自筹 3 亿元。由于这几年设备材料价格上涨，现在投资已经用完，工程量还只完成 75%，需增加投资 6 亿元。我们希望国家负担一半，追加 3 亿元，每年至少安排 1 亿元，同时地方自筹 3 亿元，以便第一期工程尽快扫尾，发挥效益。

（1994 年 3 月作者给党中央、国务院主要领导的报告）

充分认识湖南水产业的优势与潜力 大力发展水产业

湖南省水域辽阔，渔业资源丰富，是全国著名的“鱼米之乡”。我到湖南工作以后，听取了全省水产情况的汇报，并利用下乡的机会，实地察看了很多地方的水产业生产情况。最近我又比较系统地看了一些关于水产业方面的材料，对水产业有了比较深入的了解，对我省水产业发展的现状和潜力有了更加深刻认识，感到水产业在发展农村经济、增加农民收入、保障市场供给方面确实发挥了重要的作用，在把湖南农业大省建设成农业强省的进程中，必须采取得力措施，加速水产业的发展。

湖南省是全国淡水渔业重点省之一，内陆养殖面积、产量均排全国第四位。全省水产区划总面积2042.9万亩，约占全省国土总面积的6.4%，其中江河外湖1145.9万亩，内湖120.7万亩，水库249.2万亩，池塘346.9万亩，河汊、沟港118.5万亩，其他61.2万亩。已具备人工养殖条件的水面600余余万亩，相当于全省耕地面积的十分之一强。此外，还有宜渔稻田1300多万亩，建设集中连片的商品鱼基地62万亩，而且温度、光照等都适宜水产业发展。

党的十一届三中全会以来，随着渔业生产责任制的建立和完善，水产品价格与市场的放开，湖南水产业有了较大发展。1989年，全省水产品总量首次突破50万吨，被农业部授予“七五”期间全国渔业生产10强省称号。1993年，全省水产品总量达71.24万吨，渔业总产值42.8亿元。1994年全省水产品总量达到74.14万吨，比1978年的11.87万吨增加了5倍多，每年增产3.9万吨，平均递增率在12.1%以上。渔业总产值52.87亿元，比1978年增长75.5倍，渔业占农业总产值的比重由1978年的0.8%上升到了1994年的5.4%，提高了4.6个百分点。预计

1995年全省水产品总量在85万吨左右，产值可达60亿元。这10多年来，特别是近3年来，在自然灾害频繁发生并且一年比一年严重的情况下，水产业仍保持了较高的增长速度，成为农村经济中引人注目的优势产业。

1. 水产业成了县、乡、村三级的重要财源。水产业的发展，为开发农业资源，调整农村产业结构，开辟地方财源，发挥了重要作用。在一些县市，特别是水产资源丰富的地区，水产业已成为发展农村经济的支柱产业。1978年，全省只有沅江市水产品产量过5000吨，达到全国渔业重点县标准。到1994年，全省渔业重点县市发展到46个，有23个县市水产品产量过万吨，有11个县市渔业总产值超亿元，其中沅江市、湘阴县的水产品产量近4万吨，湘阴县、汉寿县的渔业总产值超2亿元。渔业产值占农业总产值的比重在10%以上的有12个县市区。1994年，全省乡村办渔场2456个，生产水产品15.03万吨，总收入8.44亿元，实现利润3.02亿元，上交乡、村积累7257万元，已经成为乡村两级财源的重要渠道。南县在农村产业结构调整中，把水产业作为强县富民的优势产业来抓，既促进了水产业的发展，又开辟了地方财源。省水产局在华容县国有东湖渔场办点，从1991~1995年的5年时间里，通过高效渔业开发，产量和效益有了巨大增长。预计1995年产量可达1525吨，产值710万元，实现利税360万元，比开发前的1990年产量净增1385吨，增长9.9倍；产值净增674万元，增长18.7倍；利税净增355万元，增长71倍。目前省市财政部门正在推广华容县狠抓渔业开发、培植地方财源的经验。

2. 水产业成了增加农民收入的重要途径。随着生产的发展和效益的提高，越来越多的劳动力转移到了渔业生产领域。全省渔业生产专业、兼业劳动力141.7万个，比1978年净增92.3万个，平均每年转移农村剩余劳动力5.8万人。全省154万渔业人口，年人均纯收入达1980元，比全省农民人均纯收入高出825元，渔民率先在全省摆脱贫困，致富奔上了小康。据测算，全省渔业纯收益1994年为21.2亿元，1995年可达25亿元。汉寿县积极发挥资源优势，抓住特色，致富在水，把发展特种养殖作为增加农民收入的重要产业来抓。1995年预计水产总产量4万吨，比上年增加1.3万吨，完成产值3.5亿元，其中名特优水产2.2亿元，占64%；全县从事特种水产养殖的专业户1.95万户，放养面积已达5.7万亩，1995年全县仅特种水产一项就可为全县农业人口人平增收150元，被誉为甲鱼养殖之乡。该县的崔家桥镇马家冲村采取集资入股的办法，1995年共筹措资金1100万元，购种鳖

17.5吨，产稚鳖30万只，销售收入900万元，纯收入350万元，人均纯收入超过5000元。邵阳县西渡乡保安村，是个地处山区的农业村，全村804户，几乎是家家养鱼。去年放养水面1820亩，起水鲜鱼150多吨，渔业产值达500多万元，占全村农业总产值的71%，人均渔业产值1240元，纯收入437元。华容县幸福乡东浃村四组村民汤志军，从1992年开始利用东浃河搞网箱养鳜鱼，3年获纯利28万多元。湘乡市通过网箱养鱼促库区经济开发，1994年全市在溪口水库放养网箱4000多口，箱平纯收入1500多元，使库区6000多人脱贫致了富富。1995年，这个库区已放养网箱5400口，预计纯收益可达756万元。

3. 水产业有效地增加了市场供应，丰富了城乡居民的“菜篮子”。1994年，全省水产品商品量达67.2万吨，商品率为86.9%，其中销往省外的12.4万吨，占商品量的18.5%。全省水产品人均占有量由1978年的2.3千克上升到1994年的12.2千克，增长4倍多，解决了群众“吃鱼难”的问题。全省城乡市场水产品货源充裕，品种繁多，购销两旺，鱼价相对平稳，受到了广大消费者的欢迎。

我省水产业取得的成绩确实很大，作用不可低估。但用市场渔业的观点，从实施农业强省战略角度来看，水产业也存在一定的差距。

第一，水产发展速度在全国相对滞后。1989～1994年5年里，全国水产品平均增长速度为11.7%，而我省只有8.5%，低于全国平均增长速度。从全国的位置来看，我省淡水产量1984年从第三位退居到第四位，水产品总量于同年由第七位退居第八位，1994年又降到第九位。与资源条件相同的湖北省相比，我们原来比他们多1万多吨，现在他们的水产品已达129万多吨，比我们多出55万多吨。广西壮族自治区1993年的水产品总量为56.5万吨，比我省少14.8万吨，1994年他们狠抓海水养殖和捕捞，产量一下跃到了76.2万吨，比我省多2万多吨。

第二，资源潜力挖掘不够。全省已具备人工养殖条件的水面600多万亩，已开发的有590多万亩，还有10多万亩没有得到合理的开发利用。已开发的水面中，有的利用率不高，占全省总水面80%的大中水域，产量仅占总产量的20%，有待进一步提高。全省有宜渔稻田1300多万亩，实际开发的仅340万亩，利用率不到1/3，其中开展模式化稻田养鱼的不到100万，稻田养鱼的潜力没有得到充分挖掘。同时，一些具有湖南地方特色的养殖增殖项目，如中华鳖、洞庭银鱼、洞庭才鱼、桂花鱼的开发，娃娃鱼的养殖等还没有真正在全省大范围推开，没有形成较大的规模。

第三，渔民科学养鱼水平不高。由于科技体系不全，科技投入少，部分渔民还停留在传统养殖方式上，人放天养，粗放经营，产量相对较低。淡水养殖单产我省平均124千克，在全国排第八位，虽然高出全国平均淡水养殖单产9千克，但比排在第六位的湖北省每亩少27千克，比全国平均单产最高的广东省低了159千克，其中池塘单产比湖北省低38千克，湖泊单产比湖北省低了18.9千克。

第四，基础设施比较薄弱。一是鱼苗鱼种的生产供应体系不全。全省99个苗种场，大多设施陈旧，急需改造。特别是名特优新的苗种更为缺乏，目前仅有河蟹繁殖场、沼虾繁殖场各一处，种苗供应难以适应水产开发的需求。二是水产技术推广服务体系不全，全省县级以上推广站23个，乡镇级的545个，不到应建数的1/3，且大部分乡镇站是一无编制，二无经费，工作难以开展。另外，鱼病防治和鱼饲料研究开发起步较迟，有待于进一步提高。三是市场流通加工体系不全。全省水产品批发市场建设滞后，水产品加工大多处于鲜、冻、腌的粗加工阶段，一些好的水产品加工项目，如“乌鳢口服液”“鱼糜”系列产品等，由于缺乏资金投入，也没有形成大的批量生产。

湖南省水产资源丰富，生产条件优越，渔业生产的潜力还很大，充分利用资源，加速水产业的发展，大有可为，大有希望。各地要结合本地实际，采取得力措施，狠抓这一产业的发展，形成大发展、大产业的格局。根据我省实际情况，我看可以提出一个这样的发展目标：到2000年，全省水产品总量过120万吨，争取140万吨，年递增10%以上；人均占有水产品18千克，年递增18%以上；全省渔业总产值90亿元，争取100亿元，年递增10%以上；渔业产值在农业总产值中的比重达到10%；渔民人均纯收入3000元，年递增8.5%以上。总的来看，这个目标比较符合实际，但要实现这个目标，各级领导同志必须提高认识，加强领导，采取得力措施，真抓实干。

第一，要从建设农业强省的战略高度来认识利用水面发展渔业生产的潜力和效益，加强对水产工作的领导。湖南是“七山一水二分田”，人均耕地面积少，因此，走山路，念水经大有文章可做。据水产部门的同志反映，一亩精养池塘一般产值均有3000~4000元，一亩养鱼网箱可产鱼10吨左右，产值5万~6万元，搞特种水产养殖，一亩产值少的几万元，多的十几万元。省水产局对祁东、祁阳、涟源、新化等10个稻田养鱼重点县进行现场验收，进行模式化稻田养鱼的水田，粮食过吨，鲜鱼过百千克，鲜鱼产值超过了千元，既丰粮，又促渔，增加了农民收入。因此，我们各级领导同志要算这个账，认识这个潜在的发展优势。要把水面视同良田一样看待，像抓粮生产一样，认真抓好水面的开发利用。各级党政部门要把水产业纳入农村经济大局中统一规划，统一布局，做到发展有整体目标，实施有具体措施，工作有检查督促，年终有总结考核。水面较多的地、县，应当明确一名副职抓水产工作；水面少的地、县，也要有领导同志兼管，一年议一两次渔业，抓几项具体发展措施，把发展水产业的各项工作落到实处。

第二，继续深化渔业经济体制改革，稳定和完善渔业生产的基本制度。要树立改革出生产力、改革促大发展的思想，深入改革，加速水产业的发展。无论实行什么样的渔业经济体制，只要有利于渔业生产力的发展，有利于增加农民收入，有利于扩大地方财源，就要因地制宜地积极实行。根据我省渔业生产力水平，对分布在广大农村的零星水面，可以折田招标承包到人，经营期限 30 年或 50 年不变，甚至长期不变；对有一定规模的养鱼水面或养殖场，可以由养鱼能手牵头承包，集约化养殖，规模经营；对一些既不便承包到人、又难以统一管理的大中型水面，要实行国家、集体、个人一起上的办法，谁投资，谁开发，谁受益。无论是国有水面，还是集体水面，都可以实行租赁经营或股份经营。对于一些荒湖、荒塘、荒库和不便于管理的渔场，不利于粮食生产的低洼渍地，可以租赁、拍卖给个人用于开发性生产，坚持长期不变。渔业产销体制，要积极推行“公司 + 渔户”的产供销方式，可以由一个大的养殖企业或者公司，联合产前、产中、产后的各个环节，形成水产企业集团，实行规模经营。

第三，抓好重点水面开发，以开发促发展。根据我省水面资源分布的特点和生产水平，当前，水产生产要主攻养殖渔业，发展增殖渔业，以池塘水面、大中水面、宜渔稻田为重点，加大开发力度。要把中低产池塘的改造纳入农田水利基本建设，农业综合开发、血防灭螺、洲滩整治和兴办乡村企业要结合起来进行，大搞修塘改水，改善养鱼条件。做到规划一片，建成一片，投产片，受益一片。湖泊、水库、河沟的开发潜力很大，要养殖、增殖并举，网栏养鱼、网围养鱼、网箱养鱼等各种养殖方式相结合，大力进行开发。华容县的东湖、安乡县的珊珀湖、益阳的大通湖、湘乡的溪口水库等地已经创造了很多成功的经验，现在的问题是要把这些经验推广开来。模式化稻田养鱼具有丰粮、促鱼、增收调节农田用水等多方面的作用，同时又扩大了渔业生产领域，与粮食生产相得益彰，很有发展前途。要认真抓好这方面的开发，增加资金投入，加大开发力度，切实抓出成效来。

第四，调整养殖结构，加大科技投入，提高渔业经济效益，我省渔业生产的发展，应当在继续扩大生产领域的同时，加大科技投入，主攻养殖单产和经济效益。要切实树立科学技术是第一生产力，科学技术出产量、出效益的思想观念，改变传统的养鱼方法。要建设配套水产种苗、防病治病、商品饵料、技术推广和市场加工等五个方面的技术物质保障体系。组织一批水产新技术、新品种、新的养殖方式在全省进行大面积的推广应用，各级都要安排水产科技推广经费。省水产局要在水产原（良）种、渔用饵料、鱼病防治药物、水产品加工等方面建设具有一定规模的龙头基地，辐射全省，带动水产大产业的形成。我省名特水产生产既有资源优势，又有技术优势，应当重点发展。按照一地一品的构想，抓出特色，抓出规模，抓出效益来。要积极发展市场渔业、高效渔业和特种养殖，生产适销对路的品种，加速出口创汇。全省要通过抓增加水产科技投入，力争全省渔业生产增产、增收部分有60%来自于水产科学技术。

第五，加强渔业执法，落实发展渔业政策。1994年，省人大常委会修改颁布了《湖南省渔业管理条例》，这个《条例》很好，各地、各部门要认真贯彻落实。当前，反映电力捕鱼、毒鱼等破坏水产资源，影响正常渔业生产秩序，侵犯渔政执法人员人身安全的事件时有发生，各级渔政部门的同志要依法办事，秉公执法，公正严明。同时，各级公安、法院、检察、工商等部门要积极配合渔政执法，特别是要重点打击电力捕鱼和侵犯渔政执法人员人身安全的犯罪分子。各级政府要关心和支持渔政工作，解决编制、经费、装备等问题，洞庭湖是我省的天然渔场，并且涉及几万渔民的生产生活问题，省水产局要牵头组织沿湖县市，加强对洞庭湖渔业资源的保护与利用。

第六，增加对渔业的投入。渔业是一个开发潜力大、上得快、效益好的产业，各地要根据本地发展规划制定出支持渔业发展的政策、措施，建立渔业发展基金。党中央、国务院和省委，省政府确定的增加农业投入的政策措施，除一些专项资金外，包括水产业在内，要认真抓落实。各级政府和计划、财政部门要适当增加资金投入，从农业发展基金、支农资金中，划出专门款项，并在上交的水产品特产税中，拿出适当的比例，扶持渔业生产，培植地方税源，用于改造渔业基础设施、开发性项目和推广科学技术。银行要对渔业增加开发性贷款规模。

1996年是实施“九五”计划的第一年，希望各级党委、政府把水产业作为发展农村经济、致富农民、丰富人民“菜篮子”的一件大事来抓，使全省水产业发展提高到一个新的水平。

（1995年10月关于湖南发展渔业等水产业的调查报告）

努力把湖南建设成为农业强省

这次建设湖南农业强省研究报告论证会开得很好，到会的各位专家和有关部门的领导同志，畅所欲言，各抒己见，对《建设湖南农业强省的研究报告》进行了客观评价和科学论证。从发言情况看，大家对这个研究报告是肯定的，认为总体设计好，思路清晰，观点明确，省情分析透彻，建设项目规划比较合理，措施比较可行，对实现由农业大省向农业强省的跨越具有很强的指导性。这表明，研究小组的同志是动了脑筋、费了心血的，为湖南农业的发展做了一件很有意义的工作。为了使建设农业强省战略研究取得圆满成功，研究成果更好地进入各级领导决策，推动农业和农村经济的发展，我讲三点意见。

一、充分认识建设湖南农业强省的战略意义

建设湖南农业强省问题，是我们经过广泛调查和听取各方面意见提出来的。通过调查研究，我感到湖南确实是一个农业大省。一是农业资源丰富，自然条件比较优越；二是湖南人会种田，农业生产水平比较高，粮食、棉花、生猪等主要农产品产量一直位居全国前列；三是已有一个比较好的物质基础，农业科技在全国处于先进地位。但是，从农村工业化、农业现代化的要求来分析，湖南还算不上农业强省，主要是产量优势并未转化为商品优势和经济优势，存在农村经济综合实力不强、农业基础脆弱、农业生产不稳定、农产品的质量和效益不高、农民收入增长缓慢等问题。发展湖南农业的路子应该怎么走？我认为还是要进一步充分发挥农业大省的优势，挖掘农产品大省的潜力，实现由农业大省到农业强省的跨越。

第一，建设农业强省，把农业和农村经济转到效益型轨道上来，是发展社会主义市场经济的需要。党的十四大明确提出，我国经济建设要实现两个过渡，一个是从计划经济向社会主义市场经济过渡，一个是从数量型经济向效益型经济过渡。长期以来，由于计划经济体制的束缚，农村经济发展偏重于扩大外延的数量增长，而忽视了效益为中心的要求，农产品品种少、质量差、附加值低。尽管近些年来乡镇企业有了很大发展，非农业产值在农村社会总产值中所占比重有较大提高，但生产主要还是依靠劳动积累和资源消耗，进行总量的扩张，产品主要还是消耗有形资源的初级产品，技术密集型水平低，在市场竞争中处于劣势。要适应发展社会主义市场经济的要求，加快农业和农村经济的市场化进程，就要认真贯彻全国科技大会精神，遵循市场经济规律，把农业和农村经济发展从偏重增加总量、追求速度，转到以质量效益为中心的轨道上来，变资源主导型为科技主导型，依靠科技进步和提高劳动者素质，推动农业和农村经济不断上档次、上水平，实现由“大”到“强”的跨越。

第二，建设农业强省，实现由农业大省向农业强省的跨越，是促进国民经济持续健康发展，加速建设经济强省的有力保证。农村是整个社会经济发展与政治稳定的基础，农业是国民经济最重要的基础产业。要促进国民经济的快速发展，实施好分三步走的战略，把我省建成经济强省，就必须先建成农业强省。江总书记 1994 年 3 月来湖南考察时，既充分肯定了我省的改革、发展、稳定的形势和在农业上对国家所作的贡献，又要求我们进一步认清农业发展的艰巨性和光明前景，加强农业，繁荣农村。对此，我们要深刻领会，认真贯彻，决不能辜负中央领导同志的期望。过去有一种观点认为，抓农业，并不能把经济搞上去，农民还富不起来。现在看来，这个观点至少有些片面性。从考察广东、江苏、山东和剖析省内一些农业发展得好的典型看，搞农业同样能富民、富乡、富县、富省。农业大县，同样可以是财政大县。安仁县 1994 年农业总产值增长 25.3%，财政收入增长 37.7%，其中农业“四税一费”增增长 54.4%。实践证明，只要跳出传统农业的圈子，大力发展“一优两高”农业，尽快改变目前农村经济大而不强的状况，就能为国民经济不断跃上新的台阶提供条件，加快富省富民的步伐。

第三，建设农业强省，提高农业和农村经济整体素质，是实现农业现代化的重要步骤。建设农业强省与实现农业现代化是不矛盾的。前项工作的开展，将为农业现代化的实现进一步创造条件，开通路子。因为，建设农业强省战略的实施，将使农田水利、农村能源、道路、运输、通讯、贮藏等基础设施的建设，农用工业体系的建设，农业科技、教育、研究、推广设施的建设，都有一个大发展，为21世纪前期农业上水平，基本实现农业现代化奠定物质技术基础。同时，建设农业强省战略的实施，又将大力推进农村工业化和农村城市化的进程，为解决农村发展中剩余劳动力的再就业、巨额资金的筹集、改变农业低效益三大难题开拓新路，推动农村现代化和整个社会主义现代化的实现。

总之，建设农业强省是符合湖南省情的战略选择，是今后一个时期我省农业和农村经济发展的中心任务和奋斗目标，必须下大力抓好。

二、要明确建设农业强省的标志和任务

建设农业强省要达到什么样的目标呢？概括起来说，就是要按照发展社会主义市场经济和推进农业现代化的要求，充分运用以科学技术为主的综合手段，合理开发利用资源，促进生产要素的合理流动和最佳配置，争取到20世纪末把我省农业初步建设成为整体布局合理、结构优化、集约化程度比较高、技术比较先进、经济总体实力比较强的现代化市场农业。具体来说，其主要标志及任务应当体现在以下几个方面。

一是经济总量要大。就是说，全省的农业和农村经济，包括主要农产品的总量和人均占有量，要能够位居全国前列。经济总量问题，直接关系到有效供给的增加和市场物价的稳定，历来是我们党和国家十分重视的一个问题。在1994年全国农村工作会议上，中央领导同志反复强调，今后农业和农村工作的目标，就是要保证农产品的有效供给和实现农民增产增收。在今后一段时间内，人口增长和耕地面积减少的趋势不可逆转，没有足够的经济总量难以满足社会需求。我省农产品总量大是农业大省的主要标志，这个一定要坚持。强是在大的基础上发展。同时要看到，我省人口多，总量大但人均占有量并不高。所以，我们要求到2000年，全省粮、棉、油、肉、菜、水果、水产品等主要农产品总量和人均占有量，稳居全国前10位。其中粮食总产稳定在600亿斤左右，棉花总产达到25万吨以上，油料总产突破120万吨，出栏生猪5500万头以上。

二是经济效益要好。要通过提高土地产出率、劳动生产率、农产品加工增值率，来提高农业的综合效益。发展优质高产高效农业的核心是高效，只有当农业

成为高效益的产业，才能使农业真正强起来。如何做到效益好，一个关键问题，就是要狠抓农产品加工，使农产品多层次转化增值。要求在20世纪末，全省农产品精深加工转化率有较大提高。同时，农村劳动生产率和土地产出率也都应有大幅度提高。通过努力，力争我省农业总产值的现价到1997年达到1400亿元以上，到2000年达到2000亿元以上，年均递增过5%。

三是产品质量要优。就是要努力提高农产品的附加值和科技含量，创出一批优质高产、资源含量少、附加值高、市场竞争力强的绿色食品和名牌产品。我省农产品目前尽管数量较大，但效益不高，商品率老是在50%左右徘徊，原因是质量上不去，缺乏市场竞争力，卖不起好价钱。比如水稻产量在全国居第一位，优质率只有10%，市场占有率不高。解决质量问题，要靠大幅度提高农产品的科技含量。到2000年，全省农业科技含量要达到55%，农产品优质率达到50%，商品率达到65%以上。

四是产业结构要优。建设农业强省，应当在优化产业结构上取得新的突破，这是实现经济总量目标和农民收入增长目标是重要环节。我省过去调整农业结构虽然取得了很大的成绩，但产业结构仍不合理。主要是农产品品种结构单一，粮食中90%是籼稻，畜牧业中90%是生猪，水果中90%是柑橘；农业内部结构不大协调，70%的山地和10%的水面，目前只取得了6%和5%的农业产值；农村经济结构比重不当，第二、第三产业比重较低，农村工业有待进一步加快发展。这些年来，我省乡镇企业虽然有较大发展，但与先进省市相比差距还比较大。因此，要在抓粮棉生产的同时，加大结构调整力度，促进结构进一步优化和农村工业化。要求农村三大产业逐步实现“二三一”的结构排序，乡镇企业总产值占农村社会总产值的比重达到80%以上，经济作物与粮食作物产值比达到1∶1。

五是基础设施要好。要加强水、电、路、通讯等基础产业建设与市场建设，提高农业的物质技术装备水平，使农业抗御自然灾害和承受市场风险的能力显著增强。我省的水旱灾害发生频繁，尤其要重视加强水利基础设施建设。由于我们过去对治湖兴水的投入不足，许多水利设施一直不配套，一段时间以来，新上的水利工程项目不多，原有的水利工程年久失修，设备老化，不能发挥应有的效能。目前，全省有效灌溉面积不是增加了，而是下降了，全省水利设施的抗灾能力不是增强了，而是减弱了。同时，现有水利工程病、险问题多，城市防洪设施差、能力弱，危机四伏，特别是洞庭湖区这块宝地，已经成为一块险地。一旦遇到特大的洪水，湖区人民的生命财产安全将无法保障。由于水利设施的少、老、病、险，北涝南旱问题日益严重，水的问题已经成为制约农业和整个国民经济发展、影响甚至危及人民群众生活和生命的突出问题。因此，我们要把抓好水利基础设施建设，综合治理旱涝灾害问题作为重中之重来抓。今后水利基本建设的任务，重点是抓好洞庭湖的治理，同时解决湘南、湘西和娄邵干旱走廊的水利灌溉问题，使农田有效灌溉面积在 81.5% 的基础上达到 90% 。同时要大力发展农村电力、交通、通讯。要求到 20 世纪末，农村人均用电量达到 150 千瓦时，85% 的行政村通公路，农村电话普及率平均每 100 人有 3.1 部。农用工业建设、农副产品市场建设和小城镇建设等，都要做到协调发展。

这里，我想专门谈一谈防御洪涝灾害的问题。我们湖南几乎年年遭受洪涝灾害的袭击，损失严重，对人民生命财产的安全威胁太大。这已经成为制约我省农业发展乃至整个经济发展的一个突出问题。我来湖南后亲身感受到我们 14 个地州市，都有防洪的任务。如何提高我省抵御洪涝灾害的能力，切实规划、建设、管理好水利基础设施，很值得我们认真研究。我认为，至少有以下 5 个问题要着手研究：

第一，洞庭湖、湘资沅澧四水，以及遍布我省各地的四水大小支流，对中等城市、县城、村镇、农田的影响。

第二，水库与防洪的关系。怎样发挥水库的防洪作用，要作为一个问题提出来研究。

第三，防洪与调洪的关系。通过这两年的抗洪抢险斗争，我深深体会到，处理好防洪与调洪的关系特别重要。而调洪又涉及各大水库在进入汛期前，究竟需要留有多少库容，这就有一个正确处理水库的防洪、发电、灌溉矛盾的问题。这也需要研究和思考。

第四，关于城市防洪问题。通过 1993 年湘江特大洪水的考验，这个问题已经开始引起重视。但城市防洪的标准还比较低，仍然有一个按高标准设防加固的问题。现在尤其要重点研究解决县城进水的问题。有的县城几乎每年都要进水，有的一年进几次水。县城是一个县的政治、经济、文化中心，是人口聚居的地方，如果县城不设防，任凭洪水侵袭，它造成的后果是十分严重的，我们也要认真研究和思考。

第五，关于暴雨区的规律问题。近年来，由于暴雨造成山洪暴发，已经成为湖南省水灾的重要组成部分，而且损失严重。这两年因洪水造成的人员伤亡主要是来自于山洪暴发。我认为，对湖南省的山洪暴发，只要认真进行研究，是能够掌握它的规律的。有些地方本身就是暴雨带，我们应该根据其规律给洪水以出路，使它能顺畅通过，而不至于泛滥成灾。我们的村庄、学校、居民点一些公共设施，都应避开可能遭受山洪袭击的地方。

上述这 5 个问题，是我通过 1993 年、1994 年水灾的教训，初步联想到的。我准备组成一个小组来研究这些问题。同时也希望有关专家、工程技术人员，特别是从事水利工作的同志，包括省地市县乡的党政领导同志，都来思考这些问题，研究这些问题。

三、在全省范围内尽快掀起建设农业强省的热潮

这次论证会以后，要在全省尽快掀起建设农业强省的热潮。如何认认真真抓落实，我借此机会提出如下几点要求：

1. 统一思想认识。要加大宣传力度，让各级、各部门都了解省委提出的建设农业强省的战略思想，都知道这项工作的重要性，在全省范围内造成一个强大的舆论，形或一个浓厚的气氛。要围绕到 20 世纪末把我省初步建成农业强省这个目标，动员广大干部群众投入建设农业强省的实践中来，建设农业强省，这在湖南农业发展过程中又是一个新的转机，要抓住这个机遇，把我省农业和农村经济提高到一个新水平。

2. 选准路子。建设农业强省，各地必须从自己的实际出发，坚持因地制宜、发挥优势的原则，选准发展路子。从改革开放以来我省和外省发展农业与农村经济的经验看，建设农业强省可走的路子很多。例如，种养加结合，相互促进，良性循环的路子；发挥优势，培植区域支柱产业，一业为主，带动相关产业整体推进的路子；龙头企业带基地，基地连农户，产供销、农工商一体化经营的路子；靠科技、靠人才，科技兴农的路子；培育市场，活跃流通，兴商强农的路子；发展小城镇，以城带乡，以乡促城，城乡一体化发展的路子；外向型经济突破，走出去，引进来，以外促内的路子，等等。各地选择哪种类型的发展路子，应根据本地资源和经济技术条件，在实践中创造，以能否实现资源的合理配置和生产要素的优化组合为准则，一切从实际出发，不可照抄照搬。

3. 搞好规划。各地市县要组织力量，从调查研究入手，尽快制定出强市、强区、强县的规划。在制定规划时，要坚持“因地制宜、搞出特色、突出重点、带动全面”的原则，一切从实际出发，既要积极，又要留有余地，切实可行；规划要与“九五”国民经济和社会发展计划相衔接，要与省里制定的分两步走的安排相吻合，1995～2000 年初步建成，首先是 1995～1997 年这 3 年要抓紧，认真打好第一仗。

4. 切实加强领导。加快建设农业强省，是一项复杂的系统工程，各级党委和政府要动员和组织全省各方面的力量，打好总体战。各级要由党政一把手挂帅，一名党委副书记和一名政府分管领导牵头，各有关部门负责人参加，组成协调领导小组。要建立目标责任制和严格考核办法，把任务分解到县、乡、村，一级一级抓落实，一级一级检查考核，还要组织评比。同时，各级都要办好示范点，以点带面。各部门要紧密配合，积极参与，为加速建设农业强省作贡献。

最后，我要感谢各位专家的积极支持和辛勤劳动。希望大家继续为湖南的现代化建设献计献策。

（1995 年 7 月在建设湖南农业强省研究报告论证会上的讲话）

农业结构调整要有新思路

1994 年 5 月月 22 日至 6 月 4 日，我到湘潭、湘乡、望城、宁乡、浏阳、平江等 6 个县市，做了半个月的农村调查，先后走访了 20 多个乡镇村。总的感觉是，当前早稻、棉花长势好，乡镇企业和个体私营经济发展快，农村干部群众精神饱满，到处一派兴旺景象。

从这 6 个县市汇报的情况看，这几年农业内部结构调整的步子迈得比较大，效果很明显。但在加快建立社会主义市场经济体制、全面推进改革的新形势下，也有一些地方对农业结构怎么样进一步调整，感到方向不明，办法不多。看 6 县，想全省，我认为当前和今后一个时期农业结构调整的指导思想应当是，面向国内外市场，大力发展优质、高产、高效农业，以不断增加农民收入为出发点和落脚点。在具体的工作思路上，要从以下四个方面统一认识，做好文章。

一、眼光不能只盯在人均不到一亩的耕地上

过去在"左"的思想影响下，片面地强调粮食生产，许多根本不适宜种粮食的耕地也勉强种粮，以致成本高，产量低，效益低下。这些年在调整农业内部结构的过程中，农民因地制宜地把低产田改种经济作物，把低洼田改成鱼池，获得了良好的经济效益，这是完全正确的，应当充分肯定，并且农业结构还要继续进行调整。例如湘南地区，就要瞄准广东、香港以及东南亚市场，抓好农业综合开发，做到广东、香港市场需要什么，就努力发展什么。但是从全省来讲，最近几年人们已经越来越认识到，在现有的耕地上打圈子，今天调过来，明天调过去，调整的余地已经很小了。湖南人均只有 8 分耕地，而且人口一天天在增加，耕地一

天天在减少，如果我们的眼光只盯在这有限的耕地上，农业结构的调整确实很难有大的突破了。因此，我们应当把视野放得更加开阔一点，跳出现有耕地的框框，在开发更为丰富的山水资源上动脑筋，下功夫。浏阳市算了一笔账，全市有510万亩山地，15万亩水面，但1993年平均每亩山地的收入只有19.7元，每亩水面也只有88元，可见开发的潜力很大。他们提出“综合开发山水，再造一个浏阳”，即通过开发山水资源，使全市的农业产值在目前10亿元的基础上翻一番。平江县也提出，每年开发15万亩山地，3年内在山上再造一个平江。湖南“七山一水两分田”，下一步的农业结构调整，应当在继续种好“两分田”的同时，把重点放在占整个面积70%的丘冈山地和10%的水面开发上。鉴于人增地减的严重情况，我主张今后原则上水果不要再下山，更不能下田。1993年全省水果产量已达1700万担，其中柑橘1400万担（占全国总产量的10.9%），仍然没有满足市场的需求，湖南的水果生产还需要在品种优化、分级分类、改进包装和抓好销售的基础上大力发展，以尽快突破2000万担的年产量。但水果还是以向山岗地上发展为宜。1993年，我在怀化山区考察，那里的农民把一座座小山包开垦成桔园，走“八亩山地奔小康”之路，给我留下了深刻的印象。这次在平江县三阳乡葛藤坪村听说，20世纪80年代以来村党支部带领群众开发荒坡荒洲700多亩，80%的农户建起了小果园，1993年产果6000余担，户平水果收入上千元。水面开发也是如此。据宁乡县东湖塘乡楠竹村的一个养鱼户介绍，一亩水面，养得好可产鲜鱼500公斤，收入3000元以上。要是养甲鱼、河蟹、牛蛙等特种水产，那收入就更多了。1994年3月我在洞庭湖区调查，汉寿县西竺山乡陈家塔村，家家户户养甲鱼、牛蛙，人均纯收入2000多元，还有一批年收入超过5万元的户。湖南江湖交错，塘坝众多，水面资源丰富，淡水鱼的年产量已达1400万担，只要好好规划，进一步开发利用，用不了几年就可登上2000万担的台阶。

二、粮食、棉花并不是包袱

有一种观点认为，湖南农业的传统结构是粮棉油猪型，要调整农业结构就得减少粮棉油猪，特别是粮食和棉花。这个观点是片面的、静止的，是不正确的。粮食棉花是特殊商品，是重要的战略物资，在任何时候都不可忽视，不可放松生产。中国12亿人口，确保吃饭穿衣是确保经济发展和社会稳定的第一件大事。如果把粮食棉花的供应寄希望于从国外进口，那是相当危险的。我们常说，领导干部要善于从政治上考虑问题。那么在粮棉生产问题上，就应该多从政治上、战略上去考虑。湖南是农业大省，1949 年以来为国家建设做出了重大贡献，现在国家需要粮食和棉花，我们没有理由不继续做贡献。而且现在的做贡献，与过去的做贡献已经大不一样。过去是平价上交，现在价格虽然不是很高，也不会吃亏了。在调查中我和农民一起算账，一亩田如果产稻谷 750 ~ 900 公斤，均价 1 元，收入在 750 ~ 900 元之间，加上冬季农业，一般可过 1000 元。当然，化肥、农药等生产资料不能涨价太多，否则成本增加，农民收入增加不了。从一些粮食生产抓得好的地方的经验看，种粮也是可以致富的。我这次到的 6 个县，湘潭、湘乡、望城、宁乡这 4 个县 1993 年人均产粮都在 1000 斤以上，相应地农民人均纯收入也都在 1000 元以上。其余两个县粮食少一些，人均纯收入也相对少一点。看来，粮食生产的关键还在于优质高产，做到了优质高产，就能实现高效。湖南的粮食总产量多年来保持在 250 公斤以上，这是全省稳定和发展的基础，这个基础决不能动摇。也就是说，全省保持 250 公斤以上的粮食产量决不能动摇。至于粮食生产怎么发展，我觉得可以走“优质稻、吨粮田、精加工”的路子。现在市场上每市斤常规米的价格，只有 0. 8 元左右，而我在望城县黄金乡调查时看到的优质米，可以卖到 1. 3 元，价格高 60%。如果加工再精致一点，把抛光度提高，湖南的优质米（比如猫牙米）就完全可以和泰国米媲美，卖 3 元钱一公斤不成问题，如果把包装搞得更精致些，一公斤还可以卖到 4 元。这样，可以在现有的价格上提高一倍。如果实现了亩产吨粮，那收入就更可观了。我有一个观点，光把产品生产出来不算本事，还要能卖得出去；光能卖出去也不算本事，还要能卖个好价钱。所以既要高产，又要优质，还要精加工。湖南发展棉花的条件很好，这几年棉花生产上得比较快，1993 年棉花产量已达 420 万担，平均亩产 81 公斤，湖区一些县已达 100 公斤，大大高于全国平均 50 公斤左右的水平，现在农民种棉的积极性比较高，1994 年全省棉花面积达到 360 万亩，比 1993 年增加 100 万亩，预计产量 600 万担。我们应当继续努力，争取再用两年左右的时间，使全省棉花产量突破 1000 万担，跻身产棉大省的行列。发展油菜也是大有可为的。我在常德调查时了解到，种好一亩油菜，可以收入 200 多元，而且油菜还能养地肥地。1994 年全省油菜籽大丰收，总产量达到 1400 万担，比 1993 年增加 200 万担。秋收之后应再作一次大动员，狠抓冬季农业特别是油菜生产，努力使全省油菜籽的产量在两三年之内达到 2000 万担。

三、必须高度重视农产品的转化增值和深度加工

湖南粮食产量居全国第五位，其中稻谷产量居全国首位，但农民人均纯收入却处于全国中下水平，1993年比全国平均数低了70元，为什么？重要原因之一就是食品工业不发达，粮食优势没有转化成经济优势。如何发挥粮食生产的优势，使粮食大省同时也成为养殖业大省和食品工业大省，使全省人民更快地富起来，是亟待研究和解决的重要课题。粮多猪多，猪多肉多。湖南的猪牛羊肉产量居全国第二位，仅次于四川，1993年已达237万吨。这里面95%以上是猪肉，1993年全省出栏肉猪3647万头，人均接近0.6头，但发展前景还很广阔。这次我调查的几个县中，人均出栏肉猪数，望城县达1.5头，湘乡市是1.4头，湘潭县和宁乡县也分别超过了1头。如果全省有一半的县达到这个水平，那该可以多转化多少粮食，多增加多少收入！粮食的转化增值还有一条重要渠道，即深度加工。这是湖南的一个薄弱环节，主要是大米食品加工的品种不多，档次不高。这次我在望城县考察湖南旺旺食品有限公司之后，对湖南的大米食品深度加工增强了信心。湖南旺旺食品有限公司是一家由台湾旺旺食品集团与湖南华湘进出口集团合资兴办的高新技术企业，也是目前国内最大、技术设备最先进的首家以大米为原料进行深度加工的食品工业企业，日消耗大米15吨，年产值2亿元，产品在市场上非常抢手，供不应求。它的意义不仅仅在于企业本身的效益、上交的税金和所消化的粮食，而是展示了大米深度加工的美好前景，展现了湖南成为食品工业大省的希望之光。他们打算在1994年10月再上一条生产线，进一步扩大生产能力。我给县里的领导和省直有关部门的领导讲，无论如何也要支持他们把这个扩建项目搞上去，同时一定要组织好优质大米原料的生产和调运。旺旺食品还给了我一个启示，那就是湖南要想建成食品大省，必须进一步解放思想，加大对外开放的力度，更加积极地引进国外的资金和技术。而且在这个问题上，我们还必须有紧迫感，否则就会失去机遇，丢掉市场。

四、不仅要适应市场，而且要开拓市场

在调查中，我发现不少同志对于调整农业结构要面向市场、适应市场需求这一点，认识比较清楚，但就是感到市场形势不好把握，一会儿少了，一会儿又多

了，有点捉摸不定。搞市场经济，必须面向市场组织生产，适应市场的变化及时调整产业产品结构，这是毫无疑问的。但是这种适应不能是消极的适应，调整也不能是被动的调整。要看到，对于市场，是可以开拓、可以占领、可以引导的。开拓市场，离不开过硬的产品质量，出色的产品宣传，有力的推销手段。我们现在农产品的推销方面，下的劲还不大。像湖区的牛蛙，就完全应该而且可以打进北京、天津市场。除了这些，还有一个很重要的方面，那就是产品要有批量，形成规模优势。在市场经济的汪洋大海中，单家独户式的小打小闹很难站稳脚跟。前几年到处有人养鹌鹑，后来由于鹌鹑蛋卖不掉，纷纷关了门。可是望城县的农民却照养不误，仅省科协“动物人参开发公司”示范基地周围的300多户农民就养了40多万只鹌鹑，形成了规模生产，在此基础上，开发公司的鹌鹑皮蛋加工也很红火，占领了长沙市场。这就告诉我们，农产品要想形成规模生产，必须走“公司加农户”“基地加农户”的路子。浏阳市柏嘉乡的花卉苗木生产也是这样，开始一家一户干，没有稳定的市场，后来陆续发展起来，半数以上的农户种花木，办了不少的花木公司，全乡6300户，一共种了7000多亩，而且品种越来越多，要什么有什么，于是柏嘉乡的花木名声越来越大，销得越来越远，市场也就越来越稳定了。

通过16年的农村改革，通过农业结构的不断调整，现在无论走到哪个县，要看几户好的典型是不难的，这次我们就看了不少好典型。但遗憾的是，这些典型经验推广得不够，往往是只有星星之火，不见燎原之势，只有观赏价值，不成规模经济。市场经济的规律表明，任何一种商品，要是形不成规模，就没有商品优势，就不能占领市场，也就不会有规模效益。所以在调查中我一路上都和县乡干部探讨，一定要实打实地推广好先进典型的经验，使星星之火真正成为燎原之势。这个问题应当引起我们的注意，下决心解决好。

（1994年6月作者整理的对湘潭等六市县的调查报告）

唱好山歌　走活水路

——东江库区依靠开发性移民的调查与思考

国家重点工程——东江水电站关闸蓄水近10年。这个主要依靠后靠安置的近4万库区移民的生产生活状况究竟如何？带着这个问题，我到库区的乡、村组作了一次调查。通过调查，我们深感资兴市委、市政府实行后靠安置移民的决策是正确的，10多年来库区移民依靠山水搞开发的成效是显著的，给我们的启示也是深刻的。

一

东江水电站于1986年8月大坝正式关闸蓄水，水库淹没面积涉及资兴市11个乡镇、67个村，淹没耕地7.3万多亩，占全市耕地面积的五分之一，其中库区后靠移民3.7万人，占移民人口的68.7%。这种超负荷、高密度的移民安置，打乱了原有的生产生活秩序，特别是3.7万库区后靠移民，一段时间陷入了“缺生产资源、缺生产门路、缺生产技术、缺生产资金、缺经济来源、缺配套服务”和“买卖难、交通难、通讯难、上学就医难、用电照明难、买米吃菜难、劳力就业难，维护治安难”的“六缺”“八难”的境地。移民人均耕地仅0.08亩，收入不到200元。

面对重重困难，在党和政府的领导下，东江库区立足山水资源，唱山歌，走水路，经过10多年的艰苦创业，走出了一条依靠开发性移民的新路。一是基本实现了耕作方式和产业结构的重大转变。目前已初步形成果茶、水产、畜牧、林业，旱地种植，小水电、航运、加工业和旅游业等新兴产业，其中果茶、水产、畜牧、林业已成为库区的支柱产业。特别是果茶业，种植面积达2.8万亩，年产水果

1500万公斤、茶叶9.7万公斤。库区茶果收入达1250万元，人均达407元。果、茶产品质量优良，多次评为国家和省、部级金奖，已出口俄罗斯、加拿大等国。二是基本实现了移民生产生活设施配套，现已修建水库、山塘、蓄水池6000余个，修建小型水电站10座，装机7636千瓦，基本解决了群众生产生活用水用电问题。新建了209公里库区公路、21座船运码头，配备了大小船只600余艘，绝大部分乡镇通了程控电话，基本形成了库区水陆交通网和库区通讯网。同时还加强了库区教育、医疗、文化、商业网点建设。库区基础设施和群众的生产生活设施已实现基本配套。三是移民生活水平实现了由贫困到温饱的转变，有的已开始走上致富之路。库区群众住房面积人均达34.3平方米，人均纯收入由搬迁后不足200元提高到1994年的837元，其中林果茶收入和渔业收入分别占58%和18%，1995年可望达到1000元以上。四是库区社会风气和群众的精神面貌发生了深刻变化。东江库区过去曾是资兴社会治安的重点地区，曾发生过移民群众冲击市委、市政府机关的恶性事件。近几年来，通过加强库区资源开发，移民群众生产生活水平有了不断提高，初步实现了由思迁到思变，由伸手向上“等靠要”到自力更生、艰苦创业的转变。目前，库区社会安定，移民安居乐业，农业综合开发正在向广度和深度进军。

二

东江库区移民经济开发之所以能取得明显成效，关键在于资兴市委、市政府坚持了实事求是的原则，坚持按经济规律办事，采取了一系列符合库区特点的开发举措。

1. 以科学规划为龙头，建立合理利用山水资源的新格局。东江电站动工以来，资兴市委、市政府在广泛发动群众和深入调查研究的基础上，制定了“因地制宜，长短结合，综合规划，分段实施，统筹兼顾，突出特点”的方针；确立了“移民近期安置与乡、村长远建设结合，生活安置与生产开发结合，生活安置、生产开发与基础设施建设结合，物质文明建设和精神文明建设结合”的“四个结合”的开发原则，分别制定了库区果茶、水产、林业、畜牧、小水电、农产品加工、航运、旅游等产业规划。同时，将总体规划延伸到乡、村、组、户。按照“总体布局，分级实施”的原则，各乡、村、组都制定了开发规划，使库区开发从房屋建设到生产基地开发，从农业基础设施建设到乡、村各项公益事业的发展，都井然有序，形成了统一协调的格局。如黄草镇根据库区总体规划，制定了“高山远山用材林，矮山近山经济林，房前屋后果茶林，主体开发上水平”的山地开发规划。这些规划经过几年来的实践，都取得了明显成效。

2. 以山水资源为基础，建立适应市场要求的新产业。在库区开发中，资兴市委、市政府坚持从实际出发，发挥山水资源优势，围绕市场需求调整产业结构，大力培植和发展了果茶、水产、小水电、航运、旅游等新兴产业。目前这些新产业都已形成一定规模，取得了很好的经济效益。为了开发东江湖丰富的水面资源，资兴市先后从外地引进网箱养鱼、拦网养鱼、大库养鱼、特种养殖等先进技术，都已获得成功。特别是网箱养鱼，一口网箱一般可产鱼 500 多公斤，纯收入达 4000 余元，可实现“一口网箱脱贫、两口网箱致富、三口网箱成为小康户”的目标。水产业已成为东江库区效益最好和最具有发展潜力的支柱产业。同时，有资源潜力的传统林业、畜牧业也加快了发展速度。如林业兴办了村组林场，成立了“分股不分山、分利不分林”的林业股份公司，进一步加快了发展步伐。

3. 以政策配套为保障，建立引导群众自觉开发山水资源的新机制。一是建立“以工代赈”机制。林业开发，实行了每造一亩林，验收合格后从移民经费中补助 50 元的办法。二是建立“以奖代投”机制。果茶开发，每开发一亩奖励 100 元，连片开发 10 亩以上，市里提供配套建设资金。村组人均开发超过 1 亩以上的，每亩除奖励 100 元外，还可从开发资金中借给周转金 400 元。人均开发超过 3 亩以上的，定为专业户和专业村，享受特殊优惠政策。三是建立“责任承包、分期付款”机制。通过这些激励机制，不但激发了群众的开发热情，也促进和推动了规模经营。目前库区果茶连片开发在 50 亩以上的专业户有 3 户，在 600 亩以上的专业村 6 个。如旧市乡吴庆英一家开荒种果 80 亩，1994 年水果产量达 9 万公斤，年收入达到 10 万多元，成为东江库区有名的“水果开发大王”。

4. 以强化服务为重点，实施产业化战略的新举措。除市委、市政府主要领导分管移民工作外，市里还专门设立了东江库区管理局，下设有园艺、水产、水利水电、土木建筑、生产建设等科室，下设移民经济技术服务中心，果茶研究所、水产管理站等服务性济实体。库区各乡镇也成立了相应的机构，做到了管事、管钱、管技术相互结合，防止了扯皮推诿，提高了工作效率和服务质量。为强化对库区开发的技术服务，建立了市、乡、村三级服务技术网络。库区管理局生产建设科负责库区生产开发规划、设计和指导：库区管理局下属的服务实体果茶研究所、水产服务站、造船厂三家分别负责果茶、水产和航运、船舶维修的技术指导。同时市直有关部门密切配合，乡镇充实了农技服务站，村级确定了科技专干和开发示范户。这样，东江库区的科技服务便形成了纵向到底、横向到边的服务网络。鉴于东江库区开发初期的特殊情况，市政府对库区生产开发资料实行了“特供”制。林果茶苗木、鱼种、农药化肥等，都是实行全市统一计划、统一调拨，统一按技术要求使用。东江库区初步建立起以库区乡、村集体经济组织为基础，以涉农部门为依托，以移民主管部门为主体，以移民自办联办为补充的库区农产品流通体系。还通过举办“东江柑橘节”“东江笔会”，宣传产品特点，提高产品知名度，拓宽产品销售渠道。

三

东江库区开发经过10年来的艰苦努力，初步实现了产业由种养型到综合型的转变，产品由数量型到质量型的转变，服务由安置型到经营型的转变，成功地走出了一条开发性移民的路子，启示是深刻的。

1. 实行后靠开发性移民，是符合库区移民实际的科学决策。修建大型水库必然要淹没损失大量资源，特别是耕地资源，但并不是淹没损失了所有资源。耕地淹没后，还有大量的山地资源和水库建成后形成的丰富的水面资源。这种特殊的资源结构的转换，对移民群众来说，既是一次艰难的历史选择，又是一次难得的发展机遇，有利于改变传统的耕作方式，调整产业结构，形成新的产业。资兴市党政领导正是基于这种认识，在全国率先实行后靠开发性移民的安置方式，走出了一条成功的开发性移民的道路。东江库区的实践不仅转变了移民长期以来形成的“等靠要”的传统观念，形成了自我发展、自我完善、自我积累、自我富强的移民开发机制，也为处理移民安置与移民生产开发的关系提供了经验；移民安置是基础，移民生产开发是关键，是解决移民问题的根本，只有在安置中求发展，“输血”与“造血”并重，走开发性移民的路子，逐步淡化“移民”观念，才能使移民工作实现良性循环。

2. 坚持产业开发与智力开发相结合，是搞好库区开发的关键。围绕支柱产业加大智力开发，是东江库区移民经济开发的一大特点。他们通过加强技术培训，提高移民的素质，聘请专家指导，引进先进技术，寻找合作“伙伴”，实行与院、所联姻等措施，为东江库区形成“教育、科技、经济”三位一体的发展格局为短时期内迅速建起柑橘、茶叶、水产等新产业创造了重要条件。

3. 坚持经济开发与市场开发相结合，是库区开发成功的基本途径。在市场经济条件下，产品要进入市场参与竞争，必须坚持以资源为基础，以市场为导向，实现经济开发与市场开发的有机结合。在这方面，东江库区也创造了一些好的经验。例如在选准产业、形成规模、提高质量、争创名牌、建立销售服务网络等方面，东江库区采取了一些办法，为库区产品走向库外、走向市场创造了条件。

4. 坚持发扬艰苦创业精神与实施扶持政策相结合，是库区开发成功的基础。东江水电站的建设，使移民群众举家搬迁后，“青石板上立家园”，不少群众一度产生了悲观失望的情绪。资兴市党政领导教育库区群众识大体、顾大局、舍小家、为国家，发扬无私奉献精神和艰苦创业精神，做了大量艰苦细致的工作。与此同时，对移民群众的实际困难给予一定的扶持政策，如给移民以粮食定销、减购和补助，在一定时期内减免库区的税收，给移民划拨一定数量的自产自用木材指标，以及制定一些扶持生产开发的优惠政策等。这就不仅有利于移民休养生息，增强生存和发展能力，还有利于改善党群关系，稳定社会秩序。

5. 坚持建立强有力的领导班子，是库区安置和开发成功的重要保证。兴建东江水电站以来，资兴市的党政领导已换了四届，但历届领导班子都坚持把库区移民安置和生产开发工作作为稳定全市大局的大事来抓，始终坚持了“库区不稳，全市难稳；库区不富，全市难富”的指导思想，把库区工作列为全市经济的发展重点，摆在十分突出的位置。市里成立了专门的领导班子，历届党政主要领导都亲自负责库区工作，每年都要专门召开两次全市性的移民工作会议，对库区安置、开发工作进行总结表彰和安排部署。东江库区管理局遵照市委、市政府的部署，加强管理和服务。强有力的组织领导，为东江库区的稳定和发展提供了强有力的组织保证。

四

这次调查，使我更深刻地认识到，东江水库是难得的“聚宝盆”，东江库区开发的潜力还很大。只要我们勇于开拓，大胆改革，加大开发的力度，同时辅之以必要的扶持政策，东江库区移民不仅可以尽快脱贫致富，而且可以率先进入小康，成为资兴市乃至整个郴州市加快经济发展的龙头区域。

1. 要重新认识库区经济发展的新优势。一是库区资源的再生和转换为新产业的发展创造了有利条件。水库建设淹没了大量的资源和生产生活设施，但这并不是资源的消亡，而是资源的转换和再生。东江水库建成后，出现了24万亩水面，大量的半岛、岛屿与库湾、库汊，以及美丽的湖光山色。大水面淡水为发展规模水产业提供了场所，为发展航运业提供了条件，山水风光加上原有的丰富的自然资源、人文资源，为发展旅游业提供了条件。这些产业一旦发展壮大起来，库区经济实力将大大增强。二是库区独特的生态环境为生产名、优、特、新产品创造了条件。东江水库蓄水80多亿立方米，号称“南洞庭湖”，不仅蓄水量大，而且水面宽阔。这一大水体为名优特新农产品的生产提供了得天独厚的条件。三是库区可供开发的资源潜力大。目前，东江库区可供开发的林地资源36万亩，水面24万亩，但目前山地资源仅开发2.8万亩；水面开发2万多亩，网箱养鱼仅1000余口，特种养殖刚试验成功，旅游资源开发刚起步。同时，东江库区劳动力资源丰富，毗邻广东区位优势明显，因此发展前景是可观的。

2. 要以加速产业化开发为基本途径，实现开发方式的重大转变。库区经济开发现已初具规模，但如果要向更大规模、更高效益发展，必须加快产业化开发，以产业化开发支撑整个库区开发，走加工增值系列开发的路子。根据库区现有资源优势和基地规模，应尽快确立如下几大产业开发重点：一是以柑橘为主的果茶开发。目前柑橘面积达2万余亩，近两年将全面进入盛果期，总产可望突破5000万公斤。应尽快建立龙头加工企业，通过冷藏、加工及组织向国外市场销售，这一产业可望突破亿元产值，成为库区最易形成的经济“小巨龙”。二是水产业开发。现在库区仅1000多口网，加上大库捕捞等，年产鲜鱼40多万公斤，基本上不存在销售问题，但如果实现1万口网箱下东江，年产鲜鱼可达500万斤以上，加上库汊养鱼和大库捕捞年产量将达600万公斤左右，这就面临销售问题。而走鱼产品系列加工，冷冻外销港澳市场以及干鱼、片鱼及罐头等加工，不仅可以有效地解决销路问题，还可以实现较大幅度增值。再加上工程鲫、工程鲤、甲鱼及珍珠蚌等特种养殖，库区渔业可望成为首屈一指的大产业。三是以木材加工为主的林业。目前，资兴市政府正在与外商谈判，引进外资建立年产5万立方米的中密度纤维板厂。这一项目的建成，年产值可望突破10亿元，可带活整个资兴林业的发展。四是旅游业。东江库区旅游资源尤为丰富，有美不胜收的湖光山水，有鬼斧神工的地下溶洞，有被誉为“华夏生态第一漂”的淅水漂流，现已初步开发，目前已开始吸引国内外游客，1995 年参观人数已达数万余人，发展态势十分看好。只要进一步加大投入，可望建成华南一大旅游胜地。

3. 要放宽政策，扩大开放，进一步搞活开发机制。首先，市、乡两级要转变职能，积极参与库区开发。库区管理局要办成集管理、服务、经营三种职能于一体的开发性服务实体，农民需要资金，由实体承贷；农民需要物资，由实体供应；农民需要技术，由实体培训；农民需要信息，由实体提供；农民的产品，由实体销售。乡镇一级要紧紧围绕本地已形成的主导产业，建立开发性经济实体，在乡镇党委、政府的领导下发展龙头企业，例如办林果开发公司、水产开发公司、旅游开发公司、农工商牧工商总公司等。凡是选准一个主导产业，县、乡就要相应组建经济实体，不仅向农民提供资金、物资、信息、技术服务，而且面向市场搞好销售，形成“山上办基地，山下办工厂，山外找市场”的格局。其次，建立灵活的开发机制，推行多元主体搞开发。要鼓励机关、团体、企事业单位承包山地、水面开发；鼓励专业大户开发和工程承包开发；支持乡、村、组集体开发。通过“多轮驱动”，形成千军万马搞开发的局面。第三，改善投资环境，吸引国内外客商搞开发。目前库区条件比较差，吸引外资的难度较大。一方面，必须加快能源、交通、通讯等基础设施配套建设，改善投资环境。另一方面，要注意拿出一些好项目，引进外资和先进生产、加工技术，提高农产品质量，开拓国际市场。同时要引导库区广大干部群众走出去，主动与企业、科研院所进行横向联合，或结成开发联合体，创办开发集团。例如东江湖 16 万亩可供开发的水面，就可以请外地的技术员、劳动力来开发，走开放开发的路子。

4. 要完善后期扶持政策，增强库区经济的“造血”功能。要理顺国家、地方和移民群众三者的关系。在坚持移民讲奉献、地方保稳定、国家重扶持的原则下，进一步完善国家扶持政策。例如粮食定销定补政策、推行部分税种减免政策、实行有关物资分配供应的重点倾斜、合理提取库区建设基金、提高库区维护费等，都要认真研究，抓好落实。

（1995 年 10 月）

探索推进——北京篇

（1998~2018年）

全面推进中国城市改革与发展的思考

——纪念党的十一届三中全会召开二十周年

发端于农村的改革已使中国农村发生了历史性的巨变，随之引发的城市改革也使中国城市发生了举世瞩目的飞跃。在纪念十一届三中全会召开 20 周年之际，我们极有必要从城市方面认真进行回顾总结，以中国城市 20 年的发展变化雄辩地证明党的十一届三中全会路线的正确和邓小平理论的伟大，从而更加自觉地在我国城市工作中继续坚持十一届三中全会开辟的道路，以实事求是，正视现实性的问题，把我国城市经济发展和城市化建设推向一个崭新的局面。

一、中国城市改革开放 20 年来的巨大变化是三中全会正确路线在城市方面的雄辩证明

以党的十一届三中全会为起点标志，中国城市结束了封闭落后的历史，翻开了城市发展新的一页，走上了改革开放之路。经过 20 年的改革开放和经济发展，中国城市像中国农村一样，可以说有以下八个方面变化：

一是城市的数量不断增加，规模空前扩大。据有关统计资料表明：我国城市数量从 1978 年的 193 个发展到 1997 年的 668 个。由于实行“地改市、市管县”的新体制，我国城市数量的增长出现地级市稳步上升、县级市快速增加的格局。我国城市数量的增长使我国的城市总规模迈上一个新的台阶。

二是国际化都市建设加快，出现了一批有重要影响的城市群。如北京、上海、天津、广州、深圳、大连、厦门等，这些市国际化进程日渐加快，城市的各项功能日趋加强，为中国城市国际化发展迈出了可喜的步子。与此同时，以这些大型

城市为中心，形成了具有较强实力的城市群，有效地带动了周边省市区域经济的发展。如以上海为中心的长江三角洲城市群，以深圳为中心的珠三角城市群，以沈阳大连为中心的辽东城市群，以京津为中心的环渤海城市群，这些城市群的形成不仅促进了中心城市的发展，而且带动了周边省市区域的发展。

三是城市实力大大增强，城市的经济中心作用得到更大发挥。各城市的综合实力日益增强，载体功能日益突出；工业、农业得到充分发展，尤其是第三产业，诸如金融、商业、交通、通信、运输、服务、旅游业等的飞速发展，使城市的经济和产业结构日趋合理，增强了城市发展的后劲，城市国内生产总值（GDP）持续高速增长。城市第三产业充分发展，1978～1996 年城市第三产业增加值平均年增高达 19.3%。全国城市第三产业占 GDP 的比重由 1978 的 20% 左右上升到 1996 年的 37.2%。1996 年我国 221 个地级以上城市中，市区 GDP 超过 200 亿元的有 34 个，市区人均 GDP 在 1 万元以上的有 109 个。由于城市经济的发展和城市规模的空前扩大，使城市对周边区县乡镇的发展起到了极大的带动作用，城市的经济中心作用得以更大更充分的发挥。

四是城市化步伐加快，城市的网络结构、城乡一体化格局正在形成。城市人口由 1979 年的不足 1 亿人增至今天的 2.6 亿人。城市人口（含市管县区）占全国总人口的比重由 1978 年的 12.1% 上升到 1997 年的 43.8%。城市非农业人口的比重由 1978 年的 8.3% 上升到 1997 年的 17.7%。城市经济规模扩大促进了城市、近郊、远郊这一网络结构的形成。同时，由于城市生产与生活需求迅猛增长的拉动作用，城市与城郊的差别一定程度上被缩小，城乡一体化的格局正在逐步建立形成。

五是城市的经济成分结构发生了很大变化，呈现出以公有制为主的多种经济成分共同发展的格局。这一格局打破了多年来形成的单一公有制经济结构，极大地解放了城市活力和生产力。城市不仅有公有制的国有经济、集体经济形式，而且还有各种股份制经济、个体私营经济、台港澳独资、合资经济、中外合资经济、外商独资经济等，经济形式和成分显现出丰富多彩的全新局面。

六是城市面貌巨变，城市风格逐步显现，城市基础设施有很大改观。城市的房屋建筑与居民住房、城市公共交通与市政设施、城市供气与集中供暖、城市园林绿化与环境卫生、文化娱乐设施等均得到很大改善，城市的风格与文明程度日益突出显现，城市的环境与生态、经济、文化、社会开始走上了良性循环。

七是香港回归祖国，极大增强了中国城市对外辐射的能力。1997 年 7 月 1 日，我国对香港恢复行使主权，洗雪百年国耻的同时，加强了内地与香港经济文化的交流与沟通，促使香港经济和内地经济的联系更加密切。在亚洲严重金融危机的冲击下保持了国际金融贸易中心地位，香港的回归必将最终极大地推动中国城市的外向型发展，增强中国城市的对外辐射能力。

八是城市人民生活有了很大改善，科学文化事业发展较快。近 20 年来，城市经济的迅速发展，城市建设步伐的加快，使城镇居民的经济收入有了很大增长，市民的生活条件明显改善，生活水平大幅度提高。同时，由于各城市对科教文体卫事业的投资力度加大，各项文化社会事业蓬勃发展，城市人民的身体素质、文化素质、思想素质等全面提高，精神文明、物质文明协调发展，促进和推动了中国城市的发展。

我们无须列举更多的事实和数据，仅从这八点巨大变化，完全可以说明一个最基本的结论：中国城市之所以发生历史性的飞跃，归根到底，是党的十一届三中全会正确路线的结果，是贯彻邓小平建设有中国特色社会主义理论的结果。特别是近些年来，在以江泽民同志为核心的党中央正确领导下，坚持贯彻执行三中全会以来党的路线方针政策，以邓小平理论为指导，采取了一系列改革开放发展的决策，更加推动了城市改革开放，城市发展取得了一系列新成就，城市经济实现了持续增长，这更是举世公认的。

二、中国城市 20 年发展的基本经验是在邓小平理论指导下坚持改革开放，构筑社会主义城市市场经济体制

中国城市 20 年发展的巨大成就，促使我们思考，到底我们过去的 20 年在城市方面所取得的基本经验是什么？明确这一点对于我们今后城市工作和城市发展，是十分重要的。我认为，在过去的 20 年，城市方面值得总结的经验很多，但最基本的经验只有一条，这就是以十一届三中全会为开端，在邓小平理论指导下，坚持以经济建设为中心，坚持城市的改革开放，不断构筑社会主义城市市场经济体制。三中全会的路线重要内容是冲破高度集中的计划经济体制，通过改革开放走出中国经济发展的新路。我们可以简略地回顾一下中国城市改革开放 20 年的历史进程。

十一届三中全会既是农村改革的开端，同时也是城市改革的开端。十一届三中全会当时主要讨论了农村改革，但在发表的公报中已指出要改革一切同生产力发展不适应的生产关系和上层建筑，改革一切不适应的管理模式、活动方式和思想方式，按照客观经济规律办事，改革存在严重缺点的经济管理体制，这些内容直接涉及了城市改革，也宣布了城市改革的开始。虽然当时的城市改革还不彻底，但在扩大城市管理权限，按照城市经济规律组织城市经济运行，发挥城市经济中心作用，扩大企业自主权等方面还是迈出了步子，对旧体制进行了一定的冲击和改革。

党的十二大以后，经历了从农村改革到以城市为中心的全面改革，从建立经济特区到全面开放，从计划经济到社会主义市场经济，城市全面展开了经济、政治、文化等各方面改革的伟大实践。1984 年 10 月党的十二届三中全会作出了《关于经济体制改革的决定》正式确定以城市为中心的经济体制改革全面展开，计划体制、财税体制、金融体制、企业管理体制、劳动分配体制、城市管理体制全面改革。这一段改革使中国城市经济体制由计划体制向市场体制大大迈了一步，尽管这些改革是处于试点、摸索阶段、虽不彻底，但也取得了阶段性成果，城市市场发育较快，城市经济释放出巨大的活力。

1992 年春邓小平同志南方谈话和党的十四大使城市经济体制改革出现了新的高潮，进入了全面构建城市市场经济体制的创新时期。邓小平同志南方谈话，是邓小平理论发展的一个飞跃，特别是发表讲话是在上海、深圳、珠海等南方发达城市、特区城市进行的，对城市改革开放是极大的支持和促进，而且解决了长期困扰人们的“姓社”与“姓资”、“计划”与“市场”、“公有”与“多种经济成分”等一系列重大问题，从而为城市的进一步改革开放大开了绿灯，使城市改革与发展又迎来了一个春天。在小平同志南方谈话精神的指导下，在党的第十四次代表大会上，以江泽民同志为核心的党中央正式提出建立社会主义市场经济新体制，城市经济体制改革的目标更加明确，改革的内容更全面，在计划、财政、外资、外汇、投资、金融、物价、住房、医疗和社会保障改革方面，取得了重大进展，为全面构建城市社会主义市场经济迈出了更大步伐。由于在推行社会主义市场经济新体制同时加强了宏观调控制，确保了城市经济持续稳定健康发展，国家的综合经济实力大大增强。

回顾这一历史进程，我们可以看出邓小平理论是怎么样一步一步地指导城市改革的。20 年城市改革开放的经验非常丰富，表现在城市经济的多方面，在上述基本经验中还可以归纳出以下几条经验：

第一，坚持城市经济体制改革，坚决冲破计划经济体制的束缚，构筑市场经济体制。20年城市改革的实践表明，改革是城市发展的唯一出路，改革是艰难的，但不改革是没有任何前途的。我国城市每前进一步，经济活力每释放一次，都是改革不断推进、不断深化的结果。哪个城市改革力度大，改革的时间早，哪个城市的经济就发展快，面貌就变化大。通过改革，冲破了计划经济的束缚，市场经济体制才得以建立起来，城市的中心作用才能有效组合起来。而什么时候改革停滞或力度不够，城市的发展就受到严重影响。

第二，坚持城市对外开放，引进资金、技术和管理经验，全面搞活城市经济。开放是搞活的先导。1979年7月党中央、国务院批准广东、福建两省在对外经济活动中采取特殊政策和灵活措施。紧接着党中央和邓小平同志决定在深圳、珠海、汕头、厦门开办经济特区，又相继开放沿海十四个沿海港口城市。在珠江三角洲、长江三角洲、闽东地区、环渤海地区开辟经济开放区，批准海南为省并成为最大经济特区。九十年代初，又决定全面开放浦东新区。开放使沿海地区特别是珠江三角洲地区高速发展起来。哪里开放启动迟，哪里发展就慢；哪里开放早，哪里很快见成效。1992年邓小平南方谈话，指出上海早一些实行特区的开放政策就好了，上海要抓住机遇，加快改革开放建设步伐。在上海市几任领导及全市人民努力下，上海很快发生了巨大变化，已成为带动长江流域地区经济发展的龙头。内陆城市的开放也是如此，凡开放比较早的、力度大的城市，面貌变化显著。

第三，坚持按城市经济规律办事，按照市场经济规则运作城市经济，调整城市产业结构和经济比例关系。城市经济的客观规律是铁的规律，不承认城市的市场经济运行规律，过去我们曾经付出沉重代价。如城市土地和空间的商品性规律，城市经济要素的有偿使用规律，城市市场经济的各种运动规律，都会制约城市经济的发展。改革开放以来，我们在城市中以市场化为改革取向，使城市经济工作有了规律可循，按照客观经济规律的要求重组城市经济要素，调整城市产业结构和比例关系，取得了突破性进展，城市各种层面的市场正在逐步形成。

第四，坚持抓城市基础设施建设，抓城市公共经济建设，改善城市经济管理。这方面也是一条重要经验。要把注意力放在抓基础设施建设和公共经济建设上，不断改善城市经济管理，提高城市管理水平。多年来在计划经济体制下，把城市基础设施看作非生产性和福利性建设，资金来源又单纯依赖政府财政，致使我国城市基础建设欠账太多，同国外先进水平相比差距很大，城市效率发挥不出来。改革以来，很多城市大抓城市基础设施建设，把城市经济管理搞上去了，为城市经济运行和招商引资创造了优良条件。

三、继续沿着十一届三中全会开辟的道路，加强城市发展战略和当前实际问题的研究，全面推进中国城市现代化

中国城市已经有了20年成功发展的宝贵经验，这必然昭示我们继续沿着这条道路走下去。所以，我们在纪念十一届三中全会20周年之际，有必要强调这一点：高举邓小平理论伟大旗帜，坚持十一届三中全会的路线、方针、政策，全面贯彻党的十五大提出的各项任务，是城市现代化的根本保证，要继续沿着十一届三中全会开辟的道路前进，全面推进中国城市的现代化建设，在邓小平理论和党的十五大精神指引下，在以江泽民同志为核心的党中央坚强领导下，争取再用20年的时间使中国城市实现更大历史飞跃，为增强我国的综合国力，为国民经济的持续发展，起到更大的作用。只要我们坚持改革开放，坚持按经济规律科学地管理城市、建设城市、发展城市，中国城市的全面现代化一定能够变为现实。我们既要看到改革开放20年来城市发展的成就，又要充分认识今后城市发展中的实际困难和问题，坚定信心，开拓进取，夺取城市改革开放和经济发展的更大胜利。

（一）坚持走三中全会开辟的道路，就要在城市工作方面继续解放思想，实事求是

在城市工作中思想路线是非常重要的，不管是城市领导、城市管理、还是城市经济理论研究，都要坚持三中全会提倡的解放思想，实事求是的思想路线。在城市工作中不能脱离实际，搞不切合国情、市情的高速度、高指标、幻想战略。建设国际化大都市不是一句口号，是有一定条件的，要遵循城市的发展规律，认识到形成国际化大都市要经历长期的发展过程。不是所有大城市都能建成国际化大都市，这一点一定要有清醒的认识。城市定位对每一个城市来讲都非常重要，每一个城市都要搞好自己的城市定位。不要盲目提倡城市之间搞速度、指标竞赛。因为不同的城市经济基础、产业结构、开放程度不同，盲目攀比速度、指标都想搞“深圳速度”，国内生产总值都想超百亿、上千亿元，都是不切实际的、有害

的。城市经济研究也应从中国城市的实际出发，认真开展对中国城市经济问题研究，构建中国特色的城市经济学，而不是照抄国外、搞教条主义、本本主义。这样才能出成果，才能对城市经济发展提供理论指导。

（二）坚持走三中全会开辟的道路，就要在城市继续深化改革，扩大开放、解决好当前一些急待解决的新问题

在党的十五大之后，城市的各项改革已经进入攻坚阶段，深层矛盾和问题日渐显露。改革只能进不能退。以江泽民同志为核心的党中央，作出了继续推进改革、扩大开放的一系列战略决策。由于受国内外客观因素和亚洲金融危机的影响，城市改革和开放面临一些困难和难题，从而为在下一个改革开放的20年中，实现中国城市的大发展创造条件。

1. 当前要注意认真研究解决城市就业问题。解决就业问题是当前世界各国政府特别是城市政府共同面临的课题，并非是中国特有的问题。但由于多年来的盲目重复建设和单纯注意量的扩大，忽视企业技术进步，再加上国有企业历史形成多种原因和包袱，城市部分国有企业经营困难，随着国企改革深化和减员增效，下岗职工增多，而且有持续增加趋势。城市就业压力增大，不仅国企职工下岗，城镇新增劳动力找不到就业岗位，农村剩余劳动力也流向城市寻找就业门路，使城市出现了新的就业困难。城市就业问题解决不好，会严重影响社会稳定和城市现代化进程。我们要注意加紧研究解决城市就业出路的对策，调整完善城市的就业制度，通过发展经济特别是搞好国有企业改革，千方百计增加就业岗位。从世界经济发展的进程来看，城市中第二产业的比例趋于缩小，第三产业包括知识产业将越来越占有更大的比例。在城市增加就业岗位，就要在广阔的服务业领域（包括产业服务、生活服务、社会服务）、知识产业领域大量增加就业岗位。前段时间，国家统计局作了一个统计，光是城市新建成的居民小区就需要上千万个服务性就业岗位。要搞好就业培训和转岗培训，解决好下岗职工的基本生活保障，建立健全企业的社会保险制度，以利于确保社会稳定。要在政策上鼓励待业人员到非公有制经济中就业，这是一个很大的就业领域。只要我们把眼界放宽，以改革的精神，开放的方式解决问题，就能够解决好城市就业问题。

2. 当前要注意认真研究解决城市产业结构调整问题。城市产业结构直接决定城市的经济特色和总体效益，也决定和影响着城市的性质和外在形象。现阶段存

在的问题是，很多城市产业雷同，经济发展缺乏特色，多数传统产业产业效益不好，急待加大调整力度。要按照不同城市的区位优势、资源优势、地域分工和生产力要素配置的最优原则，面向广阔的市场消费空间，突出城市特色调整产业结构。我国城市的差别很大，不少城市特色本来很明显，比如有资源型城市（石油城、煤炭城），重工业城市（钢铁城、机械城），轻纺工业城市，科技型产业城市，旅游城市，贸易中心城市，港口城市等等，这些类型各异的城市应当在调整产业结构中更加突出自己的特色，坚决摆脱产业雷同的现象。当然，调整产业结构是一项长期的任务，但我们当前应该研究，否则又要出现科学论证滞后的问题。在最近城市产业结构调整过程中，还要注意不要一哄而起追求知识经济和高技术产业。发展知识经济和高技术产业，是城市经济发展中的一个重大战略问题，但就我国城市总体来说，目前还处在工业化阶段。一些科技密集、文化发达的城市可以选择走发展知识经济为主的道路，如北京、上海等城市，而一些中小城市在不具备基本条件的状况下，不要盲目追求知识经济，知识经济是一个崭新概念，有其具体科学的内涵待慎重研究，不能当作时髦的口号随便提。

3. 当前要注意认真研究解决城市市场启动和经济增长问题。关于经济增长大家都比较关注，今年虽然遭受亚洲金融危机和严重洪涝灾害的影响，但在党中央采取一系列扩大内需、推动增长的决策措施后，今年仍可望实现接近8%的增长目标。我们应当注意研究影响和制约城市经济增长的一些重大问题，如亚洲金融危机对我国经济增长的影响逐渐增大。作为城市应该怎么办？要重视研究、及早拿出对策。在经济全球化的时代，经济安全问题，规避金融风险问题，都是城市经济方面需要特别关注的问题。要继续整顿金融秩序，完善防范金融风险的各种手段。要注意防止出现通货紧缩的问题。目前城市及全社会有效需求不足，形不成消费热点，经济增长缺乏拉动力量，是各地城市较普遍的问题。在经济高速增长20年后，告别了过去长期存在的短缺经济，相对过剩的买方市场经济现象已经出现。如果不能扩大有效需求，形成新的消费热点，将会严重制约今后城市经济增长。我们急需在这方面研究切实可行的对策。比如住房市场，为什么不景气，新建商品房很多积压卖不出去，而另一方面又有很多人需要解决住房问题，这里原因很多。一个重要的问题是住房改革严重滞后，房地产开发严重脱离国情。启动住房市场，就要加快住房改革的步伐，能一步到位的尽量彻底一些，促使人们把注意力转向购置商品房。房地产开发要由政府引导规划，主要搞经济适用住房的建设，要降低在建房过程中的各项收费。城市配套经费也不能光靠从房地产开发中筹措。使新增建房的价格同城市市民的购买力相适应，房价降下来了，老百姓能够承受，再加上住房各种金融服务措施出台后，住房建设及市场一定能够活跃起来，成为城市经济的一个重要增长产业。

4. 当前要注意认真研究解决城市规划建设和管理中存在的问题。城市建设和管理方面，存在问题很多。城市规划对建设的制约在降低，不少城市出现了违反规划搞建设、搞项目的现象，城市土地利用不合理，建筑工程质量低劣，建设项目只顾眼前，不顾长远，已造成很多严重后果。今年中央决定加强基础设施建设，增发1000亿元建设国债，加上1000亿元配套贷款，共2000亿元投资，相当一部分放到城市搞基础设施建设。这是一个很重要的机遇。但如果组织管理不当，也会在投资中出现问题。我们应对这一问题引起重视。城市管理中也存在不少问题，如乱收费、乱摊派、乱罚款，城市秩序问题不少，市场混乱，行业不正之风没有明显改观，市民意见较多，也要引起我们重视，采取相应措施予以解决。城市的发展要正确处理城市建设和城市管理的关系，做到建设和管理并重，重在管理，增强城市建设运作质量，提高城市综合管理水平。

（三）坚持走三中全会开辟的道路，就要重视研究城市发展中的重要战略问题

1. 城市化问题。改革开放以来，我国城市化取得重大进展，城市化水平从1978年的17.92%提高到目前的29.92%，比1978年提高了12个百分点。实际上城市人口比国家统计部门公布的数字要多。但是，至目前，我国城市化水平还是比较低的，不仅低于包括发展中国家的许多国家，而且城市不能更多地吸纳从农业富余出的农业劳动力和农村人口。所以，加速城市化进程，提高城市化水平，为农村富余劳动力寻找出路，不仅是城市发展的重要问题，也是农村发展的一个迫切问题。邓小平同志早在改革的中期就指出：“乡镇企业的发展，主要是工业，还包括其他行业解决了农村剩余劳动力百分之五十的人的出路问题，农民不往城里跑，而是建设新型乡镇。”前不久，中共十五届三中全会通过的《中共中央关于农业和农村工作若干重大问题的决定》指出：“大力发展乡镇企业，多渠道转移农业富余劳动力。立足农村，向生产的深度和广度进军，发展二、三产业，建设小

城镇。开拓农村广阔的就业门路，同时适应城镇和发达地区的客观需要，引导农村劳动力合理有序的流动。”可见，发展小城镇是一个大战略，它的作用是十分明显的。乡镇工业的发展、农村劳动力的转移和小城镇的发展是三位一体的发展过程。这是农村实行工业化、城市化的必由之路，中国九亿人口在农村，全国大中城市不可能容纳几千万农民进城，城市各种基础设施承受是有限度的。加快发展小城镇是中国特色城乡一体化的一个特点。在加快城市化过程中各级政府必须把小城镇建设放到一个十分突出的位置加以重视。要加快现行户籍制度改革，现行的户籍制度已经严重制约城乡一体化进程，影响小城镇的建设，所以必须下决心从根本上改革，再不改革就会制约城市化发展。

2. 城市经济发展和经济中心作用。改革开放 20 年，我国城市综合经济能力成倍增长，为发挥经济中心作用奠定了基础。至目前已形成特大城市——大城市——中等城市——小城市——小城镇五级经济中心城市，以城市为中心的对外开放和经济联系的区域网络层面。不同类型、不同规模和不同功能的城市，通过多种渠道、多种方式和不同手段进行经济扩散和辐射，发挥着经济中心作用。但观察当前的态势，主要的问题是大城市缺少强大的经济实力，中小城市缺乏特点。具体说，大城市虽有不少大型企业，但真正能在全国起作用，资本雄厚、技术领先、管理科学的企业集团和公司并不多，大城市需要建立企业集团和大公司。城市的经济专业化水平低，宏观上没有形成合理的城市分工体系和多元化的经济类型。除香港外，我国还未建立对世界经济能发生重大影响的国际大都市。城市作为经济中心必须走向世界，实现国际化。我们要下决心采取相应对策加快上海等城市的建设，使其成为国际化大都市。

3. 城市可持续发展问题。城市可持续发展已成为一个重要的战略问题，要下功夫深入研究。从总的说我国城市经济有了很大发展，但已经在不少大中城市出现了城市交通紧张，水资源紧张，环境不断恶化，能源供给不足、结构不合理。城市现代化必须符合可持续发展的原则，使城市的人口、资源、环境、经济、社会协调发展。要以经济高度发展为基础，以先进适用的基础设施为依托，高水平的居民生活质量为核心，优美的城市生态环境为条件，形成从经济到建设、从主体到环境、从物质到文化都是现代化的城市，使城市同整个人类文明和谐和协调。城市功能的培育，要正确处理城市功能与城市环境的关系，城市一定要贯彻可持续发展战略，为人民创造一个良好的生存环境。要对城市经济社会指标考察体系作出改革，增加资源指标和环境成本的概念。发展经济绝对不能以牺牲环境为代价。过去一味强调主要在城市发展工业已造成严重污染，给生态和人民生活造成极大威胁，治理的代价相当大。先发展后治理已带来严重的后果。所有城市首先应该建成“生态城市”。

4. 城市发展知识经济的问题。中国城市发展要有时代意识、未来意识、国际竞争意识。在跨世纪之际，我们必须十分重视中国城市发展知识经济的问题。知识经济深刻改变着世界的生产方式和社会活动方式，对世界经济的未来发展产生极大影响。要增强中国城市下世纪的竞争力，发展知识经济是必然选择。北京市已提出发展知识经济是北京唯一正确的战略。上海市也把发展知识经济作为调整产业结构的重要方向。对这样一个重要的战略问题，我建议中国城市经济学会组织科研力量认真研究，提出中国城市发展知识经济的战略意见。

5. 城市的公共经济与公共政策。公共经济是现代城市发展的基础。所谓公共经济是指公共产品和服务或半公共产品和服务的生产、流通和消费的活动，其产品形态可以是有形的产品，也可以是无形的服务，其消费对象往往是消费者群体，有的只能是群体消费。要发展公共经济必须制定和调整政策，包括完善税收制度，调整税种、税率，强化税收征管力度；依靠居民发展社会福利和公益事业，并同拓宽金融业务结合起来，建立各种社会保障性质的基金。此外，城市政策通过深化土地使用制度改革，增加土地有偿使用范围，直接兴建和经营与居民关系密切的服务性企业和事业，增加城市的公共投入，为居民提供公共产品和服务。

6. 城市的物质文明建设和精神文明建设。现代化的发达城市要求有高度文明的居民作为主体。提高城市居民的素质是发展我国城市的一个核心任务。我国城市的特点是新建城市多，多数城市是由城镇（县城）工矿区发展和演变而来的，城市居民构成比较复杂，生活习惯和生活方式各异，其中相当一部分居民缺少城市生活的习惯，城市意识淡薄，因此显示出许多行为与城市发展，与现代城市文明不协调。所以，我国城市应该重视精神文明的建设，培养居民的现代城市意识，逐步养成现代人的习惯。要推进依法治市，完善城市的各项法律法规，促进城市居民树立法制意识，依法规范自己。这方面我们的建设还刚刚开始。只有精神文明建设受到重视，深入人心，成为人们的自觉行动，城市的经济发展和建设才能稳步地、健康的向前推进，建成真正现代化的城市。

总之，目前在城市方面需要研究解决的理论和实际问题很多。只要我们继续坚持党的十一届三中全会开辟的道路，在以江泽民同志为核心的党中央正确领导下，高举邓小平理论伟大旗帜，通过不断探索和实践中国特色的城市现代化道路，我们一定能够迎来下世纪中国城市大发展及其现代化的美好未来！

（1998 年 12 月 10 日上海举行的中国城市经济问题研讨会发言稿）

我国建设国际化大都市问题分析

进入20世纪90年代以来，特别是1992年邓小平同志南方谈话之后，我国在加快改革开放和城市建设中出现了一股不小的潮流，即不少具有一定区位优势和经济实力的城市纷纷提出了“建设国际化大都市”的口号，并以此作为各自城市发展的战略目标。据不完全统计，我国已有包括北京、上海、天津、重庆、广州、深圳在内的40多座城市提出要建设国际化大都市。“国际化大都市”热引出了许多需要我们认真思考的问题：“建设国际化大都市”究竟是一句时髦的口号，还是一个重大而严肃的发展战略问题？我国有没有必要建设国际化大都市？国际化大都市的形成因素和基本标准是什么？我国到底能够建设几个真正符合标准的国际化大都市？对这些亟待认真分析研究的重大课题，我在此本着实事求是的精神，仅就其中的有关问题发表一些看法。

一、“建设国际化大都市”属我国重大的发展战略问题，必须实事求是，慎重对待，科学分析

“建设国际化大都市”似乎是各个城市自己的事，可以当作城市战略口号提出。但实际上，“建设国际化大都市”是关系到我国经济社会未来发展的一个重要的战略问题。我认为，在中国城市发展战略目标上，在中国城市“建设国际化大都市”问题上，应当始终坚持实事求是的思想指导路线，确立科学可行的建设中国国际化大都市的战略规划。当我国有那么多的城市提出建设国际化大都市时，人们首先想到的是，世界各国的城市发展了许多年，真正够得上标准的国际化大都市，也不过十几座，比如纽约、巴黎、伦敦、罗马、东京、香港等。而中国在

一夜之间有数十座城市提出要建设国际化大都市，这有可能吗？在没有弄清什么是国际化大都市这个基本问题，离开实事求是的原则，离开主客观条件，就随意提“建设国际化大都市”，会导致多方面的严重后果。一是在发展战略上容易产生误导。因为它给人们的印象似乎是建设国际化大都市并不难，只要提出此奋斗目标就能够实现。而实际上，“建设国际化大都市”并非易事，取决于多种因素，盲目提口号只能造成新的思想混乱。二是重犯过去“大跃进”“洋跃进”的错误，造成城市建设上的重大损失。近些年不少城市按照所谓“建设国际化大都市”的发展目标铺摊子搞建设，乱上大项目，同国际知名城市攀比城市规模、攀比高楼大厦，已经造成重大损失。一些项目超越了经济承受能力，长期完不成建设工程，迟迟不能投入使用，即使投入使用了也因过于超前，规模效益难以发挥出来。比如珠江三角洲地区，在并不太大的一片区域，就设置了广州新机场、深圳国际机场、珠海国际机场、惠州国际机场等7座大型机场，造成很大的重复浪费。三是在国际上可能造成不良影响。“建设国际化大都市”作为一项长期的系统工程，应该十分慎重，如果不具备起码条件和现实可能性，主观随意地提出此种口号，作为自己的发展目标，将会给国际舆论造成误导，让国际社会产生诸多质疑。比如东北地区的几个特大城市，沈阳、哈尔滨、长春、大连都先后提出要建设成东北亚的经济中心城市，到底依据是什么？在东北亚的辐射范围究竟包括哪些地区？这些问题都没有讲清楚，容易引起国际上的疑问，会看我们的笑话。四是一些城市提出“建设国际化大都市”，又产生连锁效应，引起国内不少中等城市纷纷提出“更上层次”“更大胆”的口号，纷纷提出“建设全国性的经济中心城市”之类的战略目标，出现了城市定位严重脱离实际的怪现象。

那么，我国究竟有没有必要建设国际化大都市？在建设国际化大都市的问题上应该确立的基本指导思想是什么？这两个相关的大问题应予明确。从中国在世界上所处的重要地位和未来发展的趋势来看，中国确有必要建设几个真正符合标准的国际化大都市，也有必要建设一批带有国际性的重要城市。中国作为世界上最大的发展中国家，亚太地区最重要的经济增长区域之一，具有很重要的国际地位和很大的发展潜力。伴随着中国的经济增长和国际交流、对外经贸的大发展，中国必然要成长出几个世界知名的国际化大都市，我们也应当建设好这几个国际化大都市。这是毫无疑问的。中国的发展和最终走向统一，会使中国形成世界上重要的一个国际性城市群，包括香港、内地一些特大城市以及台湾地区的台北市等重要城市。在“建设国际化大都市”的问题上，我认为这属于全国性的发展战略问题，不单属于某个城市和某个地区的发展战略问题。也就是说，除了国内少数几个确有条件和可能的特大城市（如北京、上海等）外，有关城市可以建设“国际性大城市”。不论建设国际化大都市也好，建设国际性大城市也好，都应该由中央有关部门统一规划安排。今后一般城市不宜再提“建设国际化大都市”的口号，已经提出的要加以清理，能保留的可以保留，该留有余地的可加以修正。我认为，我国建设国际化大都市的基本指导思想应该是：从中国发展的趋势和未来的国际地位看，我国有必要也有可能建设少数几个国际化大都市。建设国际化大都市是国家级的大战略，一般大城市不宜滥提“建设国际化大都市”的口号，也不宜把此作为自己城市的发展目标。中国建设国际化大都市的战略定位是建设好包括香港、上海、北京等少数几个国际化大都市，其他有条件的特大城市可以建设成为带有国际性的大城市。

二、国际化大都市的形成和发展必须具备多种因素，我国建设国际化大都市必须进行可行性战略研究

所谓国际化大都市，主要是指那些能够产生世界性影响，在世界某一大区域起经济文化枢纽作用，具有高度现代化的基础设施与国际服务功能的城市。这种世界性的一流大都市，城市人口规模一般在500万人以上，集中了世界主要的跨国公司和金融机构，并且处于超大城市群的核心地位。前不久有关国际组织在作出评价时，认定全世界只有11座城市可列为“世界城市”（即国际化大都市）。除了这类全球性的国际化大都市外，还有一类较低层次的“国际性城市”。这类国际性城市不能称作“国际化大都市”，虽然其国际化程度已经相当高，但还没有达到世界级城市的水平。

国际化大都市的形成必须具备诸多自然、地理、经济、社会因素及科学技术条件。第二次世界大战以后，特别是20世纪60年代以来，由于世界生产力的迅速发展，国际联系与分工日益加深，“离岸经济”、无国界经济大量出现，全球经济一体化趋势明显加强，现代交通通讯手段极大发展，国与国之间、城市与城市之间相对距离日趋缩短等一系列原因，使得原来一些特大工业城市形成世界性的贸易中心和交通通讯枢纽，成为联系和控制国际生产和资本的指挥部，成为全球性

的国际化大都市。现代的国际化大都市不能等同于原有的工业大城市，其产业结构已经实现了根本性转变，成为跨国的世界性资本流动中心、信息服务中心、科学技术中心、交通运输中心。特别是近二十年来，国际贸易迅速扩大，跨国公司迅速扩展，金融业务空前增长，知识经济发展方兴未艾，使得国际化大都市形成和发展的特征更加显著。就以资本流通来看，全球投资性的金融资本 80% 集中在纽约、伦敦和东京三大世界级城市，成为资本主义世界控制全球经济的指挥调节中心。美国的国际金融机构 60% 以上设在纽约，银行资产则占全国金融机构总资产的 70% 以上。国际化大都市不但产生于发达国家，如伦敦、巴黎、纽约、东京等，而且在一些发展中国家和地区也逐步形成，如新加坡、圣保罗、香港等。

中国产生和建设国际化大都市，应当进行严密慎重的可行性分析，在此基础上作出总体的发展战略安排。对我国建设国际化大都市进行可行性战略分析，我认为应着重考察三个内容：

第一，从我国在世界经济格局中的所处地位和发展趋势，来分析我国建设国际化大都市的大好机遇和有利条件。世界经济重心的东移，亚太地区的崛起，为我国成长为世界经济的重要区域提供了有利的国际环境。经过半个世纪的努力奋斗，特别是经过改革开放 20 年的发展，我国已成为亚太地区经济增长最快，潜力最大、最具发展潜力的主要地区，中国实际上已成为世界经济新的增长极。而在经济增长迅速的地区必然会崛起一批新的国际化中心城市，这是世界各国城市发展的一条重要规律。而随着中国经济在世界经济格局中的地位日趋提高，在中国出现新的国际化大都市就成为必然的事情。同时也要看到，经过新中国 50 年来的发展，特别是经过近 20 年来的改革开放和持续增长，中国已经出现了几个具有较雄厚经济基础和综合实力的特大城市和城市群，如以北京、天津为中心的环渤海城市群，以上海为中心的长江三角洲城市群，以广州为中心的珠江三角洲城市群等。这几个特大城市和城市群已经具备了相当的基础功能和综合实力，为催生出国际性特大城市提供了现实可能。完全可以断言，中国除已回归的香港早已成为国际化大都市外，完全具备了再形成两三个国际化大都市的机遇和条件。

第二，从我国主要特大城市的综合实力现状，来看我国建设国际化大都市的现实可能性。建设国际化大都市，需要先具备雄厚的综合实力。我们对我国特大城市的综合实力是抱有信心的，要看到这些城市经济综合实力的发展成就。但又要清楚地看到，我国几个最著名的特大城市，其经济实力只不过相当于世界主要特大城市60年代末的水平。首都北京的建成区面积虽已超过700平方公里，但经济规模实力仅相当于日本东京的10%。上海的人均国民生产总值也只有新加坡的20%左右。特别是中国特大城市的产业结构尚在大调整的初期，还不符合国际化大都市的产业高度化的要求。京、沪、穗三市第一产业的比重仍高达10%以上，而世界上一些主要国际性特大城市只有1%不到；第二产业高达40%左右，而世界主要大都市只有15%左右；第三产业则更加落后，只有40%左右，大大低于世界大都市80%以上的水平。金融保险业的总就业人数比例，我国上述三个特大城市只有世界大都市的10%以下，我国特大城市的这种产业结构和经济实力，决定了我国建成比较成熟的国际化大都市需要经历长期的发展进程，不可能在很短的几年、十几年内就迈入国际化大都市的行列，大约要经历较长的时间才有可能。

第三，从我国特大城市的基础设施、综合素质现状，来看我国建设国际化大都市的不利因素和制约因素。我国城市的基础设施一般都比较落后，综合素质包括生态环境质量、城市形象素质、城市科技文化素质、城市管理水平等方面都比较差，各方面存在问题很多，构成了向国际化大都市迈进的不利因素，制约着我们前进的步伐。比如基础设施，北京的地铁包括新通车的复八线只有50多公里，而纽约的地铁则有1000多公里。北京市环境污染较重，水资源紧缺，生态环境质量比之先进的国际化大城市差距明显。城市的信息化、知识化水平也比较低。缩短这些差距不是在短时间内能够做到的，虽然我们的城市领导者、管理者、建设者以及广大市民都在努力，但无疑要经历一个较长的历史时期。如果北京达到纽约地铁的一半，按再建500公里线路匡算（每公里需4亿元以上）约需2000亿元以上的投资。城市素质的提高还不仅仅是花钱的问题，还有比花钱更难办的事情。城市形象的塑造，城市生态环境的改善，城市文明程度和管理水平的提高，更不是用几年工夫就可以达到的。中国建设国际化大都市的步伐可以加快，但制约因素不少，不能追求过快的速度，否则将欲速而不达。

三、把握国情，求实进取，加快我国国际化大都市及国际性城市建设的步伐

建设国际化大都市，发展国际性城市，是我国一项重大的战略工程，必须在端正指导思想的基础上，把握国情，实事求是，扎扎实实推进这一重大战略工程

的实施。我并非不赞同我国建设国际城市，而是主张在此问题上必须摆脱盲目性，增强科学性，使我国建设国际城市的工作回到科学求实的轨道上来，从而保证我国建设国际城市健康快步地发展。

1. 应当严格按照国际城市的明确分类，分两个层次推进我国国际性城市的建设。从我国国情分析及未来发展趋势看，我个人认为能够进入国际化大都市概念的城市主要有香港、上海和北京三个，这是我国建设和发展国际城市的第一个层次。第二层次也就是带有国际性的城市，可以包括天津、广州、深圳、大连、武汉、重庆、西安、沈阳、青岛、厦门、昆明等城市，这些城市可以建设带有国际性的大城市，但不宜提建“国际化大都市”（这仅仅是个人的拙见，只是一家之言），其他一些沿海、沿边城市确有条件的也可以提带有国际性字样的类似口号，但不应把国际性作为根本目标。国内很多的中小城市一般不适合提带有国际化字样的战略口号，这并不妨碍这些城市扩大开放的进程。我认为国家计委、建设部、科技部、国家环保总局等中央部门应制定城市发展的长远规划，指导城市有序发展。

2. 把上海、北京建成我国真正的国际化大都市，进一步强化香港的国际金融贸易和航运中心的地位。上海是中国最大的经济中心城市，长江流域经济发展的龙头，通过开发浦东和扩大开放，上海将以中国最大的国际化大都市的面貌出现在世界东方。到2010年，上海将初步形成具有世界水平的国际化大都市，基本形成国际经济、金融、贸易中心的主骨架；基本形成国际化大都市的经济规模和综合实力；基本形成国内外广泛联系的全方位开放态势；基本形成适应国际竞争需要的市场经济运行机制和运行方式；基本形成具有高度文明的社会文化结构和相应的城市形象、社会风貌。浦东作为新上海的象征，要成为开放度最高、体制最新、设施最完善的世界一流的外向型、多功能现代化花园式新区。首都北京作为全国的政治、经济、文化和国际交往的中心，具有很强的国际性和政治影响力。北京作为世界著名的文明古都，城市风貌和旅游资源享誉中外，集中了最高层次的科技文化人才，构成了北京走向国际化大都市的坚实基础。北京也是全国重要的经济中心，位居京津唐及环渤海城市群的内核地位，也具有现代化、国际化的良好前景。特别是随着中国国际地位的提高，北京将成为世界关注的少数几个世界性的政治活动中心和国际交往中心。北京一个突出的问题是要调整好经济结构，要逐步淘汰重工业和一般加工工业，重点发展电子信息、生物等高科技工业、高科技农业。真正成为金融、贸易、旅游中心，要使北京成为环境清洁优美的花园式现代化国际大都市。香港在“一国两制”下，应继续发展，进一步强化其国际金融、贸易和航运中心的地位，建成中国国际化大都市的典范。

3. 把广州、天津、深圳、大连、青岛、厦门等城市建设成为我国重要的国际性城市。广州作为我国华南的经济中心，周边已崛起珠江三角洲城市群，具有成为国际化大都市的良好前景，应继续加强基础设施建设，完善城市功能，首先应成为我国比较典型的一座国际性城市。天津、重庆两个直辖市，各有特点，均可建设带有特色的国际性特大城市。大连提出在20年内基本实现城市现代化，目标是建设“北方香港”，也应尽快建成国际性城市。内陆一些省会城市、副省级城市可以建成带有某些国际性的国内区域性中心城市。

4. 以我国国际化城市为龙头，进一步对外开放，加快提高我国城市的国际化开放水平。中国所有的城市都要走向较高的开放水平，提高开放度，扩大开放，这是不可逆转的大趋势。全国目前668座不同规模和等级的城市，从总体上讲都要走向更加开放，都要达到一定的开放程度。我们应以加快建设国际化大都市为契机，以国际化城市为龙头，全面抓好全国中等城市和众多小城市的对外开放，为形成具有中国特色的现代开放型城市体系而不懈努力。

（原载《中国城市经济》杂志1999年第1期）

全面推进21世纪中国城市化和城市现代化

在即将迈入21世纪之际，我想利用中国城市经济学会换届大会的机会，简略地回顾新中国50年城市及城市经济发展的实践历程，就21世纪城市发展战略以及全面推进中国城市化、城市现代化等问题，谈一些不成熟的体会，以便大家共同切磋讨论。

一、中国城市50年发展的巨大成就和基本经验

这次大会的主题是：中国城市经济发展实践与21世纪城市发展对策。为了更好地总结过去，开拓未来，我们有必要对新中国50年来城市发展的历程进行回顾，对所取得的巨大成就、基本经验及教训给予认真的评价和总结。

回顾过去50年，中国发生了翻天覆地的变化。正如江泽民总书记国庆前夕在上海“财富”论坛的讲话中指出的：在20世纪的后50年里，中国人民自力更生，奋发图强，开展社会主义建设，在旧中国一穷二白的基础上建立了比较完整的工业体系和国民经济体系，使自己的物质生活水平和精神文明程度得到了大幅度提高，中国日益走向繁荣昌盛。全国发展的情况是如此，城市发展的情况也是如此。伴随着新中国50年来的辉煌业绩，城市发展也取得了举世瞩目的成就。城市方面的发展和进步，构成了整个国民经济发展和国家社会主义事业进步的重要组成部分。50年来我国城市方面的巨大成就可以概括为如下几点：

经过50年的发展，旧中国落后的城市格局已经转变为今天我国较发达的城市体系。表现为城市数量有了很大的增加，城市规模有了显著的扩大。新中国成立初期全国设市城市只有132座，大多数破旧不堪，整体格局极不合理，未形成规模

体系。到1999年，全国设市城市增加到668个，城市的建城区总面积比1949年扩大了近5倍。

经过50年发展，我国城乡格局发生了巨变，城市化水平有了很大提高。旧中国城市很不发达，全国绝大部分人口分散居住在广大农村，1949年的城市化水平只有12.5%。50年后的今天，我国城市化水平已达31%，现在居住在城市的人口达4亿多，接近1949年全国总人口数。

经过50年发展，我国城市经济获得空前增长和繁荣，城市经济已成为国民经济的主体，旧中国是半殖民地、半封建性质的经济，以落后的农村经济为主体，城市经济所占比重很小，经过50年的社会主义建设，城市经济有了极大发展，其经济地位、经济规模已居于城乡经济的主体，而且成为整个国民经济成长壮大的带动力量。

在共和国50年的发展历程中，城市及城市经济的发展也经历了几个重要的发展阶段，谈到发展阶段的划分，有不大相同的意见，我认为可以大致划分为前30年和后20年两大历史阶段。

1949年后的前30年，虽然国家经济建设经受了几次大的曲折，甚至发生了“文化大革命”，但总的看奠定了城市发展的物质基础，推动了国家工业化进程，成绩是第一位的。在此前提下，我们也应承认，在前30年中，我国的城市及城市经济方面，也遭受了几次挫折，有不少失误和教训，如1958年到1965年受经济建设上“左”的思想的影响，经济建设脱离正常轨道，城镇人口急剧增加，超过了城市负荷能力，造成经济严重失调。之后不得不压缩城市人口，导致了城市发展的大起大落。尤其是“文化大革命”，造成我国的城市发展停滞，城市化出现了倒退，1976年城市化水平只有17.5%，还不到1966年的18%。

党的十一届三中全会以后的20年，大家都公认是我国城市和城市经济发展最为迅速的时期。1998年12月，中国城市经济学会曾在上海召开了以纪念党的十一届三中全会20周年为主题的研讨会，我在会上把20年城市和城市经济的发展成就概括为八个方面：城市化水平大幅度提高，城市人口比重从1978年的17.9%提高到30.4%，城市数量迅速增加，总体规模迅速扩大，初步建立了合理的城市体系；城市经济实力大大增强，在国民经济中的地位更加突出，城市国内生产总值占全国近70%，城市的第三产业占全国83%；城市初步建立起市场经济体系框架，城市经济已经基本在市场体制下运行；城市对外开放程度明显提高，已形成全方位、多层次的开放城市格局；城市基础设施进展加快，基础公用设施承载能力提高，服务功能增加；城乡二元结构开始被打破，向城乡一体化方向融合；城市居民生活已在总体上达到小康，城镇居民可支配收入相当于1978年的三倍多。近20年城市及城市经济取得的辉煌成就，归根到底是党的十一届三中全会路线的正确，是改革开放的成功，是邓小平理论和党的基本路线、基本政策的胜利，是以江泽民为核心的党中央正确领导的结果。中国城市及城市经济在50年的发展中，有哪些基本经验、基本教训值得我们总结呢？我个人认为主要有以下几条：

第一，坚持以经济建设为中心，是城市及城市经济健康发展的前提和保证。50年走过的道路，非常明显地证明了这一条。什么时候国家以经济建设为中心，城市就发展，城市经济就增长。反之，什么时候偏离了经济建设这个中心，城市经济就停滞、倒退。我们必须坚持以邓小平理论为指导，坚持以经济建设为中心的基本路线100年不动摇，始终不渝地坚持和捍卫党的十一届三中全会以来的路线、方针、政策，这是我国经济包括城市经济健康发展的根本前提和根本保证。

第二，坚持以城市为中心带动经济发展，这是国民经济包括城市经济健康发展的重要途径。城市是现代经济的增长极和运行中心，只有充分发挥城市的经济中心作用，才能带动周边区域的共同发展。如珠江三角洲的广州、深圳等一批城市的经济发展带动了华南沿海的经济发展，以浦东开发为龙头的长江三角洲的城市经济发展带动了整个华东地区经济的发展。实践证明，什么时候发挥了城市经济中心的作用，经济就能迅速发展；什么时候限制城市的经济中心作用，经济发展就比较缓慢。

第三，坚持改革，扩大开放，构筑社会主义市场经济体系，是城市经济发展的重要动力和制度保证。事实雄辩地说明，僵化的经济体制和单一的经济模式束缚了生产力发展。为了使城市经济不断焕发生机和活力，必须坚持对僵化的不适应生产力发展的经济体制和经济模式进行改革。只有通过改革开放，建立和完善社会主义市场经济体制（包括企业制度改革），才能不断解放和发展城市生产力。可以认为，城市市场的确立，将是我国社会主义市场经济走向成熟的标志。

第四，不失时机地推进城市化进程，是实现国民经济现代化的重要内容。城市化是一切国家经济现代化的必然趋势和一般规律。根据工业化、现代化发展的客观要求，采取促进城市化的战略决策，城乡经济以至整个国民经济才能健康发展。反之，不能及时地推进城市化，采取不利于城市化的政策，就会使经济发展遭受挫折。

第五，按城市经济规律来组织和管理城市，是城市经济健康发展的重要手段。城市经济虽然结构复杂因素多样，但有客观规律可循。城市经济规律是重要的经济科学规律，我们必须学会科学运用。50 年发展的实践，反复告诫我们这一点。

第六，坚持正确的建设方针和规划，是城市及城市经济健康发展的首要环节。如：发展大城市与中小城市的关系，新城建设和旧城改造的关系，城市发展与保持特色的关系，城市建设与环境保护的关系，都需要根据城市实际，运用科学的理论与方法，制定正确的方针、规划，加以认真处理。这是实施城市建设和管理的关键一环。特别是应贯彻可持续发展的原则，建立起城市中人口——经济——资源——环境之间的协调关系，以保证城市健康发展。

二、21 世纪中国城市发展的新战略

21 世纪即将来临，在 20 世纪科技经济大发展的基础上，这将是一个科学技术不断创新、信息革命不断深化、知识经济登上主台、经济全球化进一步加深的世纪。这些新的趋势，将深刻地改变人们的生产活动和生活方式，在给我国城市发展带来前所未有的机遇和挑战的同时，也给我们提出了一系列重大课题，有必要进行深入系统地研究。

在 21 世纪，世界城市进程及城市发展将出现以下四大趋势，这是我们考虑新世纪城市发展战略问题的重要参照系：

1. 由于工业化的推动和生产要素的高度聚集，21 世纪，城市化将更加迅猛，城市发展速度加快，城市现代化水平将更加提高，全球城市化已是不可阻挡的趋势。在 20 世纪末，全球已经有一半以上人口生活在城市。21 世纪，全世界多数国家和地区都将进入高度城市化阶段，多数发展中国家将完成城市化任务。据预测，再过 25 年全球人口将达到 80 亿，其中有 50 亿将生活在城市。

2. 由于经济全球化的推进，以城市特别是大城市为中心的经济竞争将日趋激烈，国际大都市作为世界性产业中心、金融中心、贸易中心、信息中心和科技文化中心将更加突出其地位，将成为控制世界经济的枢纽。跨国公司的作用和影响力将主要通过城市的全球性竞争来实现。城市特别是大城市的经济实力，直接影

响着一个国家的国际竞争比较优势或国际竞争力。可以说，所谓经济的全球化竞争，主要是通过不同国家、不同地域的城市而展开的。

3. 现代科技的进步，交通及通信方式的变革将使城市的空间状态发生革命性变化，将引起城市功能和结构的重大调整。21 世纪的城市布局将出现集中与分散有机结合的趋势，城乡空间格局将出现一体化，中、小城市（含小城镇）的联系将更加紧密共存共荣。在发达的大城市及大城市群落中将出现逆城市化现象，城市郊区化更加普遍，城乡之间的“灰色区域”将成为第三聚落形态同城市乡村并列，传统的大城市的空间密集形式将被打破，这种集中与分散相结合的空间状态将使城市更具有活动力。城市的生产功能相对削弱，其流通功能、服务功能、科技功能逐步增强，城市经济结构中知识经济所占比例将逐渐加大。

4. 21 世纪城市及城市经济将更加注重可持续发展，在不断解决人口——经济——资源——环境的矛盾中寻求出路。由于在世界范围遇到了空前的人口、资源、环境的压力，如果不实行可持续发展，城市及其经济无发展前途。在城市发展中将更多地强调资源的承受能力，更自觉地控制城市人口规模，更注重保护生态环境，并把生态城市当作新的追求目标。

研究 21 世纪城市发展的总趋势，是为了把握中国城市未来发展的特点以对我国 21 世纪城市化作出正确的战略部署。顺应世界城市发展的新趋势，从 21 世纪初开始，中国城市化将出现以下五大基本特征：

一是城市地位将进一步增强。21 世纪中国城市将有迅猛发展，城市的作用和功能会进一步增强，城市在整个国民经济发展中将居于更加突出的地位。

二是城市化进程将会大大加速。中国的城市化与世界相比滞后 20 个百分点，有很大潜力可挖，进入 21 世纪，将采取有效措施，大大加快城市化步伐，以较快速度赶上世界城市化水平。在 2020 年前每年将保持不低于 1% 的城市化增长速度，到 2020 年后将使城市化水平超过 50%。有人预计，届时将有 3.6 亿人从农村转移到城市中来。

三是城市经济发展势头将更加迅猛。进入 21 世纪，中国城市将基本确立市场体制，对内对外的开放度更高，城市经济发展的势头将更猛，步伐将更加稳健，城市经济的实力将达到中等发达国家的水平。这对于带动整个国民经济持续快速健康的发展，对于形成良好的经济运行机制、提高国民经济总体素质，以及与世界经济接轨，都至关重要。

四是城市现代化水平将大大提高，城市的现代化建设将大大加快，从基础设施建设到城市信息网络化，从科技进步到知识经济体系的形成，从城市空间要素的合理配置到生态环境的保护和优化，从城市的物质文明到精神文明，都将有新的突破性发展。到21世纪中叶，将基本实现城市现代化，届时将大大增强我国城市的竞争力，形成具有中国特色的现代化城市体系。

五是城市可持续发展将得到有力贯彻，在可持续发展原则指导下，中国将逐步解决在人口、资源、环境上的欠账问题，以人为本来改造城市，实行清洁生产、无公害生产，使城市经济走向内涵式集约化发展的路子。特别加强城市生态环境建设，集城市生态美、人文美、建筑美、艺术美于一身。到21世纪中叶，基本实现城市人口——经济——资源——环境的协调发展，大大提高居民的生活质量。

三、全面推进中国城市化和城市现代化

在进入21世纪之际，思考和研究中国城市发展问题，我们深感任重而道远。在新世纪全面推进中国城市化、城市现代化，既有不少问题和困难，但更要看到有利条件和新的机遇，我个人认为要全面推进中国城市及城市经济发展，应特别重视研究解决以下几个突出问题：

第一，进一步提高城市发展的战略地位，更加确立依靠城市带动经济发展的思想。21世纪是城市发展和竞争的世纪，国家之间的经济竞争突出表现为城市之间的竞争。我们要赢得新世纪国际竞争的主动权，必须把城市发展提升到国家重大发展战略的高度，作为国家的一项基本国策。要改变那种把城市发展仅仅当作一般地区发展战略的短视观点。我国在新世纪的全球竞争力的大小，将在很大程度取决于我们能否建设起一批具有竞争优势的城市和城市群。我们要牢固的确立依靠城市带动经济社会发展的战略思想，进一步发挥城市的中心作用和示范先导作用，依靠城市的率先发展带动全国经济发展。改革开放之初，我们重点发展东部沿海地区，关键就在于抓了沿海十四个城市的开放，建立深圳、珠海等四个经济特区，通过沿海城市的率先发展带动了全国经济的飞速发展。在进入21世纪，国家的发展重点转向中西部地区，这是党中央总揽全局面向新世纪作出的重大决策，具有深远的历史意义。在实施西部大开发过程中，也要借鉴东部沿海地区的经验，首先建设和发展西北地区的西安、兰州、乌鲁木齐、西宁、银川，西南地

区的重庆、成都，昆明、贵阳、拉萨等西部地区中心城市，通过城市首先发展带动西部地区发展。

第二，加快城市化进程，建立和完善现代城镇体系，实施好“小城镇大战略”的方针，加快城市化进程是党中央作出的重大战略决策。进入21世纪，我们必须紧紧抓住全球一体化和知识经济以及改革开放所带来的新机遇，认真探索中国特色城市化的基本道路、基本模式。中国特色城市化道路的基本点是：从我国农村人口规模超大、经济科技比较落后、资源条件相对贫乏、地区发展很不平衡的基本国情出发，以适度城市化和建立合理的有现代水平的城镇体系为基本方向，重点通过发展小城镇吸纳农村人口和剩余劳动力；主要依靠市场配置资源的基础性作用，多渠道、多元化地推进城市化。要系统地解决在推进城市化过程中的若干实际问题，尽快调整有关政策，释放城市化的潜力，要研究和解决小城镇发展中的实际困难，比如小城镇发展的规划建设问题、土地利用问题、投资来源问题、乡镇企业集中问题、户籍制度改革问题、就业问题、社会保障问题等等。

第三，进一步推进城市的改革开放，搞好城市产业结构调整和升级，着力培育城市企业的竞争力。城市的经济体制改革要进一步加快，力求在近年内基本确立城市的市场经济体制。城市的改革同城市开放是联系在一起的，深化改革中要继续加大开放力度。城市国有企业改革要继续加快，在逐步扭亏增盈的基础上，尽快建立和完善现代企业制度，城市要不失时机地抓好经济结构的调整，狠抓重要企业集团的建设和发展，使之具有国际竞争力形成“舰队”，重拳出击，以便“入世”后能在国际市场上站稳脚跟，抢占更多的市场份额。

第四，加快国际化大都市建设，抓好大中城市的建设和改造。中国发展的关键在于建立起具有世界竞争力的城市群。香港、上海、北京是21世纪可以跻身于世界国际化大都市行列的城市，要把这三个城市作为国家发展的首位城市加以建设。香港按照“一国两制”方针将继续发展。上海、北京要以举世可数的国际化大都市为参照系，加快建设步伐，使之成为带动中国经济发展的龙头。天津、广州、深圳、大连、青岛、厦门等城市也要尽快成为具有国际性竞争力的城市。可以考虑把一些条件较好、区位优势较明显的中等城市，升格建设成为区域性大城市。城市的基础公用设施建设，旧城市改造，都应抓紧进行。

第五，进一步实施城市科技兴市战略，为发展知识经济创造条件。要特别重视提高城市的科技研究和成果转化能力，建立和完善城市创新系统。城市创新系统是一个城市的经济和科技组织相结合组成的创新网络，包括“产学研”联合等，企业要成为科技创新的主体，要形成具有自主开发能力，具有自己知识产权，并善于产业化经营、市场化运作的创新组织。城市创新系统的建设和发展是今后城市科技经济工作的重要方面，全社会都要参与。把科技创新和企业技术开发、技术改造、技术引进结合起来，进一步提高科技对经济发展的贡献率。与此同时，加快组织创新和制度创新，形成优越的创新环境。各城市都要引导社会资金参与科技开发，建立和完善发展科技产业的风险投资机制。要抓好城市的人才市场，人才机制建设，大力发展城市教育事业，为知识经济创造必要的条件。发展知识经济要与现有的高科技园区建设结合起来，重视发挥高等院校的作用，鼓励留学人员回国，强化城市的科技知识的普及，作好发展知识经济的前期工作。

第六，贯彻可持续发展原则，把城市的生态环境建设提高到新水平。在城市发展中要正确处理人口——经济——资源——环境的关系，把人口和经济增长建立在资源与环境许可的程度上，要实施资源的集约利用、有效开发，保护和建设好城市的生态环境。中国的城市发展不仅要达到高效的经济发展，还要实现宜人的居住环境、集约的资源消耗、清洁的空气水体、文明社会发展。城市的环境污染要在21世纪开始之际更加重视，力求用十年时间使中国城市的环境污染有所改善，并走上生态城市的建设道路。

第七，要解决好城市经济发展中的一些深层次突出问题，为21世纪城市长远健康发展打好基础。目前，城市经济方面需要解决的实际问题很多，如扩大内需问题、国企改革和发展问题、社会保障体系问题、住房改革问题、社会稳定问题，都需要拿出切实可行的措施加以解决。最近，相继召开了党的十五届四中全会和中央经济工作会议，针对当前实际提出了一系列重要的对策措施，各个城市只要能够加大贯彻中央精神的力度，下功夫解决面临的问题，我们就一定能够扫清新世纪前进的障碍。为今后城市经济大发展打好基础。

中国“入世”已指日可待，这是机遇也是挑战，对城市经济发展提出了新的课题，需要认真研究，提出中国城市的应对策略。历史已经把中国城市推向了全球竞争的舞台，我们只能向前，不能后退。在21世纪来临之际，中国城市必须站在全球竞争的高度，思考和追求自己的未来。

（原载《中国城市经济》杂志2000年第1期）

关于我国矿业城市发展的新战略

矿业城市在我国城市总量中占有相当的比例，它们的兴起与发展在我国经济和社会发展中发挥了重要作用，做出了很大贡献。进入21世纪，矿业城市的发展倍受关注。党中央、国务院非常重视矿业城市的发展问题。不久前，李岚清同志专程到辽宁省阜新市考察调研，就资源枯竭型城市的经济转型、第二次创业提出了指导性意见。我过去长期在矿业城市工作，最近对矿业城市的发展做了一些新的思考。我认为我国矿业城市应该研究和实施新的发展战略，积极推动经济结构转型，走可持续发展的道路。

一、矿业城市急待研究新的发展战略

我国矿业城市的形成是在一定的历史条件和计划经济的工业体系下建立的，比如山西的大同以煤炭为主，朔州以煤电为主；辽宁的抚顺以煤炭为主，鞍山以钢铁为主；黑龙江的大庆以石油为主等等。这些城市的兴起在推动我国经济发展和社会进步方面发挥了重要作用。据80个主要矿业城市统计，占全国城市总数的16.7%，占全国城市人口的13.8%，占全国国内生产总值的12.4%，不但给国家建设提供了原材料、能源等基础产品，而且还提供了可观的利税。总体上看，我国矿业城市的发展是健康的。但是，进入20世纪80年代后期以来，不少矿业城市面临矿业资源产品产量下降或枯竭，企业效益下降或破产，部分职工失业、下岗，城市社会保障体系难以建立，对职工欠账太多，城市压力增大，经济结构单一，可替代产业发展滞后，生态环境治理投入严重不足等诸多问题已经阻碍了矿业城市的进一步发展。要解决好矿业城市的发展问题，急需我们拓宽思想，借鉴国内外矿业城市发展的经验教训，认真研究矿业城市新的发展战略。

首先，研究矿业城市发展新战略是解决矿业城市发展问题的紧迫需要。当今世界经济社会大环境正发生着巨大变化，国内经济体制改革的深入和社会结构发生着深刻变化，国内、国际竞争不但融为一体，而且日益激烈，特别是城市发展的竞争也更趋激烈。对于矿业城市而言，我们面临着很多从未遇到过的新问题。这就要求矿业城市与时俱进，树立新思想新观念，实现自身新的发展，加强对矿业城市发展规律的研究，寻找新的应对战略。

第二，研究矿业城市发展新战略是实现矿业城市经济转型和现代化建设的需要。矿业城市存在产业结构比较单一，国有经济比重过大，城市建设资金短缺，基础设施欠账多，造成矿竭城衰，下岗职工多，企业负担重，企业竞争能力不强等问题。为解决这些问题，需要进行战略性经济转型，即进行二次创业，而矿业城市的经济转型工作，没有现成的经验可以借鉴，这就要求矿业城市领导和有关部门一定要加强组织领导，搞好规划研究，及时总结经验，确保转型工作顺利进行。在发展思路上，必须把经济发展和结构调整结合起来。在发展中调整，在调整中发展。如果只是沿着原来的老路往前走，不进行调整，不实行体制创新的发展创新，那么积累的矛盾就会越来越多，包袱也会越来越重，最后还是发展不起来，更不用谈矿业城市的现代化建设了。因此一定要明确发展才是硬道理，积极探索矿业城市发展的新战略。

第三，研究矿业城市发展新战略是实现矿业城市可持续发展的前提。根据矿业资源不可再生的特点，必须坚持“在保护中开发，在开发中保护”的原则。中国人多地广，但矿产资源按人口平均并不多，在开采过程中，减少资源的损失具有十分重要意义。在矿业城市的发展中要贯彻可持续发展战略，要提高资源利用效率，减少和避免污染物的产生，要保护和改善所在城市的环境，有利于矿业城市人体健康。矿业城市的企业要通过不断改进设计、采用先进工艺与设备，改善管理综合利用生产清洁的能源和材料，从源头削减污染。所以矿业城市在制定国民经济和社会发展计划时要有环境保护、资源利用、产业发展、区域开发等规划。

另外，矿业城市须实行“矿业和非矿业并举”的多元发展战略，才能解决好矿业城市的资源利用和生态环境恢复保护问题，否则就没有出路。我们一定要改变过去盲目的靠增强投入，加大消耗及牺牲环境来实现发展，而忽略环境治理的高成本问题。在规划发展中，要计入环境成本，树立新观念，推出新措施，保持矿业城市繁荣兴旺的持久活力，实现可持续发展。

二、矿业城市发展新战略的思考

关于矿业城市的新战略问题，我认为既要从矿城的城市特色出发进行研究，还要从城市发展的一般规律上进行把握思考。矿业城市发展的新战略不是一个单项战略，而是一个系统战略，包括产业发展战略，经济转型战略、城市建设战略和社会环境治理战略等，需要从多方面协同攻关研究，真正产生符合矿城实际又适应时代挑战的战略体系。我认为矿业城市未来发展的新战略目标是：

形成与全国现代化进程相适应，与全国经济和社会发展密切衔接的地质矿产新格局，实现矿产资源利用方式由粗放型向集约型转变，矿产资源得到有效保护和合理开发利用，矿业开发与环境保护实现良性循环。形成全方位，宽领域，多层次的矿业对内对外开放格局，建立安全、稳定的矿产品供应体系。使矿业经济总量进一步得到扩大，经济效益明显提高，实施科技兴矿，科技兴城战略，大力采用高新技术和先进、通用技术改造传统产业，建立起高效、规范、法治化的社会主义市场经济运行机制，经济结构的战略性调整收到明显效果，产业结构得到优化，更加符合市场要求，经济运行质量和经济效益提高，实现“矿业与非矿业并举”的多元发展战略，矿业城市的经济进入快速、健康持续发展的轨道，城市化水平提高，城市功能进一步完善，建成特色鲜明，科技先进，效益显著，环境优美，人民富裕的现代化城市。

要实现新战略目标，必须处理好以下各方面关系。矿业城市发展一定要走可持续发展之路，妥善处理好矿业开发强度与矿业经济规模效益两者之间的关系，既要发挥矿业生产的规模效益，又要考虑矿山的服务年限。但规模效益并不等于强化开采，而应根据矿山拥有的可采资源量把年度开采量定在一个适当的限度上，进行适度开发，以尽量延长矿山服务寿命，以便为矿业城市和矿山企业发展替代产业、实行产业转换与城市转型赢得时间。

矿业城市发展中要处理好主导产业和新型产业的关系、产业发展与城市建设之间的关系。矿业城市发展要与市场经济对接，加入 WTO 要适应市场新形势，如果不能利用市场经济，主业也不能很能很好发展。各城市结合自身实际，扬长避短，一手抓好原有优势的发挥，一手抓好新兴产业的发展。在发展思路上，必须把经济发展和结构调整结合起来。在保护中开发，在开发中保护；在发展中调整，在调整中发展。实行多元发展战略，延长矿产品深加工链，最大限度地提高资源的附加值是一个重要的发展方向。鼓励其他非矿产业的发展，特别是第三产业的发展，以培育新的经济增长点。

三、矿业城市实现发展新战略的主要对策

要实现矿业城市发展的新战略，主要应抓好以下六个方面：

1. 国家要为矿业城市制定特殊的扶持政策，矿业城市转型与老工业基地改造具有密切的联系，要制定支持矿业城市转型的政策。

矿业城市的人口和国内生产总值在全国人口和GDP中占有较大份额，还是向国家提供矿物能源和原材料的主体，矿业城市的兴衰对于国家经济社会的发展与稳定具有极为重要的意义。为了矿业城市的持续发展，为了国家的整体利益和长治久安，国家应采取相应的扶持政策。如：从财务和政策上重点支持大中型矿山企业进行技术改造和产业结构调整，并从宏观上对矿业城市的产业政策、财政政策、投资政策、社保政策和城市政策等更多方面给予综合指导，积极推动矿业城市的结构调整与城市转型。矿业城市在转型中要注意清洁生产。国家对清洁生产的企业从信贷、税收等多方面予以支持和鼓励，矿业城市大部分是水资源短缺城市，节约工业用水、生活用水，实施水处理复用是矿业城市转型后解决的突出问题。制定有利于城市和矿山企业同步发展的税赋政策、劳动政策和社会保障制度，切实减轻矿山企业的税赋、债务和社会负担，促进矿山企业和城市建设共同发展。

2. 矿业城市的领导者要与时俱进，树立新思想、新观念。

无论是在矿业城市的战略规划中还是发展中都要树立经济与资源、环境、社会相互协调、可持续发展的观念；科学技术是第一生产力，大力推动科技进步，科技与产业结合的观念；重视教育、重视人才，以人为中心的观念；政府就是服务，纳税人是上帝的观念；全力改善人居环境，环境也是生产力的观念；城市不但要加强管理，更重要的是要善于经营城市的观念；与国际接轨，按市场经济规律和国际惯例办事的观念。矿业城市转型中有一个十分重要的问题，就是要盘活现有的优良存量资产，特别是土地资源，一般地讲，过去我们建立一个企业，占地比较多，充分利用原有的土地资源，通过土地置换、拍卖等方式将矿业的某些

设施迁出市区。这样既有利于城市土地的合理利用，矿业又可筹得一笔资金，用于开发和启动其他产业。城市领导者既要解放思想，又要实事求是；既要有长远规划，又要从近处入手，那么城市的崛起就大有希望。

3. 矿业城市政府要建立与市场经济相适应的运行机制。

矿业城市要着力建设社会主义市场经济体制和运行机制走政府培育市场，市场解放政府，政府解放企业，企业解放生产力的路子。这就要求政府认真转变职能，要真正建立小政府大社会，政府不但要精兵简政，更要精官简政，要逐步做到政府部门依法设立，部门工作依法运作。

4. 矿业城市要协同矿业企业抓好矿产品的深度开发，打造国际名品，参与国际市场大竞争，最终实现兴矿兴市。

矿业城市和矿山企业要抓住我国加入 WTO 的大好机遇，采取走出去，引进来，再走出去的方针，即引进和借鉴国外的先进技术和经验，对我们原有的矿产品进行深加工和精加工，提高我们矿产品的品位、技术含量，同时积极开发新产品，从而培育出重点产品、名牌产品、创汇产品打到国际市场，积极参与国际市场竞争。增加矿产品的附加值，促进矿业经济发展，为矿业城市增加外汇收入，从而促进矿业城市的经济发展。同时也可以积极引进外资，共同开发，共同发展。

5. 矿业城市要积极发展非矿经济，培育新的经济支柱。

矿业城市要找准方向，做好规划，大力发展矿业产业的可替代产业、第三产业和环保产业，使非矿经济逐步成为矿业城市的主要经济支柱。各矿业城市要依靠自身优势，积极发展多种经营，大力培育第三产业，逐步做到以一个产业为主导，几个产业做支柱，从单一的矿业经济转变为多元的产业经济强市，在矿产资源枯竭时，仍能保持城市繁荣兴旺的持久活力，实现可持续发展。但要注意不能盲目上项目，不能急于求成，造成新的损失。

6. 结合各市实际，走各具特色的可持续发展之路。

各个矿业城市的发展状况及现有的经济实力不同，自然在选择和规划发展新战略时侧重点不同，但都应搞好环境的优选，资源的可持续利用，污染的综合治理，从而实现真正意义上的可持续发展。

（原载《中国城市经济》杂志2002年第6期）

城市带动农村　统筹城乡发展

全面建设小康，重点难点在广大农村，如果“三农”问题的解决不能有突破性进展，光在城市建设小康是不行的，只有农村也普遍达小康，才能说我国已全面建成小康社会。我们一起研讨发挥城市对农村的带动作用，推动城乡共同发展，确保实现城乡全面建设小康社会的宏伟战略目标，具有重要的理论和实践意义。我想就发挥城市中心作用，通过城市带动农村，统筹城乡发展的问题发表一些个人的见解，以抛砖引玉，引深研究。

一、从“三农”问题和城市热点问题看统筹城乡发展的战略创新

近年来，我国农村和城市存在的一些热点难点问题受到广泛关注，农村方面是“三农”问题日益突出，城市方面是下岗再就业问题等等。我们在过去20多年改革开放取得伟大成就的同时，也必须看到城乡发展面临的新矛盾、新问题。大家注意到，党的十六大已经确定21世纪头20年全面建设小康社会的宏伟目标，为实现此目标，城市和农村都必须把发展作为第一要务，都必须不断解决前进中的问题。以胡锦涛同志为总书记的党中央非常重视农村发展和城市发展问题，特别是对解决“三农”问题已经采取了一系列重大政策措施。全面建设小康，重点难点在广大农村，如果“三农”问题的解决不能有突破性进展，光在城市建成小康社会是不行的，只有农村也普遍达小康，才能说我国已全面建成小康社会。同时新一届中央领导集体对城市工作也非常重视，就宏观经济、城市经济、工业经济当中的一些重大问题进行了很多部署，提出实施了若干政策措施。今年上半年，

我们虽然经受了“非典”的强烈冲击，但在党中央、国务院坚强正确领导下，国民经济发展达到了预期目标。最近中央又召开了全国再就业工作座谈会，对城市再就业进行了新的安排部署。

新的战略目标必须有新的发展战略，农村不能光在农村中找出路，城市也不能光在城市中找出路，必须联系城市发展探索解决“三农”问题的办法，从农村发展上寻求解决城市问题的途径，也就是要统筹城乡发展。统筹城乡经济社会发展，是党的十六大深刻总结几十年来我们党在处理城乡关系问题上的实践经验而提出的一项大思路、大举措，是解决城乡发展问题的一个重大创新。按照这一思路，研究和解决我国的发展问题，应把城市和农村紧密地联系起来，综合研究，通盘考虑，联系农村研究城市，联系城市研究农村。因为城市和农村是发展问题的两个层面，从经济重心和经济总量看，城市是大头；从人口分布和地域空间看，农村是大头，特别是由于九亿农民生活在农村，农村发展是我国现代化的根本性问题，全面建设小康社会的重点难点都在农村。研究解决城市问题和农村问题，要用好十六大提出的统筹城乡发展这样一个科学而重要的战略思路。统筹城乡经济社会发展，是全面建设小康社会的重大任务，是根据我国经济社会发展的阶段性特点而提出的一个全新的思路和方针，是党中央在新世纪、新阶段做出的重大战略部署，是我们在“三农”问题上认识的一个深化和飞跃。

对于这样一个重大的理论创新，我们要站在国民经济和社会发展全局的宏观高度，在辩证认识城乡经济相互联系、相互依赖、相互补充、相互促进的关系基础上，运用系统论与工农互补理论、协同论与城乡协调理论，对统筹城乡经济社会发展问题进行深入系统的探索和实践。

统筹城乡经济社会发展，是相对于传统经济体制下工农分割、城乡分治的二元经济社会结构而言的，它要求把农村经济与社会发展纳入国民经济与社会发展全局之中，与城市发展进行统一规划，综合考虑，改变重工轻农的城市偏向，以工农协调发展和城乡经济社会一体化为目标，统筹解决城市和农村发展中的各种问题。这一新的战略指导思想，必须在全面建设小康社会中作为根本原则来坚持，必须在处理现代化进程中的城乡关系时作为基本方针所遵循，这一新模式、新道路，标志着我国经济社会发展战略的重大转变，标志着我国开始由城乡二元化经济结构向城乡一体化的现代经济结构转变，必将推进我国经济社会发展进入一个新阶段。

二、充分发挥城市在城乡共建小康社会中的带动作用

城市在城乡全面建设小康社会中承担着重大使命，充分发挥城市带动农村发展的作用，是统筹城乡发展的关键举措。城市作为现代经济社会活动的中心，作为推进现代化建设的主要基地，能够通过多种途径和方式带动农村发展。城市经济作为现代经济的主体，聚集了主要的经济要素，具有对农村区域经济很强的吸引力和辐射力，必须在全面建设小康社会中起龙头作用。现代发展经济学理论揭示了城乡协调发展和城乡一体化发展的经济互动规律，城市居于城乡区域发展的关键地位，我们必须高度重视城市在推动城乡经济成长中的重要作用，认真研究城市带动农村发展的机制、途径、方式，以科学的态度推动城乡经济的运作和发展。城市如何带动农村发展？我认为主要有以下机制和方式：

第一，中心带动方式。城市是现代经济发展中心、市场运行中心、科教文化中心、金融服务中心、交通通信中心、社会活动中心，完全有条件通过发挥多种中心的作用，带动周边农村的发展。这种中心通过为农村提供经济要素，调节经济活动，指导生产经营，从而促进农村经济发展。农村经济发展是农村生产力的大提升，城市作为先进生产力的发展基地，可以为农村生产发展提供各种要素，如生产设备、技术服务、能源产品、人才资源、资金投入等。城市可以为农村经济发展提供规划、决策、指导，农村整个社会经济生活都要通过城市进行组织和协调。城市可以组织和调控农村经济的循环和发展，农村在扩大再生产过程中生产、流通、分配、消费的各个主要环节，城市都可以进行有效的调控和协调。农村市场经济发展同城市市场经济发展已经走向一体化运行阶段，要进行城乡大范围的市场调整，必须城乡联动，如价格、税收、技术监督、工商管理、产业引导、市场信息服务等都离不开城市。农村社会公共事务管理也要通过城市来进行和提供保障。

第二，枢纽辐射方式。城市连接广大农村拥有日益完备的交通、通信、信息、技术服务网络，城市是各种网络的枢纽，农村是网络的延伸，城市通过枢纽向周边农村辐射，提供各种服务，输出社会功能，满足农村需要，这也是非常重要的。为此，城市就必须强化枢纽，并以自身的为龙头，支持各种网络建设，完善交通、科技、信息、社会服务网络建设，提高网络联系程度和功能，从而通过网络服务

带动农村经济发展和社会进步。

第三，城镇化推动方式。统筹城乡发展，实施城镇化推动是一个重要方面。通过加速城镇化，逐步减少农村人口，转移农村劳动力，农村人口、居住地、生产经营活动向小城镇集中，对于改变我国城乡分布结构，推动农村社会变革，具有重大意义。推进城镇化已成为我国一项举足轻重的大战略，也是全面建设小康社会，实现现代化发展的大战略。我国目前的城镇化水平是39%左右，以每年递增1个百分点计算，再用17年时间，到2020年将使城镇化水平提高到55%以上，届时将转移农村人口4亿以上，转移农村劳动力2亿以上。通过这一大变革，城乡结构将趋于合理，一方面城镇的规模和实力大为增强，另一方面农村人口比例减少，农村通过适当集中改变了分散、量大、功能落后的状况，将使改造农村的进程大为加快，从而为21世纪全面实现农业产业化、农村现代化创造条件，又为基本上解决“三农”问题提供了可能。要大中小城市并举，同时大力发展小城镇，多种途径转移农村人口和劳动力。有一种观点认为发展小城镇不能作为城镇化的重点，小城镇的经济效率较低。我们认为这要从我国农村人口非常多，转移劳动力任务非常大的国情出发考虑问题，不能只考虑小城镇的经济效率，要看到小城镇发展的综合社会效益。我国是要发展大中城市，但多达5亿以上的农村人口转移到大城市，我认为是不现实的。就以大城市吸纳4亿农村人口算，就等于新建400个100万人口的大城市，这是很不现实的。据统计，目前全世界100万人口以上的大城市只有290多座，光中国建设500个以上的大城市是不可行的。把我国今后的国民生产总值全部投入这些大城市建设上也不够。现实可行的方式，还是要以发展小城镇为主，分散的农村向小城镇集中，走适当集中的发展道路，这样的城镇化成本比较低，农民也能接受。超越国情，超过现实可能，搞大规模的发展大中城市为主的城镇化是行不通的。这是我们考虑统筹城乡发展必须认真对待处理的一个问题。

第四，城乡一体化方式。城乡一体化是统筹城乡发展，城市带动农村前进的重要方式，同前面提出的方式是交叉渗透在一起而发挥作用的。城乡一体化就要以解决“三农”问题发展县域经济、建设小城镇发展农业产业化为目标，最大限度地缩小城乡差别，彻底打破城乡二元结构，坚决拆除城乡之间的制度壁垒，实行城乡通开、城乡一致的经济社会制度和管理法规。同时在经济发展上以市场为纽带，使城乡市场经济一体化。要发展县域经济，建设小城镇，加大农副产品加工深度发展食品工业，实现小城镇农业工业化。要尽快实施城乡发展与社会管理的制度创新，如人口迁移和流动制度、教育卫生管理制度、社会保障制度、就业管理制度、人民群众的民主权利制度等，都必须改革。要使我国城乡发展实现新的突破，必须进行社会政策、管理方式、法制建设的进一步改革和创新，用新一轮的经济社会改革，推动和保障统筹城乡发展。在城乡经济的一体化中，也要进一步创新，使城乡优势互补，促进经济要素在城乡之间的合理流动，用市场经济规则来调节城乡经济活动。

第五，市带县发展方式。我国改革以来逐步实行市管县的区域行政管理模式，全国绝大部分地区和地级市合并，改为市管县、市带县的体制。到2002年，全国共设有265个地级市，仅存60多个地区和自治州、盟，2000多个县中的绝大部分由地级市管理。这一行政管理模式，改变了过去城市与地区分设的状态，有利于发挥城市中心的作用，也减少了地级机构的数量。实施统筹城乡发展的战略，我们可以充分发挥我国市管县、市带县的行政管理优势，使之成为城市通过县带动农村发展的一种有效方式。特别是这种方式把经济手段与行政手段有机地结合在一起，是比较经济的，应研究此方式的科学合理使用。在市管县、市带县的体制下，首先要把市搞好搞强，使带县的龙头拥有强大的实力，这是必须首先加强的。市带县的效益如何，很大程度取决于城市的综合实力。同时要特别重视县域经济的发展，要把县域经济作为统筹城乡发展的重大战略研究。我在这里呼吁：县域经济是一个大战略，急待重视加强研究和促进发展。县是我国地方行政区域的传统单元，是城乡接合部，上联城市下联农村，又是一级重要基层政权，在我国城乡社会生活中居于很重要的地位。如果把2000多个县、800多个城市辖区经济搞上去了，就将有效带动广大农村发展，对推进城镇化、城乡联动建设小康社会具有重大战略作用。发展和壮大县域经济要采取若干战略措施，需要我们大家参与研究探讨，也需要各级政府制定优惠财政政策和招商引资政策，支持县域经济发展。

第六，建设示范方式。城市在经济活动、城市建设、市场消费、科技文化、人的发展等各方面对广大小城镇、农村具有很强的示范效应。充分发挥城市对农村的示范引导效应，对于带动农村发展，对于改造农村生活方式，提高社会生活质量，具有重大意义和作用。大中城市在建设和管理上对小城市、小城镇、广大农村可以起到很有效的带动示范作用，我们也要对此引起重视。在城市建设和经营城市方面，我们不主张小城镇都模仿大城市，都修大马路、建大广场、搞大开发区，而要从健全城市功能出发，因地制宜，量力而行，统一规划，分阶段建设实施。要正确对待城市的建设管理示范问题，不能中小城市、小城镇都盲目模仿，一哄而起，一哄而上，一个模式，不讲特色，这就模仿坏了，必须加以制止和正确引导。

三、统筹城乡发展的若干对策措施

实施统筹城乡发展的重大战略，是一个城乡联动的社会系统工程，既涉及城市又涉及农村，还有城乡互联的问题，近期建议采取一些对策措施。

1. 我国宏观经济政策应着眼于城乡共同发展。我国的宏观经济政策应着眼于城乡经济社会共同发展，既要有利于城市经济增长，又要有利于农村经济发展。近几年来，我国克服通货紧缩，启动和扩大内需，采取积极的财政政策，加大基础设施建设投资力度，从整体上推动了经济增长。但近几年积极的财政政策主要是对城市经济增长的拉动较为明显，而对农村经济发展的拉动作用不够。今后宏观经济政策的推出，应更加重视农村发展问题，积极的财政政策应向解决“三农”问题倾斜。加大农村“六小”工程投入。金融货币政策方面也要对农村积极倾斜，尽快改变农村经济“贫血”严重的问题。农村金融服务跟不上，光靠农村信用社是不行的。农业银行要面向广大农村金融服务，要拓宽服务领域，农村邮政储蓄资金要用于农村，鼓励城市金融机构下乡开展服务，设立网点。目前，全国不少地区县乡基层财政非常困难，拖欠工资严重，义务教育经费明显不足，通过发展县域经济，建设支撑县级政府公共财政支出体系，国家财政也要关注解决好这些问题，这也是宏观政策上必须研究解决的一个突出问题。

2. 从统筹城乡发展来创新改革开放方式。党的十六大要求加快新一轮改革开放，要从统筹城乡发展来创新改革开放的方式途径。经济管理体制和国有企业的进一步改革，要从城乡经济发展一体化加以推动，国企的改革发展应更多地考虑农村市场培育和农村需求拉动，不能把眼光只盯住城市。扩大对外开放，改善投资环境，扩大招商引资，也不能光在城市做文章，而在广大农村高科技农业、绿色农产品、现代化农副产品加工和深度加工企业的建设都需在扩大开放中引进外资，县和小城镇也要大力改善投资环境加大招商引资力度。适合在农村、小城镇投资的资源开发项目、农副产品加工项目、中小水电开发项目、旅游观光业项目、生态绿色农业项目等应鼓励在农村、小城镇投资建设。

3. 城乡联动统筹解决就业问题。这些年正赶上城市下岗再就业、城镇新增劳动力就业、农村剩余劳动力大量转移三个就业高峰，能否成功地解决这三个高峰带来的就业冲击问题，已成为我国社会政治稳定的一个关键。我们要以统筹城乡发展的思路，综合考虑城乡劳动力分配、流动和市场调节，既重视城市就业和再就业问题的解决，也要坚决清理限制农民进城的一切规章、制度，真正地、彻底地给农民以平等的国民待遇。城市政府要主动地给农民进城就业、务工经商创造条件，增加扶持农民进城就业的投入，国有大中型企业要带头举办农民工免费技术培训班，培养一批企业急需技工，逐步形成城乡通开的就业市场。

4. 加快城市发展和城市竞争力提升。近几年来，我国城市发展很快，城市化水平加速提升，但在城市发展和城市经济方面，也面临一些困难和问题。要从统筹城乡发展来研究城市发展问题。城市应按照党的十六大战略部署，在全面建设小康社会中起带动作用，率先基本实现现代化，全面提升综合竞争力，优化投资和发展环境，创新城市经济增长模式，走可持续发展的道路。要把建设中国的国际化城市和大城市群确立为重大发展战略，抓住北京迎接 2008 年奥运会和上海举办 2010 年世博会的契机，大大加快北京、上海两个世界级城市建设的步伐。要把长江三角洲城市群、珠江三角洲城市群和环渤海城市群建设成为世界级的城市群带，使之进一步增强城市经济发展实力。其他一些重要开放城市、中小城市群、城市带也要加快发展。要警惕城市化过程中的盲目性，脱离自身财力盲目进行攀比，搞劳民伤财的政绩工程和浮夸风。城市经济发展水平和增长质量是城市现代化的基础和根本，必须真正把城市经济搞活、搞强。城市经济发展中要力戒低水平重复建设，避免产业结构雷同化。城市要强化公共服务体系建设。从统筹城乡发展来看，城市经济的发展要注意加强同农村经济的联系合作，大力拓展农村市场，利用农村的各种资源、条件发展城市经济，实现城乡共同繁荣。

5. 以统筹城乡发展思路解决“三农”问题。“三农”问题是人们关注的热点难点问题，统筹城乡发展为从根本上解决“三农”问题指明了方向。根据党的十六大精神，要把全面繁荣农村经济和促进农村社会进步作为经济工作的重中之重。要从根本上解决城乡二元结构体制问题，加快建立在社会主义市场经济体制下平等和谐的城乡关系，最终走向城乡一体、协调发展。要通过调整国民收入分配结构和国家行政支出结构，加大对农业的支持和保护力度，特别要加强农业基本建设，改变光靠农民投资投劳搞农业基建的方式，各级政府要加强农、林、水、牧等基础设施建设，加强生态环境建设。要通过加快城市化扩大城镇农产品消费群体的规模，扩大农村剩余劳动力进入城市，借以增加农民收入。要继续加大城乡户籍改革，允许农民自主选择居住地。农村乡镇企业也要继续重组发展，要逐步形成城乡工业一体化的发展格局，进一步明确乡镇企业的发展方向，促其继续发展。当然，要改变乡镇企业分散、低层次发展的状况，引导乡镇企业向重点小城镇合理集聚，建设小城镇工业园区，提高乡镇企业的规模效益，主要发展劳动密集型企业和适宜在农村发展的产业和项目，不能忽视乡镇企业在我国农村发展中的重大作用。要随着小城镇发展，以小城镇为中心，大力发展农村流通业、服务业，使农村服务业有较大发展，同时促进农村教育、卫生等社会事业发展。

6. 城乡联动突出解决农民增收问题。目前，必须尽快扭转近几年来农民收入增幅下降的局面，要把千方百计增加农民收入当作事关国民经济全局的最突出的问题来抓，从统筹城乡发展的思路集中采取各项政策措施，真正增加农民收入。建议采取以下一些措施：（1）从根本上解决农村“三乱”，全面推行费改税改革，由各级政府负担解决乡镇一级公务经费支出、贫困县村干部补贴问题。（2）继续加大扶贫力度，逐步增加扶贫投入，以改变农业生产条件急需工程为重点展开，提高扶贫效益，防止扶贫后又返贫。（3）对涉及农民利益的农村小型基础设施建设要加大以工代赈工作的力度，多用农村劳动力。（4）对农民的各项补贴，应逐步做到直接补贴给农民，逐步改变补贴给流通领域和中转环节，坚决制止层层克扣、截留支农资金的行为。（5）农业生产急需的小额贷款要及时足额发放，减少程序，简化手续，方便农民，要从根本上解决农村高利贷日趋严重的问题。（6）要统筹规划，加大中西部地区人畜吃水工程投资力度，尽最大努力基本解决这些地区农村的人畜吃水难问题。（7）通过对农村供销合作社特别是农业生产资料企业的改制、改组，扩大企业经营规模，加强管理，降低生产经营成本，降低农资价格，从而降低农业生产成本。（8）在实施退耕还林、退田还湖、退耕还草，恢复和改善生态环境建设中，要切实解决好农民生计问题，保证有粮吃、有衣穿，有稳定的增收渠道。（9）农村基础义务教育要由国家统筹解决，在中西部地区部分县以县为主很难支撑，中央财政、省市财政要加大负担比例。（10）应考虑在中西部地区免征或缓征农业税五年，加大中央财政转移支出的力度，对中西部农业大省、老少边穷地区给农民以休养生息的机会。

党的十六大明确了新的发展战略目标和规划，为在新世纪全面推进小康社会建设和城乡现代化指明了方向。统筹城乡发展已列入党和国家重大战略，我们必须深入研究有关问题，积极推进其实施。中国城乡发展将走出具有自己特色的创新道路，完全能够如期实现全面建设小康社会的宏伟战略目标。

（原载《中国城市经济》2003 年第 10 期）

我国城市发展与城市研究的卓越引领者

——沉痛悼念汪道涵同志

12月24日早晨，中国共产党的优秀党员，忠诚的共产主义战士，海峡两岸关系协会会长汪道涵同志在上海逝世，噩耗传来，两岸同悲。在汪老离世前几天，我刚刚赴上海探望了他老人家，没想到，我返回北京没几天，汪老便离开了我们，与我也成永诀。几天来，我陷入巨大的悲痛之中，对汪老的逝世表示最沉痛的悼念，为海峡两岸失去一位最好的交流使者倍感痛惜，为我国城市发展和城市研究方面失去一位卓越的引领者深深惋惜，更为我本人失去一位相知甚深教益良多的良师益友而痛楚至心。回想我与汪老二十多年的交往，汪老的音容笑貌犹在眼前，汪老的谆谆教诲犹在耳畔。我想就汪老在我国城市发展和城市研究方面所做的开创性贡献写下我的所感所知，作为对汪老的一篇祭文。

一、我国特大城市一位杰出领导者

在20世纪70年代后期到80年代初期，道涵同志担任上海市委书记、上海市市长。当时正是我国改革开放的初期，十一届三中全会的东风在祖国大地吹拂，作为我国最大的经济中心城市上海，正处在一个发展的艰难关键阶段。由于受计划经济体制的影响，上海的发展面临非常严峻的挑战。全国的发展也在关注上海，期望上海成为全国的龙头。中央为上海派了三位强有力的老同志担任主要领导，道涵同志作为其中重要一员，出任了特别重要的市长一职。在那个历史转折阶段担任上海市市长，说明中央对他的器重和信任。道涵同志是当时我们党的高级领导干部中为数不多的对城市发展和城市领导比较熟悉的重要人才，他很早就认识到城市的重要性，认识到中国的发展必须有像上海这样的特大中心城市来带动，并在自己的领导岗位上着力探索城市领导工作的规律和特点，为80年代初上海的第一轮振兴做出了开创性的贡献。由于道涵同志是上海的市长，全国的市长都在关注和学习上海，所以道涵同志这个市长职位显得很有影响，他确实不负重望，短短几年使上海发生了深刻变化。80年代初中期，我先后担任山西太原市市长和市委书记。正是从那时起，我就与汪老开始有了接触和交往，虽然身居太原，但我的工作中总是注意学习和借鉴上海的城市管理和发展经验。在城市建设和管理方面，在城市经济包括城市工业、财贸、金融、服务业等各方面，我当时组织太原市考察团多次赴上海学习，并坚持了多年的太原工业发展学上海的活动。我们当时的好多大中城市的市长在各种联谊和交流中都对道涵同志担任上海市市长以来的表现表示钦佩。

道涵同志作为我国最大经济中心城市的市长，我感觉他的从政风格和领导特点有几点是很值得我们学习借鉴的：一是他懂得城市的重要性，懂得城市工作和一般地区工作的不同点，善于抓住城市工作的规律性和特点，从千头万绪的城市领导工作中抓住纲目和重点，从而带动城市工作的全局。二是他积极提倡城市领导决策的科学化和民主化，重视充分发挥专家的作用，坚持从调查研究中获得基层的经验和群众中的智慧，对重大决策实行严格的科学论证，从来不搞拍脑袋决策，极大地减少了决策的盲目性。三是在城市改革上不断探索，在城市开放上不断推动，坚持冲破“左”的思想和计划经济体制束缚，率先使上海形成开放城市的格局，使上海的企业改革、体制创新迈出了坚定的步伐。四是他在城市建设和管理上有章法、有创新，非常重视城市规划的作用，使规划成为建设的先导，在特大城市管理上取得了许多经验。可以毫不夸张地说，道涵同志是我国改革开放初期城市工作方面的一位杰出的领导者，是一位代表中国水平的优秀的城市市长。正是道涵同志以及其他上海当时的领导同志奠定了上海后来发展的蓝图和基础，才有了上海二十多年来的巨变，道涵同志为上海的城市发展作出的贡献是不可磨灭的。

二、我国城市研究的卓越推动者

道涵同志是一位学者专家型的领导，20世纪80年代中期他不再担任上海市市长，之后他以更多的精力投入城市问题的研究中，成为我国城市研究方面的卓越推动者。道涵同志学识渊博，紧跟世界城市的发展趋势，在城市发展的多方面有着很高的造诣，二十多年来发表了很多精辟见解，给我们以很多深刻的启发，成为我们在城市发展研究方面的难得的良师。道涵同志在城市发展研究方面有许多重要观点，他从中国的国情出发，深入研究了中国城市发展战略和城市化模式，发表很多有指导意义的观点。

道涵同志认为，中国的城市发展是一个国家性的宏观战略，必须把城市发展放在中国现代化战略的重要位置。他一直认为，中国之所以落后，现代化水平很低，重要的原因在于城市发展不足，没有形成发达的现代城市体系，推动中国的现代化就必须把中国的城市发展和城市化作为重要一环。在综合国力的竞争中，城市居于最重要的位置，必须持续地推动中国城市的发展。二十多年来，他在各种场合为中国城市的发展鼓与呼，大力促进中国的城市化战略实施。他认为中国的改革从农村开始，但是，促进中国的发展和现代化还必须主要依靠城市的改革和发展。改革开放的进展为中国的城市发展提供了一个大好的机遇，我们必须抓住这一机遇，使中国城市得到大的发展。

关于中国特色的城市化，道涵同志也有许多重要论述。他认为城市化的水平是决定国家现代化水平的一个重要标志，中国的城市化落后于工业化，这种状况必须改变。但是，中国的城市化与欧美国家不同，与日本、韩国、东南亚一些国家也不同，因为中国的城市化是在一个经济文化比较落后、区域发展很不平衡、人口又非常多这样一个大国推动的，必须走中国特色的城市化道路。道涵同志对比了世界各国城市化的不同模式，认为中国的城市化要循序渐进，以大城市发展为核心，以中小城市和小城镇发展为基础，走大中小城市均衡发展的道路。他认为，不能把脱离土地的农民直接大量地流入特大城市，这样会造成严重的城市病，吸引农村的劳动力和人口转移，主要靠中小城市和小城镇，特别是通过就地的城镇工业化来实现，他经常深入到上海的周边地区特别是长三角地区考察，他看到在苏南模式下，通过依托小城镇发展工业，很多江浙的小城市、小城镇成为很有实力的工业基地和贸易中心，围绕着上海这样一个中心城市有了很大的发展，他认为以上海为中心的长三角地区的发展和城市化，就是一条中国特色的城市化模式。

道涵同志特别强调，大中城市的发展也好，城市化的推动也好，小城镇的发展也好，必须把城市经济的发展作为根本问题，离开城市经济的发展来谈城市的发展是不实事求是的。他多次指出，要注意处理好城市经济发展和城市建设发展的关系，把城市建设牢固地建立在城市经济的发展基础上，特别是要发展好每个城市的支柱产业和主导产业。不论是什么类型的城市，城市经济必须有基础、有依托、有优势。只要条件具备，城市经济的实力发展起来，小城市和小城镇的发展规模大一点也是好事。他列举了上海周边昆山、张家港、太仓为例，很早就看到了昆山、张家港紧临上海，既能利用好上海的优良条件，又具有上海所不具备的空间发展优势，完全可能发展成为重要的吸引外资的开放产业区。后来，这些地方的发展也印证了汪老的预言。他主张城市的持续发展，必须把城市经济作为最重要的问题。

关于上海等大城市的发展，道涵同志也提出过许多重要观点。他认为中国的特大城市要成为国际性的城市，要有一个长远的指导性的战略，特别是北京、上海这样的城市要向国际化都市迈进。他很早就提出上海的市区要扩大，主张把浦东建设成为上海的新市区，非常拥护中央关于开发、开放浦东的决策，主张积极发展上海的卫星城，上海的工业主要放在郊区发展，城市区要提升城市功能，把上海建成世界性的经济、贸易、金融和航运中心。他多次指出，上海的发展问题是整个长江流域经济发展的问题，是中国东部发展的问题，要从全国发展的高度看上海，加快上海的改革开放步伐。上海作为首位的经济中心城市发展不起来，就不能成为中国整个长江流域发展的龙头，就不能对全国起到更大的辐射和服务作用。所以一定要重视上海的发展。从90年代以来的十五年中，上海发展速度惊人，上海的面貌发生巨变，汪老看到这些变化感到非常欣慰，他经常就上海的发展提出意见和建议，发挥了一个上海发展高级顾问的作用。

汪老经常关注全国各地城市的发展情况，经常关注世界城市的发展趋势，经常关注城市研究方面的最新成果和学术观点，为城市研究作了大量的促进和推动工作。他勤于学习，重视学术界的最新消息，对于国内城市研究方面的最新成果给予很多鼓励。几乎国内新出版的城市方面的论著他都要收集阅读，他经常亲自到上海的书店去选书买书，城市方面的专题是他的重要选书内容。他能经常讲出国内外出版的城市方面的新著书目，他直接与有的作者联系交流，平易近人，诲人不倦。他有许多学术界的朋友，他是我们城市研究方面的良师。我建议对道涵同志在城市发展、城市经济、城市管理、城市建设、城市文化等各方面的重要学术观点进行一次系统的整理，并出版有关专著。

三、中国城市经济学会的长期主持者

回顾我与汪老的交往，最为密切的是围绕中国城市经济学会的创建和二十年来的活动。他是中国城市经济学会的主要创建人和长期主持者。中国城市经济学会这样一个全国性的学术社团是在汪老的一手支持下创建的。1984 年开始酝酿，1985 年积极筹备。当时，城市改革进入了重要阶段，我们十几个重要城市的城市领导人发起，城市经济学界不少专家学者参与，大家都认为我国应该有一个专门研究城市经济的学术社团。这个设想很快得到了道涵同志的积极支持，他说，我积极支持此事，这个学会就在上海召开成立大会。在当时的中国社会科学院马洪院长的支持下，中国城市经济学会挂靠中国社会科学院办理了批准手续，于 1986 年 6 月在上海宣告成立。道涵同志协调上海市政府为学会的成立提供了条件，在上海举行了隆重的成立大会。道涵同志当选会长。当时担任上海市主要领导的江泽民、朱镕基同志应邀担任顾问。包括我在内的十多个重要城市的领导以及一些著名专家学者担任了副会长。从此我们在汪会长的领导主持下，积极开展中国城市经济学会的各项活动，合作共事二十年。二十年弹指一挥间，由于经常联系学会工作，我与汪老相交较多，相知更深。

在学会成立开始，道涵同志连续担任三届会长。在他主持下，我们中国城市经济学会举行过多次重要的学术交流活动，每次活动他都积极参加，并发表重要的学术报告。1989 年春季，由汪老提议并亲自组织，我们在上海召开了“太平洋区域城市研讨会”。这个研讨会吸引了 20 多个国家和地区的专家学者参加，是一次高层次的推动上海对外开放的研讨会，在会上汪老发表了重要的指导性讲话，受到了国内外参会者的称赞。1992 年中国城市经济学会第二届年会在太原召开，汪老因事未能参加这次会议，但认真听取了会议的筹备情况，给予了认真指导，送来了书面讲话。他支持这次会议所提出的大力加强中国城市发展战略研究的建议，主张在北京和上海加强城市研究机构的建设。正是在汪老和我们的积极建议下，中国社会科学院正式成立了城市发展研究中心，上海也成立了一些研究机构，推动了全国的城市发展研究，为各地的城市政府提供了许多咨询研究服务。1996 年 11 月，由于我正在湖南工作，我与汪老商量，在湖南召开一次中部城市发展的战略研讨会，汪老欣然同意。这次研讨会是在张家界召开的，汪老以年过八旬的高龄从上海专程前来主持会议，就关于中部地区城市的发展问题发表了指导性的高见，使参会的同志很受启发。他在会上提出一个课题，希望大家研究，这就是中国将长期处于社会主义初级阶段，在初级阶段如何谋划中国的城市发展，包括中西部地区的城市发展。在汪老的影响下，湖南省成立了城市经济学会，开展了湖南和中部地区的城市发展研究。1998 年 12 月，正是具有重大历史意义的真理标准讨论和党的十一届三中全会召开 20 周年。为纪念这一历史时刻，在汪老的支持下，我们在上海召开了高层次的专题纪念研讨会，汪老亲自到会指导，他委托我代表学会作主题报告，然后他高屋建瓴，发表了具有重要意义的长篇讲话。这个讲话回顾了二十年来中国及其城市的发展，展望了今后 20～30 年的发展战略，特别是深入思考了进入 21 世纪中国城市的发展面临着几个突出问题，提出了许多有价值的建议。1999 年 12 月，我们在南京召开第三届年会，又征求汪老意见，汪老同意再担任一届会长，对学会工作继续主持支持。由于我受汪老的推荐担任了学会的第一副会长，汪老要求我代表他管理学会的重要活动。2003 年 9 月，在太原召开第四届年会，汪老由于年事已高不再担任会长，改任名誉会长，但他继续过问和支持学会的工作。

汪老对学会的关心和支持还表现在他对《中国城市经济》杂志的创办上。他很早就主张能够办一份全国性的城市经济杂志，在全国范围交流城市经济的经验和研究成果。1999 年春季，汪老给予大力支持，亲自出面给新闻出版署领导写信，支持创办《中国城市经济》杂志，很快新闻出版署同意汪老的建议，在从严控制刊号的情况下，特别拿出一个刊号创办《中国城市经济》。得知这个消息汪老非常高兴，他欣然命笔，为《中国城市经济》题写了刊名，《中国城市经济》从创刊开始就使用了汪老的题字。他亲自给《中国城市经济》的创刊号撰写了发刊词，还提请当时担任中国社会科学院院长的李铁映同志为刊物撰写文章，他们的文章发表后引起了很大的反响。在刊物创刊后的五年多，道涵同志为杂志多次提供专稿，每次杂志社向他约稿，他都欣然应允。

到 2006 年，中国城市经济学会创建 20 年。不久前，我们学会的几位领导同志商量在建会 20 年时举办一次纪念活动，也想借此回顾表彰汪老对学会所做出的贡献。学会确定由我代表学会前往上海向汪老请示此事，并由我出面给汪老写了举办这次活动的建议函。汪老重病住院，在病床上听取了我们建议，点头同意举办这次活动，并希望中国城市经济学会进一步开创新局面。我返回北京一星期后，汪老就与世长辞了，可以说汪老在生命最后的弥留之际，还在关心着学会，关心着中国城市的发展。

我们尊敬的汪老虽然离开了我们，但他的高尚人格、伟人风范和他的学术成就将永留人间。我们要化悲痛为力量，把悼念汪老的行动放在推动城市发展研究和振兴中国城市的宏伟事业上，以汪老这个中国城市发展和城市研究的卓越引领者为榜样，致力于我国发展战略机遇期的城市发展和现代化建设，以研究和发展的新成就告慰汪老的在天之灵。汪道涵同志永远活在我们心中！

（原载《中国城市经济》杂志2005年第12期）

从执政党地位看加强党的作风建设

当前，加强党的作风建设问题备受全党关注。江泽民同志在党的十五届五中全会上就党风问题的讲话，以很强的针对性，深刻指出了我党在执政地位的前提下，改进党的作风的重要性和紧迫性，为我们加强党的作风建设指明了方向。中国共产党经历了近80年的革命、建设和改革的伟大实践，已迈入21世纪。进入新世纪，加强党的作风建设，需要把握党处于执政地位的新形势，研究党的作风问题的新特点，提出更有针对性的新对策。

一、执政党地位与党的作风问题

讨论党的作风问题，不能离开党所处的社会环境和党在国家政治生活中所处的地位。首先必须肯定，我们党从成立以来，始终代表了中国社会先进生产力的发展要求、中国先进文化的前进方向、中国最广大人民的根本利益，为中华民族和中国人民建立了不朽的业绩。在80年的伟大实践中，我们党一直高度重视党的作风建设，形成和不断发扬了理论联系实际、密切联系群众、批评与自我批评以及艰苦奋斗等优良作风。这些好的党风为我们党领导人民群众取得一个又一个伟大胜利提供了重要保证。但是也必须看到，我们党在50多年前夺取政权之后，已经是一个在东方大国执政半个多世纪的大党。在处于大国执政地位50多年后今天，党所处的社会环境、党在国家政治活动中所发挥的作用，同过去革命战争年代有了很大的不同，党在作风方面表现出了新的特点。我认为主要有以下几方面：

第一，我们党处于执政地位，党的作风问题对社会更具影响力，直接关系党的根本形象和政府形象。由于是执政党，必须在党的领导下管理社会和开展政府工作，党对全社会居于领导地位，党的作风问题更显突出，对社会影响力更全面、更直接，因而事关党的根本形象，也事关人民政府的形象。

第二，我们党处于执政地位，党的作风问题必然涉及全社会的经济利益关系，直接决定人心向背。从总体上看，取得执政地位的中国共产党是全中国人民利益的忠实代表。但是，由于党处于执政地位，党通过政府工作渠道和其他渠道，必然要调整社会的经济利益关系，调整得好坏，是不是坚持社会主义的经济工作原则，能否带给绝大多数人民群众实在的经济利益，就可能直接关系社会的人心向背。党的作风在此过程中会直接表现出来。

第三，我们党处于执政地位，党群关系、干群关系具有新的特点，党风问题更敏感。党的作风问题实质上是党与人民群众的关系问题。党的作风方面存在问题，反映了党群关系、干群关系存在问题，这是无法回避的问题。

第四，我们党处于执政地位，党的作风问题更加公开化社会化，直接决定和影响着国家的基本精神面貌和社会风气。党居于执政舞台，是社会生活的中枢调控者，党的作风问题是向社会公开的，对全社会的文明、道德、社会秩序、社会风气影响甚大。

我们要从执政党的地位和特点出发，认真研究加强党的作风建设的若干重大问题，真正解决好党风中存在的突出问题，为在新形势下坚持和发扬党的优良作风，坚持党的工人阶级先锋队性质，以确保党的路线方针政策的贯彻执行。

二、在执政环境下如何搞好党的作风建设

探讨加强党风建设问题，一个重要前提是要在马克思主义的政党理论指导下，正确认识在执政环境下党的领导的本质，正确认识处于执政地位的我党作风问题的本质。无产阶级政党取得执政地位是人民群众的意志所决定的，无产阶级政党对国家政权的领导是由无产阶级政党自身的先进性所决定的。党的领导的本质是组织、率领和引导人民群众当家做主，对国家和社会实现全面的政治领导。决不能把执政党的领导看作高居于国家和社会之上的统治，也不能把党领导人民群众当家做主变成代替人民群众当家做主。早在1956年党的八大上，邓小平同志就在《关于修改党章的报告》中指出："党对于人民群众的领导作用，就是正确地给人民群众指出斗争的方向，帮助人民群众自己动手，争取和创造自己的幸福生活"。

邓小平同志还指出，“党没有超乎人民群众之上的权力，而只能反映人民群众的利益和意志，并努力帮助人民群众组织起来为自己的利益和意志而斗争”（见《邓小平文选》第二卷第217页）。邓小平同志的论述明确告诉我们，中国共产党取得执政地位，只能表明党在国家和社会政治、经济生活中地位的上升，而不能改变党与人民群众的关系，党的领导作用能否实现，归根到底取决于在多大程度上代表人民群众的根本利益和意志，取决于人民群众的支持和信任的程度。党的作风的问题的本质，就是如何处理党与人民群众的关系，在很大程度上直接影响着党的领导的实现，影响着党执政地位的巩固。加强党风建设，改进党的作风，集中到一点，就是要处理好党与人民群众的关系，使党同人民群众的关系更密切，使党更能代表人民群众的利益和意志。

党处于执政地位，如何认识党与人民群众的关系，如何看待在执政环境下党与人民群众关系方面出现的新特点，我们必须进行新的分析和考察。特别是在我们党取得执政地位50年后，我们不能简单地套用战争年代的形象提法，如不能仍然简单地概括为“鱼水关系”，而要看到这种关系在执政环境下发生的新变化。党处于执政地位，党与人民群众的关系不仅是“鱼水关系”，还有一层通过政权组织与人民群众的“官民关系”。这种双重关系，在处理好时是统一的，而在党风方面出现问题，就会扭曲党群关系，损害党群关系。基于以上分析，改进党风，也不能简单套用战争年代的做法，而应依据党处于执政地位的情况，采取新的措施。

以处理好党与人民群众相互关系为核心问题的党风建设，要从执政党的实际地位出发，要从执政党的角度、从领导人民政府的角度，思考和提出基本措施。

一是要树立好形象。江泽民同志郑重指出“党的作风问题，也是党的形象问题，作风不正，形象好不了，必然脱离群众，脱离实际”。党的形象固然是由党的性质和党的基本理论、基本路线、基本纲领决定的，但也与党的作风密切相关。端正党风，改进作风，首要一点就是全党都要自觉树立好党的形象。树立党的良好形象，关键是解决思想认识问题。每个党员，每个党的干部都要按照中央要求，高举马列主义、毛泽东思想、邓小平理论的伟大旗帜，真正以“三个代表”为强大思想武器，坚持讲学习、讲政治、讲正气，真正做到代表最广大人民的根本利益。

二是要反映好意志。党能否反映好人民群众的意志是事关党群关系的重大问题。人民群众到底想什么，拥护什么，盼望什么，痛恨什么，我们应该了如指掌。

人民群众的意见和呼声，我们应当做到及时准确的反应。党在反映人民群众意志的过程中，还要通过政府渠道，通过民主方式来实现。如果人民群众中很突出的意见和要求得不到及时有效的反映，就会损伤人民群众对党的信任，这是一个我们党必须解决好的问题。

三是实现好利益。改进党的作风，最重要的是落实到人民群众的利益上。要通过改进作风，扎扎实实地解决好人民群众的经济利益问题，调节好社会的经济利益关系。要把党的作风、领导作风、干部作风的转变最终落实到为人民群众谋取利益、实现利益上。江泽民同志提出的“三个代表”无一不是同人民利益息息相关。党风建设决不能搞形式主义，也不能离开人民群众的利益来改进党风，必须以人民群众的利益为出发点和落脚点，开展系统有效的党风建设。整个党风建设必须同实现人民群众的最大利益密切结合，以带给人民群众实际利益的行动取信于民。

四是完善好制度。改进党的作风，特别是党居于执政地位的情况下，必须在完善制度、健全体制上下功夫。改进党风，根本措施是靠制度来保障。要完善学习考核制度、调查研究深入实际制度，建立和完善领导干部责任制和各种奖惩制度，完善有关追究责任制度。对于现行的党的民主集中制制度、党的纪检监督工作制度，也要从改进党风的需要加以补充完善。上述制度的建立和完善，还应同政府工作制度改革相配套，从党建和执政两个方面加以解决。

五是要加强监督。要通过党内的领导监督、民主监督来制约领导作风，通过工作监督、行政监督来制约干部作风。要建立健全党内外的源于人民群众的监督体系。建议聘请若干基层党风监督员，建立固定的党员和群众代表行使监督权的机制，可以直接越级直至向中央报告监督情况。党的纪检、组织、信访部门要加强同基层同人民群众的联系。特别是要发挥舆论监督的作用，运用新闻舆论工具，对党的作风、领导干部作风进行广泛的社会监督。党风监督问题需要认真研究对策。

三、针对当前党风方面的突出问题采取重点对策

进入新世纪，党所面临的历史环境发生了巨大变化。当前，党的作风总体上是好的，这一点必须肯定。但我们也必须清醒地看到，由于种种原因，党的作风

建设同新形势新任务的要求还不完全适应，在作风方面存在的问题还很多，不符合甚至违背党和人民利益的问题相当不少。针对党风方面存在的一些突出问题，我认为应采取一些过硬的重要对策。

1. 针对目前形式主义和官僚主义盛行的问题，要采取狠煞措施。形式主义、官僚主义歪风，人民群众反映十分强烈。狠煞这两股歪风，必须在新形势下采取比以前更加强硬的措施。全党的共识是需要狠煞，但怎么样才能真正煞得住，煞出真正的效果，是我们必须认真对待的问题。怕就怕对待形式主义也采取形式主义的煞法，对待官僚主义也采取官僚主义的煞法。各级领导干部除了要坚持重实际、说实话、办实事、求实效，脚踏实地、埋头苦干外，还要用制度、监督来约束。当前形式主义、官僚主义不仅搞坏党风，而且同社会主义市场经济条件下追求效率和效益也格格不入。造成这些问题的根源，与我们党和国家的某些体制上的问题有关系，需要进行政治体制的配套改革。到底我们切断形式主义、官僚主义根源的治本之策是什么，值得深入研究。

2. 针对目前人民群众对经济利益问题呼声很高的情况，要采取解决对策。改革的继续深化和经济利益关系的变化，使城镇失业人员增多、农民收入增长缓慢，部分工农群众的经济利益受到损害，群体性事件增多。少数干部腐败严重，向人民群众巧取豪夺，激化了干群关系，甚至站在了人民利益的对立面。解决好人民群众的经济利益问题，是当前转变党的作风和干部作风的重要环节。要在党的领导下，通过政府行为果断地调整不合理的经济利益关系，要切实拿出解决突出问题的办法，如增加就业减少失业人数，调整分配格局，搞好社会保障，减轻农民负担等。认真解决好这些问题本身就是转变作风。在转变作风过程中，要同解决上述突出问题密切联系起来，搞空来空去，是没有任何实际意义的。

3. 针对目前党的作风不能完全适应新的发展形势的问题，要采取相应对策。改革开放已20多年了，我们面临新世纪新的发展形势，机遇难得，挑战空前。我们党以及党的干部如果不能适应这种形势，将拖住国家发展的后腿。目前一些干部安于现状、因循守旧、不思进取、无所作为，在新的发展形势下拿不出应对办法，这是危险的。我们党和党的干部队伍能否带领中国十三亿人民继续发展经济，是目前人民群众向党提出的重大课题。比如农民增收、农村发展问题，这些年我们一直拿不出有效的办法。如果在近几年仍然不能使农民显著增收，仍然不能明显减轻农民负担，仍然找不到农村生产力发展的创新途经，农民对党的态度会大打折扣。改进作风，要把能否适应新的改革开放形势，适应新的发展形势作为考虑的重点。

4. 针对目前腐败问题比较严重，要把转变作风和反腐败结合起来。党风不正，歪风盛行，为腐败提供了滋生蔓延的温床。反过来腐败的发展又毒害了党的风气，二者相互依存，已构成党之大祸。在转变党的作风中，我们要同反腐败紧密联系起来，作为一个系统工程解决。要查处作风不正、腐败变质的干部，公开曝光、公开处理。凡是同社会黑恶势力有联系的干部一律从严惩处。要以转变党风为突破口，转变整个社会风气。

执政的中国共产党的作风问题，是很严肃的政治问题。我们要从党处于执政地位的角度，深入研讨党风建设问题，使党的优良作风在新形势下更加发扬光大，确保我们党更加坚强地领导人民群众建设中国特色的社会主义。

（本文为作者任中共中央宣传思想工作领导小组副组长时，在《求是》杂志2001年第20期发表的文稿。）

致力于重大课题研究
力促中国生产力发展

——中国生产力学会工作回首

中国生产力学会成立于1980年11月，是研究生产力理论和实践问题的群众性学术团体，在国家民政部注册，业务主管部门为国家统计局。伴随中国改革开放步伐，建会38年来始终坚持和拥护中国共产党的领导，严格遵守国家的法律法规，紧紧围绕坚持和发展中国特色社会主义，以促进中国生产力发展为宗旨，以解放和发展生产力为使命，引领广大会员和热心中国生产力发展的人士，致力于中国生产力发展理论和实践研究，奋力推动着中国经济社会的科学发展。同时，学会专注于生产力发展成果转化，为发展生产力提供决策咨询服务，是中国具有影响的民间智库之一，在国际上也有一定影响力。

2001年11月，学会在京成功举办第12届世界生产力大会，时任国务院副总理温家宝同志出席大会开幕式并发表主旨演讲，他指示“中国生产力学会和世界生产力科学联盟以及各国生产力科学组织，应继续深入研究生产力发展的问题，开展广泛的国际交流与合作，为在新世纪实现世界生产力的更大发展，创造人类更加美好的明天而共同努力”。根据家宝同志的指示，在会议期间学会与世界生产力科学联盟名誉主席道尔先生签订合作研究中国生产力发展课题和举办“生产力发展国际论坛”的协议。后经与世界生产力科学联盟多次协商，并拟订合作研究课题计划。2002年4月报家宝同志，并得到批准，由学会组建“中国生产力发展研究课题组”，承担并开展“中国生产力发展课题研究”。

自2002年以来，在名誉会长蒋正华、王梦奎、张塞支持下，在郑新立、李京文、李泊溪等专家学者的积极参与下，“中国生产力发展课题研究”紧紧围绕党的

“十六大、十七大、十八大、十九大”党中央、国务院主要决策部署和中央领导重要指示精神，立足于“推动中国经济社会科学发展、研究促进中国生产力发展的战略性问题”持续开展。不仅对促进中国生产力新发展的目标任务进行了全面系统研究，对国家宏观经济重大问题、战略性问题和区域发展等问题开展了一系列课题研究，而且就深化改革、扩大开放、市场完善、产业发展和改善民生等内容进行了诸多专题研究。16 年来先后完成 130 多项课题研究，其中，70 余项研究成果获得党中央、国务院领导的重视和相关部委局及地方政府的支持，多数研究成果在学会推动下，转化为现实生产力，为促进中国生产力发展做出了积极贡献！

“中国生产力发展课题研究”成果主要涵盖六大方面：

1. 中国生产力发展战略方面。典型课题为：2003 年，完成的《21 世纪初中国生产力发展的南向互利合作战略——云南面向东南亚、南亚生产力发展研究》课题和 2005～2006 年完成的《关于中国国民经济未来 15 年发展预测研究》（1 个总报告，20 个分报告）。前者明确了云南在我国生产力南向发展的战略思路和重点，就实施进程中需要解决的重大问题提出了政策措施和建议。后者以未来 15 年中国社会经济发展为对象，就发展趋势、影响发展的宏观经济问题、促进发展的重大方面、制约发展的突出因素等进行了深入研究，通过预测经济形势变化，为实现我国 2020 年发展目标，提出了提前做好应对准备的相关政策建议。

2. 改革开放与重大战略方面。典型课题为：2014 年学会与中共中央党校超越之路课题组合作完成的《建设海洋强国的战略选择与建议》研究成果，得到中央领导的重视。建立三大国内自贸区研究，均由学会副会长李泊溪研究员主持完成。2009 年完成的《上海浦东新区建立自由贸易区研究》，主要对中国特殊经济区（保税区）与国际自由贸易区的差异、我国建立国际自由贸易区必要性和上海浦东建立我国第一个“国际自由贸易区”等问题，进行了可行性研究，形成了“关于在上海浦东新区试点建立自由贸易园区的建议报告”；2013 年完成的《重庆设立内陆自由贸易园区（试点）研究》，就重庆设立“我国第一个内陆自由贸易园区”的有关问题进行专题研究后形成专题报告；2016 年完成的《云南建立自由贸易区发展战略研究》，形成了“关于在云南建立沿边自由贸易试验区的建议报告”。这三项国内自贸区课题研究报告呈报国务院主要领导后，都受到国务院领导的重视和支持，为国家推进自由贸易区战略提供了参考。上海、重庆自由贸易试验区经国务院批准，已正式开始运行。此外，学会创新推进委员会受国家发改委规划司委托，组织“创新驱动实践典型案例调研组”连续四年完成的中国企业创新调研报告和《创新驱动发展战略路径与案例研究》等成果，均获得党中央、国务院领导的重视。

3. 能源安全与市场拓展方面。典型课题为：2008 年，完成的《江苏商业石油储备战略研究》，明确开展商业石油储备的深远战略意义和现实意义，是中国石油战略储备的重要补充，对中国石油安全起到了重要作用。2006 年完成的《完善我国煤炭期货市场建设运行研究》和 2012 年完成的《上海国际石油期货交易中心（所）研究》，两项成果均得到国务院领导重视和支持。2007 年山西组建成立中国（太原）煤炭交易中心；2013 年 11 月“上海国际能源交易中心”在上海自由贸易区注册成立。2011 年完成的《中国（海南）旅游产权交易中心研究》成果，也得到国务院领导重视，该中心正在筹建中。

4. 宏观经济与重大问题方面。典型课题为：《2020 年中国经济研究》《减少国际贸易顺差问题研究》《能源、资源、环境、粮食、金融安全与发展研究》《后金融危机时期我国金融安全若干问题研究》《2050 年中国达到中等发达国家水平研究》《深化金融体制改革　促进民营银行发展研究》《信托产业深化改革与科学发展研究》等诸多成果，均先后报送国务院主要领导，并引起国务院领导及有关方面的高度重视和强烈反响。

5. 改善民生方面。典型课题为：从 2005 年开始，历时五年针对我国出生缺陷高发问题和出生缺陷干预工作的调查研究，2010 年 2 月完成《加强我国出生缺陷干预工作研究》，形成专题报告。之后，在国务院和相关部门支持下，由学会参与发起于 2011 年 8 月 30 日成立“中国出生缺陷干预救助基金会”，并得到中央彩票公益金支持，先后在山西、湖南、青海、西藏、安徽等十余个省区先后组织实施了以“从生命起点关注民生”为主题的多项出生缺陷干预救助项目，为这些地方减少出生缺陷人口发生率，促进出生缺陷患者康复，提高救助对象生活质量，做出了积极贡献，发挥了应有作用。以及《我国南方出生缺陷“地中海贫血”遗传病干预及建立海南防控体系研究》《完善公共财政构建和谐社会研究》等成果，均先后得到国务院主要领导和有关方面的重视。

6. 产业发展与区域发展。典型课题为：《湖南省发展中医药产业战略研究》《中药产业发展与安全研究》《贵州苗医药产业集约化发展研究》《我国中医药发展战略与政策研究》《甘肃省创建“国家中医药统筹发展试验区”研究》《甘肃河西走廊北部风沙源区草业生态工程研究》《中国草产业发展研究》《京津冀产业和住房协同发展模式创新研究》《山西晋煤集团煤层气开发利用和技术创新专题调研报告》等成果，对我国中医药和草产业发展产生重大影响。此外，《广东顺德建立国家产业转型示范区研究》《关于在四川建设国家城乡土地资源再配置综合改革试验区的研究》《上海城市可持续发展与合理用地结构研究》《成都天府空港新城战略研究》等成果，均先后得到了国务院领导和相关方面的重视。上述研究成果大部分已经落实并开始实施，在社会各界产生了积极影响。

学会研究队伍以“中国生产力发展研究课题组”为基础，由王梦奎、李京文、李泊溪、郑新立等专家学者牵头组成的专家委员会，研究人员主要由来自国家及地方研究机构、政策研究部门和高等院校、研究机构的专家学者组成。专家委员会由王梦奎任主席、李京文院士等 8 位专家为副主席、尹成杰等 12 位首席专家和 43 位专家委员组成。同时，学会充分发挥网络型组织优势，根据课题研究需要，与相关研究机构建立长期协作关系，共同开展课题研究。如：国务院发展研究中心、中共中央党校超越之路课题组、北京大学战略研究所、特华博士后工作站、西南民族大学等机构。此外，还与会员单位上海、甘肃、湖南、山西等地方生产力学会建立了合作关系，本着为各地经济社会发展服务的方针，共同完成了不少地区的发展战略研究课题。

学会开展研究，立足世情、国情、省（区、市）情，并密切联系中国生产力发展实际，形成的研究成果、发展思路和对策建议等，对政府部门、各级企业、生产力发展研究者和推动者都具有较大参考借鉴价值。除开展课题研究之外，还着力推动成果转化，除涉密之外的大多数研究成果已在相关省区市得到实施和推进落实中。如：上海、重庆自由贸易试验区的设立，我国出生缺陷干预工作加强、中医药事业科学发展和开展民间石油储备等成果转化，都取得了明显成效，在学会作为民间智库中已充分发挥出专业化的独特作用。

建会 38 年来，学会坚持开展围绕推动中国生产力发展的学术交流，先后为省、市、县和企业举行数十次发展战略论坛；举办学术年会 19 次、学术论坛若干。本会自 1995 年举办第一届全国生产力理论研究优秀成果奖评选活动以来，至今已经举办 10 届。2008 年在国务院九部委组成联合办公室审核评比达标活动中，该评选活动得到九部委联合办公室的批准。2009 年 12 月中共中央、国务院批准并向社会公告了“全国优秀生产力理论与实践成果奖”，该项评奖活动得到了社会各界积极支持与参与，并受到了广泛好评和关注。

学会日常工作由秘书处负责，下设7个专业委员会分别是：网络经济专业委员会、科学技术生产力转化专业委员会、生产力布局与地区经济发展专业委员会、创新推进委员会、企业服务与品牌建设委员会、水与健康委员会和策划专家委员会，中国生产力科学研究院和宣传部、咨询服务部、信息部等业务部门。这些专业委员会和部门围绕学会的中心工作和成果转化，做了大量有成效的工作，组织开展一系列相关活动，并取得了明显成绩。

其中，创新推进委员会工作业绩突出，主要围绕贯彻落实党中央提出的关于“提高自主创新能力、建设创新型国家”的要求，加快建设国家创新体系，支持基础研究、前沿技术研究、社会公益性技术研究。加快建立以企业为主体，市场为导向，产学研相结合的技术创新体系。通过加强政府与企业之间的联系，在创新领域中积极开展技术交流和推广应用创新科技成果。由其承办的“中国企业创新论坛”，自2001年以来，每年召开一次年会，举行一次中国企业创新活动日的活动。随着影响力的不断扩大及与会者层次的不断提高，这一论坛已成为企业界与政府高层、行业组织、学术界相互交流沟通的重要平台和渠道。同时，创推委还承担了国家“十三五”规划前期研究的重大课题，对东旭集团、中国华融集团、360公司、中国建材集团等企业开展了创新调研，形成的调研报告及驱动创新建议，多次得到了国务院领导的重视和肯定。

由生产力布局与地区经济发展专业委员会承办的“建设和谐社会与企业社会责任系列论坛”连续举办四次，成为国内推动企业社会责任建设、共建和谐社会、实现共同富裕社会目标的平台。这一论坛的举办，得到了联合国两任秘书长的支持，每届论坛都发来贺信。同时，也得到了党中央、国务院领导好评和国家有关部门的大力支持，全国总工会、安监总局、劳动保障部等部委每次都积极参与和支持。特别是2005年南昌论坛后，我在《求是》杂志（2005年第23期）发表的《构建和谐社会必须强化企业的社会责任》文章得到国家领导和社会各界的普遍认同。

学会作为世界生产力科学联盟（WCPS）成员，过去十多年来，通过积极开展国际交流、合作、组织参加相关活动等，获得了国际社会的广泛认可和国际组织相关资源的大力支持。其中：

一是2001年11月6～10日，学会与香港生产力促进局联合承办了第12届世界生产力大会。大会分香港和北京两个阶段举行，参会代表1200余人，香港特区行政长官董建华出席香港阶段开幕式并发表主旨演讲，美国前总统布什在开幕式上发表了主旨演讲。温家宝同志出席北京阶段会议的欢迎式，并发表了题为“共同促进世界生产力的发展”的主题演讲，对生产力的发展作出了精辟概括，提出了生产力发展的几个显著性标志：科技进步极大地推动生产力的发展；管理在生产力发展中的作用愈益突出；经济全球化为世界生产力发展注入新的活力；生产力的可持续发展受到广泛关注和重视。这些对于研究生产力和推动生产力的发展都具有非常重要的意义。在北京阶段的欢迎式上，世界生产力科学联盟主席欣克致辞，并播放了加拿大总理克雷蒂安对北京阶段会议的祝词。本次大会的反响热烈，国内外代表对这次会议的评价甚高。会后，根据温家宝同志指示精神：“中国生产力学会和世界生产力科学联盟以及各国生产力科学组织，将继续深入研究生产力发展问题，开展广泛的国际交流与合作，为在新世纪实现世界生产力的重大发展，创造人类更加美好的明天而共同努力。”开展了中国生产力发展研究课题等一系列研究。

二是2006年10月9～10日，学会与沈阳市人民政府在沈阳市成功承办了第14届世界生产力大会。来自世界各地的1300余名生产力理论和实践者代表参加了这次大会。世界生产力科学联盟主席让·克罗德·劳森主持了开幕式，大会名誉主席国务院时任副总理曾培炎同志出席开幕式并发表主旨演讲，联合国秘书长安南、副秘书长金学洙、大韩民国前总理李寿成向大会发来了贺信。大会通过了沈阳宣言，宣言说：人类的生存与发展必须解决人口、资源、环境的协调发展问题，并在协调发展中大力提高生产力。无论是国家决策层，还是广大公众，都应高度关注人类赖以生存的环境和资源的可持续发展，按照可持续发展的要求，规范自己的行为。加强国际合作互助，动员所有国家采取协调一致的行动，通过发展生产力促进世界和平与繁荣。

三是学会组团先后参加了2008年9月在南非太阳城举办的第15届世界生产力大会；2010年11月在土耳其安塔利亚举办的第16届世界生产力大会；2015年10月在加拿大哈利法克斯市举办的第17届世界生产力大会；2017年4月在巴林王国首都举办的第18届世界生产力大会。通过学会组织中国代表团参加历届世界生产力大会，不仅让中国参会代表把握了世界各国生产力发展的新动态，充分展示了中国取得的成果，而且向世界发出了中国见解，得到与会代表赞誉和世界生产力科学联盟的好评。在第18届世界生产力大会会议期间，世界生产力科学联盟董事会成员及各国代表，对下一届会议在中国举行表示出极高期待和向往，中国代表团参与讨论、回答了相关提问，并与各国代表团进行了磋商。这是学会正在推进的第19届世界生产力大会在成都举行的由来，目前国务院已原则同意，正在积极筹备。

此外，学会还连续举办了中国生产力发展国际论坛和世界生产力科学院（中国籍）院士研讨会。2005年11月17～18日在北京友谊宾馆学会联合世界生产力科学联盟举办“中国生产力发展国际论坛”之后，将此国际论坛转为世界生产力科学院（中国籍）院士研讨会，伴随学会年会召开一起举行，世界生产力科学联盟派代表出席，并与世界生产力科学院（中国籍）院士围绕最新的热点问题和国内外经济形势展开研讨，每次研讨会都会形成很多共识，也成为学会内外交流的一个重要平台。

回首参与中国生产力学会工作十多年的经历，我收获满满。通过组织和参与“中国生产力发展课题研究”，不仅提高了我对改革开放、国家重大决策部署和宏观经济重大问题等的认知度和学术理论水平，而且让我在亲历推动中国生产力发展和经济社会科学发展中体现价值而感到满足。通过参加和参与国内外的各种活动和学会专业委员会的生产力转化工作的调研与研讨，开阔了我的视野、增长了知识，也让我在回首退休生活中还可以发挥余热而感到欣慰。总之，离开党政工作岗位后，有幸参与了社团工作，既增添了我的人生风采，也丰富了晚年生活。

（2018年7月于北京）

坚持以解放和发展生产力为使命

——《中国生产力发展研究十年成果举要》前言

从邓小平同志把“解放生产力、发展生产力”作为社会主义的本质特征提出来，到党的十八大报告中指出：解放和发展社会生产力是中国特色社会主义的根本任务，到十八届三中全会对全党、全国人民作出“进一步解放思想、解放和发展社会生产力、解放和增强社会活力”的明确要求。不断解放和发展社会生产力，既是党中央、国务院推进改革开放、经济发展、改善民生、构建和谐社会所坚持的原则和施政方向，也是社会各界为实现中华民族伟大复兴“中国梦”必须面对和需要共同破解的一个重要问题。

促进中国生产力发展，是中国生产力学会自成立以来就始终坚持的宗旨。解放和发展社会生产力，成为学会承载的使命。努力为各级政府决策、经济社会发展、产业转型升级和企业跨越发展提供高质量的服务，把中国生产力学会办成一个实力雄厚的生产力咨询中心、转化中心、促进中心和培训中心，是学会上下一直追求的发展目标。2001 年 11 月，中国生产力学会在北京成功举办第 12 届世界生产力大会。时任国务院副总理温家宝出席大会，并发表了主旨演讲，明确提出“中国生产力学会和世界生产力科学联盟以及各国生产力科学组织，应继续深入研究生产力发展的问题，开展广泛的国际交流与合作，为在新世纪实现世界生产力的更大发展，创造人类更加美好的明天而共同努力”。根据这一意见，学会与世界生产力科学联盟签订了合作研究中国生产力发展课题和举办“生产力发展国际论坛”协议。双方协商拟定的合作研究计划，2002 年 4 月呈报温家宝同志得到批准后，学会成立了中国生产力发展研究课题组。

2003 年 1 月，根据宏观经济发展形势需要和课题组专家学者建议，学会组织修订了中国生产力发展研究计划，重新向温家宝同志报告并获批准。自此，在国务院领导的关心下，在国家统计局及相关部委局的支持下，学会紧密团结和依靠广大会员，以及热心生产力理论研究和实践的专家、学者、企业家等，由中国生产力发展研究课题组牵头，以"解放和发展社会生产力，促进中国生产力发展"为使命，开始了全面、系统的中国生产力发展课题研究工作。同时，还开展了学术交流、成果转化、咨询服务和国际合作等工作。

通过学会名誉会长、顾问、副会长、秘书长、常务理事、理事、会员和热心生产力发展人士的共同努力，及学会全体工作人员的辛勤工作，过去十年，学会各项工作取得了显著成绩，为促进中国生产力发展做出了积极贡献。中国生产力发展研究课题组不仅完成了数十项重要课题研究，而且与国务院发展研究中心、中共中央党校"三农"研究中心、特华博士后工作站、特华财经研究所等相关研究机构完成了多项专题研究。同时，还与上海、甘肃、湖南、山西等各地方学会，本着为本地经济社会发展服务的方针，积极承担和完成了一些地区发展战略研究课题。学会的部分理事和会员，也在生产力基本理论和发展生产力对策方面进行了一些颇有价值的研究。总之，过去十年，我们没有辜负党中央、国务院领导的信赖，没有让支持学会工作开展的相关部门、地方政府和企业失望，为关心支持中国生产力发展事业的人们，交上了一份较为满意的答卷。

如今，十年中我们先后完成的研究成果，有的已在相关省、区、市得到转化和落实，并取得初步成效；有的正在布置和实施，在相关部门、地方政府和社会各界中产生了较大影响。这些成绩虽然代表着我们的过去，但是，立足党的十八届三中全会确定的全面深化改革、进一步"解放和发展社会生产力"的新起点。我认为，我们既有必要审视过去工作中的不足、改进提高，也很有必要总结成果和经验，以激励所有参与这项事业的同志，继续承载使命，坚持不懈地推进中国生产力发展和中国经济社会科学发展。

为此，学会组织力量编印了这本《发展战略与应对策略——中国生产力发展研究（2003~2013年）十年成果举要》辑，把学会十年来专注于促进中国生产力发展，开展课题研究、考察调研、学术交流、成果转化、创新实践、企业社会责任活动和国际合作等工作亮点，分为：宏观经济与重大问题研究、战略突破与区域发展对策、推进改革开放与市场完善、促进产业发展与生态建设、改善民生与推动社会和谐与学会工作介绍六部分编入其中。编汇成的这本十年成果举要辑，客观反映了学会促进中国生产力发展的主要成果。其中，课题研究成果的内容摘要，立足世情、国情、省（区、市）情和原报告，并密切联系中国生产力发展实际，所阐明的研究原因、探索思路和提出的对策建议，对政府部门、各级企业、生产力发展研究者和推动者，具有较大的参考借鉴价值，我希望这本辑子能够成为大家喜欢和需要的资料。

最后，我代表中国生产力学会全体同仁，对多年来给予我们巨大帮助的相关部门、地方政府、研究机构、地方学会、理事单位、专家学者、企业家和热心人士，表示衷心感谢！同时，我衷心希望，我们继续携手，以解放和发展社会生产力为使命，共同研究提高中国生产力发展水平的战略和对策，合力为实现党的十八大确定的“两个百年目标”和促进中国经济社会的稳定、健康、持续、科学发展做出新的贡献，共圆实现中华民族伟大复兴的“中国梦”。

（原载《发展战略与应对策略——中国生产力发展研究十年成果举要》经济科学出版社2014年版）

把长江经济带建成21世纪发展中国生产力强大的战略基地

今天，“2006中国长江经济带生产力发展论坛暨投融资洽谈会”在古都南京召开了，我代表中国生产力学会向这次论坛的隆重召开表示热烈的祝贺！向前来参会的各位领导同志、专家和各界朋友表示热烈的欢迎！这次论坛的举办，得到了江苏省委、省政府和南京市委、市政府的大力支持，江苏省和南京市方面为会议举办做了大量工作，创造了很好的条件，在此我代表中国生产力学会向江苏省、南京市的领导和有关部门表示衷心的感谢！今天我利用这次机会，围绕着把长江经济带生产力发展提升到新的战略阶段这样一个重大的发展战略问题，谈谈我的研究体会和一些发展建议，与大家共同探讨。

一、长江经济带在中国21世纪发展中的重大战略意义

长江是我国第一大河，长江流域是中华民族的重要发祥地，以长江流域为依托的长江经济带是我国最大的流域性经济带，涉及七省两市，连接我国东、中、西三大区域，人口约占全国人口的38%；涉及的地域约占国土面积的18%，覆盖了我国华东、中部、西南核心发展区的大部分，已经成为我们经济科技文化最发达的地区，也是横贯我国东、中、西部最发达、最繁华的流域经济区。关于长江经济带的重要地位和发展战略问题，始终是我国一个重大的发展战略问题，长期以来受到了国家和社会的关注。我们应该从中国21世纪经济发展的大趋势、大格局加以思考，站在新世纪的发展战略高度展望长江经济带的发展战略意义。对此我主要有以下几点展望：

1. 从经济总量和经济增长方面看，长江经济带是我国最重要的一个增长大区域。长江经济带历来在我国经济总量中占有很大的比重，进入21世纪，长江经济带所占的比重是增长趋势。以2004年为例，长江经济带所创造的GDP总量达52442亿元，约占全国的45%，是改革开放初期1979年的33倍。其中，长江三角洲地区创造的GDP就高达28875亿元，占全国的比重超过22%。根据比较可靠的预测，在新世纪未来战略机遇期的发展中，中国经济的总体增长速度将保持在8%左右。长江经济带凭借其得天独厚的发展条件和优势，其未来几十年的增长速度将会超过全国的平均增长速度。如果在未来的十年到十五年间即2020年，整个长江经济带的经济总量达到全国的50%，并在其后21世纪的50年至80年中长期保持这个总量的话，长江经济带无疑是支撑中国经济总规模的一个重心区域。

2. 从生产力提升和产业升级发展方面看，长江经济带是我国最重要的一个支撑大基地。目前，长江经济带的工业产业基础已经相当雄厚，集中布局了钢铁、石化、能源、汽车、机械、电子、建材等一批在国内处于领先地位的优势企业。长江流域钢铁产量占全国的36%，石化工业年生产能力约占全国的50%以上。三峡水利枢纽年发电量847亿千瓦时，是长江水能资源中最靠近负荷中心的巨型电源点。汽车走廊已初步成形，集中了全国47%的汽车产量。长三角地区已形成以汽车、钢铁、医药、石化、丝绸、电子、金融和信息技术产业为主体的产业集群。长江中上游经济带的产业集群也发展迅猛。未来长江经济带将凭借自身的诸多优势条件，如区位优势、水资源优势和其资源优势、城市化优势、劳动力及技术开发能力生产力要素优势、对外开放基础较好及经济合作发展潜力较大的增长条件优势等，在我国制造业和高新技术产业化发展中充当主力军的作用。

3. 从农业发展和生态建设方面看，长江经济带和长江流域是我国最重要的一个绿色大骨架。农业生产发展始终是事关中国发展的一个重大战略问题。长江经济带及整个长江流域是我国最重要的主要农产品生产地区，从长江上游的四川盆地，到中游的两湖沿江平原和下游的长江三角洲，多数省份是全国农业主产区。粮食产量占全国的34%，棉花产量占全国的30%，油料、茶叶、蔬菜、生猪、水产品在全国也占有很大比例。未来中国农业增长的主要区域就在长江流域，长江流域的农业发展是中国实现粮食安全和农产品供给保障的最重要的区域基地。

4. 从现代交通综合运输体系建设方面看，长江黄金水道和沿江地区交通体系是我国很重要的一个交通大体系。长江是我国最主要的内河“黄金水道”，沿江地区的港口、铁路、公路和跨江通道、光缆干线、信息港建设及长江航道整治成效显著。目前，长江水运通航里程达2800多公里，货运量占全国内河货运量的80%，承担了沿江大型企业生产所需80%的铁矿石、72%的原油和83%的电煤运输。拥有万吨级以上的海轮泊位近300个，内河泊位5887个。现有铁路营运里程16400多公里。国家干线公路通车里程约5.7万公里，高速公路1万公里以上。上海机场已逐步成为功能完善、设施配套、运行高效的全国航空枢纽港。

5. 从对外开放和生产力创新方面看，长江经济带是我国最重要的一个支持大平台。展望21世纪，长江经济带是我国最重要的对外开放窗口和平台，长江三角洲地区是被世界看好的一个最大的外资进入地，目前实际利用外资总额已占到全国的47.8%，世界500强企业中已经有400多家在此投资落户。伴随着国外和东部的产业梯度转移，长江中上游地区必将成为外资进入和产业转移的重要区域和热点地区。同时，长江经济带依托发达的大中城市已经形成了长江高科技走廊，这将在未来的生产力发展中发挥重要的推动作用。上海、杭州、南京、苏州、无锡、合肥、武汉、长沙、南昌、重庆、成都等重要城市的生物工程、航天技术、激光技术、信息技术、新材料工程、自动化技术等领域已经集中了相当数量的优势企业和技术研发机构，并拥有许多自主知识产权的产品。

6. 从城镇化进展和城市经济发展方面看，长江经济带将成为我国一个重要的发展大空间。21世纪中国城市化和城市经济发展的一个最主要的空间是长江经济带。长江经济带已经形成了中国最密集的城市带，而且带上有群、带上有圈，出现了城市带与城市群一体化发展的新格局，特别是以上海为中心的长江三角洲组团式城市群，已成为全球第六大城市群，具有全球性的竞争力。以武汉为中心的长江中游城市圈、以长沙为中心的长株潭城市群、以重庆成都为中心的长江上游城市群都在快速发展。以长江三角洲城市群为龙头，并辐射以郑州为心的中原城市群，长江“龙形”城市经济带将成为21世纪中国生产力起飞和经济发展的重要带动力量。

从以上六方面的展望分析中，我们看得非常清楚，长江经济带将成为中国最具活力的经济发展区域，将成为中国21世纪生产力发展的强大基地。

二、长江经济带生产力发展新阶段的主要发展战略

以新世纪为标志，长江经济带生产力发展进入了新的战略阶段。研究长江经济带的生产力发展战略，要以科学发展观为指导，从长江经济带的区域情况出发，真正明确长江经济带在全国经济发展中的主要分工任务，确保长江经济带生产力实现协调发展、科学发展。

1. 长江经济带的整体经济发展战略目标。到2020年，长江经济带的经济发展达到一个很大的规模，我建议长江流域各省各主要城市联合进行这一规划，搞一个长江经济带统一的经济发展目标规划。其总体目标是：建成21世纪中国最具实力和增长潜力的产业经济带，在促进中国技术创新、体制创新，推进全国工业化、城市化和现代化进程中发挥举足轻重的作用。

2. 长江经济带的产经形态发展战略。在未来的经济发展中，长江经济带要着力建设“一个大通道、两个基地和四个密集带”。“一个大通道”，就是要建成横贯东西、现代化的沿江综合运输大通道；“两个基地”，就是要建成重要的沿江能源供给基地和开放型的沿江技术创新、体制创新基地；“四个密集带”，就是要建成功能完善的沿江高速信息网络密集带、以制造业和高技术产业为主体的沿江现代化产业密集带、高产优质高效的沿江农业产业密集和以沪宁汉渝特大城市为核心、大中小城市为依托的沿江城市密集带。第一，加快发展沿江现代化农业，部分地区力争在全国率先实现农业现代化。第二，发展钢铁、石化、成套设备、机电一体化设备等重要基础产业，采用高技术和先进适用技术改造传统产业，大力发展新兴产业特别是高科技产业，推动产业结构优化升级。第三，着力提高传统服务业，大力发展现代服务业。

3. 长江经济带的中西部带动战略。要发挥长江经济带东部龙头地区的作用，把带动中部和西部地区的发展作为长江经济带发展的一项重大战略。特别是要认真研究长江经济带带动整个中部地区崛起的重要作用，把首先带动中部发展作为长江经济带发展的一项重大战略。在中部崛起的发展中，长江经济带完全能够通过东中西互动，充分发挥对中部地区发展的带动作用。中部六省中的湖南、湖北、江西、安徽四个省都属于长江流域，其主要产业密集区和城市群基本上属于长江经济带的组成部分，这四个省要率先搞好与长江经济带东部龙头发展地区的对接，

促进自己的发展。中部六省中的河南的农业、加工制造业和劳动力资源优势，山西的能源资源与产业优势，都是长江经济带进一步发展的重要依托，这两个省应该认真研究与长江经济带的区域发展合作战略。

4. 长江经济带的区域重心发展战略。鉴于长江经济带范围辽阔，各地区自然条件、比较优势、经济社会基础不尽相同，今后应着力发展沿江“三圈一区”，使之成为带动长江经济带发展的经济重心区。

（1）以上海为中心的长江三角洲经济圈。在未来一个相当长的时期内，该地区将建成带动中国经济发展的重要增长极，成为具有较强国际竞争力的世界性新型制造业基地。上海要加快建设现代化国际大都市和国际经济、金融、贸易、航运中心。随着杭州湾跨海大桥、上海国际航运中心洋山港、沪—崇（明）—苏大通道的相继启动，构建的上海一小时通达经济圈将成为“长三角”发展的核心。

（2）以武汉为中心的长江中游经济圈。抓住国家促进中部崛起的重要机遇，重点建设武汉城市圈、长株潭城市群、安徽皖江城区和南昌—九江—安庆工业走廊。加快武汉城市发展，使其成为中国中部最大的经济贸易、金融中心、现代物流中心和国际化大都市。

（3）以重庆、成都为中心的长江上游经济圈。继续推进西部大开发战略，逐步使重庆基本建成长江上游经济中心，并逐步向国际化大都市迈进。发挥重庆、成都核心城市的作用，沿成渝高速公路和铁路主干线，带动其他城市的发展。

（4）三峡库区经济圈。要逐步建成全国最大的水电能源基地、长江中上游重要的新型资源加工基地、高效生态农业走廊、独具特色的世界级旅游风景区。

5. 长江经济带的开放发展战略。长江经济带作为我国最大的大流域经济区，在未来的发展中，是中国最具活力的吸引内外投资发展外向型经济的最重要空间，将成为世界最大的流域性区域吸纳资金技术的平台。在新世纪的发展中，长江经济带面临着一系列重大的发展机遇：第一个发展机遇是中国加速了中部崛起和西部大开发的进程，中西部地区的加快发展必将促使长江中上游地区加快发展。第二个发展机遇是国内由东部向中西部地区的产业梯度转移，原来在东部地区的很多加工制造业，沿江而上转移到长江中上游地区，使这成为相关产业的重要基地。第三个发展机遇是外资和中国东部的资金将加大在长江中上游地区的投资，长江中上游地区将成为吸纳外资和东部投资的良好平台。同时长江下游地区以长三角为核心区的开放型经济区也将更多的吸引外来投资，这一地区吸纳外资的强度还会提高。

三、推动长江经济带生产力新发展的主要战略对策

在“十一五”期间，长江经济带进入了这个新阶段的重要战略机遇期。为了谋求长江经济带生产力新的大发展，实现我们所预期的长江经济带发展的宏伟战略目标，提出以下几点战略对策建议：

1. 加强长江经济带的区域发展协调，实现长江经济带的生产力发展一体化。长江经济带区际联系密切，应该形成区域协调互动机制，形成区域间相互促进、优势互补的联动机制。建议长江流域九省市联合起来，促成长江经济带省际合作组织和长江经济带城市合作组织，积极开展长江经济带的区域性经济技术合作。同时通过市场机制的沟通和联合，打破行政区划的局限，促进生产要素在经济带内部自由流动，引导产业转移。要在长江经济带率先形成以东带西、东中西共同发展的格局。

2. 搞好长江的保护和治理，努力维持长江健康生命，建设“健康长江”。当今世界，许多大江大河面临空前的生态危机，不仅制约了经济社会的发展，也使文明的延续受到了挑战。我认为，长江本身是我们长江经济带得以形成和发展的自然基础，长江本身是我们长江经济带宏观生产力发展的基础资源因素。当前，长江的情况不容乐观，主要是无度开发的破坏，使长江的健康状况日趋降低。现在，对河流状况的衡量有一个科学概念，叫做“河流健康生命”概念。这个概念是指，河流是有生命的，维持河流健康，首先是维护河流生态系统的健康，核心是保护生态系统的多样性，同时要维护水资源的不断再生、水循环的良性运行以及水系生态环境的可持续性。河流健康必须实现五个方面：一是水安全，水流要长期稳定；二是泥沙平衡；三是河道稳定；四是河流的可持续利用，包括发电、灌溉、航运、用水、渔业等利用方式；五是水生态好。要按照维护“健康长江”的总体思路指导长江的保护、治理和开发，以“维护健康长江，促进人水和谐”的基本宗旨，按照“在保护中开发，在开发中保护”的原则统筹保护与开发，协调生态与发展。这需要长江经济带各级地方政府和各种企业组织的共同努力。

3. 全面提升长江经济带的生产力水平，使长江经济带成为中国先进生产力的发展主区域。长江经济带要把提升生产力水平放在首要位置。要大力推进长江经

济带的产业结构优化升级，解决长江经济带产业结构存在的突出问题，提高产业结构竞争力。要积极推动自主创新，依托长江经济带的发达城市，构建长江经济带的自主创新基地。要在长江经济带积极发展先进制造业，全面增强自主创新能力，努力掌握核心技术和关键技术，增强科技成果转化能力，提升产业整体技术水平，使长江经济带成为中国生产力发展最活跃的区域。

4. 进一步推进长江经济带的体制改革和机制创新，极大地提高长江经济带的对外开放水平。长江经济带正处在全面起飞的关键阶段，必须以更大的决心加快推进改革，为生产力发展创造更好的体制机制条件。要进一步推进市场经济体制的完善，形成有利于生产力发展、有利于转变经济增长方式、有利于各种生产要素市场发展的体制环境。要进一步打破某些行政性垄断和地区封锁，健全统一开放的市场，推行现代流通方式。要进一步扩大开放，优化投资环境，加大吸引内资外资的力度。要加快转变长江经济带的对外贸易增长方式，优化进出口商品结构，提高对外贸易的质量和效益，积极扩大和发展国际经济技术合作。

5. 建设长江绿色经济密集带，促进长江经济带全面协调可持续发展。要加大长江流域的生态环境保护和污染防治力度。要把长江经济带建成中国21世纪最重要的绿色经济增长带，大力建设资源节约型、环境友好型社会。要加快发展循环经济，全面推行清洁生产。要加快农业科技进步，调整农业产业化结构，转变农业增长方式，提高农业综合生产能力。要稳定发展粮食生产，确保国家粮食安全。全流域农业产区都要优化农业生产布局，推进农业产业化经营，促进农产品加工转化增值，发展高产、优质、生态、安全农业。长江经济带的发达地区要搞好新农村建设的示范，扎实稳步推进全流域的新农村建设，大力改善农村的生产生活条件和整体面貌，实现农村的现代化发展。要发挥长江经济带工业发达、城市密集的优势，积极实行工业反哺农业、城市支持农村，促进城镇化和新农村建设，率先全面达到小康水平。

6. 大力推进长江经济带的和谐社会建设，为生产力大解放、大发展创造良好的社会环境。长江经济带的生产力进一步发展将在很大程度上取决于和谐社会的建设进程，必须把构建和谐社会作为长江经济带生产力发展的一项重大战略工程。要按照中央的统一安排，积极推进和谐社会建设，加强社会建设和完善社会管理体系，合理调解收入分配，提高人民群众健康水平，丰富人民群众的精神文化生活。要统筹城乡发展，推进长江经济带的城市化，使长江经济带成为我国城市化程度比较高的地区，为长江经济带的生产力提供大发展的载体和空间。

以上我对长江经济带的发展战略问题进行了初步的探讨，很多问题属于自己的研究体会，提出来供大家讨论，不对之处，恳请批评指正。希望大家共同努力，认真参与研究，以便形成更多的发展共识，为长江经济带的全面起飞贡献力量。

（2005 年 12 月 8 ~ 10 日在南京“2006 中国长江经济带生产力发展论坛上”的讲话）

发展先进生产力：新时期的新使命

——后危机时代推进中国生产力发展的思考

今天，我们大家欢聚在此举行第15届年会暨会员代表大会，一是共同纪念新中国成立60周年和中国生产力学会成立30周年，总结和展望一下我们学会的工作；二是修改学会章程、选举第15届理事会，并为“第六届全国先进生产力理论与实践成果”颁奖；三是结合当前国内外形势，举行“世界生产力科学院（中国籍）院士研讨会”，共同讨论新的时期我们如何深入推进中国生产力发展问题。关于新中国成立60年来取得的举世成就，以及我们学会成立30年来取得的成绩，我想不必再阐述。对于学会工作的总结与计划，刚才陈胜昌秘书长已讲得很明确，我也不再重复。总之，要把学会今后的工作推到一个新高度，我衷心希望大家提出更多更好建议，使这次大会成为我们在新时期深入推进中国生产力发展的新起点。下面，我结合本届大会的主题，谈一谈我最近对后危机时代推进生产力发展的几点思考，主要认识是：加快发展先进生产力，应成为我们新时期的新使命。

一、后危机时代生产力发展面临的新挑战

大家知道，过去的一年，由于国际金融危机的冲击，世界经济经受了20世纪大萧条以来最为严峻的挑战。我记得去年这个时候，许多人是忧心忡忡、疑虑满腹。如今，经过一个四季轮回，通过国际社会和世界各国的同舟共济、共同努力、强化合作、积极应对，当前的世界经济形势已出现一些积极变化，开始缓慢、曲折的复苏，让全人类都看到了春天的曙光。

这场百年罕见的国际金融危机，对我们中国经济的冲击也是巨大的，但是，在党中央和国务院的正确领导下，全国上下坚定信心、迎难而上从容应对，把扩大国内有效需求作为促进经济增长的立足点，迅速出台应对国际金融危机冲击的一揽子计划和政策措施，使我国的经济形势率先实现总体企稳向好，并已经取得初步复苏成效，前三季度的统计数据足以说明这一点。

在世界经济深度衰退的环境下，我们中国取得这样的成绩实属不易。但这些成绩不是从天上掉下来的，而是我国政府和我国人民根据自身国情，坚持解放和发展生产力，坚持积极的财政政策和适度宽松的货币政策，实施应对国际金融危机一揽子计划的结果。同时，这些成绩的取得也与我国政府不动摇的坚持深化改革、扩大开放方针，积极发展同世界各国的交流合作，积极参与共同应对危机，致力于促进世界经济增长和建设持久和平、共同繁荣的和谐世界是分不开的。但是，现在我国经济企稳回升的态势还不稳定、不巩固、不平衡，世界经济前景还存在诸多不确定因素，外需下滑的压力仍然很大；扩大内需在短期内受到多方面制约，一些行业、企业经营依然困难，经济结构调整任务依然十分艰巨；一些刺激政策的效应会逐步递减，一些着眼长远的政策取得成效还需要一段时间。为此，在这一历史的关键时期，深入推进中国生产力发展成为我们的最新课题。

最近以来，大家一定注意到了社会各界都在讨论“后京都时代”话题。在金融危机的阴霾还未散尽时，《京都议定书》减排协议将于 2012 年届满，下个月在丹麦哥本哈根，将举行的缔约方第 15 次会议已成为“后京都时代”谈判的重要关口，将确定 2012 年之后的全球减排框架。尽管国际金融危机的产生、发展及由此带来的大国政策调整，尤其是中美之间频繁的能源与经济对话，给哥本哈根谈判进程增加了重要变数。但是，“后京都时代”的到来已不可逆转，这将意味着，所有发展中国家，特别是我们中国，既要克服金融危机的严重冲击，又要应对即将到来的环境责任。而在资源有限的前提下，还需继续提高能源使用效率、减少温室气体排放，保证国家的能源、资源和生态安全。这些方面都使我国实现可持续发展面临很大压力，都是近期需要下力气解决的重要问题，也使我国企业面临更大挑战。

可见，在这场国际金融危机的大背景下，在经济发展越来越受到资源和环境约束的今天，已迫使全人类不得不重新思考自己的发展模式，如何应对气候变化、坚持可持续发展，走绿色复苏之路，已成为世界各国应对后危机时代需要认真考虑的问题。从一些国家和国际跨国公司应对危机的一系列措施中，大家应注意到，一个亮点是把发展清洁能源和环保产业作为经济发展新的增长点，通过向这些产业大量投资，促进向低碳经济转型，逐步建立低碳能源系统、低碳技术体系和低碳产业结构，正在形成与低碳发展相适应的生产方式和消费模式。另一个倾向是，为应对危机贸易保护主义回潮、绿色贸易壁垒（也称环境壁垒）日渐加强，以及一些发达国家的产业调整和“低碳标准”的提出，都给我们“外贸型”和“加工型”的产业发展模式带来了新挑战、新危机。

目前解决这些问题的关键，我认为，不仅仅在于响应生态经济、绿色经济、循环经济还是低碳经济，更重要的是要认清发达国家提出的可持续发展模式背后所代表的经济和政治利益，认清这些经济模式的目标都是通过技术创新、制度创新和观念转变，实现工业文明向生态文明的过渡，这对包括中国在内的所有发展中国家的经济社会发展都具有重要战略意义。因而，我们大家应进一步明确：要克服当下面临的这一“双重危机与挑战”，积极发展先进生产力，深入推进生产方式转变和产业结构调整，实现发展模式变革与转型，是“后危机时代”与“后京都时代”的必然选择。

我们知道，随着经济全球化的深入发展，世界各国经济上的相互渗透、相互依存，生产要素在全球范围内的流动与配置，使得我们的每一个企业都置身于全球性竞争的大格局中，而且在当前的国际化竞争中，对信息、咨询、技术等方面的服务需求也在日益增长，对推进先进生产力的发展的要求也必将进一步提高。可以说，在这新的历史时期，进一步加强生产力发展研究从没像现在这样紧迫的摆在我们面前。而生产力发展研究作为对中长期经济社会发展的一种谋划，其必须具有全局性、指导性、方向性、科学性、实践性、可操作性，其主体精神不允许随意变动，只服从于科学、服从于规律性。那么，在当前这样是大背景下，如何融入全球构建和谐的生产关系，树立先进生产力观，我认为，已成为推进科学发展的新诉求。

二、发展先进生产力是科学发展的新诉求

刚才，我初略地谈了“后危机、后京都时代”给我们带来的新挑战，也许还有很多方面我没有点到，但是，这不影响我们得出一个深刻结论：先进生产力不

发展，生产关系不协调，必然就会导致人类社会和世界的不安宁，进而极大地影响全人类社会的发展与进步。从经济和社会的角度看，要实现世界和平社会稳定，必然离不开先进生产力发展和生产关系的协调。很难想象，没有先进生产力发展，能有经济和社会的发展吗？

大家都知道，先进生产力是社会和人的发展的物质基础和前提条件，没有先进生产力的全面发展，就不可能有社会和人，以及其他方面的全面发展。那么，怎样才能做到全面发展呢？党的十六届三中全会为我们高屋建瓴地指出：要“坚持以人为本，树立全面、协调、可持续的发展观，促进经济社会和人的全面发展”。简言之，就是要我们确立了一个全新发展观，我国开展的“两型社会”建设，就是要重新构建人与自然的平衡关系。对一个国家、一个地区而言，在新的发展时期，注重资源节约、注重环境保护，坚持以人为本，这是实现经济社会可持续发展的根本所在。而我认为，先进生产力发展和生产关系协调，将决定经济社会建设的成败。我们必须明确：科学发展观对当代先进生产力发展提出的新诉求，唯有实现先进生产力发展具有的“快、高、强、好”的基本诉求，才有可能更好地做到“始终代表中国先进生产力的发展要求”。

新中国成立 60 年来，特别是改革开放 30 的发展实践表明：生产力的快速、高效发展并不能自动产生较为理想的最终社会效果。要使生产力发展能够真正实现“眼前利益与长远利益，个人利益与集体、国家利益兼顾，社会各阶层总体受益”。那么，中国先进生产力应当具备“快、高、强、好”四项基本诉求。所谓“快”，就是生产力发展速度要快。所谓“高”，就是生产力发展效率要高。这两项诉求是马克思主义题中应有之义，老一辈革命家和建设者都十分重视和强调它们。它们的具体所指及其重要性，早已被国人普遍认可，在此无须再深述。所谓“强”，指的是生产力发展持续性要强，即要求力保社会、环境、资源三者间的持续平衡。这一点没有明确见之于传统马克思主义，它是当代人针对传统生产力发展方式出现的严重负面效应而提出的新议题和新诉求。人类社会是持续向前发展的，为此必然需要有一种持续发展的生产力作为其物质供给的稳定基础。以往的社会活动表明，人们确实有能耐把生产力扩张得很快，也有本事成倍提高生产力的效率，但却未能始终做到有效保持生产力发展的持续性。如有些民族和国家一度不惜以枯竭资源、污染环境，甚至破坏民众基本生存条件为代价，来谋取生产力的快速、高效发展，结果非但没有为人们建立长远福祉，反而给他们带来无穷后患。这种现象在我国也曾发生。严酷的现实终于迫使我们越来越清醒地认识到：生产力发展仅有“快”“高”是远远不够的，必须想方设法强化其持续性。所谓“好”，指的是生产力发展的最终社会效果要好，即生产力发展应遵循眼前利益与长远利益，个人利益与集体、国家利益兼顾，社会各阶层总体受益原则。这一条本来也是马克思主义题中应有之义，但近年来却被很多国人淡漠甚至忘却了，特别是一些政绩观不正确的地方领导为了局部利益而放弃了长远和总体利益。

对于先进生产力的内涵，目前在学者中形成的共识是指：在一定生产力水平上，一定社会需求下，生产力各要素作用的充分发挥以及各要素之间形成合理的结构配置。大家知道，在一定的时间和空间范围内，作为生产力的要素是客观存在的，问题的关键是生产力各要素是不是做到了“人尽其才，物尽其用”。要是人不能尽其才，物不能尽其用，就必然在事实上存在生产力要素的浪费现象。就生产力各要素之间的比例关系而言，主要是指在生产的目的与结果之间取得一致或平衡。生产的目的是为了消费（包括生产消费和生活消费），为了实现消费，又要求生产力各要素之间按照合理的比例关系进行配置，从而在社会总供给与总需求之间构成一种平衡，减少生产力各要素可能出现的不必要浪费。我想这正是科学发展观明确的：以人为本是核心，发展是第一要义，全面协调可持续是基本要求，统筹兼顾是根本方法。具体来说，包括人与自然之间的和谐亦即可持续发展理论，人与社会之间的和谐亦即民主法制下政治、经济、文化建设，人与人之间的和谐亦即公平正义和诚信友爱准则，人自身的和谐亦即人的全面、自由发展相统一。

而协调的生产关系的是指人们之间经济利益关系的协调。由于生产的社会性特征，人们在生产与再生产过程中总是结成一定的利益联系和关系。一般来说，协调的生产关系，会有利于生产力的发展，不协调的生产关系，则形成生产力发展的障碍。在社会生产与再生产过程中，人们之间所以构成某种联系和关系，是以利益为纽带的（合作是最佳的利己策略），目的是希望通过联系增加生产的边际利益，就是人们的协作与合作可以增进人们的经济利益。问题是人们的协作与合作中能否真正增进人们的利益？这在相当大程度上取决于生产关系是否协调。生产是以人为主体、以人为中心、以人为动力、以人为目的的生产，生产关系是否协调，直接来自于当事人对生产中利益关系的感受，以及由感受产生的劳动态度、劳动热情与他的积极性。我认为这一点也正是构建和谐社会的目的所在。

由此可见，发展先进生产力是中国生产力发展的必然趋势，也是科学发展的新诉求与构建和谐社会的重要基础。只有通过推动生产力各要素间的关系协调，才能达到先进生产力发展要求，才能实现先进生产力的基本诉求，最终才能推动人类社会的全面发展。为此，我认为，实现科学发展新诉求——发展先进生产力，应成为新时期我们研究中国生产力发展的新使命。

三、新时期推进中国生产力发展的新使命

大家知道，在“后危机、后京都时代”，中国唯有继续平稳发展，才能立于不败之地，而国际竞争的主战场在经济领域，唯有通过大力发展先进生产力，大力发展经济，才能促进国家和社会的快速发展。新中国60年的发展，我国在各方面都取得了举世瞩目的成就，经济增长很快、社会日趋和谐，国际地位也日益显现，但是我们必须顺应全球发展趋势实现新跨越，必须继续坚持科学发展观，坚持中国特色社会主义，坚持改革开放，不断创新发展我国的生产力，才能推动我国经济社会的全面进步。在这一新的历史时期，我们中国生产力学会的全体会员，以及致力于生产力发展研究的各位同仁，都应把深入推进中国先进生产力的发展研究作为我们的重要使命。

我们中国生产力学会，成立30年来一直致力于中国生产力发展事业，以促进中国生产力的发展为宗旨，在党中央、国务院及有关部门领导的关怀支持下，紧密团结和依靠广大会员及热心生产力研究的专家、学者、企业家，围绕推进中国生产力发展的中心任务，广泛开展课题研究、学术交流、国际交流与合作、科学生产力转化、咨询开发、编辑出版、组织培训等工作，努力为企业、为政府部门提供较高质量的服务。可以说，学会的各项工作取得了不少成绩，为推进中国生产力发展做出了积极贡献，多次受到党中央、国务院领导同志肯定和中央国家有关部门表彰。

但是，也一定要看到我们的工作还有诸多不足。例如，审视近两年来我们的完成研究课题成果，会发现它们既缺乏系统性和综合性，也缺乏与国际战略的协调性，我们只重视了重点问题、热点问题和难点问题的研究，而忽略了全局性的战略研究。这一情况的出现，也不是我们学会有意忽略，主要是基于学会作为一个民间社团组织的实力决定的，我们只能是在社会各方面的支持下，一个问题、一个问题的加以研究解决。而关系国家发展全局和前瞻的系统和综合问题，由于

耗费较大和研究时间较长，仅靠学会自身力量和社会的有限支持很难完成。可是，面对当前多变的国内外形势与挑战，尽快深入推进中国生产力发展全面的系统的研究已经迫在眉睫，否则，我们学会将会失去昔日的光彩，将会愧对30年来为学会发展做出突出贡献的先辈们，也将会让关心中国生产力发展的国家领导、部门负责人，以及社会各界对我们失掉信心，我们大家必须引起高度重视。

同时，我们大家更应明确，如今已站在了新的起点上，坚持建会宗旨、承载新时期的新使命，深入推进中国生产力发展研究，努力在更高起点上实现新跨越，应成为我们大家今后共同努力的方向和工作重点。关于如何深入推进中国先进生产力发展研究，在此，我提出如下6条初步思路：

1. 立足中国国情，拓展全球视野，加强中国生产力发展的全局性、系统性和前瞻性的战略研究。生产力交互发展的本质特性，必然导致生产力突破区域的限制最终形成世界生产力。生产力发展是全球化的根本动力，而全球化也首先表现为生产力的全球化。为此，新时期我们应把对生产力的研究放到了全球化的背景之中，进行全面的系统的研究。

2. 着眼于先进生产力的本质特征，用发展的观点去深入理解和把握新时期中国生产力发展的新特色。生产力终究是一个动态的不断向前发展的运动过程，而不会是一个静止不动的概念。人类不断发展的需要、不同的生存环境和生产主体的差异性，决定了生产力的发展呈现明显的动态性和差异性。这种动态性和个别的差异性又决定了生产力必定会有时间和空间状态下的先进与落后之分。为此，我们要把代表先进生产力的发展要求放在首位，探索研究中国生产力发展的新特色。

3. 立足于生产力与生产关系的对立统一，用系统的观点积极探索研究先进生产力与协调生产关系的构建问题。用系统的观点来理解和认识先进生产力，意味着在发展生产力的过程中，不能把眼光仅仅局限在如何改革生产关系上，更应注重对生产力本身的发展。因为先进生产力是由若干要素子系统共同构成的，包括：以先进生产工具为主的先进生产资料、掌握先进科学技术知识、具备较高素质和较强创新能力的先进劳动者、劳动者与生产资料和劳动对象的结合是否科学合理。为此，加强中国先进生产力体系的研究，应成为我们大家探索的课题。

4. 以先进生产力为标准，以科学发展观为指导，进一步探索研究我国实现科学发展的机制、体制改革方向。我们应通过总结这次应对国际金融危机的经验与教训，以优化生产力要素为目标，采用科学发展观的理念与思路，进一步探索研究有利于实现我国科学发展的机制、体制改革方向。如：如何更好地处理经济发展与社会公平之间的关系，使改革发展成果为广大人民所共享；如何处理对外开放与维护经济安全之间关系，实现开放有序、可控；如何处理虚拟经济与实体经济之间的关系，使虚拟资本市场发育程度与实体经济发展相匹配等等。

5. 以发展先进生产力为重心，进一步探索研究新时期我国物质生产力与精神生产力协调互动的统一问题。纵观人类社会发展的进步史，它既是一部物质生产力的发展史，又是一部精神生产力的发展史，但归根到底是物质与精神、生产与生活协调互动的历史。然而，新中国成立60年来两者呈现出不同步、不平衡、不协调的明显特征：即新中国成立头30年，人民物质生活资料尽管极度匮乏，但精神生活比较充实；改革开放30年，人民物质生活水平得到显著改善和提高，但精神家园日渐衰败失落。导致这种结果的根源，在于我国经济体制转轨和社会转型不同步，也就是物质与精神生产力发展的不够和谐。胡锦涛同志在纪念十一届三中全会的讲话中指出的：“中国特色社会主义是全面发展、全面进步的事业，是物质文明和精神文明相辅相成、协调发展的事业。物质贫乏不是社会主义，精神空虚也不是社会主义。任何时候都不能以牺牲精神文明为代价换取经济的一时发展，必须把‘物的发展’同‘人的发展’结合起来，推动物质文明和精神文明的协调发展。”这一重要论述凸显了“以人为核心”的社会整体发展观，对我们推进物质与精神生产力的协调发展也具有现实指导意义。

6. 当前我国已进入深化改革发展的关键时期，我们将面临许多新情况、新问题、新机遇、新挑战，我们只有不断深化对社会主义建设规律的认识，牢牢把握时代发展的新趋势和人民群众的新期待，才能使我们的生产力发展研究之路越走越宽广。有着30年光辉历史的中国生产力学会，有着众多会员、数十位世界生产力科学院（中国籍）院士，以及更多关心中国生产力发展的专家学者的广泛支持，我们更应主动承担起这一新使命，在深化改革中进一步统一思想、解放思想，积极探索前进道路上的各种新情况、新问题、新挑战，不断推进生产力的解放与发展，才能在科学发展的道路实现阔步前进，才能开创我们事业的新辉煌。

（2009年11月20日中国生产力学会第15届年会发言）

加强低碳发展合作　促进世界持续发展

——在第十六届世界生产力大会上的发言

今天我应邀来到土耳其安塔利亚这座美丽的城市，出席本届世界生产力大会感到很高兴，感谢大会组委会给我安排这次发言机会。下面，我围绕大会主题“处于关键时期的生产力——开创一个对社会、经济和环境负责的世界”，就中国低碳经济的发展选择和促进世界可持续发展谈一些个人看法。

我们人类对生态的认知，先是敬畏、后是征服，但最终一定会从征服回归到和谐，即：合理有效地开发利用资源，适度消费、平衡生态，努力实现可持续发展。十多年来，随着世界工业经济的发展、人口的剧增，人类欲望的无限上升和生产、生活方式的无节制，大气中二氧化碳浓度升高带来的全球气候变化已成为制约世界经济可持续发展的重要因素，而作为经济社会发展重要物质基础的化石能源，已很难再支撑世界经济的可持续发展，能源短缺和环境污染问题已成为国际社会共同关注的焦点问题。转变传统“高增长、高能耗、高污染、低效益”经济发展方式，大力推进节能减排，发展以低能耗、低排放为标志的“低碳经济”，实现可持续发展成为世界各国经济社会发展的共同选择。

作为发展中国家的中国，近年来在能源和环境方面的问题也越来越突出，坚决实行节能减排、走低碳发展之路、根本转变经济发展方式、构建生态文明社会，也成为中国实现可持续发展的必然选择。中国政府从2005年成为《京都议定书》缔约国起，就制定了每年的节能减排目标，在过去的五年中已得到了很好的贯彻与落实。去年底的哥本哈根大会上，温家宝总理代表中国政府向世界做出了，到2020年实现单位GDP二氧化碳量化排放降低40%～45%的郑重承诺。中国的这一承诺，再一次表现出一个负责任大国的良好姿态。今年以来，我国政府又进一步修订和完善了各项措施，正通过全力推进产业结构调整、优化升级和彻底转变经济发展方式来兑现对世界的减排承诺，同时把发展低碳经济作为中国未来发展的方向，全力推进中国经济向低碳转型，努力满足自身可持续发展的需要，半年多来在许多方面已经取得了很大成果。

“低碳经济”概念的提出，为我们人类构想了一个追求的理想目标，发展低碳经济为我们推进节能减排、发展循环经济、构建绿色世界提供了操作性诠释。可是，目前世界各国向低碳经济转型还没有可供借鉴的成熟模式，发展低碳经济具体的路径选择还需要各国根据各自国情做出科学选择。对于当前世界各国正在全力推进的低碳经济发展，我认为，以下四个方面应给予重视和明确：

第一，发展低碳经济必须要明确发展中国家与发达国家处于不同的发展阶段。

走低碳经济发展之路目前主要有两种选择：一是抓好节能减排，二是发展清洁能源。发达国家选择的是后者，主要是倡导发展清洁能源，并抢占新能源技术的制高点，中国和大多数的发展中国家则要两者兼顾。与发达国家相同的是，在经济保持增长、推进工业化和城市化进程中同样具有高能源消费、高排放特征，是不可回避的。与发达国家不同的是，我们还面临着气候变化、粮食安全、能源稀缺等诸多挑战。发达国家已经完成了工业化、城市化，走过了碳排放高峰期，并通过提高环保标准等措施，使第二产业内部结构发生了明显变化，这些国家的低端制造业、冶金、化工等高耗能产业发展有的已停滞发展甚至萎缩，有的已转移到了发展中国家，有的通过高科技手段发生了质的变化。而中国和大多数的发展中国家现正处于工业化中期，在国际产业链分工中大多是处于低端产品的“世界工厂”，在产业结构上作为基础工业的“重化工业”仍然需要加速发展，同时还有实现工业化与城市化并举的艰巨任务。同时，在推动低碳技术发展中，我们应有一个客观认识。因为它不仅仅涉及一个国家经济结构地调整，传统产业地改造提升和战略性新兴产业地培育，也关系到国家之间的科技竞争和市场竞争。发展低碳经济必须依托有效的载体，而传统产业以及新兴产业正是这个“载体”之所在。具体到中国，发展低碳经济是满足和完善 13 亿中国人持续发展所必需的。但是，中国经济由“高碳”向“低碳”转变，目前最大的制约是整体科技水平落后，急需要在科技创新的基础上发展我们的低碳技术。我想，这也是大多数发展中国家所面临的共同难题。

第二，发展低碳经济必须要处理好经济社会发展与低碳追求的关系。

在推进低碳经济发展中，我们发展中国家一定要正确处理好发展与低碳、统筹与协调、经济与社会、资源与生态的各种关系。发展经济保持一定增长速度，是发展中国家兴国富民的第一要务，是解决本国人民生存的头等大事。只有经济发展了，人民过上了幸福生活，才能有能力解决好统筹与协调的各种问题。为此，发展中国家在制定低碳经济发展规划时，决不能忽视各自国情、一味地追求低碳，不能为了低碳而放缓经济的发展步伐，一定要既要继续保证一定的经济发展速度，也要努力保证碳排放不超标。同时，对待碳排放的指标决不能脱离客观实际，更不要盲目地去攀比发达国家水平。因为发达国家已走过了碳排放高峰期，而我们发展中国家还没有，我们当前只有加快经济发展，才能实现提高本国人民生活水平和生活质量的目标。只有正确处理好发展经济与低碳追求的关系，既不能因为完成低碳承诺的任务影响经济的发展，也不能因为发展经济而影响低碳承诺目标的实现，唯有把发展经济与低碳追求两者紧密结合起来，相互促进、相互推动才是最现实的选择。发达国家应理解和支持发展中国家发展好本国经济，并积极帮助其发展低碳技术，才能实现我们共同的减排目标，因为我们毕竟是生活在同一个地球村、分享着同一个蓝天。

第三，发展低碳经济当前应理性的、科学的推进新能源产业发展。

当前，在一些发达国家引导下，世界各国不约而同地将发展新能源产业视为未来经济发展的制高点，都把新能源产业作为本国发展的重要产业，从人力、物力和财力上全力支持其发展，都希望在新能源产业的角逐中拔得头筹。我认为，我们应该理性地看待当前世界新能源产业的这场角逐，必须正确把握各国的能源现状，科学地推进新能源产业发展，以免在争先恐后中遗漏了我们最急需的东西。新能源开发和产业发展是发展中国家应该重视和关注的，在目前应将其作为中长期战略目标进行规划发展。现在，应在绿色经济框架下，努力控制和减少温室气体排放，把低碳经济的发展落实在节能减排、环保、能源效率提高上，落实在传统产业改造提升和彻底转变经济发展方式上，采用多种形式、多种渠道的宣传教育和倡导，主要以可持续发展为核心全力推动包括循环经济、低碳经济、生态经济、合理消费等在内各领域的节能减排和绿色发展，积极促进向低碳经济方向转型才是最佳选择。具体到中国，在未来至少20年内，尽管煤炭在能源结构中的比重会有所降低，但其主体地位不会根本改变，唯有把发展清洁煤技术和煤基醇醚产业作为发展新能源产业的主导方向，推进以煤为基础的多元化发展，重点发展煤基醇醚等燃料，应是我们未来替代能源发展的主要内容，也是有效减少煤能源消耗产生二氧化碳的途径，也是实现科学发展和可持续发展的重要选择。

第四，发展低碳经济必须要加强合作，发达国家应真正负起责任来。

我们大家既已明确：发展低碳经济是世界各国未来发展方向，那么，就需要世界各国进一步加强低碳发展合作，共同促进世界经济的可持续发展，特别是发达国家应真正负起责任，积极帮助发展中国家发展低碳技术。《联合国气候变化框架公约》中已规定，发达国家有义务向发展中国家提供技术转让，而实际情况目前却相去甚远。为此，我希望大家进一步对本届大会主题“处于关键时期的生产力——开创一个对社会、经济和环境负责的世界”给予领会，明确大会组委会的良苦用心。发展中国家一定要下决心关闭一大批低水平、重复形成的、过时的生产能力，坚决淘汰落后生产工艺，尽快解决各地耗能高、排放大、污染重的重点企业；把更多投入用在建设符合可持续发展要求的先进的生产工艺、生产流程上，从根本上调整产业结构，转变经济增长模式。同时，根据各自国情，努力形成具有自主知识产权的先进技术、适用技术的层次体系，并努力做到各种技术之间的互相协调，合力推动各国的低碳技术发展。对于发达国家，尽管走过了碳排放的高峰期，但目前大气中的二氧化碳大多数是发达国家在工业化进程中排放的，以及发达国家把部分高污染和碳排放多的产业转移到了发展中国家。为此我认为，发达国家应负起更多责任，应免费向发展中国家提供更多技术转让，也应无偿地帮助欠发达地区国家上节能减排的项目，帮助发展中国家解决能耗高、排放大、污染重的企业转型，进而实现共同减少碳排放目标，这样才能实现我们共同构建绿色世界和实现可持续发展的目标。我热切期望各国政府能以负责任的态度，携手共同推进低碳经济发展，努力通过科技创新与加强合作，全力实现工业文明向生态文明过渡。

最后，利用这次发言机会，对当前世界经济形势与中国经济走势，我谈点看法，我个人认为世界经济和中国经济正由“困难”走向“复杂”。去年以来，随着各国稳定金融、刺激经济政策的陆续出台，到今年上半年，世界经济金融形势的恶化势头得到了一定遏制。但同时，我们也应清醒看到，世界经济已进入后危机时代，国际金融危机还在发展和蔓延，世界经济短期内明显复苏的可能性不大，美欧日经济很可能在底部震荡一段时间，各国刺激经济措施真正见效还尚需时日。此外，受国际金融危机影响，全球流动性紧缺尚未有效缓解，各国贸易融资条件普遍恶化，国外进口商和经销商资金压力加大，纷纷采取减库存、压订单等方式规避风险，加上国内银行为防范风险对出口企业的慎贷、惜贷现象普遍。同时，在世界经济和贸易出现急剧下滑、各国就业压力增大、市场竞争更加激烈的形势下，国际贸易保护主义势头加剧，提高关税、滥用救济措施等各种贸易摩擦急剧增多。在这样的背景下，我们要推进世界经济持续发展，就应把当前的困难估计得更加充分，各国必须要认真落实好已经出台的、符合 WTO 规则的各项政策措施，努力为外贸企业应对危机、克服困难提供更加到位的支持和服务。作为外贸企业则要苦练内功，加大营销力度，全力推进自主创新、培育自主品牌、增强综合竞争力，努力开拓国内外市场，积极应对各种贸易摩擦，切实维护自身正当权益应是现实的关键选择。

具体到中国，在国际经济环境极为复杂、国内灾害频发的情况下，中国经济今年上半年回升向好趋势更加明显，现正向着宏观调控的预期方向发展。但是，中国经济在极力克服国际金融危机等诸多困难的同时，依然面临着复杂的形势。复杂除体现在世界经济的不确定性外，也体现在国内的调控并非“非此即彼”和平衡各种关系上。经初步总结，中国经济目前面临的六大“两难”问题为：人民币升值若过快、会面临出口恶化、就业困难，不升值又面临巨大的国际压力；既要增强出口对经济的拉动，也不能再走过去一味扩大出口的老路；要提高劳动者收入，但相应的企业成本也会增加；房地产调控不可半途而废，但房地产大萎缩也对经济不利；节能减排要上调资源价格，但当前物价需要控制；宏观政策退得过早有二次探底的风险，退得太晚又会加大通胀压力。如何在如此复杂的环境中把握好调控基调和尺度，促进经济平稳较快发展，对未来一段时期中国经济发展提出了严峻考验。温家宝总理在近期的经济形势座谈会上表示，当前国内外经济形势仍然极为复杂，必须更加全面深入地研究分析形势，冷静观察，科学判断，未雨绸缪，沉着应对，牢牢把握经济工作的主动权。由此可见，认清中国经济发展面临的复杂因素，把保持经济平稳较快发展、控制物价过快上涨作为宏观调控的首要任务，贯彻落实好中央确定的各项政策措施，用国际视野和战略眼光，在更高层次上审视结构调整中的问题，不断拓展对外开放的广度和深度，着力增强国际竞争力，针对经济生活中存在的深层次矛盾，全力推进体制机制创新、深化企业改革，全面做好经济工作，促进多种所有制经济共同发展是中国政府现在努力的方向。

关于人民币的汇率问题，现已成为大家关注的一个突出问题。最近美国国会就此问题“指手画脚”，既不负责也无道理。不少业内人士认为，单方面压人民币升值损人不利己。人民币汇率根本不存在政府故意操纵，正在向市场取向发展，而且迈出了很大步伐。中美贸易顺差的原因是多方面的，不是人民币汇率本身的问题，人民币汇率的走向是随着中国和世界金融、经济发展所决定的，是有科学规律可遵循的，不是某个国家、某些人说了算的。其根本原因在于保持人民币汇率基本稳定，既有助于全球金融、经济的稳定，也有助于推动和促进全球金融、经济摆脱困境，向好的方向发展。中国经济现处在一个由政策支撑的回升，向市场驱动的可持续增长的交替过程中，这段交替期非常关键。为此，我们真诚地期待国际社会能对中国经济的转型发展给予更多理解与支持，积极帮助中国和所有发展中国家尽早走上低碳经济发展之路，让我们共同携手为世界经济的可持续发展做出更多贡献！

（2010年11月2~3日在土耳其安塔利亚举行的第十六届世界生产力大会上的发言）

合力推动大数据时代中国与世界生产力新发展

我非常荣幸，应邀来到美丽的哈利法克斯参加第十七届世界生产力大会。同时，十分感谢大会组委会安排我做发言。本届大会的主题是“大数据与生产力发展”，我相信在座的各位，围绕这一主题都带来了各自的真知灼见，必将在推动世界生产力新发展中产生重大影响。

大家知道，最早提出“大数据”时代到来的是全球知名咨询公司麦肯锡，他指出：“数据，已经渗透到当今每一个行业和业务职能领域，成为重要的生产因素。人们对于海量数据的挖掘和运用，预示着新一波生产率增长和消费者盈余浪潮的到来。”同时，近几年来，越来越多的国家、政府、企业及机构等，已意识到数据正在成为最重要的资产，数据分析能力正在成为核心竞争力。例如：2012 年 3 月 22 日，美国政府宣布投资 2 亿美元，拉动大数据相关产业发展，将“大数据战略”上升为国家意志，定义为“未来的新石油”，并表示一个国家拥有数据的规模、活性及解释运用的能力将成为综合国力的重要组成部分，未来对数据的占有和控制，也将成为陆权、海权、空权之外的，另一种国家核心资产。联合国在 2012 年发布的大数据政务白皮书中指出：大数据对联合国和各国政府来说是一个历史性的机遇，人们如今可以使用极为丰富的数据资源，来对社会经济进行前所未有的实时分析，帮助政府更好地响应社会和经济运行。

中国与世界各国一起，共同迎接大数据时代的到来。在今年 5 月 26 日中国贵阳举行的“2015 贵阳国际大数据产业博览会暨全球大数据时代贵阳峰会”上，国务院总理李克强在给大会的贺信中明确指出：当今世界，新一轮科技和产业革命正在蓬勃兴起。数据是基础性资源，也是重要生产力。大数据与云计算、物联网等新技术相结合，正在迅疾并将日益深刻地改变人们生产生活方式，“互联网+”对提升产业乃至国家综合竞争力将发挥关键作用。中国是人口大国和信息应用大国，拥有海量数据资源，发展大数据产业空间无限。中国正在研究制定“互联网+”行动计划，推动各行各业依托大数据创新商业模式，实现融合发展，推动提升政府科学决策和管理水平，用新的思路和工具解决交通、医疗、教育等公共问题，助力大众创业、万众创新，促进中国经济保持中高速增长、迈向中高端水平。

数据是基础性资源，也是重要生产力。李克强总理这一论断，已被大数据在商业、企业、国防、军事、文化、经济和教育等领域的运用所证明，我想大家也一样认同。大数据虽然孕育于信息通信技术的日渐普遍和成熟，但大数据的挖掘分析才是大数据价值应用的核心。同时，它对社会经济生活产生的影响绝不限于技术层面，更本质上，它是为我们看待世界提供了一种全新的方法，即：决策行为将日益基于数据分析做出，而不是像过去更多地凭借经验和直觉做出。

下面，我就大家所关心的中国经济发展形势与趋势，中美两国关系，以及中国致力于世界和平、反对一切形式的恐怖主义，积极破解全球气候变暖、资源、能源、环境等发展问题，做一个专题发言。我希望，大家能理性看待中国经济发展形势和中美关系，并合力推动大数据时代中国与世界生产力新发展。

一、理性看待中国经济发展形势和中美关系

目前，从中国国家统计局公布的宏观经济数据看，中国经济发展存在金融流动性短缺，股市严重下挫和人民币汇率调整，导致人民币贬值，再加上重工业省份经济结构调整、转型，导致下岗工人增多，部分企业甚至发不出工资等问题。对此，国内外经济界、金融界、企业界对中国经济下行压力感到担心，甚至出现质疑之声。有质疑和议论很正常，担心和忧虑也有一定的道理。但我认为，保持7%左右GDP增速对中国总体情况看，是比较合理的。中国经济总量已经突破60万亿元，增长7%就是4.2万亿元，而过去中国经济总量10万亿元、20万亿元、30万亿元时，增长10%也不过1万亿元至3万亿元。一个国家不可能总是保持10%以上高速增长，全球平均增速不到2%，欧美日等发达国家保持2%～3%的增速已非常了不起。中国政府主动调整增速，目的是为了提高质量和效益，为了改善生态环境，为了调整经济结构、改变数量型的粗放经济模式，为了改善民生，

为了解决30多年来，改革开放、经济发展带来的问题，进而实现中国经济健康、持续、稳定发展。

在当前经济下行压力大的情况下，保持7%中高速是非常不容易，也非常了不起的。中国经济增长对全球贡献率仍然达到30%。去年出国旅游人数超过1亿人，今年1~7月增长10%，如果按每人消费2000美元算，至少超过2000亿美元，这对世界经济发展和市场繁荣起到了重要推动和促进作用。中国国家主席习近平上月访问美国时讲到，未来五年中国对美投资要达到5000亿美元，出国境旅游人数要达到5亿人，中国7%的增长不但不会对全球经济造成下行压力，而且仍是全球经济发展的动力源。我国新一届中央领导人清醒地认识到经济下行问题，采取了具有重要意义的一系列战略决策，这些重要的决策，有的已经有了明显成效，有的正在落实。坚持发展是硬道理是中国强国富民的重要战略决策，是中国改革开放30多年来的重要经验总结。坚持发展和改革开放，这一条重要决策是永远不会变的。中国政府将扎实推进中国经济社会健康、持续、稳定发展，努力为世界生产力新发展做出更大贡献！

同时，中国发展更需要一个和平稳定的发展环境，中国发展军事实力，完全是为捍卫自身的国土安全，中国政府的一贯政策是不称霸，始终坚持和平共处五项原则，即：互相尊重主权和领土完整，互不侵犯，互不干涉内政，平等互利，和平共处，其核心和主要内容是互相尊重主权和领土完整。同时，主张建立国际政治经济新秩序，内容包括：政治上应相互尊重，共同协商，而不应把自己的意志强加于人；经济上应相互促进，共同发展，而不应造成贫富悬殊；文化上互相借鉴，共同繁荣而不应排斥其他民族的文化；安全上应相互信任，共同维护，树立互信、互利、平等和协作的新安全观，通过对话和合作解决争端，而不应诉诸武力或以武力相威胁，反对霸权主义和强权政治。在其他国家不过分的情况下，争取不使用武力、和平解决，因为和平共处是中国的方针。中国经济社会持续、稳定发展，对全球经济发展有着重大意义和影响。有些别有用心之人，把目前全球经济下行归罪于中国，国际社会某些唱衰中国的质疑之声是没有道理的。因为这种声音从来就没有停止过，中国经济高速增长时，“中国经济崩溃论”的言论也从未停止过。对于这些言论，我希望大家能理性看待。

未来十年或者更长时间，和平、合作、发展仍然是世界经济发展的主流，中国发展将面对世界经济发展带来的诸多挑战，不稳定、不确定因素很多，但从总体上看，未来国际的影响因素将逐渐降低，中国经济社会发展的机遇仍然大于挑战，保持7%左右中高速增长，是完全有根据的，不容置疑。稳增长，提高质量效益、调整结构、升级转型，是中国发展战略的必然选择，必然会取得新的更大成效。同时，我认为，未来十年是中国经济社会发展特别重要的关键期。既是决定中国改革命运的关键期，也是中国社会闯关、实现中国经济复兴的关键期。关于这个关键期的把握，主要有三个方面：

一是中国改革进入“深水区”，必然触及某些人的既得利益，阻力是肯定的。对此，中国政府已采取了应对之策和措施，并通过全面、深入地政治、经济、社会、科技、教育各领域的改革，努力突破现行体制的束缚，以确保未来十年中国经济社会的繁荣发展。

二是中国能否真正实现民族伟大复兴大业，2020年实现全面建成小康社会目标，是承上启下关键。真正的小康社会是实现可持续、均衡和协调发展。其中，人均GDP和人均可支配收入翻番，这一硬指标相对容易实现，而全面建成经济、社会、政治、科技、教育、文化和生态“七位一体”的小康社会，需要从根本上解决好诸多涉及人民群众的民生问题和社会矛盾。这是中国社会闯关的关键所在。

三是保持未来十年中国经济稳步增长，是实现中国经济复兴的关键。未来十年，中国既要转变经济方式、调整产业结构、推进高新技术产业升级，面对严峻环境污染和低收入群体的民生保障压力等，还要保持经济的稳步增长。其中，诸多的新情况、新问题、新矛盾，都需要我们面对和解决。中国政府主动实施区间和定向调控，适度降低增速、稳增长，已做出了一系列提高经济发展质量和效率，切实改善民生，缩小贫富差距，加大污染治理的力度，实施创新驱动战略等决策部署。这不仅可以促进中国经济社会健康、持续、稳定发展，而且对全球经济发展来说，也必将做出新的贡献。

未来十年，和平发展，合作共赢，建设一个和平的世界，既是世界经济发展的主题，也是世界各国人民的迫切要求，世界需要新的平衡，也需要一个和平稳定的环境，解决迫切需要解决的问题。其中，中美两国如何构建新型的大国关系，既关系着中美经济发展，也影响着全球经济发展。根据国际权威机构预计，中国经济总量将在2020年左右超过美国。如何应对中国崛起带来的资源、能源和经济上的挑战，以及政治制度、发展模式和价值观念上的挑战，成为美国近年来对华政策的主导。在这样的背景下，如何构建中美新型大国关系问题，成为世界各国关注的焦点。

中国国家主席习近平上个月成功访美，本着合作共赢、共同发展的战略构想，通过习奥的多次会谈，进一步明确了中美两国将从战略高度建立中美两大国关系。这不仅对中美两国，而且对亚太地区乃至全球经济发展都具有重大的战略意义。特别是以基辛格为代表的一批美国有识之士都认为，中美两国经济具有互补性，中美两国建立良好的具有战略意义的大国关系，对中美两国经济发展都有重要的推动和促进作用。我认为，确保全球的稳定，离不开中美的参与，中美两国首脑的定期会面，对处理全球复杂事务，对于促进世界和平都具有十分重要的意义。尽管中美两国之间在一些问题上存在着分歧，但通过互相对话和协商解决分歧，才是根本之策。只有这样，才能确保全球经济的持续稳定发展，才能确保世界和平。我相信，未来十年，中美两国都将努力从战略高度建立良好的中美两大国关系。

二、致力世界和平、反对恐怖主义，推动生产力发展

中国，是一个多民族、多宗教并且还不太富裕的发展中大国，中国保持社会政治稳定，不仅是中国经济发展的需要，也是对世界经济的贡献。一个13亿多人口的发展中大国的社会政治保持稳定，得益于中国的民族政策和宗教政策，各民族大团结，大家都在为国家强大，人民富裕而努力奋斗；得益于让13亿人民共享经济发展、改革开放的红利，确保贫富差距缩小的一系列脱贫政策和重要举措，以及中国尽最大努力实施联合国千年发展目标，逐年减少贫困人口，促使4亿人脱贫致富。特别是近三年来，按照习近平主席提出的“十更目标”（更好的教育、更稳定的工作、更满意的收入、更可靠的社会保障、更高水平的医疗卫生服务、更舒适的居住条件、更优美的环境，期盼着孩子们能成长得更好、工作得更好、生活得更好），在医疗卫生、就业、养老、教育等方面出台了一系列重要政策，让城市市民和农村居民，特别是西藏、新疆等少数民族居民都平等地享受这些政策，确保了全国各族人民团结，为建设强大的中国而共同努力。

国际恐怖主义已成为全球毒瘤，给世界各国人民带来了严重危害。中国政府的一贯立场是反对一切形式的恐怖主义活动。对全球恐怖主义、恐怖活动组织应坚持一个政策一个标准。中国反对以任何形式任何名义打击恐怖主义活动时，干

涉别国内政和主权独立，欧洲难民潮问题值得我们深思。因此，中国政府致力于世界和平、反对一切形式的恐怖主义，也将为推动世界生产力发展做出积极贡献。

三、以全新视角看待资源、能源、环境等发展问题

大家知道，随着全球人口和经济规模的不断增长，资源、能源的不断使用，大气中二氧化碳浓度升高带来的全球气候变暖问题，已是制约世界经济社会可持续发展的重要因素。转变“高增长、高能耗、高污染、低效益”的经济发展方式，大力推进节能减排，发展以低污染、低能耗、低排放为标志的“低碳经济”，实现绿色可持续发展，已成为世界各国的共同选择。同时，积极应对全球气候变化，破解资源、能源高效开发和利用问题，既成为世界各国政府的重要任务，也成为经济界、产业界专家学者和企业家们亟须深入研究解决的问题，更是推动世界生产力发展的关键点。如今，我们已步入大数据时代，如果在资源、能源开发利用和环境治理等方面，建立一个可共享的全球大数据库，通过数据挖掘分析各类资源、能源分布和利用特点，以及环境问题的产生原因和治理关键，以全新的视角看待当前世界资源、能源、环境等发展问题，找出根本解决办法和途径，为各国政府的智能决策提供有益参考，使人类更合理的开发、高效利用资源、能源，科学保护环境，是最迫切的。我认为，这是本届大会主题“大数据与生产力发展”，应讨论的一个重要方面。

中国作为发展中国家，坚决实行节能减排、走低碳发展之路、加快转变经济发展方式、构建生态文明社会，是中国实现可持续发展的必然选择。同时，发展经济并保持一定的增长速度，既是发展中国家兴国富民的第一要务，也是解决本国人民生存的头等大事。只有经济发展了，人民过上幸福生活，才有能力解决好统筹与协调的各种问题。目前，发达国家已完成了工业化、城市化，走过碳排放高峰期，并通过提高环保标准等措施，使第二产业内部结构发生明显变化。中国和大多数发展中国家，现处于工业化中期，在国际产业链分工中大多数处于低端产品的“世界工厂”，在产业结构上作为基础工业的“重化工业”仍需要加速发展。同时，还有实现工业化与城市化的艰巨任务。这样，在经济保持增长、推进工业化和城市化进程中，呈现高能源消费、高排放特征，这是不可回避的，也是发达国家曾经历过的。

一直以来，中国政府对环境保护和节能减排等工作高度重视。从 2005 年中国正式成为《京都议定书》缔约国起，就制定了每年的节能减排目标，并不断修订完善各项措施。2009 年在哥本哈根会议上，中国政府对世界做出到 2020 年实现单位 GDP 二氧化碳量化排放降低 40% ～45% 的郑重承诺。在过去几年中，坚持通过全力推进产业结构调整、优化升级和加快转变经济发展方式来逐步兑现。2014 年，中国单位 GDP 二氧化碳排放量下降 4% 的目标已基本实现，今年下降 3.5% 以上的目标也将实现。中国的承诺和兑现，充分表现出一个负责任大国的良好姿态。但是，中国经济由“高碳”向“低碳”转变，目前最大的制约是整体科技水平落后，急需在科技创新的基础上发展自己的低碳技术，这也是大多数发展中国家面临的共同难题。《联合国气候变化框架公约》规定，发达国家有义务向发展中国家提供技术转让，而实际情况还相去甚远。我认为，除发展中国家自身努力外，发达国家应理解和支持发展中国家发展好本国经济，并积极帮助发展中国家发展低碳技术，才能实现全球共同减排目标，因为我们大家，毕竟是生活在同一个地球村、分享着同一个蓝天。

今年 9 月 25 日，习近平主席访美期间，中美两国元首再次发表了《中美元首气候变化联合声明》。中美两国决心与各方一道携手推动巴黎会议达成一项富有雄心、圆满成功的巴黎成果，体现共同、但有区别的责任和各自能力原则，考虑到不同国情，并认为应以恰当方式在协议要素中体现“有区别”。这传递了共同推动全球气候治理的积极信号，展示了两国加快落实各自国内气候行动目标的决心，对国际社会携手推动绿色低碳和可持续发展具有重要意义。不仅为中美新型大国关系注入更多实质性内容，而且为年底的巴黎会议取得成功提供了政治推动力，为推动全球绿色低碳发展和气候变化多边进程做出了重要贡献。

由此良好的开端，我相信，发达国家与发展中国家只要本着合作共赢、共同发展原则，通过彼此的真诚合作、形成合力，我们一定可以推动大数据时代、中国与世界生产力的新发展，并共享世界的和谐与稳定。

（2015 年 10 月 19 日在加拿大举行的第十七届世界生产力大会上的发言）

提高人口素质是生产力发展关键

人作为生产力中最积极最革命的因素，是制约生产力发展的关键。一个国家或地区人力资源素质的高低，取决于后天文化教育的发达程度，也取决于先天出生人口素质的高低。出生人口的质量是人口素质最根本的基础，努力提高出生人口质量，是关系一个国家和民族未来发展的重大问题，也是其生产力发展的关键环节。大力减少出生缺陷发生，从源头上保证出生人口素质，是一项从生命的起点关注民生、惠及全社会的重大民生工程。

有这样一位老人，他在职时，从企业到政府，从副省长到市长、市委书记，到两省的省委书记、全国人大法律委员会副主任委员，为党和人民辛勤工作半个世纪。退休后，发挥余热致力于推动中国生产力发展，为减少出生缺陷人口比率，促进出生缺陷患者康复，提高救助对象生活质量鼓与呼，他就是中国出生缺陷干预救助基金会顾问——王茂林。从出生缺陷干预工作研究，到基金会筹建、成立、发展，到基金筹集和干预救助项目地实施，王茂林同志都提供了大力支持和悉心的帮助，从而践行了他提高人口素质推动生产力发展的主张。

组织开展课题研究　力促健康出生

关注出生人口素质和健康出生工作始于2005年，当时担任中国生产力学会会长的王茂林与时任全国人大常委会副委员长，农工民主党中央主席、学会名誉会长的蒋正华，组织学会的相关专家学者就我国每年出生1600万新生儿中有90万~120万缺陷儿的人口出生缺陷高发状况，开展广泛深入调研后，本着强烈的使命感，学会确定开展我国出生缺陷干预工作课题研究。在国家卫生计生委的支持下，联合中国医学科学院基础研究所、首都医科大学北京妇产医院、中国生物技术集团等单位或机构，选择出生缺陷高发、在全国有代表性的甘肃和山西两省，进行了历时五年的专题研究。

参与该课题研究的医学专家，在首次课题讨论时就问王茂林“你是中国生产力学会会长研究这个干什么？”王茂林回答说“我是中国生产力学会会长，我们研究中国生产力发展，主要是推动中国经济社会发展。中国经济社会发展靠什么？要靠人、靠劳动力。生产力三大要素第一要素是劳动力，我们劳动力后备军中每年有那么多残疾儿，不要说进入老年社会，我国劳动力整体素质、体能怎么提升，中国的未来又怎么发展？基于这一原因，我们学会要重点研究这个课题。”

经过5年的不懈努力，2010年1月，课题组完成了《加强我国出生缺陷干预工作研究报告》，2月26日，通过专家评审组评审。随后，综合专家评审组意见，蒋正华、王茂林、李京文联名将成果呈报国务院，得到家宝、克强总理重要批示。

中国生产力学会在呈报国务院《关于加强我国出生缺陷干预工作的建议报告》中，既提出了加强我国新生儿出生缺陷治疗和预防的具体建议，也提出设立“中国出生缺陷干预救助基金会”，建立长效机制，由其开展出生缺陷干预救助工作的专项建议。家宝、克强总理有力的批示给了他们很大的鼓舞和动力。贯彻落实批示精神，由中国生产力学会、中国医药集团公司、甘肃石油供销总公司、安徽国华新材料有限公司作为发起人，共同捐款1000万元、发起设立该基金会。2011年5月24日，经国家民政部登记后，8月31日该基金会正式成立。蒋正华副委员长出任理事长，王茂林任顾问，国务院国资委监事会原主席、翟立功任副理事长兼秘书长。

基金会成立时从零开始（一无办公场所、二无办公人员），在蒋正华理事长领导下，由翟立功同志带领几名由发起单位支持的志愿者开始艰苦创业。同时，充分调动顾问委员会，理事会、监事会和专家委员会成员积极性，形成坚强有力领导班子，共同推动基金会工作开展。在各方面的鼎力支持下，基金会成立一年后步入正轨，并取得了一项又一项的良好成绩。

干预惠及中西省份　托起明天太阳

中西部地区出生缺陷干预工作是王茂林关注的重点，在中国生产力学会的关心支持下，甘肃省生产力学会从2007年年初开始，会同省人口计生委和省卫生厅组成甘肃省出生缺陷干预课题组，开展了甘肃分课题的研究。甘肃生产力学会的分课题成果对中国生产力学会的总课题起到了重要支撑作用。

2007年7月23日，甘肃生产力学会向时任省委书记陆浩同志提交《关于在我省全面开展出生缺陷干预工作的建议》。很快，陆浩同志和分管副省长咸辉先后作出重要批示，对人口出生干预课题组的工作给予肯定和支持。2008年7月，王茂林等一行到甘肃调研时，专门召集甘肃省生产力学会、省人口计生委、省卫生厅等课题参与部门，进一步研究加大这项工作的力度，有力地促进了甘肃省出生缺陷干预工作地开展。

甘肃省各地市党委、政府都把出生缺陷干预工作摆上了重要议事日程，从组织上、经费上给予了重视和支持。全省人口计生系统根据统一要求，逐步将出生缺陷一级干预纳入了常规工作，先后印发了《关于联合开展唇腭裂患者筛查登记和手术组织工作方案的通知》《关于进一步加快"微笑列车"唇腭裂修复甘肃示范省慈善项目工作进展的通知》《关于进一步做好"微笑列车"唇腭裂项目有关工作的紧急通知》等，有效开展了三级干预工作。《甘肃省出生缺陷致病因素研究》获得了甘肃省科技进步二等奖和国家人口计生委科技成果二等奖。

为做好青海省的出生缺陷防控工作，2012年10月中国出生缺陷干预救助基金会"从生命起点关注民生"的"春雨工程"在青海同德县成功实施，着力帮助民族自治地区解决新生异常患儿诊断能力不足等问题。2013年，"天籁工程"捐助项目先后在贵州和云南两省实施，两个省共计956名听力障碍患者受益。

2017年6月28日，由国家卫生计生委、中国出生缺陷干预救助基金会主办，河北省卫生计生委承办的"爱心传递　防治出生缺陷"公益行走进河北活动在石家庄隆重举行。河北省政府副省长徐建培致辞中提出，要以这次活动为契机，落实好三级预防措施，健全政府主导、部门协作、社会参与的出生缺陷防治工作机制，动员各方面资源和力量，共同推进出生缺陷综合防治工作，努力让每一位儿童都能够健康成长，每一个家庭都幸福美满。

国家卫生计生委副主任马晓伟在讲话中指出，近年来河北省卫生计生委系统认真落实出生缺陷综合防治措施，积极开展婚前、孕前检查，加强产前筛查和产前诊断，推进新生儿疾病筛查，开展补服叶酸等公共卫生项目，将农村儿童先心病和新生儿苯丙酮尿症纳入新农合大病保险。同时，与中国出生缺陷干预救助基金会等社会组织密切合作，出生缺陷防治工作取得显著成效。对河北的工作给予肯定同时提出了新的希望和要求。

启动仪式现场，播放了河北宣传视频《预防出生缺陷　托起明天太阳》，蒋正华、王茂林、翟立功、马晓伟、宋太平、徐建培共同按下启动球，启动了“爱心传递　防治出生缺陷”河北公益行项目。王茂林代表基金会向河北省捐赠1843万遗传代谢病及先天性结构畸形筛查救助项目资金，这些项目的启动和实施将进一步推动河北省出生缺陷防治工作地开展，让更多的孕产妇和新生儿受益。

重视地方遗传疾病　推广成功模式

在扎实开展干预救助工作中，基金会对特定的地方遗传疾病防控和干预救助成功模式进行总结推广，均取得了良好的效果。王茂林以我国南方出生缺陷“地中海贫血”遗传病干预为例作了说明。我国长江以南的广大地区为地中海贫血高发区，其中广东、广西、海南尤为严重，并延及周边数省区。海南省是地中海贫血遗传病的高发区，由于基因携带率高和携带者基数大，地中海贫血是海南危害最大的遗传性疾病之一。2010年，中国生产力学会与中国出生缺陷干预救助基金会针对我国南方地中海贫血遗传病的干预防控严峻形势，联合海南省人口与计划生育委员会以及国内相关科研院所，对地中海贫血遗传病进行了历时一年多的专项研究，形成《关于我国南方出生缺陷“地中海贫血”遗传病干预及建立海南防控体系试点研究》的研究报告。该成果呈报国务院再次得到主要领导的重要批示。

对防控地中海贫血疾病，海南省委、省人民政府高度重视。2011年在实施国家免费孕前优生健康检查项目试点工作过程中，省政府明确要求，将“地中海贫血”的初筛和基因诊断纳入免费检查内容，并形成具有海南特色的“19+1”模式。2012年6月，中国出生缺陷干预救助基金会、海南省人口计生委和儋州市人民政府联合在儋州启动地中海贫血孕前预防试点工作。这是海南省首次实施出生缺陷专项群体预防试点工作，也是基金会的第一个对外捐助项目。同年12月，靠基金会捐助的30万元完成532对夫妇（即1064例）的筛查工作，共检出α或β地贫基因携带者519人，占48.78%，充分揭示了儋州市地中海贫血基因携带者的基数大和防控形势严峻的状况。

山西省太行山和吕梁地区，是出生缺陷高发地区，也是革命老区，其发展状况一直被王茂林同志牵挂。不仅在课题研究过程中予以重点关注，而且在他的推动下，山西成为第一个成立省级出生缺陷干预救助基金会的省份。2013 年 4 月，在山西省委、省人民政府及相关部门和山西省基金会的大力支持下，中国出生缺陷干预救助基金会与长治市共同启动实施以“从生命起点关注民生”为主题“长治健苗工程”。该项目以实施出生缺陷第三级预防工作为切入点，由基金会组织解放军总医院（301 医院）和首都知名生物医疗单位、听力康复机构等，共同对长治市域范围每年出生的 3 万新生儿，开展耳聋基因筛查、听力筛查和 48 种先天性遗传代谢病的基因筛查。同时，与国家、省卫计委在吕梁地区实施的“健苗工程”形成呼应，成为有益补充和完善。项目经费按“省市县财政各拿一点、社会募捐一点”思路筹措完成，取得成功并得到深入实施。在时任省长李小鹏支持下，省基金会将其推广到了山西全省 7 市 68 县（市、区）。

通过长治实践，形成了基金会与政府、部门及相关单位配合联动的出生缺陷干预救助“长治模式”，得到不少地方政府认同。2016 年 7 月基金会总结“长治模式”呈报国务院刘延东副总理并得到重要批示。2017 年，山西将“为全省城乡怀孕妇女提供免费产前筛查与产前诊断服务”列为省政府六件民生实事之一，做到应查尽查，最大限度地预防出生缺陷。目前，“长治模式”已推广到安徽、湖南、贵州等省市县，有力推进了出生缺陷干预救助事业发展。

守护三湘大地未来　形成联动局面

湖南省是人口大省，也是我国出生缺陷高发省份之一，出生缺陷发生率比全国平均水平高近 40%。湖南这一状况受到蒋正华、王茂林、翟立功及基金会的高度关注，在湖南工作过的王茂林，更有着深厚的感情和忧心。2015 年 12 月 12 日，由湖南省人民政府、中国出生缺陷干预救助基金会主办，湖南省卫生计生委承办的“守护未来，让爱无缺”出生缺陷干预救助公益活动在长沙成功举行。蒋正华、王茂林、翟立功和湖南省人大常委会副主任刘莲玉，副省长李友志等出席。活动现场，中国出生缺陷干预救助基金会向湖南省捐赠 1000 万元，用于新生儿遗传代谢病检测，对确诊的贫困患儿每位提供 3000 ~ 10000 元不等的救助。

同时，湖南省人民政府贯彻落实《湖南省出生缺陷防治办法》工作推进会也隆重召开。省卫生计生委主任张健介绍，湖南目前已全面推行七大国家和省级出生缺陷防治重大专项和惠民措施，包括免费婚检、免费孕前优生健康检查、免费增补叶酸、地中海贫血防控、贫困地区新生儿疾病筛查、先天性心脏病儿童免费手术救治、微笑列车唇腭裂患者深度关怀救助项目等，积极开展新生儿缺陷预防和治疗。王茂林在讲话中指出，目前基金会已找到可推广的干预模式，希望湖南能够结合自身情况，对新生儿缺陷干预工作进行进一步完善，创新干预模式和机制，改进干预技术和保障，为建设健康中国作出贡献，也希望更多爱心企业家能够加入进来，把爱心接力传递下去。

两年后，2017 年，湖南新启动 3 个出生缺陷干预救助项目，分别是孕产妇免费产前筛查项目、先天性结构畸形救助项目、新生儿耳聋基因免费筛查试点项目，新生缺陷患儿最高可申请3 万元的救助。从 2017 年 1 月 1 日起，凡符合生育政策的孕产妇在孕中期均可到定点的免费产前筛查医疗保健机构享受一次产前筛查服务；父母双方或一方具有湖南省户籍，家庭贫困，经临床确诊患有先天性结构畸形的0～18 周岁患儿，救助申请，救助标准为3000～30000 元。2017 年4 月21 日，“爱心传递　防治出生缺陷”公益行暨湖南省出生缺陷干预救助项目启动会在长沙成功举行。蒋正华、王茂林、翟立功一行再次出席并开展调研。在湘期间，省委副书记、省长许达哲前往住地看望了他们。

在活动现场，中国出生缺陷干预救助基金会和由湖南籍北京企业家卢德之等捐资成立的湖南华民健苗工程专项基金会，对湖南新生儿多种遗传代谢性疾病检测和救助、先天性结构畸形救助、天籁工程——新生儿耳聋基因筛查等出生缺陷干预救助项目实施。随着湖南全省出生缺陷防治网络不断健全，三级预防措施不断加强，湖南出生缺陷发生率连续两年同比下降。据监测医院数据显示，2014 年221. 87/万，2015 年218. 39/万，2016 年为182. 03/万，自1996 年统计以来持续上升的趋势终于得以遏制。

践行基金会建会宗旨　实现持续发展

基金会成立近七年来，在蒋正华理事长引领下，在团结有力领导班子和工作团队的共同努力下，先后建立健全了组织机构、工作团队、管理制度，并通过狠抓日常运行管理、优化工作流程、强化纪律行为和位职责落实等，形成了管理规范，团结奋斗、积极上进的工作氛围。通过持续投入建设和充分运用现代信息化媒介，积极提升全面服务水平，为基金会业务开展、项目实施提供保障和助力，实现了年年都有新提升。

目前，基金会网站和配套建设的微信、微博、支付宝捐赠及出生缺陷救助与诊疗系统等，成为基金会与出生缺陷患儿及家庭，各级地方政府、相关部门、医疗及研究机构，爱心企业家、热心这项事业的人士和社会各界，交流沟通的桥梁和服务平台，并形成良性互动，让许多的出生缺陷儿得到了及时有效的治疗和救助。由此，基金会不仅取得了所得税免税待遇和公开募捐资格，而且被民政部民间组织管理局认定为“慈善组织”，评为3A级社会组织。

同时，基金会始终坚持“减少出生缺陷人口比率，促进出生缺陷患者康复，提高救助对象生活质量”的建会宗旨，认真履行公益职责，紧紧围绕出生缺陷干预救助开展了一系列工作，取得了良好成绩，为提高出生人口素质、建设“健康中国”，做出了积极贡献。截至2018年6月30日，在全国29个省（区、市）开展出生缺陷干预救助项目，完成检测新生儿1118932例，确诊368例，拨付资金17608.864万元；救助遗传代谢病救助患儿4394名，拨付救助金3929万元；救助先天性结构畸形救助3944人，发放救助金5483.7838万元。此外，基金会出生缺陷干预救助示范中心及基地体系建设有序推进，已经在全国建立“示范中心”2家、“示范基地”44家、“救助基地”41家，为构建出生缺陷干预救助服务体系奠定了坚实基础。其中，在解放军总医院建设的“出生缺陷干预救助示范中心”初具功能，开始承接新生儿多种遗传代谢病基因检测项目。截至2018年6月底，已先后完成西藏、贵阳、四川、湖北、新疆等省（区、市）新筛样本112935份，确诊36例遗传代谢病患儿；苯丙酮尿症（PKU）患儿致病基因免费检测项目，完成山西、山东、河北等5个省（区、市）PKU患儿及其家系基因测序和突变位点的比对工作和372个家系PKU基因测序，发出372份诊断报告并提供了科学指导。

回首近七年来的努力和工作进展，王茂林高兴而欣慰。他说，若论工作成效，当属蒋正华理事长倡导的“从生命起点关注民生”为主题的，出生缺陷干预和救助项目地实施，在自筹资金和中央专项彩票公益金支持下，取得的成效最显著。既受到了党中央、国务院领导、业务主管单位和地方政府及相关部门好评，也得到了社会各界的认同和支持。此外，基金会封多佳、袁博、史婷等理事和冯秀华监事等始终如一地支持基金会工作，为基金会发展做出了积极贡献。郭渝成理事（现任秘书长），不仅个人积极地为基金会工作开展作贡献，而且带动军队资源，从军民共建干预救助示范中心，到实现军民融合、共同防治出生缺陷，都付出了诸多汗水。基金会专家委员会的19名知名专家，141名研究员、教授、主任（副主任）医师等，为干预救助项目实施提供了技术支撑，充分发挥了专家智慧作用。

结束语——

目前，通过中央、地方政府及相关部门和基金会及爱心人士的共同努力，采取加强宣传引导、推进三级预防、关怀救助缺陷儿童等综合防治措施，我国初步建立了出生缺陷防治体系和技术队伍，基本形成了出生缺陷防治网络。但是，防控形势依然严峻。采访结束时，王茂林明确指出，出生缺陷防治是一项系统而长期的工程，由于诸多因素影响，我国出生缺陷发生率仍然高于不少国家。他强调，我国要积极提倡婚前进行医学检查，尽早发现可能发生的出生缺陷，降低出生率；对已出生的缺陷儿要及时给予治疗和康复训练，注意对出生缺陷困难家庭给予大力支持帮助。企业家要增强社会责任，积极参与到出生缺陷的防控工作中来，回报社会。同时，充分发挥政府部门作用，完善组织保障和工作规范，真正从生命起点关注民生，努力以保障“健康出生”推进“健康中国”建设，切实提高人口素质把好生产力发展关。

（2018年《中华英才》杂志采访稿）

以发展民生经济为目标
推进经济发展方式转变

今天，我们大家欢聚于此隆重举行中国生产力学会第16届年会，上午的主要任务是总结学会过去一年的工作，增选理事会成员，谋划展望新一年的工作方向，为“第七届全国先进生产力理论与实践成果奖”颁奖。下午，结合当前的国内外形势，举行“世界生产力科学院（中国籍）院士研讨会”，共同讨论新时期如何深入推进中国生产力发展问题。过去的一年，我们学会工作在蒋正华同志直接指导下，在国家统计局和党中央、国务院有关部门及各省市学会的支持下，在学会同志的共同努力下，取得了显著成效，得到了国务院领导和学会挂靠单位国家统计局领导的好评，作为会长，我向大家表示衷心的感谢！

刚才，我们理事会新增选了部分成员，对参与我会工作并担任了名誉会长、顾问、副会长的同志，我表示热烈祝贺和欢迎；也对获得奖项的单位和个人表示祝贺。同时，我殷切希望，与会同志对学会的发展提出更多更好建议，共同把学会工作推到一个新高度，使这次年会成为我们在新时期深入推进中国生产力发展的新起点。下面，我就本届年会主题，先谈点我的看法。

改善民生问题，作为近年来我国广大人民群众最强烈的诉求和党中央高度重视的问题，目前已成为国务院和地方政府施政的主旋律。对它的认识，我想在座的各位都很熟悉，但对本届年会这个“民生经济：转变经济发展方式的目标”的主题，一定有人较为陌生，也一定有不少专家学者对其有过相关研究。当前，在学界把“改善民生与转变经济发展方式”结合起来讨论的较多，把“民生经济与转变经济发展方式”结合起来讨论的并不多，而把“民生经济作为转变经济发展方式目标”进行讨论的，我们虽不敢说是率先，但敢说是最早。因为它是我会一些专家集体智慧碰撞的最新成果，也是我们学会将要探索研究的新课题。

关于“民生经济”的概念含义，当前专家学者各有见地，但普遍认同的是：把保障和改善中低收入社会成员的生存发展条件作为主线贯穿于生产、分配、消费等经济运行的全过程，以解决民生问题为首要价值取向，通过理顺劳动力、土地、资本等生产要素的比价关系，实现资源的合理配置，提高社会整体经济效率，提升社会总福利水平的一种经济发展模式。即：民生与经济相关联，经济发展是解决民生的物质保障，改善民生是经济发展的最终目的。发展民生经济，就是基于民生与经济的这种关联，把民生工作与经济发展作为一个有机整体来考虑，以经济运行方式实现民生建设目标，达到发展目的与手段、效率与公平的统一，使发展成果最大限度让全体人民共享。

民生经济的概念含义概括起来看似简单，但是发展民生经济是一项复杂的系统工程，涉及经济、政治、社会、文化建设的方方面面，其中的许多思想认识、体制机制和现实利益等问题，都亟待我们去探索研究解决。为此，我们将其纳入了学会的课题研究计划。我希望，今天在座熟悉这一主题的同志和热衷于这一研究的专家学者都能积极参与进来，共同完成这一新课题研究。同时，今天要多给大家谈些你的观点，让不熟悉的同志有所认识。对于如何推进民生经济发展，我谈不上有所研究，只是有些初步认识。不过，通过参与这次年会主题的选题讨论，我有了进一步认识，那就是我国当前已基本具备了发展民生经济的条件，大力倡导发展民生经济应提上重要议事日程了。其依据如下：

第一，党中央高度重视民生问题，“十二五”规划把保障和改善民生作为了加快转变经济发展方式的根本出发点和落脚点。同时，科学发展观、构建社会主义和谐社会等重大战略思想的提出和贯彻落实，为发展民生经济提供了根本的政治和思想基础。

第二，当前社会共识逐步凝聚，为发展民生经济提供了坚实的社会基础。我国广大人民群众对科学发展观的理解不断加深，对转变经济发展方式、调整社会利益格局、理顺各种市场主体间关系的愿望日益强烈，发展经济、改善民生的共识和积极性提高。

第三，我国国家经济实力和综合国力的增强以及社会财富的增长，为发展民生经济提供了坚强的保证。改革开放30余年来，我国经济持续快速发展。从国家财力看，2010年全国财政收入超过8万亿元，其中中央财政收入近4.25万亿元。

从社会财力看，截至今年4月，全国存款总额超75万亿元，其中居民存款总额达32.3万亿元。

综合来看，当前我们有必要、也有能力为广大人民群众创造更好的生产生活条件。同时，发展民生经济也成为转变经济发展方式的必然要求。因为通过大力发展民生经济，可增加广大中低收入社会成员的收入，提高其创业、生产的积极性，既可以增强经济发展的动力，改善经济结构，形成经济增长的内生动力，也可以迫使单纯依赖廉价劳动力和资源并以损害环境为代价获取利润的企业退出市场，并引导企业加强自主创新、提高技术水平，从而为实现经济增长方式从“粗放型”向“集约型”、从“资源投入型”向“全要素生产率提高型”转变奠定重要基础。

同时，发展民生经济，政府财力优先运用于公共支出，建立完备的社会保障网络以及全民共享的医疗卫生和教育体系，可以为劳动者的生存发展提供保障，既有利于劳动者能力和素质提高，有利于发展技术、知识密集型产业，促进产业结构优化升级，也有利于促进消费、扩大内需。另外，大力发展民生经济，要求各级政府加快向公共服务型政府转变，逐步脱离具体的微观经济活动，集中精力制定发展战略、产业规划，大力营造公平、透明的市场环境，完善公共服务，调节收入分配，为经济社会又好又快发展提供保障。而随着民生经济深入发展，政府公共服务职能也将日益凸显，政府行为与广大人民群众切身利益的关联度也会越来越高，必将进一步促进政府转变管理方式。

发展民生经济的这些有利方面，我想都是广大人民群众热切期盼的，当然也是党中央和国务院下大力气推进的目标。胡锦涛总书记在党的十七大报告中就明确指出：“必须在经济发展的基础上，更加注重社会建设，着力保障和改善民生，努力使全体人民学有所教、劳有所得、病有所医、老有所养、住有所居，推动建设和谐社会”。这是我们党从全面建设小康社会和构建社会主义和谐社会高度，从解决人民最关心、最直接、最现实的利益问题出发，在社会建设方面提出的目标和做出的承诺。温家宝总理2009年12月27日在接受新华社记者独家专访时，进一步明确：“经济发展最终的目的都是为了改善民生”。去年底，通过的“十二五”规划，党中央和国务院又把“改善民生作为了加快转变经济发展方式的根本出发点和落脚点”。

在党中央的高度重视下，近年来全国各级地方政府也已积极行动起来，重视改善民生问题变成了实际行动。有的把民生改善作为了政绩的考核标准，有的把民生改善作为了幸福城市建设的指标，有的把经济方式转型定位在“民生”、不再单纯地追求GDP增长，有的把发展民生经济提上了日程……这些都是近两年来我实地考察调研过的，让我很欣慰地看到：“关注社会民生，发展民生经济，缩小贫富差距，消除两极分化”已成为党中央和地方政府施政的主旋律。为此，在如此大好的形势下，大力倡导发展民生经济，对于理顺我国社会主义市场经济中各种主体间关系，建立更为合理、有效、顺畅的市场经济体制机制，激发劳动者的积极性、创造性，充分调动社会资源和民间资本，形成全民合力，对推动我国经济社会又好又快发展具有十分重要的现实意义。

但是，在我的考察调研中，也发现了一系列困扰民生改善和发展民生经济的问题与挑战，正如我在前面指出的，改善民生、发展民生经济是一项复杂的系统工程，涉及经济、政治、社会、文化建设的方方面面，其中许多思想认识、体制机制和现实利益等问题，还亟待我们去破解。而在推进工作中存在的一些困难和问题，我认为，必须引起我们大家足够的重视。

一是当前我国就业压力仍在增大，就业总量供大于求的矛盾仍然突出，就业结构性矛盾状况仍未缓解。主要表现为：就业再就业工作面临三股洪流汇集的压力，下岗失业人员，尤其是4050、4555下岗失业再就业困难群众的就业需求，大中专毕业生和军役复退军人及其家属安置需求，农业劳动力向城镇转移就业需求，形成就业供大于求的矛盾，很难在短期内走出困境。而工业化进程不断加快，生产企业对劳动力的素质要求不断提高与当前劳动者文化，技能素质偏低的矛盾仍然存在，“就业难、招工亦难”困局仍然存在。

二是当前我国的社会保险水平仍然较低，劳动关系有效调处机制还不健全。主要表现为：各项社会保险覆盖面还不够广泛，制度还不完善，政策还不统一，保险参保基数、缴费比例、支付标准不一致，失业、医疗、工伤生育保险统筹层次低，造成参保人员待遇较低，特别是企业与机关事业单位离退休人员退休金差距大的问题，农民工养老保险关系转移难等问题，目前都尚未能彻底解决。同时，劳动合同、集体合同签订率还不够高，工资分配制度不完善，劳动标准落实难，监察力量薄弱，完善劳动关系的利益协调、纠纷调处和监督执行机制的任务还很艰巨。

三是当前我国的城乡低保工作还存在不少困难，如基层低保工作机构不健全经费困难，各地配套资金不足、月人均补助水平偏低和低保对象收入界定难等。主要表现为：大部分基层低保工作机构不健全和工作者缺少办公经费，给低保的各项工作带来极大不便，严重影响了低保工作人员的活动范围和工作积极性，制约了调查力度和监督力度，妨碍了低保政策能真正落实到基层，也容易造成低保对象核查不到位，动态跟踪不及时等问题。各地的配套资金不足，使月人均补助水平参差不齐，大多偏低于当地平均生活水平。大部分地方虽明确了城乡低保标准，但是在实际操作过程中，界定低保对象收入是一个很大难题。

四是当前我国农村“五保”供养出现诸多新问题。如五保对象供养标准偏低，与新的《农村五保供养工作条例》规定的达到当地村民平均生活水平的标准还有一定差距。五保对象生病就医难，随着农村税费改革，原从“村提留或乡统筹”列支的五保供养经费调整为从农村税费改革转移支付中支出，造成许多乡、村难以承受“五保”对象的生活补助及医药费用。有些地方甚至借此甩掉包袱，只按照全额低保金对五保户进行供养。同时，大多敬老院设施简陋，集中供养率低。至今，仍有不少敬老院从未进行过维修，大多数敬老院的工作经费困难，管理服务水平低，五保户不愿入住，五保对象很难实现集中供养。

五是当前我国城乡医疗救助还须在探索中加以完善，医疗难问题成为制约重点优抚工作的瓶颈。主要表现为：各项救助制度有待完善，大多数医疗救助工作在试点阶段，许多工作还处于探索过程，具体实施办法、工作细则，还需要在实践中不断完善。受益群众有限，由于受经济发展水平和财力条件制约，大多地方救助规模和水平都较低，获得救助人数只是需救助对象的极少数。同时，重点优抚工作落实难，重点优抚对象患病需要住院时，需要先缴费，后住院。对于一些贫困的优抚对象，如何在就医过程中筹措到足够的医疗费，仍是一个“先决问题”。当医疗费用较高时，优抚对象往往难以支付。这就造成优惠政策优抚对象无法享受，而报销手续繁琐和报销门槛太高也是很大困扰。

推进民生改善中存在的这些困难和问题，都是我们当前完善我国社会保障体系的重要方面，我们知道发展民生经济的目标是实现民无所忧，完善社会保障是实现这一目标的托底。社会保障体系是国家通过立法和国民收入再分配，对社会成员由于年老、疾病、伤残、失业、贫困、低收入等原因出现生存问题时，提供基本生活需要的一系列政策制度，同时也是发展民生经济的重要保障。为此，加快完善适应经济社会发展水平的社会保障体系，是发展民生经济的首要任务。关于发展民生经济的主要途径和具体措施，不同地方应根据地方的具体情况作出不同的选择。对于我国发展民生经济的宏观取向，是我们要探索的问题。但我认为，当前推进民生经济发展，在总体上应注意把握好五个关键环节：

1. 发展教育是基础，特别是职业教育。通过发展职业教育，既可以培养更多符合经济社会发展需求的适用型人才，更好发展民生经济，也可以帮助困难群体掌握服务社会的知识和能力，进而改善自身的经济状况。

2. 扩大就业和创业是根本。继续大力扶持发展中小企业，推动全民创业，应通过进一步减轻中小企业社会负担，减免优惠相关税收项目等鼓励其多提供就业岗位，通过激活民资、挖掘民力、启动民智，让一切生产要素的活力竞相迸发，使更多的人创业致富，这是解决民生问题的重要途径。

3. 解决“三农”问题是重点。发展民生经济的重点区域在农村，重点对象是以农民（包括农民工）为主的低收入人群。应坚持把解决“三农”问题作为全党工作的重中之重，大力推动城镇化进程，消除阻碍劳动力流动的体制性障碍，积极促进农村富余劳动力转移就业。大家建议，城市大中型企业和大型民营企业在当地劳动管理协调支持下，应举办农民工技术培训班，使部分具有初中文化程度农民工学会1～2门技术，成为技术工人。

4. 增加居民收入是关键。没有居民收入的稳步增加，保障和改善民生就会流于空谈。必须严格执行劳动合同法，逐步提高企业最低工资标准，建立工资正常增长机制，同时强化工会地位，提高劳动者集体谈判能力，确保工资总额占GDP的比例逐年上升。继续完善税制，强化税收征管，调节收入差距。

5. 完善社会保障是底线。尽快构筑社会保障安全网，确保每一个社会成员的基本生活，这是发展民生经济最基本的要求。当前应该进一步增加财政投入，扩大养老保险覆盖面，使之逐步覆盖包括农民和农民工在内的全体社会成员，同时加快实现养老保险全国统筹，继续完善医疗卫生体制改革，确保人人享有基本医疗卫生服务，基本满足人民群众多层次的医疗卫生需求，努力使人民群众健康水平进一步提高。

以上关于发展民生经济的阐述中，我引用了不少专家学者的观点，还请各位多多包涵，我只想让不熟悉本届年会主题的同志，有一个初步认识，吸引他们也都参与到推进民生经济发展之中。在我们明确了当前发展民生经济的意义、必要性和制约问题后，我再谈一下我们学会即将进行的课题研究方向，那就是“以发展民生经济为目标，推进经济发展方式转变”。即从生产力发展的角度充分认识转变经济发展方式与发展民生经济的关系及联系。我国的“十二五”规划纲要明确指出，以加快转变经济发展方式为主线，是推动科学发展的必由之路，是我国经济社会领域的一场深刻变革。而改善民生则是加快转变经济发展方式的根本出发点和落脚点。因此，推进民生经济发展、加快经济发展方式转变，我们必须从生产力发展的层次上去认识转变经济发展方式的内涵和路径。依据马克思主义生产力和生产关系的基本原理，我们的一些专家学者已明确指出：转变经济发展方式既是生产力的提升，也是生产关系的调整和变革。

生产力的提升最具代表性的表现是产业结构的调整和优化，而产业结构是生产力水平高低的直接表现。在社会经济发展中，当第二产业代替农业成为经济增长的主力军时，就进入了工业化时代；而知识和信息产业、现代服务业等产业占比快速提升，就意味着生产力发展达到了新的更高水平。生产力发展三要素中的劳动者作为首要要素，其个人发展与幸福感应是改善民生、发展民生经济的立足点和目标所在。生产关系是随着生产力的提升和变化而调整和变革的，这是一个持续不断发展和变化的过程。在转变经济发展方式的过程中，生产关系的调整和变革有着其特别重要的意义，并会在许多方面都有体现。建立以改善民生为根本、以居民积极主动消费为主导的民生经济发展模式，自然就要调整和变革现有生产关系中的许多方面，而提高认识、克服体制机制上的障碍仍是重中之重。

为此，在“以发展民生经济为目标，推进经济发展方式转变”的课题研究中，必将涉及诸多方面的探索和研析，也期待着有识之士提出更多的新见解和新思路。最后，我殷切希望在座的大家能踊跃参与到该项课题研究中，同时，我坚信，依靠众多会员、数十位世界生产力科学院（中国籍）院士和更多关心中国生产力发展的专家学者的广泛支持，我们不仅可以把这一新课题做好，也可以不断推进我国先进生产力的持续解放和发展，通过我们的共同努力，我们一定可以开创我们事业的新辉煌。

（2011 年 11 月 16 日中国生产力学会第 16 届年会发言）

对当前民生建设的几点认识

胡锦涛总书记在今年的“七一”重要讲话中，进一步强调要更加注重保障和改善民生。从近年来各地的实践看，我国在改善民生问题方面取得了明显成绩，民生幸福工程建设在城市和农村都取得了长足进步。这几年，我调研走访了上海和江苏省的南京、苏州、徐州等地，这些地方备受人们关注的医疗、教育、养老、住房等问题解决得较好，经济社会呈现出协调发展的喜人局面。这说明，我们党近年来致力于改善民生，顺应党心民意，深受群众欢迎。

当前，改善民生已经成为我国社会主义和谐社会建设的出发点和落脚点，也成为我国经济社会科学发展的根本目的。必须清醒地认识到，民生建设是一项系统工程，不仅关乎人民群众物质生活水平的提高，更重要的还牵涉保障每个人的基本发展机会等问题，其范畴囊括经济、社会、政治、文化诸多领域，因而是一项长期的战略任务。伴随改革开放的不断推进，我国的经济利益格局发生了深刻的变化，经济社会发展面临着前所未有的问题与挑战，特别是教育、就业、收入分配、社会保障、医疗卫生等领域的问题日益凸显，使民生建设的任务更加艰巨与紧迫。

推进民生建设归根结底要靠加快发展。民生问题实质上是发展问题，只有发展才能积累丰富的社会物质财富，不断满足人民群众日益增长的物质文化需要，不断提高人民群众的福利水平和生活质量。搞社会主义现代化建设，不仅是要提高国家的核心竞争力，增强在世界经济中的话语权，为人类整体进步作出更大的贡献，而且是要让全国人民公平地分享发展的成果，普遍过上比较富裕的生活，这是为政之要、执政之基。改革开放30多年来，我们党实现了工作重心从“以阶级斗争为纲”向“以经济建设为中心”的转变，强调“发展是硬道理”“发展是执政兴国的第一要务”，从而保障了经济社会持续快速协调发展，社会生产力日新月异，为保障与改善民生提供了坚实的物质基础。但不可否认，我国仍处于并将长期处于社会主义初级阶段，这一基本国情决定了改善民生必须循序渐进，量力而行，把经济发展的“蛋糕”做大并分好。这既是我国经济发展成就惠及全体人民的集中体现，也是新时期全面建设小康社会的必然要求。“十二五”时期，解决好民生问题，还得靠加快发展，特别是要实现又好又快的科学发展。

推进民生建设必须贯彻落实科学发展观。“民惟邦本，本固邦宁”。民生建设关系到人民的幸福安康、社会的和谐发展、民族的兴旺发达与国家的长治久安。这些年来，我们党坚持以人为本、全面协调可持续的科学发展观，将民生建设与构建和谐社会有机统一起来，突出强调要加快推进以保障和改善民生为重点的社会建设，从经济建设、政治建设、文化建设和社会建设四位一体着手全面推进民生建设，使人民群众生活水平得到了空前提高。从更广范围看，民生建设不仅是经济问题，更是社会问题。当经济发展到一定程度后，必须更加注重经济、政治、文化、社会以及生态的整体发展，必须更加注重城乡、行业、部门之间的协调发展，必须更加注重内地与沿海、国内与国际的均衡发展，这样才能把民生优先战略贯穿到各个环节，转化为每个人的实际行动。这就需要我们进一步更新发展理念，坚持以科学发展观指导和引领民生建设，始终把保障和改善民生作为执政兴国的目标和主旨，努力走出一条创新与和谐兼备的民生发展之路。唯有如此，经济社会才能够保持长期繁荣，我们党和政府才能得到广大人民的拥护和爱戴。

推进民生建设需要同步推进体制机制创新。民生建设与人民群众的切身利益息息相关，涉及各层面的社会管理制度变革，需要统筹规划、周密安排、扎实推进。从根本上来说，新时期推进民生建设需要进行全方位体制机制创新，从制度上明确保障和改善民生的目的、方式和途径，将民生建设纳入制度化、规范化、常态化轨道。当前，紧紧围绕人民群众反映最强烈的教育、医疗、住房、收入分配等热点问题，以扩大社会公共服务覆盖面为着力点，以维护最广大人民根本利益和基本权益为立足点，进一步明确推进民生建设的责任主体，建立科学有效的民生工作机制，加快形成推进民生建设的制度体系，已成为党和政府的重要任务。“十二五”时期，各级党委和政府要把保障和改善民生作为干部考核的重要指标，继续完善公开、公正、公平、透明的政务公开制度，探索建立扩大公民有序参与的决策监督机制，切实使各级党政主要领导从单纯追求国内生产总值转到全面关注人民幸福指数上来。

推进民生建设应兼顾政府的主导作用和人民群众的主体作用。加强民生建设，解决民生问题，是政府的应尽职责。我们发展经济的最终目的就是为了提高人民的物质文化生活水平。在新中国成立60多年的社会主义现代化建设实践中，我们党始终把关注人民疾苦、维护人民幸福作为自己的神圣职责，努力推进民生建设，带领亿万人民进入了总体小康的发展阶段。当前，随着社会主义市场经济体制的逐步完善，政府对“什么该管、什么不该管”应有更加清晰的认识，在推动民生建设工作中切实地将职能转变到“经济调节、市场监管、社会管理和公共服务”上来。要充分认识到，人民群众不仅是民生建设的受益者，也是民生建设的主力军，充分发挥人民群众参与民生建设的主体作用，是我们党全心全意为人民服务的根本宗旨同人民群众为自己创造更加美好生活的新期待的有机统一。只有充分发挥人民群众的主体作用，尊重人民群众的创新实践，激发人民群众的聪明才智，民生建设才能拥有坚实的群众基础，才能顺利地向前推进。

推进民生建设是一项长期而艰巨的历史任务。民生建设是贯穿于整个社会主义现代化进程的一项重要工程，与一个国家的发展阶段、经济状况、政治制度、文化传统密切相关。因此，推进民生建设务必从实际出发，不能急于求成，既要认真解决好当下影响人民群众生活的紧迫问题，让绝大多数人民群众尽可能享受到经济发展的成果，也要实事求是地向人民群众讲清楚，只有经济得到发展才能相应地提高生活水平，引导大家摒弃那些不切实际的过高与过急的要求。同时，我们还要认识到，民生建设是一个不断发展的历史过程，有些地方民生建设欠账过多，现在解决起来有难度，但绝不能因噎废食、畏缩不前，而应调动一切积极因素，推动社会力量形成合力，先易后难，积极主动地解决问题，避免矛盾越积越深，最终影响经济社会的和谐稳定。

（原载《求是》杂志2011年第17期）

新时期改善民生应从解决农民工问题入手

自党的十八大以来，以习近平为总书记的党中央提出实现伟大复兴“中国梦”，这一具有划时代性的重大构想，并明确了“两个百年”的奋斗目标，开启了我国经济社会发展的新航程，成为中国共产党人和中国人民在新的历史时期的崭新奋斗目标。“持续发展经济、不断改善民生、促进社会公正”，成为新一届党中央、国务院的重点工作任务。习近平总书记提出的**“十更”目标**（更好的教育、更稳定的工作、更满意的收入、更可靠的社会保障、更高水平的医疗卫生服务、更舒适的居住条件、更优美的环境，期盼孩子们能成长得更好、工作得更好、生活得更好），**成为全体人民的热切期待**。

2011年以来，先后在江苏、浙江、上海、安徽、河南、四川、广东、北京、山西等十多个省市的区县市，就民生问题进行了调查研究，同时就农民工问题，广泛听取了输出和吸纳农民工最多的省市领导的意见和农民工的呼声。调研中发现：**作为全体人民重要组成部分，城镇化和城市化主要建设者的2.63亿庞大农民工群体**（约占全国总人口1/5，占农村总人口近一半），**对我们党和政府能公平、公正地保障他们的基本生存权利，维护他们的人格尊严和政治平等，解决其面临的发展问题，得到与城市居民一样的“十更”生活，充满迫切的期待**。同时，调研也发现：目前，相当一部分省市领导对农民工问题的思考解决，还未真正纳入到党委和政府的重要工作日程。有的甚至依然以各种借口，托词或回避农民工问题。

农民工，这一伴随着我国改革开放产生的特殊群体（包括传统认识的建筑类低技术水平的农民工、就业于现代企业具有一定技术水平和服务业的新生代农民工），他们工作和生活在城市或城镇，只是户籍在农村，群体庞大。据国家统计局2012年统计公报显示：全国农民工总量为26261万人（约2.63亿），比上年增长3.9%，占我国总人口比重19.4%（约1/5），占农村总人口比重40.9%（近一半）。其中，外出农民工16336万人，增长3.0%；本地农民工9925万人，增长5.4%。他们对我国经济社会发展的贡献巨大，却没有得到应有的尊重和认可；他们是工人阶级的新成员，却未能享有应有的权利和自豪（根据国家统计局发布的《2011年我国农民工调查监测报告》显示：我国50岁以上农民工人数已占农民工总量的14.3%，已突破3600万，改革开放30多年来农民工福利拖欠累积的问题，将在未来5年内集中爆发）；他们在工作生活的城市长期被边缘化，成为**“社保无缘、待遇无份、种田无地**（新生代农民工大部分无承包地，农村土地承包合同多属于父辈）”的三无人群。

农民工的生存和发展问题，多年来一直是社会关注的焦点。解决农民工自身社会保障、养老、子女受教育问题、留守妻子儿童心理问题、父母老人赡养等问题，社会各界一直都充满期待。特别是在城市、城镇打工生活的1.6亿农民工，有着更大期待。大家一致认为，农民工问题，不仅是民生改善的一个重要环节，也是一个涉及我国社会政治稳定、经济社会和谐、持续健康发展的重要政治、经济和社会问题。综合各方的见解和农民工问题现状，**尽快研究、解决好农民工主要问题，应是新时期各级党委和政府改善民生，促进社会公平、公正，实现全面建成小康社会目标的重要选择，也是首选着力点。**

一、目前解决农民工问题面临现实

目前，我国全体人民的范畴无非包括三个人群：**城市居民、农村居民和在城市和城镇工作生活而没有户籍的农民工。**党的十八大已明确了“到2020年国内生产总值和城乡居民人均收入要比2010年翻一番，基本公共服务均等化总体实现，人人享有的医疗卫生服务和住房等社会保障体系基本形成，并全民覆盖”等改善民生的目标和方向。然而，**面对2.63亿庞大农民工群体的基本生存权利保障和发展问题，在我们身边和不少省市县的实际推进解决过程中，却存在着如下严峻现实。**

（一）不少省市领导对解决农民工问题仍不够重视

党的十八报告，从使发展成果更多更公平惠及全体人民到人权得到切实尊重和保障，从基本公共服务均等化总体实现到积极推动农民工子女平等接受教育，实现发展成果由人民共享等诸多方面，为全党、全国人民明确了新时期改善民生的方向。可是，纵览今年公布的大部分省、市、县2013年政府工作报告中，却很少有关于解决农民工问题的专题内容。在这些地方的城乡居民收入增加、医疗、社会保障等工作目标中，多数未提及或未考虑把国内、地区GDP做出巨大贡献的农民工群体纳入其中。“更多更公平惠及”和“共享”也只体现在“促进农民工子女平等接受教育，实施外来务工人员随迁子女就地参加高考方案”方面，而非“基本公共服务均等化”的其他方面。

（二）贯彻国务院解决农民工问题若干意见收效甚微

国务院2006年3月27日颁布的《关于解决农民工问题的若干意见》（国发［2006］5号），就统筹城乡发展，保障农民工合法权益，改善农民工就业环境，引导农村富余劳动力合理有序转移，推动全面建设小康社会进程，从十个方面提出了40项实施意见。虽然各省、市、县也先后出台了相关实施方案等，但是回首这七年来，除一些地方政府在某些方面做了积极探索，让农民工得到了些许实惠，如一些外来务工子女进入公办学校就读，免除了学杂费；少量外来务工人员住进了廉租房外，为农民工催讨欠发工资和帮助其买张车票回家，成为各级领导和有关部门的一项重要工作，可是拖欠工资问题并没有从根本上解决。而把农民工纳入城市公共服务体系、保障其依法享有的民主政治权利等多方面不仅没有实现，不少本不该有较大分歧的问题仍在研究中，不少问题还停留在讨论中，而且争论不休，至今还没看到一个真正为解决农民工享受公民应该享受的基本权益的省市一级实施方案出台，令农民工和许多人遗憾。

（三）户籍改革遭遇部分城市市长的反对

对于解决农民工进城、市民化等问题给予厚望的《全国促进城镇化健康发展规划（2011～2020年）》，发布前该专题调研组在全国不同城市调研中发现，“户籍改革遭遇不少市长的反对”。市长们反对自有其苦衷，因为户籍制度不仅关乎地方财政，也关乎土地财政，土地财政与现行征地制度有关，现行征地制度又与整个城镇化制度有关。城市建设需要足够多的廉价劳动力，而将农民工身份模糊化，不仅能得到足够的廉价劳动力，又能得到除农业收入之外的额外收益，还不需要为此支付势将减损城市利益群体的福利。同时，现阶段国内真正有财力的城市并不多，越往中西部，资金压力越大。可见，与户籍制度有关的教育、社保、医疗等更细的领域，与各种社会制度都有着千丝万缕的联系。对长期沉湎于“GDP政绩”模式的城市而言，户籍改革必然会打乱既有的政绩评价模式，部分市长缺乏热情自然不难理解，在短短的任期内，自然很少有人愿意去触及。但这个问题解决关系到新型城镇化，实现2020年全面小康社会必须要解决的重要问题。

（四）多数的省市政府官员只认可它是社会问题

由于长期在执政理念上形不成统一认识，政策设计上的缺位和不到位，使农民工群体在城市长期边缘化，加之其自身发展中一些问题的存在，使我们许多省市政府官员将其淡化或简化为一个社会问题。其实，农民工问题，决不仅是一个突出的社会问题，也是一个重要的经济问题和必须面对的政治问题，它是构建和谐社会迫切需要解决的突出问题，更是关系到社会政治稳定的重要问题。解决好农民工问题，对于我国经济持续发展、社会政治稳定、和谐社会构建与城市化、城镇化等都具有十分重要的现实意义。而单纯地将农民工问题列为社会问题进行推进解决，存在着诸多体制和机制障碍。

（五）农民工“人权尊严”被剥夺与提倡包容形成反差

当前，“经济吸纳，社会排斥”的城市化模式导致了劳动力的过度商品化，对市场而言，劳动力是单纯的商品，只要劳资双方出于自愿，劳动过程中的风险则由劳方自行承担，企业只考虑利润问题，而很少承担社会责任。同时，也忽视了劳动力的主要群体农民工，作为人和公民的需求，他们的“人权尊严”多被剥夺。在湖南耒阳，有一个特殊的伤残农民工群体，他们在深圳从事风钻工作期间，为了赶工期，施工单位不愿意采取对工人伤害较小的注水作业，也缺乏最基本的防护措施。他们患上职业病——尘肺病之后，由于没有签订劳动合同，而求告无门，更为荒唐的是，他们无法“证明”自己得了“职业病”。（2009年5～9月间，湖南省耒阳市导子乡共176人去深圳市职防院进行检查，结果发现，有102人患上了不同程度的尘肺病，其中，被确诊尘肺病三期的有37人，二期20人，一期43人。而在此前，因尘肺病而死亡的已有20多人。）以及河南农民工张海超“开胸验肺”，证明自己得了“尘肺病而非肺结核的爆炸性新闻”等，均是农民工人权堪忧的更多例证。

在对新生代农民工和老一代农民工的访谈中发现：新生代农民工更多地已经提及“人权”“自由”“平等”等词汇，而老一代农民工更多提及的是“命运”“忍”“没办法”等字眼。当问及个人权利是来自政府的规定、法律的赋予还是与生俱来的，大约一半的新生代农民工认为是与生俱来的，1/4左右认为是法律赋予的；而超过70%的老一代农民工认为是政府规定的。显然，新生代农民工的权利意识较之上一代更为强烈、清晰，更接近我们通常所理解的公民人格。而当问及他们的“尊严”时，他们的回答几乎全都是摇头。他们不仅在日常生活中饱受歧视与偏见，而且在就业、医疗、教育和社会保障等领域面临制度性歧视。在人际交往层面，“民工”几乎成低素质的代名词，常常无端遭受他人的白眼；在劳资关系层面，农民工面临欠薪、伤残等风险；在社会生活层面，微薄收入和少有的社会保障，让他们无法获得体面的劳动和生活，也不得不忍受与家人分居两地的痛苦。他们的“人权和尊严”几乎无从谈起。

二、农民工问题产生的深层次原因

农民工，是当前我国人数最多、社会奉献最大的劳动群体之一，在工人阶级队伍中已占有相当重要比重，却是合法权益最容易受到损害的弱势群体。农民工问题，一直未能得到妥善解决的深层次原因，归纳起来主要有以下五个方面。

第一，城乡分割二元结构，是产生农民工问题的体制根源，地方领导的一些思想观念，却客观上阻碍了农民工问题解决。从根本上说，长期存在的城乡二元结构，造成了农村与城市、农民与市民种种不平等。城乡分割的户籍制度，是许多地方政府把外来人口和劳动力列在服务对象之外的主要原因。同时，不少地方领导在思想观念上，一是认为政府社会保障负担已经很重，无力承担对农民工的社会保障。二是认为农民工虽然从事工人职业，但他们仍是农民，他们还有农村的土地赖以保障，不必考虑他们的社保问题。为此，农民工既难以享受城镇职工的待遇，无法成为产业工人的“正规军”，也难以享受当地市民的待遇，不能融入城市社会成为新市民。现行城市社会管理体制还带有计划经济年代的烙印和明显的城市偏向，没有把他们平等地纳入城市劳动就业服务、社会保障和其他公共服务之内。

第二，现行相关法律不健全、法制不完善，是产生农民工问题的制度缺陷。按照完善社会主义市场经济体制要求，中国在劳动保障立法上空白较多，已有的一些法规政策中还存在限制农民工的歧视性条款有待进一步清理，许多法律法规对改革开放以来新出现的农民工群体，缺乏明确的法律保护条款。现行涉及劳动权益保障的具体规定，有的只是部颁规章，立法层次较低；有的没有违法的依据，处罚条款过轻，不足以阻止企业主的违法侵权行为；特别是有法不依的状况仍相当严重。《劳动法》《劳动监察条例》《工会法》等法律法规对农民工作为企业职工的工资标准、劳动安全、工伤医疗保险、劳动时间、休假权利和民主权利等都有了明确规定，但事实上似乎这些法律、法规和农民工无关，仍然存在普遍违法的现象。由于劳动执法体系不健全，执法监察力量严重不足，也造成了执法不严、违法不究的现象处处可见。此外，农民工依法维权的组织体系不健全，维权渠道不畅，维权环节复杂，维权成本过高，法律援助不力，还未在全社会范围内形成一个依法维护农民工权益的大环境。

第三，政府管理和职能转变不到位，是产生农民工问题的机制障碍。一些地方政府对农民工的公共管理和服务严重缺位，在城市基础设施、社会保障、劳动就业、教育卫生、住宅建设等方面，都没有考虑到农民工的需求，在公共财政预算安排上也没有得到体现。20世纪90年代中期，城市建立或确定的对外来流动人口管理机构及管理重点是维护社会治安和稳定，管制多于服务，防范多于保护。特别是一些地方受片面追求经济增长速度的传统发展观和偏重于经济增长的干部考核体系等因素影响，只强调亲商、爱商、富商，而忽视亲民、爱民、富民，在处理劳资关系时往往偏向投资者和企业主一边，缺乏对农民工合法权益的有效保护，连起码的同工同酬也难以落实。加之一些地方领导往往把廉价劳动力和土地作为吸引投资的条件，认为提高劳动力工资和社会保障水平会削弱本地经济竞争力，影响企业发展和外贸出口，对一些企业侵害农民工合法利益的事情重视不够或者回避。严重侵犯农民工权益违法行为的处理，在不少地方政府竟然没有纳入劳动部门的工作范畴。

第四，用工企业不主动维护农民工合法权益，是关键原因之一。有些企业错误地认为农民工参保会增加成本，加重企业负担，降低企业竞争力，部分企业对农民工社会保障采取能拖则拖的态度，以各种理由拒绝参保。特别是在服务性企业工作的农民工中80% ~90%没参保问题，从未认为是问题，政府的相关监督部门也未采取过实质性措施，更不会依法处理一个企业。可见，维护农民工合法权益何等难呀！同时，在现行保障体制下，也有极少数企业无力参保。农民工所在单位大部分是民营企业或乡镇企业和个体工商户，主要从事建筑、餐饮、保健、服装等技术含量较低的工作，不少是微利行业。存在极少数企业为他们缴纳的基本养老、医疗、失业、工伤和生育五项保障金感到负担较重，参保积极性不高的现象。农民工最显著的特点是就业不稳定，流动性大，不仅往返流动于城乡之间，而且在单位之间、城镇之间频繁地变动工作岗位，新老农民工进行着代际更替。即使参保，基本上是照搬城镇职工的制度，缺乏适应农民工特点和要求的管理办法和机构，难以满足农民工大规模参保的要求。由于缺乏便于农民工参保、转保、退保的办法，农民工频繁的变动工作，有的农民工更换新工作后，也常常被迫中断参保或退保。由于退保手续繁杂，不少农民工辞职，自己已缴的保费多是拿不到手，便一走了之。

第五，农民工自身素质和组织化程度低，也是重要因素。与城市劳动力相比，农民工的文化水平不高，他们绝大多数外出前不掌握必要的专业技能，不了解工业生产的基本规范，不熟悉城市生活情况，往往只能从事体力劳动和技术简单的工作，在劳动力市场中处于弱势地位，没有与用人单位讨价还价的资本。农民工自身也往往因为劳动时间过长、劳动强度过大，客观上缺少学习的时间和条件，主观上也往往缺少自学成才、改变命运的意识和动力。尤其是很多农民工在权益受到侵害时，不懂得通过合法手段和渠道保护自己，往往都是忍气吞声，有的则采取过激行为。多数农民工自身既缺乏产业工人的意识，也缺乏产业工人必备的文化知识和技能素质，与工人阶级新成员的要求还有相当大的差距。部分农民工离开土地来到城镇的动机主要是赚钱回家改善生活，并不想在城市居住生活，缴纳保险费减少了现金的收入，不愿意拿钱参保。加之当前我国劳动力市场竞争激烈，农民工的就业竞争更为激烈，多数农民工不敢冒着丢掉饭碗的风险向用人单位提出参保要求，而就业的压力迫使部分农民工不得不接受用人单位的低工资和无保障。

综上所述，农民工作为我国社会生产力中最积极、最活跃的劳动力群体，他们收入低下和权益缺失的状况如果不能尽快地得到有效改变，他们中的多数人如果不能逐步转化为正规的产业工人和安居乐业的城市市民，我国城乡差距、地区差距和贫富差距扩大的趋势就不可能得到根本改变和扭转，农业弱质、农村落后、农民弱势的问题和民生改善也不可能得到根本解决，也必将会延误我国全面建设小康社会、城乡一体化发展和实现现代化的进程。因此，立足我国经济社会发展的新时期，既要充分认识解决农民工问题的重要性、必要性，也要看到解决农民工问题的复杂性、艰巨性和长期性。农民工问题，是在改革发展进程中出现的，必须通过进一步深化改革、加快发展的办法来解决，必须从政治和经济社会发展全局的高度来统筹解决。当前我们不能等相关改革（如户籍改革）完成后再着手，各级地方政府领导必须增强解决农民工问题的紧迫感和责任感，应拿出更大的政治勇气和改革创新精神，率先突破一些关键环节。

三、新时期农民工市民化的重大意义

改革开放以来，大量农民涌入城市成为农民工，他们为城市发展做出了巨大贡献，并成为城市工人的重要组成部分。然而，与广大农民工付出不成正比的是，他们的工资远低于城镇居民，他们的医疗、社保等问题至今仍被排斥在城市之外，同工不同酬的问题仍然严峻，拖欠工资现象也是屡见不鲜；教育、医疗、住房、养老等方面则更多。城市化就是把农民化为市民，这是一个国际惯例。1954～1956年，是我国历史上户口迁移最频繁的时期，全国迁移人数达7700万，包括大量农民进入城市城镇居住并被企业招工。1956年底国家为保证粮食生产，制止农民盲目外流和维护社会治安，出台了城市户籍登记制度。这在当时是正确的，也是非常必要的。若不是1956年因当时特殊情况决定进行“冻结户籍”特殊政策，那么，我国也不存在“农民工”这一特殊问题。在调查中不少同志认为，作为中国共产党领导的社会主义制度国家，应该下决心解决农民工问题。1956年当时“冻结户口”是为了建设，为了经济发展，为了解决城市口粮供给，这一决定无可非议。现在50多年过去了，我们党和政府有能力解决好这个问题，应该把解决农民工问题列入党和政府的重要工作日程，组织专门机构进行专题研究，提出可行、有效的解决方案。

依据“城市化就是把农民化为市民”这一国际惯例，大家一致认为，实现农民工市民化，是解决我国农民工问题的必然选择。通过农民工市民化，提高农民工的知识文化水平和技能水平，切实维护好农民工合法权益，平等享有城镇居民的养老、医疗等社会保障，才能从根本上解决农民工目前的现实困境。目前，全国大多数城市的非本地户籍人口占常住人口的比重已越来越高，特别是深圳、东莞、苏州等移民城市，常住非本地户籍人口在十多年前已超过了本地户籍的人口数的几倍，其中主要是农民工群体，而且已成为促进常住人口增长的主要来源，并对这些城市社会和经济发展产生着广泛而深远的影响。如果不尽快推进农民工市民化，确保这些城市的社会政治稳定难以做到，也很难实现这些城市和谐、稳定、健康、科学地发展。

根据深圳市统计局资料显示，2010 年年末，深圳市常住人口 891.23 万人，其中，户籍人口占常住人口 27.1%，非户籍人口占 72.9%。全市各区人口分布情况，福田、罗湖、南山常住人口的户籍和非户籍人口比例基本持平，但宝安、龙岗、光明新区、坪山新区的户籍和非户籍人口倒挂比例严重，其中宝安的非户籍人口是户籍人口的 6.7 倍，龙岗是 4.3 倍，光明新区是 8 倍，坪山新区是 4.7 倍。另外，具体到罗湖区，据第六次全国人口普查结果显示，常住人口 923423 人中，非深圳户籍常住人口 641240 人，占全区常住人口总量的 69.4%，较 2000 年增长 23.0%，年均增长 2.1%，其增长速度高于深圳户籍人口增长速度。同时，农民工仍然是罗湖区外来劳动力的主体。2010 年罗湖非深圳户籍常住人口中，有 65.5% 的人口是农民；从文化程度看，初中及以下文化程度占农民工总量的 65.2%。从职业构成看，商业和服务业、生产设备和运输操作人员占农民工总量的 80.5%。在罗湖区非深圳户籍常住人口的居住分布十分复杂，居住类型也多种多样。外来人口大多选择租赁住房居住，“常住化”趋势明显。户主为非深圳户籍常住人口的家庭户中，在罗湖区采用租赁住房居住的比重高达 76.7%，仅 15.7% 的选择购买住房或自建住房，远低于深圳户籍家庭的 82.8%。而这少部分拥有自有住房的非深圳户籍家庭，居住条件较差，这也是外来人口与罗湖本地居民基本生活条件的重要区别之一。非深圳户籍家庭人均住房建筑面积为 20.8 平方米，54.4% 的非深圳户籍家庭户均月租房费用集中在 500～1500 元之间。可见，深圳罗湖区非深圳户籍常住人口是深圳户籍人口的两倍还多，但是他们的文化程度、职业技能和居住生活条件等，均无法与户籍居民相比。

另据资料显示：2011 年北京市常住人口为 2018.6 万人，与上一年 1961.9 万人相比，增加了56.7万人。其中，户籍人口数为1277.9万人，比上年增加20.1万人；外来人口742.2万人，与上一年704.7万人相比，增加了37.5万人。而暂住人口总数为825.8万人。据第六次人口普查资料显示，上海外省市来沪人口与上海户籍人口比，从第五次人口普查的1∶3升到2010年的2∶3。从年龄构成来看，在全市常住人口中，17～43岁年龄段中，每岁组都是外省市来沪人口比上海户籍人口多，即青壮年人口中，户籍人口与外来人口倒挂。根据人口发展自身规律和大城市的集聚效应判断，未来上海外来人口数量将逼近户籍人口。广州市，1270万常住人口中，常住的户籍人口有794万人，常住的非广州户籍人口的有476万人，常住人口1/3多是外地户口。其中，来自省外的有300万人，而来自湖南的最多，有80多万；其次是广西，有40多万；来自湖北的超过35万；四川的有30多万；江西的超过26万；河南的超过22万。"外来工城市"东莞市，全市1000万常住人口中，户籍人口仅为200多万，常住人口中非户籍与户籍之比超过4∶1。

党中央、国务院就如何解决农民工问题，已出台了一系列重要政策，提出了明确要求，公安部等相关部门也出台了改革的具体方案。贯彻落实习近平总书记和李克强总理的重要指示和明确要求，充分认识在全面建设小康社会和实现现代化进程中，着力解决好困扰我国民生改善的农民工问题，其现实意义重大。特别是我们各级领导立足改革发展稳定全局，应拿出更大的政治勇气和改革创新精神，认真研究并积极推进农民工相关问题解决，已是当务之急。通过分析研究，我认为当前推进农民工市民化的重大现实意义，主要有如下五个方面：

（一）推进农民工市民化有利于扩大消费

随着世界经济全球化的加深，国际市场风险的加剧，各国外贸出口的难度加大，我国也相应地转变政策。国民经济增长由原来的投资、出口转变为投资、消费、出口三驾马车。其中消费的重要对象就是农村的消费。然而，由于进城打工的农民，他们主要的目的是增加收入，他们在城市从事的又是工资水平较低的工作，同时工作不具有一定的稳定性。最重要的是他们不享有城镇居民的教育、养老、医疗等社会保障。这就决定了他们往往吝于消费。他们只会进行必要的支出，消费水平低下。据2010年国务院发展研究中心课题组研究显示，2007年农民工消费的倾向仅为35.91%，比同期城镇居民消费倾向要低40多个百分点。如果实现农民工市民化，增加他们的收入，解决他们的养老等一系列社会保障问题，那么随着收入水平的提高，农民工也会相应地增加消费投入。如果教育、医疗等后顾之忧的解决，将会进一步增强他们消费的倾向，逐步接近并达到城镇居民的消费水平。因此说，城镇化将是内需增长的强劲动力。

（二）推进农民工市民化有利于缩小城乡收入差距

在城镇化过程中，人口和社会生产力不断由农村向城镇聚集，带动城镇社会分工不断深化，产业体系不断健全，创造出大量非农就业岗位。这将吸引劳动力从边际生产率很低的农业部门转移到非农部门，减少部门之间边际劳动生产率的差别，从而逐渐缩小乃至消除城乡收入差距。目前，由于城乡二元结构尚未破除，农民工不能与城镇职工平等享受劳动权益保护和公共服务，其工资增长和地位提升还面临制度性障碍。解决这个问题必须使农民工享有与城镇职工同等的工资待遇、劳动权益，并且有机会通过教育、培训、升迁等途径向社会上层流动，依靠职业、社会地位的改变带动收入增长。

（三）推进农民工市民化有利于推动农业农村发展

农村劳动力不完全转移将使农业处于兼业化经营状态，对农业生产会产生消极影响。在中国部分地区，随着农户非农活动增多，农地利用呈现粗放经营的趋势，耕地利用水平不断降低。因此，推进农民工市民化，并建立完善的农村土地流转市场和承包经营权退出机制，耕地资源就可以向专业农户集中，从而改变农地经营细碎化的状况，提高农业的土地利用率和劳动生产率。农民向城镇集中还能避免村庄过度膨胀，有助于集约利用城镇公共基础设施，推进城乡公共服务均等化。

（四）推进农民工市民化有利于倒逼产业升级转型

长期以来，由于具有低劳动力成本的优势，沿海地区形成了对出口加工产业的路径依赖，缺乏产业转型升级的内生动力。推动农民工市民化必将适度提升劳动力成本，有助于打破这种发展惰性。一方面，中小城市和小城镇的快速发展会创造大量就业岗位，逐渐改变劳动力的买方市场格局，形成劳动力供求均衡甚至卖方市场格局，并推动劳动力价格上升。另一方面，农民工转变为市民后，企业也将承担部分城镇化成本。以社会保障为例，农民工落户城镇后，养老保险的企业缴费比例将由12%上升到20%，企业的社保支出将大大增加。用工成本提高必然迫使企业加快产业转型升级步伐，提高产品的科技含量，向附加值较高的产业和生产环节转移。

（五）推进农民工市民化有利于促进社会融合

随着新生代农民工规模不断扩大，城市社会二元结构问题已不容忽视。据国家统计局住户调查办公室（2011）数据显示，目前，中国新生代农民工总数为8487万人，占外出农民工总数的58.4%。与上一代农民工相比，新生代农民工在外出务工动因、心理定位、身份认同、发展取向、职业选择等方面都已发生了根本性的变化，从亦工、亦农向全职非农转变，从城乡流动向融入城市转变，从谋求生存向追求平等转变。顺应这种新形势，只有加快推进农民工市民化，才能促进城市社会融合，并避免在城市造成新的社会断裂。

此外，**农民工近年来已不像前些年那样盲目流动，他们已随着国家经济发展的步伐逐渐有序流动**。据国家统计局发布2011年我国农民工调查监测报告显示：在中西部地区务工的农民工增长较快，中西部地区对农民工的吸纳能力进一步增强；在长三角和珠三角地区务工的农民工比重继续下降；跨省外出的农民工数量减少，农民工以跨省外出为主的格局改变；外出农民工仍主要流向地级以上大中城市（在大中城市务工的农民工收入水平相对较高）。特别是2010年第六次全国人口普查后，绝大部分农民工已纳入了各城市常住人口管理范畴。那些借口农民工盲目流动危害大的托词也就不攻自破。

其实，农民工流动有利于打破城乡二元结构壁垒，客观上也促进了传统的社会管理制度的改革。城乡二元结构的基本功能是限制社会成员在区域间的自由流动，这在建国初期对于启动工业化和维护社会稳定具有积极作用，但同时也构建了封闭的经济和社会结构，抑制了经济发展的活力。如今随着以市场为取向改革的不断深入，这种制度越来越暴露出弊端和阻碍作用。大量农民工的流动，对城乡二元结构产生了极大的冲击作用，使传统的城乡关系格局、区域关系格局松动，并对现存的城乡有别的就业、医疗、养老保险、社会保障等制度以及农村的土地流转制度提出挑战。同时，大规模的农民工流动促使一些地方政府对户籍制度进行了一系列改革，并向社会保障等领域扩展。构建一个身份同一、地位平等、权利一致的新市民制度，已成为社会共识和追求。

四、农民工问题可率先突破的方面与建议

解决2.63亿农民工问题是一个重大战略问题，既涉及社会经济结构变迁，也涉及生产方式和生活方式的转变。既关系工业化、城市化、城镇化的健康发展，也关系实现社会公平、公正、和谐和我国工农联盟执政基础的巩固。新时期改善民生、解决农民工问题，从其本意上说，就是让2.63亿多农民工逐步融入城市或城镇，实现基本权利平等化和公共服务均等化问题，尽管不可能一蹴而就。但是，通过广泛调研，大家一致认为，在没有从根本上解决“农民工”户籍问题的情况下，目前迫切需要从以下五方面率先突破。

第一，将农村合作医疗与医疗保险相结合，尽快统一城乡劳动者的医疗报销标准，解决农民工的看病难问题。建立全国联动的医疗保障机构，将农村合作医疗与用工单位的医疗保险结合，取消医疗定点地区限制，执行省区城乡劳动者医疗报销统一标准，让农民工在工作生活的城市就可以凭借医疗卡进行医疗救治和看得起病，无需再回到原户籍所在地。

第二，把农民工纳入城市经济适用房配售和提供公租房范围，解决农民工的居住权问题。推进城市化和城镇化，关键是要拉动消费，让占常住人口很大比例的非户籍务工人员包括农民工留在工作生活的城市（镇）消费，就必须解决他们的居住问题。江苏、山东、四川等省市近年来把部分农民工纳入经济适用房配售和提供公租房范围，已取得了很好的效果，很值得推广借鉴。在调查中大家一致建议，在城市解决低收入群体住房，不仅是农民工，即使是当地市民、特别是参加工作六七年后需要结婚的市民，都需要小面积的公租房。公租房面积应该占到保障性住房的70%左右，不少同志建议，各级政府应集中人力、物力、财力加大公租房建设力度，公租房也可以解决特困家庭所需的廉租房。即使是经济适用房也应是小面积的。40～50平方米的小面积商品房，也可少量60～70平方米。不仅很受收入较高农民工的欢迎，城市急需用房市民也欢迎，随着收入提高然后逐步改善住房。目前采取的限制购买二套房政策，显然不是从实际出发的，其严重后果会导致逐步富裕起来的人，无法逐步改善住房条件。我们国有企业员工，特别是公务员，刚参加工作就住大房子是不现实的。限制购买二套房所采取的某些政策，将会导致正常改善住房条件居民的客观需求无法实现。这是在世界各国中很少有

的，这不是限制“炒房”的好办法，城市政府多建小面积的公租房和商品房，才是平抑房价的一个选择。

第三，抛弃户籍限制，根据农民工的社保、纳税、住房等条件，允许其子女就地入学并平等参加高考，解决农民工子女的受教育权。据调研了解，工作生活在城市的大多数非户籍务工人员包括农民工，已不在乎什么户籍，只期望所在城市政府同意他们像在北京市购车一样，有个社保、纳税、住房等条件限制，允许他们的子女就地入学受教育并参加高考，与有户籍地城市居民子女公平的被大学录取就行。借此出台公平的异地高考制度，特别是“北上广”等大城市即可。当然，根本上讲，还是要解决户籍问题。如：改户籍为居住证，规定只要有一个较固定工作、稳定收入、租得起房，并办理社保，就应该获得居住证。让这些农民工，在政治上与当地居民一样，享受平等政治待遇，在经济上能平等享受政府投资建设的公共服务设施，他们也是当地的建设者、贡献者，不得有任何不平等的歧视。只有这样，才能从根本上解决农民工问题。

第四，改革现有就业制度，构建城乡统一的就业市场，让农民工分享平等的就业权。取缔目前城乡劳动者两套管理制度和分开管理机制，构建城乡统一的就业市场，加快城市部门的劳动就业制度改革，提高劳动力市场发育程度，实现用人单位与劳动者双向选择，取消对农民工不合理的就业限制，同工必须同酬，对城乡劳动力实行统一的就业管理制度。同时，大力发展中介组织，提供信息服务，增强市场透明度，降低供需双方的交易成本。

第五，深化土地产权改革，试行“承包地有偿转让换社保”，解决农民工的社会保障问题。目前最让农民工牵挂的就是土地问题，这是决定他们最终留城还是返乡的根本保障。过去政府不允许转让土地承包权，也是怕农民工失业后无家可归。如今，土地流转已成趋势，解决农民工后顾之忧，比较可行的办法是采取城乡挂钩方式，即“承包地换社保”，农民工转为市民后，可将承包地交给当地政府，把承包地作价计入农民工社会保障账户，退休后逐年领取，并可继承。这里讲的不是农民工参与社保的全部资金，而是社保资金中的一部分，其相当部分应由务工城市企业和个人承担。转户时也可保留其承包地，由其自由转让给农业企业或其他人耕种，使承包土地成为他们的社保来源，由在外务工的农民工根据不同情况，自行决定。让周边农民或城镇居民也可以自由地去租种农民工的承包地。农民宅基地建的住房由于农民进城务工，空房率逐年升高，应允许农民工以此抵押或转让，可以筹措资金在城镇购房或租房。

除上述五条之外，很多同志建议我们党委和政府下决心加强农民工培训工作，把他们培养成有文化、有技能的高中级技工。这是我国经济发展急需的，从长计议提高农民工文化、技术、政治素质，也是构建和谐社会、确保社会政治稳定之必须。

一是要发展和改革农村教育制度。要努力做到所有农村符合入学年龄的男女儿童，必须真正普及到初中教育。要下大力气投资创办一批职业高中，充分吸纳除升入高中外的农村青少年进行职业高中教育，让他们除满足现代农业产业化需求外，也可以满足农村食品加工或其他工业所需的技工。

二是要重视职业前的培训工作。可在部分城市进行试点，让有一定规模的企业创办或合作办中、高级技工学校，有的可以招收初中生，有的可以招高中生（含高职学生），通过免费培训，培养一大批适应当地经济和企业发展需要的中、高级技术工人。同时，从当地企业发展实际出发，让部分具有一定文化的农村男女青年提前进行岗位培训，下大力气为当地企业发展，培育有文化、有技能素质和具有道德文明的劳动力预备队伍。中国已进入老年社会，城市老年人需要大量护理人员，各级民政部门也可招收初中生或高职学生，专门培养一般和中级护理人员，这不仅仅是解决就业，可以说是解决了社会的迫切需求。根据有关资料有关人士估计，目前我国急需300万~400万高中级护理人员。据悉，教育部已决定在本科院校设置护理专业，这是一件好事情。

三是要实施农民素质提升培训工程。提高农民素质是全面建设小康社会的关键。继续加大农村教育投资，办好农村教育，普遍提高农村男女青年文化水平和文明水平，是从源头上解决城乡二元结构，富裕农村农民，构建和谐社会、确保社会政治稳定的根本。新时期建设社会主义文化强国，实现党的十八大提出的“双百目标”，广大农民的素质提升培训工程应提上各级党委和政府的重要议程。同时，相关教育部门也应从长计议拿出一个5~8年的较长期规划，真正做到目标具体，措施有力，领导有方，效果明显，年年有进步。这样，才能为建成我国全面小康社会奠定坚实的文化基础。

以上推进建议，源于调研发现的成功实践经验体会，在一些地方已取得了较好效果，希望全国城市政府能把这几方面作为新型城镇化和城乡一体化发展的突破口，勇于实践和推进民生改善和农民工问题解决。新时期改善民生、城市化的主要途径是农民工的市民化，最终目的是缩小城乡差距、实现公共服务的均等化。

农民工像一条纽带，一头连着城市，一头连着农村。其中，虽有很多领域的问题需要逐步解决，但是城市的发展、农民工的进步，势必带动城乡一体化的协调发展。为此，新时期贯彻落实党中央、国务院改善民生的一系列战略决策，应从优先解决好2.63亿庞大农民工群体的关键问题入手。新时期只有让农民工率先实现民生改善，才能带动广大农民实现美好的生活梦想，也才能实现改革红利覆盖全体人民的目标。

（源自2013年5月作者呈报国务院领导的调研报告，国务院主要领导批转国家劳动人事部，该部组成专门小组协调有关部门解决本文中提出的问题）

弘扬慈善服务民生应成为全社会的共同责任

改革开放30多年，中国经济社会的发展取得了巨大的成绩和进步。然而，人口多、底子薄、人均资源不足等基本国情因素，决定了我国将长期处于社会主义初级阶段，决定了我国在相当长时间内仍是发展中国家。慈善事业是随着经济社会的发展而发展的，它既是社会经济发展的产物，也是人类自身发展和社会进步的产物，是社会经济发展水平和文明程度的标尺。现代慈善事业的发展，不只是寄希望于社会上先富起来的人，更重要的是植根于最广大的民众之中。弘扬慈善，这是我们的共同责任。中国的慈善活动尽管源远流长，有着悠久的传统，但中国现代慈善事业才刚刚起步，难免发生这样或那样的问题。这些问题在慈善事业发展中一时难以避免。全社会特别是新闻媒体应该包容和呵护慈善事业，全社会每个人都应承担起自己的慈善责任。通过人人参与、共同推进，中国的现代慈善事业一定可以实现健康持续发展。

一、社会和舆论应保护慈善热情

纵览中西方慈善事业的发展状态，与港台和西方一些国家的社会福利制度和慈善事业相互对比，中国慈善事业还有很远的路要走。中国自古不乏行善之举，但是，现代慈善事业才蹒跚学步。目前，有一种不太好的现象，那就是社会对慈善热情的呵护不够。譬如，对有钱人做善事苛求太多。必须承认，我们不少人对富人有很多议论，包括不好的言论，有仇富心态。他们的一举一动一言，哪怕是做善事，其动机都容易遭到怀疑和诟病。这印证了一种说法：现在公益还是一种

"被人审视的善"。

慈善充满救急之举，当看到一个三天没有进食快要饿晕的人，你是立马递给他一碗热粥呢，还是先找一个救济此人的理由，并向世人表白你并无羞辱他的意图？慈善事业，应该允许捐赠者就他自己所认识的"有价值的事情"向世界发言发声，如果将他们的自身的价值从慈善活动中剔除，那么，必然会打击社会上一部分可动员的力量，削弱社会动员的能力。弘扬慈善需要资金和资本，否则就是空谈。现代慈善事业的发展，不只是寄希望于社会上先富起来的人，更重要的是植根于最广大的民众之中，而社会和舆论，应该保护慈善热情。

大家要充分认识到中国还是一个发展中国家，发展不平衡，需要帮助的人还很多，慈善事业需要大发展。我简要概括几条，希望引起大家深思，从而形成共识：

改革开放使我国综合国力得到空前提高，尤其是沿海地区的经济得到了空前的发展，人民生活水平普遍得到提高，可以说我国基本上解决了温饱问题。特别是贫困地区的人民生活水平有了积极的变化和明显改善。但是，随着改革的进一步深入，一些新情况、新矛盾、新问题也产生了，贫富差距扩大，不限于城乡的差距，城市也出现了贫困的群体。

第一，由于企业的改制，失业人员有所增加，他们由于失去了参与第一次分配的机会，就成了社会上比较贫困的群体。

第二，我们有必要向工人、农民讲清楚，我们的国家尽管取得了很大成就，人均国民收入也增加到7485美元，而美国却是52800美元，我们仅相当于美国的1/7，差距还很大。同时，我们也要向人民群众讲清楚，党和政府正在下大决心逐步解决低收入贫困群体的生计和社保等问题。比如让低收入群体的孩子有学上，有书读，免收学杂费。又如让在城市居住和工作、户口不在当地的农民工，当地政府负责他们的子女9年制义务教育。再如要解决看病贵、看病难的问题，要使低收入群体看得起病，有病能去医院治疗。还有农民工的工伤和医疗问题，医疗城乡一体化的问题，政府也都已提上议事日程。最后是养老问题，现在我国的人口男女比例失调，男性远远高于女性，这在几十年后就会成为一个严重的社会问题。为什么出现这个问题？主要是贫困。因为贫困才出现"养儿防老"，生不到儿子不罢休。如果把养老问题解决了，社会福利搞好了，人民不担心养老问题了，男女比例失调问题就好解决了。这样，就要求我们做最大的努力，使离退休职工和60

岁以上的老人得到基本的生活保障。在这个问题上，上海、江苏、浙江已在着手解决农村老人的养老问题，工作也做得很细，使这些老年人老有所养。困难群体的问题光靠政府解决还不够，还需要支持和鼓励全社会慈善事业发展，让那些先富裕起来的人帮助比较贫困的人。

第三，就是涉及群体利益的问题，比如拆迁、征地等问题。我在中西部地区调研时，少数县级干部为了自己的所谓政绩，搞大广场、开发区、建大马路，无偿占用农民土地，导致几千万失地农民的生活只能靠政府，靠低保维持。给人民群众造成不必要的负担。确保人民群众的利益不受侵犯，这是政府应有的担当。从党的十八大以来一系列新政的出台和实施，我们欣慰地看到了明显的进展和成绩。

第四，关于住房问题，比如解决低收入群体的廉租房问题、解决工薪阶层有能力购买住房的问题，把土地价格降下来，把中间环节费用减少，让这些低收入阶层和工薪阶层有能力自己解决住房问题。另外，对豪宅、不少人建议对300平方米以上的住房征奢侈消费税，这样就会缩小差距。我们的社会是以人为本的社会，我理解“以人为本”就是“以民为本”。中国13亿多人中绝大多数是平民百姓，也就是说，国家必须以人民群众的利益为主。国家为什么要发展？改革开放如何深入？就是为了老百姓的利益。只有让老百姓富起来，国家才能富强。这是中国共产党的宗旨决定的。两极分化，贫富差距过大，会影响社会政治稳定。习近平总书记在多种场合多次强调：“人民对美好生活的向往，就是我们的奋斗目标”。再次诠释了我们的党是全心全意为人民服务的党，我们党所做的一切都是为了让人民真正富裕起来，过上幸福的日子。

第五，随着改革的不断深化和范围的不断扩展，社会利益关系格局也发生了很大变化，我们必须清醒地认识到，任何人群的收入水平及社会地位的相对下降或绝对下降以至于导致他们的利益受损，收入差距的过分扩大，都会形成新的贫困群体，他们势必会对社会产生不满。这些人大多为我们的工农基本群众，即使他们有一些过激情绪和片面言论，我们也应该坚信他们对党和政府是信任与拥护的，对改革开放是支持的。我们应该实实在在地弄清他们所面临的与生活密切相关的具体问题，采取切实有效的措施使这些问题逐步得到解决。那么，这部分群众的埋怨情绪通过引导是可以得到解决的。在处理群体性事件时，一个重要的前提就是，要对这部分群众的过激情绪和片面言论有正确的认识与判断，要切记这是人们内部矛盾，只能疏导，靠真心实意地帮助解决好具体的实际问题，对任何过激行为，如果处理不当，都会产生严重的不良后果和负面影响。这是构建和谐社会必须面对和解决好的问题。县以上各级党委政府和有关部门的主要领导都应该本着对人民高度负责的态度，理清这部分人群面临的实际困难，由党政主要领导亲自着手解决，真正把人民群众迫切需要解决的问题解决好，落到实处让群众满意。这部分人群的情绪就会好起来，坚信人民群众是通情达理的。

上述这些问题的逐步解决不能“等靠要”，等着政府来解决，要逐步做到社会事业社会所有阶层都来积极参与，企业、社团、个人都可以出钱来办。政府也要办，但不光是政府要出钱出力，更重要的是要出政策，鼓励和支持全社会来办，“众人拾柴火焰高”，只要真正把社会力量动员起来、组织起来，再难的事情也不难，这就是政府的责任。

全社会的事都由政府来包办，不太现实，也不可能，社会上对此也有不少议论。我认为，这主要是由于“文革”前社会经济结构单一化，高度计划经济体制留下的烂摊子造成的。当时国家还比较贫困，物质比较匮乏，社会上没有富人，人民群众基本上过着同样的生活，社会事业不可能有人来办，当然也谈不上大力发展慈善事业了。改革开放三十多年来，社会经济发生了根本性的变化。民营企业占 GDP 超过60%，中国的富人逐年增多，涌现了一大批有良知、有爱心、有远见、有经济实力的企业家和富裕阶层。我们应该积极主动地研究制定政策，鼓励企业家和有能力做善事的各阶层投入慈善事业中来。党和政府及有关部门应努力为慈善事业创造一个良好的社会环境，让真心做好事、做实事的人在政府支持下做成事，形成济贫扶困做善事光荣、各级政府的有关部门都要鼓励支持、形成全社会踊跃参与的局面。宣传部门应切实负起舆论引导，弘扬和传递正能量的任务，这对发展慈善事业是至关重要的大事。

二、发展慈善，政府应发挥主导作用

中国慈善事业发展急迫需要立法，尽管国家已经在慈善法律政策方面做了很多工作，但至今，仍然缺乏一部国家《慈善法》。与现代慈善事业发展息息相关的《社团登记管理条例》《基金会管理条例》和《民办非企业单位登记管理暂行条例》等，已经跟不上时代发展需求，其修订在程序上、思路上没有实质性突破。

这方面，中国比一些国家晚了差不多几百年。1601 年英国出台了世界上第一部规范慈善事业的法律——《慈善用途法》，直到今天，该法规的内容仍然是英国慈善法的核心。英国较早地以立法的形式确认了慈善组织的法律地位，规定了慈善组织的行为范畴，其慈善事业方能以卓尔不群的身姿立于世界慈善史。现今英国的慈善事业已成为与政府、企业相并的第三种社会力量。

反观我们，前几年发生的“壹基金”身份风波，折射出制度缺位之痛。因为没能在法律上找到依据，这个由李连杰发起的，以“1 人 +1 元 + 每 1 个月 =1 个大家庭”的温暖概念感召社会行善之心的公益组织，一度无法获得独立的法人身份，只得极不情愿地挂靠在红十字会下面艰难地运行，其中的苦涩不是几句话能够道清。

关于税收问题。美国慈善减免税收的历史已有将近 100 年，慈善抵税的政策是美国人捐款捐物的一大动力。而我国，不要说至今我国正式登记注册的三类民间社会组织中，民办非企业单位并未获得与社团、基金会一样的慈善组织捐赠税前扣除资格，也不说我国尚未采用公益性捐赠在超出税前扣除限额的部分，可向以后年度转结扣除的国际通行做法。我们纳税人申请税前扣除的程序复杂，有额度限制等，均制约着慈善事业发展。政府应该在这方面加快工作进度，如果一个企业捐了 100 万，少缴税收 20 万，看来税收部门“损失”了 20 万，但慈善就多了 80 万，这 80 万要做的事正是政府从税收中积累的财政收入来支付的，对于国家，对财政部门、税收部门来说都是有利的，可以拿这些钱来解决更多的民生问题。

中国慈善事业应该以政府为主导，社会积极参与。我在欧美、日、韩以及中国台湾考察养老事业时，欧洲特别是西欧和北欧因为国家比较富，所以社会福利也比较高。政府承担的医疗、教育、养老负担比较重。中国鉴于历史原因，对公职人员和国企员工几乎是包下来的办法，政府负担也很重。在此基础上坚持政府主导是对的，但必须放手动员全社会参与鼓励支持有能力的人都来积极参与。

我们学习借鉴西方的先进做法，通过严格的立法和监管措施确保我国慈善事业有序发展，明确政府和慈善组织双方的义务、权利和相互关系，保护社会慈善热情，推动慈善事业发展，维护慈善机构名誉。通过《慈善法》的可信度，倡导良好行业准则，维护公众对慈善机构的信心。

三、企业应承担更多的慈善责任

现在，中国许多企业成为“全球契约”成员，每年都要发布中国企业社会责任蓝皮书，并积极履行企业社会责任。中国企业的社会责任范畴中，企业的慈善责任应是重要组成部分。慈善是企业履行社会责任的一种重要途径和方式。企业作为社会公民，应对整个社会发展贡献应有的力量，特别是对全社会的生活困难群体的利益应该给予必要的关注和帮助。通过慈善捐助、参加各种类型的公益活动或创办基金会都可以实现作为企业的社会责任。如果说企业的社会责任是一种刚性责任，那么从事各种慈善活动也是企业文化必不可少的内容和环节。同时，企业也是现代慈善事业发展的最重要的主体。企业相对于个体公民在慈善活动中所起到的作用更大，无论是捐款还是组织公益活动，其能量更大，更有能力投入，有条件组织人力、物力和财力保证慈善活动的成功举行。为此，企业主导的慈善活动的影响作用也相对较大。

企业在进行慈善活动过程中，既推广了一种慈善理念，教育了本企业的员工，也树立了良好的企业公民形象，对同行业也有示范带动作用。更为重要的是，企业作为社会利益和发展的受益者，所获取的利益远远多于个人。因此，相对于个体公民，企业更应该有责任“取之于民，用之于民”。因此，现代慈善事业的发展和成熟，在经济上主要还是要以企业为主体来推动和支持。企业的社会责任可以以慈善的形式得以实现，而现代慈善事业发展离不开企业的参与。华民慈善基金会就是由企业家捐资成立的，它没有向社会个人募捐，而是利用企业自己赚的钱，办了很多有影响的好事，受到了社会的广泛赞誉，特别在基金会成立的几年中，做出了不小的贡献。华民慈善基金会就是企业承担慈善责任的好例证。我期望更多的中国企业家投身慈善事业，承担起更多的慈善责任。

弘扬慈善，应是全社会的共同责任。当慈善成为一种社会上普遍表达关爱、信仰以及社会责任的行为，成为人人皆可起而行的自觉自愿的普遍行为，成为人与人最为温暖的连结方式时，中国的现代慈善事业就能够发展起来，并实现健康持续发展。

四、正确认识和对待富裕阶层

改革开放以来，中国社会出现了一个富裕阶层，一部分人率先富起来了，这是好事，是改革开放的成果。我们的广大工程技术人员、知识分子、企业家通过自己的智慧、才干和努力创业富起来了，应该受到社会的尊重。他们通过脑力劳动、体力劳动和企业管理，取得合法的私人财产，理应值得我们尊重。他们合法取得的财产应该依法保护，这是我国宪法规定的。

从总体上看，先富起来的人绝大多数是靠自我的努力获得的财富。但是我们的社会上也确实出现了一批为富不仁的人，尽管是少数，是在特定的历史条件下产生的，但影响极坏，人民群众对此有意见完全可以理解。我们也要认识到，这些先富起来的富翁不一定都是暴发户。这里有一个问题，就是如何正确看待富裕群体。我首先可以肯定地说，富是没有问题的，富不是错，尤其是在我们当前社会主义初级阶段，不可能均富，一部分人先富起来是客观规律决定的，西方发达先进国家也一样。富翁总是有的，富翁不是贬义词，一个国家没有富翁也是不可想象的。关键看你致富的手段是否正当，你的富必须是通过正当的渠道来的，靠你的知识、靠你的智慧、靠你的劳动（包括脑力劳动），当然也得靠党和国家的好政策。对此我们不仅不反对，而且还要保护这些富起来的人的合法权益。但是，如果你的这个富是通过不正当手段、通过权钱交易、通过用金钱的手段来拉拢诱惑、收买有“公权力”的国家干部，使干部运用特权，把国家土地、煤炭、黄金等资源廉价给某些人，甚至通过关系把国家资产廉价转让给某些人，而某些人进行多次倒卖，成为10亿、100亿甚至几百亿富翁。如果靠这样富起来的，这个富就有问题了。你这个富不仅有问题，而且还要依法惩处。这些所谓富起来的人不但对社会没有任何贡献，而且直接危害社会，这就是人民群众仇富情绪产生的根源，对此党和政府依法严厉打击，彻底铲除，是符合民心的，人民群众拍手称快。另外还有一批人靠制造假冒伪劣产品坑害消费者，人民群众十分痛恨，甚至导致中国产品的信誉出现问题，如奶制品，人民群众痛恨是有道理的，这也是人民群众“仇富”情绪的重要原因。

当然，我们决不能因为出现了少数靠非法手段富起来的人，就对所有富起来的人产生“仇富”心理，这是不对的。我们还要看到，一批率先富起来的人，他们中大多数人真心实意做慈善工作，愿意实实在在为慈善事业奉献爱心，通过帮助受灾害地区人民群众重建家园、捐资办学校、修建养老院等形式帮困济贫，大行善举，对这样的企业家、富人，我们应该尊重和支持，并在全社会大力弘扬和倡导。

还有一个问题，就是大家议论比较多的做慈善的方式、方法和动机问题。最近几年，有一些先富起来的人参与慈善事业也大操大办，甚至采用种种让人很不理解的方式去做善事做好事，让社会各界产生种种议论和批评。我赞成做善事不图名、不图利。但在目前情况下做到这样却很难，需要有一个教育引导的过程，我认为，首先要弄清楚这些人是不是真正从自己口袋里拿出钱来了，是否真的去帮助有困难的人，如果是真的，我们就应支持、鼓励和肯定其行为，至于方式方法可以逐步帮助逐渐解决。对这些人做善事种种不当举动，我也不赞成。但我们应该善意去规劝，对不当的举动不要任意公开报道，我们应该有耐心去做好教育引导工作。这比那些弄虚作假的口头派强得多，我们宣传部门千万不要因为少数人的不当和不合适行为就在媒体舆论上大肆渲染，或过度谴责。对刚刚兴起的慈善事业要体现更多的包容和呵护才是。只有这样，社会正能量才能更好地发挥出来，我们的社会才会和谐稳定，广大人民群众的生活才会幸福安康。

（原载《凝心聚力 砥砺奋进——中国未来十年发展的研判与把握》经济科学出版社2016年版）

华民慈善基金会成立十年周年历程回顾

首先，对“华民慈善基金会”成立十周年表示热烈的祝贺！十年前的今天，作为名誉理事长，我出席了“华民慈善基金会”的成立仪式，这十年间，我参与并见证了“华民”从初生到成长的历程。

2008 年的汶川地震，激发了举国的公益慈善热情，它不但引发了大规模和大范围的爱心行动，还促使很多人去思索如何可持续的承担社会责任，为自己的爱心找到一个制度化和常态化的出口。汶川地震发生那天，我正好在纽约参加全球契约（即企业的社会责任）会议，回到北京后知道了汶川发生地震的消息，三天后，我和卢德之等同志奔赴汶川灾区。当时我们住在成都每天早晨都要去汶川或北川地震灾区，整整一个星期早出晚归，地震造成了严重破坏，人民群众丧失了生计。同时，涌现出大批的优秀人物也发生了很多感动人心的事迹。特别是北川县城整座山倒下来压垮了县里一座办公大楼，在大楼里的办公人员全部遇难，悲痛至极。在我们调查研究的一周时间里，每天晚上都在议论该怎么办。大家把身上所带的现金及银行卡上的钱全部取出来捐给北川民政局，这是汶川地震以来他们收到的第一笔捐款。在议论过程中，卢德之作为一名有爱心的企业家提出要组建一个慈善基金会，为人民群众特别是受灾受难的人民群众尽一份责任、献一份爱心。通过对四川大地震的考察所受到的教育，大家一致表示应尽中华人民共和国公民的一份责任。“华民”就定为我们要创办慈善基金会的名称。回到北京卢德之就把全部精力投入到基金会的筹备工作中。在民政部等主管部门和社会各界大力支持下，《华民慈善基金会》于 2008 年 5 月 20 日正式成立。“华民”的创立也是这个大背景下，从理想到行动的产物。通过基金会这一载体的理论与实践探索，卢德之理事长不仅验证了他的慈善逻辑，更展现了他对于财富意义的系统性思考。

中国经过改革开放四十年的发展与建设，已经具备了相当的经济基础和开放包容的民族自信。早在2004年，我们党就公布了一系列的政策提出发展慈善事业，鼓舞了全社会参与慈善的热情。2008年被称为中国的“公益元年”，来自社会各个阶层的大善大爱汇聚成了一股真实的力量，推动着我们的社会向更好的方向发展。2016年《慈善法》的出台实施，不仅为慈善事业的健康有序发展提供了依据与规则，更重塑了现代慈善的观念与价值，是我国慈善事业从传统走向现代的重要标志。

现在的中国社会特别是党的十八大以来，在以习近平同志为核心的党中央领导下，我们慈善公益的内涵越来越丰富，从普通人传统的互助、捐赠、志愿服务到专业机构运作的公益慈善项目，从企业家阶层推动的家族慈善到商业机构参与的创新、融合型慈善日新月异。慈善变得越来越复合，也越来越需要多主体、部门和参与者的协作。现代慈善不再是简单的扶危济困，而是将社会改良与创新的价值观与方法论进行的有机统一。在“华民”的价值体系中，慈善是社会事务中“最好的事”，而现代慈善则是要“把最好的事做到最好”，在面对社会痛点时，既要能解决棘手问题，又重视挖掘深层原因，在普遍联系、相互作用的事物中寻找慈善的切入点和立足点，充分的联结和调动最广泛的参与方形成协同治理的局面，是“华民”的慈善实践中最基本的原则。

十年间，“华民”在教育领域中低调耕耘、扎实投入，三位一体的整合并回应了扶贫、助学和就业的慈善需求，推出了“大学生就业扶助项目”。这一项目持续十年，投入近两亿元覆盖高校近百所，直接和间接的受益对象数以万计。项目不但使家庭经济和就业能力双困大学生的就业率提升到了平均水平，还促使国家向以往的“政策盲区”——大学生就业领域进行了专门的投入与倾斜，成功实现了慈善的杠杆撬动效应。在救灾、残疾人就业和养老领域，“华民”注重发挥自己的研究优势，除了直接资助外，一直注重推动合作伙伴在项目规划和设计上进行大力投入，而在行业建设与促进、慈善公益理论的研究上，更是垂范行业、眼光长远，主动进行国际战略慈善的交流与合作，积极融入全球慈善网络，向世界展现了一家有思想、有理论、有实践且值得尊重的中国基金会的正面形象。十年来，华民在慈善领域的工作不但获得了受益人的高度肯定、合作方的优异评价，还获得了国家主管部门的多次表彰。桃李不言、下自成蹊，我认为正是华民“不求回报”的慈善品格为它赢得了越来越多的认可。

作为“华民”这艘航船的掌舵人，卢德之理事长谨守承诺，十年来在经济上对基金会进行了矢志不渝的投入和支持，除了自己的企业定期、持续地进行捐赠，还引领联合志同道合的企业界朋友共同参与公益慈善实践。作为一个企业家，他难能可贵的一点是把自己的精力和热情真诚的投入到了慈善公益领域中，不断提出自己的理论思考。在中国的慈善界，卢理事长是一个比较特别的人，他的理论和思想超出了慈善行业的范畴，引发了中外政界、商界、学术界人士的广泛注意与讨论，这一点是不容易。我们常说隔行如隔山，一套思想理论能超越行业的界限、跨越文化的阻隔，激起大家对话的兴趣，一定是因为它找到了一个共通点。在我看来，这正是因为他创意性地提出了如何看待慈善的位置与未来。在卢理事长研究的慈善系统中，资本是基础，资本精神是动力，共享是目标，慈善则是达成目标的一种手段，这个源流的梳理实现了从资本精神到共享思想的贯通。在此基础上进一步提出的21世纪慈善的概念，更是聚焦了全球发展目标，指出应融合不同文明成果，用慈善的方式参与各个领域的协同发展，推动全球用共享治理资本，让资本创造的财富为多数人所共享。用慈善寻求共识、用共享促进共治，使慈善的语言成为最广泛的对话语言，我认为这是他对行业做出的最大贡献。

回顾是为了更好的展望，站在迈向下一个十年的十字路口，“华民”也需要进行审慎的战略思考与选择。党的十九大报告指出，经过长期努力，中国特色社会主义进入了新时代，这是我国发展新的历史方位。习近平总书记提出2020年建成小康社会，提出精准扶贫的明确要求。我认为习总书记提出的精准扶贫任务，我们慈善界要积极参与并做出贡献。对于慈善事业，我们党的政策更加强调民生、促进公平、坚持精准扶贫，并会加大力度支持欠发达地区的发展，这些具体的工作内容和目标，涵盖了新时代下党对于“华民”作为一个公益组织的殷切期待。未来的十年，在战略规划，“华民”要增加落实精准扶贫方向的专门项目、研究帮扶社会困难群体的具体操作，同时，扩大慈善项目的支持范围，比如：在教育领域，注重向少数民族地区倾斜，为老、少、边、穷地区尽力做实事，加强中外合作交流等等。

除了继续做好自身的慈善项目外，“华民”还有一个重要的任务就是动员、组织、引领更多的企业家来参与慈善事业。应该承认，以企业家为代表的财富阶层及其所拥有的财富，都处在一个社会仰慕链的顶端。他们的所思所想、所作所为，相对于其他阶层而言，对社会未来的走向有着更大的影响。但散财这个概念，似乎从来没有轻易地被中国的富人和社会所习惯。或许是因为在中国致富不易，富人们格外看重财富的“私有”属性，而某些一夜暴富的人，对自己的财富更缺乏起码的安全感，担心稍有不慎财富就可能灰飞烟灭，因此，总是要把钱紧握在手中或是低调潜行，不希望为外界所关注。但财富中最具有灵性的资本，却不能就此被禁锢，它天然的活性要求自己被配置到社会建设的再循环中去实现最大的功用。我们以往所熟知的对资本的描述，因为理论提出者所处的角度和位置不同，很容易夹杂自己所在群体的情绪，所以冲突多于对话，分歧大于共识。但“华民”倡导的共享资本观，了解中国这代富人的心路历程，清楚他们内心深处的忧虑，洞悉他们中大多数人对创富终极动力的迷茫与彷徨。这不是所谓的“逼捐”或“劝善”，这是通过科学、理性的观念传递，让富人们充分认识到，在现代社会，当个人财富积累到一定程度，尽管在所有权上属于“私有”，但在财富创造、使用以及产生辐射带动效应的过程中，个人财富已经具有高度的“公用”属性，富人将部分财富用于社会慈善事业，是这些财富最好的归宿。众人拾柴火焰高，如果“华民”能靠自己理论与实践的星星之火点燃富人阶层参与慈善、共创慈善的热情，我相信未来十年的“华民”一定会更加辉煌。

我坚信，慈善界通过学习党的十九大习近平总书记的重要讲话，中国慈善界在新时代为实现建设新时代中国特色社会主义强国将发挥重要作用，为实现中华民族伟大复兴的中国梦做出应有的贡献。

（2018 年 5 月 20 日华民慈善基金会成立十年周年大会上的讲话）

理性看待我国 GDP 跻身“三强”

前不久，国家统计局公布了2007年中国国内生产总值（GDP）最终核实数据，按不变价格计算，GDP比上年增长13%，现价总量达到257306亿元人民币。这一数据公布后，引起了国际社会高度关注。美国彭博新闻社报道称，中国2007年GDP超过德国，成为世界第三大经济体，中国如今经济规模已是1978年改革开放之初的70倍。BBC评论说，最新公布的数据再次证明了中国正朝着超级大国的方向发展。面对国外媒体的这些说法，我们必须清醒分析，理性看待。

新中国成立60年来，特别是经过改革开放30年的发展，我国经济发展成就斐然、世人关注。在我们倍感自豪的同时。更应保持清醒的认识：现阶段的中国只是一个经济大国，建成经济强国的路还很长。

我国是世界第一人口大国，尽管GDP总量位居全球第3位，而人均GDP却仍处于全球第100位前后。这一客观事实说明我国经济发展水平与西方发达国家仍存在较大差距。当前，我国改革发展已进入一个新的关键阶段，我们只有理性看待GDP跻身全球“三强”，才能防患于未然，在继续促进国家经济总量提升的同时，积极应对国际金融危机给我国经济发展带来的严重影响，集中力量解决好制约科学发展的各种问题，努力使我国经济社会各领域实现又好又快发展。

我国是一个发展中大国，生产力发展水平较低，区域间发展还不平衡，综合国力不强，国民总体生活水平在世界排名靠后。据联合国公布的人类发展指数（HPI）显示，中国在2007年排名81位，远远落后于发达国家。现阶段，我国人均GDP还不到2500美元，刚刚走出低收入国家行列，正在向中等收入国家迈进。经验表明，这一时期是矛盾凸显期，我们将面对影响我国经济长期稳定发展各方面因素的挑战，特别是要面对国际金融危机带来的经济下行压力，我们只有保持足够的清醒，沉着应对与妥善解决不断出现的各种问题，才能推进我国经济社会和谐发展。

我国还处在工业化中期阶段，产业结构不尽合理，加之目前就业形势严峻，直接影响着城乡居民收入的稳步提高。尤其是我国劳动力就业结构与GDP结构呈明显的“非对称”特征，约有近一半的劳动力还在从事传统而低效的农业生产。与此同时，我国第二产业GDP比重接近50%，但其吸纳的劳动力仅占20%左右。近年来，我们努力把第二产业的GDP比重降到50%以内，但第二产业增长依然过快，比重变化不大，其中仍以重工业增长为主。目前，我国第三产业产值比重仅为1/3略多，第三产业劳动力比重也只有30%左右。这说明我国经济的现代化程度还不够高，工业化与城市化的发展还不协调，城市化与第三产业的良性互动局面还未形成，结构调整的步伐必须加快。

由于我国产业技术水平低，经济增长过程中资源浪费严重，发展所付出的环境代价沉重，节能降耗和环境保护任务十分艰巨。长期以来，我国经济增长在一定程度上是依靠资金、劳动力和自然资源等生产要素的粗放投入实现的。近年来，按照科学发展观的要求，中央对转变经济发展方式提出了明确要求，并制定了节能减排等促进发展方式转变的具体政策措施。这些政策虽然取得了初步成效，但从总体上看，我国的经济发展方式还未根本转变，主要依靠投资拉动经济增长的特征仍然突出，经济增长带来的环境影响和压力仍在持续。因此，加快经济发展方式转变刻不容缓，这一点应当引起各级领导干部的足够重视。

近年来我国经济高增长在一定程度上是靠高投入和出口推动的，国内需求的增长相对迟缓。在拉动经济增长的“三驾马车”中，投资增长过快、消费相对不足、对外贸易失衡等结构性矛盾依然突出。2007年，全国居民最终消费占GDP的比重继续下降。去年下半年以来，为应对国际金融危机，我国政府采取强有力的扩大内需措施，推出了4万亿元的投资计划，使得投资比重快速上升。随着外需的萎缩，近5个月来我国外贸出口连续负增长，使得国民经济发展趋缓，这需要我们高度警觉。要及早调整国民收入分配结构，尽快把经济增长的立足点放在扩大内需特别是消费需求上来，形成投资、出口、消费协调推进经济社会发展的新局面。

应当看到，随着我国经济总量的增大、今后增长的难度也在增加，走向制造强国仍需付出艰辛努力。从总体上看，我国仍是一个农业人口大国，尽管“中国制造”在改革开放30年中走遍全球，充分体现了中国参与世界经济能力的增强，但我们更要看到“中国制造”本身存在的问题。去年5月，我在考察美国市场时，和一些美国厂商代表座谈，并听取了在美工作的中国企业界人士对“中国制造”含义的理解。大家都认为，在改革开放初期，“来料加工”是完全必要的，这是产业转移的必然趋势，即使在今天，也不能中断这种产业的延续。但现在应以更积极的态度、从政策和资金投放上引导企业开发和运用新科技、新工艺，加强自主设计制造，自主开拓出口市场。只有像海尔这样真正“中国制造”的企业越来越多，才能形成我们自主知识产权的品牌，才能使我国的制造业真正发展起来，才能最终从制造大国走向制造强国。

美、日及西欧发达国家是最早完成工业化进程的国家，目前已经率先迈入以信息产业和高科技为主导的新经济时代。其衡量标准主要是在GDP结构、劳动力结构、生产效率、能源资源节约、环境保护、社会保障、国民受教育程度、医疗卫生、公民意识、道德水准、文明礼貌等方面的表现。与这些指标进行对照，我们可以清楚地看到我国与发达国家的差距，我国迈进比较发达和发达国家行列还需要长时期的自主创新、艰苦奋斗。

GDP总量跻身全球“三强”，为我国建设全面小康社会打下了坚实的物质基础，使我国现代化建设站在了新起点上。在中国经济增长趋势不可逆转这一大背景下，我们深信，只要按照科学发展观的要求，紧紧抓住改革开放的良机，加快发展不放松、加快经济发展方式转变，全力推动结构升级换代，努力提升经济增长的质量与效益，就一定能够实现经济社会平稳较快发展，为中华民族的伟大复兴奠定更加坚实的基础。

（原载《求是》2009年第7期）

未来十年中国发展形势分析与把握

综观当前国际国内大势，中国发展仍处于可以大有作为的重要战略机遇期。这是党的十八大得出的重要结论。关于未来中国经济社会发展的趋势与前景，国内外各界人士作出了诸多猜想与展望。而如何把握机遇实现“两个百年目标”（在中国共产党成立一百年时全面建成小康社会，在新中国成立一百年时建成富强民主文明和谐的社会主义现代化国家）特别是未来十年（2012～2022年），这一我们实现中华民族伟大复兴“中国梦”的关键期，如何掌握发展主动权？如何看待国际影响因素和影响国内政治社会稳定的主要因素？……这些一直是王茂林会长关注的方面。结合多年研究和工作实践，通过专题剖析，对于这些问题他形成了如下认识，希望帮助更多人准确分析和判断中国未来形势、把握发展需求，共同推进“中国梦”实现。

一、未来十年是实现中华民族伟大复兴的关键期

未来8～10年，是中华民族伟大复兴，实现“中国梦”的关键期。这一关键期的重要性，应从以下五方面给予充分认识：

第一，未来十年是中国经济复兴的关键期。

通过相关研究人员的分析预测，就经济复兴、物质文明而言，到2049年时，中华民族复兴可大功告成。最后30年的第一个10年，我们必须要开个好头、打好坚实的基础。可见，保持未来十年中国经济的稳步增长，是实现中国经济复兴的关键。

第二，未来十年是中国应对美国挑战的真正考验期。

国际权威机构普遍预计，中国经济总量超过美国大约在2020年左右。如何应

对中国崛起带来的资源、能源和经济上的挑战，以及政治制度、发展模式和价值观念上的挑战？成为美国对华政策的主导。中美目前的博弈，只是序曲，而真正的战略较量还在未来十年。如何尽快调适心态、调整战略、破解上述难题，处理好中美关系，迎接美国挑战的真正考验，成为我们必须思谋的战略问题。

第三，未来十年是中国社会闯关的关键期。

2020年中国全面建成小康社会主要有三个目标。一是承上启下的目标。真正的小康社会应是可持续、均衡和协调发展。改革开放30余年，我们做大GDP规模，却付出了非常大的代价，未来十年需要新的平衡，解决迫切需要解决的问题，直接关系到余下30年内，我们能否真正实现伟大复兴的宏伟目标。二是GDP和人均可支配收入翻番的目标。这一硬指标是相对容易实现的。三是全面建成小康社会的目标。经济、社会、政治、科技、教育、文化和生态“七位一体”的小康社会是最难实现的目标。经济高增长后凸显出诸多内部风险，如：收入分配不公等社会问题，解决不当可能会引发新的社会风险。可见，未来十年是中国社会闯关的关键期。

第四，未来十年是决定中国改革命运的关键期。

在经济快速发展的今天，经济问题已不是人们关心的首要问题，而由经济发展带来的政治、社会、道德问题，才是我们政府和社会所应该反思的。政治领域受关注问题主要集中在腐败、干群矛盾及政治改革；从数量来看，民生问题居多。这表明，深化改革已是当务之急，未来十年是决定中国改革命运的关键期。若没有关键性的改革措施及时遏制和扭转目前这种恶化趋势的话，特殊利益集团的强化和人心的流失将会对社会稳定构成致命伤。

第五，未来十年是中国突破现行体制束缚的攻坚期。

中国特有的权力与市场、商业与政治的混合体制，体制的组织结构和制度规则等，带有传统和现代的双重特征，就像一把双刃剑，在推动经济增长的同时，又成为下一阶段经济增长的障碍和束缚。如：被人们地称为地方政府控制的“诸侯经济”，部门控制的“王爷经济”，大国企控制的“垄断经济”等。表现在经济层面，是经济结构失衡、经济的公平性受损，短期投机行为无处不在，市场竞争扭曲或无规则化等。在社会层面，是科技、教育和人力资本的低质化，道德、信用等社会资本的异化，腐败寻租的扩大化，社会群体冲突的暴力化等。化解这些危机和挑战，我们必须突破现行体制的束缚。今年以来，党中央一系列体制改革举措的出台，足见现行体制改革已迈出了坚定步伐，但是要真正走上法治的市场经济轨道，还有很多方面需要突破。

二、中国未来经济增长发展格局不会变

目前许多人对中国未来经济社会发展的前景产生了担心和忧虑，我认为这些担心和忧虑大可不必。我依然坚持多年来的观点：在未来十年或者更长时间内，中国未来经济稳定增长的发展格局不会变。具体判断依据如下：

1. 中国经济增速回落符合经济规律，是发展的必然。

过去的2012年和2013年上半年，GDP增长的这些波动是经济规律决定的，也是发展的必然。经济增速由高到低的变化，产业结构调整使一些企业陷入困境、面临重新选择，这不是我国独有，是包括发达资本主义国家在内每个国家都经历过的，任何一个国家不可能保持长期的高速增长。此外，当经济总量的基数小时，增长容易，而基数越大，增长难度也越大。10年前我国GDP总量为10万亿元，增长10%也只新增1万亿元的规模；而现在GDP总量接近50万亿元，增长8%就是4万亿元。近些年来，美国一直保持2%左右的经济增长速度，就已是很不容易了。

2. 中国经济增速放缓符合宏观调控预期，也在情理中。

2011年党中央、国务院主动调低增速，在“稳中求进”总基调引领下出台了一系列调控政策和激励举措，十八大以来又多次强调中国宏观经济政策将保持连续性。这些既让我们看到了党中央对形势及时做出的准确判断，也让我们看到了党中央推进我国经济稳定增长的坚定信心和决心。任何人都不会怀疑带领我们实现今天幸福生活的党中央的判断力和决断力。从2012年的经济平均增速7.8%，到今年上半年的7.8%，以及工业生产者价格指数（PPI）呈现出连续6个季度的持续低迷等，为过去十年所未见。这些数据表明，中国经济确实有许多我们需要解决的问题和困难，但是，我国的企稳态势已比较明显，随着结构调整、转型发展，经济增速减缓也在情理中。

3. 中国经济未来长期增长的潜力依然很大，不容怀疑。

中国现有13.54亿人口，是全球潜力最大的消费市场，并还有大量待发展的区域和新的发展空间。党中央已为我们指明，我国经济未来的动力在自主创新、靠创新驱动，未来的空间在城镇化。每一个百分点的城镇化率对应的都是上千万人

口以及数以万亿元计的投资和消费。中国的内在发展动力和潜力以及13亿多人口摆脱贫困的信心都会直接推动我国经济持续发展，未来仍有10～20年，甚至更长时间的经济较快增长前景，中国经济长期增长的潜力是不容怀疑的。

4. 中国经济改革开放的原始动力仍然存在，必将集聚。

中国经济过去30多年高速发展，靠的是改革激发的活力。目前，中国社会、经济领域尽管存在着不少问题和矛盾，但绝非到了不可调和的地步。人们的不满意主要集中在：贫富差距拉大、公共服务不均等、合法权益得不到保障、经济垄断行为蔓延、政府职能转变和贪官污吏惩治不到位等几个方面。这些方面的问题，我认为，还是改革发展中的问题，通过深化改革完全可以解决。今年以来，随着党的十八大精神落实，党中央、国务院开启了重点领域改革进程，国务院大部制改革、深化经济体制改革等一系列围绕“持续发展经济、不断改善民生、促进社会公正”的务实举措先后出台，以及党中央对诸多贪官污吏的惩治，已让人们看到了希望，也必将进一步集聚原始的改革动力，激发全体人民推动经济发展的活力。

5. 中国经济社会发展的积极因素、有利条件依然明显。

第一，技术进步、产业转移和贸易自由化等重要因素，仍在推动着经济全球化深入发展。信息通信和交通运输技术的迅猛发展，全球产业转移日趋活跃，必将给中国带来更大机遇。**第二，**世界多极化的国际新格局将逐步形成，安全与合作成为世界经济发展潮流，必将为我国经济发展带来新机遇。**第三，**这场国际金融危机造成的压力，已逐步转化为全球新一轮科技创新的动力，传统技术和产业的衰落将为新技术新产业腾出发展的空间。**第四，**随着中国经济实力的不断增强和国际地位的提升，一些发达国家和新兴经济体已开始主动与我国寻求深度合作，也为中国经济稳定发展带来新机遇。**第五，**我国新型城乡一体化发展，必将成为推动社会经济增长的不竭动力。而工业化与信息化相结合的新型工业化发展，也必然成为中国经济增长新的推动力量。**第六，**随着公平竞争市场环境的形成，特别是政府职能的转变，政企分开成为必然，行业和部门的经济垄断必然要走向终结。经济民营化将是中国经济未来发展的趋势，民营经济的新一轮快速增长也必将促进中国经济的持续增长。

只要我们鼓足勇气，增强信心、从容应对各种挑战，必会从中找到属于中国的发展机会和空间。同时，妥善解决好发展中出现的重要问题，中国经济社会发展必将迈上新的台阶。

三、未来国际影响因素，仍将是机遇大于挑战

对于国际社会的质疑之声，我认为，我们无须理会。未来十年或更长时间，和平、合作、发展仍然是世界经济发展主流，尽管中国要面对世界经济发展的诸多挑战，不稳定、不确定因素也很多，但总体上看，未来国际影响因素将逐渐降低，中国经济社会发展的机遇仍大于挑战。

我的分析与判断如下：

1. 美国亚太战略只为利益、不会妄动战争。

近来不少人对未来十年国际环境担忧，生怕会发生战争。我认为，发生的可能性不大。明智的美国政企界有识之士表示，只有中美合作、共同发展，才真正符合美国利益，才能确保世界经济稳定增长。如果中美对立，导致的严重后果大家都不愿意看到，也不希望看到。

2. 日本、菲律宾、越南和印度的挑衅，不会长久。

关于日本就钓鱼岛归属问题的挑衅，其结果只能是让日本蒙受更大经济损失，并激发我们更大的爱国热情。对于中国南海菲律宾的争端和国际投资的争夺，现在已逐渐偃旗息鼓了，不可能直接影响到中国经济发展速度。近来越南、印度的挑衅，也只能草草收场。20 世纪 50 年代的中印边界之战，70 年代末 80 年代初的对越反击战，在那么艰苦的条件下，都能取得胜利，何况如今中国的军事实力已今非昔比。

3. 世界总体发展趋势有利于中国，外部环境将趋好。

关于欧洲主权债务危机也不会再大范围蔓延，就欧洲各国来讲，他们有能力，也有潜力来解决好这些问题。美国、欧盟等发达国家与新兴崛起的印度、巴西等发展中大国，尽管都存在不同程度的亟待解决的问题，但这些问题都已经引起了各国的重视。G20 国家也在为此积极寻求办法，采取措施加以协调解决。此外，在经济全球化深入发展的今天和未来发展中，国际社会必须互相依存，中国已是世界经济的一个重要组成部分，中国发展离不开世界，世界经济的发展也离不开中国，更不用说，中国是一致认可的最大市场。因此，我们有理由坚信，世界总体发展趋势是有利于中国发展。

4. 坚持和平发展与加强国防建设相辅相成，为之必然。

尽管我们热爱和平，坚持和平发展渴望世界和平，但是，我们必须清醒地对美国的全球战略也要有足够的估计和认识。美国对中国共产党领导的独立的社会主义制度中国，总是蠢蠢欲动，美国企图控制整个世界和全人类的梦想是不会变的。为此，我们在制定未来30年和平发展战略时，对此要有足够的估计和准备。加强国防，建设强大海军、空军、二炮部队，迎接挑战、准备战斗、捍卫神圣疆土海域，为之必然。

四、深化改革、激发内生增长动力为转型关键

当前，中国经济运行虽然已出现企稳，但是基础并不牢固，这主要得益于近两年来不少基建项目的重新启动，以及房地产和固定资产投资到位资金同比有所回升。其中，基础设施建设发挥了很大作用，但未形成新的经济增长动力。目前深层次的经济结构调整已刻不容缓，而稳增长的本质就是要创新驱动力转型发展。

近年来，我们担心的不是经济增长速度，而是少数领导同志借口“稳增长”，又掀起新一轮投资热，把转变高增长、高消耗、高污染、低效益的国民经济增长模式又抛到一边去。从2008年应对国际金融危机起，在推进转型发展上，党中央在多次会议和重要场合都反复强调要始终坚持三个“坚决不动摇”：一是转变经济增长方式的信心，决不能动摇；二是节能减排、保护环境的决心，决不能动摇；三是以人为本、为民造福、做好民生工作的要求决不能动摇。

针对当前我国社会、经济领域的突出矛盾，最需要的几项改革已相当明显，并成为新一届中央领导人的基本共识。一是需进一步理顺政府和经济的关系，改革行政审批和监管的方式。政府要建设成为公共服务性政府，真正做到政企分开，政府部门不要直接管理经济，而且要摆脱垄断行为，构建真正公平竞争的平台。二是公共财税体制改革需要新思维。中国的财政要成为公共服务性财政，要建立和理顺中央和地方的财税体制，有助于企业特别是高新技术企业发展，应进一步增加资产性和资源性的税收。对地方政府而言，过分依赖土地融资方式不可持续，必须拓展新的财政来源。三是金融系统改革需要实质性推进。当前，中国银行业资产过于庞大，占GDP的比重超过了200%，远远超过A股市值所占GDP的比重，面临的风险很大，需尽快解决。四是司法改革亟待完善。如：减少地方政府对司

法系统的干预，已迫在眉睫，依法治国、依法行政必须落到实处。五是建立健全最基本的、面向百姓的福利保障制度等。努力让老百姓进一步分享改革红利和发展的成果。可见，切实转变经济发展方式，形成“结构优化、效率提高、创新驱动”的经济增长新动力。无论是从促进企业发展来看，还是从增强中国经济的整体竞争能力来说，都需要我们深化体制改革。

近期党中央、国务院一系列会议确定的一系列改革举措，不仅是深化经济、社会体制之必须，也是改善民生、促进社会公正的关键举措。由此可见，党中央扎实推进重点领域改革已经提上日程。同时，随着重点领域改革推动深层次的经济结构调整，并激发出经济内生增长的动力。中国经济发展必将在新的机制下启动新一轮的增长。

五、顺民心、促公平、保稳定成为重中之重

改善民生问题，是21世纪以来我国广大人民群众最强烈的诉求和党中央高度重视解决的问题。党中央、国务院始终以科学发展观为指导，坚持把“民生建设”与“社会主义和谐社会构建”有机统一起来，并突出强调加快推进以改善民生为重点的社会建设，从经济、政治、文化和社会建设“四位一体”展开民生建设，到党的十八大增加生态文明建设的“五位一体”整体布局，都在努力使中国走上一条创新与和谐型的民生发展之路。同时，近年来通过改善民生与转变经济发展方式的融合实践，让更多人认识到民生与经济的关联性，明确了经济发展是解决民生的物质保障，改善民生是经济发展的最终目的；发展经济是改善民生的前提，而改善民生是经济发展的动力。我们只有努力使经济社会发展与民生改善相辅相成，在发展经济的基础上，不断提高人民生活水平、让人民过上更好生活，才能实现党和国家一切工作的根本目的。

关于民生经济的发展实践，全国不少地方政府早已开始了。有的把民生改善作为了政绩考核标准，有的把民生改善作为了幸福城市建设的指标，有的把经济发展方式转型定位在“民生”、不再单纯地追求GDP的增长，还有的把发展民生经济直接提上了工作日程……其中，一些地方的做法及成效，是我实地考察调研过的，让我很欣慰地看到：“关注社会民生，发展民生经济，努力缩小贫富差距，积极解决社会不公、分配不均、消除两极分化”等，已成为他们施政的重要思想，

令人佩服。

同时，让我更加确信，发展民生经济对于理顺我国社会主义市场经济中各种主体间关系，建立更为合理、有效、顺畅的市场经济体制机制，激发劳动者的积极性、创造性，充分调动社会资源和民间资本，形成全民合力，对于推动我国经济社会又好又快发展具有十分重要现实意义。新时期大力发展民生经济，既是全面建成小康社会的重要选择，也是转变经济发展方式的必然要求。

回首我国民生建设发展的每一步，都要求我们解放思想、实事求是，始终把人民群众利益摆在第一位、坚持“以人为本”。通过对党中央、国务院近来决策部署的纵览，我们应该明确未来十年，顺民心、促公平、保稳定，成为保障中国经济增长发展的重中之重工作。

六、崇尚生态文明、实现绿色持续发展成必然

随着全球人口和经济规模的不断增长，能源、资源不断使用带来的环境问题及其诱因，已让我们有所认识，大气中二氧化碳浓度升高带来的全球气候变化已是不争的事实。日益严峻的能源、资源、环境问题，已成为制约世界经济社会可持续发展的重要因素。气候变化成为人类面临的长期性挑战，能源作为最大的碳排放源，成为解决全球气候变化的核心。在这样的背景下，全球能源体系转型迫在眉睫。中国作为全球最大的能源消费国，是全球能源格局中的最大利益相关者之一。如何应对全球气候变化与能源、资源、环境问题？已是我们必须面对的重要问题。

据国家能源局有关资料显示，2010 年我国的一次能源消费总量超过 32 亿吨标准煤，已经超过美国，成为世界第一大能源消费国。中国能源进口需求逐年增长，石油对外依存度已接近 60%，天然气对外依存度接近 1/3，已成为全球最大的煤炭净进口国。中国一次能源的全面进口，使得中国能源安全风险加大，构建安全的中国能源安全新版图已至关重要。如今，发展绿色经济、低碳技术、清洁能源、新能源成为国际社会的共识，抢占新能源技术制高点成为新一轮能源革命的关键。同时，国际能源格局正在经历深刻调整。能源事务正在深刻地影响着世界经济社会发展，呈现出能源地缘政治斗争继续（如：仍在持续的中东北非动乱、伊朗核问题等）、向低碳清洁能源转型、重视非常规能源等特点和趋势。总体而言，世界

能源消费重心在东移，而生产重心却在西移。在消费端，以中国为代表的新兴市场国家的能源需求，近几年一直在上升。

未来中东仍是中国最主要的国际石油供应地，中国应利用政治和外交智慧处理好与中东、美国的关系，扩展与中东能源产业的合作领域。同时，中国应改变与中亚和俄罗斯“政冷经热”的局面，加快推进能源战略合作，在多元化合作中有所侧重，应首先选择哈萨克斯坦和土库曼斯坦作为重要的合作伙伴，开展大规模合作。为了减少对中东石油的依赖，发展与非洲的能源关系将成为中国保障油气供应安全的重要选择。中国目前从非洲进口的石油已超过了从俄罗斯和中亚进口的石油。可是，非洲石油面临着大国的争夺，中国在资源开发和技术方面，却处于劣势。

为此，制定未来中国能源战略已成必然。立足中国当前的能源、资源和环境状况，着眼未来十年中国经济复兴的关键期，我们唯有转变传统的“高增长、高能耗、高污染、低效益”经济发展方式，时刻把握国际能源发展格局变化，正确处理好经济增长发展与能源、资源、环境的关系，通过积极构建生态文明，建设资源节约型、环境良好型社会，才能实现“两个百年目标”和我们的“中国梦”。努力实现经济社会绿色可持续发展，已成为我国的必然选择。

（原载《经济研究参考》2013 年第 50 B－1 期）

后金融危机时期我国金融安全若干问题研究

2008 年肇始于美国的全球金融危机，对世界各国的经济增长造成了巨大的冲击，这次金融危机也改变了许多国家金融发展的理念及模式，在国际范围内产生了深远影响。2008 年 11 月，我从中国生产力学会和北京特华博士后科研工作站等有关研究机构，抽调数名金融学博士后组成了后金融危机时期我国金融安全若干问题研究课题组，历时 1 年半，于 2009 年 8 月完成该课题研究。该课题研究以迅速蔓延到全球的金融危机为背景，立足后金融危机时期中国金融经济发展的战略选择，通过对美国金融危机发生和发展的原因研究，及其在全球传导途径的分析，深刻总结了全球金融危机对中国的经验教训和启示，并针对中国经济金融存在的现实问题提出了政策建议。

一、全球金融危机爆发的原因和各国对策总结

1. 全球金融危机爆发的原因。金融危机发生的原因主要是经济和金融两个层面的原因。

经济层面的原因主要有二，即全球化造成的各国经济结构的失衡，以及美国等发达国家长期存在的虚拟经济与实体经济的背离。这两个因素使得经济层面的不均衡发展情况迅速传递到金融层面，最终触发了金融危机。

金融层面的原因主要涵盖四个方面，既有宽松货币政策导致的过度信用膨胀、金融自由化浪潮下过度的金融创新、金融杠杆的过度运用问题，也有类似“非银行金融机构（影子银行）”的监管等问题。这些原因互相叠加后，导致了全球金融

危机的发生和蔓延，次贷危机只是个爆发点。

2. 各国针对全球金融危机的应对政策。全球金融危机爆发后，西方国家尤其是美欧等国政府立即采取措施加以应对，全方位进行危机的处置，主要包括以下几方面的内容：一是出台大规模的经济刺激方案，央行向金融体系释放巨额流动性，促使经济复苏。二是政府全面为银行存款负债提供担保或提高担保上限，稳定市场各方信心。三是政府收购或担保金融机构的不良资产，动用纳税人资金向金融机构直接注入资本金。此次金融危机之所以能很快得到有效控制，与各国政府适时救助和超常规介入分不开。中国政府及时出台了四万亿经济刺激计划，并实行了适度宽松的货币政策和积极财政政策，有效地促进了中国经济在全球的率先复苏，有效地控制了金融危机对我国的不利影响。2009 年我国 GDP 增长实现了“保八”的目标，为世界经济的平稳增长做出了有力贡献。

二、全球金融危机对我国的启示

为了促进我国经济和金融的健康发展，我国应从此次金融危机中吸取一些经验与教训。

1. 金融业的创新和发展应以服务实体经济为本，同时谨防经济繁荣过程中的资产价格泡沫。此次全球金融危机表明，虚拟经济与实体经济必须协调发展。具体到金融业的发展，必须强调金融服务回归本源，而金融创新和金融发展不能偏离实体经济发展的主流，应以实体经济为本，服务于实体经济的发展。

2. 应加强宏观审慎金融监管，有效实施对投资者及消费者利益的保护。全球金融危机之前，世界各国较为重视金融业的微观审慎监管，而对宏观审慎监管却鲜有尝试。这直接导致了全球金融危机爆发后系统性风险和负面影响的迅速扩散。此外，重要金融机构和复杂金融产品信息披露工作不到位，对于投资者和消费者利益的保护不力，也直接诱发了此次金融危机。对我国而言，使金融监管贴近市场第一线，保持相应的前瞻性和有效性，增加金融机构产品的透明度，保护消费者和投资者的利益，显得非常重要。

3. 应加强对“非银行金融机构（影子银行）”和信用评级机构的监管，防范可能引发的金融风险。21 世纪以来，包括投资银行、对冲基金、货币市场基金、债券保险公司、结构性投资工具等影子银行体系迅速膨胀。“非银行金融机构（影子银行)”本身搞杠杆操作的特点，容易增加整个金融体系的脆弱性，引起风险的连锁传递。本轮金融危机表明，对“非银行金融机构（影子银行)”监管存在着空白地带和监管不力，使其游离于现行监管体系之外，是造成金融危机引起连锁反应的重要原因，应将这类机构纳入监管体系。

4. 积极发挥政府处置金融危机的主导作用，同时合理界定政府的行为边界。全球金融危机爆发之后，美国政府和美联储执行了非常规的扩张性货币和财政政策，有效地控制住了局面。美欧等国处置金融危机的一系列行动表明，即便在奉行自由市场经济理念的发达国家，政府对经济金融发展的主导和干预作用也不可或缺。政府在积极主导经济金融重大危机事件的同时，也需要注意行为边界的问题，以免造成市场秩序的混乱。

三、后金融危机时期影响我国金融安全的几个问题

为了促进我国金融业的持续健康发展，我国也应高度关注金融安全问题。目前，以下几个问题需要引起高度关注。

1. 对于一些“非银行金融机构（影子银行)”存在管理不到位的情况，容易诱发金融风险。影子银行主要指金融行业内行使着银行功能，却不受监管或监管较少的非银行金融机构。目前，我国也存在一些类似“影子银行”性质的金融机构，如中国国际金融公司、中国投资有限责任公司、全国社保基金理事会、政府的私募股权投资公司（PE）等。这类机构资产规模较大，在资金来源上主要是公众资金和国家财产，事实上属于不拥有商业银行牌照的“影子银行”体系。目前，我国对这些机构的管理很大程度上尚不到位，存在不规范之处。

2. 金融体系中存在引发系统性风险的潜在风险源，对经济金融的稳健运行构成潜在威胁。全球金融危机彰显了金融体系的系统性风险在金融稳定中的重要性。目前，中国金融体系蕴藏潜在巨大风险，主要表现在四个方面。第一，我国高储蓄率局面下金融资产供给相对有限，导致资产价格特别是房地产价格受到资金追逐，泡沫现象较为明显。第二，金融危机中各国救市政策所导致的全球流动性泛滥，可能促使我国通胀预期的加强，进而损害经济金融体系。第三，地方融资平台风险对金融体系安全运行构成重大挑战。第四，商业银行不良资产可能对金融体系造成负面冲击。这些因素都可能导致中国金融体系的系统性风险累积，危及

金融体系和宏观经济的稳定，并引发金融危机甚至经济危机。我国金融体系的这四个风险源中，特别是地方融资平台风险和资产价格泡沫尤其值得重视。

3. 宏观金融审慎监管机制未完全建立，一些领域的监管存在空白和薄弱环节。目前，我国金融业的综合化经营正在稳步推进，但是在对于可能导致系统性风险的监管中，我国金融业的宏观审慎监管机制尚未完全建立。如对于金融控股公司这类大型混业经营金融机构，其本身既是金融监管的重点，又是金融监管的难点。可是在目前我国分业监管的体制之下，尚难以彻底解决好对这类机构的监管问题，一定程度上存在监管空白和不足。这就容易导致风险的衍生和爆发。

4. 对信用评级行业的规范发展和地方债务等问题重视不够，也容易影响国家经济和金融安全。长时期以来，我国的信用评级行业和评级市场受到全球几大评级机构的垄断，国际评级机构已悄然进入我国的经济核心领域和敏感性行业。中国信用市场2/3以上的份额被外资控制，全国四大评级机构有三家被外资控股。这不仅不利于建立良好的信用评级市场秩序，而且威胁到我国的经济金融安全，应该对这一问题高度重视。同时，普遍存在的地方政府债务问题也不容忽视。

四、对我国经济金融发展的几条建议

我国经济金融发展的国内外环境，正在发生较大变化，这就要求我们高瞻远瞩、因应以对。后金融危机时期我国应处理好一系列经济金融发展的重大问题：

1. 实行经济增长中的结构调整战略，转变经济增长模式和发展方式，应将促进民间投资和服务业发展，作为经济内生增长的两大动力。建议政府层面在打破垄断、促进民间投资、鼓励消费、刺激内需的政策安排与制度改革方面进行根本转变，以扭转经济增长中长期的结构失衡现象。一是应积极采取财税等手段落实非公36条，大力鼓励民间投资，创造民间资本合法有序的投资环境和渠道。同时，应给国企画下一条“不与民争利的红线”，推动国企退出一般竞争性领域。二是在目前基于投资和资源消耗的经济增长方式已经难以为继的情况下，应将促进服务业发展作为经济增长的另一个发动机。三是有关部门需要通过改革有关制度安排和政策改革等内生因素，以此来改善增长函数中的技术变量，带动经济的内生持续增长。四是应继续加大节能减排工作力度，走低碳发展之路，努力实现两型社会（即资源节约型、环境友好型社会）建设目标。

2. 积极推动金融业改革开放和适应市场经济体制需求的新金融机构建设，通过促进金融创新，建立新的金融新秩序。目前，我国金融业改革开放尚处于初始阶段，对外和对内开放均不足。相关领域金融产品的创新还比较少，金融支持经济社会发展的方式还不足。这就需要我们在合理控制风险的前提下，大力发展金融业，通过促进金融创新，建立新的金融新秩序，努力为实体经济发展做好金融服务，最终促进我国金融业的大发展。

3. 规范“影子银行”等非银行金融机构的经营管理行为，采取有效措施监管其运行，提高其运行的合规性和透明度。建议我国吸取全球金融危机教训，尽快加强对于此类机构的管理。一是将此类机构纳入国家正规金融监管体系，改变目前缺乏监管约束的局面，并公开进行信息披露，对于投资决策等事宜则按照法律批准的法定程序进行。二是从法规层面规定该类机构的重大事项应接受全国人大监督，审计署有权对其资金进行合规审计。三是整顿规范省市区一级非金融机构性质投资公司，防止地方性债务膨胀。这样，不仅可以提高此类机构运作的透明度，保证其持续健康的发展，还能够减少目前一些国外政府和机构对此类机构的许多不当猜测，以维护我国的国家利益。

4. 构建宏观审慎监管体系，加强金融监管覆盖面和监管协调，推进金融监管体制改革。建议我国应把建立和完善审慎监管体制，防范系统性风险提到政府的议事日程上来，尽快建立和完善审慎监管体制。在构建宏观审慎监管体系的具体操作路径上，建议该体制明确以下三个层面的内容：一是确定宏观审慎监管机构。二是界定系统性风险和系统性风险金融机构。三是完善系统性风险的分析方法，设计一整套界定系统性风险金融机构的指标和方法。此外，根据我国目前的金融业的监管实际，建议建立实体化和法治化的金融监管协调机构，强化对金融控股集团的监管。从操作层面上来看，建议在现有的分业监管体制下，首先应将协调机制法治化、实体化。其次，在时机成熟的情况下，组建有明确法律权限、有实体组织的金融监管协调机构。可以考虑成立跨部门的系统性风险监管理事会，就金融集团监管进行信息共享和协调。

5. 加强对信用评级行业的有效监管，尽快推进信用评级机构的变革。建议有关部门推动信用评级变革。一是国家从战略上重视信用评级行业的规划和发展。政府应打破评级业垄断格局，增加区域内信用评级的话语权。二是建议政府强化信用评级机构及其活动监管，增强评级的透明度。建议国家明确监管机构和监管职能，加强对信用评级机构及评级活动的监管。有关部门应对信用评级机构的设置、产品、人员等进行适当的管理和调整，促进这一行业的健康发展。三是应关注信用评级在国民经济和金融发展中可能引发的经济和国家安全风险，明确规定外资引用评级机构禁止涉入到关系国家经济金融安全的重大领域，限制外资评级机构的参股比例，掌控金融话语权。

6. 推进多元化金融体系的建设，控制金融工具的高杠杆率和风险传导链条，防范系统性风险。着力构建金融体系的新模式新格局，推进多元化金融体系建设，防范系统性风险的建议：一是逐步改变商业银行主导的金融结构，鼓励信托、私人股权投资基金、产业基金等多元化的金融体系的发展，促进金融体系的多元化。二是大力加强资本市场、货币市场和外汇市场的发展，完善金融市场体系。三是促进银行体系机构和形式的多元化发展，建立适应不同主体需要，具有不同规模和产品特色的银行金融机构。此外，建议我国从控制杠杆率和传导链条入手，控制金融体系的系统性风险。加强对金融机构、企业、居民和政府的表内（外）资产负债表的管理，关注国家综合负债率；控制国外金融风险的传递，打破国际流动性向国内流动性的传导机制；严控银行信贷，切断信贷资金与资产价格挂钩之间的联系。

（原载《发展战略与应对策略——中国生产力发展研究十年成果举要》经济科学出版社2014年版）

把试点自由贸易区作为深化改革开放的突破口

2013 年 7 月 3 日，国务院常务会议通过《中国（上海）自由贸易试验区总体方案》，并确定在上海外高桥保税区等 4 个海关特殊监管区域内，建设中国（上海）自由贸易试验区（简称“上海自贸区试点”）。同年 9 月 29 日，上海自贸区正式挂牌启动运作，我应邀出席挂牌仪式。

2014 年 12 月，国务院以推广上海自贸试验区试点经验，批准在广东、天津、福建沿海三地设立自贸试验区。2015 年 4 月 21 日，广东、天津、福建三个自贸试验区挂牌启动运作。

2017 年 3 月，我国自贸试验区再迎新一轮扩围，国务院批复辽宁、浙江、河南、湖北、重庆、四川、陕西设立 7 个内陆自贸试验区，并分别印发总体方案。2017 年 4 月 1 日，辽宁、浙江、河南、湖北、重庆、四川、陕西 7 个内陆自贸试验区挂牌，我国自贸试验区建设形成“1 +3 +7”的新格局。

2018 年 4 月 13 日，习近平总书记在海南建省办经济特区 30 周年纪念大会的讲话中宣布，党中央决定支持海南全岛建设自由贸易试验区，支持海南逐步探索、稳步推进中国特色自由贸易港建设，分步骤、分阶段建立自由贸易港政策和制度体系。4 月 14 日，正式发布《中共中央国务院关于支持海南全面深化改革开放的指导意见》，进一步对海南自由贸易港建设的目标、定位、重点任务和举措提出了原则性要求。我国自贸试验区建设步入探索自由贸易港阶段。

这既是党中央、国务院顺应全球经贸发展新趋势，实施积极主动、对外开放战略的重大举措，也是贯彻落实党的十八大提出“加快实施自由贸易区战略”的具体体现，更是中国改革开放道路上的新里程碑，意义重大而深远。把试点自由贸易区作为深化改革开放的突破口，是党中央、国务院重大决策部署的着力点，也是中国生产力学会近十年来课题研究和坚持推进的一项主张。从 2008 年研究在上海浦东建立中国第一个真正意义的自由贸易区，到促成上海自贸区试点设立，到 2013 年研究推进重庆设立第一个内陆自由贸易园区试点；到 2016 年云南建立自由贸易区发展战略研究，推动由“沿海——内陆——延边”的自贸区中国发展框架理念，我都有幸参与其中，并成为积极倡导者。

自由贸易区的性质、特点，概括起来讲，就是“国家行为”“境内关外”“经济自由”“功能突出”，是一个“境内关外”的经济自由区。任何货物就进口税及其他各税而言，被视为在关境之外，免于实施惯常的海关监管制度，“一线放开，二线管住”，海关等不得轻易介入的“一线和二线之间的经济自由区”。目前，世界上有 800 多个自由贸易区，被公认为是世界经济最开放、自由化程度最高、资源配置效率高的地区，是跨国公司配置资源的核心区。这些自由贸易区早年多建在发达国家，近些年来许多发展中国家自由贸易区的发展情况也很引人注意。新加坡、韩国等周边国家建立的自由贸易区，也是国际上通行的，既增加了它们的竞争力，也对我国国际竞争力形成了影响。

从 20 世纪 90 年代开始，我国参照国际惯例并结合中国国情设立了保税区、出口加工区、保税物流园区等 6 大类、共计 102 个海关特殊监管区。虽然这些各类园区的经济自由化程度比一般园区高，但总体上属于“境内关内”的海关特殊监管区，而不是“境内关外”的经济自由区，与真正的自贸区相比还有一定差距，性质也完全不一样。本来在 1988 年之后，我国本拟在几个沿海港口城市设立自由贸易区。后因某些历史原因，这些拟建的自由贸易区都改为保税区。在对外介绍保税区时，由于国外对报税这个概念不被外国人理解，当时的国务院发展研究中心主任提议英文都采用自由贸易区概念翻译。2000 年 6 月我国政府虽正式签署了修改后的《京都公约》议定书，并接受了专项附约四的第一章和专项附约七的第一章，但中国当时尚无自由贸易区，故对自由区的附约是保留的。这样造成不少外商，因为没有搞清楚二者的区别，某些进出口业务受到了制约和影响。随着改革开放的深入发展，建立国际意义上的自由贸易区成为我国保税区、出口加工区转型发展的必然。

一、我国建立国际通行意义自由贸易区的必要性

一是我国进一步改革开放的国际化战略需要。从世界经济自由化进程和中国加入世贸组织后面临的现实需求来看，建立自由贸易区，既是中国进一步改革开放，寻求综合配套改革突破口，通过带头示范作用，引导中国经济迈向世界一流水平的战略发展的需要，也是中国履行加入世贸组织（WTO）承诺、提升国际竞争力、应对周边国家和地区竞争、上海建立国际航运中心、国际物流中心和国际金融中心，在亚洲经济中发挥重要作用的需要。由于我国各类园区均是“境内关内”，经济自由化程度跟不上，以致园区作用下降，虽然为了补充功能而建立了各种园区，但仍未能解决根本问题，表明建立自由贸易区事宜迫在眉睫。

近年来，不同城市设立的保税区、出口加工区等特区型地区，虽然对所在地区的改革开放有一定成效，但也出现了现状与设计初衷不符、功能交叉、政策不协调等情况。特别是保税区还出现功能偏离原意、名不符实（包括中英文名不对应），引起国际社会费解，一些保税区的环境已出现缺少吸引力的情况。因此，迫切需要采取措施，引导各园区之间相互配合、良性互动，形成一个有机整体。各地虽然不同程度地采取了某些自认为向自由贸易区过渡的变通做法，却导致了各类园区运作不规范，存在隐患。为探索有益做法、化解风险，我国应做第一个自由贸易区的试点。在整合各类园区政策的基础上，提升和深化政策体系，成为我国各类园区进一步发展的目标和模式选择。同时，企业的跨国经营要求我国沿海特殊经济区具有高效、便捷的通关要求，而此条件必须在“境内关外”下才能做到。这是对现代自由贸易港区开发开放提出的具有划时代意义的现实要求。

二是我国深化改革开放和促进经济转型需要。包括：深化新时期区域经济发展战略的需要；国家综合配套改革试验区选择突破口的需要；带动港口腹地发展的需要；各类园区整合与转型发展的需要；以及为企业实现购销全球化创造环境的需要。我国实施对外开放，从深圳经济特区，到上海浦东新区，再到天津滨海新区的开发开放，先后成为我国区域经济发展的里程碑。而贯彻我国区域经济发展战略，必须做好以深圳港为龙头的珠江三角洲、以上海为龙头的长江三角洲和以天津为龙头的环渤海经济圈的新时期发展。这其中，以上海浦东新区进行突破，建立自由贸易区作用更大、意义更重要，因为这三个地区中，以长江三角洲对中

国未来发展的意义更大。

国家确定综合配套改革试验区，其出发点是在更高水平上深化改革，扩大开放，其重点内容构成了进一步改革的方向。综合配套改革要选择突破口，就需要确定在机制、体制上与国际通行做法的结合点。在上海浦东试点建立自由贸易区是适宜的选择。自由贸易港区带动港口腹地经济发展问题在世界备受关注，而且是各国建立自由贸易港区的重要原因之一，也是区域经济发展战略要求。这主要是由于自由贸易区与腹地的后向联系带来的，如自由贸易区国内外公司对供应链体系进行腹地生产组织、服务和配送安排；对企业购买国内原材料或通过国内公司进行原材料、产品生产转包等等，促使腹地企业加大技术创新投入带来经济效益的提高，形成自由贸易港区经济与腹地经济发生广泛的联系。

二、建设自贸区是中国经济发展的必然选择

建设和发展自由贸易区，除了促进一国的改革、对外开放和提升经济自由化的水平等主要作用之外，一是可以提供就业机会和人力资本。自由贸易区本身占全球就业数量少于1%，不是主要的就业来源，但其对就业的间接影响非常大，可带动周围和举办国的发展和就业。二是可产生比较明显的出口绩效，为主办国家或地区增加创汇。三是关税减少和非关税补益同时存在，可增强后向联系，促进腹地经济发展。四是推动技术转让，促使发展升级，并提高地区物流效率和进入全球价值链的机会。这些方面都是世界公认的。

后危机时代，世界经济多极化和全球化仍是主流趋势，随着世界经济重心东移和中国和平崛起，中国仍需加快转变外贸增长方式，创新利用外资方式，鼓励外资投向中国产业结构优化升级、区域协调发展和科技创新领域。从而在保持经济又好又快发展的基础上，释放国际影响力，提高国际竞争力。因此，坚定不移地实现对外开放的基本国策，更进一步对外开放，在更大范围内、更宽领域和更深层次上，扩大开放程度，提高开放型经济水平，依托自由贸易区的建设和发展，努力推进经济发展方式转变，大力发展现代服务业，是中国未来经济发展的必然选择。

伴随着经济全球化的深入发展，自由贸易区也在持续地创新发展。在参与全球经济贸易一体化进程中，中国若要发挥更重要的作用，就应该有自己的自由贸

易区。上海是我国经济发展水平和工业化程度最高的城市，而且已开始后工业化社会的某些进程，是率领中国参与经济全球化的城市。党中央、国务院对上海发展航运中心提出进一步的要求，为了使上海能在我国新的历史时期，在发展和改革开放中起领先、示范和带动作用，在上海浦东新区试点建立和发展自由贸易区是非常必要的。

同时，从我国经济的强劲发展和货物运量及集装箱生成量和运输量全球领先的情况看，需要在境内建立高效实现国际中转、国际配送、国际采购、国际转口贸易和出口加工等功能的国际航运中心和国际物流中心。当前在我国境内尚未形成真正意义上的国际航运中心和国际物流中心，国内一些港口成为其他国家或地区国际航运中心的供给港。境内港区未有自由贸易港区是造成这种情况的重要原因之一。综观国际上现有的国际航运中心、集疏运枢纽、物流中心，都具有自由贸易港区。它已成为国际航运中心、枢纽港和物流中心不言而喻的必要条件。无论是转运、重整货物、采购、配送或者加工等工作的便利化，都要免除通关等繁杂手续，故需在关外进行，也就是说在自由贸易区内构筑宽松环境可有效完成上述功能，增加吸引力，或者说与国际通行的做法相衔接，要有效做到上述提及的五大功能，必须在境内关外进行才能高效实现。

三、上海浦东新区建立自由贸易区研究及推进

党的十七大提出“实施自由贸易区战略”以来，中国—东盟自由贸易区启动，成为中国经济发展的重要里程碑。但这种自由贸易区只是国际上通行的多种自由贸易区中的一种，而我国的特殊经济区（保税区）面临着诸多深化发展的挑战，对转型为国际意义上的自由贸易区有着强烈渴求。2009 年初，学会在上海外高桥保税区调研时，管委会负责人说出了这样的诉求和心声。2009 年 5 月下旬，学会根据国务院批复转发的发改委《关于 2009 年深化经济体制改革工作意见》第十一条“深化涉外经济体制改革，健全开放型经济体系”中，提出“积极稳妥实施自由贸易区战略”的要求，在上海市委、市政府和浦东区委和区政府的支持配合下，中国生产力学会组织相关方面专家学者就中国特殊经济区（保税区）与国际自由贸易区的差异、我国建立国际自由贸易区的必要性，以及在上海浦东新区建立我国第一个“国际自由贸易区”等问题，进行了可行性研究。在数次多方调研基础

上，以国务院发展研究中心研究员、学会副会长李泊溪教授为首的数位专家学者，历时半年完成了该研究。

同时，在明确我国需要试点建立“自由贸易区”的必要性和上海有条件建设我国第一个自由贸易区的基础上，提出了上海浦东建立自由贸易区的方案概要和要国务院支持的建议：一是建议国务院尽快决策在上海浦东新区试点建立第一个国际意义上的“自由贸易区”，并交由上海市执行。二是建议明确在上海浦东新区试点建立的“自由贸易区”，是符合国际惯例和“京都公约”所规定的“境内关外”真正意义上的自由贸易区。三是建议国务院授权上海市制定上海浦东新区自由贸易区的政策体系，并责成国务院有关部委协助。四是建议国务院提请全国人大或是全国人大授权上海市人大，就上海自由贸易区事宜进行立法。五是希望国务院批准上海浦东自由贸易区的范围，批准上海外高桥保税区、洋山港保税区和浦东机场综合保税区等范围内约40～50平方公里，构成上海浦东自由贸易区，自由贸易区各区域间用绿色通道连接。该研究成果和推进建议，由学会呈报国务院后，得到国务院及相关部门的高度重视，在社会各界引起巨大反响。通过上海市方面和学会上下的共同推动，这一成果有力促进了中国（上海）自由贸易试验区的设立，实现了研究成果的成功转化。

上海自贸区试点五年来，围绕面向世界、服务全国、立足企业的基本定位，坚持扩大开放与体制改革相结合、培育功能与制度创新相结合，有效推动各项改革创新措施全面落地，《总体方案》确定的改革任务基本上已全面落地，在建设具有国际水准的自贸试验区上取得了重要的阶段性成果。

一是着眼于探索建立开放型经济新体制，对标国际通行规则，率先在投资、贸易、金融和事中事后监管等领域进行了改革创新，形成了一批可复制可推广的制度成果。如：以负面清单管理为核心的投资管理改革持续深化；以贸易便利化为重点的贸易监管制度有效运行；以服务跨境贸易为目标的金融开放创新有序推进；以政府职能转变为导向的事中事后监管制度初步形成。

二是着眼于服务上海“四个中心”和科技创新中心建设，加大功能培育力度，深化功能拓展，促进区域经济转型升级。如：总部经济能进一步提升；新兴贸易业态加快形成；区域产业功能日趋多元。

三是完善综合配套，区域法治化、国际化、便利化营商环境不断优化。如：参与制定和贯彻落实《中国（上海）自由贸易试验区条例》，制定施行《自贸试验区行政规范性文件法律审查规则（试行）》和《自贸试验区相对集中行政复议权实施办法》等，确保改革于法有据，法制、政策环境得到优化；按照“放管服”的总体要求，梳理编制上海自由贸易区管理局责任清单和权力清单、办事指南和工作手册，建成以标准化为核心的综合审批系统，综合服务能级有效提升；创新土地利用模式，引入弹性规划和综合用地制度，空间规划布局更加合理。

四是随着各项改革试点任务的逐步落实，制度创新效应进一步显现，区域经济保持平稳运行，质量效益得到不断提升。如：区域经济稳步发展，商品销售额、工商税收、进出口额占全国海关特殊监管区域的比重由挂牌前的51.5%、50%、18.6%提高到59.6%、54.1%和18.7%；国际贸易功能凸显；产业结构不断优化；转型发展内在动力机制正在形成，在贸易、物流、高端制造等原有产业不断转型升级、继续保持规模优势的同时，文化服务、技术服务、租赁服务、金融服务、消费服务等新兴业态不断培育成长，正在成长为百亿产业群。

上海自贸试验区这些成果的取得，主要得益于坚持顶层设计与基层创新相结合，坚持国家战略与区域特色相结合，坚持制度创新与企业需求相结合，坚持改革创新与风险防控相结合，以及与后设立试点自贸区的经验交流。目前，紧扣《总体方案》高标准要求，巩固深化各项改革创新任务，推动尚未落地的制度创新任务在区域率先试点；紧扣海关特殊监管区域本质特征和功能特色，提升区域对外开放度和功能集成化，完善国际化营商环境，完善法制和政策保障及区域综合配套；紧扣构建完善与我国经济地位相适应、与国际投资贸易通行规则相衔接的制度体系的主题，探索承接创新改革的新任务；继续为全面深化改革和扩大开放探索新途径、积累新经验，成为其工作重点和努力方向。

四、研究推进重庆内陆自由贸易园区（试点）建立

上海浦东新区具备建立自由贸易区的条件，国家确定在浦东试点建立自由贸易区，是我国深化改革开放的一个重要突破口。2014年12月国务院批准设立的第二批天津、福建、广东三个沿海试点自贸区挂牌运行，更让我们看到了党中央、国务院加快实施自由贸易区战略，加快构建开放型经济新体制的决心和力度。

习近平总书记基于世界发展大势和我国对外开放战略，提出的“一带一路”

战略构想意义深远。一方面，全球化深入发展，区域经济一体化加快推进，全球增长和贸易、投资格局正在酝酿深刻调整，亚欧国家都处于经济转型升级关键阶段，希望找到新的经济增长点，进一步激发区域发展活力与合作潜力。另一方面，新常态下，我国已站在新的起点，需要统筹国际国内两个大局、两个市场、两种资源，促进对内对外开放相互促进，“引进来”和“走出去”更好结合，构建开放型经济新体制。以“一带一路”为依托，发挥各国的比较优势，建设利益共享的全球价值链条，优化全球资源配置，形成互利共赢的全球和区域经济布局，成为中国全球战略的关键选择。而“一带一路”战略实施，其重点是高标准自贸区网络，即：贸易投资先行。

放眼国内，京津冀为首，长江经济带为体，一带一路为两翼，平衡我国区域发展格局，是符合国情和区域经济协调发展需求的大战略、好思路。由此，中国应该建立一个内陆自贸区。在内陆各大城市中，学会首推重庆。理由为：重庆，是我国四大直辖市中，唯一在西部的重要经济中心城市。在重庆建立市场高度开放、要素自由流动、贸易投资便利、体制健全规范的第一个内陆自由贸易园区，可以突出丝绸之路经济带和长江经济带“两带交汇”的战略优势，其战略意义重大。主要体现在以下六方面：

一是在内陆培育我国经济新增长极的需要。我国西部各省、区将成为未来经济发展新的增长点，有利于重庆向全球开放发展，可成为我国内陆地区国际化和自由化特征显著的新增长极。二是把长江全流域打造成黄金水道的需要。习近平总书记在考察武汉时曾指出，要把长江全流域打造为黄金水道。这一黄金水道对于东、中、西部协调发展非常重要。重庆与上海两端开放，上下游联接，有利于长江开放走廊形成，对把长江全流域打造为黄金水道至关重要。三是新时期深入推进西部大开发战略的需要。有利于发挥重庆作为国家中心城市的作用，并带动西部城市经济发展的重要作用和在西部大开发中的领先要求与促进作用。四是我国内陆打通国际贸易大通道的需要。有利于推动我国内陆与国际间要素流动和配置，为“一江两翼连三洋”国际贸易大通道提供经济自由的制度保障。一江指长江，西北翼是指欧亚大陆桥，西南翼是指西南连接印度洋的通道。“一江两翼连三洋”是指通过长江连接太平洋，通过欧亚大陆桥连接大西洋，通过西南通道连接印度洋。五是大陆中心突破带动我国全方位开放的需要。有利于建设内陆开放高地，深化我国对内开放，扩大、带动和促进我国西部地区的对外开放。六是创造内陆自由贸易园区发展新经验的需要。广东、天津、福建试点沿海自由贸易区启动后，选择重庆作为内陆自由贸易区试点。这既是我国自贸区布局的需要，也是多口岸协同海关监管、与边境口岸建立长距离绿色通道、坚持对内对外开放的探索，有利于创造出内陆开放发展的经验。

此外，重庆设立我国首个内陆自由贸易园区（试点）的条件齐备。相对西部其他城市，重庆的优越条件具体如下：重庆不仅拥有良好的区位和综合交通运输条件。空港、水港、铁路、公路四种口岸条件齐备，拥有足够的发展空间和广阔的经济腹地，而且具有较为完善的基础设施与比较丰富的生产要素，较好的工业基础与向国际化迈进的金融业，还具备开放型经济基础和对外开放经验的园区，以及重庆市委、市政府主要领导渴求创新突破的进取精神和相关部门以开放促改革，以改革促开放的强烈需求。都让我们见证了在重庆建立首个内陆自贸区（试点）的可行性。选择在重庆市设立我国第一个内陆自贸区（试点），不仅是加快实施我国自由贸易区战略的有益补充，而且也将是深化改革开放的又一个突破。

五、云南建立自由贸易区发展战略研究

继学会先后完成上海自由贸易区和重庆自由贸易区研究后，形成的成果得到国务院领导高度重视，并转化为现实生产力后，2015 年应云南省人民政府及商务厅邀请，立足推进“一带一路”战略和我国对外开放新战略实施，贯彻落实《国务院关于加快实施自由贸易区战略的若干意见》（国发〔2015〕69 号）精神，推动学会专家学者倡导的自贸区中国发展框架由“沿海——内陆——延边”的架构理念，主持上海自由贸易区、重庆自由贸易区研究的课题组组长李泊溪研究员，又主持了“云南建立自由贸易区发展战略研究”、2016 年 4 月完成了《云南建立自由贸易区发展战略研究》报告，并通过了专家评审。5 月学会又向国务院呈报了“关于在云南建立沿边自由贸易试验区的建议”，并得到国务院主要领导批示。由此，设立沿边自由贸易试验区，被学会率先提上了习近平总书记推动“十三五”规划，倡导大力实施的“十四大战略”之一的“自由贸易区战略”日程。

2018 年 4 月，党中央支持海南全岛建设自由贸易试验区（2011 年学会完成的

《建立中国（海南）旅游产权交易中心研究》成果中就提出海南建立自由贸易区建议并推进），试点建设自由贸易港的决定，让学会关注和致力自贸区研究的相关专家学者，对深化改革开放，试点延边自由贸易区充满了信心和期待。

（此文根据《经济参考报》2013 年 8 月 22 日《王茂林：试点自贸区将成深化改革开放突破口》稿和中国生产力学会相关研究成果及建议报告等撰写）

完善法人治理　构建惩防体系

——深化国企改革的重点

企业是社会的主体，是社会财富的创造者，加强党对企业的领导，加强企业职工的思想政治工作是党的一项重要工作。在新的历史条件下，国有企业面临许多新的情况、矛盾、问题，国有企业在参与国内、国外市场的竞争中，也暴露出不少亟待解决的问题。国有企业的深入改革，当前要着重解决以下问题。

一方面，国有企业的体制要进行创新和改革，国有企业为适应市场经济体制规则的要求，要真正成为一个具有实质意义的企业，而不是政府的行政附属物。国有企业的经济运行必须按照市场经济的规则进行，除了少数涉及国计民生、国家安全的重要企业外，所有企业都应该是依法自主经营、自负盈亏，确保国有资产的保值增值。

另一方面，政府及政府有关部门不能直接干涉企业内部的生产开发、经营、销售等事务，实施董事会领导下的总经理负责制，依据国际市场和国内市场的需求关系，制定出本企业的生产经营方案，经董事会讨论后，报政府有关部门备案。

同时，还要企政分开和解决国有企业的行业垄断问题。企业不应承担任何政府部门的职责，我们应该建立一个公平公正透明的竞争平台，国有企业、民营企业、中外合资企业都应一视同仁。

关于国有企业的干部任命，即完善法人治理应实施：

一是董事长和监事会主席的任命由政府或政府的有关部门任命（即董事会通过选举产生的董事长、监事会主席人选，由党组织和政府推荐，选举后上报党组织和政府或政府有关部门正式任命）。

二是企业的总经理采用公开聘用制，聘用的总经理由董事长征求党委政府有关部门意见后，正式提交董事会讨论决定，由董事长任命。

三是企业副总经理、总工程师、总会计师、总经济师应由总经理提名，经董事会讨论批准后，由董事长任命。董事长和董事会对总经理提出的人选有否定权，没有直接提名权，否定后，总经理可以再提名。要使总经理对企业真正负起经营和法律全责，只有这样总经理才能真正负起企业的法律和经济责任，才能充分发挥其作用。

四是理顺董事长和总经理的工作关系，董事会代表国家行使领导权，也是企业法人代表，负有国有资产的保值增值的职责，企业的重大问题，如企业实现利益的再分配，重要干部的任免，企业职工工资福利方案，企业重大建设项目的决策以及企业内需要报董事会、董事长审批的重大事项，董事长除上述各项工作，不能够直接干涉总经理组织的正常生产、经营、销售、技术、开发等具体工作。要防止董事长专权，企业要增强公开性和透明度，要发挥监事会主席和职工代表大会制度的作用，企业在重大问题决策前，特别是涉及职工权益、工资福利等方面的决策，要事先听取工会和职工代表大会的意见。

五是国有企业要组建真正的民主科学决策的董事会，董事会要实行民主集中制，改善董事会董事的结构成分，必须进行产权结构的调整，要吸引民资和外资，除了少数关系到国计民生和国家安全的重要企业外，绝大多数的国有企业不能一股独大，要相对控股，有的可以搞混合所有制，这样才能真正实现民主决策。

六是要切实解决实际存在的行业垄断问题。国有企业的行业垄断问题已经导致很多问题的产生，不利于公平竞争，与我们推行的社会主义市场经济体制不相容，国有企业特别是具有行业性质的国有企业要按照市场经济体制的法则引入竞争机制，对这类企业进行改革和制度创新，我国全国人大已经制定了反垄断法，垄断行为产生的种种弊端不仅在发达国家有上百年的经验和教训，我国行业垄断带来的问题也引起了社会的关注，其问题日渐严重，直接影响市场的公开公平竞争，阻碍了行业的发展，也直接影响了经济的深入发展。

我们在新一轮的改革开放中，应该迫切的解决好这个问题。国务院各部门必须政企分开，政府部门不能履行企业的职责，也不能有企业行为，更不能有行业垄断的行为，使政府成为公益服务性政府，必须进一步进行政府体制机构的改革和创新，这些问题是国有企业在改革中重点解决的问题，也是推进政治体制改革要解决的问题。国有企业要具备真正的企业性质，必须着手解决好这些问题，只有这样，才能加快我们国民经济的结构调整，并在新一轮发展中取得新的更大的成就。

面对国企腐败的发生，这不仅需要国家纪检部门对国有企业加强防治力度，也要求国有企业在防治腐败上建立一套行之有效、切实可行的长效机制，建立与市场经济体制相适应的教育、监督并重的惩治和预防腐败体系。要重视发挥企业监事会的监督作用，特别要加大对国有企业领导班子的检查监督力度，不断拓宽反腐领域，有效防范和化解廉政风险。把国有企业领导班子建设成为政治素质好、经营业绩好、团结协作好、作风形象好的坚强领导集体，并造就一支干事创业的高素质干部队伍，主要可从以下方面着手：

1. 从“管人”入手，建设反腐倡廉责任机制，明确“责任人”，实行“一肩挑”。建立领导班子防治腐败机制，关键是要强化主要领导的责任制，明确各级党委主要负责同志为抓领导班子防治腐败的“第一责任人”和直接“责任人”。同时也要强化班子成员的责任制，使领导班子防治腐败制度化、正常化、定期化。在建立责任制的同时，要实行责任追究制。这里需要研究的一个问题，监事会主席职责是什么？经济领域那些事情，要发挥监事会主席作用，他和董事长、总经理什么关系？企业财务方面的监督应该是监事会主席职能。另外，要建立国有企业领导班子防治腐败的目标管理机制。落实有效措施，保证防治腐败，做到领导不想贪和不能贪。在制定防治腐败工作规划和各项制度、目标时，要按照“求实、务实、落实”而行，结合本企业实情以及经济和社会的发展需要制定，坚持各项工作与班子防治腐败同部署、同要求、同落实相结合。实行责任目标“一肩挑”，把责权利紧密结合起来，力争责任落在实处，使企业通过抓反腐倡廉有一个好的效果。

2. 从“管财”入手，狠抓反腐倡廉监督机制，凝聚“一班人”，用好“一支笔”。在国有企业领导班子防治腐败中，要坚持以制度建设为保障，始终有效地把党内监督、群众监督、上级监督结合起来，不断地提高企业领导干部拒腐防变的能力。一是健全干部廉政建设制度。制订实施企业党风廉政建设责任制和加强党员领导干部作风建设的一系列举措，坚持落实各级领导班子民主集中制制度、民主生活会制度、廉政谈话制度，对企业新任领导干部要进行任前廉政谈话，对有违规违纪苗头的企业领导干部要进行提醒谈话，努力做到用制度管人，用制度管事。二是坚持教育、监督并重。要深入开展警示教育和党风党纪教育，引导企业领导班子成员牢固树立正确的权力观、地位观和利益观。三是坚持民主集中制原则，对重大人事安排、重大项目建设、大额资金使用等重大决策，董事会要充分发表意见，集体讨论决定，分工负责落实，避免决策上的失误。四是加强监督。重点抓好企业领导干部廉洁自律的监督、干部人事管理的监督和厂务公开的监督，采取内外评议、上下联动，形成全方位多视角的监督网络和约束机制。同时要大力推进厂务公开，将涉及企业发展战略、发展计划、事关全局的重大决策、基础设施建设及重大事件等向职工群众公开，增强透明度。在各项监督中，要注意不断创造条件，拓宽渠道，聘请一定职工代表逐步建立起领导班子防治腐败评价机制，使组织监督和群众监督得到进一步强化，以此促进领导班子防治腐败上层次。

3. 从“管事”入手，狠抓反腐倡廉管理机制，考核“一把尺”，走活“一盘棋”。国有企业搞活的关键在于管理创新，在于不断适应市场竞争，积极加强管理机制转换。当前，在企业改革中，企业领导班子在内部多种经营机制并存的情况下，一是要抓大放小，对分厂、子公司、独立核算部门实行放权搞活，把力量放在宏观调控和企业的战略发展目标上。二是要积极推行竞争上岗、优化组合、动态考核等管理办法，立足市场，管理企业。三是坚持一把手以身作则，切实做到作风民主，当“班长”而不当“家长”；切实做到善抓全局，总揽而不包揽；切实做到正确集中，果断而不武断；切实做到知人善任，放手而不放任。坚持按照党内准则处理班子成员之间的关系，无论是老班子成员还是新班子成员，大家都要相互尊重、相互支持、相互谅解、相互补台，做到理想信念统一、指导思想统一、奋斗目标统一、工作步调统一、对外声音统一，以实际行动维护领导班子的团结统一。

4. 要从根本上防治国企干部选拔任用环节的弊端腐败，就必须深化国有企业改革，彻底改变国有企业中存在的“官本位”和“只对上负责”（对党委政府负责），不对企业负责（职代会、工会）的状况，形成“能力本位”和“对出资者负责”（对财产所有者或股东负责）的局面。国有企业在市场经济中的特殊经济组织，现阶段我国的国有资产也不可避免地要由各级政府全权充当所有者代表，由政府（通过国资委）委派“代理人”行使出资人的权力，这一基本国情特点恐怕短期内难以改变。在这种现状下，比较可行的途径是，先对国有企业进行严格分类，再对国有企业领导干部进行差别管理。

5. 对极少数特殊的“重量级”的国有企业，要进行“企业形态”的监管。这部分企业应当少之又少，大概几十家就足够了，因为这类企业不可能成为“真正的企业”，它们是执政党和政府驾驭经济之手的延伸，也充当执政党和政府贯彻执政意图、实现施政目标的特殊“工具”。这类企业集经济责任、政治责任和社会责任于一身，目标多元化，还带有普通企业不具备的一些特权。这些企业涉及国家安全和重大国计民生，有其特殊性，管理方法也有特殊性。这一类国有企业选拔任用领导人员，也要在公开、平等、民主、竞争、择优的基础上，发挥党委和政府的主导作用，以党管干部原则为主、市场化配置原则为辅，并把党管干部和市场化配置结合起来，拓宽选人用人视野，做到不拘一格选人才，同时做到职位公开、条件公开、程序公开、结果公开，实行“阳光操作”。通过平等竞争，实行优胜劣汰。这里还有一点需要特别强调，所有国有企业领导干部队伍要尽量保持相对稳定，减少频繁的“干部交流”，尤其是与党政机关的“交流”，既然是“职业经理人”的角色，是通过考核聘用的，如果年经营好应续聘，那么稳定在这支队伍中是最好的。国有企业不应当成为党政干部的一个“出口”，不能搞“商而优则仕，仕而贫则商”的干部选拔激励机制，这是治理国有企业选人用人腐败的一个重要方面。

6. 除以上“重量级”国有企业外，对于一般国有企业，要按照中央的既定改革思路，进一步深化国有资产管理体制改革。完善管资产与管人、管事相结合的国有资产管理体制，实现所有者权益、权利、义务和责任相统一。国有企业领导人员的选拔任用，必须适应国有资产监督管理体制改革的要求，明确各级国有资产管理机构是选拔任用国有企业领导人员的责任主体，并落实各级国有资产监督管理委员会管资产和管人、管事相结合的权利、义务和责任。

此外，对于国有企业内部和下属机构、分支公司的干部管理，也要依照法律和相关制度规定，根据董事会、监事会、经营管理层、党委会、工会的职能不同，区别不同职位实行分类管理，归入不同的任免部门，采用不同的任免方式。

在国有企业干部选拔任用程序上，为有效预防和治理腐败，必须遵循科学、民主、依法、严格的原则，制定统一、科学的规则，并兼顾民意和干部的群众基础，严格推荐提名、组织考核、集体讨论、依法提请任免或选举，把国企业领导人员和各类干部的选拔任用工作纳入科学化、民主化、制度化的管理轨道。

（原载《凝心聚力　砥砺奋进——中国未来十年发展的研判与把握》经济科学出版社 2016 年版）

以科技创新推动现代化强国建设

当前世界范围内的政治经济格局面临深度变革与调整，经济发展方式、社会治理结构、全球安全形势也正在发生着重大变化。尤其是最近，我国周边多个方向出现异动，周边安全环境新变数有所增加，不稳定与不确定性有所上升，特别是我国西南方向的南亚滋生出不稳定的新变局，南海更是“风高浪急”。我刚从南海回来，最大感受是“建设现代化强国”已刻不容缓，必须尽快集中精力搞现代化、抓科技创新，打造科技强国努力增强综合国力。这既是我国持续发展必需的，也是维护世界和平必要的，科技强国是一个经济强国和军事强国的必然支撑，我们应尽快通过科技创新推动现代化强国建设。

如今，后国际金融危机的影响愈加显现，各种形式的保护主义明显增多，地球有限承载能力、能源资源和生态环境约束与人类快速发展巨大需求的矛盾更加尖锐，而气候变化、重大自然灾害和国家与公共安全等全球性挑战也日益突出。为应对这一新变局，世界主要国家纷纷调整战略，把科技进步和创新作为国家战略的核心和关键，力图把握新科技革命的历史机遇，创造新的经济增长点、新的就业机会和新的发展模式，并抢占未来发展制高点，实现新一轮繁荣。我国正处在加快转变经济发展方式、全面建设小康社会的关键时期，处在提高自主创新能力、建设创新型国家的攻坚期，处在奠定从科技、经济大国向现代化强国转变基础的具有决定意义的阶段。

在这一阶段，能源资源和生态环境危机成为我国经济社会持续发展的瓶颈制约，自主创新能力不强，关键核心技术受制于人，调整产业结构、实现转型发展、提升国际竞争力的任务变得十分艰巨。建设现代化强国，让13亿人民过上富裕和平的幸福生活，最根本的是要靠科技的力量，最关键的是要大幅度提高自主创新能力，走创新驱动、科学发展道路。为此，时下大力推动协同创新，促进政、产、学、研紧密结合，集中优势力量联合攻关，尽快突破一批关键核心科技问题，形成一批系统解决方案，推动一批重大创新成果的规模示范和产业化，取得一批世界领先水平的原创性成果，建设一批具有国际竞争力的创新基地和创新集群，实现重点领域跨越发展，培育和发展战略性新兴产业，支撑引领我国产业结构优化升级，已是建设现代化强国的必由之路。

由我们中国生产力学会，联合中国企业报社、中央电视台财经频道及相关单位，共同主办的“中国企业创新活动日”已连续举办三届，“中国企业创新论坛”连续成功举办了十一届，随着影响力的不断扩大及与会者层次的不断提高，本活动已经成为企业界与政府高层、行业组织、学术界以及企业之间相互交流沟通的重要平台和渠道，并为推动中国企业创新进程和建设创新型国家做出了积极贡献。本届活动以“全球变局下的中国企业创新”为主题，在当前国际经济复杂形势的大背景下，可以说有着重要的意义。

近年来，我国的创新事业蓬勃发展，取得了一批重大成果。然而，有利于创新的、充满活力的体制机制尚待进一步形成和完善，有利于科技创新成果更快、更好地向现实生产力转化的有效机制还未完全建立。为此，我们认为，必须大力弘扬创新文化和表彰创新精神，树立并宣传具有较高创新意识和能力的创新型企业及创新型的企业家，在全社会形成鼓励、尊重创新的社会环境与氛围，使全社会创新成果竞相迸发、各方面的创新人才大量涌现，形成结构合理的创新队伍。特别要充分发挥企业作为我国自主创新主体的重要作用，支持他们实现“中国制造”向“中国创造”的转变。

在推动协同创新中，各级政府及部门要在落实好现有鼓励创新各项政策的同时，进一步强化自主创新的激励机制；对于科技创新的技术路线选择问题，应主要由市场和企业做出选择，努力使企业成为研发投入的主体，让其通过不断地选择、比较和竞争，进而推动行业的持续创新和快速增长。政府不可人为制定，只需做好引导，从金融政策和风险投资等方面做好扶持为宜，支持企业力争掌握具有自主知识产权的关键技术，才能促使创新成果及时有效地转化为现实生产力。近年来，我们的国有大企业在创新方面发挥了重要作用，当然一些民营大企业也在创新方面做出了很多贡献，但我觉得民营企业的创新力还未充分发挥出来，其中原因是多方面的，如国家大力扶持民营企业发展的政策总是落实不到位，歧视民营企业、民营贷款难、受制约多等问题依然存在。

国际经验表明要真正成为创新型的经济，在具有竞争优势的行业中，通常都有若干个处在行业龙头或者领先位置的充满创新活力的民营大企业，或者由原国有企业改造而成的股份制企业。从国际范围来看，大多数应用型的研究和创新都是大型民营企业完成的，如：成功进入高收入社会的经济体的德国、日本、韩国和我国台湾地区，他们大多数是制造业企业，而且基本上都是民营企业。这些年来通过市场竞争的锻炼，我国已有一批民营创新型大企业占到了行业领先的位置。我们活动中推出的“中国自主创新百强企业”中，就有这样的民营企业。我对一些民营企业进行过调研，他们共同认为各种政策是必要的，但最渴望有一个公平竞争环境，给有创新潜力的民营企业在市场准入、资金和其他资源获取等方面以平等的待遇。

技术创新乏力就不能实现经济增长从依赖量的增加支撑向依赖要素效率提高、从低成本支撑向技术进步支撑的转变。制度创新乏力就约束了创新当中最积极的要素，就是人，就约束了人的积极性、能动性和创造性。如果技术创新和制度创新两者同时乏力，那么，我国加快转变经济发展方式的进程必然会受到阻碍。因此，我认为目前除了要抓好技术创新，最关键的是尽快推进制度创新。政府和部门目前要重点解决好看起来行得通，实际上过不去的玻璃门等问题，只要这个问题解决好了，其他支持创新的政策就能真正发挥出应有效果。

近几年来，我国各级政府和企业以及科研单位响应党中央、国务院“提高自主创新能力、建设创新型国家”的号召，加大了研发的投入，广大科研人员的积极性大幅度提高，科研投入连续较大幅度增加，科研新成果不断涌现，为我们进一步推进科技创新奠定了强大的科技进步的物质力量。同时，“十二五”规划已明确指出：自主创新是推动发展方式转变的中心环节，是推动产业升级的中心环节，也是实现未来20年经济平稳较快增长的重要途径。为此，深入贯彻落实党中央加快转变经济发展方式的决策部署，坚持将其作为我们各项工作的主线，努力以科技创新、全力推动现代化强国建设应成为我们的共同责任。

今天，我非常高兴能够与来自各行业优秀的创新型企业家共聚一堂，共同讨论全球变局下的我国企业创新这一重大课题。我衷心地希望通过本次活动，能够更好地强化社会各界对企业创新重要性的认识，并通过研讨促进更多企业创新能力和水平的提高，社会各界能进一步支持他们抢占未来全球经济发展的制高点，共同为现代化强国建设做出更多贡献。

（2012 年 6 月 9 日第四届中国企业创新活动日暨 2012 中国企业创新论坛致辞）

创新驱动是实现中国梦的重要支撑

——从民间智库视角谈创新驱动发展战略的重要性

党的十九大报告中强调，创新是引领发展的第一动力，是建设现代化经济体系的战略支撑。表明我们党把实施这一战略作为一项重大而长期的任务，摆在国家发展全局的核心位置。创新驱动发展是立足全局、面向全球、聚焦关键、带动整体的国家战略，是党中央综合分析国内外大势、立足我国发展全局作出的重大战略抉择。

习近平总书记始终高度重视创新，党的十八大以来，以习近平同志为核心的党中央在总结我国改革开放四十年和现代化建设实践经验基础上，着眼于当前世情国情党情，发表了一系列重要讲话、文章、访谈等，并提出了一系列新思想、新论断、新要求。“创新”一词在《习近平谈治国理政》一书中出现了214次，构成了丰富完整的治国理政思想，用“中国梦”构建起执政话语体系，凝聚了振奋人心的目标和理想。在党的十八大报告中，“创新”出现58次，在十九大报告中，“创新”出现59次，在《习近平总书记系列重要讲话读本（2016年版）》中，“创新”出现190次。创新不仅是他重要讲话的高频词之一，更是他谋划国家社会发展全局的重要“先手棋”。习近平总书记在不同场合反复强调创新的重要性，成为习近平新时代中国特色社会主义思想重要组成部分。

今年是全面贯彻党的十九大精神的开局之年，是改革开放40周年，是决胜全面建成小康社会、实施“十三五”规划承上启下的关键一年。从世界看，新一轮科技革命和产业变革孕育兴起，世界经济格局正处于深度调整之中，与旧动能相关的资源要素配置矛盾和产业结构矛盾更加突出，世界经济虽有望继续复苏，但不稳定不确定因素依然很多。从国内看，习近平总书记指出，经过长期努力，中国特色社会主义进入了新时代，这是我国发展新的历史方位。我国经济发展也进入了新时代，由高速增长阶段转向高质量发展阶段。新经济不断壮大，新技术、新产品、新产业、新业态、新模式、新动能蓬勃发展。同时在探寻新的增长动力和发展路径等方面也面临重大机遇和挑战。在此背景下，从智库视度谈谈创新驱动发展战略很有意义。

一、党的十八大以来创新驱动发展战略取得巨大成就

党的十八大以来，以习近平同志为核心的党中央把创新驱动发展战略摆在党和国家发展全局的核心位置，我国在实施创新驱动发展战略上取得显著成就，着力催生新动能，带动传统产业转型升级，支撑引领经济社会发展，创新型国家建设取得丰硕成果。形成了从思想到战略到行动的完整体系，我国科技创新发生了整体性、格局性、历史性变革，成就举世瞩目。截至 2017 年，我国科技创新能力显著提升，主要创新指标进入世界前列，科技创新水平加速迈向国际第一方阵，我国科技创新持续发力，科技进步贡献率从 2012 年的 52.2% 升至 57.5%，国家创新能力排名从 2012 年第 20 位升至第 17 位。"复兴号"、水电装备、特高压输变电、杂交水稻、对地观测卫星、北斗导航等一批重大科技成果集中涌现；机器人、新能源汽车需求旺盛；战略性新兴产业、高技术产业、装备制造业增加值都实现了 10% 以上增长；实物网上商品零售额增幅近 30%，非实物商品网上零售增长更快；共享经济、数字经济、平台经济正在迅速成长。有力推动了产业转型升级，部分产业走在世界前列，持续提升我国经济发展的质量和效益，拓展了我国发展的新空间。

创新驱动发展的整体实力显著增强，为高质量发展提供了源源不断的高水平创新供给。科技创新"三跑并存"中领跑、并跑的比例越来越大，内容越来越丰富，正在从量的积累向质的飞跃、从点的突破向系统能力提升转变。2017 年全社会研发经费支出达到 1.75 万亿元，比 2012 年增长 70%，研发经费支出占国内生产总值的比重为 2.12%，超过欧盟 15 国的平均水平。科技投入的产出质量和效率大幅提升，我国已成为世界第二大高质量论文贡献国，发明专利申请量和授权量均居世界第一。国家创新指数排名从 2012 年的第 20 位升至 2017 年的第 17 位。基础研究和前沿技术领域实现多点突破、群体性跃升，在载人航天、北斗导航、量

子通信、深海探测、资源勘探、超级计算、大飞机等领域成功实现“后发先至”，向引领型发展目标迈进。

创新驱动发展有力支撑供给侧结构性改革，成为推动产业转型升级的“开路先锋”。科技进步对经济增长贡献率从2012年的52.2%增至2017年的57.5%。高技术产业增速明显高于规模以上工业的平均增速。科技重大专项实施10年，累计新增产值1.9万亿元，有力提升了我国科技和产业的核心竞争能力。移动通信、高速铁路、半导体照明、太阳能光伏、风电、特高压输变电、高端装备制造等重点产业规模和技术水平世界领先，新能源汽车占全球市场产销量和保有量50%以上。移动支付、共享单车等新兴领域引领世界创新潮流。攻克干旱半干旱和盐碱地粮食增产的世界难题，良种在粮食增产中的贡献率达到43%以上。一批创新药物打破国外产品垄断，有力支撑健康中国发展。

科技成果加快向现实生产力转化，创新创业蓬勃发展。科技体制改革向纵深推进，重点领域和关键环节取得实质性突破，以增加知识价值为导向的分配政策全面实施，科技成果“三权”改革的效果充分释放，高校、科研院所成果转化“量”“质”齐增。国家科技成果转化引导基金累计设立14支创业投资子基金，引导社会投资达247亿元。创新创业孵化链条日趋完善，4298家各类众创空间、3255家孵化器和400余家加速器，服务创业团队和初创企业近50万家，带动就业超过280万人。全国高新技术企业达到13.6万家，营业总收入超过30万亿元。

区域创新高地不断涌现，打造一批创新发展的增长极增长带。北京、上海科技创新中心建设取得重要进展，全面创新改革试验区、创新型省份和城市建设形成一批可复制可推广的经验，京津冀、长江经济带协同创新发展等深入推进，东中西部跨区域创新合作迈出新步伐。19个国家自主创新示范区和168个国家高新区成为区域创新发展的核心载体和重要引擎。北京中关村、武汉东湖、上海张江、广东深圳等国家自主创新示范区对所在地区国内生产总值增长贡献超过20%，成为创新发展的“领头雁”。

习近平总书记在党的十九大报告中指出，经过长期努力，中国特色社会主义进入了新时代，这是我国发展新的历史方位。我国经济发展也进入了新时代，由高速增长阶段转向高质量发展阶段，是新时代我国经济发展的基本特征，这是新时代我国经济发展的一个重大判断。高质量是新发展理念的本质要求。经济发展加快从要素驱动向创新驱动转变，是高质量发展最鲜明的特征和路径选择。科技创新是引领高质量发展的核心驱动力，为高质量发展提供了新的成长空间、关键的着力点和主要支撑体系。

新一轮科技革命和产业变革加速演进是高质量发展的重大战略机遇。历史上科技领域的每次革命性突破，都会引发生产力、生产关系和国际格局的重大调整。能抓住并引领科技革命大势的国家，就会成功迈向更高水平的发展阶段并成为国际秩序的主导力量。当前，全球科技创新进入空前密集活跃期。科学技术新发现、新发明呈现非线性、爆发式增长，直接转化为生产力和经济效益的周期大为缩短。人工智能、物联网、纳米材料等一大批新技术，加快推动经济发展向网络化、数字化、智能化、绿色化转变。新一轮科技革命和产业变革为我国推动高质量发展开辟了广阔新空间，我们绝不能再重蹈历史上与科技革命失之交臂的覆辙，必须在全球科技竞争中抢占先机，为高质量发展占据“桥头堡”和“制高点”。

提高科技创新对实体经济的贡献率是高质量发展的必然要求。实体经济是一国经济的立身之本，是国家强盛的重要支柱。实体经济要做优做大做强，需要科技创新的有力支撑和先发引领。因此，要大力推进互联网、大数据、智能制造和实体经济深度融合，提高消费零售、医疗保健、货运物流等行业的数字化、智能化水平，为传统产业转型升级开辟新的方向。比如，共享单车集成应用了智能芯片、射频识别、位置服务、移动支付、电子围栏等多个领域的先进技术，得益于我国在卫星导航、超级计算、移动通信、智能终端和互联网等重点领域科技创新的超前部署，推动了创新创业，带动了自行车产业转型升级，是以新技术改造旧动能、培育新动能的生动例证。

高效协同的创新体系和开放包容的创新创业生态是高质量发展的重要保障。创新作为现代化经济体系的战略支撑，不但要体现在强大的科技创新能力引领上，也要体现在高效的体制机制和良好的创新环境支撑上。高质量发展需要完善的基础科学研究体系，着力解决产业发展中的关键性科学问题。高质量发展需要完善的产学研深度融合技术创新体系，不断强化企业的创新主体地位，促进创新链、产业链、资金链、政策链有效结合。高质量发展需要完善的创新创业生态环境，充分调动全社会创新创业的积极性。高质量发展需要良好的创新文化环境，在全社会弘扬科学精神、普及科学知识、倡导科学方法、提升全民科学素质，厚植高质量发展的创新土壤。

未来应进一步强化科技创新的核心引领能力，塑造更多依靠创新驱动的高质量发展新格局。党的十九大对科技创新作出全面系统部署，推动高质量发展、支撑供给侧结构性改革、加快新旧动能转换，对科技创新提出新的更高要求，必须坚持以习近平新时代中国特色社会主义思想为指导，推动科技创新主动引领经济社会发展，打造经济增长、产业升级、民生改善的内生动力，为质量变革、效率变革、动力变革提供强有力的科技支撑。

二、创新驱动是实现中国梦的重要支撑和推动力量

习近平总书记指出，实施创新驱动发展战略决定着中华民族前途命运。没有强大的科技，“两个一百年”的奋斗目标难以顺利达成，中国梦这篇大文章难以顺利写下去，我们也难以从大国走向强国。全党全社会都要充分认识科技创新的巨大作用，把创新驱动发展作为面向未来的一项重大战略，常抓不懈。

纵观我国发展进程，从秦汉时期的造纸术、太初历、地动仪，到唐宋时期的火药、印刷术、指南针，但凡国力比较强盛的时期都是科技创新比较集中的时期。观察大国崛起之路，从大航海时代西班牙和葡萄牙的航海技术革新，到第一次工业革命时期英国的纺纱机、蒸汽机，到第二次工业革命时期德国的发电机、内燃机，再到20世纪中后期以来美国的计算机、互联网，每一次的大国崛起都伴随着其引领时代的科技贡献。近现代以来中国落后于西方，关键即在于孤立于全球创新体系之外，闭关锁国，原地踏步，错失发展机遇。

经过40年改革开放，我国经济总量已经跃居全球第二，中华民族实现了从站起来、富起来到强起来的历史性飞跃。然而，正如习近平总书记所指出的，“我国依靠要素成本优势所驱动、大量投入资源和消耗环境的经济发展方式已经难以为继”。要实现中华民族的伟大复兴和腾飞，必须为此插上创新的翅膀，越过汗水经济的“天花板”，让我国经济在创新驱动的台阶上迈向高质量发展阶段。

把握世界新一轮科技革命和产业变革大势，深入实施创新驱动发展战略，不断增强经济创新力和竞争力。创新驱动作为我国经济迈向高质量发展阶段“最根本、最关键”的力量，应在以下三个方面全面推进，让创新驱动成为实现中国梦的重要支撑和推动力量。

一是创新驱动要求上下联动，三链融合。科技创新既离不开政府“有形的手”，也离不开市场“无形的手”，是自上而下和自下而上相结合的产物。美国虽

是市场经济最发达的国家之一，但在科技领域中，国家意志的体现依然强烈。二战后，美国政府先后主导了曼哈顿计划、阿波罗计划、信息高速公路等大规模科技发展行动，由此奠定了美国走向知识经济新周期的基础。改革开放以来，我国在载人航天、探月工程、载人深潜、超级计算机、高速铁路等方面实现的重大突破也大都由国家所主导。但创新是用来驱动经济发展的种苗，而不是关在实验室中的温室花朵。如习近平总书记所说，创新要“坚持需求导向和产业化方向，坚持企业在创新中的主体地位，增强科技进步对经济增长的贡献度”。缺乏市场支撑的创新是难有生命力的，必须把市场在资源配置中的决定性作用和社会主义制度的优越性紧密地结合起来，把官、产、学、研、资、介有机地统一起来，把创新链、产业链和资金链“三链”深度地融合起来，才能最大限度地解决创新中的“孤岛”现象，让创新的血液真正融入经济运行的脉搏和每一个毛细血管，让我国经济踏上创新驱动之路。

二是创新驱动要求大小兼顾，无缝对接。企业是创新的主体，但大型企业和中小企业在其中的角色定位和作用发挥是各不相同的，又是相辅相成、缺一不可的。大型企业因其强大的经济实力、行业地位和人才储备，在创新中往往处于引领地位。当今世界的重大创新往往首先来自于大型跨国公司。比尔·盖茨说“微软如果 18 个月内没有技术创新就会破产”，苹果的 iphone 手机开启了全球智能通讯的新时代。我国国有企业往往在创新中承担着国家使命，国家很多重大科技专项都是依托大型国企进行的，但中小企业因其庞大的数量、灵活的运营、敏感的市场反应而在创新体系中同样居于不可或缺的重要地位。中小企业往往在大型企业重大创新的基础上进行二次、三次乃至若干次的拓展创新，不断丰富创新产品，最大化实现创新的市场价值。大型企业与中小型企业之间自然形成一种稳定的创新生态系统，马云的阿里巴巴催生了成千上万的网上创业者，并带动了物流业和零售业的改革就是典型案例。

三是创新驱动要求内外合力，齐头并进。当今世界，创新是一张全球网络，任何一个国家脱离于网络之外都会被抛出世界发展潮流。改革开放前 30 年，中国主要是技术引进，依靠技术学习来获得发展。到了今天，随着我国技术的不断进步，向国外进行技术学习的空间逐渐缩小，提升自身的自主创新能力就显得尤为重要。习近平总书记指出，在创新上，要坚持“引进来”和“走出去”相结合，“积极融入全球创新网络，全面提高我国科技创新的国际合作水平”。深圳的华为和中兴通讯从学习和模仿开始，从技术跟跑到并跑再到现在的领跑，经过25年的发展，现已成为拥有核心竞争力、全球排名前两位的通讯设备制造商。因此，我们既不能妄自尊大，也不能妄自菲薄，而是应该继续坚持技术“引进来”，跟踪全球科技发展方向，力争缩小关键领域差距。同时积极培育和提升自主创新能力，坚持问题导向，明确主攻方向和突破口，超前布局，着力攻克一批关键核心技术，实现技术创新能力的跃升。

改革开放40年来，特别是党的十八大以来，党和国家走过了一段极不平凡的发展历程。从创新驱动发展方面讲，我国创新驱动发展战略全面实施，并取得历史性成就。党的十九大报告强调，在全面建成小康社会决胜期，要坚定实施创新驱动发展战略。习近平总书记指出：“中国如果不走创新驱动发展道路，新旧动能不能顺利转换，就不能真正强大起来。”不难看出，走创新驱动发展道路是实现“两个一百年”奋斗目标、实现中华民族伟大复兴中国梦的战略抉择。

走创新驱动发展道路，必须直面改革、啃硬骨头。创新驱动发展，谁来驱动创新？无疑，还得靠改革。创新驱动发展，要靠改革驱动创新。创新本身是一件很难的事情，改革进入深水区要啃硬骨头、动奶酪，也是很难的事情，科技创新+改革就难上加难。科技创新对应着生产力，改革对应着生产关系。生产力决定生产关系，而生产关系要适应和能动于生产力。

走创新驱动发展道路，必须以新发展理念引领科技与产业创新，实现发展方式与发展动能转变。当前，大数据、云计算、人工智能、清洁能源、生物医药、空天海洋等科技与产业发展日新月异，全球经济格局正在发生新变化。世界科技革命与产业变革为我国创新发展提供了新机遇。抓住新机遇，走创新驱动发展道路，关键是贯彻落实新发展理念。新时代，我国发展要从注重经济发展的速度和规模转变为注重经济发展的质量和效益，不断优化产业结构，实现绿色发展、可持续发展；从依靠自然资源和资本等要素驱动转变为依靠科技、体制、管理、业态和文化等创新驱动；从依赖资源和劳动密集型传统产业的规模扩张转变为去落后产能，加快传统产业的绿色化、数字化、网络化、智能化、定制化转型升级；从依靠产业规模和低价格竞争优势转变为依靠创新产品设计、发展先进工艺、提供个性化服务，从而提高产品和服务的品质，引领新需求、开拓新市场、创造新价值。

走创新驱动发展道路，必须推进体制机制创新。习近平同志强调，“要全面推进体制机制创新，提高资源配置效率效能，推动资源向优质企业和产品集中，推动创新要素自由流动和聚集，使创新成为高质量发展的强大动能”。这一重要论述，深刻阐明了体制机制创新对创新驱动发展的重要意义。为此，要进一步完善相关立法，加强执法监督，切实保护财产权和知识产权，形成创新探索自由包容、创新人才和资源自由流动的创新环境，形成统一开放、竞争有序、公平透明的市场环境；建立以企业为主体、市场为导向、产学研深度融合的技术创新体系；深化科技体制改革，在创新资源配置、成果评价处分、收益分配等方面形成新机制；完善激励制造业创新发展的税收和投融资政策；不断推进科技评价制度改革，基础前沿研究应主要由国内外同行评价和接受时间的验证，应用研究与技术创新应依据应用实效和市场进行评价。

走创新驱动发展道路，必须重视创新教育。国家富强起来要靠创新，创新要靠人才，人才要靠教育。要坚持素质教育，坚持理论与实践相结合，在传授知识的同时更加注重培育学生进行探索创新的兴趣、想象力，培育学生的创新创造和创业意识，提升学生的创新自信，使学生不断提高探索研究、创新创造的能力，树立科学精神、创造精神、工匠精神和创业精神；不断优化教育结构，适应经济社会创新发展的大趋势，在培养凝聚一流科技、法律、金融、管理和商务人才的同时，还要大力发展适应和面向未来产业发展需求的工程和职业教育，培养一大批职业素养一流、创新敬业的工程师、经济师、数据师、计算师、技师和技术工人。在创新教育中，必须坚持弘扬社会主义核心价值观，建设具有中国特色、符合时代精神的创新文化，营造有利于创新创业的社会氛围。

三、中国生产力学会围绕创新驱动战略开展的一些工作

自党的十八大习近平总书记提出创新驱动发展战略以来，中国生产力学会在习近平新时代中国特色社会主义思想指引下，积极贯彻落实习近平总书记关于创新驱动发展战略的一系列重要论述，持续开展创新领域的深入研究，经民政部和国家统计局批准专门成立创新推进委员会，围绕实施创新驱动战略，推进大众创业、万众创新，在国家有关部门和社会各界的关心与支持下开展了以下三方面的工作。

一是围绕实施创新驱动发展战略开展课题研究。中国生产力学会受国家有关

部委的委托围绕实施创新驱动发展战略开展了一系列课题研究。其中，2014 年我会受国家发改委委托开展了《“十三五”创新驱动的战略重点与创新型国家建设研究》课题，我会先后到中关村国家自主创新示范区、深圳市、芜湖市等地考察调研并以此为案例进行了研究，研究成果呈送中央领导同志，得到中央领导重视和肯定。

二是围绕实施创新驱动发展战略举办中国企业创新论坛等活动。经国家统计局批准中国生产力学会，于每年 6 月份举办一届中国企业创新活动日，截至目前已经成功举办了 8 届。于每年岁末年初举办一届中国企业创新论坛年会，截至目前已经成功举办了 17 届。往届活动得到了中国航天科工、中国航空集团、中国中车集团、新兴际华、华为、联想集团等众多中央企业和创新型企业的积极响应和参与。目前中国企业创新论坛已经成为具有重要影响力的企业创新年度盛会，是传播企业创新发展理念，探索企业创新发展模式，展示企业创新发展成就，催生创新型企业和创新型企业家的权威的、有影响力的舞台。

三是围绕实施创新驱动发展战略发现和树立创新驱动的典范企业。中国生产力学会自从党的十八大以来每年选择几家创新典型企业结合创新驱动发展战略从技术创新、管理创新、制度创新、商业模式创新等方面征集和发现创新典范企业开展创新案例课题研究。2013 年我会以东旭集团等企业为案例开展研究，形成课题报告呈送国务院。2014 年我会以奇虎 360 公司等企业为案例开展研究，形成课题报告呈送国务院。2015 年我会以中国建材集团、四川能投等为案例，开展创新典型企业经验总结，形成课题报告呈送国务院。2017 年中国生产力学会受国家发展改革委委托开展《创新驱动发展战略路径与案例研究》课题，继续开展创新典型企业经验总结，面向有关部门和企业广泛征求意见和建议，荟萃创新发展理念、路径、模式及经验。课题组以中车株洲所、上海申龙客车等典型企业为案例开展课题研究，于 2017 年 9 月 25 日完成了国家发改委的有关要求，研究成果呈送给国务院领导。这些创新驱动典型案例的报告都得到了国务院领导重视和肯定。

为贯彻落实党的十九大关于“创新是引领发展的第一动力，是建设现代化经济体系的战略支撑”的重要精神，目前，中国生产力学会正在开展新一期创新驱动实践典型案例与政策建议的征集工作，形成课题报告将继续呈送国务院领导同志，以供国家有关部门决策参考。

在习近平新时代中国特色社会主义思想指引下，中国生产力学会通过对企业创新活动的深入了解、研究和探讨，继续总结和推广企业创新经验，营造鼓励创新的良好环境和氛围，促进创新成果向现实生产力转化，进一步增强了企业在自主创新中的主体地位和企业家的核心作用，持续为实施创新驱动发展战略、建设创新型国家，推动我国经济发展实现高质量发展。中国改革开放四十年来，实践证明，在以习近平同志为核心的党中央坚强领导下，认真贯彻党的十九大精神，坚持学习习近平总书记关于创新驱动一系列重要指示，中国一定能够建成强大的社会主义强国，中国经济发展必须坚定创新驱动的英明决策，为实现中华民族伟大复兴的中国梦做出积极贡献！

（2018 年 6 月 9 日第九届中国企业创新活动日暨中国企业创新论坛发言，《中国经贸导刊》杂志 2018 年 6 月下〈总第 901 期〉摘发）

中国一举一动引世界关注

编者按：王茂林自党的十八大以来参加了在加拿大召开的世界生产力大会并发表主题演讲，还受美国能源部、美国甲醇协会邀请，赴美介绍中国发展甲醇汽车经验。他曾多次参加联合国的有关会议，访问墨西哥等国，接待企业界、经济界、金融界的大量有关人士，同美国著名智库人士会晤讨论有关经济、金融问题。基辛格、潘基文和几位副秘书长专门会见他，谈论中国的发展，特别是和非洲籍副秘书长谈中国的对外援助问题。

王茂林简介：中国生产力学会首席顾问，华民慈善基金会名誉理事长、世界生产力科学院院士、高级经济师。

早春二月，一个阳光明媚的早晨，在北京西部的一个住宅区见到了刚健身回来精神矍铄的中国生产力学会会长王茂林先生（以下简称王茂林），一阵寒暄后，我们的话题落到中国的发展与对外援助上。王茂林说，我先谈一谈党的十八大以来，习近平主席提出的建设“新丝绸之路经济带”和“21世纪海上丝绸之路”，即：“一带一路”等中国“走出去”的一系列举动在国内外产生的影响吧。

围绕上述主题思考，王茂林在此次采访中谈了五个方面的内容，分别是中美两国构建新型的大国关系、党的十八大以来以习近平总书记为核心的党中央对我国外交方面的布局、新时期我国各领域的重大改革、新时期我国的外交经济和当前我国正在推进的高压反腐工作。

第一，关于中美两国构建新型的大国关系，王茂林说：“在未来十年，中美双方会有一个重要的磨合期。根据国际权威机构预计，我国的经济总量将在2020年左右超过美国。在这样的背景下，如何应对中国崛起带来的在资源、能源和经济上的挑战，以及在政治制度、发展模式和价值观念上的挑战，成为美国未来对华政策的主导，因此如何构建中美新型大国关系问题，成为全世界各国关注的焦点。”

当前中美两国既有矛盾，也有合作，在这样的背景下如何做到存异求同，王茂林认为关键是要管控分歧。习近平同志在访问美国时，本着和平共赢，共同发展的战略构想，通过与美国前任总统奥巴马的多次会谈，进一步明确了两国将从战略高度建立中美两大国关系，这对中美两国、对亚太地区、对全球经济的发展都具有重大的战略意义。

王茂林还指出，美国国内特别是以基辛格为代表的一批有识之士都认为，中美两国在经济上具有互补性，未来两国建立良好的、具有战略意义的大国关系，对两国经济的发展都具有重要的推动和促进作用。王茂林认为，确保全球的稳定，离不开中美的参与，中美两国首脑的定期会面，对处理全球复杂事务，对促进世界和平具有十分重要的意义。尽管中美两国之间在一些问题上存在着分歧，但通过互相对话和协商解决分歧，才是根本之策。只有这样，才能确保全球经济持续稳定发展，才能确保世界和平。

关于习近平主席访问美国和联合国后其他国家的反应，我们从王茂林那里得到的反馈是经济界、企业界等领域的人士有这样一个共识，他们认为中国和美国在国际上的重要地位是无可非议的，如果双方一旦在国际市场上发生贸易战，影响的不仅是中美两国，还会涉及其他许多国家，最后不仅仅是两败俱伤，还是一个多败俱伤的结果，而这个结果是大家都不愿意看到的。

第二，关于党的十八大以来以习近平总书记为核心的党中央对我国外交方面的布局情况，王茂林说“一带一路”倡议布局的提出已在世界范围内产生了广泛的影响力，短短的三年时间里，我们的国家领导人和政府有关部门走访了“一带一路”沿途的很多国家。目前，“一带一路”的贸易额几乎每年都以10%左右的速度增长，王茂林认为，在当前全球经济发展比较困难的情况下，保持这样的增长速度是很不容易的。另外，为扩大未来“一带一路”的影响，从温州开往“一带一路”沿途国家的列车已成功开始运行，我们通过火车直接把货物商品运送至“一带一路”的沿途国家及欧洲国家，同时也通过这趟列车将沿途国家的货物送至中国，这样我国和“一带一路”沿途国家均有获益。

“一带一路”的提出是以历史上的海上丝绸之路和陆上丝绸之路为起点，但现在我们发现“一路一带”的概念实际上已经远远超过了历史上认同的地域概念，区域性扩大了许多，其影响力也越来越大，吸引着其他国家的加入。为什么不是“一带一路”沿途的国家也主动提出要参与其中呢？王茂林十分肯定地说“国家利益”，所有事情都是以利益为驱动的，参与到“一带一路”中特别有利于他们本国吸引外资、出口货物、完善其基础设施建设等。

另外，墨西哥也积极地想要加入“金砖五国”，王茂林认为主要是因为现在我国的外交布局很大，已经在世界范围内产生了深远的影响，形成了很强的吸引力。墨西哥作为除巴西以外的第二大经济体的拉美国家，目前与美国的关系比较紧张，国内不满情绪高涨，而加入金砖五国对其国内的稳定和发展非常有利。

关于亚洲基础设施投资银行（以下简称亚投行）的提出及成立，最初是为了亚洲地区未来的经济发展，但目前亚投行已经涵盖了英国、德国、意大利、挪威等众多不在亚洲地域范围内的国家，显示出亚投行在国际上的吸引力，以及各方对中国提出合作共赢理念的认同。

王茂林还谈道，美国的新总统特朗普先生签署的第一个总统令是美国退出《跨太平洋伙伴关系协定》，即退出TPP。而现在澳大利亚、加拿大邀请我们参加TPP，但王茂林觉得我国加入的可能性不大。此外，我们已经和新西兰、澳大利亚、韩国正式签订了双边自由贸易协定；和东盟国家已经建成了中国—东盟自由贸易区（东盟10+1）；和英国方面，习近平主席在访问英国时，英国给予了最高规格的礼遇，在新的首相上台后，双方依然维持着紧密关系；和菲律宾方面，基于对本国利益的考虑，新上任的菲律宾总统杜特尔特主动提出要和中国海军合作，联合清除在马六甲海峡的海盗。

关于党的十八大以来以习近平总书记为核心的党中央关于外交的布局，王茂林说，所有的外交布局都出于对国家利益的考虑，同时也是为我国的经济发展服务的，外交布局和经济布局是融为一体的，两者是互相联动、互相促进的关系。

第三，关于新时期的重大改革事宜。王茂林提到在短短的四年时间里，以习近平同志为组长的中央全面深化改革领导小组，从政治、经济、军事、医疗卫生等方面，总体设计、统筹协调、整体推进、督促落实，做出了一系列重要的改革部署，并产生了十分深远的意义。

首先是民生问题，王茂林指出以习近平同志为核心的党中央通过医疗卫生改革让世界看到了中国的变化，改变了外国人对中国过去的概念。关于医疗卫生改革，王茂林说道，目前我国的新农合报销比例超过城镇居民的报销比例，并计划在今年上半年要完成以省为单位的城乡医疗统一，今年年底到明年要完成全国城乡统一，新农合和城镇居民的报销比例要一致。

说到这里，王茂林特别强调，外国人对我国的医疗改革十分关注，甚至某些研究人员比我们自己了解的还多。基于对中国情况的研究，国外的一些人士认为中国能在当前中东地区战乱不断，英国、法国等国家频发恐怖袭击事件的环境下，保持现在这样一个比较稳定的社会环境，与中国政府大力解决国内民生问题、稳定民心有很大关系。

谈到扶贫问题，王茂林认为我国这两年一直在不遗余力地做精准扶贫工作，按照联合国的千年目标，我们已经在联合国规定的时间内完成了其要求的扶贫人数，成为全球第一个实现联合国千年发展目标的国家，到 2020 年我国将全面完成精准扶贫工作。王茂林说他在参加联合国大会时，联合国秘书长潘基文和吴红波副秘书长曾几度积极评价此事。王茂林还以美国为例说："美国虽然是发达国家，但城市街道依然有无家可归、流落街头的人，这种情况我们也有，但政府做了相关的收容安排，已经很少，而且中国作为发展中国家，能做到这样已经是很不容易了。"

关于经济体制改革，其核心是简政放权，王茂林提到现在国务院要放权、省里要放权、大城市要放权，对外国人来说，尤其是在中国投资的外国人，他们认为这是一件特别好的事，他们十分欢迎政府简政放权，对我们在这方面的改革特别赞赏。另外，对国有企业的改革，现在提出来要打破国有企业的垄断，要建立一个公平、公开、透明的竞争平台。国外的企业家认为这是一个很好的机会，对习近平同志执政以来所进行的一系列改革评价很高，认为影响很大。

第四，关于如何对待新时期的外交经济，王茂林认为中国在对外关系上，不管对方是大国还是小国，都采取一视同仁的态度。中国要实现中华复兴的中国梦，要实现两个一百年的目标，就需要一个和平稳定的发展环境。中国不可能采取任何具有战争边缘的政策，不可能施以武力去处理有争议的问题。中国的发展需要一个和平稳定的环境，中国政府的一贯政策就是不称霸，始终坚持和平共处的五项原则，互相尊重主权和领土完整、互不侵犯、互不干涉内政、平等互利、和平共处，其核心和主要内容是互相尊重主权和领土完整。

在稍加思索后，王茂林讲道，我们国家在非洲的政策和别的国家不同，不同的地方就在于对非洲国家，我们没有任何附加的政治条件。特别是习近平主席执政以来，主张建立国际政治经济新秩序，内容包括：政治上应相互尊重，共同协商，而不应把自己的意志强加于人；经济上应相互促进，共同发展，而不应造成贫富悬殊；文化上互相借鉴，共同繁荣而不应排斥其他民族的文化；安全上应相互信任，共同维护，树立互信、互利、平等和协作的新安全观，通过对话和合作解决争端，而不应诉诸武力或以武力相威胁，反对霸权主义和强权政治。这些问题在国际上产生了很大的共鸣，我们也确实是这样做的，比如我国在非洲国家的一系列做法就逐渐树立了我们在世界各国的威信和威望，彰显中国价值。

第五，关于我国正在进行的高压反腐工作。王茂林很严肃地说道，外国人看待我国的高压反腐工作，与我们自己看得不太一样。他们认为中国通过高压反腐，创造了一个清正廉洁的政治环境，为中国的对外开放扫平了道路，为已经和计划进入中国市场的企业创造了一个良好的投资环境，他们非常乐意也十分愿意来中国投资，而我们自己则把高压反腐工作的政治作用看得很大。当然这也是对的，不高压反腐我们国内任何事也做不成，因为人民群众的信任至关重要，取人心者得天下，高压反腐得到了广大人民群众的支持和拥护。

王茂林提到反腐的某些问题在新闻媒体曝光后，人们知道了很多不知道的。自党的十八大以来至2016年年底，落马的省部（军）级干部已有几十人，而受到降职处分或直接刑事法办的官员更是不计其数。对此老干部和人民群众无不拍手称快，对以习近平总书记为核心的党中央高压反腐的决心称赞不已，都认为这是涉及我国党和国家千秋万代的大事。基于对我国国情的考虑，目前我们还无法做到高薪养廉，而且我国东、中、西部地区因经济发展的程度不同，不同级别的干部在薪资待遇方面也存在着很大的差距，考虑到这些原因，王茂林建议可以通过调整薪资标准，适度增加基层县乡领导干部薪酬，逐渐改革公务员工资制度，政府应该统一公务员的薪酬制度。

王茂林十分健谈，除上述五个问题外，他还谈到了我国在习近平主席领导下的军事改革与快速发展，他对我国未来建设一支强大的海军、空军、火箭部队很有信心。已是耄耋老人的王茂林认为中国一百多年的屈辱史从本质上讲就是海洋屈辱史，原因在于我们的海岸线是不设防的，在现在看是不可以的。另外，我们建设海洋强国是要解决若干问题，目前我们的海洋仅限于捕鱼捉虾，海洋资源的开发还比较单一和落后。他进一步很坚定、自信地说道：“中国与日本、美国之间发生战争的可能性很小，因为谁也不愿意挑动战争，谁挑起战争，其后果十分严重，没有哪个国家承受得起发动战争的代价。我们中华民族始终坚持‘人不犯我，我不犯人；人若犯我，我必犯人’的对外原则。新中国成立以来中国通过朝鲜战争、中越战争等奠定了中国在国际上的地位，创造了我国近几十年的和平发展环境。这是来之不易的。”这里王茂林还强调中国必须高度警惕美国、日本那些战争狂人，必须从实战出发，强化战备，必须建立强大的海军、空军、火箭部队，特别是要下血本建设三艘以上航母编队来保卫我国海疆和神圣国土，要有准备痛击来犯之敌。

时间过得很快。王茂林谈了很多。记者在问到对中国国际援助的意义时，他谈道，一个非洲朋友特别说过，他们非常感谢中国对非洲国家提供的无私援助，中国没有看不起非洲这些小国家，对其援助也没有任何附加的政治条件。另外，中国在非洲国家的一些援助项目，不仅帮助完善当地的基础设施，还帮助培养技术和管理人员，促进在非洲的援助项目顺利进行，使中国经验为受援国借鉴使用，履行了一个负责任大国的责任。

最后，关于外国人如何评价习主席，王茂林说外国朋友认为中国需要一个强势的领导，而党的十八大以来以习近平总书记为核心的党中央在政治、经济、军事、外交等各个方面所做的部署，以及习总书记表现出来稳健厚重的办事风格、魄力和个人魅力，让他们相信中国政府在今后经济发展中必将为世界经济发展做出新的重要贡献。他们一致认为，中国“一带一路”的布局建设，能为外商提供一个良好的投资环境，促进沿线区域各国在多方面的交流、合作、发展。

（原载《国际援助》杂志2017年第1期）

共推全球诚信建设　同促世界经济发展

——在《世界经济发展宣言》"诚信论坛"上的演讲

我们《世界经济发展宣言》系列活动的宗旨是倡导平等诚信合作发展。作为宣言系列活动重要组成部分的世界经济诚信论坛在这里举办，以推动全球和中国的诚信建设为主题，动员世界各国、各地区的人们积极致力于诚信建设，探讨增强全球经济交往中的互信，具有重要意义。

人类历史进入21世纪，诚信受到世界各个国家、各个地区人们的普遍关注，建设一个以追求诚信为崇高价值观，以充分信用为基本保障的世界经济秩序，成为人类共同的目标。不讲信用，人无以立身，国无以立国。诚实守信也是中华民族的传统美德，几千年来，中国人民一贯信守"以诚为本、以信为先"。世界各个文明国家也都推崇诚信，诚信已成为世界文明的一个重要标志，成为世界人民共同信仰的基本价值观和行为准则。特别是进入20世纪以来，随着世界贸易和金融服务的发展，世界市场的形成和扩大，在世界主要的市场和经济体当中，信用体系逐步建设和发展。当今世界，经济全球化日益加深，世界市场一体化步伐加快，世界各国各地区都将成为世界经济体系中的一部分。在这种大趋势下，全球性的诚信建设成为摆在我们面前的重大课题，信用缺失的世界是无法持续发展的世界，信用缺失的经济是无法持续增长的经济。拥抱诚信，共守信用，是人类的必然选择。

我们应该看到在世界经济交往中还不同程度地存在着诚信缺失、市场欺诈、侵权制假、资信不透明等严重问题，对世界经济发展构成了威胁。今年5月在达沃斯举行的世界经济论坛年会传出了一个声音：世界经济复苏乏力，经济增长难以恢复到正常水平，一个重要原因是由于各国民众对社会缺乏信任，缺乏信任正在侵蚀世界经济增长的动力。据世界经济论坛调查，在调查的47个国家中代表14亿人的看法是许多国家的民众对社会各类机构的信任程度明显下降，对跨国公司表示不信任的人占48%，表示信任的人占39%；对政府机构表示不信任的人占47%，表示信任的人占50%；对世界贸易组织表示不信任的占39%，表示信任的占44%；对世界银行表示不信任的占41%，表示信任的占43%。尽管这些调查存在不少缺陷和需要进一步研究讨论的问题，但调查结果反映了民众对各方面存在问题的忧虑和心态，基本符合世界缺乏信任的现实。特别是由于国际经济旧秩序的不平等，发展中国家在世界经济中的地位更加恶化，加剧了世界经济中互信的缺失。增强国与国之间、企业与企业之间、人与人之间的相互信任，建设公平、诚信和协调发展的国际政治经济新秩序，对世界经济发展来说是非常必要的。诚信问题是市场经济运行中一个非常突出的问题，能否坚守诚信规则，已成为全球经济和中国经济持续发展急需解决的问题。

在这样一个重要的论坛上，为了世界经济的健康发展，为了建设公平、诚信与协调发展的世界经济秩序，我想提出一些旨在增强诚信、提高互信、健全信用的设想和建议：

第一，关于建设人类的诚信——继续发展人类的诚信文明，全世界的人们都来参与诚信建设，树立诚信理念，崇尚诚信精神，把诚信作为全人类的共同操守，使诚信与公平、正义一起成为人们的行为准则，要像追求真理一样追求诚信。通过全人类的共同参与，通过全世界大众媒体的宣传和推介，诚信理念必然发扬光大。

第二，关于建设国家和地区的诚信——世界各国、地区都应该举起诚信的大旗，把自己的国家和地区建设成为诚信之国、诚信之区。各个国家、各个地区都应该在经济活动中信守承诺，严守信用，把诚信作为本国、本地区的形象标志。我们期待着一批负责任的大国首先成为诚信之国，中国政府已对诚信建设提出了明确要求。在有关国家和地区的诚信建设中，要把政府的诚信建设作为重大任务。一个国家负责任的政府必定是讲求诚信的政府，必定是严守信用的政府。在世界经济复苏和增长中，世界各国政府负有重大的责任，恢复民众对国家政府的信任首先要弥补政府信用的缺失，这是全球诚信建设的关键。

第三，关于建设公司的诚信——在当代世界经济体系中，公司等各类企业是生产、贸易的主体，特别是各类跨国公司是主宰全球经济运行的主角，在诚信建设中担负着极其重要的使命。跨国公司及各个企业都应该遵守世界贸易的游戏规则，按照现代信用规则参与市场经济的运行，始终自觉遵守信用原则。要看到信誉是资本价值的核心，是企业品牌的基础。现代市场经济交易方式主要是信用交易，而信用交易的基础是交易双方的诚实守信。跨国公司要增强在全球的竞争力，必须树立起在全球的信誉品牌形象。在企业诚信建设中，要处理好企业与政府间的法规信用关系、企业与银行间的资金信用关系、企业与企业间的商业信用关系、企业与消费者之间的市场信誉关系。

第四，关于建设现代的诚信——要适应现代科技和信息网络技术的发展要求，积极发展低成本的电子商务，这更要有良好的社会信用做基础。现代金融业的发展，也要以高度的信用为保障。要完善有关信用的法律、法规和规则，以法制来保证信用，以规则来维护信用，并使信用契约化、管理化和可操作化。要逐步健全现代市场经济的社会信用体系，发展跨国的征信业和征信系统，建设跨国征信数据库。

中国经济的稳定增长，已经成为世界经济活跃的带动力量。诚信问题已引起中国政府、社会和广大企业界人士的高度重视，已经认识到一个无诚信的社会是一个无序的社会，难以确保经济持续稳定增长。中国在经济增长和融入世界经济体系的过程中，将大大加强全社会的诚信建设，形成以道德为支撑、产权为基础、法律为保障的社会信用制度。中国正在营造法制环境，以法律规范引导和保障信用体系建设，进一步规范政府行为，转变职能，政务公开，增加透明度。同时倡导市场主体的诚信意识，树立守信公共形象，加强社会监督特别是舆论监督。要建立国家、地方、企业和个人征信数据库。中国将为进一步扩大对外开放和市场经济发展创造良好的信用环境。

诚信是人类文明的追求，信用是世界经济发展的保障。在新的世纪，人类必将开创诚信文明发展的新纪元。让我们共推全球诚信建设，同促世界经济发展，谱写人类诚信建设和世界经济发展的新篇章。

（2003年11月3～5日，作者作为中国国际跨国公司研究会会长，在广东珠海举办的世界经济发展宣言系列活动——“诚信论坛”发表的讲话，原载《中国市场监管研究》杂志2003年第11期）

为新世纪发展构建全球新型伙伴关系

——在联合国千年发展目标高层国际会议上的发言

感谢大会主席给我发言的机会。我受全国人大常委会副委员长、中国国际跨国公司研究会名誉会长成思危先生的委托，就新千年为实现新世纪发展而构建全球新型伙伴关系的问题谈点看法与思考，以便与大家共同交流探讨。

大家都知道，2000 年 9 月，在联合国新千年高峰会上，全球的领袖们达成了一项关于新千年的历史性协议，这就是著名的“联合国千年宣言”。为推动新千年宣言所确定的人类共同发展目标的实现，在北京召开联合国千年发展目标高层国际会议，具有重要的现实意义。

和平与发展是世界各国人民的共同愿望和当今世界的主题。在努力维护世界和平的前提下推动世界经济和人类的共同发展，是联合国《宪章》和联合国千年宣言所阐明的基本宗旨和原则要求，发展是摆在世界各国人民面前重大而紧迫的基本任务。

去年 11 月，为积极推动“联合国千年宣言”实施，我们在中国珠海市举办了世界经济发展宣言系列活动，发表了《珠海宣言》，提出了“平等、诚信、合作、发展”的基本共识，我认为这也是构建全球伙伴关系的重要准则。

实现人类新千年的发展目标，我们必须解决许多重大而迫切的问题，为保障发展构建全球新型的伙伴关系，搞好国际经济及各领域的合作是我们面临最重要的使命之一。在当今世界，必须把构建新型的、和谐的全球伙伴关系作为推动和平与发展的战略举措，并将得到世界各国的认同与推动。

为了推动建立平等互惠、相互依存、共同发展的世界经济体系，构建新型的全球伙伴关系，联合国、各国政府、企业界和民间组织都要积极发挥作用，特别是联合国要做好组织协调工作。需要各国之间相互理解、沟通、协调和做出某些妥协，本着“平等、诚信、合作、发展”的基本精神，逐步构建新型的全球伙伴关系，进一步拓展世界经济合作领域，把人类的发展和全球伙伴关系推进到一个崭新时代。构建全球新型的更加开放的伙伴关系，实现联合国千年目标，不仅各国政府要积极推动，而且各国议会和企业界领袖也要积极参与，为此做出应有努力。我提出如下建设性设想：

1. 构建实现人类共同发展战略目标的伙伴关系与国际合作关系。联合国所确定的“千年宣言”明确了人类共同发展的战略目标，已经得到世界各国的认同。为实现这一人类的共同发展战略目标，世界各国都应致力于构建新型的伙伴关系与国际合作关系。世界越是全球化越需要全球的广泛协作，越需要紧密的合作关系和伙伴关系。联合国千年发展目标体系中，一项重要目标就是要建立全球发展的伙伴关系。世界各国都要推动建立相互依存、相互开放、合作发展的伙伴关系，包括一切跨国的战略合作、区域合作和次区域合作。要以“全球伙伴”精神参与发展领域广泛的国际合作，通过国家之间的磋商和对话，寻求有效的国际合作机制，加强国际社会的经济、贸易、金融、科学、技术、环境保护等多方面的伙伴合作。

2. 构建建设性的负责任的伙伴关系与国际合作关系。新千年的人类伙伴关系更加具有创新性和建设性，旧的国际经济关系要调整，旧的不合理的世界经济秩序要重建，日益加深的南北贫富差距要缩小。要倡导和推动富有建设性的国际经济合作伙伴关系的发展，建立平等互惠、相互依存、共同发展的世界经济新秩序。世界很多国家都在为此做出可贵的努力。中国近些年来积极推动多种形式的国际伙伴关系的建立和发展，成功组建了上海合作组织、中国东盟国际合作论坛、博鳌亚洲论坛、中非合作论坛等等。为推动这一合作进程，世界各国政府要负起责任，同时要注重发挥各国议会的重要作用。联合国千年宣言被誉为“人民的议程”，各国议会直接联系广大人民，监督政府行为，能够更加有效地推动广泛伙伴合作关系的建立和发展。议会合作具有领域广泛、内容丰富、方式灵活等特点，要进一步通过议会外交，增进了解，加强信任，扩大共识，发展合作。应通过议会代表各国确定和完善有关保障合作的法律法规，通过议会代表国家负起国际合作的责任。进入21世纪，中国的全国人大常委会积极开展多边议会活动，与各国议会联盟等国际和地区议会组织的友好合作进一步加强。中国积极的议会外交，为推动国际合作关系的建立和发展，与许多国家的议会进行沟通，发挥了重要作用。特别是根据国际合作和中国对外开放的要求，全国人大常委会组织修改制定了一系列的法律法规，已经形成了比较完善的保障中国对外经济贸易合作健康发展的法律体系。

3. 构建平等诚信的伙伴关系和国际合作关系。世界各国都将融入全球经济体系，在构建全球发展伙伴关系中，经济贸易的合作居于重要地位。世界各国都在顺应经济全球化的趋势，开展广泛的经济、贸易、金融、技术合作。要促进国家之间经济贸易的发展，相互改善投资环境，为相互投资经营提供方便的条件和充分的法律保障，相互能够按照国际惯例开展跨国的商业经营活动。国际跨国公司已经成为世界经济发展的重要主导力量，在实施联合国千年目标的过程中，要重视发挥国际跨国公司的重大作用，世界各国都要为跨国公司的发展创造条件，使跨国公司承担起国际经济贸易发展的带动作用。根据联合国贸发会议发表的《2000 年世界投资报告》，到 20 世纪末，全球跨国公司已达 63459 家，海外子公司约 70 万家，它们的经营活动已经扩展到世界所有国家中的所有经济领域，目前其产值已占世界总产值的 1/3 以上。跨国公司在建立世界经济新秩序和推动世界经济健康发展等方面不仅起着重要作用，也负有义不容辞的责任。特别是在促进发展中国家和欠发达地区的经济发展中要发挥应有作用，为全球消除贫困，实现共同富裕做出贡献。中国国际跨国公司研究会在参与国际经济贸易合作中，为国际跨国公司进入中国服务，推动“走出去”战略的实施将做出更大努力。我们要继续积极推动企业界特别是跨国公司，建立与世界各国经济体、跨国公司、企业间广泛的发展合作关系。我们所推动建立的伙伴关系必须是符合诚信原则的，人类的任何合作都应该以诚信为本，特别是在市场经济条件下，必须增强经济贸易合作各方的互信，逐步消除目前比较严重的诚信缺失，健全世界性的信用体系。

4. 构建符合可持续发展要求的伙伴关系与国际合作关系。人类的发展必须扭转不可持续的方向，最大限度地实现全球资源共享，通过新型伙伴关系和国际间的共同努力，要使全球资源得到共享和有效利用。在合作中根据自然规律有效利用有限的各种自然资源，最大限度地优化配置全球经济资源，实现人与自然的和谐共处，才能保持世界经济的可持续发展。发达国家与发展中国家都应负起保护环境、集约利用资源的责任，特别是发达国家在发展能源、原材料、制造业中要尽量减少对环境的破坏，减少各种污染排放，实现清洁生产，把生产方式转到可持续发展上来。

5. 构建惠及各方利益的伙伴关系和国际合作关系。新型的伙伴关系首先要保证实现人的发展权，以人为本，实现人类共同富裕，要在每个国家及全球创造一种有助于消除贫穷的环境。在发展国际伙伴关系和国际经济贸易的过程中，要对发展中国家特别是欠发达国家实现持续发展面临的各种障碍表示关切，提供各种方式的援助，呼吁工业化发达国家设法满足最不发达国家的特殊需要，为重债穷国减免债务，给予穷国更慷慨的发展援助。要积极推动南南合作，特别是支持非洲国家的发展。在增进经济合作中，要发挥企业的作用，跨国公司领袖应为南南合作支持非洲国家做出更多努力。在2015年以前实现联合国千年宣言所确定的各项发展目标，在2020年底前使至少1亿贫民窟居民的生活得到重大改善。在构建全球新型伙伴关系中，我们必须进一步发挥联合国的重大作用。

6. 中国在构建世界新型伙伴关系和国际合作关系方面要迈出更大步伐。中国在发展国际伙伴关系，实现联合国千年目标过程中，将坚定不移地继续扩大对外开放，信守加入世贸组织的承诺，进一步开放市场，继续改善投资环境。中国将奉行平等互利、和平共处的政策，与邻为善，以邻为伴，共同发展。中国全国人大将通过多边活动，本着相互尊重、平等协商、求同存异、加强友谊的原则，积极推动国际合作，在更大范围和更广领域，为实现联合国千年目标，构建全球新型伙伴关系而努力。伴随着中国的崛起，中国将在构建国际伙伴关系中发挥更积极的作用。一个充满活力、繁荣富强、致力于世界和平发展的中国将为世界的普遍繁荣做出新的贡献。

营造和谐的全球伙伴关系是世界各国人民的共同愿望，也是人类经济社会发展的迫切需要。通过这次新千年发展目标高层国际会议我们将进一步达成共识，有利于推动全球平等诚信合作发展的新型伙伴关系和国际合作关系的建立，为发展创造更加有利的环境和条件，共创新世纪新千年人类发展的新辉煌。

（2004年3月25～27日在北京由联合国和中国外交部联合主办的“联合国千年发展目标高层国际会议”上的发言）

加强中欧全面合作
促进世界经济贸易持续发展

——在第二届中欧投资贸易热点论坛上的发言

首先感谢“第二届中欧投资贸易热点论坛”给我发言机会，作为中国国际跨国公司研究会会长我很高兴能够在这里和大家共同对中国与欧洲之间的投资贸易问题进行探讨交流，就加强中欧全面合作，促进世界经济贸易持续发展问题谈点我的看法与思考，以便与大家共同交流探讨。今天我主要谈以下三个方面：

一、中国经济在世界经济中已占有重要地位

中国经济发展总体上看，从改革开放以来保持了一个快速、稳定、健康发展的趋势，尤其是刚刚完成的“十五”规划，过去的五年中通过宏观调控和改革开放的综合作用，我国的经济总量从 11 万亿元增长到 18 万亿元，五年迈过 8 个万亿元台阶，年平均增长 9.5%，居世界第六位。我国的进出口总额从 2001 年的 5096 亿美元增长到 2005 年的近 1.4 万亿美元，对外贸易保持年均 24% 的增长，世界排名从第七跃居第三；五年累计实际利用外资 2740 亿美元，吸收外商直接投资全球第三，发展中国家第一。我国已成为仅次美国、日本的第三大贸易国，中国经济已在世界经济中占有重要的地位，中国经济呈现出以下几方面特点：

第一，我国经济持续平稳较快发展，经济增长的稳定性和协调性明显增强。从经济发展的总体趋势看，由于国内需求的增长所起的带动作用日益增强，国内的投资、国内外贸易、国内消费都有一定增长，通过经济宏观调控，特别是集中解决了经济运行中的几大突出问题，使得固定资产投资逐步回落、居民消费增长

明显，抑制了一批低水平的重复建设项目，如钢铁、高档商品房建设等，使得整个国民经济运行更加稳定、协调发展。速度高、效益好、通胀低，是多年来少有的比较理想的局面，我国经济发展呈现了平稳较快增长的良好态势。

第二，改革攻坚破难，大力推进经济增长方式的转变收到了良好的效果。中国政府本着科学发展观和建设节约型社会的指导思想，在“十五”期间，大力推进经济增长方式的转变，已经收到良好的效果，单位GDP的能源和原材料消耗大大下降，经济与社会、人口与资源、发展与环境及城乡之间的协调发展已经引起各级政府的重视，一些行业的过度扩张引起的生产过剩及资源浪费现象得到中国高层领导的重视，并正在采取各项措施逐步加以解决。改革攻坚破难，政府行政管理体制、垄断行业、投资体制等一系列重点领域和关键环节的改革有重大的突破；一些历史遗留多年的老问题，比如股权分置改革、个人所得税改革，都迈出了重要的步伐。

第三，社会主义和谐社会建设确保了社会政治稳定。中央提出了科学发展观和构建社会主义和谐社会两大战略思想，使我们的发展理念实现了新的飞跃。这不仅对顺利完成“十五”计划发挥了重要指导作用，而且对我国的长远发展必将产生深远影响。经济快速增长与就业增长缓慢的矛盾已引起政府高度重视，近几年，各级政府围绕构建和谐社会在加强职工培训、拓宽就业门路、增加就业岗位等方面做了大量有成效的工作，逐步扭转了在产业升级的过程中就业机会下降的局面，确保了社会政治稳定。社会政治保持了稳定对快速经济增长和经济增长方式转轨过程中出现的种种问题，比如：就业、农民收入增长、贫富差距、社会低收入阶层社会保障等一系列问题正在逐步解决。

第四，区域发展战略付诸实施，区域经济高速发展奠定了中国经济全面、持续、稳定增长的基础。中国的长江三角洲、珠江三角洲和环渤海经济圈的高速增长起到了重要的带动作用。上述三个地区的面积仅占全国的9.4%，人口约占34%，GDP总量却超过全国的60%，在全国的经济发展中起着举足轻重的作用。近年来，这三大经济圈加大了投资体制改革力度，政府职能的转变比较到位，城市化、市场化建设不断加快，基本形成了城乡协调一体化发展的局面，推动了经济的增长；企业管理水平较高，产业结构得以升级，企业创新能力大大提高，资产结构也有所优化；消费结构的升级与企业的不断发展形成了良性互动。可以说，以这三个经济圈为代表的中国经济已成为中国迈向发达国家水平的先导，也为中国经济全面、持续、稳定增长奠定了基础。西部大开发、振兴东北、中部崛起、东部加快发展的区域经济发展战略基本成型，国家首次勾勒出四大区域经济发展蓝图。从单极突进，到多轮驱动的转变，在刚刚过去的五年里，无论是各个区域的自身的发展，还是相互配合促进发展，都取得了骄人的成就。中国的经济确实有了很大发展，综合国力不断增强，GDP 现已居世界第六位。但是我们不能不看到，中国是一个拥有 13 亿多人口的大国，人均 GDP 在世界上的排名还相当靠后。同时，地区发展很不平衡，我们要清醒地认识到，中国从本质上看还是一个发展中国家，即使在今后一个比较长的时期都能保持较高的发展速度，其主要作用还是为了使广大的中国人民能够尽快地富裕起来，而且客观地说，我们所说的富裕也是相对的，比起西方发达国家经过几百年的建设而取得的成就，还有相当大的差距。

第五，中国的稳定发展对世界的和平发展发挥重要的作用。从世界范围来看，世界政治局势趋于缓和，投资者、消费者的信心也有所恢复，由此也带动了世界经济形势的好转。在 2004 年、2005 年这两年尤为明显，以美国为代表的发达国家为防止全球通货紧缩采取了一系列措施，使徘徊多年的世界经济有明显回升，也带动和支持了中国的经济发展。

对于中国来说，有一个和平的发展环境，以确保本国经济的稳定增长是非常重要的，中国长期的奉行的外交政策也充分说明，中国乐于与周边国家以及亚洲各国和睦相处。西方有的人所说的中国威胁论是毫无根据的，制造这些说法的人其实是别有用心，他们清楚地知道，利用军事威胁、经济封锁等手段来遏制中国是没有用的，所以要通过散布谎言，在中国与其他国家间造成不信任，从而达到其不可告人的政治目的。中国的稳定和发展不管是对周边国家、对亚洲还是对全世界不仅不会有任何威胁，而且能够对亚洲、对世界的和平发展发挥重要的作用。

二、进一步发展中欧关系，建立长期的战略性全面合作

中国和欧盟从 20 世纪 90 年代以来一直保持着良好的关系，中国和欧盟各国，特别是法、德、英、荷兰等国的高层互访不断，中国政府始终从战略高度对待和发展中欧关系，中国的国家领导人曾多次率团访问欧盟成员国，推动中欧关系向前发展，欧盟方面也多次表示中国是个非常重要的国家，在世界舞台上扮演着越

来越重要的角色，欧盟希望继续加强与中国的关系，欧盟的主要国家领导人多次率团访华。欧盟的一些主要成员国在给予中国完全市场经济地位问题上；在向中国出口技术装备问题上做出了积极的努力，中欧关系中的中欧政治关系、经贸关系正在朝更好的方向发展，在许多重要的问题上具有共识，中欧保持良好的合作关系，对世界政治、经济都起着积极的作用。下面我谈三点意见：

1. 中欧贸易发展迅猛，中欧双方要继续保持中欧贸易的长期战略性伙伴关系。

中欧贸易发展迅猛，中欧要继续保持贸易伙伴关系，欧盟是我国第一大贸易伙伴，我国是欧盟的第二大贸易伙伴。按照中国海关统计，去年 1～11 月中欧双边贸易额达 1967.8 亿美元，占中国对外贸易总额的 15.3%，同比增长 23.6%。其中中国出口 1302 亿美元，同比增长 35.9%，增幅超过对美国、日本的出口。去年中欧双边贸易额达到了 2176 亿美元，首次突破 2000 亿美元，超过了中美之间 2116 亿美元的贸易额，提前 8 年实现中欧领导人 2003 年提出的目标。

中欧贸易的结构发生了明显的变化，双边贸易从原材料、轻纺产品、农产品等初级、低档产品逐渐向机电和高新技术产品过渡，结构显著改善。中国对欧盟高新技术产品出口增幅更为明显，2000 年以来，中欧高新技术产品贸易额增长近两倍，年均增幅 32.5%，欧盟已超过美国成为我国机电产品出口第一大市场，主要商品类别为计算机及其零部件、家电消费类电子产品、通讯设备及零部件。在双边贸易的带动下，以双向投资和技术引进为主的中欧经贸合作不断丰富和发展。欧盟继续保持我国累计最大技术供应方的地位，同时还是我国累计的第四大实际投资方。截至 2005 年 10 月底，我国从欧盟引进技术 20925 项，合同金额 871 亿美元；欧盟累计在华投资设立企业超过 22000 家。

从经济发展方面看中欧双方各具优势，有很多方面存在很强的互补性，欧盟技术先进、资金雄厚，中国经济持续增长，市场扩大，劳动力资源丰富，中欧合作的前景广阔，欧盟已成为世界最大的经济区，中国是世界最大的发展中国家，中国和欧盟的经贸合作对双方来说都是至关重要的。

2. 明确欧盟在世界经济发展中具有重要的战略地位，对世界政治和经济正在产生越来越大的影响。

欧盟东扩以后已有 25 个成员国，总人口接近 5 亿人。2004 年欧盟的国内生产总值接近 13000 亿美元，占世界的 31%，而美国只占 28.9%，日本占 11.5%。欧盟是世界最大的出口者和进口者。2003 年欧盟 15 国商品出口额和进口额都接近 3

万亿美元，占全世界的38%左右，而美国分别占9%和16%，日本则占6.2%和4.8%。欧盟也是世界最大的服务进口者和出口者，欧盟的进出口额都占世界的40%以上。欧盟对外直接投资占世界的50%左右。截至2004年年底，欧盟的直接投资累计已达52000亿美元，占世界的53%。根据联合国贸发会议的《2005年世界投资报告》，世界100家按海外资产排名的最大非金融跨国公司中，欧盟就有50家，其中26家位居前50，6家位居前10。欧盟科研基础雄厚、门类齐全，基础科学和应用技术研究许多领域处于世界前列。环保技术、能源技术、建筑和汽车制造技术超过美国，处于世界第一位；化学、生产工艺、生物技术、生物医学、航空航天技术仅次于美国，居世界第二位；信息、纳米技术、服务领域等居世界第三位；在世界技术发明专利中，欧盟大约占1/3。从上面列举的事实充分说明欧盟在世界经济中具有重要战略地位。

3. 中欧贸易将会有一个更好的发展前景。

中国与欧盟建交30年来，双边关系取得了很大进展。“9·11”事件后，国际形势发生了重要的深刻变化，欧盟作为重要的政治力量和经济力量，独立参与国际政治和经济发展进程的趋势明显加强。欧盟各国与我国没有根本的利害冲突，在许多重大国际问题上的立场和观点与我国相同或者接近，已经成为我国的重要的战略合作伙伴之一。欧盟先后发布了5份对华政策文件，不断提升与我国的合作关系：从1995年的“长期合作关系”上升到1998年的“全面伙伴关系”，2003年又进而提升为“战略伙伴关系”。我国政府也在2003年10月首次公布了《中国对欧盟政策文件》，希望进一步加强与欧盟的全面合作，推动中欧关系长期稳定的发展。以《中国对欧盟政策文件》和随后的中欧领导人第七次会晤为标志，中国与欧盟的合作进入了一个新的发展阶段，建立战略性的合作关系。

去年11月，第20届中欧经贸混委会在布鲁塞尔成功举行，这是自2004年年底新一届欧委会上任以来，中欧之间举行的第一次混委会。这次会议对中欧双边经贸关系进行了全面的回顾，并对中欧经贸关系未来的发展做出了规划和部署。在经贸混委会机制下，双方对话机制进展顺利，去年以来副部级贸易政策对话机制以及司局级的经贸工作组、竞争政策对话、知识产权对话及工作组、纺织贸易对话、市场经济工作组等双边经贸磋商和对话机制均成功举行并收到了良好效果。中国和欧盟各国的经贸关系发展中尽管还存在着这样、那样的贸易摩擦，这些贸易摩擦在中欧贸易中是一种正常的贸易行为，通过平等的磋商对话机制是完全可以得到解决的。

我们预测中欧贸易将会有一个更好的发展前景。中国商务部对过去十年的中欧贸易增长环境、特点和趋势进行科学研究和深入分析的基础上，正在制订中欧贸易发展的中长期目标。预计中欧双边贸易将很快达到3000亿美元。随着我国“走出去”战略的推进和实施，中欧双边经贸关系将呈现出“双向互利、形式多样、全方位、多元化”的共赢格局。

三、积极推动企业对社会应尽责任的建设

我借此机会专门谈一下，在全球经济一体化的浪潮中企业应尽的社会责任问题。所谓企业的社会责任问题，在西方最早提出是在20世纪20年代，是指在市场经济体制下，企业的责任除了为股东追求利润外，还应该考虑相关利益人，即影响企业行为和受企业行为影响的各方面的利益。进入20世纪八九十年代以后，全球经济一体化浪潮使世界各地日益紧密地联系在一起，企业内部和外部的矛盾越来越突出，劳资关系问题，侵犯中小股东和消费者权益，以及企业的商业欺诈问题不断发生，不少大公司，例如，美国的“安然”事件、世界通信丑闻等都促使现代企业社会责任活动的兴起和进一步发展。1995年，在联合国社会发展问题世界首脑会议上，联合国秘书长科菲·安南首次提出“全球契约”（global compact）的设想，并在1999年1月达沃斯世界经济论坛年会上正式提出“全球契约”计划，于2000年7月在联合国总部正式启动。“全球契约”计划号召各公司遵守在人权、劳工标准以及环境方面的一系列基本原则，遵守有共同价值的标准，实施一整套必要的社会规则，其目的是使得各企业与联合国各机构、非政府组织以及其他有关各方结成合作伙伴关系，建立一个更加广泛和平等的世界市场。这一建议得到许多国家、有关非政府组织和企业界的支持。

对企业而言，承担社会责任可以使企业赢得更好的声誉、得到社会组织的认可，同时也可以在市场中更好地体现企业的文化取向和价值观念，为企业发展营造更好的社会氛围，使企业能够长期稳定发展下去。有关研究机构指出，公司参与“全球契约”获得的具体好处包括：（1）体现作为负责任的公民的表率；（2）与有共识的公司及组织交流经验，相互学习；（3）与其他公司、政府组织、非政府组织及国际组织建立合作关系；（4）与联合国各机构建立合作伙伴关系；

(5) 通过实施一系列负责的管理计划与措施，将公司发展视野扩大到社会范畴，使商业机会最大化；(6) 参与旨在寻找解决世界重大问题的方法的对话。从这个意义上讲，积极承担社会责任是企业的生存之本、立命之基，特别是在全球经济一体化竞争更加激烈的今天，企业社会责任是企业参与国际竞争所必须面对的实践挑战。

“企业是社会的细胞，企业是社会公民，在建设社会主义和谐社会中处于特殊的地位”，从中国国情出发，在这里，我想企业应尽的社会责任包括两个方面：一是在企业内要为出资者创造利润，为员工创造安全生产条件，提高工资和福利待遇，依法保护其合法权益，构造各利益主体之间的和谐氛围；二是在企业外，企业要树立诚信、守法、公正的企业形象，要向社会提供物质产品和服务，依法纳税和交纳各项基金，维护产品消费者的合法权益，为社会积累财富，按照科学发展观的要求组织生产，主动承担对自然环境、对社会各利益相关者的义务，支持和赞助社会公益事业，扶贫济困，救助灾害，帮助残疾人和社会弱势群体。

中国改革开放 27 年来，伴随着生产力进步、经济体制改革的深化和对外开放格局的形成，我国的企业，包括许多在中国经营的外资企业得到很大的发展，为社会提供了越来越多的产品和服务，为市场繁荣、经济增长和人民生活显著改善做出了贡献，尽到了自己的经济责任，同时通过提供大量税收和就业机会等形式履行了很大的社会责任。但不可否认，某些企业在发展中也出现了只讲经济责任不讲社会责任的倾向，比如急功近利，过度追求利润最大化，甚至只追求自身利益，忽视甚至牺牲公众和社会利益。有的企业搞不正当竞争，有的尽量逃避税收和社保缴费，有的较少考虑社会就业而将包袱甩向社会，有的较少考虑环境保护而将利润建立在破坏和污染环境的基础上，有的唯利是图欺诈消费者，有的依靠压榨企业职工的收入和福利来谋取利润，有的拒不提供公共服务，对公益事业不管不问，凡此种种，尽管在企业中只是少数，但其带来的严重后果和造成的恶劣影响不容低估。

作为一个拥有长远眼光的企业，在不断加强自身建设，努力做大做强的同时，应该把更多的精力放在承担应负的社会责任上，只有这样，企业才能真正在消费者中树立起自己的良好形象，才能有长远的发展。企业社会责任终将会成为决定企业未来竞争力的重要因素，即使从企业的自身发展出发，社会责任问题都不可能回避。对于在中国经营的外资企业来说，不管是跨国公司还是中小企业，只要在中国开展经营活动，都应当切实担负起自己的社会责任，这方面正反面的例子都有不少，我想非常善意地提醒一下外资企业、特别是一些著名公司的经营管理者们，尽管中国是一个发展中国家，是一个新兴的市场，还有许多地方有待于进一步规范和完善，但是如果企业不能积极承担起自己的社会责任，在发生一些具体问题时不能够妥善处理，甚至表现出一种傲慢情绪，那么，不管企业拥有多么知名的国际名牌，中国的消费者也会用自己的脚来投票，用自己的消费取向来决定你公司在中国的前途。

我这里要特别举一个例子：摩托罗拉天津分公司是一个大型企业，由于领导层高度重视处理好企业员工之间的关系，建立一套非常好的机制和制度，人事经理和职工建立对话热线，去年没有发生一件职工对领导诉讼事件，保持了企业稳定和谐，这对搞好生产起到了重要的保证和促进作用。摩托罗拉天津分公司的经验值得大家借鉴。企业要想保持自己的核心竞争力，保持先进的生产水平，首先要保持企业的和谐稳定，就是要认真推动企业对社会应尽的责任。

加强中欧全面合作，构建“双向互利、形式多样、全方位、多元化”的共赢格局，推进世界经济贸易持续发展是我们的共同愿望，也是世界经济社会发展的迫切需要。通过这次中欧投资贸易热点论坛会议我们将进一步达成共识，有利于推动全球平等诚信合作发展的新型伙伴关系和国际合作关系的建立，为发展创造更加有利的环境和条件，共同开创国际合作的新辉煌。

（2006 年 3 月 2 日在北京由荷兰中国商会考察团举办的“第二届中欧投资贸易热点论坛”上的发言）

在联合国全球契约座谈会上的发言

尊敬的潘基文秘书长、王光亚大使，

女士们、先生们、朋友们：

大家下午好！今天，我很高兴有机会参加潘基文先生主持的共同探讨“全球契约”问题的座谈会。前不久，我参加了联合国可持续发展委员会召开的第十六次会议，并借此机会访问了联合国“全球契约”办公室，共同探讨了“全球契约”的有关问题。联合国作为世界上最大的政府间综合性国际组织，在推动企业发挥社会责任方面做出了贡献。1999 年，科菲·安南先生在担任联合国秘书长期间，发出了实施“全球契约”的倡议，并在 2000 年召开了“全球契约论坛”的第一次会议，潘基文先生就任秘书长不久，去年 7 月在瑞士又举办了有关“全球契约”问题的高峰论坛，号召全世界的企业界、非政府组织共同参与“全球契约”，共同促进企业有效约束自己的经营行为，承担社会责任，以建立一个更加广泛而平等的世界市场，推动经济可持续发展。有关“全球契约”的十项原则，已经引起中国政府高层的重视，中国国家主席胡锦涛先生在 2006 年年底的中央经济工作会议上也明确要求企业强化外部约束、切实承担起社会责任。中国国务院总理温家宝先生也就企业社会责任问题做了重要批示，要求制定实施企业责任的指南。我国部分全国人大代表、全国政协委员也提出了加强企业社会责任的建议和提案。涉及企业社会责任的十项基本原则已经成为在中国推动企业社会责任活动的基本原则。从去年开始中国国有大中企业都开展了这项活动，而且每年要把实施“全球契约”（在中国称为企业社会责任）情况公开向社会报告。

这里，我就可持续发展问题谈一点看法。

人口、资源、能源、粮食和环境已经成为当今世界的五大问题，其实质都和生态失衡相联系，是我们赖以生存的地球环境面临的严峻挑战。还有贫困、落后、不平等等问题，均已成为笼罩全球可持续发展的阴影。中国连续30多年的快速发展，经济上取得了令世人瞩目的成就，但在生态失衡方面也存在着很多的问题。30年改革开放，既有许多成功的经验和成就，也有深刻的历史教训，严峻的生态失衡的现实让我们越来越意识到绝不能以牺牲环境和后代的生存条件来求得经济的一时发展。人类的生产、生活与资源环境是一个联系的整体，节约资源，保护环境应和经济增长并重，环环相扣才有科学发展的协调。中国政府已经提出了实施科学发展观，以人为本，建设资源节约型、环境友好型社会，确保中国经济可持续发展。只有世界各国政府和人民一起努力，共同面对全球气候变暖等一系列环境问题，才能实现联合国的千年发展目标。

如果说世界的可持续发展问题十分复杂，那么作为最大的发展中国家的中国，可持续发展问题则更为复杂。经过改革开放30年的快速发展，中国已经成为世界第四大经济体，同时也成为能源消费大国，庞大的人口数量及经济的快速增长对环境也造成巨大的冲击，也给可持续发展战略的实施造成巨大的压力，已经成为当前中国可持续发展中的重大难题。中国政府已经深刻认识到，必须狠下决心，坚定不移地转变经济增长方式，推行节能减排，坚持可持续发展战略，这不仅直接关系到中国经济能否健康、持续、快速发展，同时也关系到人民群众的切身利益和中华民族的生存发展。为此，必须下决心解决好生态环境问题，中国政府已经制定并正在实施《中国21世纪可持续发展行动纲要》，全力推行资源节约型、环境友好型社会建设。我借此机会提出以下三点建议：

1. 世界各国政府首脑对工业污染造成的严重后果和日益严重的环境问题要有一个共同认识，各国都必须从本国实际出发制定相应的对策措施，以应对全球气候变暖的问题。

2. 世界各国都要遵循“共同但有区别的责任原则”，积极推进全球绿色经济体系的构建。世界各国应该积极参与全球环境合作，参加各类环境条约，制定对策，认真履行。贯彻落实可持续发展等相关国际会议达成的决议和共识。世界各国应该逐步建立健全以绿色生产、绿色分配、绿色交换、绿色积累为主导的全球绿色经济体系。

3. 联合国要发挥全球最大国际政治组织的作用，组织和推动每一个国家成为有责任心的合作伙伴。发达国家尤其应该积极主动地为改善生态环境、应对全球气候变暖等问题负起应有的社会责任。各国非政府组织在可持续发展中，要发挥自己应有的作用。

在当前全球化的大环境下，可持续发展是一个全球的目标，对各国的经济发展、社会进步、民生改善、生态环境都有着十分重要的意义。我坚信，每一位地球公民都有信心、有能力，在联合国的推动下，共同努力把全球的可持续发展推向一个新的高度，为我们共同生存的家园——地球实现和谐发展做出新的贡献。

谢谢大家！

（2008 年 7 月 2 日在联合国召开的“全球契约座谈会”上的发言）

建设美丽中国应落实环境（绿色）责任

世界各区域性组织和各国在企业公民或企业社会责任领域（包括环境责任）做了大量探索、尝试和政策推动。为约束、监督企业行为，推进企业公民履行社会责任，既有全面关注企业社会责任的《联合国全球契约》《经济合作与发展组织（OECD）跨国公司指南》，也有单独全面关注企业环境责任的《社会职责全球 Sullivan 原则》《在环境和发展方面的 Rio 宣言》和《环境责任经济联盟原则（CERES)》等。这些契约和责任原则，都明确把“环境责任”放在了十分重要的位置。顺应国际潮流，融入全球化，落实社会公民的“环境责任”已成为我国政府的必然选择。未来十年建设美丽中国，推进新常态下生态文明构建，应以落实环境（绿色）责任为起点。

全力推进社会公民环境责任的落实，决不能仅仅依靠企业的自觉和强调企业单方面履行其绿色社会责任。为保障公众切身利益，尤其是生命权和健康权益，鼓励并监督企业走可持续发展道路向环境友好型、资源节约型转变，积极构建社会主义和谐社会，政府作为环境公益代表在环境保护领域应积极发挥主导作用，引导企业公民和社会公民共同参与、综合促进环境（绿色）责任落实，才是优化我国经济发展环境最现实的选择。

一、政府要顺应国际潮流积极推进环境责任落实

第一，政府要承担起引导的重任，要由行政部门牵头制订规范的全面的企业公民环境责任评价体系或实施纲要。在企业社会责任自律性普遍不强的情况下，

政府就要从宏观上以法律、法规、制度、政策等约束性手段进行引导，再辅以经济性手段。政府的外部控制对环境保护来讲必不可少，政府法令的一般普适性效力，会遏制公司的环境污染问题；政府通过财政支持如低息贷款等经济手段支持公司承担改善环境、治理污染的责任，严厉处罚造成环境污染的企业领导以引导公司的决策，要比在公司的治理结构中引入环境公益人士更为有效。同时，无论是《联合国全球契约》《环境责任经济联盟原则（CERES)》，还是即将推出的ISO26000都是相对成熟的企业公民评价体系，都对于我国的实践有借鉴意义和指导作用，我们一定要学习借鉴，尽快制定出我们自己的环境责任评价体系或实施纲要。

第二，建立企业公民环境监控网络和企业环境责任罚款、赔偿和保险制度。国家环保部一年多来根据党中央、国务院的部署制定了一系列较严法规、规定和要求，虽已对国家重点环境监控企业实行季报制度，及时采集污染物排放信息、加强执法监督，有效促进污染治理、削减污染物排放量，取得了成效，尤其是较严厉的对超排放、偷排放处以较高额度的罚款，起到一定的震慑作用。但仅仅监控这些企业还远远不够，而应进一步普及推广。当前的环境行政处罚已近司空见惯，且现阶段企业环境行为的外部不经济性的特性让企业经常规避经济责任。因此，在完善企业公民环境监控网络的基础上建立企业环境责任罚款、赔偿和保险制度，实施高额的赔偿才能让企业毛骨悚然，应该鼓励开展环境公益诉讼。企业污染要承担经济赔偿，这是完全必要的，企业承担高额赔偿会影响经济和就业；而环境责任保险能够适当帮助企业缓解危机，同时也能够在保单设定过程中促进企业履行环境责任，因为风险太大的保单是没有人会担保的，这样也能促进企业履行环境责任。

第三，鼓励企业加强国际交流与合作，全面促进企业环境信息公开，定期开展公众对企业环境责任的意见调查。通过鼓励企业参与国际交流与合作，有效地团结同行、分享信息与经验，在全球领域共同监督企业公民行为，防止跨国企业搞双重甚至多重标准，拒绝或者拖延履行环境责任。同时，收集国外推进环境责任的好举措与好政策，为我国政府修订和落实环境责任政策提供参考。全面促进企业环境信息公开，主要是针对国家在2003年就开始发布了关于企业环境信息公开的公告，但效果并不明显。我们对于企业环境信息的监管，要像对待企业税收那样严肃和严厉，必须定期开展公众对企业环境责任的意见调查，编制并免费发放企业环境责任信息汇总报告让公众监督，促进社会各界关注环境责任和环境保护。同时，发挥企业之间的监督及引导作用，企业的行为及由此产生的后果对其他企业具有警示作用，特别是影响力大的企业，应树立承担社会责任的典型，以起到示范作用。

第四，政府与民间要形成互动，传媒及公众应进行舆论上的监督与引导，促进环境责任的全面落实。建议在国家环境部应指定专门部门，该部门全面负责企业公民环境责任事务，综合现国家公共服务职责与公共管理职能。充分调动、发挥公众和 NGO（非政府组织）的监督优势，制订监督机制，保障监督落实。充分尊重公民的知情权、参与权、监督权、表达权。可通过政府采购的方式促进 NGO 监督企业公民环境责任，此时 NGO 监督企业既代表国家授权，体现国家意志，又实现了动员社会力量积极参与。也就是说，要调动一切可以调动的力量参与到环境保护来，发动全社会参与到对环境违法的监督中来，使公众的感受通过传媒形成舆论，进而对企业施加影响。

二、企业要积极履行绿色社会责任塑造品牌新形象

国内、国际经济环境的重大变化也对企业的生产经营提出了更高的要求：过去，我国实行的“高资本投入、高资源消耗、高污染排放、低劳力成本”的经济发展模式，造成了资金、能源的巨大浪费，付出了生态环境严重破坏的高昂代价。现阶段，政府依靠经济杠杆与市场机制实现环保成本内在化，推行绿色税收、排污权交易等制度，促使企业采用先进技术工艺、推行清洁生产。在国际贸易领域，发达国家凭借其强大的经济实力和较高的科技水平，制定严于发展中国家的环境法规与环保标准，由此产生了绿色壁垒，给发展中国家的出口产品进入国际市场设置了重重障碍。为增强环境竞争力，积极参与国际市场竞争，企业必须树立承担绿色社会责任的理念，平衡协调股东利益与环境公益的关系，在经济发展上转变以牺牲环境为代价的粗放型发展模式，走可持续发展之路才是正确选择。

在竞争日趋激烈的经营环境中，一个以自己为中心的企业是没有生存空间的，要想生存发展，其经营战略必须与大环境相适应，必须与政府宏观政策相吻合。在当今消费环境下，顾客购买商品，不仅是功能的需要，更重要的是情感的满足，没有良好企业形象、没有吸引眼球的高优质产品、没有很好的产品声誉、不关心

社会的企业、不生产放心产品的企业，是很难赢得顾客的信任的。在合作比竞争更重要信息时代，与政府的合作、与社区的合作、与供应商的合作同等重要。很显然，提升企业的竞争力，仅关注传统意义上的技术、产品、资金是不够的，良好的企业形象、对社会负责任的态度、对政府工作的支持、对弱势群体盼善举等等，已成为提高企业核心竞争力的重要途径。越来越多的企业认识到，没有大环境的良性运转，企业很难健康发展。越来越多的企业对非经济性的间接性的社会责任给予了关注，如接纳下岗职工再就业、采用低能耗设备和生产低能耗的商品、优质放心产品、控制污染物的排放、捐款救灾助教、积极参与配合政府、社区的公益性活动等等。国际上众多企业公司，特别是跨国公司和世界500强企业已将承担绿色社会责任纳入到战略规划中，将环境保护、环境管理纳入企业的经营决策之中成为企业经营活动的重要组成部分，寻求自身发展与社会经济可持续发展目标的一致性。

由此，企业履行绿色社会责任也成了热门话题。所谓企业（公司）的绿色社会责任，是指现代社会的公司在谋求股东利益最大化的基础上，应当考虑增进股东利益以外的环境公益。公司的绿色社会责任源于公司的社会责任理论，而在追求股东利益最大化的基础上增进包括环境公益在内的其他利益正是公司社会责任的应有之义。

而理解企业（公司）的绿色社会责任，需要从考察企业承担社会责任的一般依据入手。考虑到中国巨大的人口、环境压力和未来20年内仍将高速发展的前景，我们深感可持续发展任重道远，责任重大，必须付出不懈努力。好在当前，国内的不少企业，尤其是一些跨国发展的大企业已清醒地意识到必须牢固和落实树立科学的发展观，坚持走科技含量高、资源消耗低、环境污染少、人力资源得到充分发挥的新型工业化道路，实现持续有效发展。有效合理开发利用资源，大力推进清洁生产，保障生产安全和员工健康，为社会提供环境友好产品，与社会和环境保持良性互动、协调发展，是他们应尽的社会责任。

这里强调企业的环境责任包含内外两个层面。对内企业要自觉履行环境保护的责任，生产的产品要符合国家的环保标准，不违法排放污染物，保护生态环境。企业要改革粗放式经营，走集约式经营的道路，减少对能源和自然资源的依赖，提高资源的使用效率；企业要通过技术创新，大力提高产品的市场竞争能力，积极参与建设节约型社会。对外，企业要积极参与社会环保公益事业，通过行业协作、企业生产链及其延伸、社区互动等多种方式促进社会各界关注环境责任和环境保护。而具体到某个企业，就应主要作好以下六方面工作：

一是调整结构，优化工艺，生产环境友好产品；二是努力节能降耗，提高资源和能源利用效率；三是重视全过程污染防治，全面推行清洁生产；四是坚持以人为本，关爱员工健康，积极治理生产装置安全隐患；五是积极开展扶贫帮困和社会公益活动，努力回报社会；六是积极参与可持续发展的社会合作和国际合作，共同推进中国可持续有效发展的进程。

同时，我也清醒地看到，我国还有相当多的企业及企业家只从企业的眼前效益出发，着眼于企业的短期行为，根本没有承担起对社会应有的责任。坦率地讲，由于发展水平的限制、经济增长方式的落后和认识上的不足，目前中国相当一部分企业总体上对可持续发展理念的重要性、紧迫性的认识还有待提高，还有一些企业往往更多地关注短期经济利益和就业压力等，现实中仍然经常出现一些以牺牲环境和浪费资源为代价获取低水平发展的事情。从现状上看，虽然我国的大型企业特别是走向国际的跨国企业对社会责任有了一定程度的重视，但从整体上看，我国企业对社会责任的认识与欧美发达国家企业上还存在着不小的差距，有些人更错误地认为承担社会责任就是“企业办社会”，对社会责任在认识上、实践上表现得千差万别，这是企业社会责任的整合阶段，经过这一阶段的整合，对企业社会责任就会达成共识，并与国际接轨。

据北京大学民营经济研究院和零点集团联合开展的企业社会责任感调查显示：公众与企业在企业社会责任的具体表现上有巨大差异，公众认为企业最应当承担的责任是减少环境污染，而且企业却把这项责任排在了最后。可见，我国企业还是不很重视环境责任，突出表现为：（1）我国目前开展的优秀企业公民评选活动尚未把环境责任列为重要考虑因素，企业在争创优秀企业公民活动中对于环境责任考虑得较少，做的较少。（2）企业在开展环保公益项目时，大多方式较为集中，内容较为简单，宣传方式单一，效果也不明显，只注重热闹造声势的大型宣传活动。活动内容缺乏生动，缺乏感染力，影响和效果不理想。（3）企业捐资环保项目相对较少，我国开展的涉及环保的公益活动也很少组织。（4）企业在履行社会责任，开展环保活动过程中与环保 NGO 合作不多。

要应对国内外市场的竞争和挑战，我国的企业必须重视环保和质量，树立绿色社会责任的理念、提升环境竞争力、走可持续发展之路，塑造企业品牌新形象，这既是环保时代社会主义市场经济的内在要求，也是现代社会公司生存与发展的必然选择。

三、构建生态文明，社会公民共同履行“环境责任”

当前在推进经济、环境和社会协调发展中，积极培养社会公民环境意识、倡导社会公民积极履行“环境责任”，应成为每级政府、每个社会组织和每个企业维护国家生态安全必须承担的社会责任。关于社会责任问题，近年来我国社会各界已得到普遍认同，特别是国内不少企业已开始践行自己的企业社会责任。在此，我只希望所有企业能把“环境责任”也纳入企业社会责任的范畴，在推进生态环境治理保护和维护国家生态安全中发挥积极作用。

如今，党中央和国务院已把加强生态建设、维护生态安全摆上了前所未有的高度，从党的十七大报告首次提出建设生态文明的战略目标，到党的十八大把生态文明建设与建设美丽中国紧密地联系在一起，做出明确要求。坚持全面协调、可持续发展，成为我国经济社会发展的必然要求，而齐心协力推进生态环境治理，共同维护生态安全也成为我国实现可持续发展的重要选择。

未来十年建设美丽中国，全面推进国家生态安全建设，不仅需要实现我们思维方式的转变、树立循环经济理念，还需明确其不完全是通过“净化废物”实现，主要是通过“减少废物”达到，无论是工业还是农业都要生态化，以实现生产方式的根本转变。政府和企业都要对生态环境负起责任来，我们人民群众、每一个人也要为生态环境建设和保护尽一份力，并要努力实现生活方式的转变。特别是那些享乐主义的高消费生活方式，大量的挥霍和浪费，是资源问题和环境问题的根源之一，它只会加剧资源消耗和环境污染，对生态的影响也将是毁灭性的。我们还要重视居住环境的改善，从保护一草一木做起。为此，近年来我一直在各种场合呼吁齐心协力推进生态治理和环境保护，共同维护国家生态安全，明确落实“环境责任”是我们的必然选择。

（原载《凝心聚力 砥砺奋进——中国未来十年发展的研判与把握》经济科学出版社 2016 年版）

打赢治污减霾持久战应把握的主要环节

面对治污减霾这一世界性难题，这一项庞大而复杂的系统工程，是关乎实现伟大复兴“中国梦”必须面对的一个重要问题。如何科学施策，群策群力，多措并举，打好这场攻坚战、持久战？经过数月的思考和调研，初步理清了思路、明确了认识，那就是：若要打赢治污减霾这场持久战，实现顶层设计的战略目标，全国自上而下必须重点把握好以下几个关键环节。

一、正视当前治污减霾挑战——做好持久战准备

据大气方面专家研究表明，我国雾霾污染物是英国伦敦1952年烟雾事件和20世纪四五十年代开始的美国洛杉矶光化学烟雾事件污染物的混合体，并叠加了中国特色的沙尘气溶胶。我国雾霾的产生是自然因素和社会经济因素的双重作用，生活污染和工业污染同时存在造成的。导致雾霾产生的直接因素主要为：不合理的能源消费结构，大量的工业废气、汽车尾气以及建筑扬尘等。中国，如今既是世界第二经济总量大国、世界制造业大国，更是世界上第一能耗大国、第一碳排放大国。中国社科院今年初发布的《全球环境竞争力报告》绿皮书明确指出，中国的环境竞争力在全球133个国家中仅排在第87位。这意味着我国保护生态、治理环境、强化治理任重而道远。同时，面临着如下挑战：

一是能源消费日益加大，节能降污同时面临能源安全挑战。化石能源一直在我国能源消费总量中占主导地位。2009~2013年，我国的能源消费总量从30.66亿吨标煤增长到37.5亿吨标煤，年均增长1.37亿吨标煤。2012年我国煤炭及石

油的消耗量分别为35.2亿吨和4.92亿吨，双双位居世界首位。原油净进口量从2013年9月起首次“常态性”超过了美国跃居世界第一，石油对外依存度达58.1%，其影响将远大于1993年首次成为原油净进口国的国际影响。同时，近年来我国天然气、煤炭进口量一路攀升，对外依存度普遍上涨。2013年进口天然气515亿立方米，进口依存度30.5%较2012年的25.5%增加5个百分点，呈现价格倒挂现象。自2009年我国一举由煤炭净出口国转变成为净进口国，2013年进口量再创新高，达3.27亿吨，进口依存度为8.13%，并对国内煤价格造成冲击，使许多煤炭生产企业陷入困境。清洁能源、可再生能源和新能源开发利用，近年来虽然投入很大，但其优势还未显现。如：风电、光电的入网问题一直制约着其发展。此外，由于受限于能源技术水平，我国能源利用率低，能源消耗在加重空气污染的同时，面临着巨大的能源安全挑战。

二是正处在工业化中后期，工业为经济增长作出贡献的同时废气排放逐年升高。从西方国家受雾霾影响的情况看，雾霾污染主要集中在工业化阶段中后期，目前我国正处于这个时期，规模的工业发展与高耗能产业分不开。历年来我国工业增加值约占GDP总量的40%左右，却使用了近70%的能源，随着工业化进程的推进，节能减排压力依然巨大。国民经济发展的支柱性产业，大多能耗高，污染严重，随着工业增加值的增长，工业废气中，二氧化硫、二氧化碳、一氧化氮、二氧化氮等排放量逐年升高，其中，对人体和自然环境最具杀伤力的是二氧化硫。2012年，我国工业排放的二氧化硫约为2117.63万吨，烟尘、粉尘为1235.77万吨，全国治理工业废气共投入资金257.71亿元。其排放量居世界第一，占比总排放量的27%，超过美国14%的占比，碳排放增长了5.9%。大量二氧化碳的排放量既影响气候，更对空气污染产生直接影响。据环保部公布数据显示，2013年上半年全国化学需氧量排放总量1199.3万吨，同比下降2.37%；氨氮排放总量125.9万吨，同比下降2.15%；二氧化硫排放总量1056.9万吨，同比下降2.48%；氮氧化物排放总量1167.5万吨，同比下降3.02%。除经济增速放缓因素外，我国高耗能产业增长正在被有效抑制，排放有所下降，这也是节能减排的成果。但距离“十二五”规划纲要中提出的能源消耗强度要降低16%、二氧化碳排放强度要降低17%，以及2009年承诺到2020年碳排放强度比2005年下降40%至45%的目标，还相距甚远。

三是机动车保有量不断提高，汽车尾气加重空气污染，成为城市雾霾的主要

“元凶”之一。随着以汽油、柴油为燃料的各类汽车和农业机械的保有量迅速增长，尾气排放成倍增加，可吸入细微颗粒物以几何数级上升。据车讯网报道，至2013年底全国机动车数量突破2.5亿辆，汽车保有量（私家车和公用车）达1.37亿辆。从2003～2013年10年间，我国汽车保有量从2400万辆增长到1.37亿辆，年均增加1100多万辆，是2003年汽车数量的5.7倍。在全国各大中小城市中，有31个城市的汽车数量超过100万辆，其中北京、天津、成都、深圳、上海、广州、苏州、杭州等8个城市超过200万辆，北京市各类型号汽车超过500万辆。我国快步进入汽车社会的同时，许多城市道路出现了拥堵，一氧化碳、碳氢化物和二氧化碳的排放量明显增大。据有关研究结果显示，在北京地区，机动车尾气为城市PM2.5的最主要来源。尾气对北京PM2.5的贡献率高达20%～30%。尾气污染逐渐成为城市雾霾天气的主要推手，对人体健康及城市环境造成极大的危害。

四是城市化、城镇化进程中大量的建筑扬尘，加速雾霾形成。目前，我国的城镇化中片面追求快速城镇化，大拆大建成为常态。在其快速发展中大量的建筑扬尘，加速了雾霾形成。据有关数据显示，我国城市的建成区面积在过去20年中增加2倍以上。2000～2011年我国城市建成区面积增长76.4%，城镇建设用地年均增长110万亩以上。更有研究表明，土壤尘对北京地区PM2.5的贡献率为15%，建设工地的浮尘和街道的再悬浮尘是土壤尘的主要来源，对城市空气环境造成较大污染。

五是植被破坏、沙化荒地增加，沙尘暴成为雾霾的又一推手。前几年，北京乃至华北的沙尘暴我们还记忆犹新。近年来，通过区域联动治理，取得很好的效果。但今春甘肃发生的沙尘暴再一次给我们敲响了警钟，我们面临的形势依然严峻。其实，在北京生活的人都已注意到，放置在室外的车辆，车身上每晚都会留下不少的沙尘。在雾霾的成因中，沙尘的贡献率也是很高的。因此，治污减霾，我们不能把眼光仅仅盯在城市和周边的企业，还必须要关注距离城市更远地方的植被破坏和沙化荒地的治理。

李克强总理明确提出：要打一场治理雾霾的攻坚战、持久战，坚决向污染宣战，切实消除人民群众的“心肺之患”，全社会要“同呼吸、共努力”，大家应有充分清醒的认识。同时，应明确保护生态环境，是一场艰苦的持久战，要打好这一战，需耗费巨大的人力、财力和物力，必须从长计议，充分做好打赢这场持久战的准备。

二、发展经济与保护环境——正确处理两者关系

回首36年前，先发展、后治理，这观点确实是有市场的。引进项目，就是有功的，谁会去问这个项目，会带来多少污染？时至今日，再这样下去，确实不行。但是，我们如何去说服我们的这些领导、干部、党员和人民群众，与中央领导的要求与想法一致起来。需要做好很多方面的工作，要认识到难度很大，但是必须要做好。只有思想和认识真正统一了，才好向污染宣战。统一思想认识，是我们党始终坚持开展的一项重要的思想教育和宣传工作，我深信，通过从中央到各级党委，一级一级地抓，一定可以把基层领导干部的思想，统一到中央对环境形势的基本判断和作出的重大战略部署上来，树立起对发展经济与保护生态环境的正确认识，并在正确处理两者关系上形成一致的认识和看法。

关于如何正确把握经济增长和生态环境的辩证关系？我有很大触动。2003年全国人大在制定《清洁生产促进法》和《环境影响评价法》时，全国人大调研组就如何把握和处理经济增长和生态环境的辩证关系，向全国人大提出了意义重大、影响深远的看法意见，至今仍值得学习借鉴。摘录部分要点，供大家参考。

一是要从可持续发展的战略高度，把环境保护和生态建设，摆到更加突出的位置上，正确处理经济增长与生态环境的关系，形成良性循环，实现发展与环保“双赢”。对于各级领导来说，关注和解决生态问题、环境问题，不再是可有可无、可重可轻、可紧可松的事情，而是必须高度重视，列入重要日程，摆到更加突出的位置上，实行正确决策，精心组织，真抓实干，务必抓好的大事。必须把环保和生态治理放到与经济发展、社会进步、人民生活改善相适应的位置，实现经济、社会与生态环境的同步发展。有些地方、有些同志，至今还在单纯追求经济增长速度，以牺牲生态环境为代价，换取暂时的经济利益，以致生存环境日益恶化。实践表明，生态环境与经济发展相辅相成，互为因果。经济发展离不开良好的生态环境，优美的生态环境是加快经济发展的基础；而恶劣的生态环境，不但经济难以发展，即使发展了，也难以为继，后果不堪设想。这方面的教训极为深刻。从世界范围来看，尼罗河、底格里斯河和幼发拉底河、印度河和恒河流域都曾因生态良好而兴盛，也因生态恶化而衰败。

二是生态和环境是十分重要的资源和资产，是潜在的发展优势和效益，要把

环境保护和生态建设，作为一个大产业进行经营、开发。生态和环境是十分重要的资源。保护环境、进行生态建设并不是只有投入、没有产出的纯公益性事业，也不是政府和社会的包袱，而是潜在的巨大资产、资源和效益。实践证明，哪里注重生态环境的保护、建设、合理开发和经营，那里就可以获得巨大的经济效益、环境效益和社会效益，形成环保大产业，成为国民经济新的增长点。如：浙江海宁市90%的城市家庭和30%的农村家庭使用太阳能，带动了一个年产值4亿元的太阳能热水器产业。浙江磐安县坚持“生态脱贫、生态富县”，建设绿色农产品基地和城市“休闲度假基地”，发展无污染清洁化生态工业，促进了县域经济发展。这些事实说明，生态环境是资源，也是生产力。各级各行各业都应当与时俱进，解放思想，转变观念，破除旧的思维理念，把生态环境作为一种资源、资产、资本来经营，作为大产业来开发，有条件的地区，甚至可以作为主导产业重点发展。这对全面建设小康社会，确保可持续发展是非常重要的。

三是要创造新机制，注入新活力，切实加快环境保护和生态建设的步伐。经济发展需要大量的投入，环境保护和生态建设，同样需要比现在更多的投入。政府投入主要起引导作用，而完善和发挥市场机制的作用，广泛吸引社会资金、包括吸引外资则是投入的大头。“十五”期间，全国污染防治的投资需求就达7000亿元。这么大的投资，政府也难以承受，必须创新机制，充分利用社会资金，建立和健全多元化的生态环保投入机制。政策本身就是一种投入。

四是坚持统一规划，分步实施，典型示范，全面推进。环境保护和生态建设涉及方方面面，是一项长期的、艰巨的、复杂的战略任务。要大获全胜，就要像战争年代打仗一样，有一个好的“作战方案”，制定一个科学的总体规划。这个规划要有符合经济发展水平、切合实际的目标，有强有力的保障措施，有明确的部门职责和监督检查制度。不论城市、农村的建设都必须重视搞好总体规划，做到合理布局，不能乱来。规划制定之后，要分步实施，严格执行。这是确保经济、社会生态环保同步协调发展的重要环节。同时，规划要包括调整产业产品结构，以利于从源头上把住污染环境、破坏生态的关口。规划要强调转变落后的生产方式，降低单位产值的污染产生量和资源、生态损耗量。此外，在城市、农村、企业、学校和社区、家庭，都应当注重典型示范，并加强协调和统一监管。生态环境保护具有宏观性、社会性和综合性特点，必须加强组织协调，调动各方面的积极性。

五是要狠抓科技进步，提高科技含量，不断提升生态建设、环境保护总体水平。经济建设必须依靠科学技术，环境保护和生态建设是难度非常大的事业，更要依靠科技进步。科技进步既包括治理技术，又包括管理技术和管理模式。要通过汲取世界生态环保先进技术和管理经验，努力开发符合我国国情的科学技术，发挥后发优势，跨越“先污染后治理、先破坏后恢复”的老路，走出具有中国特色的生态建设和环境保护路子。同时，要重视采用高新技术改造传统产业，要通过科技进步提高管理水平。

六是要坚持依法治理、依法管理，把生态建设和环境保护纳入法制化轨道。依法保护生态环境，必须坚决做到有法必依、执法必严、违法必究。要加强执法和监督工作，把执法和监督放在优先突出的位置，下大力抓好。要切实抓好法律法规的贯彻落实。

通过我国30多年来环境保护历程的审视和2003年全国人大调研组向全国人大报告所提问题的反思，我认为，只要我们特别是县级以上各级党政主要领导和各级企业的主要领导，真正把思想统一到中央关于保护生态环境的一系列重大决策上来，统一到习近平总书记、李克强总理对保护生态环境、节能减排、治污减霾等一系列重要指示和明确要求上来，树立对发展经济和保护生态环境的正确认识，以足够的理性正确处理两者关系，把因治污减霾、降低发展速度的忧虑、担心，转化为我们前进的动力，依托中国特色社会主义的制度优势，充分发扬艰苦奋斗和改革创新精神，在党中央的正确领导下，通过科学施策，我们有信心、有能力打赢治污减霾这一仗，也一定可以实现治污减霾、保护环境、稳定经济增长的协调统一。

三、实现顶层设计战略目标——需自上而下互动

治污减霾是一场攻坚战、持久战，已是我国自上而下的共识。习近平总书记明确要求，要加大大气污染治理力度，应对雾霾污染，聚焦重点领域，严格指标考核，加强环境执法监管，认真进行责任追究。习近平总书记这一要求，为我们确定了这场攻坚战的方向和基调，完全符合我国环境保护现状与工作实际。治污，首先要做到控制住污染，不再往坏的方面发展。要真正控制住，不再扩大污染程度，往好的方面发展。从源头上化解环境污染的积弊，在重点领域取得突破，必

须要有这一“顶层设计”。而要贯彻落实好这一“顶层设计”，必须自上而下各级政府和相关部门的互动。明确了治污减霾这场攻坚战的方向和基调，有了中央的“顶层设计”，以及前面统一思想的前提，还需要一个具体的、可操作的、便于监督的奋斗目标，或称其为战略目标。

在遏制工业污染上，下大力气投入必要的人力、物力、财力等的同时，还应该明确“推进治污减霾是重要手段，而优化产业生态是终极目标”。因为治污减霾涉及我国经济、工业的转型。特别是我们的能源重化工业转型，要付出重大代价，不是一般提几条要求和举措，就可以做到的。必须要省、市、县（区）政府一户一户企业进行规划，提出相应要求，制定每个企业的转型目标、实现的具体规划和措施，各省市必须要好好算一算经济账，节能减排，要生产制造和引进多少先进的节能的生产设备，需要投入多少钱，做出统筹安排资金计划，以及需要分几步或多少年的实现规划。至于完成我国经济转型，真正实现工业现代化，也需要在统计各省市相关情况的基础上，确定需要分几步走，分多少年逐步实现。

对于推进治污减霾，实现优化产业生态目标，我认为，应成为党中央和各省市的重大决策和生态文明建设的内在要求，将其作为各级政府和相关部门深入开展的，直接关系到人民群众健康福祉，最基本、最大的一项民生行动。具体治污减霾推进建议为：

第一，治污减霾政府要先行。国际经验值得我们借鉴。生态文明建设普遍受到各个国家重视，国际化大城市无一例外，不约而同地由市场直接牵头生态文明战略实施。完善的制度建设是国外城市发挥生态文明长效的重要原因。综合发挥市场机制、监督机制、法律机制和社会机制作用，通过细化的制度设计，推进生态文明建设是各国的普遍做法。各国政府政策理论基础扎实，制定的原则简明，规则细致，决策过程公开，执行过程严格，并且与时俱进，因此，有很强的目的性和可操作性，都能够实现政策的初衷。这些都值得我们学习和借鉴。我们既要谋求发展，更要优化环境；既要金山银山，更要绿水青山。党中央必须要求全党重视，全社会参与，将其列入各级党委和政府重要议事日程，国务院应从宏观完成顶层设计，明确治污减霾的近期目标（比如到2020年要达到的工作目标）。各级党政主要领导要亲自抓，切实担负起责任。同时，各级政府还要下决心拿出部分外汇从欧美发达国家引进节能减排的设备和生产线。各级发改委、工业、农业管理部门和环保部门具体抓落实。在治污减霾问题上，必须动真格的，在某些方面应该倒逼，再逐步形成倒逼结合、多方合力、突出重点。各级政府必须出台倒逼政策来促使重点单位引起重视，逼就是动力，在当前治污减霾严峻形势下，政府不逼，是不行的，治污减霾就不会得到明显改善。国家环保部去年以来出台了多部治污减霾、保护环境的法规，我看了，总体感觉比过去严多了，处罚的标准大大提高了。从环保部的角度看，是可行的，但大家反映不一。特别是有的同志讲，如果全国工业企业都按这个法规实施，要关停多少企业等等。我担心的是，不按这个法规去做，各级环保部门能收到罚款吗？要严完全对，但必须弄清企业实际，要首先倒逼那些有治污装置而不用的企业，要重重的罚，逼其停产。此外，要充分依托媒体优势，在宣传强化治理重要性，营造治污减霾浓厚氛围的同时，监督各级政府执行情况，才能逐年取得明显进展。要积极回应群众期盼，主动缓解民生焦虑，做到任务清楚，进度明确，责任落实，真正把“治污减霾”这项首要的民生大事办好办实。

第二，治污减霾企业要担责。企业要严格遵守环保法律、法规，做好相关项目的环保。要加快产业转型升级，坚决淘汰高污染、低效益产业，大力发展和使用清洁能源，实现“绿色”制造。下大力筹措资金引进先进节能减排设备。要增加企业环保的透明度，在节能减排方面自觉接受社会监督，积极承担企业社会责任。

第三，治污减霾人人要参与。公共事，公众做。同呼吸，共责任。每一个人都应不断强化环保意识、生态责任，转变生活方式，养成良好的环保习惯。在这场事关每个人健康的治污减霾攻坚战中，从我做起，从点滴做起，从现在做起，少开一天车，少抽一根烟，少破坏一棵树木，多呵护一根小草，绿色出行，低碳生活，节能办公，争做生态建设、环境保护的实践者、监督者，为建设美丽中国作出自己的贡献。

国外治污的经验已表明，遏制治理生活污染排放比工业污染难度更大，必须从各部门联合，到居民和民间组织自觉参加的全覆盖，才能形成全方位的治理。只有我们大家协力同心、众志成城打好这场攻坚战，通过每个人的努力，让大气质量根本好转，才能呼吸上清新的空气。此外，必须明确我们同发达国家生活在同一个地球，共享着一个大气层，空气污染是随着大气流动的，防污治霾不仅是我们的责任，应是全体地球人的共同责任。我们不应听从发达国家的指责，安心尽好我们自己的环境责任足可。

四、治污减霾强化治理——严格排污标准先行

为真正落实习近平总书记“严格指标考核，加强环境执法监管，认真进行责任追究”指示和李克强总理“向污染宣战，切实消除人民群众的心肺之患”的誓言。我认为，把保护生态环境，从根本上，强化治理工业和汽车尾气带来的严重污染，改善空气、水和土地受污染状况，真正为人民群众创造一个宜居环境，这一重要任务，列为党和国家的头等大事。

从制度经济学的观点看，保护生态环境，治理工业污染和汽车尾气污染，国家发改委和环保部、工信部、农业部等相关部委，首先要科学决策，弄清全国污染的具体情况，尽快制定一个既和世界发达国家先进水平相联系，又符合中国国情的各类污染物的排放标准。在排放标准控制要求不断提高的情况下，撇开环评和排污许可不论，如果全国各地企业都能够严格执行排放标准这个“底线”，显然有助于保护和改善环境质量。据相关专家调研发现，一些重点行业（领域）排放标准执行情况不容乐观：

一是选择性执行标准问题突出。以2013年媒体关注的《城镇污水处理厂污染物排放标准》（GB 18918－2002）为例，这一标准规定了PH值、色度、悬浮物、COD、氨氮等12项基本项目，总铅、总镉等7项重金属污染物，以及43项特征污染物。其中，特征污染物控制指标应根据接纳废水类型和当地水环境状况予以执行。如接纳纺织染整工业废水的污水厂应将苯胺类、可吸附有机卤化物（AOX）等纺织染整行业特征污染物纳入日常监测指标。但调研发现，纺织染整工业园区污水处理厂排放监测通常不执行这些特征污染物指标。再如，近年来排放标准中普遍设定了基准排水量、基准排气量指标，这是杜绝企业稀释排放行为的重要指标，但是在企业进行具体污染源监测中很少考虑这项指标。

二是标准执行力度有限。调研发现，对于同一类污染源的同一项排放控制指标，不同来源的监测数据得出的排放达标率各不相同。污染源连续自动在线监测结果通常比环保部门监督性监测和企业例行监测更加全面、客观，但自动在线监测系统的种类、安装率、运行率还不理想，无法替代环境监测、监察人员手工取样、分析。当前，环境监管任务繁重，而环境监测、监察人员、设备、资金能力有限，显然难以有效监督所有排放源是否全面、稳定达标。这是中国国情所致，

究其原因，主要有两个方面：一方面是我国环境信息公开制度不健全。当前法律法规强调政府环境信息公开，而缺少对排污主体环境信息公开的要求，与发达国家广泛开展的环评、许可证、企业监测与报告信息公开还有很大差距。二是众所周知的违法成本低、守法成本高，标准执行不力又加剧了这一问题，形成恶性循环。如果全面、严格执行标准，将引领环保技术进步、环保产业发展，迅速降低守法成本。

为此治污减霾、强化治理，应该从严格排污标准开始，国家环保部应该考虑制定或修订：全国各类不同性质企业排放各类污染物的具体标准。可按以下次序划分：

第一，一批先进的、技术含量高的高新技术企业，应该参照美、欧、日等发达国家标准制定其中国标准。

第二，对一批需要技术改造企业，需转型的企业，首先要制定技术改造和企业转型的计划。例如，3～5 年在转型期应达到的排放标准。完成技改和转型期后，应对该企业实行新的排放标准。

第三，需要关停并转的企业，首先要制定其关停并转的具体规划，要落实到每一个企业。在关停并转过程中，要有一个考核的排放标准。关停并转完成后，按照企业不同类别、性质执行新的排放标准。

第四，对汽车尾气排放，也要实施根据不同的车型制定的排放标准。

当然，制定出台具体的、可监督和可实施的，不同企业的不同排放标准，需要组织专业队伍，在调查研究的基础上制定。这其中涉及国家相关部门和各级政府相关部门的利益和公众权益，不是国家环保部一个部门可以完成的。必须要集中各方面的人才来完成这项艰巨的任务。在制定各行、各业，涉及所有工业企业，各种类型汽车排放标准的同时，全国人大要修订和补充现有的环保方面的法律、法规。

相关法律、法规中要明确规定，凡违反排放标准的企业，具体执行者和具体工作人员有权拒绝来自于领导的违规指挥，保障其控告权。对拒绝执行错误决定的工作人员，应予以保护和重奖；对盲从领导错误决定违规操作者，予以从重处罚；企业直接领导和企业主要领导必须严肃从重严惩。对企业应扩大罚款数，罚款数要远远超过企业因偷排带来的实际效益 3～10 倍；个人处理根据情节和造成的严重后果，从行政处分直至严重处分。对周围人民群众受到排污严重影响并造成严重后果的，要直接追究企业领导的刑事责任。否则，不足以平民愤。只有从严惩处，才能落实保护生态环境要求，实现优化产业生态的目标。

五、天空不分省市——阻断城市污染向农村扩散

雾霾污染天气，目前在城市中呈现的严重，在农村相对空气流动性好，表现的较弱。因此，一提起环境污染，人们只会想到城市、企业污染，很少想到目前农村的污染问题。其实，我国广大农村的污染状况，也令人堪忧，我们决不能将其遗忘在角落，不管不顾。我们大家必须明确，我们头顶的天空不分省市，不分城乡，阻断城市污染向农村扩散和加强农村污染治理，同等重要，必须同步推进治污减霾。

目前，在我国大部分的农村，较落后的生产方式和生活方式依然存在，造成农村生态环境日益恶化。大范围的生态恶化、高风险自身污染，使农业、农村环境承受着双重压力。农药、化肥和除草剂在农业生产上的大量使用，农业废弃物的任意排放，乡镇企业粗放型生产经营方式，是农村环境污染的主要污染源点，造成水质变坏、土壤污染、大气浑浊恶臭，直接影响农业产品的品质，危害农业生产，且易传染疾病，影响居民健康。

据有关资料显示，我国耕地总量占世界的9%，灌溉用水、化肥和农药的消费总量却分别占世界的14%、35%和20%。平均每公顷施肥量由20世纪50年代的4公斤增加到现在的400多公斤，一些省甚至超过600公斤，远远高于发达国家认定的225公斤的安全上限。据《全国土壤污染状况调查公报》公布，全国土壤总的污染超标率已高达16.1%。此次调查覆盖面积为630万平方公里，也就是说中国至少有100多万平方公里的土地遭受到不同程度的污染。同时，乡镇企业布局不当、治理不力产生的工业污染迅速蔓延。有关资料显示，我国污灌面积由1978年的约4000平方公里增加到2003年的30000平方公里，约占全国总灌溉面积的10%，受重金属污染的土地面积已占污灌区面积的64.8%。全国因固体废弃物堆存被占用或毁损的农田为1300平方公里。

可以说，空气、水和土地的污染，农村目前已十分严重。特别是农村养殖业小而分散，所带来的问题日益突出，农村农民分散居所带来的污染也日益突出。农村乡镇工业企业所造成的污染治理，比城市工业污染处理更为艰难。乡镇工业

转型的任务更是繁重，所需资金筹措更为困难。如果政府不制定针对乡镇工业企业专项资金筹措政策，乡镇工业转型很难到位。同时，随着农民逐年富裕起来，农民要拥有汽车。除购买新车外，城市二手汽车流转到农村，也成为必然趋势。为此，在治理城市汽车尾气污染的同时，应该从汽车尾气的排放标准控制、健全汽车淘汰制度和提升汽柴油燃烧质量、降低污染物排放等方面，统筹考虑阻断城市污染向农村扩散的问题，不要让曾污染城市空气的“元凶”转到农村继续污染空气，因为城市和农村共处在同一片天空下。

总之，我认为打赢治污减霾持久战是一场具有战略意义的重要决策，我们的目标是让中国人民享受蓝天碧云、青山绿水的生存和居住环境，要达到这个目标，需要一个较长的过程。各级领导必须清醒地认识到，这是一场攻坚战、持久战，一定要持之以恒。只有这样才能早日实现伟大复兴“中国梦”。在实施过程中，可以分几大战役科学施策，逐个攻坚，每个战役都要制定出科学的、明确的、具体的工作目标、工作机构、工作队伍、政策措施、完成时限、责任人，并在规定时间内向社会公布攻坚成果，让全社会都来参与和监督。之所以说是持久战，主要是因为我们目前的空气、水、土壤受到的污染已不容忽视，加强治污减霾已刻不容缓。仅以汽车尾气污染为例，其尾气排放出的氮、硫化物是造成空气污染的“元凶”之一，约占城市污染的25%～30%，如何应对？要采取有针对性的有效办法确实很难。在采用节能降污新技术控制燃油污染已到极限的情况下，限购汽车、限号出行、增加公交运力等，成为无奈之举。仅仅治理汽车尾气就充分说明治污减霾的任务十分艰巨，短短20来年，我国发展这么大一个汽车行业，对经济增长、就业、人民生活富裕，起到了重要的作用。可以说，比发达国家要快得多。由于我国人民群众的平均收入不高，我国生产的、人民群众购买的起汽车，10万元以下的占有相当比重，尾气排放的标准不高，是不争的事实。以北京市为例，限牌购买、限号出行，每一年还要增加20万～30万辆汽车。还看不到城市如何减少新增汽车数量，尾气污染如何减少和控制的好办法，成为城市领导头痛的问题。从解决汽车尾气这个事例，我们就可以清醒地看到，打赢治污减霾持久战是一项长期性的战略任务，务必在各级各部门领导中形成共识。

打赢治污减霾持久战，应该把握好的关键环节，虽然有不尽完善的地方，但是，我的本意是引起更多人的重视。我认为，只有把握好这些关键环节，并实现自上而下的互动，这样通过5年、10年，甚至更长时间，我们的生态环境才能逐年得到改善。中国人民才能真正享受蓝天白云，青山绿水的好环境。我坚信，全党、全社会都行动起来，真正落实好党中央保护生态环境的战略决策，层层把习近平总书记、李克强总理的明确要求和有关环境、生态保护的法规法律真正落实好，经过年年持续不断地治理整顿，我国环境污染的状况一定会有明显改善，年年会有新进步。最终，必将为中国人民创造一个适宜居住的好环境，为实现伟大复兴中国梦而做出贡献。

（原载《凝心聚力 砥砺奋进——中国未来十年发展的研判与把握》经济科学出版社2016年版）

推动能源生产和消费革命应重视的方面

2015以来，在北京、山西、上海等地与煤炭、能源、科技界一些专家、学者讨论交谈中，大家对北京等地提出的“去煤化”观点，进行了讨论。大家一致认为：**“去煤化”观点不符合我国富煤、贫油、少气的资源禀赋和国情，这种提法既不现实，也不科学**。作为中国的基础能源，煤炭行业需要革命，但不应“革煤炭的命”，中国解决能源问题主要是把煤炭挖好、用好、管好，如何使煤炭洁净化是重点，而不是完全“去煤化”，也根本去不了。**到2050年，化石能源仍然是（世界）能源构成的基础，煤炭仍将长期发挥作用**。这是2013年底召开的第22届世界能源大会，对2050年作出的十点判断之一。一致认同煤炭在经济发展中的重要性，2014年国际能源署发布的报告也指出，**全球煤炭需求有增无减，预计到2019年将达到创纪录的90亿吨**。

党的十八大以来，党中央为改善生态环境，从根本上解决环境污染问题，采取了一系列战略决策和具体举措，推动经济发展方式转变、产业结构转型、能源结构调整、防霾治霾、绿色发展及能源生产和消费革命的探索实践，取得了明显成效，并赢得了社会各界好评。然而，一些地方少数领导同志以防霾治霾为由，提出了“去煤化”并采取“一刀切”的做法，使与煤沾边的产业，无一不受到影响，其中影响最大的是煤电两大产业。作为一名采煤工程师，在煤矿工作25年的老矿工，一直以煤电是光明使者为荣。过去60多年我国发展都是靠煤炭撑起来的，现在和未来相当长一个时期内，仍将是我国的主力能源，如今却被贬得一无是处，实在令我难以接受。

煤炭燃烧过程中产生的环境污染是严重的，但是，燃煤大中电厂这些年来通过超低排放的技术改造，排污状况已明显改观，采用“超低排放技术”已让煤电致霾走向治霾（如：北京高井、高碑店、国华一热、京能热电四家燃煤电厂，采用的是全世界上最严格的排放标准，烟尘、二氧化硫、氮氧化物三项大气污染物年排放总量仅占全市总排放量的2.5%，而上缴排污费却占到了全市的20%多，让某些媒体和社会上某些人误认为燃煤电厂排污超过20%，这完全是一种误解）。**散烧煤造成的污染是燃煤电厂排污的十倍以上，才是防霾治霾重点**，我们目前也完全有能力通过技改来解决。一些地方忽视国情和煤电发展现状，搞“去煤化”的做法，不但不现实，也很不科学，必须引起足够重视。否则，我国的能源生产和消费革命有可能走入新的困境。我们应该立足我国国情抓实煤电治霾、推进绿色发展，决不能否定煤炭在我国能源中的重要地位，简单搞“去煤化”。

一、煤电在中国具有不可替代性

通过学习和领会习近平总书记2014年6月13日在主持召开中央财经领导小组第六次会议（**研究我国能源安全战略**）发表的重要讲话，让我们明确，党中央对推动能源供给革命的诠释是：“**推动能源供给革命，建立多元供给体系。立足国内多元供应保安全，大力推进煤炭清洁高效利用，着力发展非煤能源，形成煤、油、气、核、新能源、可再生能源多轮驱动的能源供应体系，同步加强能源输配网络和储备设施建设。**”习近平总书记主张在能源领域建立多元供应体系，**并没有排斥煤炭的意思**。煤炭是我国能源领域中，立足于国内的一种能源，也是多元化能源供应中的重要组成部分，可以起到保证国内能源安全、平抑能源价格的重要作用。一方面要大力推动煤炭清洁高效利用，另一方面着力发展非煤能源。其中，非煤能源的含义应比非化石能源广泛，它应当包括清洁高效利用石油、天然气在内。习近平总书记的这一论断，是建立在中国最新的电力科技成就的基础上的。

我国的煤电与我国的能源革命戚戚相关，我国是一个能源以煤为主的国家，相应的发电能源也是以煤为主的，我国发电装机容量中60%是煤电，发电量中70%是煤电。**煤电真要像发达国家那样用别的电源来替代，是一件非同小可的事情**。我国煤电行业下决心着力解决燃煤发电的污染问题，发达国家没有做到的事，我国正在探索，力求努力做到。我国在煤电脱硫、脱氢、除尘等方面通过努力，已经实现了污染物近零排放和超低排放，可以做到比天然气发电排放的污染物还要好，现在我国煤电行业正在努力解决CO_2减排的问题。因此，大家一致认为，习近平总书记所说的**大力推动煤炭清洁高效利用**，就是要使煤炭发电**能和天然气发电一样清洁高效，能和风能、太阳能一样清洁高效，而且可以保证国家的能源安全和获得廉价能源**，这是完全正确的战略决策。

从另一方面看，我国煤电的规模很大。2014 年末装机容量 8. 25 亿 kW，年发电量 3. 9 万亿 kW · h，要想用非化石能源替代在短时间内难以实现。我国火电（除使用煤炭原料的）已开发 3 亿 kW，从可开发的资源量来讲，最多只能再开发 1 亿 kW。我国核电专家认为，“**中国核电装机宜控制在 1. 5 亿 kW 左右，最多不要超过 2 亿 kW，而且要稳妥把握建设节奏**。”这就是说，核电最好控制在 2 亿 kW（当然这仅仅是专家建议），所以非化石能源电力中两种条件比较好的资源数量有限，在短期内不可能替代煤电。同时，由于风电、太阳能光伏发电的间歇性，在储能问题解决之前，风电和太阳能光伏发电还需要依靠煤电和气电作为调峰、调频和备用电源，所以也不可能完全替代煤电。由此可见，气电和煤电在我国今后相当长的时间内，还依然有存在的必要，甚至煤电还应有所发展。

我国煤电已接近零排放，超低排放，超临界、超超临界机组发展迅速，使煤耗年年下降。我国煤电不仅为非化石能源发展提供了辅助服务保障，而且为能源安全、电力安全提供了保障，也为维持世界最低电价提供了保障。我国煤炭实现清洁高效利用使我国能源的低碳绿色发展成为现实，尤其是煤电可实现环保、安全、廉价三者同时具备的最佳效果。据中国电力联合会的统计显示，目前，全国 6000 千瓦及以上电厂供电标准煤耗为 318 克/千瓦时。国际上发电节能最先进的国家丹麦为 286. 08 克，美国为 300. 08 克每度。未来通过提高机组准入门槛、改造现役机组、淘汰落后机组，并继续推动技术攻关，供电煤耗下降仍有空间。如：上海外高桥第三发电有限公司煤耗为 276. 02 克，超过国际最先进的节能国家近 10 克，比国内电厂节煤达 40 克以上。烟尘、二氧化硫和氮氧化物三大污染物每立方米排放分别达到 8 毫克、18 毫克和 17 毫克，山西国际能源（格盟国际）集团瑞光热电厂超低排放改造后三大污染物排放分别达到 0. 6 毫克、17 毫克和 12 毫克，都远低于国家发改委、环保部、能源局三部委制定的《煤电节能减排升级与改造行动计划（2014 ~2020 年）》中，要求火电厂燃煤锅炉大气污染物排放浓度，达到燃气轮机组排放限制，即烟尘、二氧化硫、氮氧化物指标分别小于 5 毫克/标立方米、35 毫克/标立方米、50 毫克/标立方米。

同时，**燃煤发电超低排放改造的经济效益明显**。目前，我国燃煤发电上网电价一般为0.3～0.4元/千瓦时，远低于天然气发电0.8元/千瓦时左右的上网电价。超低排放改造后，用煤发电达到同样的排放甚至更低，成本仅为天然气发电的一半。据相关测算，燃煤机组改造完成后，每年可节约原煤约1亿吨，减少二氧化碳排放1.8亿吨，电力行业主要污染物排放总量可降低60%左右。随着2015年12月9日国家发改委、环保部和国家能源局《关于实行燃煤电厂超低排放电价支持政策有关问题的通知》的发布，全国不少燃煤电厂已加快超低排放改造的步伐。据了解，**目前，全国已完成超低排放改造的煤电机组近1亿千瓦，占煤电装机十分之一，正在进行改造的超过8000万千瓦。初步测算，到2020年我国燃煤电厂超低排放改造任务完成后，电力行业二氧化硫、氮氧化物、烟粉尘等主要污染物排放可分别下降59.2%、61%和57.1%，我国燃煤电厂大气污染物的排放水平将达到全世界最好水平。**

二、煤火电与其他能源发电成本比较

当前，我国在火电技术方面已具备独立设计制造600℃超超临界机组的能力，机组发电效率可超过45%，已达到了国际先进水平。比如：国内最现代化的燃煤电厂——浙江台州的华能玉环电厂及上海外高桥第三电厂，能源效率分别达到了45%和46%，上海外高桥第三电厂成为世界上能源效率最高的燃煤电厂。根据统计数据显示，国内火电单位平均造价，包含超低排放新建或改造等环保投入，大致在3700元/千瓦左右，除略高于气电之外，单位造价明显低于水电、核电、风电和光电，成本优势明显。

核电投资巨大、固定成本高（包括折旧、贷款利息、退役基金）、变动成本较低（其中燃料费、乏燃料基金占总成本的约25%），已建成投产的二代改进型核电机组，单位造价达到1.3万元/千瓦，正在建设三代核电机组在1.6～2万元/千瓦之间。

气电效率高，具有较好的调峰性能，尽管燃气轮机单位造价大约为2800元/千瓦，但由于燃气价格较高，使其发电成本远高于水电、核电和燃煤发电，是煤炭发电成本的2～3倍，目前发电企业多靠补贴存活。

水电目前造价上升，除了物价、人工材料费用的上涨因素，移民搬迁、土地补偿、附带基础设施修缮等也进一步抬高了水电造价和发电成本，达到15000元/

千瓦。

风电年发电利用小时较低，一般在1500～1700小时之间，较低的利用小时抬高了单位发电成本，达到9300元/千瓦。

光电系统庞大、占地面积广、光电转换率低、投入资金量大、不能24小时发电。以国内某10MW光伏电站项目为例，其建设总成本为21146.6万元，发电成本高达2.1万元/千瓦。其运行中基本没有污染，但生产制造过程中相对具有较大的污染。

目前，我国陆上风力平准度电成本为每兆瓦时77美元，比燃气的113美元便宜，但比煤炭发电的44美元贵，太阳能光伏则是109美元。单位运营成本上，水电、核电、风电普遍低于0.10元/千瓦时，火电居中，达到0.19元/千瓦时，气电最贵，达到0.52元/千瓦时，火电平均总成本保持在0.28元/千瓦时，具有其他能源发电所不具备的综合成本优势（见下表）。

目前我国各类能源发电平均成本比较

	煤电	水电	核电	气电	风电
单位造价（元/千瓦）	3700	15000	13000	2800	9300
运营成本（元/千瓦时）	0.19	0.05	0.09	0.52	0.09
总成本（元/千瓦时）	0.28	0.38	0.41	0.67	0.50

除明确以上煤火电的综合成本优势外，我们还应明确核电的安全问题和水电、风电、光电的储能问题。发达国家所遭遇的核泄漏和核废料处理等难题，必须引起足够重视，毕竟现阶段科技水平只能使核电“可以做到安全”，还不等于“已经做到安全”。目前全世界443座核反应堆已积累了36万吨致命的高放射性核废料（致命放射性污染可持续10万年以上），而且还在以每年1.2万吨的速度增长。目前全世界没有一个国家找到了绝对安全、永久处理高放射性核废料的方法。核电站的退役周期漫长且成本非常昂贵，核威胁时刻存在。此外，在风电、光电储能问题解决之前，还需煤电和气电作为调峰、调频和备用电源，在我国煤电是最好、最便宜的配套电源。另据了解，用蓄电池作为配套电源每千瓦要投资四五万元，是煤电投资的10倍；寿命仅5年，为煤电的1/6；损耗为30%，煤电则不存在损耗。

三、散烧煤是煤炭燃烧污染的重点

占我国煤炭使用量“半壁江山”的散烧煤（主要指工业锅炉和生活散烧用煤），使用效率远低于大型燃煤电厂，燃烧污染物的排放是燃煤电厂污染排放的十倍以上。目前，散烧煤的污染不仅没有得到有效治理，其污染物的排放标准，还远低于燃煤电厂。**由于散烧煤的“散”，也一直是环保部门的监管难题，要对数以万计的各种锅炉实施监控，有些力不从心**。亟须集中全社会力量，共同攻克这一防霾治霾的难点和重点。

据国家发改委能源研究所的数据显示，目前我国尚在使用的工业燃煤小锅炉超过 70 万台（单体容量小，平均容量在 8t/h［吨/小时］左右，10t/h 以下燃煤小锅炉数量为 42 万台，占总数的 2/3；排放贴近地面，对环境质量影响很大；锅炉的技术、主辅机不匹配，运行效率低），这些小锅炉一般是小的水泥厂、玻璃厂、钢厂等所拥有，在环保设备的使用方面，据调查了解，缺少相应资金支持。据计算，工业锅炉排放的烟尘和二氧化硫分别占到全国总排放量的 41.6% 和 22.2%。70 万台工业锅炉一年散烧约 18 亿吨煤，而散烧一吨煤排放的污染物是火电厂等大型锅炉处理后的 10 倍以上。也就是说，散烧 18 亿吨煤的排放量，相当于 180 亿吨以上电厂用煤燃烧产生的污染。这是煤炭燃烧造成污染的重点，也是治理工作的重中之重。

工业锅炉之所以产生这么多污染物，其中一个主要原因就是污染物的排放标准低。对比目前火电厂和工业锅炉主要污染物排放限值，可发现两者相差少则几倍，多则十几倍。如：小锅炉的二氧化硫排放限值是火电厂的 18 倍。目前的标准中，对于 10t/h 以下的锅炉在一类区的氮氧化物的排放限值没有限制。**除了工业锅炉外，散烧煤的另一个大户居民用煤，特别是农民生活用煤，是造成空气污染的重要来源之一**。由于中国的居民生活用煤没有系统的脱硫、脱硝、除尘，5000 万吨家庭用煤的大气污染物排放总量将约等于 10 亿吨煤电产生的污染物。其中，更为关键的是，由于劣质煤性价比，农民使用的煤炭中很大部分是一些高硫、高灰分的劣质煤，这些劣质煤燃烧所产生的污染物则更多。

与燃煤电厂用煤相比，散烧煤的利用方式无论来自企业还是家庭，绝大多数没有采取除尘、脱硫、脱硝等环保措施，其污染物排放量大面广，确实给环保部门的监管带来难度。同时，与我国煤炭利用集中度低有关。与其他国家相比，我国煤炭利用集中度较低。据公开资料显示，2014 年我国煤炭产量达 38.7 亿吨，约占全球一半，但煤炭利用集中度却不足 50%。全球平均煤炭利用集中度在 60% 左右，欧美日等发达国家达到 90% 以上。综合燃煤电厂超低排放改造后的治霾效果，提高我国煤炭的利用集中度，以煤电、燃气、燃油替代，改变散烧煤利用方式、控制其污染，应成为防霾治霾的关键选择。鉴于我国“富煤、贫油、少气”的资源禀赋和石油、天然气（已是最大进口国）对外依存度的日益增高，维护我国能源安全成为重中之重任务。若再用燃气、燃油替代如此数量众多的散烧煤，也不切实际。但若通过提高煤炭的利用集中度，以煤制气、煤制油作替代，完全可以实现的。尽管目前煤制气、煤制油的成本相对于现价燃气、燃油的成本高，可长远看，对我国是有利的。

综合整治燃煤工业锅炉、减少民用煤炭分散直接燃烧问题，以更多的煤电、煤制气、煤制油替代散烧煤，并普及到边远县城和城镇，这需要各级政府和相关部门做很多的工作，也需要一个较长的过程和较大的投资。目前，国务院《大气污染防治行动计划》的第一条，第一项就提出要综合整治燃煤锅炉，国家能源局印发的《煤炭清洁高效利用行动计划（2015～2020 年）》也强调：**加大民用散煤清洁化治理力度，减少煤炭分散直接燃烧**。这些都需要集中社会力量、共同努力实现。随着我国新型城镇化的推进，以及现代农业发展带来的农村劳动力转移和分化（年轻农村劳动力已多转为城市农民工，向城市或城镇集中），实现集中供热、供气成为可能。专家们建议，大中城市应积极规划建设集中供热（北方）、集中供气（全国大中城市应部署集中供煤气，有条件的可供天然气）。首都北京完全有条件，实现居民用电取代烧煤。即使边远农村的农民，也可用洁净无烟煤块取代燃烧劣质散煤，少数地方也可逐步用电取代烧煤，通过这些替代降低污染。

四、煤电实现清洁利用走向治霾

从目前我国的煤电设备水平和发电工艺，以及煤炭清洁生产和洁净煤技术发展来看，煤电清洁高效利用是完全可以实现的，煤电由“致霾”变为“治霾”也成为现实。

（一）超低排放技术是燃煤清洁发电的科学选择

“超低排放”概念来自国家发改委、环保部、能源局三部委制定的《煤电节能减排升级与改造行动计划（2014～2020年）》，是指火电厂燃煤锅炉大气污染物排放浓度达到燃气轮机组排放限制，相比此前火电厂排放标准更加严格，被称为燃煤发电机组排放水平的“新标杆”。近年来，在各级政府和环保企业的推动下，我国的电力环保技术和装备从“十二五”之前跟踪学习国外先进技术、引进消化吸收，走向结合国情的自主创新、深度开发、集成优化，目前污染控制技术、装备、指标已经跟国际先进水平并驾齐驱甚至处于领先地位，关键技术和装备既实现了国产化，烟尘控制技术、脱硫技术、脱硝技术也取得了一系列重大突破，并形成了适合国情的多种技术路线，为超低排放技术发展和应用提供了技术支撑。

在烟尘超低排放技术方面，低低温、湿式、移动电极、新型电源等电除尘系列新技术迅速发展，并取得重大突破，使得除尘效率大幅提高，除尘系统能耗大大降低；袋式除尘器滤材创新升级、结构改进、流场优化等也为电袋复合除尘、袋式除尘技术的推广应用提供了有利条件，为实现烟尘超低排放控制提供了技术支持和装备保证。在脱硫超低排放技术方面，采用串联（增加）脱硫塔，同时将原来的空塔改为旋汇耦合塔、带1～2层托盘的托盘塔、双PH值循环塔，除雾器也改为管式除尘除雾器、3层屋脊式除雾器，脱硫与除尘除雾效果均明显提高。在脱硝超低排放技术方面，采用低氮燃烧器改造+增加一层脱硝催化剂，或采用炉内SNCR（非选择性还原催化技术），减少了燃烧过程中氮氧化物的生成浓度，提高了脱硝效率。总之，多元化的技术路线为“因煤制宜、因炉制宜”选择成熟、经济、可靠的超低排放提供了根本保障。煤电机组通过超低排放技术改造后，实现排放标准达到燃气机组排放标准，甚至还优于它，既可以打破燃煤电厂的环境瓶颈，也可以很好地解决能源布局向西部转移的各种缺点，全社会能源利用效率将大幅度提高。今后，以超低排放为代表的煤炭清洁高效利用将成为燃煤发电行业的“新常态”，可进一步提高我国以煤炭为主的能源结构的清洁化水平，为实现我国能源安全、节能减排、环境改善做出重大贡献。

（二）专业化第三方治理与超低排放改造成本分析

为推进化石能源清洁化、改善大气质量，国务院办公厅在2014年发布了关于推行环境污染第三方治理的意见（国办发〔2014〕69号），2016年1月国家发改委、环保部和国家能源局联合发布的《关于在燃煤电厂推行环境污染第三方治理的指导意见》，都鼓励采取特许经营、委托运营等方式引入社会资本，以资产租赁、转让产权、整体打捆方式引入专业化的第三方，对燃煤发电企业进行专业化治理。经过几年运行，第三方治理模式趋于成熟，从试点及实际应用情况看，环境污染第三方治理有利于提高燃煤电厂环保设施稳定达标运行，有利于引进社会资本、缓解电力企业环保设施建设资金压力，有利于发挥环境服务公司的专业优势，提高资源利用效率，降低污染治理综合成本。

目前，大部分超低排放工程单位投资在150～250元/千瓦，按照设备寿命周期剩余15年、项目资本金率20%，贷款年利率6.55%、年检修费用为总投资的2.5%、年发电利用小时4000小时、资本金收益率10%来测算，机组“超低排放”改造的投资及运营成本增加1分/千瓦时左右。按照相关政策和国家对超低排放的电厂实施电价支持，政府的一分钱加价政策正好覆盖了改造成本。超低排放会使机组厂用电率增加0.6%～0.8%，机组供电煤耗增加2.0～2.5克/千瓦时，增加的煤耗可以通过汽轮机通流改造、电机变频改造、低温省煤器改造等措施来弥补。由此可见，实施煤电机组超低排放技术改造是切实可行的。

（三）山西国际能源（格盟国际）经验做法值得借鉴

经过我们实地考察调研，发现山西国际能源（格盟国际）在管理理念、环保设施第三方委托运营、超低排放改造、清洁低碳生产等方面做得比较靠前。该公司是山西省内一家以发电为主的综合能源集团，控股发电装机超过700万千瓦，在建、待建项目884万千瓦，投产后发电装机将达到1584万千瓦。该公司坚持“专业的人做专业的事”，在郭明董事长领导下，按照第三方治理文件精神，采取资产和资本共同流动、资产转让+BOT商业运行的创新模式，把发电企业脱硫、脱硝、除发电企业尘等现有环保设施整体打包，由专业的第三方环境治理公司回购，再出资以BOT的形式进行超低排放改造，不但盘活了发电企业现有的环保设施，减轻了电厂投资压力，而且有利于促进电厂集中精力抓好主业，降低电厂运营成本。

早在国家要求燃煤电厂实行超低排放改造的文件出台之前，山西省对发电企业超低排放改造尚有争议之时，他们就集中力量推动煤炭安全清洁高效低碳利用，12台540万千瓦火电机组（30万千瓦及以上）全部完成超低排放改造，实现全省超低排放改造、新建机组“双第一”，**各项排放指标全部优于燃气机组排放标准**。他们新建机组超低排放投入费用为110～120元/千瓦，现役机组改造费用为200元/千瓦作用。按照国家“2016年1月1日以前并网运行的现役机组，对其统购上网电量加价每千瓦时1分钱（含税）”核算，基本能满足改造的投入费用。旗下瑞光热电厂在山西率先完成改造，监测的各项排放指标，全部优于燃气机组排放标准，并远优于国家排放标准（见下表）。

瑞光热电主要指标监测值（山西省环境监测中心现场监测数值）

	烟尘	SO_2	NO_x
燃煤机组大气污染物国家排放标准	$<30mg/Nm^3$	$<200mg/Nm^3$	$<100mg/Nm^3$
燃气机组大气污染物排放国家标准	$<5mg/Nm^3$	$<35mg/Nm^3$	$<50mg/Nm^3$
瑞光热电超低排放改造后实际排放	$0.6mg/Nm^3$	$17mg/Nm^3$	$12mg/Nm^3$

由此，山西国际能源开创了山西省超低排放的先河，也颠覆了燃气机组替代燃煤机组的传统思维理念，在全省起到标杆示范作用，对山西环保事业做出了重大贡献，并有力提升了山西电力工业清洁发展水平。今年5月初，被国家能源局授予“国家煤电节能减排示范电站”称号，成为山西省唯一、全国仅此三家获此殊荣的企业。根据国家能源局部署，“十三五”期间要全面加快煤电超低排放和节能改造工作，东部地区改造任务提前到2017年前完成，中、西部地区也要分别在2018年前、2020年前完成。为实现这一目标，不仅需要各级地方政府和煤电企业的积极性，而且需要巨大的投入，更离不开国家相关政策和投入的支持。而在中西部地区的燃煤电厂超低排放改造，所需资金缺口更大，用山西国际能源推广采用的专业化第三方治理，不失为可取之途。

五、欧美发达国家弃核返“火”审视

核能发电以容量大、运行小时数高、发电波动性小、基本实现温室气体零排放等诸多优点，一度受到世界各国推崇，作为化石燃料能源的取代，与火电、水电一起构成了世界能源结构中的三大支柱。而五年前日本福岛的核事故后，核电的安全问题再次引起广泛关注，世界各国清醒地认识到核事故的严重后果和核电技术存在的不安全风险，以及持久的公众恐核思维，让欧美一些发达国家开始重新思考，从能源安全和生存安全的角度上，纷纷进行能源格局转换，先后不少国家采取了计划放弃或者缩减核能决定，返回头来重新走以煤电为主的发展路子。

据《中国能源报》2012 年 5 月 17 日“欧洲陷入煤电怪圈”报道和有关统计资料显示：**在清洁能源备受推崇的欧洲，煤炭是不受欢迎的“肮脏”能源，煤电的比率曾呈现出整体下降的趋势**。但自 2012 年年初以来，**欧洲煤炭使用量却在不断增加**。2011 年冬天以来，德国、英国、意大利等国的煤电展现出强劲盈利能力。2012 年 1 至 5 月，**德国无烟煤及褐煤发电量涨幅接近 68%**，由于天然气价格走高，拥有 1200 万吨电煤储备的英国，也开始大幅提高煤电比例。增加煤电成为欧洲各国电力公司的普遍选择，这与欧洲“绿色先锋”的形象极为不符，但却是现实。事实上，自国际金融危机爆发以来，低迷的经济形势压低了欧洲煤炭的总体消费量，但**煤电的比例却呈现出不减反增的趋势**。

德国曾经是欧洲各国中反对使用煤炭呼声最高的国家，然而在 2011 年宣布弃核之后，虽然煤炭的骂声依旧，但使用量却不降反增。德国拥有核电机组 17 座，其中日本福岛核电站事故后被暂时关闭的 7 台 1980 年以前投入运营的核电机组永久停运，其余的 10 台机组（2014 年这 10 台机组发电量占全国总发电量的 16%）将于 2021 年底以前关闭，其中 3 台机组可能在新能源无法满足用电需求的情况下多运行一年。德国在 2022 年前关闭国内所有的核电站，将成为首个不再使用核能的主要工业国家。据路透社公布的统计数据显示，2012 年上半年，德国的煤电厂盈利大涨 30%，已达到 2008 年以来的最高水平。发展燃煤电厂已成为德国首选，据专家们了解，未来十年德国将投资建设一批大型超低排放大型燃煤机组。

英国，核电是其电力能源的重要组成部分。20 世纪 90 年代英国核电发电量约占全国总发电量的 30%，随着一批核电站关停，核电比例有所下降。英国目前共有 10 座核电站、19 座核反应堆，核发电量约占全国的 18%。英国 2010 年消费了 5100 万吨煤炭，同比增加了 5%，这是英国有史以来煤炭消费量增速最低的一年。同时，煤电在英国发电总量中的比例却增加了 1 个百分点，而且发展大型燃煤机组在英国也列入了未来十年发展规划重点。

法国，是核电占比最高的国家，也是全球最大的核电技术出口国，其本土共建有 19 座核电站、58 台核电机组，总装机容量 6310 万 kW，核能发电量约占全国总发电量的 75%。2015 年 7 月，法国通过的《绿色发展能源过渡法》（草案），明确**到 2025 年将法国核能发电量比重从 75%降到 50%、限定现有的 63.1 吉瓦为今**

后的最高核能电力。这一法案被视为谋划法国能源战略转型的重大举措，旨在让法国能够更有效地参与应对气候变化，加强能源独立性，更好地平衡不同的能源供应来源。

欧洲是世界上首个实施碳交易的地区，这个引领世界的先锋计划为分布在欧洲20多个国家的1.2万座工厂及发电厂设定了碳排上限，超出排放限制的工厂需要花钱购买新的碳排指标，但这个市场目前运转状况并不理想。**在欧洲煤炭消费上扬的同时，欧洲的火电厂数量也将增加**。截至2011年年底，欧洲地区一共有330座煤电厂，总装机容量达2亿千瓦。按照各国现有规划，**从现在到2020年，欧洲将新建大约80座火电厂，这些新电厂将带来5000万千瓦的新增火电装机**，而从2003年到2011年，欧洲新建的火电厂只有40座，总装机不过1000万千瓦。

美国作为世界上最大的经济体，发电装机规模与我国相当，发电能源长期以煤电为主（2005年前煤电发电量比重超过50%）。同时，美国还是全球核电生产能力最强的国家，全国电力的20%来自核电。据美国能源信息署发布数据称，尽管2019年前有超过2000兆瓦核电机组面临退役，但预计2016～2020年，美国核电装机总量将增加5000兆瓦以上（全美境内共有5个新增核反应堆在建），实现净增长。近年来尽管气电装机比重增加，气电发电比重不断提高，但仍低于煤电发电比重。目前美国煤电发电比重仍高达39%，超出气电发电比重8个～9个百分点。

从发展阶段看，美国经济发达，经过约90年的发展，美国20世纪70年代已完成工业化，目前产业结构中，以服务业为主的第三产业占比接近80%，经济发展对电力增长的需求相对较弱。美国发电装机充裕，新增装机以替换到期退役机组、发展风电等新能源和满足风电等可再生能源接入电网调峰需求为主。美国新增装机以气电和风电等可再生能源为主，2000～2011年新增2.4亿千瓦，年新增装机约2200万千瓦，远远低于我国近1亿千瓦的年新增装机规模。**从燃料价格看，美国发电量构成与燃料价格密切相关**。煤、油、气三种发电能源中，煤炭价格最低，其次为天然气，燃油价格最高。2005年以来，美国虽然提出发电装机从以煤为主逐步发展到以天然气为主，但发电量仍以煤电为主，反映出燃料价格和经济性对发电结构的影响。尽管美国电源结构优化调整的方向是低碳、清洁、环保、高效，但受经济性影响，美国煤电在未来相当长的时间阶段中仍是主力电源。据美国能源专家预测，随着核电反对浪潮影响和燃气电厂成本的影响，未来20年由于燃煤发电成本低的因素，煤电占比可能恢复到50%以上。此外，日本和菲律宾近年来煤炭的需求量也增加明显，并也在计划通过兴建燃煤电厂增加发电组合。

六、推动我国能源生产和消费革命的建议

在推动我国能源生产和消费革命中，除以上五大方面把握好之外，综合专家们建议和煤电企业的期冀，就推动我国能源生产和消费革命，以及煤电治霾和协调发展，提出如下建议，供您和国务院决策参考。

第一，建议深入贯彻落实党中央、国务院关于我国能源安全战略重要指示精神，加强宣传引领正确看待治霾，扭转“去煤化”不科学认识，形成推动我国能源生产和消费革命的良好氛围。

一是充分认识中国以煤为主的能源结构改变需要较长过程，至少在未来20年内难以从根本上改变，明确热电联产的燃煤电厂是解决我国在燃气不足的条件下，改善环境质量、保障用电和供热的最佳选择，应集中精力、财力下决心解决散烧煤污染问题。县以上领导干部必须从国情、能源结构实际状况出发，打好节能减排治理雾霾总体战。**二是**明确“去煤化”提法在当前是做不到的，也是不科学的，有关省市及部门领导要在各个场合阐明中国能源结构国情，媒体也应做好正面宣传和引导。风能、太阳能等清洁可再生能源替代传统化石能源是必然趋势，是战略选择，但是在短期内难实现，用加快可再生能源的发展来解决雾霾问题，目前是远水不解近渴。**三是**各媒体在大力倡导绿色发展的同时，要客观看待国外以绿色发展为幌子的其他用意，切实帮助国人把控好国外能源结构调整和清洁生产的发展趋势，明确解决“雾霾”问题是一个涉及自然和人文、生产和消费、排放与大气扩散、能源总量优化与结构优化等因素，共同形成的能源、环境、经济、社会的系统优化问题，不能简单看成一个污染排放问题，更不能简单地采取“去煤化”措施，协调解决才是出路。

第二，深入推进改革全面深化，尽快消除现有环境管理制度对煤电治霾的主要障碍，充分发挥政策优势、调动各方积极性，形成合力、加快煤电超低排放和节能改造进程。

为落实国家“十三五”期间加快煤电超低排放的部署和节能改造任务目标，**一是**建议通过深化改革，建立健全电力行业市场体制，有序放开竞争性业务、实

现供应多元化，调整产业结构，提升技术水平，控制能源消费总量，提高能源利用效率，提高能源安全可靠性，促进节能环保，以适应我国经济社会发展新要求。**二是**建立完善公平规范的电力交易市场机制。**在输配电价方面，**建立独立的输配电价机制，改革和规范电网企业运营模式，理顺和完善政府输配电价监管制度和监管方法。**在发电侧方面，**促进发电企业降低成本，提高效率，促进发电企业管理水平整体提升，增强市场竞争力，以自发的市场调节来达到多方共赢。**在售电侧方面，**探索社会资本进入新增配售电领域的有效途径，增强配电网建设的投资能力；增强电力用户在市场中的议价能力，提高电力利用效率。**三是**充分发挥政策优势，调动各方积极性，进一步支持超低排放技术推广和专业化的第三方治理。山西国际能源和上海外三电厂的第三方治理模式都趋于成熟，应予以大力支持，使其尽快得到大范围的推广应用。

第三，建议国务院相关管理部门把煤炭清洁生产、高效利用和散烧煤的污染控制，纳为煤电治霾和协调经济社会发展的重要环节，予以统筹推进和重点扶持发展对象。

一是建议进一步明确目前煤炭污染主要是散烧煤燃烧污染，但彻底治理需要一个过程，应大力推广一些城市的好经验。比如：像太原一样取消分散的小锅炉，大中城市逐渐实现集中供热和供煤气，也可以用无烟煤加工为成型的洁净煤块，取代大街小巷的木炭、焦炭烧烤和农村农民生活用煤。尤其像首都北京市，完全可以考虑以电代煤，从山西等周边省份引电入京，解决工商企业和城乡居民生活用煤。**二是**煤炭去产能应该把重点放在加大关停严重浪费煤炭资源，破坏生态环境，频发伤亡事故小煤矿的力度。过去几年来，通过煤矿整合重组与煤炭开采秩序治理整顿，坚持上大、改中、关小与淘汰落后产能相结合，推进煤炭资源整合、煤矿兼并重组，取得了重大阶段性成果，但小煤矿还占有相当的比例，应进一步加大关停力度。在淘汰落后煤炭产能和减量重组的同时，应就如何保证职工饭碗？组织力量进行深入研究，拿出相应解决方案。**三是**对山西等重点产煤省经济转型和结构调整，予以大力支持，在煤炭清洁生产、高效利用、改输煤的同时，加大对北京、河北和华东地区输电、建设改造超低排放坑口燃煤机组和煤炭的深加工与转化上下功夫。如：支持山西省深入推进煤电一体化，在煤矿坑口建设一批采用超低排放的燃煤机组，输电给首都北京和东部“长三角”地区，协调相关部门及省份将拟建的大型超低燃煤电厂建在煤炭资源丰富地区，以降低输煤成本。支持山西进一步发展煤基醇醚燃料和甲醇汽车工业。目前，山西省燃烧15%，80%乃至100%甲醇汽车已达80万辆，居世界之首，远远超过美国。

当前我国正处于向工业化、城镇化、现代化不断发展迈进的关键时刻，迫切需要一个坚强、稳定、清洁、安全、可靠的能源供应体系为支撑。习近平总书记曾指出：“**我们正在压缩煤炭比例，但国情还是以煤为主。在相当长的一段时间内甚至从长远来讲，还是以煤为主的格局，不过比例会下降，我们对煤的注意力不要分散**”。克强总理在《政府工作报告》中提到煤炭，说得最多的就是清洁高效利用，**推进以电代煤、以气代煤**。可见，党中央、国务院对于煤炭在我国能源结构中的重要地位和煤炭的清洁高效利用的尤为关注，确定的发展方向完全符合中国的国情，是非常正确的。面对我国煤电两大产业当前处于“去产能”和转型发展的严峻状态，我们一致认为，立足国情落实煤电治霾，推动能源生产和消费革命，实现我国向绿色发展转型，应明确“绿色”是一个相对的概念。煤电绿色发展，既要不断趋严环保要求，也要注意统筹协调，更要在安全、高效、绿色、经济、便捷、和谐的原则下，努力达到系统最优。不考虑整个能源系统的效率，不考虑全社会环境污染的实际情况，不从整体上考虑改善环境的经济性，一味地追求“去煤化”，并非解决污染的最好办法。从现实看，解决结构性污染是重中之重；从长远看，煤电绿色发展，既是煤电的生命力所在，也是推动我国能源生产和消费革命的本意所在，不顾国情的“去煤化”是不可取的。

（此文《中国经贸导刊》2016年27期以“决不能否定煤炭在我国能源中的重要地位——推动能源生产和消费革命的判研和把握”为题发表。《经济研究参考》杂志2016年第52期以“推动能源生产和消费革命的判研和把握”为题发表。相关报告呈报国家主要领导得到重要批示）

谈贯彻实施《可再生能源法》

编者按：2005年2月28日，十届全国人大常委会第十四次会议通过的《可再生能源法》，是一部鼓励促进可再生能源开发利用的重要法律。为了更好地贯彻实施《可再生能源法》，2005年4月5日，由全国人大环境与资源保护委员会、全国人大法律委员会、全国人大常委会法制工作委员会、国家发改委、财政部、国务院法制办联合在人民大会堂举行座谈会，从贯彻“三个代表”重要思想、落实科学发展观和实现可持续发展的高度，研究如何进一步学习、宣传、贯彻这部法律。会上，全国人大常委、法律委员会副主任、中国城市经济学会第一副会长王茂林作了重要讲话，并从五个方面着重阐述了如何更好地贯彻实施《可再生能源法》的意见和看法。为深入贯彻落实《可再生能源法》，大力推动和促进可再生能源的开发、发展，使全社会加深对这部法律的了解和认识，本刊记者特予整理报道，以飨读者。

充分认识严峻的能源形势

王茂林指出，20世纪80年代以来，我国能源总消耗量每年增长约5%，是世界平均增长水平的近3倍。我国是一个以煤炭消费为主的大国，2004年煤炭消费量达到19.5亿吨，已成为世界第一大煤炭消费国，石油消费量达到2.9亿吨，也是第二大石油消费国，石油进口超过1.2亿吨，电力消费居世界第二。尽管在过去的20年，中国在能源利用上取得了“GDP翻两番而能源消费仅翻一番”的好成绩，但我国主要能源和初级产品的供求格局已发生较大变化，资源对经济发展的制约越来越明显。2004年全国20多个省（直辖市）出现了拉闸限电，能源问题又一次成为全社会关注焦点，对全国的生产和人民的生活造成很大影响。随着全面建设小康社会目标的实现，我国能源需求还将大幅增长。今后一个时期我国以煤炭为主的能源结构难以改变，但目前煤炭资源也日益紧张，加上运输能力不足，煤炭供应吃紧，煤炭开采和利用伴生的环境污染问题也比较严重。我国石油开采已接近极限，以后新增的石油需求几乎全部要依靠进口来满足，国际油价的不断攀升，势必对我国经济产生较大影响。今后相当长的时间内，能源供应将是我国经济和社会可持续发展的主要瓶颈。因此，在满足能源需求的条件下，调整能源结构，节约能源消耗，减少煤炭、石油的消费比重，增加可再生能源的利用是我国今后能源发展的一项重要任务。《可再生能源法》正是适应我国能源发展战略需要而制定的。可再生能源与煤炭、石油等化石能源不同，其特点是可以永续利用，资源量不会因使用而减少，且基本无环境污染。可再生能源的发展关键是成本问题，发达国家都十分重视发展可再生能源，政府采取各种扶持措施，降低成本，使之接近传统能源成本，以利于广泛推广使用。我国《可再生能源法》是从我国实际情况出发，借鉴国外成功经验制定的，将促进可再生能源的开发利用纳入法制轨道，有利于推动可再生能源的开发利用和能源结构调整，保护环境，实现可持续发展。

抓紧制定配套政策法规、标准

王茂林说，可再生能源包括风能、太阳能、水能、生物质能、地热能、海洋能等非化石能源。我国有丰富的风能、太阳能、水能、生物质能源，具有开发利用的极好条件，特别是水电在电力装机中已占到25%，全国约有800多个县以小水电为主供电，即使如此，水电开发利用率不足20%，完全有条件加快发展可再生能源。可再生能源的种类不同，技术成熟度差异也较大，具体扶持政策措施也不尽相同。这部法律刚通过不久，距离明年1月1日实施还有一段时间，也是考虑为国务院有关部门研究起草制定配套政策法规、规章和有关标准等技术规范留有一定的准备时间。这部法律中规定的，如可再生能源电力的并网技术标准、上网电价及上网发电费用分摊、可再生能源发展专项资金以及鼓励发展水电政策等，比如再生能源上网电价发电费用分摊在制定政策时，要考虑照顾中西部省的困难，应在国网中分摊比较合理，也体现大的火力发电厂也应该支持再生能源的发展。

这些都急需制定具体的实施办法和技术规范，并与本法同步实施；本法中的有的规定是在现行规定的基础上作出的，如税收优惠等措施，这方面内容应根据需要进行必要的补充、完善。制定配套政策法规、标准，既是有效实施可再生能源法所必须，又是政府及有关部门必须依法履行的职责。

要把运用市场机制与国家的扶持、引导相结合

在谈到可再生能源法的贯彻、实施时，王茂林强调：只有运用市场机制与国家扶持、引导相结合，才能促进可再生能源的开发利用及产业发展，这也是被国外实践经验所证明的。为推动可再生能源发展，《可再生能源法》规定，国家制定全国可再生能源开发利用总量目标，并分解到各省区市有关企业，并确保完成。在主要扶持措施方面借鉴了国外的成功经验，明确规定：电网企业全额收购可再生能源发电项目的上网电量，收购费用高于按常规能源发电上网电价差额，附加在销售电价中分摊；又明确可再生能源的上网电价的确定应当有利于可再生能源的发展。发展可再生能源的一个重要目的是解决广大农村和偏远地区的生产生活用电问题。为此，本法明确规定，国家对农村地区的可再生能源利用项目提供财政支持，国家对电网未覆盖的地区可再生能源独立电力系统建设给予扶持、补贴，对偏远地区可再生能源独立电力系统建设给予专项资金和政策支持。与此同时，本法还明确：国家促进可再生能源开发利用的技术进步，降低可再生能源产品的生产成本，提高产品质量，推动可再生能源市场的建立和发展；可再生能源发电的上网电价按照既有利于可再生能源开发利用，又经济合理的原则确定，并根据开发利用技术的发展适时调整；可再生能源并网发电项目依法实行招投标，有利于市场竞争，降低上网电价。考虑到我国经济技术条件及6种可再生能源的利用技术等不同情况，本法对不同的可再生能源的开发利用上的规定有所区别、侧重，如对太阳能利用系统只作了引导性的规定，对目前规模不大、技术不够成熟的可再生能源的开发利用未作具体规定，可以由可再生能源发展指导目录中加以引导。发展水电也是可再生能源的重要组成部分，应予以政策支持，《可再生能源法》已予以明确。但对不同规模的水电机组如何支持需要国家发改委、水利部等有关部门尽快制定促进和鼓励水电发展的具体优惠政策。

政府各部门要各负其责密切配合

可再生能源的开发利用涉及国家发展改革、科技、农业、水利、国土资源、建设、环保、林业、海洋、气象等部门，王茂林说，贯彻这部法律，各级政府和有关部门必须按照法律规定各负其责，制定、完善有利于促进可再生能源技术进步和产业发展的政策措施，并加以落实。我国可再生能源的开发利用的管理工作还缺乏经验，离不开政府有关部门的密切配合与相互支持，还有一个可再生能源的技术管理人才的培养问题也是急待解决的，教育部门从中国实际出发研究设置有关专业。我们要树立科学的发展观和正确的政绩观，坚持依法行政，为市场主体服好务，扎实努力推进我国可再生能源的发展。

加大宣传力度，为这部法律的实施创造良好的条件和氛围

王茂林最后指出，各级宣传部门和大众新闻传媒应当采取多种形式、有针对性地宣传这部法律的立法宗旨、各种扶持措施以及政府和有关部门在促进可再生能源发展中的责任，宣传报道企业开发利用可再生能源和生产再生能源有关产品的成绩和效果，大力推动和促进可再生能源的开发、发展，使全社会加深对这部法律的了解和认识，更加关注我国可再生能源的发展。

王茂林强调，各类企事业单位，应树立以人为本的科学发展观，从本单位的经济效益和可持续的长远发展出发，积极主动地开发可再生能源的有关项目，并积极投入开发利用可再生能源的各项活动之中。所有生产企业都要积极回收利用企业生产过程中的各类资源，促进循环经济的发展，为建设全面小康社会和社会主义和谐社会做出自己应有的贡献。

（原载《中国城市经济》杂志2005年第5期）

对世界焦炭市场走向和我国焦炭产业发展的分析

一、正确把握世界焦炭市场走向

面对当前世界焦炭需求疲软、国内焦炭产能严重过剩、国际焦炭价格萎缩、国内价格一路走低等不容乐观的行业前景，我们必须正确把握世界焦炭市场的基本走势，深刻剖析我国焦炭产业运行中的弊端与问题，克服对市场盲目乐观或者盲目悲观的非理性行为，正确地应对市场变化，坚持科学发展观，整合焦炭产能，把我国的焦炭产业发展推上理性发展轨道具有很重要的意义，也更有助于促进山西的焦炭行业发展。今天我利用这个机会，向山西朋友谈谈我对世界焦炭市场走向的分析，主要分为以下几个部分：

1. 世界焦炭需求大国为减轻环境污染纷纷压缩和减少焦炭生产，把采买目标锁定中国焦炭。进入21世纪，国际上许多发达国家把发展循环经济、建立循环型社会看作是实施可持续发展战略的重要途径和实现方式，按照生态规律利用自然资源和环境容量，实现经济活动的生态化和绿色化转向。美国、日本、欧洲等各国，为减轻本国环境污染，纷纷压缩和减少焦炭生产，2002年与1995年相比，美国焦炭产量从2154万吨减少到1406万吨，日本从4260万吨减到3658万吨，德国从1100万吨减到729万吨，法国从544万吨减到509万吨，缺口主要依靠从中国、波兰、俄罗斯等国进口。随着印度、巴西等国钢铁增产，加大了外购焦炭的需求，国际市场上争夺焦炭资源日趋激烈。

在国际焦炭市场上，世界上的主要钢铁生产大国，如美国、日本、印度、韩国、英国、德国、巴西等国家已对中国焦炭产生了很大的依赖性，这些国家除自身生产外，在焦炭采购战略上，基本上把中国焦炭作为最核心的采买目标。从2002年下半年以来，世界焦炭需求猛增，供不应求导致市场价格大涨。在国内，由于我国的积极财政政策，大规模的基础设施建设，对钢铁需求猛增，粗钢生产大量消费焦炭，中国焦炭库存一度大幅度下降。由于价格大幅度上涨，焦炭出口利润可观，国内的许多企业为争掘焦炭一桶金纷纷进入焦炭产业，部分焦炭企业抱着多产多得的思想盲目扩张产量，直接结果是为今日的被动处境埋下了隐患。

2. 我国削减焦炭出口配额，引发“中欧焦炭之争”，国外主要焦炭消费大国采取措施减少对中国焦炭的依赖程度。我国作为世界上最大的焦炭生产国和出口国，在国际焦炭市场上虽然具有控制地位，但却没能像石油输出国组织那样控制住国际焦炭价格走势。针对我国焦炭行业国际话语权缺失的问题，以及保护我国环境和实施可持续发展战略的需要，在不违背国际贸易规则的情况下，最大限度地维护我国的资源利益，2004年1月，我国推出了焦炭出口许可证制度，将焦炭出口配额从1200万吨削减到900万吨；2004年5月24日又宣布，对出口的焦炭及半焦炭、炼焦煤，一律停止增值税出口退税。这一政策引起了我国和欧盟之间的“焦炭之争”。最终，中欧就焦炭贸易问题达成协议：2004年中国向欧盟的焦炭出口量将不低于上一年度的水平，即450万吨。中方没有像欧盟要求的那样取消出口许可制度，但取消了许可证收费，按协议，焦炭出口价每吨将下降200美元左右。同时由于2004年焦炭价格暴涨，俄罗斯、乌克兰、波兰等焦炭出口国纷纷扩产，日本、美国、印度主要焦炭进口国新建焦炉陆续开工生产。与我国企业缺乏未雨绸缪的远见相比，国外主要焦炭消费大国却早已居安思危，早早行动起来，以减少对中国焦炭的依赖程度。一方面，他们加强自有焦化厂的新建与扩建，并积极提高冶炼技术；另一方面，寻求新的焦炭进口替代国，以减少对中国产品的依赖程度。目前，欧洲新建、扩建的焦炭产能已达500万吨以上。手中有粮，心中不慌，如今的国外焦炭需求大国大可以从容地坐山观虎斗，在中国企业竞相降价后坐收渔翁之利。

3. 世界钢材市场价格持续疲软则传递到焦炭市场，引发焦炭需求进入低迷状态。由焦炭主要供给的对象——世界粗钢生产决定了消费需求的一方。2003年12月以来，世界钢材市场价格持续疲软则传递到焦炭市场，引发焦炭需求进入低迷状态，我国每吨焦炭出口离岸价第一次降至不到200美元，使得我国焦炭出口价格一直呈下降势头。为了促使钢材货源库存清仓削库，各钢铁厂大幅度限产削产。

今年6月，欧盟25国生铁产量同比减少7.3%。目前，美国产钢能力平均利用率下降至85%。中国生铁月产量增加速度也适度放慢，按月份计算，今年6月的生铁产量减少了50万吨。同时，世界铁矿石供给紧张、价格难降的情况下，钢铁企业只好下压焦炭价格。然而，还有一些钢铁厂目前不想进货，处在等待之中。我国向欧洲出口的焦炭在当地港口到岸价为每吨228~230美元，当地钢铁厂尚无意愿重新返回市场采购焦炭货源。同时，独联体和东欧大幅度削减钢材产量，必然使世界焦炭市场货源大量增加，波兰向德国出口焦炭在边境上交货价目前为每吨223美元，相当于每吨185欧元。预计短期内世界焦炭市场价格还将下降，焦炭货源库存量清仓削库时间将会拖长，钢材产量限制或削减措施会持续一个时期。因此，高炉生铁产量下降和我国焦炭产量大量增加，导致市场货源过剩，世界焦炭市场价格看来还会下跌。

4. 增长的石油价格使远洋海运价格坚挺，焦炭采购成本增长；能源危机促使冶金行业积极采用新技术，降低了对焦炭需求。最近远洋海运价已趋于坚挺，中国至欧洲鹿特丹港口焦炭运价达到每吨36~38美元。据称，远洋海运运价水平随着石油价格增长，可能达到每吨40多美元，造成焦炭采购成本增长。而冶金行业用焦占到需求的30%以上，可是近年来，迫于能源危机和保护环境的压力，积极采用和推广冶金新技术。比如高炉喷煤技术比传统技术可以节约焦炭1/2~1/3，2003年上半年全国重点钢铁企业平均喷煤比达到115千克，全国重点企业平均焦比483千克。如果全国炼铁焦比达到全国重点企业平均水平可节约焦炭约2000万吨。电炉炼钢原料是废钢和直接还原铁，其生产流程不用焦炭。随着我国工业化进程加快，废钢社会蓄积量也会不断增加，电炉钢比例也会不断增加，相应的焦炭需求也会逐步下降。

5. 国内情况：焦炭产能严重过剩和宏观调控下的需求降低形成鲜明对比。从焦炭的生产供应看，2004年我国出口1501万吨，占世界焦炭贸易量的60%左右，今年前8个月出口904万吨。可见，我国是世界焦炭市场的主要供应商，而且天津港出口焦炭FOB价格已成为世界焦炭市场的基准价，中国的焦炭生产和供应状况直接决定和影响着世界焦炭市场。因此，分析世界焦炭市场走向就必须与我国焦炭行业的产能和需求状况统一起来。

据初步统计，目前全国已建机焦企业1304家，建设焦炉2710座，产能2.4亿吨，在建的机焦企业245家，建设焦炉394座，能力约1.18亿吨，拟建企业53

家，建设焦炉102座，产能3524万吨。上半年投产大型机焦炉生产能力1350万吨，预计全年建成投产的大型机焦生产能力4000万吨左右。全国焦炭产量逐月增多，平均日产量由1月份的39.7万吨增加到6月的48万吨。1~8月全国焦炭产量突破亿吨，高达11117万吨，同比增长22.8%。到2005年，机焦能力可达2.8亿~3亿吨（不含土焦），远远超过市场对焦炭产品的需求总量。2004年产量就已高达2.38亿吨，目前仍有9000余万吨在建。而与高产量不相符的是，目前国内需求总量仅为1.85亿吨。大量过剩产品寻求出口来消化，这也直接导致了出口价格的持续下跌。山西省一些炼焦厂宣布今年6月中旬至9月把焦炭月产量减少200万吨，这将有助于阻止我国焦炭产量进一步增加。但是今年下半年，许多新建的炼焦炉设备建成投产，这就抵消了山西省减产这一措施的效果。随着我国焦炭产量的进一步释放，可以预见的是，我国焦炭企业面临的竞争也会更加激烈。

同时由于国家加大了宏观调控力度，控制基本建设投资；而今年以来调整了积极财政政策的投放结构，原来国务院确定的1500亿元财政借款主要用于铁路、公路、桥梁等基础设施建设，现在调整为除了保留适度基本基础设施需求外，重点支持农业、文教卫生等事业的发展，造成了对钢铁的需求减少。特别是国家下马和停止了许多新建电厂和电厂扩建项目，使大型电厂电站进入了建设的稳定期；国家对房地产业的调控，使得总建筑面积，这些都减少了对钢材的需求降低，致使国内的钢铁需求下降，导致一批一哄而上的低水平重复的单纯生产建筑型钢材的企业停产或降产，使得对焦炭的需求也大幅降低。

6. 世界经济的稳定增长，能源消耗需求必将拉动世界粗钢生产的增长，同样也会带动焦炭的需求，但增幅不会很大，目前的产能足以应对。世界经济的稳定持续增长和我国经济保持高增长，已成为我们大家无可争辩的事实，经济的增长必将促进对能源需求的增长，而作为“第二能源”的焦炭，一定也会随着世界粗钢生产增长而增长，这是我们乐观估计世界焦炭市场前景看好的一面。但是，能源发展要可持续，焦炭行业绕不开的环保关，再加上目前产能的严重过剩，我认为不会有很大的增幅空间，只要整合好现有产能足以应对。另外，尽管目前国际钢铁市场下滑行情基本结束，国内钢铁产业有所回升，但由于焦炭市场反应的滞后性，市场恢复仍需时间，未来几个月焦炭市场延续低谷徘徊状况的可能性仍然较大，对此我们要有足够的分析和估计，这正是我们焦炭行业整顿、调产的好机会，万万不可丧失。

二、正确应对市场变化积极提升我国焦炭产业发展水平

随着国家宏观调控措施的进一步落实，企业产业链条的延伸、风险控制、技术创新、管理提升等不断加强，未来焦炭市场将得到健康有序发展。作为焦炭行业的企业家、有关领导一定要深入分析世界焦炭市场的变化，正确认识我国焦炭产业存在的产能严重过剩、无序竞争、土焦产量仍很大、环境污染严重、“只焦不化”资源浪费严重、生产布局不合理和行业内缺乏统一管理等诸多问题，树立科学发展观，才能正确应对市场变化，真正提升我国焦炭产业发展水平。鉴于目前我国焦炭行业的实际状况，要提升我国焦炭产业发展水平，我个人认为应从以下几方面采取相应对策和措施：

1. 对焦炭生产和出口实行总量控制。我国炼焦煤探明储量约2400亿吨，经济可开采储量660亿吨左右。2003年全国炼焦煤产量为8.42亿吨，占全国原煤产量的48.71%，2004年炼焦煤产量9.25亿吨，加上小煤矿回收率普遍只有20%～30%，若按此规模开采下去，现有的炼焦煤资源开采年限不足百年，若破坏浪费严重，开采规模继续扩大回收率不能迅速提高，服务年限可能更短。因此，依据国家资源状况和市场需求，各地区要按照制定的焦化行业（含焦炭和煤化工行业）总体发展规划，对本地区的焦炭生产规模实行总量控制，抑制盲目扩张。同时，无论是从可持续利用焦煤资源角度还是从环境保护角度出发，我们均有理由对焦炭出口实施总量控制，并对外宣布我国焦炭出口每年减少一定幅度，促使国外钢铁企业及早寻找替代供应渠道，减少贸易争端。在遵守国际贸易准则的基础上，我国对焦炭出口实施控制的原则绝不应改变。目前，国家已出台了相关的政策法规，需要各级政府部门进一步落实执行，才能达到预期的效果。

2. 尽快出台焦化行业准入管理办法，规范焦炭生产和贸易。随着行政许可法的实施，投融资体制的改革，以及焦炭进出口管理方式的改进，急需尽快研究制定一部适应新形势、新要求的符合市场经济和世贸组织（WTO）原则要求的行业准入管理办法，从工艺技术装备、能源资源消耗、资源综合利用、环境保护、清洁生产等方面提出具体的准入条件，以指导和优化焦化行业结构，加大环境保护，提高资源的综合利用，规范焦炭生产和贸易。中国未来的焦炭企业将出现以冶金

企业焦炭企业、大型独立焦化企业、煤炭企业附属焦化企业三分天下的竞争格局。化工系统内的焦炭生产企业是焦炭出口的主要供应商，中国实施焦炭出口配额制，这类焦炭企业需要改善出口和内销比例，以获得更好的发展机会。

3. 强化监督检查，坚持分类指导、区别对待。要强化对各地区执行焦化行业国家产业政策和准入条件情况进行监督检查，优化国家公共资源（电力、运输、煤炭等）的配置，引导信贷融资。

（1）对符合准入条件的焦化生产企业，金融机构优先予以融资，交通部门优先予以安排运输，水电供应部门优先保证供水、供电，反之要从严控制。

（2）对符合准入条件的焦化生产企业，可按有关程序申请取得焦炭及煤化工产品出口资格和出口配额，未满足准入条件的焦化生产企业其所有产品将不得出口，不得取得出口配额。

（3）严格环境执法，加大处罚力度。焦炭行业是污染最严重的行业之一，发达国家对焦炭生产均采取了严格的环保措施，环保执法和处罚力度都很大。焦炭企业通过技术改造，采用先进技术降低污染物排放要做出规划，建议按照排污费高于污染治理成本的原则，提高焦炭企业排污费，倒逼焦炭企业技术改造减少污染物排放。同时加大执法力度，对环保不达标或超标排放污染企业征收高额排污费，并进行行政处罚，直至责令停产。对土焦和小机焦要坚决取缔。

4. 提倡节约，鼓励利用"两种资源"，确保焦炭行业的可持续发展。响应党中央提出的"建设节约型社会"的号召，从保障国家能源安全和国民经济可持续发展需求考虑，国土资源部门要尽快制订炼焦煤资源保护性开采规划，合理调控炼焦煤开采建设规模。制订炼焦煤开采监督管理办法，规范炼焦煤开发秩序，要坚决关停一批生产焦煤回收率低的小煤矿。提高炼焦煤开采回收率，国家要鼓励有条件的企业到海外去投资建设炼焦煤基地或建立长期合作贸易关系，以确保我国炼焦煤的可持续开发利用和焦炭行业的协调、平稳、健康发展。焦炭投资既有较大的机会又有风险并存，要宏观考虑各方面因素，选择最佳的投资方式和投资方向。

5. 积极支持焦化企业的节能、环保和资源综合利用技术改造。发达国家焦炭企业环保节能投资要占企业投资额的1/3左右，我国焦化行业节能、环保和资源综合利用的技改任务很重，与国外发达国家的差距很大，国家要支持和鼓励大中型焦化企业进行干法熄焦、煤气脱硫脱氰、煤气回收综合利用、废水处理等重大节能环保项目建设。焦炭行业将向高标准、清洁化、节能化方向发展。国家应该利用一系列宏观调控手段，扶持大型项目与煤焦、综合利用项目，淘汰落后工艺。

6. 鼓励和扶持我国的焦炭企业走向强强联合。要想解决目前市场供过于求、环境成本过高、国际市场缺少话语权等一系列问题，目前最好的办法就是焦炭企业走向联合。随着企业外贸进出口权大量下放，国内国际市场迅速“接轨”，但我们对于接轨带来的负面影响的估计还不足，尤其是由于“放”以后缺乏必要的约束，国内企业出口时往往在国际市场上自相残杀；进口时又难以形成合力与外方集体谈判获得最有利条件。这在钢铁、石油、煤炭、铜等矿产品和能源问题方面，表现更为突出。随着焦炭市场的大起大落，国内外众多企业为增强整体的抗风险能力，实现规模优势，纷纷选择走联合道路。无论煤焦企业还是钢铁企业，都在通过参股、合资经营和合作经营等方式实现上下游产业的联营，实现煤钢、煤炭、煤化工等产业的联合。

7. 充分发挥焦炭协会的作用，在行业自律方面探讨新路子、新办法。焦炭协会要依照相关条理制定行业自律规范，引导焦炭生产、经营企业在总量控制、资源综合利用、环境保护、市场营销等方面实行行业自律。为焦炭生产、经营企业提供市场、技术等信息服务，建立行业预警机制，组织有关会员单位应对反倾销调查和诉讼，制止行业不正当竞争，维护焦炭生产、经营企业的合法权益，为制定行业标准和全省焦化产业政策提出建议。同时做好焦炭行业的发展规划、参与行业准入条件制定、行业清洁生产标准等等。每年对焦炭行业产、供、销（包括出口）要进行分析研究，提出指导性意见，特别要做好产能和价格的衔接，确保行业持续、稳定、健康发展。

总之，焦炭行业发展要坚决克服盲目投资与无序扩张的情况，在结构调整上下工夫，重点支持大型企业集团发展，促进焦化行业的联营改造和产业重组，做好焦化工业园区建设，坚持上大关小，促进焦炭产业升级，按照产业政策，坚决关闭和取缔煤气排空燃烧、污染严重超标的土焦、改良焦炉和小机焦炉；有控制地发展环保设施完备的大机焦炉和清洁型热回收焦炉，积极推进焦炭生产能力的结构调整，充分整合产能，推动焦炭行业理性发展。

三、整合山西焦炭行业产能，推动山西焦炭行业理性发展

山西是我国煤炭资源最丰富的省份之一，也是我国煤炭生产能力最大的省份，焦炭是山西的一大优势，焦炭行业对全国经济发展形势起着重要的推动和促进作用。山西拥有丰富的炼焦煤资源，可以确保焦炭生产和出口，除满足本省及国内需求外，还有能力提供更多的焦炭出口。作为煤炭生产大省，产业发展历史较长，具有较强的由熟练工人、企业管理和技术人才组成的产业队伍，拥有一批现代化的煤矿，通过小煤矿的改造和一批大型煤矿的建设，山西煤矿生产能力今后五年有较大幅度增长，可望达到 8 亿吨，从而保证焦炭生产所需煤炭。山西省焦炭产量占到全国的 40%，约占世界焦炭产量的 20%，出口量占全国焦炭出口量的 80%，山西焦炭出口占世界焦炭贸易量的 48%。天津口岸山西焦炭 FOB 价已经成为国际贸易基准价。山西焦炭出省销售量约占全国省际间净销量的 80%。另外，经过 50 年的建设，山西连接出口港口的交通条件已经具备，山西到秦皇岛港、天津港等港口有电气化铁路和高速公路相连接，仅山西大同到秦皇岛港的电气化铁路每年就有 2 亿吨的运输能力。

山西具有煤炭、焦炭生产加工出口的显著优势，能够为焦炭发展和出口贸易提供可靠的支撑保障。山西完全有条件发展成为东亚和全世界的焦炭生产出口基地。山西对国际、国内焦炭市场价格具有重要影响力。山西焦炭生产形势和发展前景尽管很好，但处在如今这样的大环境下，**山西焦炭行业发展中存在的许多问题也应引起高度重视**。

1. 主焦煤资源有限，需规范管理避免浪费。炼焦用肥煤、主焦煤属于国际上的稀缺煤种。山西省主焦煤探明储量共 348.18 亿吨，占全省煤炭探明储量的 16.1%。近年来大规模、超强度的开采，加上小煤矿回收率低，特别是炼焦工业的无序发展，使这部分优势资源锐减。若按 2002 年全省焦炭产量计算，山西的肥、焦煤资源只够开采 70～80 年。如果再加上供应全国和出口，山西的炼焦用主焦煤和肥煤只够使用 50 年左右。目前，部分矿山已因资源枯竭而关闭，煤矿开始向远山区、深煤层发展。据统计显示全省每年浪费焦煤资源约 650 万吨，不能不引起我们的重视。

2. 供给调控能力不足，焦炭企业比较分散，特别是小土焦、小机焦还占有相

当比重。焦炭产能盲目发展，供大于求。2002年以来，由于国民经济的快速发展，刺激了对原材料的需求，全省焦炭行业出现了盲目发展、过度投资，焦化企业在需求不足时一哄而上，在需求过剩时竞相压价、自相残杀。由于焦炭总量控制不力，2004年山西焦炭生产能力含在建的已超过1亿吨。如果包括拟建和筹建的，实际产量接近8000万吨。目前全省已建和在建焦化项目共699个，违规上马的有509个，产能近亿吨。国家决定减少焦炭出口退税税率，由15%降为5%，逐步减少出口配额，2004年计划减少30%，这些政策使国内焦炭供给增加，竞争加剧。

3. 布局分散，内部结构不合理。销售渠道比较乱，企业之间各自为政，恶性竞争，焦炭价格严重下挫，影响焦炭行业的整体发展水平，起不到优势产业的经济优势。2002年全省有焦化生产企业1500余个，遍布全省11个地市，平均每个焦化生产企业产量不足4万吨，点多面广，布局分散严重，产业集中度过低。2004年年底，全省焦化企业平均单个生产规模为35万吨/年；规模60万吨/年以上的企业合计产能占全省总产能的47.2%，规模100万吨/年以上的企业产能占全省总产能的22%。与2000年相比，企业平均生产规模扩大近9倍。2004年大机焦：小机焦：改良焦提升为59：30.4：10.6，但是大机焦比例还是大大低于全国平均水平。

4. 小焦炭造成的工业污染严重，对焦炭生产地环境造成极大的负面影响。山西由于焦炭行业污染严重使焦炭行业的整体形象不好。由于焦炭企业小而分散，排放的焦炉煤气得不到充分利用，造成很大浪费。2004年年底，全省焦化行业的煤焦油回收率仅60%；焦炉煤气回收利用率仅33%，年直接或间接损失煤焦油约100万吨，损失高热值焦炉煤气约100亿立方米。炼焦区空气中TSP、二氧化硫、苯并比，分别超过国家三级标准2～3倍、1～2倍、5～10倍；全省焦化行业环保设施建成率仅有30%左右，污染物排放达标率不足15%，废水、废气污染负荷占全省的40%和45%。在一些污染严重地区，空气中苯的含量是国家标准规定限值的3倍。长期生活在这些地区的人群，呼吸系统疾病成为导致死亡的主要原因，另外，癌症发病率和儿童出生先天残疾的比例都要明显高于全国平均水平。

山西焦炭行业要理性发展，必须按照党的十六大提出走新型工业化道路的要求，实行总量控制，发展新型炼焦，严格等量置换，鼓励综合利用，保护资源环境，实现可持续发展。整合山西焦炭行业产能，理顺山西焦炭企业，组织焦炭联合集团十分必要，对焦煤资源、市场销售和出口都有十分重要的现实意义和深远的历史意义，对促进山西经济发展具有重要作用。结合山西的实际，我认为从以

下几方面采取的积极措施。

1. 走新型工业化道路，调整焦化工业结构，全力推进焦炭产业结构升级。山西省委、省政府目前正采取多项措施，贯彻实施“控制总量、调整结构、优化布局、扩大出口、保护环境、综合利用”的原则，促进煤炭、焦炭行业健康发展。同时加强对炼焦煤资源的保护性开发，以维持国民经济持续、稳定发展。山西省焦化行业的发展已列入全省工业发展规划，将在全行业采用先进炼焦设备和技术，逐步实现焦炭生产加工现代化。

按照产业政策，上大关小，促进焦炭产业升级，坚决关闭和取缔未经政府审批、环评未通过、煤气排空燃烧、污染严重超标的土焦、改良焦炉和小机焦炉；采用经济补偿办法，加快关闭和淘汰炭化室高度≤2.8 米的小机焦炉；有控制地发展环保设施完备的大机焦炉和清洁型热回收焦炉，积极推进焦炭生产能力的存量结构调整。积极取缔土焦，淘汰改良焦、小机焦，发展大机焦和清洁焦，焦化工业结构调整成效要有明显效果。1999 年全省机焦与非机焦比例为 32.2∶67.8，到 2004 年机焦：非机焦已提升为 59∶41，炼焦水平显著提高，我希望通过调整大焦化的产能达到 70% ~80% 。

2. 鼓励民营投资和吸引外资，实现规模经济和规模效益，提高山西焦炭生产效能。利用山西省制定了鼓励民营企业投资和吸引外资的优惠政策，民营企业已经成为山西焦化产业主力军，其产量已占到全省的很大比例。现有焦化企业的改造升级，也要吸收民营资本和外资参与改造，以股份制的方式进行，可以独资、合资建设现代化焦化厂。山西省限制小机焦发展，集中发展大机焦，全力整合山西焦炭的生产效能，要在全省焦炭行业形成共识，下决心办好，力争 3 ~5 年从根本上解决问题。山西焦炭产能已超过 1 亿吨，要把焦炭产量控制在 8000 万到 1 亿吨的前提下，从严控制新焦炭企业的审批，集中分期分批改造小焦炉，要制订“十一五”焦炭发展的总体规划，下决心坚决关闭一大批小焦炉，发展一批超百万吨的大焦炉，稳定焦炭价格，解决环境问题和可持续发展问题，实现规模经济和规模效益。山西焦煤是宝贵资源，要解决小煤矿回收率低的问题，要首先解决好焦煤资源整合，要制订焦煤保护政策，30 万吨以下小焦矿限期通过技术改造扩产增能，低于 30 万吨的小煤矿要坚决关闭。

现有的焦炭企业要积极利用民营投资和外资，采用高新技术和先进适用技术改造焦炭企业，鼓励发展炭化室高≥4.3 米的捣固式机焦炉。采用先进的焦炉配套机械设备，先进的煤气净化工艺，先进的自动化控制系统和完善的环保设施。推广应用配型煤炼焦、捣固炼焦、干熄焦、煤调湿技术、选择性破碎、低污染装煤、污染物集中处理、污水综合治理、中水循环利用、计算机控制等先进适用技术，改造全省焦炭产业，提高焦炭质量，降低炼焦污染，力争使主要焦炭生产企业的脱硫效率达到90%以上。同时推进焦化副产品回收率和综合利用，延伸焦炭产业链。建立煤—焦—化、煤—焦—海绵铁产业链。

3. 发展循环经济，实施可持续发展战略，加强对环境污染的治理。山西是焦炭生产大省，为国民经济发展做出了突出贡献。2004 年山西焦炭产量为 7293 万吨，2004 年全省规模以上焦炭企业实现工业总产值 433 亿元，占全省工业总产值的 13%。同时，炼焦工业也是严重的污染行业。必须通过发展循环经济，实施可持续发展战略，把煤炭、焦炭行业作为实施的重点行业。对主焦煤的开采加以限制，以保护稀缺资源。对焦化企业造成的环境污染，要加大治理力度，采取有效的整治措施，排空的近 100 亿立方煤气要制定具体的回收措施，也要责任到人，分期分批限期完成，废气废水的排放将限期达到国家排放标准。加强对焦炭行业排污费的征收力度。国家出台了《排污费征收使用管理条例》《排污费征收和管理办法》《排污费资金收缴使用管理办法》等，按此办法计算，每炼一吨焦排污费应征收 100 元左右，这将对规范山西焦炭行业发展起到积极作用，此项费用专款专用，主要用于治理污染，山西焦炭行业应严格执行这一办法。

4. 建设好焦炭出口基地，焦炭企业走强强联合之路，巩固山西焦炭出口贸易量。伴随中国加入 WTO 之后贸易政策的调整，焦炭出口贸易有所增加，贸易条件将更加良好。山西应以建设世界优质焦炭出口基地为发展目标，打造山西焦炭产品品牌，使山西焦炭享有世界声誉，巩固山西焦炭的出口贸易量。

加快实施大集团战略，通过政府授权、行政划拨、收购兼并、参股联合、集团章程等手段，形成以集团公司为核心，成员涵盖省内主要焦炭生产企业的产业集团，对外协调、统一，对内形式灵活、合作紧密，为集团乃至山西焦炭行业争取更大的市场利益和发展空间。推进龙头企业发展。重点支持大型企业集团发展，促进焦化行业的联营改造和产业重组，鼓励焦化企业产权多元化改革。目前，全省焦炭企业共有上市企业 6 家（即：山西焦化、安泰股份、神州股份、太钢集团、太化股份、西山焦煤）占全省上市企业的 30%。山西焦炭行业综合优势突出，吸引了众多国内外大公司的投资建设，多元化的投资结构为山西焦炭产业发展提供了有利的资金条件。焦炭行业已进入“大洗牌”阶段。只有经过优胜劣汰，培育出少数“寡头”企业，具备自然垄断性质的焦炭行业才能避免盲目扩张和资源浪费，进入规范化、集约化发展轨道。

5. 大力推进焦炭行业改革、重组全省的焦炭集团。山西焦炭行业的当务之急，就是要重组和强化全省的焦炭集团。当前的突出问题是焦炭出口相当分散，形不成合力，致使价格严重下滑，治本之策在于形成山西焦炭真正的、有权威的联合体。焦炭集团公司组建以来，对焦炭的国内国外销售不仅无力控制，一般性协调作用也无法发挥，这个问题已成为一个迫切急待解决的问题，这个问题不解决、山西焦炭行业的恶性竞争无法遏止，焦炭价格下滑的局面会继续恶化。这要引起各级政府和焦炭行业认真的关注和重视，要尽快形成共识，解决好这个问题。

也有人建议组建焦炭联盟，我积极支持，这个焦炭企业联合组织的任务，应该是控制焦炭产能，统一对外销售，稳定市场价格，减少对环境的污染，提高焦炭质量，要起到类似世界石油输出国“欧佩克”的作用。其核心问题是权威性，能否有权威来控制焦炭产能，能否限期关闭小焦炉，能否对造成环境污染企业的经济、法律责任进行追究等。如果焦炭组织没有权威性，那组建什么组织都不行。所以焦炭联合组织要得到政府的授权，在条件具备的时候山西可以立法。这个权威性首先体现在焦炭统一对外销售，即把现在分散的焦炭销售统一起来，光控制焦炭产能还不能从根本上解决问题。首要把百万吨焦炭企业作为本企业联合体的核心层，第二步是解决中小型企业进联合体的问题。只要核心层组织起来，就有人做事，有钱办事，有能力面对社会，面向市场，真正为焦炭企业服务，要为我省焦炭行业理性发展出力，更要为我国的焦炭产业发展做出积极贡献。

6. 充分发挥山西焦炭行业协会的作用，促进山西焦炭行业走上理性发展的轨道。山西省焦炭行业协会自成立以来，特别是改组换届以来，在新一届领导班子的领导下，积极支持参与全省开展的焦化行业专项清理整顿工作，在人员少、时间紧的情况下，下企业进行调研，听取企业对清理整顿工作的意见和建议，加班加点圆满完成了任务，并初步建立了全省焦化企业数据库，为政府决策提供了所需资料，也为下一步清理整顿工作的顺利进展打下了良好的基础；为山西焦炭立法，也竭尽全力做了不少工作；建立和完善内部管理机制，增强服务观念，提高工作效率，全力帮助行业摆脱困境；广交朋友，全方位宣传山西焦炭的发展成就等方面都发挥了巨大作用。在此，我希望咱们山西省焦炭行业协会的全体同志，再接再厉，贯彻落实省委、省政府对焦炭行业结构调整方案和实施办法，向企业宣传国家的法律法规和政府的方针、政策；向政府反映情况和提出建议，沟通政府和企业之间的联系，严格履行协会章程中规定的职责，抓住当前的有利时机，积极探索山西焦炭全面协调可持续发展之路。

(2005 年 11 月 20 ~21 日山西省焦炭行业协会在临汾举办的“可持续发展论坛暨二届三次常务理事大会”上的主旨报告)

山西新型能源基地发展课题研究及其政策建议

人类进入21世纪，能源问题特别是能源安全受到各国的高度重视。能源是经济社会发展的重要物质基础，能源的稳定供给是经济增长的基本保证因素，能源安全维系国家安全。人类社会至今已经历了三个能源时代，完成了两次能源变革，能源结构趋向多元化。长期以来，煤炭一直是我国的基础能源和重要原料，在国民经济中占据着重要的战略地位。未来二三十年内，煤炭在能源结构的比重会所降低，但主体地位不会改变。《能源中长期发展规划纲要（2004～2020年）》指出，要坚持以煤炭为主体、电力为中心、油气和新能源全面发展的战略。能源规划把煤炭作为第一能源，正是基于我国煤多气少油缺的能源资源赋存特点和中国能源结构国情。

山西是中国煤文化的发祥地，是我国历史上发现和利用煤炭最早的地区之一，在平定县东浮山有女娲烧煤炼五色石补天的美好传说，先秦时期的地理名著《山海经》有关于山西煤炭的记载。在宋元时期山西煤炭作为商品开始大量流通。山西是我国主要的煤炭能源生产基地，煤炭探明保有储量2725亿吨，占全国的1/3。山西煤炭行业拥有近40亿元的固定资产，占全国煤矿固定资产的1/2强，职工队伍占全国的1/10，技术装备处于全国先进水平，现有矿井的生产能力占全国的1/3强。改革开放20多年来，山西累计生产原煤65亿吨之多，占全国同期煤炭生产量的30%，累计调出原煤45亿吨左右，占到全国省际间调出量的80%，出口占到全国的70%。山西为全国经济建设和改革发展作出巨大贡献，同时也付出了沉重代价，煤炭的长期开采给生态和环境造成严重的破坏，资源过度利用，生态环境急剧恶化，可持续发展能力下降。山西煤炭工业可持续发展问题，不仅是山西经济发展所面临的一个焦点和难点问题，也是全国经济可持续发展和能源安全需要认真把握的一个重大战略问题。研究中国煤炭离不开山西，解决中国煤炭的发展问题必须从山西入手。

2001 年 11 月，在北京召开的第 12 届世界生产力大会后，中国生产力学会和国际生产力科学联盟合作开展了“中国生产力发展研究”课题的研究，《山西新型能源基地发展研究》被确定为两大分课题之一。

2002 年年底，根据国务院当时主要领导审核批准，正式组成专题课题组。课题组相关人员在北京确立了课题报告框架，完成了开题报告。后来由于“非典”的影响，课题研究被迫推迟。2003 年 7 月，山西省政府副省长牛仁亮、省人大常委会副主任薛军、原副省长彭致圭和我组织召开课题开题工作会议，对课题研究进行了具体部署，标志着研究工作的正式启动，由于我在山西工作 41 年，在大同煤矿工作 25 年，又是从煤炭行业走出来的，作为一名采矿工程师，大家推举我担任课题组长，张塞、薛军同志任顾问，副组长由牛仁亮、彭致圭、翟立功同志担任，课题总协调人由山西省政府经济研究中心主任担任。课题组成员由山西省发改委、省政府经济研究中心、省煤炭工业局、省工业经济联合会、省安全生产监督管理局、省煤炭运销总公司等单位的领导和专家学者组成，山西省委、省政府对课题研究非常重视，田成平书记、张宝顺省长对课题研究都提出了许多指导性意见，对研究工作给予了很大的支持。经过历时一年的研究，2004 年 8 月，课题报告正式完成，形成了《山西新型能源基地发展研究》的总报告和六个分报告。

2004 年 10 月，由全国人大蒋正华副委员长任顾问，中国工程院院士李京文同志任组长，王森浩、王维城、曲格平、郑新立、范维唐、李泊溪、方德巍、雷明、王洋等专家和学者组成的评审委员会对课题研究成果进行了评审。评审委员会认为，课题研究了山西能源基地建设的一些重大战略题，总结了山西能源基地建设的基本经验和教训，提出了新时期推动新型能源基地建设的思路、产业发展方向及其政策建议。课题紧密结合山西实际，对能源基地发展的功能定位、产业布局、产业结构、产业政策等问题进行了系统思考。从经济结构调整的高度入手，妥善处理资源、环境与发展的矛盾，实施可持续发展战略，加快煤炭流通体制改革，保障生产安全等问题进行了专题研究，所提出的建议和意见具有重要的决策应用价值。评审委员会认为，把山西能源基地作为一个战略系统去进行研究，所提出的基本理论、基本观点和政策建议，在国内同一领域的研究中处于领先水平，其基本结论不仅对山西经济社会发展有着重要的决策指导意义，而且对国内同类地区的研究也有着普遍的参考借鉴价值。该专题报告呈送国务院主要领导，国务院主要领导将专题报告批转国务院有关部委并正式列入中国能源发展中长期规划。

研究成果能得到如此高的评价我感到非常高兴，这项成果既是山西几十年发展煤炭工业的经验和教训的提炼总结，又是山西乃至全国煤炭工业可持续发展的有益参考。我们欣喜地看到，课题研究成果已经产生了积极的作用。课题总报告得到国务院主要领导批转国务院各部委后，国家发改委和财政部十分重视和支持。山西省委、省政府主要领导亲自研究，专门成立了落实工作组。课题提出的建设山西新型能源基地的思路和意见被山西省委、省政府直接采纳，上升为山西建设新型能源和工业基地重大战略决策。课题提出的“建议准许山西继续征收能源基地建设基金”的政策建议得到了国务院领导和有关部门的高度重视。这对于建立我国“煤炭开采资源环境补偿机制”和促进煤炭工业可持续发展将会起到积极和深远的影响。

为了让更多的读者了解课题研究成果，唤起人们对煤炭能源开发利用问题的认识，引深能源城市及能源产业可持续发展的研究工作，我们决定将这项研究成果结集出版。《山西新型能源基地发展研究》分为三个部分，第一部分为总报告；第二部分为《山西煤炭工业中长期发展研究》《山西煤焦流通体制市场化改革研究》《山西煤炭开发与国民经济可持续发展研究》《山西煤炭工业安全生产问题研究》《山西煤化工发展研究》《山西煤炭主要相关产业发展研究》六个专题；第三部分为附录，包括《山西新型能源基地发展研究》专家评审意见，《山西省新型能源和工业基地初步研究》和大同煤矿集团公司、潞安矿业集团公司、山西煤炭运销总公司等三个典型企业在煤炭生产经营和结构调整方面的经验介绍。

六个分报告从不同的角度对建设山西新型能源基地进行了研究。《山西煤炭工业中长期发展研究》以2020年为目标，分近期、中期和远期三个阶段进行了趋势性战略研究，提出了科学规划、合理开发、有效保护和综合利用煤炭资源，提高资源回收利用率，优化生产力布局，提高煤炭产业集中度和核心竞争力，延伸煤炭产业链，优化产业结构的战略目标。特别是煤炭发展要特别关注煤炭企业要把煤炭洁净化，并把煤炭深加工、煤化工（即发展醇醚燃料）成为煤炭企业发展主要内容。《山西煤炭流通体制市场化改革研究》重点研究了在市场经济条件下如何维护山西以及全国煤炭市场的秩序，如何确保山西煤炭产业和煤炭企业的经济利益问题。《山西煤炭开发与国民经济可持续发展研究》重点探讨山西煤炭生产的外部经济问题及其补偿政策。提出建立并推广污染物排放申报和许可证制度，开征环境损耗补偿费、实行排污权交易拍卖制度，设立生态建设与环境保护基金和产业调整援助基金，重视水资源保护等政策建议。《山西煤炭工业安全生产问题研究》重点研究了煤炭安全生产管理体制和相关措施。《山西煤化工发展研究》重点研究了煤化工产业发展战略、重点任务、技术途径和主要措施，提出煤化工要以煤炭综合利用为宗旨，以发展循环经济为方向，以实现可持续发展为目标。《山西煤炭主要相关产业发展研究》着重研究了煤炭及相关的焦炭、电力和冶金产业的转型、加工、升级、整合以及产业链、产业群发展问题。

在附录中，加入了《山西省新型能源和工业基地初步研究》，这篇研究报告对山西能源和工业基地建设的思路、目标和重点发展的7个产业进行了深入研究，提出推进“双基地”建设的重要政策建议，是山西新型能源基地研究的进一步深化和有益补充。

山西煤炭企业在产品结构调整方面有许多值得借鉴的做法。大同煤矿集团公司通过兼并重组和技术改造，在做大煤炭主业的同时，延伸产业链，大力发展煤电、煤气制甲醇、煤基合成油和氧化铝产业。潞安矿业集团公司紧紧抓住煤—电—化、煤—焦—化、煤—油—化三条产业链，走出了一条发展循环经济的路子。同时在矿区复兴、企业牵头发展工业园区方面都有很好的经验。山西煤炭运销总公司利用自身实力，通过联合、兼并、租赁等多种形式参与地方小煤矿的改造提升工作，在统一销售、统一价格、整合资源、集团经营方面取得了很好的效果。

山西新型能源基地发展研究是一项重大的发展战略课题，下面我就课题的研究谈谈研究的主要问题。

一、加强山西新型能源基地建设的重大现实意义

山西煤炭资源得天独厚，具有分布广、埋藏浅、储量丰富、品种齐全、煤质优良、地质构造简单、开采条件优越等特点。山西已知煤炭地质资源储量6624.17亿吨，已探明储量2724.9亿吨，已探明储量占全国30%。山西省作为煤炭能源基地在全国经济发展和生产力布局中具有明显的承东启西、连接南北的区位优势。

山西煤炭能源重化工基地建设以来，国家投入大量资金，有计划地建设了一

批国有重点煤矿，形成了10个大型煤炭生产基地。2003年，山西各类煤矿矿井4277处，核定年生产能力5亿吨。其中重点煤矿94处，核定生产能力1.7亿吨，占34%。山西煤炭企业资产总值735亿元，煤炭从业人员95万人，围绕煤炭生产，山西已经拥有一大批从事煤炭科研、勘察设计、生产管理和营销队伍。目前山西煤炭外运已形成以铁路运输为主、公路运输为辅的路网体系。山西是我国煤炭生产和外销量最大的省份。2003年，山西煤炭产量4.8亿吨，占全国总量的28.9%，是第二产煤大省内蒙古自治区的三倍。同年，山西煤炭外调量2.97亿吨，占全国省际外调量的75%，是第二煤炭外调大省内蒙古自治区的3.5倍。据统计，新中国成立50多年来，山西累计生产煤炭65.52亿吨，累计外调出省40.76亿吨，支持全国工业化建设。经过20年多年能源重化工基地的建设和发展，目前山西所形成的煤炭生产能力，足以在未来我国经济发展中发挥重要支撑作用。

山西新型能源基地在我国能源战略中具有的整体功能。

我国经济和社会发展不仅需要常规能源，即原煤、石油、天然气等一次能源，而且需要多种能源品，如电力、焦炭等二次能源产品以及钢铁、电解铝、化肥、建材等高载能产品。山西能源基地不仅为全国供应大量的煤炭能源，而且逐步建立起以煤炭工业为基础，带动电力、冶金、化工、建材等产业发展的经济结构，这些相关产业的发展是山西经济的重要现实基础，也为全国提供着多种能源产品，发挥了山西能源基地多种能源综合输出的整体性功能。

山西是全国最大的火力发电基地之一，山西电力工业对全国经济发展的影响举足轻重。山西立足于煤炭资源优势，在输煤的同时输电，“八五”以来，分别向京津唐、河北、江苏送电的总装机容量达396万千瓦。2002年山西电力总装机容量已经达到1506万千瓦，发电量已经达到842亿千瓦小时，当年外输电力212亿千瓦小时，占发电量的25%，成为全国外输电重要省份之一。

山西省炼焦用煤资源储量1245亿吨，占全省煤炭资源储量的57.6%，丰富的炼焦用煤资源使山西省成为中国最大的焦炭生产基地。2002年山西焦炭产量达到6600万吨，约占全国的42%；山西出省焦炭80%以上销往河北、山东、北京、天津、河南、陕西等周边省市，市场辐射华东、东北、中南、西南等地区。在世界焦炭贸易量中我国出口占60%。山西焦炭成为山西出口创汇最大的产业，自营出口约600万吨，占全国焦炭出口的44%。加上外省购买山西焦炭出口，山西焦炭出口约占全国出口量的80%，占世界焦炭贸易量的48%。

以向国内外市场输送高载能产品的方式间接供应能源，是山西新型能源基地的重要作用之一。在我国耗能较大的7个工业部门中，山西的能源消费量占到全国总量的13%左右。山西具有丰富的铁铝矿产资源，已经发展成为我国钢铁和铝的重要基地。在钢铁工业方面，2002年，山西生产生铁1641.7万吨，占全国当年总产量的9.61%；钢997万吨，占全国4.48%。太原钢铁集团公司是全国最大的不锈钢生产地，也是我国特种钢生产基地，担负着极其重要的军工特种钢生产任务。2003年太钢集团公司不锈钢产量达到70万吨，大约占全国不锈钢生产量的1/3。在有色冶金方面铝工业最为突出，山西铝矾土储量全国第一，从20世纪90年代以来，山西的铝工业发展速度很快。2002年山西生产电解铝26万吨，占全国总产量的6.1%，居第五位；氧化铝136.7万吨，占全国总产量的25.3%，居全国第二位。

以煤炭为原料的煤化工业是山西新型能源基地中最富有成长性的重要产业。山西煤种齐全，价格相对低廉，特别是高硫、高灰等劣质煤的利用，焦炉煤气的利用和焦化产品回收利用等技术的逐步应用，给煤化工的发展创造了条件。改革开放以来，山西煤化工有了长足的发展，逐步形成了以化肥、无机化工、有机化工、合成材料、精细化工为主的工业体系。2002年全省化工行业实现工业总产值145.2亿元。山西的煤化工产品在国内市场占有重要地位，其中硝酸磷肥、元明粉、硫化碱、草酸、顺酐、氯丁、橡胶、1，4－丁二醇等产品均排列首位，有些在国际市场也占有相当位置。

二、新型能源重化工基地建设必须树立新的发展观

加快发展山西新型能源重化工基地，必须总结吸取历史的经验和教训，不断调整我们的指导思想和指导方针。这就是要我们与时俱进，进一步解放思想，创新思维，树立新的发展观。

山西新型能源基地建设需要遵循的指导方针是：全面实施煤炭深加工和综合利用工程，特别是发展清洁燃料，大力发展循环经济，减少环境生态损失，提高经济社会效益，积极培育大型煤炭企业集团，建立现代企业制度，推动煤炭经济的体制创新和经济增长方式的转变，加快建成山西新型能源重化工基地，带动山西经济的发展，提高人民生活水平和质量。

山西新型能源基地建设的战略目标是：在21世纪初的20年，经济结构显著优化，经济增长的质量显著提高，综合经济实力显著增强，城乡居民收入显著增加，环境生态状况显著改观。煤炭生产年均增长达到3%以上，国内生产总值年均增长达到10%以上，财政总收入年均增长达到15%以上，城镇居民人均可支配收入和农民人均纯收入接近可达到全国平均水平。

所谓山西新型能源基地建设，就是要在新的历史时期，按照走新型工业化道路的要求，在科学合理地利用资源、治理保护环境的前提下，发展清洁燃料煤生产，进一步把煤炭转化为二次能源和化工产品，取得显著经济效益和社会效益。中心问题是协调解决好资源、环境、经济和社会的可持续发展，走出一条科技含量高、经济效益好、资源消耗低、环境污染少、人力资源得到充分发挥的新型能源重化工基地之路。新型能源重化工基地建设与过去的不同之处在于，坚持以人为本、坚持可持续发展、坚持循环经济、坚持体制创新的基本原则。

按照可持续发展的原则，在今后山西新型能源基地建设中，应着重处理和解决好以下一些重要的关系问题，才能保证基地建设的健康、稳定发展。

第一，建设新型能源基地和调整山西经济结构的关系。建设山西新型能源基地，是站在全国经济的大局对山西省产业发展和区域分工的要求；以调整经济结构为主线，建立产业支撑体系，实现经济社会全面、协调、可持续发展，是山西省区域经济发展的中心任务。由于能源重化工工业构成了山西经济结构中的主导产业，煤炭工业是山西的支柱产业。因此，山西省经济结构调整的首要内容是搞好基地建设。最近，山西省委、省政府在调整产业结构中提出“建设新型能源和工业基地”，全省经济结构调整总的目标和任务是：以科学发展观为指导，以传统产业新型化和新兴产业规模化为方向，以深化和提高为着力点，坚持走新型工业化道路，大力推进优势产业的发展形成多元化新型支柱产业。确保在2005年明显见效的基础上，到2010年使经济结构优化升级达到全国中等或更好一些水平，努力将山西省建设成为国家的新型能源和工业化基地，建立起全面建设小康社会的产业支撑体系，实现经济社会全面、协调、可持续发展。这是对山西省经济结构调整的深化，对山西省发展思路的提升。根据山西省实际，经济结构调整重点发展7个优势产业：一是加快以煤炭为基础、以电力为中心的能源产业的发展及其延伸与开发。二是发展以不锈钢和铝镁合金为主的金属材料及其制品业。三是整合提升装备制造业。要组合全省大型机械企业组成生产综合机械化采矿成套设备，取代进口煤矿综合机械化成套设备。四是发展具有山西优势的化学和医药产业。五是发展新型材料产业。六是发展以特色农业为基础的家畜产品加业。七是发展旅游文化产业和现代服务业。山西是一个农业省份，农村人口占总人口的 80%，发展农业和提高农村经济的比重，在推动山西经济社会发展过程中具有重要意义。一是要重视改善农业生产条件，加强农、林、水利灌溉系统的基础设施建设，发展农村电力供应和农药化肥生产，加强县域经济的发展，推进乡镇企业的改造和提高。二是加大农业产业化力度，走公司加农户的新路子，提高农产品的加工深度，发展一大批高附加值高效益的农副产品，建立一批具有山西特色的名牌食品。

第二，挖煤和运煤的关系。运输能力是长期以来制约山西煤炭工业发展的一个重要因素，山西每年铁路、公路向外运输的能力已超过 3 亿吨，由山西向外辐射的几条铁路都已超量运载，其中大秦线能力利用率已达 120%，石太线达 114%，京原线达 105%。随着经济的发展，到 2020 年山西省煤炭外运量将超过 5 亿吨，必须把解决山西运输能力看作与煤炭生产同等重要的问题。

第三，挖煤炭和耗水的关系。山西历来缺水干旱，2000 年山西水资源总量为 81 亿立方米，仅占全国总量的 0. 29%，是全国人均水资源占有量的 1/9。按照国际标准，山西水资源指数在全国排位第 29 位；全省人均供水量 170 立方米，全国排名倒数第一。但是，山西省水资源开发利用率却高达 68%，大大超过国家公认用水高度紧张的 20% ~40% 标准。因此，处理好煤炭生产和水的关系至关重要。由于煤炭大面积开采，导致地下水的渗漏，致使不少农村严重缺水，要利用国务院对山西农村用水补偿资金，加大农村引水工程建设力度，解决农民吃水难问题。

第四，挖煤和发电的关系。早在“六五”时期国家就提出建设大型坑口电站的指导方针，但是，直到现在山西省每年用于省内发电的煤炭还不到煤炭产量的 10%，发电量只占全国的 5%，与丰富的煤炭资源相比，电力建设明显滞后，山西作为煤炭大省的优势还远远没有发挥出来，今后 20 年电力是我国能源战略的中心，电力需求增长迅速。必须调整山西煤、电的生产比例，变单纯输煤为输煤与输电并举，较大幅度提高电力生产和供应能力，发挥山西煤炭能源重化工基地作用。

第五，开采煤炭和保护煤炭资源的关系。现在小煤炭企业的资源回收率 10% ~15%，煤炭是不可再生的宝贵资源，保护资源到了刻不容缓的地步。要花大力气关闭小煤窑，杜绝乱开滥采。到 2006 年要全部淘汰年产 9 万吨以下的小煤矿，并逐步淘汰年产 30 万吨的煤矿，集中发展年产 500 万到 1000 万吨的大型煤矿。在开采煤炭资源时，要将保护资源放在重要位置。要加强资源管理，合理规划，实行有计划开采。山西焦煤属世界优质、稀缺资源，应设立资源保护区，制定“特殊煤种和稀缺资源管理办法”，实施保护性开采，为后代保留较多的稀有资源。

第六，发展能源产业和保护环境生态的关系。山西的环境容量已经不允许煤炭能源产业以传统能源生产方式和低水平能源效率扩大规模。山西必须走出“污染—治理—污染”的怪圈。改变传统的煤炭能源生产和消费方式，解决煤炭能源消费的低效能、重污染问题，实现洁净煤技术产业化，选择高效清洁的煤炭能源消费模式，走新型工业化道路，是加强山西省新型能源基地建设的主线。

第七，加强基地建设和提高人民生活质量的关系。20 多年来，山西省人民的生活水平总体有很大提高。但是，同全国平均提高的速度水平比较，同东部沿海地区比较，山西居民生活水平提高的幅度较低。特别是山西以煤炭能源为主导的经济结构性效益差，城乡居民收入水平低，加之生态环境恶化，使不少的山西民众形成了“挖煤吃亏”的心理情结。有效提高居民消费水平和改善生活质量，使山西人在山西新型能源基地建设中得到较多的实惠，是唤起山西人民建设积极性和热情的基本保证。

三、加强新型能源重化工基地建设要抓好几项战略工程

山西新型能源基地建设是一个经济和社会的战略性系统工程。这个巨大的系统工程是由涉及经济和社会的各个方面的子系统工程构成的，是具有层次性、整体性和开放性的有机的体系。按照新的发展观和战略指导方针，加强山西新型能源基地建设，我们必须着重抓好一些重点战略工程。

（一）提高山西煤炭工业供给能力的“转型发展工程”

为了提高山西煤炭工业的生产和供给能力，山西省政府作出了煤炭工业转型发展部署，坚持“上大关小”发展的基本思路，组建大型煤炭生产集团，采用综合机械化开采，不断提高矿井的生产能力。山西要坚定不移地实施“控制总量、调整结构、优化布局、提高效益”的指导方针，大力推动煤炭工业由数量速度型

向质量效益型转变，由生产初级产品向综合开发利用转变。

按照市场经济的原则优化资源配置，增强产业集中度，是提高山西煤炭工业生产能力的重要举措。今后几年要加快组建3～5个5000万～1亿吨规模的煤炭企业集团公司，建设一大批生产能力在30万吨以上的乡镇煤矿，原煤洗选比重力争达到75%以上，其中国有重点煤炭企业力争达到100%，地方煤矿力争达到50%。继续关闭小煤窑，淘汰落后生产能力。山西省政府制定了关闭小煤窑的规范，争取2006年完成9万吨以下矿井的关闭工作，2010年关闭所有15万吨以下矿井，2020年关闭所有30万吨以下矿井。

要从加快山西煤炭行业和国有煤炭企业体制改革方面入手，创新机制，调动生产者的积极性。一是加快国有企业改革。山西拥有一批代表我国煤炭工业先进生产力的国有煤炭，是我国煤炭工业的脊梁。要以股份制为目标，推动国有重点煤炭企业改革，推动有条件的企业上市，培养和塑造煤炭市场的健康主体。二是按照现代企业制度模式组建资本多元化的大型煤炭集团公司，提高山西煤炭企业在国内外市场的竞争力。大集团战略的重要目标是：进一步完善大同煤矿集团有限责任公司、山西焦煤集团公司，新组建晋东无烟煤集团公司，联合重组山西省煤炭运销总公司和山西煤炭进出口集团公司。三是改革山西煤炭流通体制，建立“根据市场需求分散生产、集成电路销售、保持产能、控制总量、稳定价格、增加收入”的运销体制。发展大型的专业化物流公司，以市场为导向政企分开，按照现代物流原则，鼓励煤、电、港口多元联合。组建山西煤炭运销协会和煤炭销售联盟，加强诚信建设，规范市场行为。改革现行煤炭订货会议制度，开展多种交易方式，提倡电子商务和网上交易，为中小煤炭用户服务。对电力、冶金、铁路、化工等用煤大户订立长期供货合同，强化太原煤炭交易市场建设，并试办煤炭期货。专题组准备用两年时间专题研究山西煤炭期货交易方案，报国家批准后，正式开展煤炭期货交易并组建“中国太原煤炭期货交易中心”。

按照山西省政府“十五”计划和“十一五”目标规划，2005年将生产原煤5亿吨，2010年6.5亿吨。如果山西煤炭继续保持目前在全国煤炭工业中相同比例，2015年生产7.3亿吨，2020年8亿吨。实际上，只要解决好制约山西煤炭工业发展的体制、价格、环境、交通和水资源等方面的问题，在未来20年内，山西完全有能力为我国填补煤炭能源供应的巨大缺口。

（二）发展山西电力工业的“输煤输电并举工程”

国务院确定的“西电东送”战略，为山西提供了一个发挥煤炭优势，服务全国的平台。山西决心把握机遇，抓好电力建设。山西处于“西电东送”北通道中枢位置，具有发电成本低、输电距离短、送电可靠性高等明显优势，再加上丰富的煤炭资源，山西省被国家确定为“十五”期间建设大型坑口电站、实施“西电东送”北通道建设首批项目中，山西省的装机容量占到总项目的50%以上。这批电源点工程的建设，不仅关系到国家“西电东送”北通道方案的实施，而且对于山西省的经济发展将起到巨大的拉动作用建立坑口电站，特别是燃烧高硫高灰分煤，变运煤为输电，是今后山西新型能源基地建设的一个重要方向。要着重解决好四个问题：一是提高煤转换电力的比重，大同、阳泉、晋城、长治等煤炭城市应在国家重点煤矿建设一批坑口电站。二是缩小“剪刀差”，理顺煤、电比价。三是放宽煤炭企业联办坑口电站的有关限制规定，鼓励煤电联营，以调整煤电两个行业的利益。四是鼓励发展单机容量在13.5万千瓦以上的煤矸石电厂的建设。

根据山西省“十一五”电力发展的规划及2020年远景目标，2005年装机容量将达到2260万千瓦，2010年达到4250万千瓦，2015年达到5600万千瓦，2020年达到7000万千瓦。山西将成为我国最大的火电厂发电基地之一，电力的产能相当于20世纪90年代初期全国火力发电的总量，也将成为外输电量最大的地区之一。

（三）发展高载能工业的“资源综合开发利用工程”

山西将在严格控制原煤输出，大力发展煤炭深加工的基础上，形成煤炭产业链，减少环境污染，提高煤炭附加值，国有重点煤矿通过实施煤炭资源综合开发利用工程，推进多种经营，使非煤产业与煤炭主业的比例达到1∶1；大力发展和延伸“煤—电—铝（高能耗能）”“煤—焦—化工”两条产业链，促进煤炭的加工转化和产业优化升级。

山西焦炭行业发展要坚决克服盲目投资与无序扩张的情况，促进焦化行业的联营改造和产业重组。做好焦化工业园区建设，抓好临汾、吕梁两大焦炭生产基地，建设洪洞、介休、孝义等8个焦化工业园区。坚持上大关小，促进焦炭产业升级。按照产业政策，坚决关闭和取缔未经政府审批、煤气排空燃烧、污染严重超标的土焦、改良炉和小机焦炉；有控制地发展环保设施完备的大机炉和小机焦炉；

大力发展环保设施完备的大机焦炉和清洁型热回收焦炉，要加大投资改造力度，这是解决山西环境污染重大问题之一，要引起省和市县党政干部高度重视，并积极推进焦炭生产能力的结构调整。2005 年山西焦炭生产能力为 8000 万吨，2010 年达 9000 万吨，2010 年之后生产能力继续保持在这个水平。

鼓励山西发展包括冶金、化工、建材工业在内的高载能产业。山西有丰富的铁矿资源，其中探明的铁矿保有储量占全国第 4 位。重点发展以不锈钢结构钢、军工用特种钢和附加值高的优良板材为主的钢铁工业，发展优质特种钢以替代进口，是发挥山西资源优势，对全国经济社会发展的特殊贡献。

山西铝土矿储量居全国首位，电力充足，具有发展铝工业、延伸煤电铝产业链的良好条件，结构调整的重大任务之一就是充分发挥比较优势，大力推进煤、电、铝联营，将煤、电铝的资源优势转化为产业优势。依托山西关铝集团公司、中铝山西公司等大型企业，改造和关闭小电解铝厂，实现从单电解铝向氧化铝、电解铝、铝材深加工转化延伸，特别是国家急需的各种铝材，特别是特种铝材减少进口，满足国内市场需求，将铝工业培育成新的支柱产业。

由于全球石油价格的上涨和煤化工产业的技术进步，使传统煤化工有了较大的比较优势，为山西煤化工产业的发展带来了前所未有的机遇，山西煤化工在今后的一段时期将会出现快速发展的势头。山西已形成了天脊煤化、山西焦化、三维集团、南风集团、太化集团、丰喜集团、兰花集团等一批煤化工优势企业，形成了硝酸磷肥、元明粉、草酸、氯丁、橡胶、聚乙烯醇、1，4 - 丁二醇、白乳胶、活性炭等一批煤化工优势产品。今后山西煤化工发展的五个重点目标是：炼焦化产品加工工业、碳—化工工业、化肥工业、电石乙炔化工工业和煤制合成油工业。以煤化工大企业集团为龙头，围绕五条主线发展，努力打造山西煤化工品牌，实现山西煤化工的可持续发展。到 2010 年，使全省煤化工主要产品产量有较大幅度提高，山西煤化工实现销售收入将超过 500 亿元，实现建设煤化工基地的初步目标。2010 ~ 2020 年在此基础上继续稳定发展，保持 10% ~ 15% 的增长幅度。

继续推进煤层气资源的开发和利用。煤层气称瓦斯，是一种热值高、无污染的新能源，可用于城市居民生活燃料、发电燃料、工业燃料和化工原料，具有广阔的市场前景。山西省经过多年的探索，已经在沁水盆地开辟大面积煤层气排采试验区，现已控制地质储量 380 多亿立方米。山西省确定了“先井下抽放，后地面开采”的方针，鼓励煤层气资源的勘探、开发和利用。由晋城市煤气公司、山西省能源公司、晋煤集团负责承担的山西省煤层气开发项目获得了亚洲银行的支持，项目以抽放煤矿井下瓦斯，通过集气输气，为城市提供民用燃气。以此为突破口，进一步在晋城市规划煤层气工业园区的发展，形成煤层气化工的产业集群。

（四）积极开发和扶持“煤基替代燃料工程”

通过煤液化合成油是实现替代燃料的现实途径之一，“煤变油”称为煤基液体燃料合成技术，分为直接和间接液化两种方式。由于直接液化的操作条件苛刻，对煤炭的种类依赖性强，工业技术还不成熟。目前适合于工业化生产的“煤变油”都是间接液化的。世界上可以通过“煤变油”技术合成高品质油品的只有南非等少数国家，国内掌握间接液化合成油技术的只有中科院山西煤化所。山西省大型煤炭企业在国家支持下，准备引进间接液化技术的成熟工艺和生产设备，投入批量生产。

煤制甲醇是重要的化工原料，又是一种清洁燃料，在我国石油消费急剧增长和国内石油生产严重不足的情况下，将成为具有前途的新型替代燃料产业。从煤炭中提取甲醇用于燃烧，山西不仅拥有目前我国最强的生产能力，而且有 10 多年发展燃料甲醇和甲醇汽车研究的经验。山西省政府已从 2002 年开始在太原、阳泉、临汾和晋城四个城市试行甲醇汽车实验，在汽油中低比例掺烧甲醇，较好地解决了甲醇作为车用替代石油燃料的经济性、技术性、安全性等方面的问题。山西目前炼焦废弃被“点天灯”的煤气每年达到 80 亿立方米，如果回收其中 50 亿～60 亿立方米，可生产甲醇 250 万吨。2002 年山西具备甲醇生产能力 30 万吨，2005 年甲醇生产能力可达 200 万吨，如果在国家政策的支持下，山西完全有能力在 2015 年使甲醇产量达到 3000 万吨，可以代替 2500 万吨汽油，为我国石油安全作出贡献。

（五）广泛推广洁净煤技术的“清洁能源工程”

加快山西新型清洁能源基地的建设，重点推广洁净煤技术。洁净煤技术是包括煤炭清洁生产和清洁消费的应用性技术。我国目前煤炭能源基本上是以直接燃烧原煤的方式进入终端消费的，这是低能效、高污染的根源。只要广泛推广洁净煤技术，煤炭也是可以清洁利用。煤炭在洗选中可以脱除50% ~80%的灰分、30% ~40%的硫分，烟气净化技术可实现燃烧后脱硫90%以上。山西省已经制订了洁净煤技术的规划，逐步做到全部煤炭能源经过洗选后再进入消费领域。此外，水煤浆为一种新型低污染替代油燃料，目前已在电厂锅炉、工业锅炉、工业窑炉中实现了工业燃烧。水煤浆代油成本低、经济效益高的特点，所以有望成为我国重要代油产品。水煤浆整体技术已趋于成熟，山西已设立制浆厂和相关企业，推广和扩大水煤浆产品的应用。

（六）加大环境污染治理的力度的“绿色山西工程”

环境污染和生态破坏是影响山西新型能源基地进一步发展的主要障碍。一是按照山西已经制订的《汾河流域水污染防治规划》《火电发电厂脱硫脱硝规划》等环境治理规划，在能源生产、加工、消费环节建立全面的污染物排放管理机制，建设一批能源环境重点控制区，加强环境的监测和治理。二是推动节能降耗和资源综合利用，加快淘汰能耗高、效率低、污染严重的技术、工艺和设备。严格执行建设项目环境管理制度，控制新增污染源。对新上项目无法做到环境达标的要坚决取缔，原有项目要限期改造达标，经过改造仍然无法达标的，必须强行关闭。三是继续抓好重点城市、重点流域、重点行业、重点风景名胜区和重点公路干线的污染防治和生态保护。四是建立完善环保产业服务体系，积极推进城市供水和污水、垃圾处理等市场化改革。到2005年，在“绿色山西”的建设上，要力争使全省大气污染物总量下降20%，工业企业污染物全部达标排放，全省自然保护区占全省面积的10%以上，植被覆盖率达到15%以上。

（七）补充山西水资源的引黄工程和“节水山西工程”

山西的水资源状况已严重制约煤炭能源和相关产业的发展。所以，山西省新型能源基地要进一步扩大规模，必须在保护和利用好现有水资源的同时，尽可能地增加和扩充水资源的拥有量。山西省万家寨引黄工程是解决山西中北部城市用水的大型跨流域调水工程，目前总干及南干线输水建筑物工程已基本完成，为解决山西省北部煤炭基地缺水问题，建议北干线工程尽快上马。在“节水山西”建设上，力争社会总耗水量的增加不超过20%，所有城市生活用水器具要更换为节水型器具，所有新增建筑节水器具的普及率达到100%。要做到污水排放必须经过处理，首先达到二级标准，逐步做到二级半和饮水标准，工业污水处理要下决心三年全部处理成工业用水标准。

四、课题研究要明确解决的几个重大问题和政策建议

（一）关于基地建设的政策措施

中央政府在山西新型能源基地建设上要有长期、稳定、连续的政策，有强有力的支持措施。不能能源紧张就给政策，能源暂时缓解就放松政策支持的力度。建议重点研究解决能源基地建设费征收和加快煤炭运输通道建设两大问题，为基地建设营造更好的环境。

建议国家准许山西延期征收能源基地建设费。从 1979 年开始，山西征收煤炭专项基金，20 多年来，该项资金对煤炭资源城市的调整经济结构、改善生态环境，发展矿区教育事业起到了重要的作用。该项资金的性质至今已经发生变化，不再从煤价外向用户收取，煤炭用户按市场价结算，不支付此项基金。这些基金国有重点煤矿即原国家统配矿也不收取，现在完全由地方煤矿承担。地方小煤矿生产方式落后，生产成本很低，所以能承担该项基金收费。如停止该项资金的收取，只能造成小煤矿矿主的暴利，而导致地方政府没有能力解决现在小煤矿存在的严重问题，带来严重后果。建议国家批准山西征收能源基地建设费并将收取期延长至 2010 年。山西太原、大同、阳泉等历史悠久的煤矿城市，大部分煤矿建矿早，资源锐减，有的接近枯竭。按照《中华人民共和国煤炭法》规定，“国家建立煤矿企业积累煤矿衰老期转产资金制度”，解决企业矿井改造、转产、接替产业开发所需资金。国家批准山西征收能源基地建设费并延长至 2010 年，该项资金的主要用途：（1）用于关闭政府批准的“三证齐全”的小煤矿的补偿费；（2）用于关闭 9 万吨以下矿井，建设 30 万吨以上矿井的贴息贷款；（3）用于改善一批小煤矿的补偿费；（4）用于重点煤矿城市产业结构调整和衰老期转产资金；（5）用于治理由于煤矿开采造成的工业污染和环境保护的补贴。

加快煤炭运输通道建设。国家有关部门要用超常规的办法，迅速解决山西省煤炭运输通道建设问题，进一步提高晋煤外运能力。建议国家有关部门，一是尽快批准落实石太线客运专线建设工作，把石太线已有运输能力腾出来，作为晋煤运输专线；二是尽快研究和上马晋、陕、蒙“三西”地区的煤炭运输第二通道建

设，国家在政策上要进一步放开，实现多元投资主体，鼓励企业法人、非公有资本入股，组成股份公司，共同建设和管理铁路、地方铁路的建设和改造，如中卫—太原—青岛线、阳涉线、孝柳线等，增加新的运输能力。

（二）关于煤矿建设的支持政策

加快建设山西大型煤矿，提高生产能力和技术装备水平，关键是加强对于煤炭企业的支持力度，进一步研究和解决增加建设投入、减轻企业负担的政策措施。主要是：

请求国家对于山西煤矿建设给予政策扶持和资金补助。山西按照规划建设三个大型煤炭基地，"十一五"期间新开工建设矿井增加3600万吨产能，按吨煤投资300元计，共需投资1000多亿元，鉴于企业资本金严重不足的实际情况，请求国家给予资金补助和贷款贴息。准许大型煤炭企业从成本中提取10元/吨煤，作为煤矿建设的资本金，解决大型煤矿建设的资本金来源，加快大型煤炭基地建设。

设立大型煤炭基地煤炭资源国家规划区。已经进入国家十大煤炭集团的企业，设定为煤炭资源国家规划区，规划区内煤炭资源由国土资源部集中规划和管理。原国家能源部、煤炭部按照统配煤矿总体规划，划给大型煤炭企业的资源范围，国土资源部给予重新确认。保证大型煤炭企业的采矿权和后备资源区的探矿权。规划区内的地质勘查由大型企业组织，国家增加勘察投入。加快大型煤矿项目的前期工作，改革和简化大型矿项目审批程序。

国家有关部门加快推动山西重点煤炭企业的债转股工作。加快煤炭企业债转股工作，首先应妥善解决过去煤炭部行业统管、大包干时期的遗留问题，煤炭企业处理政策性递延资产挂账和对应银行的"表外息"，建议财政部会同银监会以及金融资产管理公司尽快进行核准，抓紧处理。该核销的债务应实事求是地核销，已经进入金融资产管理公司并已转为股权的，也要予以核销。要解决好债转股企业中的股权问题，按"产权清晰"的要求核实债转股企业的资产，合理确定各方比例。财政部应明确，金融资产管理公司是阶段性持股人，不能参与公司生产经营的管理，也不能控股。如果债转股额度已经构成控股的，可经过协商将部分股权暂作债务处理，并由企业在逐步回购中加以解决。

建议国家批准山西省恢复从每吨煤中提取5元安全专项资金。煤矿安全隐患问题严重。20世纪80年代初期，国家批准山西从每吨煤中提取5元作为瓦斯等重大灾害专项资金，专门用于“一通三防”工程，但从2003年7月起，该项收费停止执行。建议批准山西省恢复每吨煤提5元安全专项资金，用于瓦斯等特大灾害专项治理和解决安全设施多年欠账问题。此项专项资金由税务部门统收，省发改委、省煤炭主管部门和煤炭安全监察部门管理，实行专户储存、专项使用，不得挪作他用。

进一步减轻煤矿企业的税费负担。煤炭工业现行税赋较重，不利于企业发展。1994年税制改革，忽视了煤炭业并不加工增值的客观实际，对煤炭企业征收增值税，实际税赋与原来征收产品税税率相比，增加了6.5个百分点。特别是山西煤炭企业，从1996年开始不享受增值税返还政策，8年累计超缴税金28亿元。建议国家财政部门重新核定煤炭行业增值税比原产品税多上缴部分应返还煤炭行业。

（三）关于相关产业的发展政策

发展与煤炭相关的重化工业是基地建设重要任务，主要着眼于煤—电—高载能和煤—焦—化两条产业链的延伸，重点研究解决支持山西建设坑口电厂和支持山西发展煤基合成油和醇醚替代燃料的政策措施。

国家支持山西建设坑口电厂煤电联合。山西建设坑口电站，输煤的同时向外输电，是符合我国国情的战略性举措。山西随着煤炭深度开采，对于高硫高灰的劣质煤通过就地发电的形式，支援全国建设是完全符合经济规律的。同时山西50多年的开采形成了约6.8亿吨的煤矸石，建立燃烧煤矸石的火力发电厂是变废为宝、改善山西环境的重要措施。国家发改委应重点支持山西发展坑口电厂，把山西建成国家重要的火电发电基地。建议国家对山西发展电力工业给予各方面的支持，凡山西上报的发电项目，只要符合（包括环保条件在内的）基本要求，其审批程序应一律从简。国家要大力支持煤炭和电力两大行业的跨行业、跨地区的战略合作，鼓励联合投资、联合办电，尽快研究解决煤炭企业办电厂在上网和电价问题方面的限制。同时要鼓励和支持民营企业、“三资”企业投资电厂建设。

支持山西发展煤基合成油和醇醚替代燃料。为支持山西发展煤基醇醚替代燃料，我们建议：第一，把山西省列为国家醇醚燃料生产基地和国家醇醚燃料汽车产业化示范地区；第二，参照国家发改委等部委关于《车用乙醇汽油扩大试点方案》（发改工业［2004］230号），国家应以支持车用乙醇的政策支持煤基醇醚燃料发展，如对国家批准的燃料甲醇生产企业免征5%的消费税，增值税实行先征后返；第三，在山西省煤基醇醚燃料产业化示范阶段，国家发改委在重点甲醇生产项目、甲醇汽车及发电机项目、输配工程项目方面给予贴息贷款扶持，加快能力建设和市场培育；第四，把发展煤基醇醚燃料列入国家《中长期能源规划纲要》，加大力度在全国推广；第五，支持山西早日上马煤合成油项目，凡煤合成油的产品应暂缓征收汽油消费税。

（四）关于资源和环境的补偿政策

提升资源和环境保护对基地建设和经济发展的指导作用，将资源和环境保护延伸到能源重化工基地建设的一切领域，国家应重点研究解决能源重化工基地建设过程中的资源环境补偿问题，把能源开发所带来的生态环境破坏和水资源的浪费减少到最低限度。

加大环境治理的力度、增加环境综合治理的投入。山西发展较快的城市几乎都属于煤城，环境容量是影响山西新型能源基地进一步发展的主要障碍。山西已经制订《汾河流域水污染防治规划》，根据其经济能力和环境恶劣的实际状况，建议国家有关部门将山西列为生态环境综合治理重点省，给予"三河、三湖、一市"和西部省区相同的资金、政策支持。对于不少矿区因连续多年采煤造成地层破坏、地表塌陷、水土流失、植被无存，生态系统严重失衡。建议国家在批准山西吨煤征收5元煤矿城市建设费的同时，并通过中央财政每年转移支付，增加山西环境保护综合治理的专项资金。

国家准许山西继续征收水资源补偿费。由于煤矿大面积开采，造成地表塌陷，水源泄露，农民人畜吃水困难。20世纪80年代后期，国务院曾批准山西每吨煤提取1元（后调整为2元）水资源补偿费，这对解决由地表塌陷引起部分城镇、村社人畜吃水困难起到了重要作用。由于山西"引黄"资金严重短缺，此项资金一度又用于"引黄工程"，致使农村人畜吃水问题积累很多。建议国家将煤炭和焦炭的水资源补偿提高到每吨3元，专项用以解决农村人畜吃水用水困难的问题。

国家对于采煤造成地表塌陷的治理给予补偿。山西煤矿重占矿区因采煤造成地表塌陷十分严重。据调查，仅重点矿区已造地表塌陷62.16万亩，其中，急需治理的耕地面积40.17万亩，影响村庄605个，影响村民4.25万户，需搬迁及维护的房屋面积96万平方米。据测算，解决上述问题需资金19.2亿元。其余小矿区地表塌陷状况，虽然资料不全，但社会反应十分强烈。建议国家发改委、财政部提高对山西省地表塌陷的治理费用中由国家承担部分的比重。

（此文为作者2004年9月主持完成的中国生产力学会《山西新型能源重化工基地发展研究》课题总报告和对策建议部分内容。原载《中国经济社会发展新思考》中国时代经济出版社2007年版）

山西解决“一煤独大”的思考和研究

山西是中国重要的以煤炭为主的能源重化工基地，在我国工业化进程中为全国做出了重大的贡献和牺牲。不论是重工业还是军事工业。山西人民、山西工人阶级的贡献都是巨大的。以大同煤矿为例，为了保证全国2000余家重点企业的正常生产，建矿60余年来牺牲了近6000名矿工、重伤致残丧失劳动能力的矿工近万人。不要说他们自己牺牲了“阳光”，还有一部分职工得了严重的职业病，却为全国人民带来了光明。目前经济严重下行，产能过剩，甚至有的行业严重过剩。国家采取措施经济转型、结构调整，解决产能过剩问题的要求和政策完全正确，我坚决拥护。

我看到惠宁同志七月三十号的讲话，特别是下半年经济工作重点要抓好“八个方面”的工作，谈到了坚持煤炭减量化生产和大力促进非煤工业发展，精心培育新的经济增长点，加快工业结构调整步伐等，都是从目前山西省省情出发，讲得很好，非常正确。

我也看了小鹏同志在人代会山西代表团开放日上的讲话，讲了“一煤独大”形成的原因。客观公正心服口服，讲了山西经济转型、结构调整方面的“五条意见”，第一讲的是煤，要做好煤的文章，如何生产加工清洁煤炭，煤的深度加工，煤转化为电等使煤成为清洁能源。这些观点也非常正确，完全符合山西省的省情。在北京的老同志和来京我见过的山西省省级领导同志们都是赞成的。当前山西的经济结构，煤炭在经济结构中比重过大，“一煤独大”的形成虽有历史原因，但目前山西经济转型困难，你们工作压力很大，山西经济转型工业结构调整的任务重大。需要从多方面特别是高新科技产业的引进，旅游业的发展，生产性服务业和现代服务业的发展，“互联网＋”，现代网络商业，电子信息产业等都需大力发展。

山西改变“一煤独大”势在必行，发展非煤产业确实要放到重中之重，形成共识。像举办《人说山西好风光》那样。市长、书记都要上电视“真人秀”，只要齐心协力，山西非煤产业会取得突破性发展和新的成就。小鹏同志讲的山西要做“煤”的文章对山西确实很重要，真正做好确实不容易，如果做好了，对山西经济发展将起到重要的推动和促进作用。煤和非煤产业要同时发展，都要做好做出成效。

2007 年我按温家宝总理的要求做《山西省能源基地》课题时，为做好“煤”这篇文章，课题组的同志，北京和山西的专家、企业家、省市领导等形成了六点共识，对你们有一定的参考价值。国务院总理也有重要批示，现在我摘录供你们参考。

（一）煤炭大省山西着力构架煤炭工业集团战略格局

在未来的岁月里，煤炭大省山西随着大公司、大集团战略的实施，一批品牌煤炭企业正在崛起，在世界煤炭行业领域中的竞争优势也必将更加凸显。山西西山煤电集团、汾西矿业集团及霍州煤电集团组建成立山西焦煤集团后，山西焦煤资源的有效整合及成功运作，在带来丰厚效益的同时，也为山西煤炭工业深化改革创出一条新路。

世界煤炭消费趋势为山西煤炭发展拓宽了空间。根据美国能源信息管理局 2003 年 5 月 30 日发表的《2003 年世界能源展望》称，煤炭是世界储量最丰富的石化燃料，2000 年末世界煤炭探明储量为 9842 亿吨，预计世界煤炭年消费量将由 2001 年的 53 亿吨增加到 2025 年的 75 亿吨，增加 22 亿吨，增长 41.5%。在这增加的 22 亿吨煤炭消费量中，亚洲发展中国家的增加量为 19 亿吨，占 86.36%，而其中中国和印度两个国家煤炭消费量将增加 16.5 亿吨，占世界煤炭消费增加量的 75%，占亚洲发展中国家煤炭消费增加量的 86.84%。

可见，从国际煤炭消费的角度考察，至 2025 年中国将是世界上煤炭消费增长最快的国家。在中国，满足全国煤炭能源消费的重要产煤省是山西，山西在未来煤炭工业发展中的空间十分广阔。

世界煤炭市场总体上供大于求，但自 2001 年下半年起，世界煤炭需求开始增长，全球市场出现活跃，出口量增大。世界煤炭市场买方为日本、韩国、德国、英国、意大利等。美国既是煤炭出口国也是进口国，2001 年进口量为 1781 万吨。日本 2000 年煤炭消费比重为 97.9%，韩国国内煤炭产量每年在 380 万～400 万吨，进口量为6100万吨，进口占消费比重为94.1%。德国每年煤炭的消费量在6500万吨左右，自产煤炭逐年下降，已由1996年的5315万吨下降到2001年的3066万吨，进口大致在2700万吨。法国煤炭消费量2300万吨，国内生产从1996年的775万吨下降到目前的230万吨，进口占消费比重逐年增加，目前占八成以上。英国年消费煤炭为5400万吨，其中自产3200万吨，进口居高不下。意大利煤炭资源不足，进口量也在2000万吨左右。

（二）输煤输电并举工程

国务院确定的“西电东送”战略，为山西提供了一个发挥煤炭优势、服务全国的平台。山西决心把握机遇，抓好电力建设。山西处于“西电东送”北通道中枢位置，具有发电成本低、输电距离短、送电可靠性高等明显优势，再加上丰富的煤炭资源，山西省被国家确定为“十五”期间建设大型坑口电站，实施“西电东送”战略的重要省份。在国家已确定的“西电东送”北通道建设首批项目中，山西省的装机容量占到总项目的50%以上。这批电源点工程的建设，不仅关系到国家“西电东送”北通道方案的实施，而且对山西省的经济发展将起到巨大的拉动作用。

建立坑口电站，特别是燃烧高硫高灰份煤，变运煤为输电，是今后山西能源基地建设的一个重要方向。要着重解决好四个问题。一是提高煤转换电力的比重，大同、阳泉、晋城、长治等煤炭城市应在国家重点煤矿建设一批坑口电站。二是缩小价格的“剪刀差”。理顺煤、电比价。三是放宽煤炭企业联办坑口电站的有关限制规定，鼓励煤电联营，调整好煤电两个行业的利益。四是鼓励发展单机容量在13.5万千万以上的煤矸石电厂的建设。

（三）资源综合开发利用工程

山西将在严格控制原煤输出，大力发展煤炭深加工的基础上，形成煤炭煤化工产业链，减少环境污染，提高煤炭附加值，国有重点煤矿通过实施煤炭资源综合开发利用工程，推进多种经营，使非煤产业与煤炭主业的比例达到1∶1，大力发展和延伸煤—电—铝（高耗能产品）、煤—焦—化工两条产业链，促进煤炭的加工转化和产业优化升级。

山西焦炭行业发展要坚决克服盲目投资与无序扩张的情况，在结构调整上下功夫。重点支持大型企业集团发展，促进焦化行业的联营改造和产业重组。做好焦化工业园区建设，抓好临汾、吕梁两大焦炭生产基地，建设洪洞、介休、孝义等8个焦化工业园区。坚持上大关小、促进焦炭产业升级。按照产业政策，坚决关闭和取缔未经政府审批的、煤气排空燃烧、污染严重超标的土焦炉，改良焦炉和小机焦炉；有控制地发展环保设施完备的大机焦炉和清洁型热回收焦炉，积极推进煤炭生产能力的结构调整。

鼓励山西省发展包括冶金、化工、建材工业在内的高节能产业。山西省有丰富的铁矿资源，其中探明的铁矿保有储量占全国第4位。重点发展以不锈钢、结构钢、板材为主的钢铁工业、发展优质钢以代替进口，是发挥山西资源优势，对全国经济社会发展的特殊贡献。

山西铝土矿储量居全国首位，电力充足，具有发展铝工业、延伸煤电铝产业链的良好条件，结构调整的重大任务之一就是充分发挥比较优势，大力推进煤、电、铝的资源优势转化为产业优势。依托山西关铝集团公司、中铝山西公司等大型企业，改造和关闭小的电解铝厂，实现从单一电解铝向氧化铝、电解铝、铝材深加工转化延伸，将铝工业培育成新的支柱产业。

山西煤化工在今后的一段时期将会出现快速发展的势头。山西已形成了天脊煤化、山西焦化、三维集团、南风集团、太化集团、丰喜集团、兰花集团等一批煤化工优势企业，形成了硝酸磷肥、元明粉、草酸、氯丁橡胶、聚乙烯醇、1，4－丁二醇、白乳胶、活性炭等一批煤化工优势产品。今后山西煤化工发展的五个重点目标是：炼焦化产品加工工业，碳—化工工业、化肥工业、电石乙炔化工工业和煤制合成油工业。以煤化工大企业集团为龙头，围绕五条主线发展，努力打造山西煤化工品牌，实现山西煤化工的可持续发展，保持10%～15%的年增长幅度。

继续推进煤层气资源的开发和利用。煤层气俗称瓦斯，是一种热值高、无污染的新能源，可用于城市居民生活燃料、发电燃料、工业燃料和化工原料，具有广阔的市场前景。山西省经过多年的探索，已经在沁水盆地开辟大面积煤层气排采试验区，现已控制地质储量380多亿立方米。山西省确定了“先井下抽放，后地面开采”的方针，鼓励煤层气资源的勘探、开发和利用。由晋城市煤气公司、山西省能源公司、晋煤集团负责承担的山西省煤层气开发项目获得了亚洲开发银行的支持，项目以抽放煤矿井下瓦斯，通过集气输气，为城市提供民用燃气。以此为突破口，进一步在晋城市规划煤层气工业园区的发展形成煤层气化工的产业集群。

（四）煤基醇醚替代燃料工程

通过煤液化合成油是实现替代燃料的现实途径之一。“煤变油”称为煤基液体燃料合成技术，分为直接和间接液化两种方式。由于直接液化的操作条件苛刻，对煤炭的种类依赖性强、工业技术还不成熟，目前适合于工业化生产的“煤变油”都是间接液体化的。世界上可以通过“煤变油”技术合成高品质的油品只有南非等少数国家。国内掌握间接液化合成油技术的只有中科院山西煤化所。山西省大型煤炭企业在国家支持下，准备引进间接液化技术的成熟工艺和生产设备，投入批量生产。

煤制甲醇是重要的化工原料，又是一种清洁燃料，在国内消费有急剧增长和国内石油生产严重不足的情况下，将成长为很有前途的新型替代燃料产业。从煤炭中提取甲醇用于燃烧，山西不仅拥有目前我国最大的生产能力，而且有10多年发展燃料甲醇和甲醇汽车研究的经验。山西省政府已从2002年开始在太原、阳泉、临汾和晋城四个城市试行甲醇燃料和甲醇汽车实验，在汽油中按比例掺烧甲醇，较好地解决了甲醇作为车用替代石油燃料的经济性、技术性、安全性等方面的问题。山西目前炼焦废弃被“点天灯”的煤气每年到达80亿立方米，如果回收其中50亿~60亿立方米，可生产甲醇250万吨。2002年山西具备甲醇生产能力30万吨，如果国家政策到位2015年甲醇产量可以到3000万吨，就可以代替2500万吨汽油。

（五）清洁能源工程

加快山西新型清洁能源基地的建设，重点是广泛推广洁净煤技术。洁净煤技术是包括煤炭的清洁生产和清洁消费的应用性技术。我国目前煤炭能源基本上都是以直接燃烧原煤的方式进入终端消费的，这是低能效、高污染的根源。只要我们广泛推广洁净煤技术、煤炭也是可以清洁利用的能源。煤炭在洗选中可以脱除50%~80%的灰份、30%~40%的硫份，烟气净化技术可实现燃烧后脱硫90%以上。山西省已经制订了洁净煤技术的规划，逐步做到全部煤炭能源经过洗选后再进入消费领域。此外，水煤浆作为一种新型低污染代油燃料，目前已在电厂锅炉、工业锅炉、工业窑炉中实现了工业燃烧。水煤浆代油比石油成本低、经济效益高的特点，所以，有望成为我国重要代油产品。水煤浆整体技术已趋成熟，山西已经设立制浆厂和相关企业，推广和扩大水煤浆产品的应用。

（六）“绿色山西”工程

环境污染和生态破坏是影响山西能源基地进一步发展的主要障碍。一是按照山西已经制定的《汾河流域水污染防治规划》《燃煤发电厂脱硫脱硝规划》等环境治理规划。在能源生产、加工、消费环节建立全面的污染物排放管理机制，建设一批能源环境重点控制区，加强环境的检测和治理。二是推动节能降耗和资源综合利用，加快淘汰能耗高、效率低、污染严重的技术、工艺和设备。严格执行建设项目环境管理制度，控制新增污染源。对新上项目无法做到环境达标的要坚决取缔，原有项目要限期改造达标，经过改造仍然无法达标的，必须强行关闭。三是继续抓好重点城市、重点流域、重点行业、重点风景名胜区和重点公路干线的污染防治和生态保护。四是建立完善环保产业服务体系，积极推进城市供水和污水，垃圾处理等市场化改革。

十年过去了，由于各种原因，这六个方面的共识，落实如何。你们从山西省的工作实践中可以做出评价。

上述六条希望你们能从山西省省情出发，思考研究。我再补充几条意见：

第一，这次山西压缩煤炭产能时，要狠心关停一批不完全具备安全生产条件的小煤矿，此事十年前已经形成共识。为了确保大型现代化开采大煤矿能正常生产，省里要下决心解决好这个问题。此事，小鹏同志比我了解。

第二，五大煤矿集团的非煤产业比重都要达到50%，十年前已经要求煤和非煤产业的比重达到1∶1。“阳煤”的非煤产业已超过了60%。“潞安”非煤比重特别是“煤变油”项目走在了全省前面。五大煤矿集团自身非煤产业值比重都要在2020年必须超过50%。并带头招商引资，上一批高科技非煤产业项目。

第三，利用山西机械工业好的基础优势，组建一个真正意义上的能生产综合机械化成套采矿设备（回采、掘进）。从运输系统、机械设备（采煤机、掘进机）、电器设备，为本省和全国煤矿生产综合机械化成套采矿设备。我曾在1974年担任煤炭部赴英监督制造小组组长，带领从全国煤炭企业中抽调的7名工程师含采矿各专业工程师在英国工作一年，山西从图纸设计到生产制造完全有能力。这就能充分调动机械工业企业的积极性。此事，也喊了30多年。“同煤”集团组建了一个公司运作不错但不能全成套，需举全省之力办好此事。

第四，关于发展新能源甲醇汽车问题。工信部对“晋中”的试点进行了验收，指标全部符合标准。“晋中”吉利新能源汽车的发展，小鹏排万难做出了重要贡献，已经形成能力。山西应推广“晋中”经验。其比一吨煤的价值增加了十余倍，甚至更多，其效益不是生产一吨煤能相比的。甲醇汽车在山西发展已经30多年，我任山西书记时主管工业的副省长彭致圭同志一直至今都在抓此事。现在我和彭致圭同志都是工信部特聘的“甲醇汽车专家组”专家。

第五，关于煤转化为清洁能源往外输电的问题。输煤的同时往外输电，为北京和华东地区输电，是在党的十四大期间我们向中央领导提出来的。当时邹家华副总理带领20多位部级领导来山西办事处办公，解决山西大力发展电厂，特别是坑口电厂的若干问题。山西省还和北京市政府签订输电协议，建设成了“神头电厂”等等。小鹏同志来山西工作后对此事十分重视，全力争取在山西多建坑口电厂。向北京和华东输电，确保首都改善环境状况。“坑口电厂”成本低，北京的商业甚至百姓的生活都可用电。我最近给习总书记和李总理写了个报告，列举欧美等国近年来随着去核电，加快发展煤电的例证，发展煤电有一个重要原因就是煤电成本比油、气成本低得多。过去欧洲英、法、德等国把煤电定位肮脏能源，而最近三年以来煤电发展很快，2020年前还要发展一大批煤电厂。山西地方国际电力公司发电厂的超低排放技术，各项环境污染排放指标已达到国家要求的水平（详见我给中央领导的报告）。

我认为山西当前最重要的工作就是，把县以上各级领导干部的心，都要集中到有作为敢于担当做好自己的本职工作、全力发展经济加大改革开放工作力度、改善民生上来。山西经济转型、经济结构调整任务重大，县以上领导干部都要形成共识。中央高压反腐的决策十分重要，我完全拥护。现在山西省委要加速对有问题干部的查处结案进度。领导干部清正廉洁是最起码的要求，党委对此必须要严格要求。也要请省纪委、法院、检察院，对已发生和正式立案的案子要抓紧查处结案。要改善山西对外投资环境和形象，都能像“山西好风光”抓旅游那样抓经济转型和工业结构调整。大大强化对外招商引资力度，条件成熟后还可以组织一些小组到长三角、珠三角等地招商，那里都有我们山西成功的晋商。

上述意见仅供参考，不妥之处请指正。我在山西工作41年，对山西有深厚的感情，殷切地希望山西真正做到“兴晋富民”。我坚信在山西省委省政府的领导下，按照党中央国务院对经济工作的战略部署，山西省的经济状况一定会有很大的变化和进展。“兴晋富民”的目标一定会实现。

（2016年8月作者给山西省委书记骆惠宁、省长李小鹏的信）

塑造新晋商、新形象　关键在复兴“晋商精神”

伴随着改革开放30年来的发展，中国包括山西省的经济发展都取得了显著成绩，我国的市场经济规模正在不断扩大，企业竞争力不断增强，各地商帮也群起争雄，山西的新一代晋商也重新萌芽崛起，而且渐成气候，有了一定发展，初步形成了一支现代新晋商队伍。山西改革开放以来出现的一批著名国有企业的企业家、民营企业家，以及一些在省外和海外成长发展起来的山西籍企业家，如台湾鸿海集团董事长郭台铭，海南航空集团董事长陈峰，香港招商集团董事局主席秦晓，百度公司创始人、董事长兼首席执行官李彦宏，晋中民营企业家李安民，太原华杰集团董事长崔晋宏，甘肃宁氏实业有限责任公司董事长宁杨锁，武汉人和集团董事长王耿等都是新一代晋商的杰出代表，他们不仅为山西经济发展做出了重要贡献，也为省外经济发展做出了积极贡献。但与浙江商帮、广东商帮、江苏商帮、安徽商帮等国内本土商帮相比，与省外的晋商相比，新一代山西商帮的力量还比较弱，资本实力也较差，产业经营的局限性大，只在依托山西煤炭资源和相关工业方面形成了比较优势，商业、服务业和金融业等许多方面还相对滞后，特别是山西新一代晋商的总体发展水平还不高，我们必须要看到这一现实。

改革开放30年来，山西作为全国重要的能源基地，坚持改革开放、锐意进取，从1978年到2007年的29年间，共生产煤炭82.4亿吨，累计外调煤炭58.6亿吨，分别是改革开放前28年的7.44倍和7.4倍。2007年山西外输电力462.6亿千瓦小时，是1978年2.8亿千瓦小时的165.21倍；外送焦炭6983.8万吨，是1978年25万吨的279.35倍。此外，钢、铁、电解铝、氧化铝、煤化工产品等煤炭接续产业也取得了巨大成就，不仅成为山西经济的重要支柱，也为全国的经济建设提供了支撑作用。这是山西人民、山西工人阶级、山西煤矿工人为全国工业化作出的特大贡献，这也是依托山西资源开发加工而发展起来的新一代晋商的骄傲。但是，我们也要警醒地看到，现今山西经营采煤业的中小晋商中的一些人选择了一条可怕的逐利之路，他们在经济利益的驱动下，见利忘义、为富不仁、巧取豪夺的竞相掠夺山西的煤炭资源财富，无度滥采加上乱采，使山西许多地方的生态环境遭到了灾难性的破坏，不少地方煤尘飞扬，河流干涸，山川失形，矿难屡屡发生，严重超载的运煤车辆使许多公路遭到令人触目惊心的损坏……，对普通百姓的日常生活构成严重威胁，就在广大老百姓为生态环境的急剧恶化支付着沉重代价的时候，他们确带上满是血腥味的雄厚资本，到外省或国外山清水秀、环境宜人的秀美之地营造自己的安乐窝去了。由此，使我们人人敬重的“晋商精神”在这些人中渐趋式微和没落，让我们无数代晋商恪守的价值观和义利观遭到了令人痛心地颠覆，让我们许多艰苦奋斗、忘我劳动、敬业奉献的煤矿工人、煤矿工程技术管理人员和一大批有良知的企业家的精神受到了严重冲击和影响。

明清晋商的辉煌代表着山西的昨天，而新一代晋商则代表着我们山西的今天和明天，抚古思今，那个晋商的时代已经一去不复返，老一辈晋商的模式也无法再克隆，但是纵横天下五百年、横跨欧亚三万里的晋商在长期的历史演变和商业实践中，积淀和孕育出的“节俭勤奋、明礼诚信、精于管理、勇于开拓”的晋商精神依然是当今新晋商所应该汲取的营养精髓。回过头来看老一辈晋商，不是要看他们当年创造了多么大的业绩，足迹走了世界多远；回过头来看老一辈晋商，绝不是和他们比财富的累积速度，更不是比财富的累积手段，我们要扬弃和继承的是他们几百年来为我们积累下的精神财富，“诚实守信、义利并举、勤奋节俭、精于管理、勇于开拓”这些老一辈晋商缔造的精神财富中凝练着我们中华民族的传统美德和精神。每当人们提到这些东西，说到这些品格，就会对号入座——那是晋商！对于“晋商精神”的内核，著名经济学家孔祥毅教授总结了四个方面：重商立业的人生观、诚信义利的价值观、开拓进取不畏艰苦的创业观和同舟共济的协调观。当我们拿这四个方面融合出的晋商精神——这把尺子去衡量大家关注的山西新一代晋商和新的“商业群体”的时候，你就会发现：我们山西的新一代晋商和现代人，特别是当代的一些“商业群体”总体上讲还是发挥了“晋商精神”，省内也好，省外也好出现了一批批坚持“晋商精神”的山西企业家。但是，在省内确实也有一些企业界人士，特别是一些小煤矿企业界人士距离真正的“晋商精神"还差之很远，还需要深入学习和发扬。

让人人肃然起敬的"晋商精神"，是无数代山西人历经千辛万苦浇铸起来的，它曾对中国社会的演进、对中国商业领域潜的或显的交换规则的形成、对商界文明秩序的建立发挥过巨大作用。中共中央政治局常委李长春在与出席十届全国人大四次会议的山西代表团代表一同审议政府工作报告时就强调指出"晋商精神"是山西人一笔宝贵的精神财富，希望山西经济界、企业界的人士弘扬晋商精神，把这一精神转化为加快山西经济社会发展的强大力量"。而今，面对山西省内省外热点关注如何重振晋商雄风、推动新一代晋商崛起和塑造新晋商、新形象的时候，我作为山西晋商联合会名誉会长，我认为当务之急的关键还在于复兴"晋商精神"，"晋商精神"不仅是中国近代商人的一种优秀品质，也是中国商人的核心价值观，必须要坚持传承和大力弘扬。充分发掘老一辈晋商辉煌背后的精神实质、文化内涵，对于弘扬中华民族优秀传统文化，构建社会主义核心价值体系，推动文化大发展大繁荣，提升我们经济社会发展的质量和水平，有着十分重要的现实意义和积极作用。

对于"新晋商精神"的内涵，山西省内外不少专家学者和新晋商代表都有各自论述，其中尤以孔祥毅教授总结的"晋商精神"、山西省晋商文化研究中心主任张正明研究员总结的"进取、敬业和群体三大晋商精神"和大同人、融资网的CEO唐朝先生提出新晋商精神的"忠诚度、凝聚力、价值观、责任感、使命感"五大关键词引发的反响强烈。当前山西全力推进的新晋商、新形象塑造工程既要承接无数代晋商恪守的价值观和义利观，也要把历史上的中国晋商精神和当代社会核心价值观（体系）结合起来，构建当代中国商人的核心价值体系。而要构建新一代晋商和当代中国商人的核心价值体系，我认为，只有把孔祥毅教授和张正明研究员总结的"晋商精神"与唐朝的"五大关键词"三者结合起来，才可以比较充分地体现"晋商精神"的现实内涵和意义，才可以推动"晋商精神"的复兴和弘扬。

回顾改革开放30年，新一代晋商的创业发展不仅在山西，而且在北京、天津、上海、海南、广东、甘肃、湖北、四川等省市都有很好的业绩，他们为地区经济发展、改革开放做出的贡献也很值得称颂。如今，山西上上下下全力组织实施新晋商、新形象塑造工程，打造"晋商之都"，顺应了时代发展要求，对新一代晋商提出新的要求和期望是非常必要和适时的。面对当今世界多变的经济形势和我国进入深化改革、扩大开放关键期，站在新的历史起点，我认为要塑造新晋商、新形象，在传承和弘扬“晋商精神”的基础上，我们山西的新一代晋商应做到以下6点：

第一，新一代晋商应清醒看到自己与浙江、广东、江苏、安徽等商帮的差距，封闭意识、小富即安、资源依赖、不善于联合合作的问题还比较突出。面对新一轮改革开放，新一代晋商要想成为我国的主流大商帮，必须进一步转变观念、解放思想，继承发扬“晋商精神”，对自身的素质要提出新要求，虚心向国内外的优秀商帮和企业家学习，努力使自己的文化、业务素质有一个新的提高。

第二，新一代晋商作为山西省社会经济发展的中坚力量，工商业发展的原动力，担负着十分重要的历史使命，应该积极主动地继承和发扬晋商精神，传承晋商的忠诚度、责任感和使命感，在追求最大利润的同时，更应规范经营、依法经营，正确处理和解决好自己企业生产、经营涉及领域的节能环保和生产安全问题，真正承担起应有的社会责任和使命，与仕同心、与国同德为山西人民富裕做出新的贡献。

第三，在新的历史时期竞争越来越激烈，新一代晋商必须明确真正履行社会责任才是可持续发展的必然选择。特别是依托山西资源开发加工而发展起来的新一代晋商更应明确臭氧层破坏、温室效应、环境污染等环境问题已使我们生存的地球面临严峻挑战，而要实现当前与未来、环境与社会的持续协调发展，每个企业必须正确处理生产服务与保护环境利益的关系，必须自觉履行环境责任，坚决按照科学发展观和循环经济的要求组织生产，实行清洁生产，坚持零排放，节约资源能源，转变发展方式，努力实现企业与生态、社会的协调发展，一定要注意做到“利己也要利他”，才是企业可持续发展的必然选择，努力为构建和谐社会做积极贡献。

第四，“商以信为本、商以诚为先，商要有商道，君子爱财取之有道”这些历代晋商留给我们的宝贵遗产与经商理念新一代晋商绝不可以丢弃，必须要有报效社会的崇高信念和价值观，努力在当代商界探索出一条新商道，在推进社会经济发展和深化改革中比贡献、比责任，用自己的实际行动创造出晋商新辉煌，使新一代晋商成为世人尊重的商帮。

第五，在新的历史条件下，新一代晋商不能只领会晋商文化的自然传承，而要通过发扬“诚信、勤奋、进取、敬业”的晋商文化，把“晋商精神”运用于现代经济活动，运用于现代企业经营，树立战略意识和品牌意识，要从战略高度着手，加强长远的战略管理，打造新一代晋商的强势品牌，努力把自己发展成为一支强势商帮。

第六，在现代市场经济竞争发展中，新一代晋商要实现新崛起，应抓住当前大好发展机遇，树立同舟共济的协调观和群体精神，全力提高新一代晋商的整体实力，通过重组、整合做大做强，靠自身的发展使企业加快集团化、国际化步伐，重振晋商雄风，进而实现迈向中国主流商帮、走向世界商帮舞台的梦想，这也是新一代晋商不可推卸的历史责任和使命。

为塑造新晋商、新形象，山西提出建设“晋商之都”，而建设晋商之都首先需要金融支持，现代经济是金融经济、经济与金融的高度融合，金融成为现代经济的核心，金融中心的建立可以融集大量的金融资本和各种金融要素，并通过金融的集聚效应带动和辐射周边地区经济和金融迅猛发展。历史上早期金融中介的形成主要依靠市场的自发形成，但是现代金融中心的形成政府起着关键的作用，那么，怎样建立“晋商之都”这个金融中心呢？我认为，山西在明清之际就是中国的金融贸易中心，“山西票号汇通天下”世人皆知，在开拓金融业务方面走在了全国前面的，继承和弘扬这一历史文化遗产是完全正确的。近来一些新一代晋商继承和发扬老一辈晋商开拓金融的经验，正在酝酿组建“晋商银行”。我认为这是适应社会主义市场经济发展新形势的必然要求，太原作为山西省会，山西省的经济、文化中心，在全省起着举足轻重的作用，市委、市政府应该采取积极支持态度，促成此事，使第一家晋商银行早日落户太原。

新一代晋商的崛起，固然要靠自身努力，但是政府的引导支持、全社会的关心爱护，为他们创造宽松良好的成长环境同样不可或缺。近几年来，山西省政府及各地市、县政府，以及企业界、学术界积极“塑造晋商”的行为和举措，实际上已告诉我们一个清清楚楚的答案——不仅“晋商精神”需要复兴与弘扬，而且我们这个社会需要商人道德的复归和重建。为此，我们通过切实复兴和弘扬“晋商精神”，可以在全社会树立锐意进取、全民创业的社会氛围；可以弥补山西省发展的短腿现状，提高产业整体竞争力；可以促使山西民营企业焕发青春，增添“闯”的动力与发展活力，可以使山西的民营经济进一步做大做强；可以增强全社会的诚信意识、完善信誉体系，为山西商帮谋求更大的发展空间。

（2008 年 11 月山西新晋商大会发言）

山西晋煤集团煤层气开发利用与技术创新专题调研及推进建议

我国经济结构和能源结构正处在转型关键期，加快我国煤层气（煤矿瓦斯）开发利用，对应对环境危机、保障我国能源安全、发展绿色经济、建设生态文明均具有重要的意义。在党中央、国务院高度重视下，“十二五”期间我国煤层气产业发展和煤矿瓦斯防治工作取得了显著成效，煤层气开发和利用量也实现较快增长。而我国煤层气产业仍处于起步阶段，规模小，利用率低，一些制约发展的矛盾和问题亟待解决。

为研究和破解《国家煤层气开发利用“十三五”规划》中明确的，制约我国煤层气产业发展亟待解决的四方面问题（现有技术难以支撑产业快速发展；煤矿瓦斯抽采难度增大利用率低；扶持政策激励效应趋于弱化；煤层气体制机制改革滞后），推动山西及全国煤层气产业发展，2017 年年初，我组织中国生产力学会与山西省生产力学会相关专家学者组建了调研组，走进山西这一全国煤层气资源大省、全国煤层气产业发展大省和主战场，深入全国煤层气产业重点企业——山西晋煤集团，对该集团煤层气产业发展状况、煤层气开发利用和技术创新方面，取得的成就和发展面临的难题，进行专题调研后，形成了《山西晋煤集团煤层气开发利用与技术创新专题调研报告》。

山西晋煤集团，是山西煤层气开发利用的先行者，也是全国最早进行地面煤层气开发技术试验的企业。调研组调研中目睹了该集团 20 多年坚持不懈、努力探索所取得的各项成就，了解了由其承担承建的国家科技重大专项、国家重点实验室、国家煤与煤层气协调开发示范工程和山西重点煤层气产业示范基地的建设发展状况。晋煤集团立足国情省情和资源禀赋，结合自身实际，不断推动科技创新，形成了一批关键技术，有效推动了煤层气产业发展。一是三区联动立体抽采技术的创新，突破了煤层气企业和煤炭企业难以统筹开发的困境，实现了煤层气与煤炭共采的安全高效协调开发。二是初步实现松软低渗构造煤矿区抽采煤层气的技术创新，将单井日均产量提高到5000立方米，创造了我国松软低渗构造煤矿区地面井抽采的最高产量。三是采用井抽采技术的研究，将日产气量提高到25000立方米以上，实现了煤层气地面规模化开采利用，并实现快速释放瓦斯，进一步保障了矿井安全生产，降低了生产成本。四是率先探索煤矿采空区及废弃矿井煤层气的抽采利用，取得了较大进展。他们创建的“先抽瓦斯后采煤”“井上井下联合抽采”模式和取得的技术创新成果，在行业中产生了积极的外溢效应，为全国煤层气规模化开采做出了积极贡献，赢得业界的赞誉和好评，也让调研组相关专家很是信服和肯定。

同时，调研组也理清了该集团在煤层气开发利用和技术创新方面，面临的四大难题：一是集团资金不足制约了煤层气技术创新投入；二是松软低渗等复杂地质条件下煤层气抽采遇到了技术瓶颈；三是煤炭采空区煤层气开采利用缺乏政策支持，技术创新也有待突破；四是煤层气开发利用领域学术带头人和关键技术人才缺乏，成为技术创新和发展的短板。该集团所面临的这些难题和制约因素，均包含于《国家煤层气开发利用“十三五”规划》中指明的问题中，是《规划》列举问题的具体化。其中的不少环节，靠企业自身难以解决，需要国务院相关部委和地方各级政府及相关部门协调联动、统筹推进，才好切实解决。

基于调研认识，综合业界需求和相关专家学者的建议，调研组提出了促进晋煤集团煤层气开发利用和技术创新的推动建议。通过与业界同志和相关专家学者的讨论审定，大家一致认为这些建议，不仅对促进晋煤集团煤层气开发利用和技术创新有实质性的支持作用，对加快我国煤层气产业发展也有很大的推动作用。

1. 建议国务院统筹推动煤层气产业发展制约问题解决，积极协调修订和完善相关法律法规中的制约条款。

建议国务院以推进煤层气开发利用“十三五”规划目标实现为指导，责成国家发改委、科技部、能源局和国土资源部等相关部委局，充分认识加快我国煤层气开发利用和产业发展，对于我国经济结构、能源结构转型和生态环境治理的重要性，通过深化改革和协调联动，尽快改变相关扶持政策激励效应趋于弱化局面，全力破解当前煤层气（煤矿瓦斯）开发利用的主要制约问题。同时，积极协调全国人大、法制办尽快对相关法律法规中的制约条款给予修订完善，进一步优化我国煤层气产业的发展环境，促进“十三五”规划重点任务落实和煤层气企业全身心开发利用和技术创新。

2. 建议将煤矿采空区及废弃矿井煤层气抽采利用列入可再生能源，给予相应政策和专项资金支持。

建议借鉴德、美、英等国家煤矿采空区煤层气抽采利用经验，将煤矿采空区及废弃矿井煤层气列入可再生能源，由国家发改委牵头并协调国土资源部、环保部和能源局等相关部委局，尽快制订出台支持抽采利用煤矿采空区煤层气的相关激励政策，并督促地方政府和相关管理机构，从立项、审批、土地、采气权、采矿权流转整合、设立专项资金、提供无息或贴息贷款等方面，全力支持晋煤集团等煤层气企业，积极开展或组织实施煤矿采空区煤层气抽采利用项目，包括煤矿坑口建集装箱式煤层气发电站等项目，大力促进自发自用和上网优先，以及余量享受优先上网和价格补贴等政策。

3. 建议重视国家重点实验室、示范工程和示范基地的建设发展，切实推进和支持其解决难题。

建议国家科技部、能源局协同省级政府及部门，以持续指导和支持国家科技重大专项、国家重点实验室、国家煤与煤层气协调开发示范工程和地方重点煤层气产业示范基地建设发展为己任，切实帮助这些项目的承担承建单位解决好制约建设发展的难题。建议相关各方加大投入，或共同设立专项资金，支持承担承建单位加强煤层气抽采利用基础研究和关键技术研究，以及人才队伍的培养引进。如：可将晋煤集团煤矿采空区及松软低渗等复杂地质中煤层气开发利用项目，纳入国家实验室和示范工程项目计划中，给予相应的技术指导和资金支持，助其尽快取得突破，并实现应用示范，由其带动我国煤层气产业实现科学化、规范化发展。

4. 建议尽快协调解决采气权、采矿权重叠问题，出台相应政策促进煤层气开发利用，奖励优秀企业。

建议国土资源部、环保部和地方政府及相关部门，尽快协调解决困扰煤层气产业发展的采气权与采矿权重叠问题，以及煤矿采空区采矿权的流转和整合问题，并制订出台相应支持政策，促进煤层气开发利用“十三五”规划任务落实和发展目标实现。建议进一步落实《矿产资源节约与综合利用专项基金管理办法》，对像晋煤集团一样多年来、通过煤炭与煤层气共采、三区联动抽采利用煤层气提高矿产资源采收率的优秀企业，给予专项基金奖励和相应支持，让其进一步提高矿产资源回采率、利用率，进一步实现煤层气开发利用的高效化、清洁化和产业的规模化。

5. 建议山西省上下把握机遇，积极协调和联动，通过开展试点，争取率先破解煤层气产业发展难题。

建议山西省委、省人民政府责成相关部门，把握好加快煤层气产业发展的重要机遇和其发展对“美丽山西”建设及山西转型发展的深远意义，积极协调争取国家相关部委局的支持和联动，在合力破解制约煤层气产业发展难题的同时，以建设山西转型综合改革示范区为契机，由其党工委和管理委员会牵头，组织相关部门尽快出台促进山西省煤层气产业发展，特别是支持废弃矿井煤层气商业化开发和利用的相关产业政策。同时，将主动开发利用废弃矿井煤层气的煤层气企业（如：晋煤集团）列为试点，鼓励和支持其技术创新，先行先试商业化开发利用模式，取得经验后向全省推广。

6. 建议山西省支持国家重点实验室、示范工程和示范基地建设发展，切实帮助承担承建单位走出困境。

建议山西省委、省人民政府及相关部门，支持国家重点实验室和国家及省重点煤矿区煤层气与煤炭协调开发示范工程的建设发展，积极根据其建设发展面临困境，切实帮助承担、承建企业解决好技术创新与持续发展难题。建议山西省委人才工作领导组办公室将煤层气人才的引进纳入“高端创新型人才培养引进工程”，或以奖励资助形式帮助晋煤集团国家重点实验室解决人才困扰问题；对煤层气技术创新和示范工程建设发展的资金缺乏问题，可参照其他省份做法，由山西省财政厅、省科技厅根据国家资助资金按一定比例给予配套资金补助外，还可设立专项基金支持。

（源自 2017 年 3 月作者呈送国务院《关于山西晋煤集团煤层气开发利用与技术创新的专题调研报告》）

合力推进我国军民产业互动发展

推动我国军民产业互动协调发展，促进国防经济与国民经济互动融合、转型跨越、共同发展，这是中国国防科技工业企业联合会响应党中央“建立军民结合、寓军于民的国防科技工业新体制”战略决策号召，是近年来国防科技企业一直推进的一项重要工作。很有幸我被先后邀请参加了在西安举办的“国防科技创新与科学发展研讨会”、在沈阳举办的“航空航天装备制造业论坛”、在北京举办的“国防科技工业自主创新论坛”和在大连举办的“装备应急抢修、抢险救援学术交流会”等活动，让我对打破军民界限，在国家利益平台上优化军民资源配置，走军民一体化发展之路，使国防科技建设依托于整个国家的经济、科技基础之上，加速军工技术转民和“民技军用”，积极推动军地合作、加快国防科技发展，推动军民产业互动协调发展等有了深刻的认识，对全面推进我国工业军民融合发展的重要意义，以及新时期我国国防科技工业发展模式和我国装备制造业的重大转变，都也有了较为深刻的认识。

缘此，近年来我一直在不同的场合，都在呼吁着鼓励军工企事业单位积极参与西部大开发、东北等老工业基地振兴、中部地区崛起和东部率先发展，结合所在地区的产业结构调整和城市发展规划，促进企事业单位布局优化和与区域经济的融合发展。同时，积极倡导为有条件的大中企业（包括国有企业和非公有企业）参与国防科研工业生产创造条件，为该产业链的合资、合作和交流提供良好的平台。这对于实现军民资源的互动协调发展，提高资源的利用效率，加快国防科技发展，推动军民产业互动协调发展，促进国防经济与国民经济的互动融合、转型跨越、共同发展都有着十分重要的意义。同时，我对推进我国军工装备制造业与民用装备制造业的交流合作和共同发展，充满了信心，并形成了如下重要认识。

一、装备制造业是我国经济的重要支柱产业

装备制造业作为向国民经济各部门提供装备的部门，是现代经济的支柱产业；装备制造业的发达程度，是衡量一个国家工业化阶段的重要标准。一个国家装备工业的实力和国际竞争力，关系到国家整体工业竞争力和综合国力在世界上的位置。为此，我们必须要看到装备制造业作为战略必争产业的重要性。战略必争产业是指那些涉及国家安全、经济命脉以及在国际经济竞争中对国民经济影响重大的产业，是我国从战略角度必须保证发展的产业。可以说，战略必争产业关系到一个国家的兴衰与存亡，是一个国家安全独立和成为一个强国必须拥有的产业。这些产业的发展与装备是花钱也买不到的，是我国成为一个强国必备的产业，是关系到子孙后代必需发展的产业。

回顾我国装备制造业发展历程，可以看到，20世纪80～90年代，我们对装备制造业的发展有一定的误区。当时我们误判了美国发展的趋势，认为随着信息化工业到来，装备制造业在美国将成为夕阳工业，从而认为中国也不必走美国的老路，不必在装备制造业上大力投入和发展。然而，后来的事实证明我们的预测和判断是失误的。其实，20世纪70年代美国的装备制造业在国民经济中的贡献率占到27%，而到最近两年，仍然占到21%，下降得并不多，而且下降部分中也只是由于信息业高速增长造成的。基于我们对美国经济构成的错误预测，导致了我们在一定程度上对装备制造业的忽视，从政策扶持到资金投入都比较薄弱，使当时的装备制造业发展速度缓慢。直到1999年，南斯拉夫我国大使馆被炸以及2001年南海撞机事件的发生以及期间的《考克斯报告》和《控制高技术机床出口法案》，使我们才意识到装备制造工业作为战略必争产业的重要性，特别是先进的涉及国家安全的装备制造业的重要性。同时，也让我们看清楚了一点，国家的强大离不开装备制造业的强大，大力发展装备制造业是我们的必经之路。

而装备制造业中的基础行业——机床行业，更是“支柱的支柱”。机床行业是向传统机械工业、国防工业、汽车工业、航空航天工业、电子信息技术工业以及其他加工工业提供加工装备的部门。机床行业的下游产业主要可以归纳为四大产业：即汽车产业、传统机械产业、军工产业（包括航空航天、兵器、船舶、核工业等）和以电子信息技术为代表的高新技术产业等。汽车工业和航天军工产业是

机床市场需求最大且需求产品技术水平最高的市场。机床作为国家装备工业的主流产品和技术方向，在国家经济发展战略中具有重要地位。中国与日本于1958年同年研制出首台NC机床，两国的机床工业发展基本上处于同一起跑线上。在正确的产业政策的指导下，经过20年的发展，日本从满目疮痍一跃成为世界第一机床生产国。从1955~1961年的七年间，日本机床产值增长了22倍，由37亿日元猛增至819亿日元，到1970年，产值竟达到3000亿日元，已接近欧美，世界排名第四。而到1979年更升至世界第一。20世纪70年代末，正是国际上电子技术成熟，数控机床进入大规模产业化的时期。而国内由于种种主客观原因再加上认识不足、政策措施不配套、投融资不到位等因素，导致了发展中国数控机床的有利时机。

进入21世纪，在国民经济快速发展的大好形势下，在相关产业发展带动下，装备制造业迎来了发展的大好时机。尤其我们党和国家从政策上给予高度重视，这是确保装备制造业健康、稳步、发展的重要保证。2004年11月，国务院总理温家宝在辽宁视察工作时明确指出："机床是装备制造业的工作母机，实现装备制造业现代化，取决于我国机床发展水平。振兴装备制造业，首先要振兴机床工业，我们要大力发展国产数控机床。"2005年9月出台了《国务院关于加快振兴装备制造业的若干意见》，11月五中全会《建议》把振兴装备制造业放在重要位置。在制订"十一五"发展规划时，明确规定国民经济和国防建设所需要的重大成套装备及高技术产业所需装备由国内制造和集成的比例在"十一五"期间要有大幅度提高。例如：国产数控机床国内市场占有率达到60%，高端产品与国际先进水平的差距缩小到5年以内。这些都说明我们国家从上到下都认识到：综合国力的提升取决于基础工业的发展，否则相关的工业发展都会被拖后腿，特别是航空航天工业。另外，装备制造业的发展确实为国民经济的发展做出了重要贡献，从统计数字上看，机械工业如果能增长11%，国民经济的增速就能达7%以上，关联性较大，装备制造业已经成为中国经济的重要支柱产业。2000年以后，装备制造业增速明显加快，5年平均增速为18%，2005年中国机械工业增加值占全国GDP比重为5.8%，产值占工业产值的25%，出口占全国的14%，已经能够为下游行业提供主要的装备，并已经在少数领域成为世界领先。特别是目前数控机床产量已经突破8万台，形势喜人。

虽然8万台是一个历史性的阶段，但我们应清醒地认识到，相对于我们这么大一个国家和市场，绝对数量仍然太少！我们应知道，像美国哈斯这样的一家企业，一年的数控机床生产量就达到12000台，而我们集全国的机床企业的生产量才只有8万台，从中我们就能意识到中国的机床行业的发展任重而道远呐！好在近年来我们的很多机床企业已形成了规模化生产，在形成规模化生产的企业当中，又涌现出一批品牌企业，如沈阳集团、大连集团、秦川集团等，都拥有了较强的市场竞争力。这说明我国的装备制造业已具备持续崛起的动力。我国正在经历着从重型设备这样的低端产品向航空航天这样高端产品演变的过程。我国经济发展带来的内在旺盛需求、庞大的基础设施、日益重要的国家安全问题和对外贸易的急剧扩大将成为装备制造业超常规发展的动力。韩国制造业的发展、空中客车公司的崛起都是政府扶持的结果，我国目前这些年来也加大了装备制造业投资力度。在未来的15年内，我国的电源设备、输变电设备、机床、工程机械、重卡、船舶制造业行业将会有新的较大发展，航空航天、铁路设备等也将有大幅提高，有可能会进入世界前三名。尤其是我国的机床行业通过自身的努力，发展势头会越来越好。只要我国的经济社会保持持续良性发展，我国的装备制造业发展前景不可限量，到2020年我国机床行业产值将位列全球20%的份额，必然会为我国经济的发展做出更大的贡献！

二、航空航天产业发展将为我国工业发展提供更大空间

随着神舟系列飞船成功发射，载人航天工程、绕月工程等向纵深发展，国家重点型号和ARJ21等国家支线飞机项目快速推进，大飞机计划正式启动，我国航空航天工业进入一个难得的历史发展时期。2006年10月12日国务院新闻办公室发布了《2006年中国的航天》白皮书，白皮书把航天事业提到国家战略高度，提出将发展航天事业作为增强国家经济实力、科技实力、国防实力和民族凝聚力的一项强国兴邦战略举措，作为国家整体发展战略的重要组成部分，保持航天事业长期、稳定持续的发展。根据白皮书，我国政府将继续加大航天投入，未来我国的航天事业仍将保持快速发展，投资渠道也逐步走向多元化。一方面是国家对民机发展的支持，另一方面是国家对军机研发新型号的要求，随着航天事业产业化进程的加快，我国的航空航天产业迎来重大的发展机遇，而与之相关联的我国工业发展也将获得更大发展空间。

在此，我想就以我国启动大飞机的制造为例，谈谈我国航空航天产业面临的

重大发展机遇和将给我国工业发展带来的巨大发展空间。

随着2007年2月国务院宣布大飞机项目正式立项，国人的大飞机梦想就开始放飞。尽管业内人士预计中国制造的大飞机上天要到2020年，但是围绕大飞机的相关产业已开始受到业内外关注。无论是现有的航空工业制造力量，还是计划进入这一行业的民营资本乃至外资，围绕大飞机的产业链价值，已有众多力量酝酿分享这场大飞机“盛宴”。据一位航空制造研究员介绍，大型飞机制造业属于典型的“合作型工业”，总装实际上只占整个飞机制造工作量的4%到7%。截至目前，几乎没有一项大型飞机、发动机的制造是由一家公司独立完成的。空客有1500多家供应商，分布在27个国家和地区。波音60%以上的零部件也都转包给其他供应商。因此，对于承担转包业务的企业来说，存在着巨大的市场机会。同时，我们必须要清醒地认识到：一方面大飞机项目仅在研发环节上，经初步测算就需投资研制经费500亿~600亿元。且需要较长的研制时间，短则6、7年，长的话可能需要10年，无论是在时间还是资金上，都需要巨大投入。另一方面，中国制造的大飞机究竟能不能获得市场认可，现在还很难预言。据有关专家指出，通常一个机型的开发成本，需要出售300架左右的飞机来实现回收，虽然投资者可以根据自己的需求来适当延缓或加快摊销成本的速度，但是，其销量只有达到一定规模才能回收成本是毋庸置疑的。我们都很清楚，波音和空客的双寡头竞争格局已维持多年，加拿大的庞巴迪公司和巴西航空工业公司仍然以支线飞机为主，并未在市场上与波音、空客的主力干线机型正面交锋。

但是，我们搞大飞机不单单是为了满足国内民航需求，更重大的意义是有利于我国调整产业结构，推动产业结构的升级和经济转型。波音公司公布的《2005年度当前市场展望》称，中国未来20年航空运输量的增长，将创造2600多架新飞机的需求，价值2130亿美元，中国将继续保持除美国以外最大的新增民用飞机市场。坐拥如此巨大的民机市场，中国不甘于单纯成为国外民机巨头的销售市场，或者承担转包工作，而希望自己研制的大飞机满足国内民航业需求。同时，大飞机的更大意义在于其是高新技术高度集成的产品，通过推进大飞机项目，有利于带动一系列产业的升级。大飞机由于涉及的工业门类较多，对于我国材料、电子、纺织、气动、自动控制、化工、冶金等众多配套产业，都有强力拉动。以纺织业为例，机上的座椅外套、地毯等织物需求量大，而且要求具有防火性，这将给国内具有上述生产技术的纺织企业带来机遇。

日本曾做过一次500余项技术扩散案例分析，发现有60%的技术源于航空工业，而且带动的出口和就业相当惊人。2000年法国航空航天工业营业额1627亿法郎，其中出口占75%，外贸顺差达640亿法郎。2001年欧盟航空航天工业直接从业人员有43.6万人，由航空航天工业带来的欧洲就业人数达到120万人。2002年版《美国航空航天产业未来委员会最终报告》也指出："航空航天工业是美国经济领域内一支强大力量，是全球市场最有竞争力的部门之一。航空航天工业产值占国内生产总值15%以上，并提供1500万个以上高质量的就业岗位。航空航天产品提供比其他任何生产部门都高的贸易盈余。"

由此可见，航空航天产业在国家强大中，尤其是在世界大国中的战略地位日益突出和显要。航空航天产业所应用和涉及的技术是高技术密集的综合性尖端科学技术，是科学技术的制高点。应当说，它在博采了现代科学技术最新成就的同时，对现代科学各个领域提出了广阔的发展需求，从而推动了科学技术进步和高技术产业的发展。航空航天产业的发展水平是一个国家综合国力的最好体现。航空航天科技工业的发展水平可全面反映一个国家科技和高技术产业的水平，特别是在系统工程、控制、计算机及软件、动力、通信、遥感、测试、导航、制导、仿真、微电子、光电子、新能源、新材料、新工艺等技术以及近代力学、天文学、地球科学、航天医学、空间科学等等多方面的水平。航空航天产业的民用前景越来越宽广，经济效益难以估量。如气象、遥感农业成熟度估产、植被和海面温度监测、环境预测、灾害预报等，社会和经济效益非常高。美国、欧洲和国内统计分析专家采用不同模型和方法，对航天产业的经济与社会效益进行过多项研究评估，得出的结论大同小异。即各国政府在航天领域的投入产出比为1：7至1：12不等，还有更高的1：25。例如：2004年台风"云娜"登陆我国浙江沿海，灾害造成的经济损失100多亿元，死亡100多人。然而，这已是气象部门根据我国气象卫星云图提前三天做出了预报，若没有警报，损失必将更为惨重。因此，我国航空航天产业重大发展必将给我国的工业发展和国民经济发展带来的巨大空间。

三、军民一体化发展是我国经济持续发展的必由之路

我国国防科技工业几十年发展的实践证明，坚持军民结合、寓军于民，大力发展民品，积极吸纳和采用民用高科技资源转为军用，走军民一体化发展之路，

是国防科技工业持续发展的内在规律性要求，更是我国实现经济转型和可持续发展的必由之路。发展民用产业是国防科技工业发展不可或缺的重要组成部分，民品发展对军工（国防）经济快速增长做出了重要贡献。“十五”期间，在军品任务增加的情况下，军工民用产业的总体规模保持不断增长的态势，民品产值和民品销售收入分别以年均20.17%和22.07%的速度增长，高于同期全国GDP年均9.5%的增长速度。民品发展有力推动了国防科技工业结构调整。同样民品企业和军工企业融合运用军品生产技术，对民品生产企业也是一个重要问题，所以军民融合发展是国民经济一个新的增长点。经过20多年的军转民，产品结构由一般消费品、低层次工业品向装备制造和高技术产品转变。具有军工特色的军民结合高技术产品销售收入比重提高到26%，推动了国防科技工业产业升级，初步形成了以“四民”（民用航天、民用飞机、民用船舶、民用核技术）、车辆（汽车、摩托车）及零部件、装备制造（包括环保设备、通讯设备、烟草加工设备、纺织设备、建筑工程设备、机床等）、化工等为主体板块的民品发展格局，年销售收入过亿元的民品近200种，过10亿元的近20种。民品发展促进了国防科技工业体制机制转变。“十五”期间，军工民品企业股份制改造稳步推进，有49家上市公司，呈现出产权主体多元化、经营管理市场化的良好势头。如今，民品企业市场主体地位基本确立，企业自主决策、资金来源多样、面向市场发展的格局初步形成，民品的发展改善了军工经济运行质量，使军工经济效益大幅度提升。

当前在国家财力有限的情况下，发展高科技武器装备，特别需要降低成本。只有千方百计地降低研制、采购费用，才能满足武器装备不断发展的需求。除了提高国防科技工业本身的投入产出效益之外，唯一行之有效的办法是把民用高科技资源转为军用。将那些民用已经成熟的技术成果和货架产品，拿来为国防和军队建设所用，或将那些军民共用技术的研发，统筹进行，以减少重复投入，提高研发效益，降低采购费用，从而相对地也提高了国防开支。也就是通过发展军民两用技术和“民转军”“军转民”，提高追赶世界军事技术革命浪潮的速度并降低它的成本，使国防建设在国家经济可承受的限度内实现持续快速发展，既是为了强军又是为了发展经济。因此特别强调，要充分利用当前民用经济中的先进高科技技术来实现我国国防科技的跨越式发展。在“军民结合、寓军于民”方针指引下，提倡民用高科技资源为国防建设服务，历史赋予了它创新的含义。改革开放以来，特别是邓小平提出“科学技术是第一生产力”“发展高科技实现产业化”的指示以后，国家大力发展高新技术和推进高科技产业化。在一些重要的高新技术领域，如信息技术、电子技术、先进材料、新能源和先进制造技术领域，军用与民用领域在技术水平上已难分伯仲，甚至在某些产业（如信息技术）民用领域甚至已经超过军用领域。在这种情况下提倡“民为军用”，对国防科技工业走军民结合之路，加快国防和军队现代化建设步伐，这无疑是当今的又一个国家层面的战略性重大举措。另外，国务院下文鼓励支持引导非公有制企业为国防建设服务。对于民用企业来说，是一个进入军品市场的大好机遇，民用企业进入军品市场主要有四个方面的好处：一是可以提高企业的知名度和信誉；二是可以获得军工相对稳定的高利润的回报；三是可以提升企业整体创新能力和竞争力；四是从军队和军工部门可以取得经费（包括科研费、条件保障费和减免税等优惠政策）上的支持。为此，有事业心、负责任的企业家，应该充分明白“民技军用”的战略意义，尽早把自己的高科技资源为国防建设服务并带来经济效益。

鉴于“军民一体化”战略的实施涉及军民两个方面，那么在推动军民一体化的过程中，就要求国家和各级地方政府都要十分重视军民之间的合作和协调，采取各种相应措施，积极扶持当地的军工企业的发展，同时为军民结合搭建合作平台，支持和鼓励民用企业参与装备科研生产，全力推进军民之间的协调和有效合作，从而将军工经济更好地与地方经济融合，实现优势互补、共同发展。另外，国家的相关部门也要加速相关法律和政策的制定和修订，为军民一体化发展营造更加有利的大环境。建立军民结合、寓军于民的国防科技工业新体制，走军民一体化发展之路，促进军工企业与地方经济的共同发展，实现国防经济与国民经济互动融合，既是我国强军强国的客观需要，也是国际科技发展趋势和国内经济发展的必然选择。

我国机械工业的发展，其趋势就是数字化、精密化、智能化、微型化、生命化、生态化的发展方向。民用机械工业和军工企业有着密不可分的特殊联系，应该成为军民经济融合之典范。民用机械工业企业要主动和国防机械工业企业联系，强大的军事工业高新技术完全可以运用到民用机械工业产品上，民向军学习，要加速军民融合之路。所以说，下一个阶段的我国工业发展的重点是，作为行业要调整产业结构，作为企业要调整产品结构，只有结构对路，才能形成蓬勃向上、井然有序的发展格局。而经济结构、产品结构调整都要走军民融合之路，只有这样才能促使我们有新的大发展。只要抓住当前我国经济转型发展重要战略机遇期，适时调整发展模式，我国的各行各业就会实现持续、共同发展，也一定会为我国经济持续发展做出更大贡献！

（2007 年 9 月 4 日航空航天装备制造业（沈阳）论坛发言）

努力使社会责任履行成为自觉行动

关于我国企业社会责任问题，我们几年来逐步明确其科学内涵，推进我国企业社会责任落实，努力使社会责任履行成为我国企业和社会各方的自觉行动，才是我们的根本目标。我多次提及的“环境责任”和“安全（食品、药品）责任”只是我们的具体行动的开始。而为了实现我们的根本目标，我认为，当前进一步推进企业履行社会责任的关键在于提高其执行力，而要提高执行力，我国所有企业应从以下6个方面进一步明确其自觉履行社会责任的重要意义：

第一，明确履行社会责任要以做好自己份内之事为前提。要想把社会责任履行变成自觉行动，每个“社会公民”首先应该明确“责任”的含义，《康熙字典》对“责任”给出了两层含义：一是指份内应做的事；二是指没有做好份内应做的事，因而应当承担的过失。由此可见，履行社会责任就是做自己为社会应做的份内之事。也就是说，每个“社会公民”只有努力把各自份内之事做好，才能提高整个社会责任的执行力，也才能把履行社会责任变成自觉行动。

第二，明确履行社会责任要以维护好出资者、劳动者和消费者的合法权益为保障。企业作为社会公民，一定要做好份内之事，在为出资者创造利润的同时，必须坚持以人为本的原则，把维护职工的根本利益作为实现企业内部和谐的关键，为员工创造安全生产条件，提高工资和福利待遇，尽力实现员工快乐工作，并依法保护其合法权益；积极向社会提供物质产品和服务，依法经营，全力维护产品消费者合法权益。只有维护好这三者合法权益，才能为企业履行社会责任提供有力保障。

第三，明确履行社会责任是可持续发展的必然选择。臭氧层破坏、温室效应、环境污染事故等环境问题，已使我们生存的地球面临严峻挑战，其中多数是由企业生产造成的。而要实现当前与未来、环境与社会的持续协调发展，每个企业必须正确处理生产服务与保护环境利益的关系，必须自觉履行环境责任，坚决按照科学发展观和循环经济的要求组织生产，实行清洁生产，坚持零排放，节约资源能源，转变发展方式，努力实现企业与生态、社会的协调发展，才是企业可持续发展的必然选择。

第四，明确履行社会责任是优化企业品格的关键环节。一个企业要想获得发展壮大，不仅要有优秀的产品和优质的服务，而且也离不开企业的品格魅力，而被社会各界认知、认可的企业品格魅力则更多地体现在自觉履行企业社会责任方面。每个企业只有把社会责任履行作为提高企业核心竞争力的重要内容和优化企业品格的关键环节，并通过弘扬中华传统美德和大爱精神，用爱心回馈社会，主动承担起对社会各利益相关者的义务，积极支持和赞助社会公益事业，扶贫济困，救助灾害，帮助残疾人和社会弱势群体，缓解贫富差距、维护社会的稳定，努力实现共同富裕，才能实现企业的大发展。

第五，明确履行社会责任是促进和谐社会建设的具体行动。企业作为国民经济的细胞和市场经济的主体，是社会财富的创造者，是社会进步的推动者，对于和谐社会构建起着至关重要的作用。在这次“5·12”汶川大地震抗震救灾中，绝大多数的企业积极为国分忧，主动承担起广泛的社会责任，纷纷捐款、捐物，参与救灾服务，自觉联合起来，不涨价、抵制涨价……与社会各界共同在中华大地谱写了一曲曲“同舟共济”“一方有难、八方支援”的动人之歌。相反个别企业消极对待抗震救灾，成为社会的不和谐因素，令人无比的遗憾。为此，我们号召企业应把履行社会责任确定为自己促进和谐社会建设的具体行动，希望你们在灾区重建中做出更大贡献。

第六，明确自觉履行社会责任，并主动提高执行能力是企业科学发展的必然要求。在党中央国务院、各级政府的高度重视和社会各界的推动下，当前履行社会责任已成为社会各界对企业的广泛要求。如：新《公司法》对履行社会责任给出了明确要求；国务院国有资产监督管理委员会发布的《关于中央企业履行社会责任的指导意见》对中央企业提出了明确要求；各类行业协会已着手制定《行业协会社会责任指南》和《社会责任的考核指标体系》，并将以此来指导企业认真履行社会责任和规范企业行为；一些大型企业陆续公布它们的《企业社会责任报告》，开始接受社会公众和媒体的广泛监督。为此，每个企业只有尽早把履行社会责任变成自觉行动，才能适应社会发展的必然趋势。政府、社会团体、社会各阶层应发挥各自作用，积极倡导和监督企业履行社会责任，促使企业履行社会责任落到实处，才能对推进和谐社会构建产生深远影响。

另外，各金融企业应进一步明确，金融安全是我们的“第二国防”，其社会责任重大，自觉履行企业社会责任中应成为其他企业的表率。众所周知，金融是经济的血液，既关系到国家乃至世界经济的发展，也关系到千家万户的切身利益，在现代社会，金融渗透到社会的各个层面，倘若金融体系出现了问题，对社会造成的影响是难以想象的，可以说金融安全是我们的“第二国防”。为此，针对后国际金融危机时代挑战的不可预知性，我认为，汲取这次国际金融危机发生的教训，当前和未来一段时间内“强化金融企业责任，维护国家金融安全”，应成为推进我国企业社会责任落实的又一具体行动主题。

目前，我国金融企业和相关机构已经普遍自觉履行社会责任，并且走在了许多行业前面。如：国家建行在信贷评审中坚决执行环保“一票否决”制，严格限制向“高耗能、高污染”行业贷款。上海银监局2007年4月印发的《上海银行业金融机构企业社会责任指引》，成为我国地方银行业监管局发布的首部企业社会责任指引。2008年上半年，中国银行发布的首份《企业社会责任报告》，成为金融企业向社会负责的又一例证。随后，其他银行也陆续按年度发布了自己的《企业社会责任报告》。但是，金融企业在履行社会责任中，我认为还应在以下4个方面给予足够重视：

1. 要重视保护银行存款人的资金安全。银行是公众尤其是个人资金的主要存储地，银行可运用资金主要是储户的存款，而不是自有资金，银行的资金比例比较低，银行的破产会给存款人带来极大的损失，给社会带来动荡不安，谨慎经营是银行经营之根本。近几年来，国内外各大银行被骗贷的案件时有发生，造成了严重的社会影响，降低了金融机构在公众心中的信用度，可想而知，如果银行一旦问题，不论问题的严重程度，如这次美国的“次贷”危机，整个社会都为此付出很大的成本和代价。

2. 要重视公平配置社会资金。社会公众，无论是大公司还是中小企业，无论是富人还是穷人，都需要依赖金融进行生产或生活，而银行在配置社会资源方面起着核心的作用，如果银行不能很好地肩负起这种社会责任，那么社会的总体福利就不能得到有效的提高。银行要长远谋略，公平配置社会资金，才能达到利润最大化。

3. 要重视发挥为国家经济政策、产业政策的顺利实施保驾护航作用。在国家宏观调控中，银行和各类金融机构起着十分重要的作用，直接关系到经济增长方式的转变，也关系到国家产业政策的导向，银行不能只从本身经济利益出发思考和决策问题，而应该站得高一点看得远一点。

4. 要重视建立健全农村金融服务体系。我国农业基础薄弱、农村发展滞后的局面尚未根本改变，其重要原因之一是农村金融服务体系还没有完全建立起来。由于某些商业银行从农村淡出和现有农村金融机构的趋利性，使得广大农村地区“金融服务密度”低下，农村经济发展患上了“失血症”。党的十七大报告指出：解决好农村、农业、农民问题，事关全面建设小康社会大局，必须始终作为全党工作的重中之重。为此，发展切实服务于“三农”的农村新型金融企业，建立健全农村金融服务体系，是我国建设社会主义新农村的紧迫需要，也是建设和谐社会的必然要求。

同时，我们必须明确：金融企业作为特殊企业，其独特社会地位决定了它的社会责任具有多方面内涵。它们不仅要搞好自身的改革，加强风险内控，维护金融稳定，实现业务的持续健康发展，为其股东创造长期稳定的回报，还要将实现国有资产的保值增值和人民的储蓄安全作为必须履行的基本社会责任。你们决策时，必须要以大局为重，从长远利益出发，及时而真实地反映出对社会的贡献和损害，减少对政府及公众的不良影响，不断调整自身的经营方向和发展理念，实现经济效益和社会效益的双赢。为此，金融企业应比其他一般企业承担更加重大的社会责任，并要发挥表率带动作用，全力维护好国家金融安全，才能保证我国和谐社会的顺利构建。

为此，积极倡导和开展企业社会责任活动，使企业履行社会责任经常化、长效化、自觉化，是我们一再强调的问题，在构建社会主义和谐社会过程中如果不认真解决好这个问题，便无和谐可谈。我热切期待着社会责任履行成为我国企业和社会各方的自觉行动。

（2008 年 7 月 5 日上海浦东建设和谐社会与企业社会责任论坛演讲）

切实发挥国防科技工业在建设海洋强国中的助推力作用

今天，很高兴应邀来到东海之滨的美丽城市宁波，出席“建设海洋强国与国防科技工业高层研讨会暨2013年国防科技工业管理创新工作交流会”。借此机会，结合大会主题，我从三个方面谈点个人观点和认识，供大家讨论参考。**一是建设中国特色海洋强国的重要性紧迫性；二是我国建设海洋强国应特别关注和亟待解决的重大问题；三是发挥国防科技工业在建设海洋强国道路中的助推力作用。**

我首先讲第一个问题：为什么要建设中国特色的海洋强国，即：建设中国特色海洋强国的重要性紧迫性。

一、建设中国特色海洋强国的重要性紧迫性

1. 海洋强国战略是适应世界海洋发展潮流、是以习近平同志为总书记的党中央结合中国快速发展国情作出的睿智决策。我们知道，地球表面积约为5.1亿平方公里，其中海洋面积3.6亿平方公里，占总面积71%，它与人类的生存息息相关，与国家兴衰紧密相连。古今中外的史实证明，凡大力向海洋发展的国家，皆可国势走强；反之，则有可能沦为落后挨打的地步。昔日的海上强国葡萄牙、西班牙和荷兰，当年的日不落帝国英国，二战后的两个超级大国之一苏联，和现在盛气凌人、不可一世的美国，无一走的都是海上兴兵强国之路。我们中华民族5000年的文明史，更是直接证明中国的统一、稳定、繁荣和昌盛与海洋休戚相关。中华民族的兴衰和耻辱也均与海洋密切相关。秦朝的统一，西汉的强盛，唐朝的繁荣，

明朝以后的“海禁”，清朝末期的挨打，以及近代海防危机和现代海洋权益之争，无不折射出海洋对中华民族历史进程的重大影响。1992 年联合国环境和发展大会通过的《21 世纪议程》指出，**“海洋不仅是生命支持系统的重要组成部分，而且是可持续发展的宝贵财富。21 世纪，国际政治、经济、军事和科技活动都离不开海洋，人类的可持续发展也将必然越来越多的依赖于海洋。”**我国是个海洋大国，领海面积约 300 万平方公里，海岸线 18000 公里，海岛面积约 6691 平方公里，海洋石油资源约 240 亿吨，海洋产业 2012 年超过 5 万亿元总产值，占国内生产总值的 9.6%。今年 1 月，**国务院发布的《关于印发全国海洋经济发展“十二五”规划的通知》指出，**“十二五”时期海洋经济总体实力进一步提升，经济增长质量和效益明显提高，海洋生产总值年均增长 8%，2015 年占国内生产总值的比重达到 10%。**党的十八大高瞻远瞩地提出了“提高海洋资源开发能力，发展海洋经济，保护海洋生态环境，坚决维护国家海洋权益，建设海洋强国”**这 40 个字的**“海洋战略目标”，这是党中央在我国全面建成小康社会的关键阶段作出的重大决定，是适应世界海洋发展潮流、符合中国快速发展国情的睿智决策，是中国特色社会主义道路的重要组成部分，是一条“以海富国、以海强国、人海和谐、合作发展”道路，**当然，这需要在党中央正确领导下，国务院和有关省市、各级各有关部门和全国各族人民为之付出长期不懈的艰苦努力。

2. 建设海洋强国，是实现中华民族伟大复兴的重要战略措施，也是实现“中国梦”的重要战略决策。海洋是尚未充分开发利用的自然资源宝库，其蕴藏着巨量的资源和能源，被视为人类可以利用的“第六大洲”。21 世纪是海洋世纪，也是中华民族走向伟大复兴的新时代。在新的历史时期，中国正在成为一个屹立于世界民族之林的大国，而一个世界大国需要成为经济强国，同时也必须是海洋强国。当前，我国已成为经济总量排名世界第二的经济体。我国的航天事业发展迅速，已成为继美国、俄罗斯之后能够发射载人航天器的强国。但是我们的海洋事业还不强大，海洋力量还比较弱小，与我们整体国力发展水平还不相适应。历史证明，没有强大的海洋力量就不能有效维护和保障我国的海权；没有强大的海洋力量就不能利用公海和国际海域属于人类共同继承的财产——海洋资源；没有强大的海洋力量就不能有效防御来自海上的威胁。最近几年，国际上的一些突发事件，往往都是在海上发生或从海上而来。可以说，国际安全、地区安全和沿海国家的安全，大都与海洋息息相关。可以预见，今后一段时间影响和威胁我国国家统一大业和国防安全的情况，来自海上的可能性非常之大。因此，走向海洋，建设海洋强国，是实现中华民族伟大复兴的重要战略措施，也是实现“中国梦”的重要战略决策。

3. 推进海洋战略、实现强国之梦，为海洋事业大发展带来难得机遇。新世纪的到来，为中华民族的伟大复兴，提供了一次不可多得的历史契机。特别是党的十八大提出**“海洋强国战略”**，今年“两会”，党中央、国务院决定重组国家海洋局，充分发挥国家海洋局及有关部门的职能作用，我们坚信，这必将为推进海洋战略、实现强国之梦，为海洋事业大发展带来难得机遇。如何抓住机遇，在 21 世纪中叶以前把我国建设成一个现代化的富强国家，是摆在我们面前的一个重要任务。如何实现陆权国家向海权国家的转变，从海洋大国向海洋强国的转变，这是中国的核心利益所在，其现实意义与战略意义都十分巨大而深远。建设海洋强国，是中国实现可持续发展，成为世界强国的必由之路。海洋强国的建设，可以确保国家海洋权益、海洋安全得到有效维护和保障。为此，我们应该从国家发展的战略高度，充分认识海洋在国家生活中的重要性，把海洋工作列入国家的重要议事日程，建立国家的海洋发展观，确立长远的海洋发展战略，这样才能真正实现强国之梦的夙愿。

二、建设海洋强国应特别关注和亟待解决的重大问题

1. 建设海洋强国是一项长期、艰巨的历史任务，必须高度重视。为推进实施“海洋强国”战略，我们中国生产力学会和中央党校超越之路课题组组成“中国特色海洋强国之路”课题组，立足于中华几千年海洋文明传统，结合我国海洋事业发展面临的新形势、新环境，进行了专项调研，初步完成了《中国特色海洋强国之路研究报告（征求意见稿）》。**在广泛征求意见建议和专家评审后，我们计划年内上报国务院领导**。研究中，我们将中国海洋大国文明基因归纳为**“管辖海域、海仙思想、海上贸易、海外移民、朝贡体系”**这五个方面内容，并将中国没能成为**“海洋文明大国”（即海洋强国）**的因素归纳为**“地理区位的缺点、地缘政治的影响、国家体制的限制、海洋文化的缺陷”**这四个方面。**一是地理区位的缺点**。中国虽然经过几千年的海洋探索和海疆拓展，形成了广大的管辖海域，但其规模仍不能与更广大的陆域相比。而且中国地处亚欧大陆的核心。这一特点决定了中

国历朝历代发展的重点在陆上而不在海上。中国地理区位的缺点突出表现在中国广大海域呈封闭或半封闭状态。这种特点在古代是一种有利条件，其海上交通线具有较高的安全性和稳定性，因而有利于海上贸易的发展。然而自近代以来，由于科学技术和各国军事力量迅速发展，对中国的周边海域形成多重岛链，因而从全球范围发展海上力量的角度来看，中国广大海域的上述特点又是不利因素。**二是地缘政治的影响**。20 世纪以前几千年的历史发展中，中国周边海域没有能够威胁中国的海上力量，对中原王朝来说，海患均为癣疥之疾，不足为患，唯一耗费王朝较多精力的是明代的倭寇问题和日本侵略朝鲜问题，但二者一为海盗活动，一为周边藩属国的战乱，均不对中原王朝构成重大威胁。这就决定了中国没有迫切的动机来谋求海上军事优势。因此，古代中国对海洋的利用主要侧重交通方面，或者将海运作为陆运的补充，或者将海洋视为海外进出口贸易的载体。对海洋资源、海洋科技、海洋安全等问题都不太重视，因而很难形成与大陆文明相匹配的海洋文明。**三是国家体制的限制**。古代中国在这方面最主要的表现就是严重的官民脱节：官方层面重政治轻经济，民间的贸易和移民领域重经济社会利益轻政治因素。这种分异本来无可厚非，但在古代中国，二者基本上相互隔绝，很少相互支持，反倒经常相互挤压（明代曾推行郑和大航海，同时又推行海禁；清代一方面推行“广东十三行”一类的专营制度，另一方面厉行海禁，反对一般的民间外贸，禁止海外移民）。加之中国的立国基础是重农抑商，发展海洋必须特别重视海上贸易，这就与中国传统的农耕文明的立国基础相冲突。所以，中国历朝历代的海洋活动，其中最为典型的就是明朝长达 28 年的官方郑和“七次下西洋”却和民间无关，最终的结局只能是“血本无归”的结束这一具有世界历史意义的航海活动。**四是海洋文化的缺陷**。中国虽拥有古老而丰富的海洋文化，但其本身存在着重大的缺陷，其中最重要的就是导致中国的海洋科技不能充分发育。仙道思想虽然推动了中国人民对海洋的探索和思考，但并未转化为海洋研究、海洋科学等，由此导致对海洋的探索长期处于经验积累、仙道玄思的简单再生产阶段，不能借助海洋科技的有力支撑而进入扩大再生产阶段。以上几个方面的因素逐步形成中国陆上产出远远大于海洋产出的基本格局和中国几千年海陆发展不平衡的历史，由此决定了中华文明大陆性远胜于海洋性的特征。

为此，我们提出，时代的变迁迫切需要中国激活海洋大国的文明基因，建设现代新型的海洋强国：**一是确立以“两个均衡”**，即：传统安全与合作安全均衡、安全与发展均衡为核心的海洋战略新思维；**二是确立以“两个协调”**，即：政治、经济、科技、文化协调发展，陆海协调发展为核心的海洋发展新战略；**三是确立“三个主体”**，即：政府、企业、民间和**“四种手段”**，即：军备建设、经济开发、国际法、国际组织为核心的海洋发展创新策略与手段。我们也在提出，激活文明基因，建设海洋强国，迫切需要在宏观层面强化国家海洋发展的政治意志，这是体现党的执政能力的标志，其主要内容：**一是**制定和完善海洋发展的总体战略和法理框架；**二是**加强中央和地方海洋发展管理机构建设；**三是**加强海防和管辖海域基础设施建设；**四是**发展海权和推动重大海洋科技专项攻关；**五是**建设一支强大的海军，有能力捍卫我国的海域疆土。其中，前两个方面是政策和制度建设，后两个方面是落实各项方针政策的实践行动。最后一条是保卫我国海域疆土主权。

同时，我们认为，建设海洋强国还需要在微观层面创建中国特色文化和宣传体系，这是体现广大人民群众能否深刻认识和坚决支持党和国家政治意志的标志。并提出建议方案：**一是**创建中国特色海洋文化重点工程；**二是**创建中国特色海洋文化宣传体系；**三是**建立海洋文化教育和宣传研究基地。总的目标是全面动员各族人民投入到建设海洋强国的伟大事业中来。

研究结论，海洋是人类未来发展的着力方向，更是中国未来发展的着力方向。建设海洋强国任重道远，必须坚持防御和发展并重，并以和平、合作、和谐为目标，最终走出一条超越西方海洋霸权和垄断海洋主权思维的中国特色海洋强国之路。

以上是我从课题研究方面，简要谈了海洋强国中亟需重视和解决的问题及相关建议。接下来，我再谈谈我们面临的形势和挑战。

2. 我国在维护海洋权益方面面临严峻形势和尖锐挑战。一是在划归我国的近300万平方公里海域中，争议区近150万平方公里。我国与所有海上邻国朝鲜、韩国、日本、菲律宾、马来西亚、文莱、越南等国存在油气和渔业资源争端；同日本、菲律宾、马来西亚、文莱，越南存在着岛屿归属争议。**二是我国在海洋权益、海洋开发和管理方面面临着严峻的形势**。黄海北部我国与朝鲜的渔业矛盾日益突出，朝鲜不惜代价保卫其“黄金渔场”；同韩国已经发生军事对峙，对我国也提出了划界和渔业“经济补偿”的要求。我国与韩国、日本都有渔业矛盾。目前签订的渔业协定，期限较短，只能作为一种过渡措施。近年来，日、韩对专属经济区和大陆架实行完全管辖的要求和行动愈演愈烈，形势对我不利。日韩的划界工作基本完成，其后有可能形成集中对我国的局面。东海中、日、韩三国交界水域的渔业安排和划界问题也十分紧迫。我国与周边国家还有岛礁主权争端和抢占岛礁问题。南海地区我国与菲律宾、马来西亚、文莱和越南等国除岛屿归属和海域划界问题外，还有某些大国和势力介入等更加复杂的问题。菲律宾侵犯我拥有主权的黄岩岛，导致国人愤怒。**三是日本不顾中国再三声明，擅自发起所谓的政府购岛“闹剧”，直接侵占属于中国的钓鱼岛，引起两岸人民的坚决反对和强烈不满**。此外，**某些大国和周边国家的军事部门采取各种措施调查收集我国近海和西北太平洋的潮汐、声场、温度、密度、海洋锋面、中尺度涡、内波、海底沉积物、海流等海洋环境资料**。有些国家的军事海洋预报已经开始专门预报中国近海的次表层水温、盐度、密度、海流及水下声场等与军事活动密切相关的海洋要素，已经对我国的海上安全构成了严重的威胁。

3. 建设海洋强国的初步思考。我主要从经济和军事方面简单讲两点：**一是建设海洋经济强国**。（1）建设临海产业带。现代临海产业包括港口和船舶制造业、临海重化工业、临海能源工业，以及电子和信息产业等。临海产业的发展既要背靠陆地，又要依赖海洋，是广义海洋经济的重要方面。中国的临海产业正在高速发展，我相信不久的时间就有可能实现沿海地区城镇化，形成一个临海产业带。（2）海洋农牧化。中国有3000多万亩滩涂，2.4亿亩水深20米以浅的海域，适合于发展水产养殖业和增殖业，利用其中的1/5，就可以形成约5000万亩以上的海上田园和牧场，成为巨大的海洋食品基地。（3）海运网络和海上通道开发建设。要扩大港口建设，形成东北、华北、山东、苏浙沪、福建、粤东、粤桂、海南七大港口群；开发建设南北海运主通道，完善沿海运输网。充分利用世界大洋航线，形成全球海运网络。（4）海洋矿产资源开发。加快近海油气资源勘探开发，使海上油气田成为国家油气资源开发的战略接替区；做好国际海底区域中国开辟区的勘探工作，适时建立深海采矿业。（5）重视海水资源的开发利用，逐步形成一批海水直接利用、海洋化工、海水淡化基地。（6）建设一批海洋旅游娱乐服务区，发展海洋旅游业，等等。**二是拓展和深化军事斗争准备**。前面，我已经从历史和现实方面分别谈过来自海上的军事威胁，强大的海洋经济需要强大的海上军事能力作保障。我国政府2013年4月16日发表《**中国武装力量的多样化运用**》**白皮书强调，开发、利用和保护海洋，建设海洋强国，是国家重要发展战略。坚决维护国家海洋权益，是人民解放军的重要职责**。我们海军的高级将领表示，**海军在建**

设海洋强国的过程中，要切实增强应对海上安全威胁的紧迫感、责任感，毫不松懈地拓展和深化军事斗争准备，坚决履行好维护国家领土主权和海洋权益的神圣使命。要按照听党指挥、能打胜仗、作风优良的要求大力加强部队全面建设，弘扬我军优良传统和作风，在遂行多样化军事任务、建设海洋强国中再立新功。因此，我认为，应加强战略运筹，牢牢把握海上维权斗争的主动权。加强海军建设和兵力运用，进一步强化建设强大海军的共识，要舍得下功夫、下力气、下本钱，举全国之力来生产现代化军事装备，全面武装海军、空军和二炮部队等。一个国家没有制敌的“杀手锏”是绝对不行的。国家财政再紧张，也要节衣缩食，装备具有制海权远洋作战能力的航母编队。我认为中国能自主研发和制造三个航母编队。真正成为海洋强国，必须从长计议，努力建设一支现代化装备的海军，落实优先发展的相关举措，拓展海军兵力运用范畴。高度关注海上方向日常战备工作，强化海域疆土保卫，强化军事能力，有效应对来自海上方向的多种安全威胁。拓宽中国海军保卫海疆安全，在强化第一岛链的同时要考虑进入第二岛链，只有这样中国海军才能拥有真正的制海权。继续加大岛礁海域的管理开发力度，加强岛礁基础设施建设，积极发展海洋经济产业，为实现强国梦提供有力支撑。我不是军事方面的专家，以上仅点点题，主要是想说明这个问题的重要性。

三、发挥国防科技工业在建设海洋强国道路中的助推力作用

国防科技工业是国家战略性产业，肩负着研发制造海防舰船武器装备和海洋工程装备的任务，建设海洋强国是国防科技工业承担的战略任务。

海洋制造业是国防科技工业的重要组成部分，建设海洋强国就要把研发制造高性能的海防舰船武器装备，海空预警飞机和远程立体化监控装置及先进海洋开发工程装备作为自己的紧迫任务，抓住提升军民融合式发展的机遇，提升使命责任，强化海洋经济强国观念，进一步推动国防科技工业的科学发展。

对于国防科技工业如何发挥在建设海洋强国道路中的助推力作用，我简要谈两点建议：

1. 完善国防军工企业体系，加强科技研发和生产，为实施海洋强国战略提供助推力。国防军工企业在改革开放和社会主义市场经济发展中发挥了较好的助推力作用，随着改革开放的进一步深入和国家推进海洋强国战略的全面实施，其助

推力作用也必将进一步彰显。当然，国防军工企业体系还不完备，还存在这样那样的不足，因此，我希望要进一步完善国防军工企业体系，要通过培养高级科研人才、提高高级研制能力、创新高级科研项目、集中各方智慧，设计生产一批捍卫海域疆土、增强军事实力的重量级现代化装备，要生产一批真正的“杀手锏”来装备海军、空军、二炮部队。只有建设一支强大的有制海制空权的海军和空军，才能真正为建设海洋强国提供助推力。

2. 鼓励和支持民营企业、民营资本积极参与捍卫海洋军事装备领域建设，为建设海洋强国尽绵薄之力。据我了解，民企跻身国防科技工业的积极性还是比较高的，并且在这方面有国家相关层面政策的支撑：如，**国务院发布的《关于鼓励支持和引导个体私营等非公有制经济发展的若干意见》（非公经济36条）**，允许民营企业进入国防科技工业领域，从政策法规层面为民营企业打开了进入国防科技工业的大门；**解放军总装备部发布的《关于加强竞争性装备采购工作的意见》；国务院、中央军委印发的《关于建立和完善军民结合寓军于民武器装备科研生产体系的若干意见》；国家国防科工局、总装备部印发的《关于鼓励和引导民间资本进入国防工业领域的实施意见》**等等。这些都为民营企业参与国防科技工业建设创造了良好的政策环境，进一步提高了民营企业参与武器装备科研生产的积极性。

我殷切希望工信部就上述有关意见结合国防科技工业之急需，建议做“两件事”：**一是进一步研究制定鼓励支持民营企业进入国防军事工业领域的有关优惠政策。二是筛选一批项目，专门组织一次由民营骨干企业参加的招商会。对招商成功的项目，各金融机构予以重点支持**。

（2013年4月27日在宁波建设海洋强国与国防科技工业高层研讨会暨2013年国防科技工业管理创新工作交流会上的演讲）

原油期货市场建设具有重要战略意义

——回顾“上海国际期货交易中心”组建历程

2018年年初“上海国际期货交易中心”正式运营。这是我国石油体制改革的一件具有战略意义的大事，我感到十分高兴。

中国生产力学会2012年正式组建“上海国际期货交易中心课题组”，经过一年努力，完成了这个课题并报送国务院领导，国务院领导十分重视，很快批准了课题组提出的建议。中国生产力学会和中国证券会领导多次研究后，于2013年11月“上海国际能源交易中心”在上海自贸区正式揭牌。改革开放四十年来，中国石油体制改革迈出了重要一步，在世界各国产生了重大影响，引起世界各国关注。能源和金融一样重要，是党的十八大以来，以习近平同志为核心的党中央对能源体制改革十分重视，提出了一系列重要决策和部署，石油是能源的重要组成部分，号称是国民经济的“血液”，也是国家安全的重要组成部分。

当前，国际油价对国民经济的影响越来越大，我们应该借鉴美国在经历两次石油危机之后采取的一些措施，特别是推进市场化机制和推出原油期货合约来增强原油保障能力。事实上，美国从推出原油期货合约到成为国际主要定价基准油，也经历了一段比较长的时间。因此，我国应以战略眼光看待原油期货市场的建立与发展。

中东地区是全球原油最多的出口地之一，但其销往欧洲的原油基准价参照布伦特（Brent）原油期货价格，销往北美地区的原油以西得科萨中质油（WTI）期货价格为基准价，由于亚洲地区缺乏权威性的定价基准，销往亚洲地区的原油大多参照迪拜和阿曼原油的现货评估价格。这种基于现货市场的价格体系受北欧地区市场的影响越来越大，从而不能很好地反映亚太地区的市场现状。

近年来，随着石油金融属性的日渐突出，非商业性因素对油价的影响越来越大，导致目前的两大国际基准油价对不确定性因素反应过度，油价波动频率和幅度显著加剧。同时，随着美国能源独立性的增强及原油进口结构的调整，美国对中东地区依赖程度降低，从中东地区进口的原油占比不到15%，导致WTI价格更多地反映北美市场，欧洲市场主要依赖俄罗斯、非洲地区，从中东地区的进口原油占比也只有20%。作为欧洲地区进口原油基准价的Brent价格欧洲化趋势也愈加明显，这就使得两大基准油价并不能很好地反映全球石油市场的基本面，更不能反映亚太地区新兴市场的需求。而亚洲一些主要石油消费大国，则对中东的依赖程度非常高。中国、印度和日本从中东进口的原油分别占其进口总量的40%、73%和80%左右。亚太地区迫切需要一个新的基准油价，以更好地反映这一地区的市场供需状况。

事实上，围绕这一地区基准油价的竞争已经非常激烈，但纵观英、美两国成功发展原油期货市场的经验和亚洲未能推出有影响力的石油期货合约的教训，要想建立具有国际权威性的定价基准，除了具备发达的金融体系、健全的监管体制外，还须拥有相对完善的石油产业链和庞大的消费市场。我国目前是全球第五大石油生产国、第一大石油消费国和石油进口国，而且中央对上海国际金融中心和国际航运中心定位的确立均为在我国推出具有区域性国际影响力的原油期货提供了难得的战略机遇。特别是上海国际能源交易中心在上海自贸区正式注册，并开始正式运营，表明我国已走出重要的一步。

与发达国家已经建立的完善的战略石油储备体系相比，尽管我国战略石油储备建设步伐很快，但仍然处在起步阶段。如果完全走发达国家的老路，我国战略石油储备建设的力度将很难适应国民经济发展对石油安全的要求。因此，我们应充分发挥我国作为石油生产和进口大国的优势，尽快发展原油生产商、炼油商、贸易商，扩大我国在亚太地区石油市场的影响力，推动亚洲石油交易中心的建立，势在必行。同时，石油期货市场的发展能够吸引更多的社会资源参与交割库的建设，这些仓储实施在一定程度上就等同于商业储备，成为我国战略石油储备体系的重要组成部分。更为重要的是，发展原油期货市场也为战略石油储备和企业商业储备轮换提供了套期保值的工具。受物理和储存过程中的质和量的影响，需要定期轮换，而原油期货合约则可以作为轮换时价格风险对冲的工具。

因此，我们应抓住时机，完善石油期货市场体系、推动金融制度创新，加快原油期货市场建设，在亚太地区逐步形成一个有影响力的基准价格，提升国家能源安全的保障制度。而中国作为最大石油消费大国应该在石油价格拥有话语权。中国生产力学会提出以石油期货为基础，在中国最大经济金融中心上海组建上海国际能源交易中心，就是适应国际石油期货交易方式所决定，也是确保中国能取得石油价格话语权。

“手中有油，心中不慌”对于深陷经济和债务危机的西方，特别是部分依赖伊朗石油进口的欧洲国家来说，不得不顾美国种种阻扰而对俄罗斯采取妥协态度。这股毅然决然的勇气从何而来？就是对欧洲各国来讲对俄罗斯石油有一定依赖性，离不开俄罗斯石油供给。鉴于石油是重要战略物资，石油价格下降，美欧国家不声不响正在加紧石油的储备。路透社目前独家透露一条消息称，西方28个石油消费国组成的国际能源署（IEA）已经制定了石油储备计划，足以释出相当于当年海湾战争时5倍的油储。与西方国家普遍150天以上的石油储备相比，许多新兴国家对危机的准备远远不足，按计划中国到2020年才能实现油储达90天的目标。英国《金融时报》称，印度的风险更大，共消耗石油近80%依靠进口。面对可能的危机，多位中国专家认为中国应加快石油储备力度，并且将“藏油于民”作为油储的重要手段。

据韩国媒体报道，韩国从石油危机之后开始“国家储备石油工程”，从1980年起，韩国政府分三批推进石油储备基地建设计划，目前在九里、丽水、蔚山等地兴建了9处石油储备基地。于2010年完工的蔚山基地是整个油储计划的最后一个项目，蔚山工程总投入2124亿韩元。据悉，蔚山基地完工时韩国战略石油储备为1.2亿桶，足以保证韩国158天石油消费，远高于国际能源署的90天底限。

石油安全一直是工业化国家的心头大病，二战时日本就是被美国的能源禁运逼得铤而走险发动珍珠港袭击；纳粹德国的许多军事行动也是被石油所逼迫，如为夺取高加索油田而转移进攻方向，最终导致斯大林格勒战役惨败，战争后期德国不得不靠工业酒精和“液化煤”维持。

现在，美国各地的原油储备仓库已经接近存储能力极限，据称足够满足国内158天的需求。另外，每天航行在世界各大洋的美国各石油公司游轮相当于储备8000万桶原油，等于全世界一天的石油产量。在欧洲，多数国家都制定法律，要求储备应能满足90天的成品油消费。为了节约储存费用，欧洲石油储备中更多的是成品油。

日本的石油需求几乎全部来自国外，从20世纪70年代起，日本已经相继建成了10个国家石油储备基地，除了十大基地，日本政府还从民间租借了18处石油储备设施。《日本经济新闻》曾称，日本的国家石油储备量达到103天的原油进口量，与民间石油企业储备量相加，相当于184天的原油进口量。石油储备要消耗大量外汇，一般企业很难负担得起，为此日本政府专门设立“日本石油公团”支持民间企业储备石油，日本民间储备油可以达到77天，相当于日本国内总储量的一半。

中国建立自己的石油储备战略基地，比如在黄海等地，但目前我国石油储备只够现在能源消费45天。除了应该加快石油储备力度外，更应该重视“藏油于民”。目前中国油储主要集中在国家层面，民间储备很少。“藏油于民”已经成为各国石油储备的主要手段。欧、美、日、韩等国的石油储备都有民间组织机构的参与，并占据着很大份额。德国实施“联盟储备”机制，官民联盟储备量、政府储备、民间储备比率为57∶17∶26；日本民间石油储备达到77天，占据国家总储量的46.4%。

中国生产力学会十年前就专门做了一个关于石油商业储备的课题，鉴于中国成为石油最大的消费国，千家万户的石油商业储备应成为我国石油战略储备的重要补充。国务院主要领导肯定其重要性和必要性。我学会建议以民营企业为基础，千家万户为其自身发展，为国家发展战略需求，以应对可能发生的特殊情况，动员民间力量积极建库储油，实施石油商业储备，这十年来民间石油商业储备逐步发展起来，现在形成一定规模。比如联彩石油作为参与课题研究的民营企业经过八年努力，也取得明显效果。

中国生产力学会完成石油商业储备课题后，我们紧接着又做了一个课题，就是在上海自贸区内组建“中国上海国际能源交易中心”并与国家证券监委领导多次交换意见，并取得共识，国务院主要领导肯定了该中心的重要性。此事也得到了上海市委政府领导的支持。可喜的是，原油期货交易自2018年3月26日至4月25日足月已经完成了2835亿元人民币的交易量。

中国生产力学会有关专家和课题组同志一再强调“上海国际能源交易中心”经营的石油产品属于金融产品，不是买卖石油的实体，我们组建上海国际能源交易中心的目的是要逐步取得在石油价格上的话语权。中国进口石油已成为世界第一，从任何角度来讲，中国应该拥有石油价格话语权，而且，这也是石油行业的一次重大改革。要使上海国际能源交易中心真正成为国际化的一个公司，它必须要有中国金融机构参与，还要吸收国外金融机构、涉油企业参与。而且要成为真正的股份制，上期所可以控股，但是一定要相对控股。积极吸收国内民资，例如参与课题研究的联彩石油等民企。也要欢迎中石油、中石化、中海油积极参与，这也是解决中国石油体制的一次重要改革，使“上海国家能源交易中心”成为真正的股份制的国际平台。这次“上海国际能源交易中心”正式运营必须要妥善积极果断解决好前些年遗留的问题，使该中心真正成为国际化、市场化，在亚洲具有重要影响的石油交易中心。

我殷切希望“上期所”和“上海国际能源交易中心”领导，要按照习近平总书记在党的十九大报告中明确要求的进一步解放思想，加大改革开放力度的重要指示精神，通过努力，扩大融资，真正促使“上海国际能源交易中心”尽快开展石油期货交易，同时，迅速组织研究搭建国际能源结算中心（所），吸引供油国和进口国国际结算中心（所）参与，为我国石油体制改革迈出具有战略意义的重要一步。通过学习贯彻党的十九大精神，学习习近平总书记一系列讲话精神。我坚信我国的石油体制改革必将取得新的重大进展，为国民经济发展奠定重要能源保障。

（源自2018年7月给国家证券委的报告）

信托产业深化改革与科学发展的研究和推进

为贯彻落实党中央“深化金融体制改革，健全促进宏观经济稳定、支持实体经济发展的现代金融体系”的决策部署，推动财富管理服务供给侧创新和信托产业改革发展，中国生产力学会与特华博士后科研工作站联合组建课题组，立足服务国家发展大局和满足民生需求，就我国信托产业改革、转型、发展等问题进行一年多专题研究后，形成包括《信托产业深化改革与科学发展研究》主报告和7个分报告的课题研究成果。我应邀参与了该课题研究过程，并与蒋正华副委员长、翟立功会长一起推动成果转化。

一、我国信托产业发展概况与面临挑战

信托产业，是我国金融体系的主要组成部分，也是我国重要的服务产业。它不仅可以为社会、家庭、个人提供财富管理服务，提高财富的宏观与微观管理效率，实现财富持续管理、受益人照料和财富传承，而且还可以为国家发展大局、民生需求和社会公共利益实现及分配等提供服务。随着我国改革开放持续深入、经济社会发展步入新常态，社会财富大大增加，财富管理、顺畅转移、财富传承和财富管理领域的社会公平正义等方面的需求大幅增加，信托产业发展面临新的挑战，与之相关的潜在金融风险也大大增加。新常态下，积极研究信托业改革发展路径，强化信托管理内功，实现其转型、科学发展已成为必然。

信托产业进入我国有100多年历史，1912年日资、美资引入信托经营后，我国信托产业经历了四个发展阶段，即：旧中国信托业阶段（1912～1952年）、信托

业半停业阶段（1952～1979年）、改革开放恢复经营阶段（1979～1999年）、规范发展阶段（2001～2017年）。信托投资公司在发展经济、引进资金、促进改革开放、推进金融创新等方面曾取得很大成绩，又因多种原因发生系统性风险，经历五次全行业整顿。2001年《信托法》颁布后，实现了连续16年稳定发展。据相关统计，截至2016年年底，我国有3种专营、10种兼营的信托机构约1.8万家，管理信托类财产约110万亿元。另据有关预测，到2021年，我国家庭可投资资产将达到220万亿元。这一日益增长的财富管理需求，让我国的金融及信托业面临严峻挑战。

二、信托产业深化改革与科学发展的必要性、紧迫性

如何管好用好这笔巨大社会财富，既实现财富所有人的保值增值愿望，又支持国家经济发展；如何推进普惠信托服务，避免财富管理机会不公平加剧贫富分化；如何利用信托制度服务民生需求、关怀弱势群体、推进公平正义；如何运用信托原理，推进所有权与经营权、管理权分离，提高财富管理效率；如何加强"忠实、谨慎"监管，防范少数受托人在管理巨大社会财富时，因履职不当、发生重大风险；如何应对国际信托业强势竞争；等等问题。既是近年来业界专家学者担忧和努力破解的问题，也是推进信托产业深化改革、转型发展且关系全局的紧迫任务。

立足于此，课题组按照党中央、国务院关于深化改革、防范金融风险的精神，围绕信托产业深化改革与科学发展的相关问题，开展了广泛而深入的调研，并借鉴境外信托业的实践经验与启示，明确了目前我国信托产业发展中，存在的三个突出问题：一是信托业服务能力不强，为国家发展战略、实体经济发展服务满足率不高；对老百姓的民生需求、普惠服务能力不高。二是信托业科学管理有待提高；近些年在监管方面存在的问题有增加的趋势。三是信托业发展基础薄弱，法治还不健全、各类财富市场的容量小、待健全，难以适应当前和未来社会财富管理需求。

同时，明确了推动我国信托产业深化改革、科学发展的必要性和解决存在问题的紧迫性。必要性为：一是社会财富借助信托业管理成为客观需求。我国社会财富"自我管理"模式逐步转向"委托专业机构管理"模式，财富管理社会化、

集约化程度越来越高。二是多层次的民生、普惠需求，期待信托业服务深入和弘扬守信精神。三是财富管理多层次需求，需要专业化、规范化的到位信托服务，也需要制度化、常态化的科学监管。紧迫性主要为：一是亟待解决产业服务能力不强和服务功能不完善问题，缩小民生需求服务差距，提高普惠服务能力，应对对外开放挑战。二是亟待加强产业管理，解决服务国家经济发展大局、服务实体经济发展政策工具不足和健全制度监管问题。三是亟待改变产业发展基础薄弱状况，以顺应新常态改革发展需求。

综合党中央、国务院“四个全面战略”布局实施和有关决策精神，以及相关部门推进营业信托的改革进展，课题组以“服务大局、聚焦民生、普惠服务”为主题，探索提出了我国信托产业深化改革的指导思想和中心任务，科学发展的愿景目标，时间跨度30年的改革设想和三阶段发展规划，以及可先期推进的七个大项、若干小项的实施方案和推动实施的建议。

三、信托产业深化改革与科学发展的意义与建议

2017年4月，学会组织金融系统、有关部门、研究机构的专家学者，组成专家评审组对该研究成果进行了认真评审。专家们一致认为：该研究立足我国信托产业的社会需求与服务供给，从亟须解决的问题入手，提出了信托产业深化改革的总体设想、发展方向、主要任务与工作方法；明确了先期改革项目，进行了效果预测与风险管理研究，很有创新性和可行性，为推进我国信托产业发展提供了重要依据和参考。其中，许多观点是国内首次提出，达到了国内同类研究领先水平。关于建立我国老年人财产管理制度体系的研究，可以说领先于国际老龄问题严重国家相关制度建设的理论研究与应对实践。该成果对完善信托宏观调控与产业管理，聚焦民生需求、推进普惠服务、深化金融改革，推进信托制度创新，提升产业文明与竞争力，维护金融稳定、促进实体经济发展、社会进步和“两个一百年目标”实现都具有很重要的现实意义。评审组同意通过评审，并建议学会将该成果呈报国务院领导及相关部门决策参考，对研究成果中提出的改革项目和信托产业“分业经营、分业监管”的政策调整，建议纳入国家深化改革议题中，深入研究并做出决断。

根据专家评审组意见和我们的客观判断，提出推动我国信托产业深化改革与

科学发展的如下建议。

1. 建议将信托产业改革发展纳入深改议题予以推动。建议国务院及相关部门，以推动“四个全面战略”深入实施，防范金融风险、维持社会稳定为目标，把握改革开放、民生改善、社会财富管理需求增长趋势，明确信托产业改革发展的重大现实意义，将信托产业深化改革与科学发展纳入国家全面深化改革的议题中，予以全力推动。在综合研判其必要性和紧迫性的基础上，尽快做出决断，并出台相关政策和举措，大力支持信托产业深化改革与科学发展。

2. 建议着力推动信托制度发展完善，提高法治水平。建议国务院及相关部门充分认识信托的制度功能（如：长期规划、财富持续管理、受益人切实保障和财富传承等），对我国转型发展和建立有效财产管理制度具有的重大意义和深远影响，从提高信托业法治水平的高度，着力推动信托制度的发展完善。建议国务院责成法制办并协调全国人大，一是尽快修改《信托法》，研究制定《受托人法》和《信托业法》，建立“可持续性代理”制度，完善各类受托人管理。二是健全完善各类信托财产的转移、税收等配套制度，解决现有的“瓶颈”性障碍。三是充分发挥信托制度功能，抓紧完善我国《民法》《老年人权益保障法》等民事、商事法律制度，支持应对老龄化国家战略实施。

3. 建议完善管理体制，对信托产业实施科学监管。建议国务院责成相关管理部门，以落实全面深化改革为目标，进一步完善管理体制、优化发展政策、转变治理模式，对信托产业实施科学监管，促进其改革与发展。具体建议：一是调整信托业“分业经营、分业监管”政策，按信托制度规范现有各类理财业务，以“忠实、谨慎”规则筑牢基础，切实保障人民利益，防范金融风险。二是实行信托业务依法合规准入，确立金融信托与非金融信托相互促进，依托金融信托发展信托产业的基本原则，支持非金融信托发展。三是健全监管模式，实行金融信托监管从严、非金融信托管理可适度；近期以金融监管为主、行政管理为辅，逐步形成金融监管、行政管理、司法管理相互配合的模式。四是明确监管职责、统一监管的基础规则，防范“监管套利”；现阶段以机构管理职责确定管理对象，以后可逐步过渡到功能监管。五是大力推进信托文化建设，加强对受托人行为监管。加大受托人和受托活动直接责任人信义义务违反的违法成本。

4. 建议推进信托普惠服务，加强市场培育和相关研究。建议国务院支持相关主管部门，牵头组织智库机构对该研究主报告和分报告提出的改革项目与政策调整内容，深入研究其可行性，完善方案，择选其中几项（如：老年人财产管理、土地信托、知识产权信托等，对公共信托和老年人、残疾人信托改革宜早研究、早启动）试点验证后，推广实行。同时，大力推进信托的普惠服务，加强产业市场培育和相关研究工作。具体建议：一是尽快改变信托业产业构成，形成以大型商业银行为主体、各类机构相互补充的产业结构；对68家综合型信托公司可按现行制度继续经营或转型为信托银行。二是落实税收优惠政策、促进慈善信托发展；健全民事信托、发展公共信托、推定信托等，服务社会进步、维护社会底线管理，保障特殊群体与普通群众的合法权益。三是加快推进多功能、多层次、多类型金融市场建设，保障未来财富管理的安全有效。四是支持本会及相关研究机构，加强信托产业基础研究。《信托法》颁布以来，已积累了较多的事项需要推进，如：社会上有大量法律依据不明、符合信托原理的财产管理活动；信托业分类、统计、基本管理规则；信托制度研究与完善、人才培养；信托业对外开放规划等，这些问题都需要在顶层明确分工与管理责任，尽早开展。

目前，我国传统的财富管理与转移习惯正在变化，管好财富、意愿使用、积累传承，是中华民族走向富裕的进程上必须过好的一关。而信托产业深化改革与科学发展具有重大而深远的意义，需要我们相关部门及从业者不断创新、不懈努力！

（源自2017年11月中国生产力学会呈报国务院的《信托产业深化改革与科学发展建议报告》和课题评审会的讲话稿）

坚持为人民谋幸福与保障人民健康相统一

——推进“健康中国”建设浅谈

党的十八大以来，习近平总书记一再强调，中国共产党人的初心和使命，就是为中国人民谋幸福，为中华民族谋复兴。这个初心和使命是激励中国共产党人不断前进的根本动力。全党同志一定要永远与人民同呼吸、共命运、心连心，永远把人民对美好生活的向往作为奋斗目标，以永不懈怠的精神状态和一往无前的奋斗姿态，继续朝着实现中华民族伟大复兴的宏伟目标奋勇前进。

坚持以人民为中心，人民是历史的创造者，是决定党和国家前途命运的根本力量，必须坚持人民主体地位，坚持立党为公、执政为民，践行全心全意为人民服务的根本宗旨，把党的群众路线贯彻到治国理政全部活动之中，把人民对美好生活的向往作为奋斗目标，坚持党的领导、人民当家作主、依法治国有机统一。党的领导是人民当家作主和依法治国的根本保证，人民当家作主是社会主义民主政治的本质特征，依法治国是党领导人民治理国家的基本方式，三者统一于我国社会主义民主政治伟大实践。

改革开放四十年来，随着经济建设和改革开放取得的巨大成绩的同时，中国人民的生活水平也得到了明显的改善，而且社会各项福利也在逐年提高，全国人民享受到经济建设和改革开放带来的实惠，人民群众投入经济建设的积极性也空前提高。在党的十八大上，习近平总书记明确提出一个政党，一个政权，其前途命运取决于人心向背。人民群众反对什么、痛恨什么，我们就要坚决防范和纠正什么。党的各级领导干部都是人民的勤务员，要把为民造福作为根本政治担当。

实施“健康中国”战略是习近平总书记向全党提出的战略性奋斗目标。人民健康是民族昌盛和国家富强的重要标志，要完善国民健康政策，为人民群众提供全方位全周期健康服务，深化医药卫生体制改革，全面建立中国特色基本医疗卫生制度、医疗保障制度和优质高效的医疗卫生服务体系，健全现代医院管理制度，加强基层医疗卫生服务体系和全科医生队伍建设，全面取消以药养医，健全药品供应保障制度，坚持预防为主，深入开展爱国卫生运动，倡导健康文明生活方式，预防控制重大疾病。医疗卫生服务直接关系人民身体健康，要推动医疗卫生工作重心下移，医疗卫生资源下沉，推动城乡基本公共服务均等化，为群众提供安全有效方便价廉的公共卫生和基本医疗服务，真正解决好基层群众看病难、看病贵的问题。人民健身是全体人民增强体魄、健康生活的基础和保障，人民身体健康是全面建成小康社会的重要内涵，是每一个人成长和实现幸福生活的重要基础。

党的十八大后，党中央以人民健康为中心，统揽全局、系统谋划，从党和国家事业全局出发，作出推进“健康中国”建设的重大决策部署，并突出重点、立柱架梁，从民生关切着手，实施了一系列利当前、惠长远的重大举措，推动医药卫生体制改革由易到难渐次突破。2016年10月，国家发布《“健康中国2030”规划纲要》，对实施“健康中国”战略进行了具体部署。目前已在深化改革、健全全民医保制度、完善医疗卫生服务体系、建立基本药物制度、推进基本医疗和公共卫生服务均等化等方面取得了重要进展。同时，我们应清醒地看到我国在全民健康方面仍然面临许多挑战，还有很多需要我们认真对待和解决的问题，尽快让全体人民享有更高水平的医疗卫生服务，也成为实现“两个百年目标”的重要组成部分。实施食品安全战略，让人民吃得放心；坚持中西医并重，传承发展中医药事业；支持社会办医，发展健康产业；促进生育政策和相关经济社会政策配套衔接，加强人口发展战略研究；积极应对人口老龄化，构建养老、孝老、敬老政策体系和社会环境，推进医养结合，加快老龄事业和产业发展；都成为推进“健康中国”建设的题中之意。

发展健康产业是建设“健康中国”的重要内容，随着全国人民收入逐年增加，人民群众对自身的健康要求越来越高，对安全的食品和饮用水要求也越来越高。因此，健康产业发展也进入一个迫切而又有广阔前景的发展期。从最近在北京召开的“健康产业博览会”的盛况可以看出人民群众对健康产业的关注和需求，这就说明健康产业已经进入了一个崭新的发展期。我们看到很多的食品行业积极抓住这个重要机遇发展自己。饮用水行业也不甘落后，最近在北京召开的“健康饮水高峰会”展出了多种有利于人民健康的饮用水。据专家预测仅矿泉水一项在中国未来至少会带来5000亿元的价值。我们可以看到健康产业将迎来一个加快发展阶段，健康产业不仅会带动服务业，也必将是国民经济结构中的重要组成部分。要把人民健康放在优先发展的战略地位，以普及健康生活、优化健康服务、完善健康保障、建设健康环境、发展健康产业为重点，加快推进健康中国建设，努力全方位、全周期保障人民健康。检验我们一切工作的成效，最终都要看人民是否真正得到了实惠，人民生活是否真正得到了改善，人民权益是否真正得到了保障。面对人民过上更好生活的新期待，我们不能有丝毫自满和懈怠，必须再接再厉，使发展成果更多更公平惠及全体人民，朝着共同富裕方向稳步前进。人民是我们党的工作的最高裁决者和最终评判者。如果自诩高明、脱离了人民，或者凌驾于人民之上，就必将被人民所抛弃。任何政党都是如此，这是历史发展的铁律，古今中外概莫能外。

从全国情况看各级党委、政府遵照习近平总书记的一系列重要指示精神正在认真落实。但我们也看到在一些地方落实得并不好，应引起我们高度关注。在某些地方少数干部特别是少数党员干部，不但不以身作则结合当地实际，认认真真解决人民群众迫切需要解决的实际问题，而面对人民群众反应的问题不但不认真解决，反而从个人私利出发贪腐受贿，窃取本应该属于人民群众的利益。如在扶贫工作中，侵占扶贫款为亲朋好友谋私利，使本应贫困群众得的利益被剥夺，导致严重后果，甚至为此发生了多起群体事件，破坏了社会政治稳定，这不得不引起我们高度重视。从各要害部门巡视反映出来的问题看，某些方面问题很严重。为了更好贯彻习近平总书记关于“执政为民”把人民对美好生活的向往永远是我们党的根本任务，全心全意为人民办实事，认真对待和解决关系到人民群众切身利益的相关问题。党的各级干部特别是县级以上领导干部，要把解决人民群众中涉及的急需解决的问题作为自己的重要职责。对那些敢于侵占人民群众利益的人和事，一定要一查到底，依法从严惩处绝不留情。纪检监察部门的干部要剖析一批典型案例，严肃处理后公布于众吸取教训。对一心为民办实事关心人民疾苦敢于负责任挑重担的好干部，要总结典型公布于众树立学习榜样。同时，总结办案经验制定监督的制度，我们必须要有一套科学规范的严格制度。如：对扶贫款项要一笔一笔真正落实到贫困村、贫困户，只有这样才能解决问题。

党的十九大指出：“**人民健康是民族昌盛和国家富强的重要标志。要完善国民健康政策，为人民群众提供全方位全周期健康服务**。”健康是促进人的全面发展的必然要求，是经济社会发展的基础条件，是决胜全面小康、建设社会主义现代化强国的重要前提，也是广大人民群众的共同追求。正如习近平总书记强调的，“**没有全民健康，就没有全面小康**”。全面建成小康社会的出发点和落脚点，是要让老百姓过上好日子，就是要抓住人民最关心最直接最现实的利益问题，就是要想群众之所想、急群众之所急、解群众之所困。只有让人民群众满意了，让人民群众认可了，全面建成小康社会的目标才算真正实现了。由此，我们应该明确，推进“健康中国”建设，必须坚持为人民谋幸福与保障人民健康相统一。

食品安全、饮用水安全关系到人民健康和生命安全。要让人民群众喝上洁净的水、吃上洁净的食品。安全放心的水、食品，已经成为人民健康的突出问题。中国有句古训“民以食为天、食以安为先”从我国食品安全情况看，健康安全的饮食成为一个迫切需要解决的突出问题。以饮用水为例，因水污染带来的问题很突出，如我们每天饮用的自来水，90% 左右没有使用深度处理技术，再加上输送水的管道污染等问题，自来水的安全存在很多问题，我国广大农村还有相当多的农民直接饮用没有经过任何处理的井水、河水、江水。世界卫生组织曾发布一组数据：人类的各种疾病，80% 左右是由于饮用被污染的水所导致。由于我国巨大的人口基数和工业污染导致的水污染问题十分严重，保障饮水安全任务艰巨。2016 年全国两会上“水生态、水安全”写进了政府工作报告，也是人大代表和政协委员关注的热点问题之一。

党的十九大习近平总书记所作的报告，对人民健康问题提出了明确要求，国务院有关部门也制定了食品安全和饮用水安全的一系列条例。特别是加强了江、河生态保护，优质水源地保护等措施。确保食品安全和饮用水安全已成为党和国家关注的重要问题，保障食品安全和饮用水安全直接涉及人民健康，任务艰巨、使命光荣、责任重大。各级政府和相关部门要牢记习近平总书记树立的以人民为中心的发展理念，坚持党政同责标本兼治，加强统筹协调切实做好食品安全和饮用水安全的各项工作。我们一定要从思想上真正贯彻落实习近平总书记“全面实施人民健康”的要求。才能真正做到人民健康、民族昌盛、国家富强。

（2018 年 5 月在北京“国际健康产业博览会”上的讲话）

支持“云病历”项目实施
构建全国医疗大数据综合服务平台

立足贯彻落实党中央、国务院关于改善民生、深化医疗改革和推进“健康中国”建设的决策部署，推进健康医疗大数据应用、完善人口健康信息服务体系、加强重大传染病防控、提高医疗资源利用率、降低医疗费用等，医融（北京）医疗科技有限公司等单位根据《“十三五”国家信息化规划》和《“健康中国2030”规划纲要》有关精神，组织相关团队围绕构建全国医疗大数据综合服务平台进行了专题研究和初步构想，以优化医疗服务改善民生、助力健康“中国建设”发展为目标，形成了“云病历”项目规划实施报告，明确了“云病历”项目组织实施的意义与效能。我通过与相关专家学者的交流沟通，大家一致认为这一项目，对优化医疗服务、改善民生、推进健康中国建设都具有重要意义。为此，我将该项目的研究成果、规划实施需求和推进建议呈报了国务院相关领导，并得到了重要批示。

“云病历”项目致力于打造我国第一个全国范围医疗大数据综合服务平台，通过信息技术在医疗卫生事业的全面布局，实现患者诊疗结果、个人病史、家族病史、检测指标数据（CT、血检、尿检等）等临床信息，医疗服务机构服务能力、服务特色等信息，以及医药、医疗器械等关联服务机构信息在云端的统一整合，有效解决医疗服务行业现存的医疗资源分配不均、医疗事故频发、病例数据质量差且无法有效整合等问题，推进医疗信息在数据规范化、服务全面化等方面的进步，促进在线诊疗、远程医疗产业的发展，降低诊疗费用，提高诊疗效率，并为慢性病管理、传染病预防与监控、医疗行业监督管理以及医疗科研事业提供大数据支持。

关于“云病历”项目构建全国医疗大数据综合服务平台的主要意义，主要有四方面：一是推动医改政策落实。通过对现有医疗服务资源、医疗服务模式的信息化整合，有力推动我国在线医疗、远程医疗事业的发展，提高医疗服务能力，为我国医疗服务大数据体系的建设树立典型。二是改善民生，帮助解决看病难、看病贵问题。该平台的建设运营，可实现患者在一定时限内一次检测结果多次利用的效果，省去患者重复检查所花费的时间，提高诊疗效率。通过将临床数据的大整合，使得优质医疗有序有效下沉、医疗服务机构上下联动来更加合理分配医疗资源，推动分级诊疗制度。三是统筹全国医疗资源，实现服务公平化。通过全国性广泛布局，实现全国医疗资源、诊疗数据的有效整合，从数据的真实性与广泛性两个方面，实现在线医疗数据整合的规范化；平台将医生和患者连接，实现实时问诊，增加病患的互动，提高资源使用效率；实现医疗服务与信息化技术的深度融合，以网络技术无视地域限制的特点，极大缓解医疗服务资源分配不平衡的现象，在推动医疗卫生事业“互联网+”的同时，兼顾医疗资源贫瘠地区，共同提升医疗服务能力。四是推动数字医疗发展。平台建设与运营为广泛、权威的数据积累，以及医疗服务资源与“大数据”“云技术”“移动互联”等技术的有效整合与运营提供基础。丰富的数据积累、全面的服务架构，为项目在医疗卫生事业与网络技术相结合领域的全面拓展奠定基础，其意义重大而深远。

“云病历”项目规划实施，拟分为三个阶段：第一阶段：选定试点城市，在城市范围内进行患者病例信息化、共享化的整合，开展患者移动端的推广与普及，根据市场反馈情况，进行平台的优化、调整。第二阶段：在试点城市全省进行实施推广，实现区域性医疗服务的信息化与数据共享，并根据省级区域的技术指标数据和服务反馈，对项目进行更深一步的优化、提高。第三阶段：“云病历”平台基本成熟，开展全国范围的推广普及，为全国卫生事业的发展提供云端信息服务与大数据支持。

“云病历”项目的组织实施，以试点城市——试点省——全国为模式，阶段性实施建设方案为基础，其构建需求和实施面临的挑战，主要包括三个方面：一是医疗数据采集需求。试点城市、试点省建设阶段，需要地方政府部门、相关卫生主管部门以政策文件要求的形式完成。普及全国建设阶段，需要中央政府部门、卫计委以政策文件推动完成。二是平台推广需求。在面向医疗服务机构（包括医院、基层医疗机构、疾病防控中心、医疗研究机构等）的推广工作通过地方政府主管部门政策文件要求的形式开展。三是数据安全需求。在各推广实施阶段，需要联合信息部门制定通信安全标准，需要联合相关安全部门制定病历数据存储、使用安全标准。

由此可见，组织实施“云病历”项目、构建全国医疗大数据综合服务平台，是一项庞大而系统的工程，不仅需要党中央、国务院以此研究成果为基础，在综合研究评估后做好顶层设计，而且需要在国家卫生计生委、工信部等医疗卫生事业、信息化产业管理部门领导监管下组织实施，才能实现这一大构想，才能实现优化医疗服务、改善民生、助力健康“中国建设”发展的目标。

（源自2017年4月作者呈送国务院相关领导的《“云病历”项目规划实施研究报告》及相关推进建议报告）